经济瞭望译丛

MARKET MICROSTRUCTURE IN EMERGING AND DEVELOPED MARKETS

II. Kent Baker Halil Kiymaz

新兴市场与发达市场的微观结构

（美）H.肯特·贝克 哈利尔·基默兹 主编

孟昊 郭红 主译

东北财经大学出版社
Dongbei University of Finance & Economics Press

大连

WILEY

辽宁省版权局著作权合同登记号：图字06-2014-37号

图书在版编目（CIP）数据

新兴市场与发达市场的微观结构 / （美）H.肯特·贝克（H.Kent Baker），哈利尔·基默兹（Halil Kiymaz）主编；孟昊，郭红主译.—大连：东北财经大学出版社，2016.7
（经济瞭望译丛）
ISBN 978-7-5654-2314-7

Ⅰ.新… Ⅱ.①贝…②基…③孟…④郭… Ⅲ.市场结构-研究 Ⅳ.F713.50

中国版本图书馆CIP数据核字（2016）第115978号

东北财经大学出版社出版发行
　　大连市黑石礁尖山街217号　邮政编码　116025
　　网　　址：http：//www.dufep.cn
　　读者信箱：dufep @ dufe.edu.cn
大连图腾彩色印刷有限公司印刷

幅面尺寸：170mm×240mm　字数：585千字　印张：35.5
2016年7月第1版　　2016年7月第1次印刷
责任编辑：刘东威　王　玲　　　　责任校对：贺　心
封面设计：冀贵收　　　　　　　　版式设计：钟福建
定价：79.00元

教学支持　售后服务　联系电话：（0411）84710309
版权所有　侵权必究　举报电话：（0411）84710523
如有印装质量问题，请联系营销部：（0411）84710711

译者前言

市场微观结构理论在实体资产或金融资产交易中的应用已经成为当代投资学领域的重要研究内容。H.肯特·贝克与哈利尔·基默兹博士的著作《新兴市场与发达市场的微观结构》正是揭示全球金融市场微观结构特征的经典著作之一。本书的两位作者均为金融市场微观结构领域的权威专家，他们既有扎实严谨的学术功底和丰硕的理论研究成果，也具备丰富的从业实践和决策咨询经验。

本书以充实的内容和准确的表述为读者详细地展现了股票市场、债券市场以及其他金融市场的微观结构特征、价格形成的市场设计、交易成本、交易时机以及信息披露等诸多问题，并对诸如欧盟新兴市场的价格行为以及新兴市场国家的股票市场效率等问题进行了有针对性的介绍。

近年来，中国金融市场蓬勃发展，在面对众多发展机遇的同时，也面临着诸如股票市场熔断机制运行失效等现实问题。在这样的时代背景下，《新兴市场与发达市场的微观结构》一书的引入对于深入分析和完善我国金融市场微观结构，提高金融市场运行效率，有着重要的参考价值。因此，本书特别适用于相关领域专业人士及从业人员阅读参考，也适合作为相关专业的本科高年级学生和研究生的专业教材。

本书的翻译工作由天津财经大学经济学院金融系孟昊和郭红全面负责。具体分工如下：第1章由天津财经大学人文学院外语系古炜翻译，第2、3章由郭红翻译，第4章由郭红、张吉鹏翻译，第5、6、7、8章由郭红翻译，第9章由郭红、柯宏宇翻译，第10章由郭红、王欢翻译，第11、12、13、14、15、16、17章由郭红翻译，第18、19、20、21、22、23、24、25章由孟昊翻译，讨论题答案由郭红翻译。最后由孟昊、郭红负责统稿和校对。

限于译者的水平，翻译中的错误疏漏之处在所难免，恳请广大读者批评指正。

译者

2016 年 2 月

致谢

我们对本书能成为 Robert W. Kolb 金融系列丛书中的一部分感到非常高兴，也非常感谢 Bob Kolb 的支持。还有很多人为本书的成功做出了贡献。对每一章的作者都要表示特别的感谢，因为他们为写出生动的文字付出了巨大的努力。我们要感谢约翰·威立父子有限公司的专业团队，他们在整个工作中表现出了高水平的敬业精神和专业能力。尽管很多人都对本书做出了重要的贡献，但在此我们还要特别感谢执行编辑 Kevin Commins，他为本书获得了授权，同时要特别感谢出版编辑 Melissa Lopez。我们要感谢 Linda Baker，她认真地校对了本书的部分原稿，对此项工作表现出了极大的耐心。在此，我们还要特别感谢美利坚大学 Kogod 商学院和罗林斯学院 Crummer 商学研究生院为我们提供的支持。作者将本书献给 Linda Baker 和 Nilgün Kiymaz。

目录

第一部分

市场微观结构介绍

第1章 市场微观结构概述

H.KENT BAKER

美利坚大学 Kogod 商学院金融学教授

HALIL KIYMAZ

罗林斯学院 Crummer 商学研究生院美国银行金融学教授

1.1 引言

在过去的 30 年间，出现了大量有关市场微观结构的文献。尤其是在经历了 1987 年股市崩盘之后，人们对市场微观结构的兴趣愈加浓厚。Madhavan（2000）将这一现象归因为结构、技术和监管的快速变革对全球证券业的影响。该文献深入剖析了证券市场的运行和行为以及资产价格的日内行为。Madhavan 还指出，市场微观结构文献的一个主要贡献是打开了金融市场中价格和数量决定的黑箱。近期的文献也阐释了市场微观结构是如何影响经济行为的。简言之，市场微观结构是很重要的。

什么是市场微观结构？金融经济学涉及市场交易的细节，微观结构是金融经济学的一个分支。对于市场微观结构，许多人还有其他的观点。Harris（2003）认为，市场微观结构检验了市场交易和市场构成。O'Hara（1995）把市场微观结构视为对特定规则下的资产交易过程和结果的研究。Madhavan（2000）认为，市场微观结构研究的是一个过程，在这一过程中，投资者的潜在需求最终转化为价格和成交量。Stoll（2003）认为，市场微观结构论及的是金融中介的纯粹形式，因为资产不能被转化，但可以很容易地从一方转移到另一方。尽管市场微观结构理论适用于实物或金融资产交易，但本书强调的是金融市场的微观结构，进而涉及金融资产的交易，其中包括：股票、债券或其他金融工具。

市场的基本功能是把卖方和卖方联系在一起，尽管随着时间的推移，这一功能几乎未发生任何改变，但交易方式却发生了显著的转变，尤其是在过去的几十年间。例如，Comerton-Forde 和 Rydge（2004，p.9）指出：

10 年到 15 年前，本国交易所垄断经营。大多数公司唯一的选择就是在本国交易所挂牌上市，大多数投资者唯一的选择也是通过同一交易所进行投资。如今，技术的进步和经济全球化的进程彻底改变了这种状况。公司能够自由选择上市地点，机构投资者也可以在任意市场进行交易。散户也有了更多进入外国市场的途径。现在的交易所已经成为一个高度竞争的行业。

许多书籍和数不清的期刊论文都从各个层面对市场微观结构进行研究，鉴于市场微观结构在全球经济中的重要性，这一现象也就不足为奇了。例如，在这一领域中值得关注的书籍包括 O'Hara（1995）的著作，这是一本纯理论性的专著。专业性更强的包括 Lyons（2001），Harris（2003）和 Hasbrouck（2007）的文献。最近出版的关于市场微观结构的书籍有 Vives（2008），de Jong 和 Rindi（2009）以及 Schmidt（2011）的著作。

由此看来，真的还需要其他研究市场微观结构的书籍吗？答案很简单：是的。市场微观结构具有快速演进性和动态性，因此需要不断更新其内容。也就是说，对全球证券业有重要影响的结构、技术和监管的快速变革也是影响市场微观结构的主要因素。此外，这些变革产生的原因非常复杂，继而需要新的文献阐释其深度和广度。

1.1.1 本书的宗旨

《新兴市场与发达市场的微观结构》一书的宗旨是将有关新兴和发达金融市场微观结构的各类文献综合在一起，这些文献有理论性的、实证性的以及实验性的。简单地说，本书的意图是让人们更好地理解市场是如何运行的。市场微观结构研究的主要内容是检验市场运行过程对交易成本、价格、报价、交易量和交易行为等决定性因素起作用的方式。因此，市场微观结构对金融市场的有效性和完整性具有重要作用。

为什么要研究新兴市场和发达市场？世界银行经济学家 Antoine Van Agtmael 在 20 世纪 80 年代创造了"新兴市场"这一术语，在那时，国际投资界越来越认识到此类市场的独有特性和潜在利益。尽管这一术语被频繁使用，但人们尚未对构成新兴市场的理论性定义和操作定义达成共识。对新兴市场的界定涵盖了从极低收入经济体到有望进入经济高速增长和工业化的国家在内的全部范围。还有些界定包含了被视为不发达的所有国家。无论是从广义还是从狭义上对新兴市场进行界定，新兴市场和发达市场之间都存在着显著的区别。根据Bruner，Conroy，Estrada，Kritzman和Li（2002）的观点，新兴市场与发达市场的区别表现在如下领域：会计透明度、流动性、贪腐行为、波动性、治理结构、税收和交易成本。这些区别可能导致了新兴市场和发达市场的市场微观结构相异。因此，本书将对这两种类型的市场进行检验。

在当今环境下，市场微观结构是一个充满活力的领域，不断快速演进发展。由于这一领域有大量文章和其他资料，本书涉及的内容须有选择性，因为一本书难以涵盖市场微观结构这一庞大领域的各个方面。然而，本书力图将诸多学者和从业者的贡献融为一体，对那些重要又具有针对性的主题做出独立评述。由于信息在决策制定中的重要性，许多主题都涉及信息问题。

《新兴市场与发达市场的微观结构》一书不仅带领读者了解市场微观结构的核心主题，而且还剖析了最新和最前沿的发展趋势。此外，对市场微观结构研究的讨论在本书中贯穿始终，涵盖的内容从对基本概念及其应用的讨论延伸至日益复杂的现实世界。因此，本书兼顾理论性和实践性，同时试图在内容丰富和通俗易懂之间达到平衡。读者由此可以了解丰富的文献，并对金融市场如何形成有所理解。那些对广泛研究有兴趣的读者和那些在这一特定领域寻求更深层次研究的读者同样会从中获益。

综上所述，《新兴市场与发达市场的微观结构》从崭新的视角探究这一复杂而又令人着迷的领域。此外，本书还丰富了Robert W. Kolb金融学系列丛书的内容，不仅因为其关联性和重要性，更因为它对现有的及将来的关于投资和金融市场的书籍起到了补充作用。

1.1.2　本书的显著特征

《新兴市场与发达市场的微观结构》具有以下显著特征：

• 本书以当下的视角探讨文献资料，并着眼于未来的研究，把学者的理论世界和从业者的实用主义观点有机融合。实现这一目标需要杰出学者和资深从业者的共同努力，集思广益，使本书可以从多样化的视角进行研究，也确保了各种思想有效地相互作用。

• 本书以直接且实用的方式对一系列重要的相关研究进行了全面概述。这样的综合分析反映出这一领域的研究现状，突出了通过研究得出的一般结论。投资者、学者、政策制定者以及监管者都能从中获得启示。

● 本书通过对新兴市场和发达市场的微观结构进行检验，提供了市场微观结构的全球视角。

● 本书保留了诸多为本书撰写提供帮助的人的观点，同时还遵循了格式和风格的内部一致原则。与各种声音交汇的合唱团类似，本书的作者也都抒发出了自己的观点。合唱团和本书的目标一致，都是让众人一起发出和谐的声音。实现这一目标需要大量的编辑工作，用以确保每个章节之间的紧凑和连贯。

● 每一章都会把有助于突出关键概念的问题拿来进行讨论，参考答案附在书后。这种形式对于课堂中的教师和学生尤其有用。

1.1.3 目标读者

鉴于范围涉及较广，这本兼具实践性和综合性的书籍对投资者、学者、学生、监管者和交易所官员以及其他对市场微观结构有兴趣的人都非常具有吸引力。例如，《新兴市场与发达市场的微观结构》一书可以为投资者提供指导，用以帮助他们在构成市场微观结构的多个主题中找准方向。学者们可以把本书视为理解市场微观结构研究多样化的基础，也可以将其作为研究生和本科生金融市场课程的独立或补充教材。他们还可以以本书作为未来研究的跳板。学生们可以将本书作为完成学业的宝贵资源和从事科研项目的基础。监管者和交易所官员可以借助本书涉及的概念和实证研究设计更高质量的市场。最后，图书馆也可将本书作为研究参考进行收藏。

1.2 本书的结构

本书分为五个部分，共包含24章。以下是各章的内容简介。

1.2.1 第一部分：市场微观结构介绍

第2章至第5章分别检验了四种类型金融市场的微观结构：股票市场（第2章）、债券市场（第3章）、衍生工具市场（第4章）和货币市场（第5章）。第6章检验了近期金融危机前后的证券市场监管体系。第7章通过讨论金融市场传染及其对市场微观结构的影响，对引言性章节进行了总结。

第2章：股票市场微观结构

（Nazli Sila Alan，Recep Bildik 和 Robert A.Schwartz）

本章介绍了股票市场微观结构，并对不断演进的微观结构文献进行了综述。在分析了无摩擦市场的两个特点（流动性和股价随机游走）之后，本章又重点介绍了市场的价格发现和数量发现功能。随后，本章特别关注了日内价格波动，并将其作为摩擦环境下衡量市场效率的标准。此外，本章认为，强有力的首次公开发行（IPO）市场对国家经济发展至关重要，并着重强调，为已发行股票建立一个运转良好的二级市场是IPO市场日趋完善的关键。后续的讨论特别关注了伊斯坦布尔证券交易所及其近期对土耳其经济发展的作用。

第3章：欧元区政府债券市场微观结构
（Madhucchand Darbha 和 Alfonso Dufour）

本章强调了股票市场与固定收益市场的相似性和不同点，并概述了欧元区政府债券市场交易和流动性的特点。多数现有研究关注的都是美国市场，而本章为读者呈现出MTS市场的制度细节。MTS市场是欧洲最大的电子交易平台，用于政府债券、准政府债券、资产支持证券和公司固定收益证券的交易。本章介绍了高频固定收益数据的主要特点，以及市场流动性的测度方法。最后，本章还阐明了欧洲各国流动性的差异、流动性如何随着市场结构变化，以及流动性在近期的流动性危机和主权债务危机期间是如何变动的。

第4章：衍生工具市场微观结构发展
（James T. Moser）

衍生工具交易双方在衍生工具市场达成合约。这些合约的定价基础衍生自商品或其他金融资产的价格。市场参与者会在衍生工具合约的定价中加入因能够降低双方违约风险的合约特性以及交易技术运用而产生的成本。本章回顾了涉及三类交易技术微观结构特征的相关文献：卖方减价、公开喊价和电子市场。卖方减价机制基于瓦尔拉斯理论中的理论化市场，为东京谷物交易所采用。公开喊价机制在芝加哥期货交易所已有超过100年的历史。电子市场日益取代传统交易场所。本章检验了各类交易场所的微观结构，对订单处理成本、存货成本以及因信息不对称而产生的成本等进行分析。

第5章：外汇市场微观结构
（Carol Osler 和 Xuhang Wang）

本章描述了外汇市场的结构及微观经济。首先列举了外汇市场的主要参与者和交易工具，重点介绍了20世纪90年代电子交易兴起后随之产生的主要市场机制变革。随后，本章讨论了订单流对汇率、流动性供给、价格发现机制及波动性的影响及其原因。最后得出结论，订单流是汇率回归的重要驱动因素。订单流的影响反映了私人信息以及外汇需求（特别是企业需求）的有限弹性。本章还归纳得出，外汇市场的微观结构与我们已经深入研究的其他市场迥然不同，因此，汇率模型的设计必须十分谨慎。外汇交易者面对的买卖价差由交易策略和对市场力量的考虑决定，而非由逆差选择决定。汇率在非投机性的公司流量和投机性的金融流量的相互作用下确定。因此，微观结构的严格模型必须将上述两点纳入其中。

第6章：金融危机前后的证券市场监管结构
（Donato Masciandaro 和 Marc Quintyn）

证券监管架构的现状如何？近期的金融危机表明，金融服务市场高度混业经营，需要混业监管手段。如何将证券监管融入整个监管设置？基于多个国家监管设置的不断更新的数据库（包括 1998 年至 2010 年间的 102 个国家），本章采用一种新的各部门一体化的指数对这一问题进行分析。此外，本章还采用这一指数对欧盟及美国提出的改革建议进行了评估。

第7章：金融市场传染
（Thadavillil Jithendranathan）

全世界金融市场的一体化程度不断加强。在这个一体化的市场体系中，任何单一市场对这一体系的冲击都会快速地转移至其他市场，从而形成传染。这些冲击的传播渠道是各国间的金融、实体经济和政治联系。本章将检验金融市场传染及其对市场微观结构的影响。在对市场传染事件的实证研究中，经济体间的基本联系无法解释一国至另一国的冲击溢出的强度问题。行为金融理论对这一异常现象做了另一种解释。冲击溢出可以归因于投资者的非理性行为以及羊群效应。有多种方法可以用于对冲击传导的研究。本章讨论了其中的三种：方差比率模型、动态条件相关模型和协整模型。本章最后对近期发生的一些金融市场传染事件进行了归纳。

1.2.2 第二部分：市场体系与设计

第二部分的 5 个章节强调了市场设计与交易协议的重要性。第 8 章是市场结构的概览，第 9 章和第 10 章检验了涉及市场设计的诸多重要问题。第 11 章研究了最小价格变动及其对市场质量和行为的影响。第 12 章探讨了暗池交易及其对市场质量的影响。

第8章：市场体系：概念框架与现实系统
（Massimiliano Marzo）

本章研究了金融市场的市场结构不断演进的潜在逻辑。本章的开篇谈论了不同类型的市场结构及其主要驱动力：交易商和经纪人寻求流动性。本章表明市场结构设计是寻求流动性和交易商寻求存货风险最小化的产物。在本章对存货模型进行了简要介绍。随后，本章参考最新的理论和经验文献的进展，通过对匿名和公开限价指令的分析，讨论了市场的分割与集中。本章有一节内容着重讨论了非常规的或另类交易场所，如暗池，它具有特殊的运行方式，如电子通信网络（ENCs）和智能下单机制。本章最后分析了高频交易对市场结构的潜在影响。这一讨论是以世界主要证券交易所的实践经验为导向的。

第9章：设计交易市场

（Massimiliano Marzo）

本章对与交易活动相关的主要问题进行了讨论。讨论集中在交易方式如何随技术的迅猛发展而不断演进。本章讨论了市场交易机制以及与市场分割不断发挥作用有关的市场演进。除了交易市场设计的讨论外，本章还简要介绍了在交易实践中应用最广泛的主要交易算法。近年来，高频交易已成为交易市场中最为重要的新特点之一，本章特别关注了高频交易利弊分析，同时还讨论了暗池交易在现代市场组织中所扮演的角色。

第10章：市场设计中的现存问题

（Carole Comerton-Forde）

过去20年中，全球股票市场经历了根本性的变化。为了提升交易服务的竞争而进行的监管改革已经使市场出现了显著的分割趋势。新进入者与新技术都推动了交易机制和定价结构的创新。如今高频交易和暗池资金成为市场的主导，这些发展通过增加流动性而推动股票市场。但与此同时，新的挑战也随之而来：如流动性被进一步割裂，交易规模缩小，技术和监管成本增加等。本章探讨了这些变化及其对市场质量的影响。

第11章：百分位报价与离散性

（Brittany Cole 和 Bonnie Van Ness）

金融资产通常基于离散价格设置进行定价。很多市场会设置最小价格变动单位或最小报价单位。美国市场上股票价格最小报价单位最初为1/8美元。1997年最小价格变动单位降至1/16美元。2001年又再次降至以美分（小数）作为最小价格变动单位。其他国家的金融市场也进行了类似的调整。相关文献显示，对最小价格变动单位的调整可能会对市场质量、交易者行为以及做市商的行为产生重大影响。

第12章：暗池交易

（Hans Degryse，Geoffrey Tombeur，Mark Van Achter 和 Gunther Wuyts）

过去几十年中，金融市场的格局发生了重大转变。一些有着截然不同机构设置的市场开始出现，并不断增加市场份额，与传统金融市场比肩而立。在众多表现突出的市场参与者中就包括暗池交易。暗池交易是透明度较低的另类交易系统。将暗池交易作为附加的交易协议引入现有交易市场利弊参半，投资者与监管者需要在此之间寻找平衡。本章回顾了诸多理论和实证的文献，涉及暗池交易、采用暗池交易的原因以及暗池交易对市场质量的影响。本章还对美国和欧洲近期的监管变化进行了讨论。最后对暗池交易的未来发展进行了简要的展望。

1.2.3　第三部分：价格形成与价格发现

本部分共包含5章，检验了资产价格决定的动态过程。第13章讨论了交易成本的构成和决定因素。第14章分析了股票市场和固定收益市场的市场结构，并对二者进行了分析对比。这一章还进一步回顾了市场结构设计的作用的相关文献。第15章关注价格冲击，检验了单一交易中的静态价格冲击与一系列交易中的动态价格冲击之间的不同。第16章探讨了国际资产市场和新兴资产市场的价格发现机制，并进一步探究了如何促进市场上的价格发现机制。第17章检验了金融市场在出现异常剧烈的价格波动水平时对投资者实施保护的特定安全机制，包括熔断机制、价格限制、交易暂停等。

第13章：交易成本的决定因素

（Yu-Chuan Huang）

本章讨论了交易成本的决定因素。交易成本包括三个方面，即显性成本、隐性成本和错失交易的机会成本。显性成本是交易的直接成本，包括佣金、手续费和税收。隐性成本是间接交易成本，包括买卖价差和市场冲击成本。错失交易的机会成本指交易者未能及时提交订单导致的成本。显性成本真实可见，易于测度；但隐性成本和机会成本难以观察，也难以测度。因此，在如何测度隐性成本和机会成本这一问题上存在着很大的分歧。交易成本取决于诸多因素。早期的文献显示，交易活动、交易难度、价格水平以及波动性是主要影响因素。近期研究表明，交易者的投资策略、能力和声望也会对交易成本产生影响。最后，不同的市场机制及法律环境也会影响一国资本市场上的交易成本。

第14章：做市商与流动性

（Frank J. Sensenbrenner）

当前交易以多变的市场结构为特征。本章回顾了股票市场和固定收益市场的主要市场结构，并对二者进行比较。本章还回顾了关于市场结构设计对市场影响的相关文献。市场结构会对证券买卖与证券价格产生影响，还会在多个方面影响市场参与者的选择，包括交易场所、如何分配订单以实现其目标以及所付费用的构成等。此外，本章还介绍了监管、技术以及交易者偏好对证券市场发展的影响。

第15章：超越内部价差的流动性：交易的价格冲击

（Paul J. Irvine）

本章讨论了价格冲击的概念，重点集中在单一交易中的静态价格冲击与一系列交易中的动态价格冲击的区别。静态价格冲击通常规模较小，但动态价格冲击由于受多次交易的累积作用，可能规模较大。本章提出了价格冲击的测度技术，并对何时适合选择静态或动态价格冲击测度进行了指导。

第16章：国际资产市场和新兴资产市场的价格发现

（Yiuman Tse 和 Michael Williams）

资产市场的一个重要职能就是将来自不同渠道的信息汇总，最终反映在一个价格上。然而，那些负责汇总信息确定价格的人可能会更偏好某个市场，使该市场的价格发现过程更加有效。同时，当多个市场对相同的资产进行交易或是基于相同的信息进行交易时，知情交易者和不知情交易者可能会更偏好某个市场。受到特别青睐的市场，即知情交易者与不知情交易者之比最大的市场，很有可能是在相互促进共享价格发现中处于支配地位的市场。本章讨论了国际及新兴资产市场的价格发现，通过回顾现有文献，就如何促进市场的价格发现这一问题得出了一致结论。

第17章：抑制波动：熔断机制、价格限制机制与交易暂停机制

（David Abad 和 Roberto Pascual）

本章探索了在市场波动过大时，金融市场中采取的保护投资者的特定安全机制。这些所谓的熔断机制通过打断持续交易时段（交易暂停）或限制每个交易时段的累计价格变化（涨跌幅限制），改变了受干扰资产的常规交易条件。熔断机制面临很大争议，在最近的金融危机之后，这一问题已成为诸多学者、从业者和监管者热议的问题。本章关注了熔断机制的支持方和反对方的主要观点，总结了与此相关的实证证据，指出了研究者分析熔断机制时所面临的共同局限，并提出在未来研究中最具前景的研究领域。

1.2.4 第四部分：交易成本、择时成本和信息披露

本部分重点讨论了交易成本、择时成本以及交易成本对投资回报和执行方式的影响。本部分还检验了市场信息、交易前后的透明度（市场参与者观测交易过程信息的能力）以及信息对市场参与者行为的影响。本部分共包含3章。

第18章调查了有组织的证券交易所中与买卖证券相关的交易成本，包括佣金费用和买卖价差成本。第19章介绍了限价订单交易市场中交易前与交易后的透明度。第20章作为本部分的总结，讨论了关于市场透明度和信息披露的实验研究。

第18章：买卖价差、佣金和其他成本
（Thanos Verousis）

本章检验了有组织的证券交易所，如纽约证券交易所中与买卖证券相关的交易成本。成本分为由交易所决定的佣金费用以及由市场参与者决定的买卖价差。买卖价差由三部分组成：（1）与提供流动性的成本有关的订单处理成本；（2）由短期订单失衡引起的存货成本；（3）与知情交易者进行交易的成本有关的逆向选择成本。在发达市场中，买卖价差与佣金费用都处于极低水平，这促使算法交易大规模发展，交易规模大幅上升。相比之下，新兴市场的交易成本远高于发达市场。市场资本化与流动性差异可以部分地解释世界各地交易所交易成本的变动性。除了交易所特有的差异之外，市场结构也是导致交易成本变动的一个因素。

第19章：交易前和交易后透明度
（Stephen G. Sapp 和 Ingrid Lo）

金融市场上之所以会出现交易，是因为市场参与者所掌握的信息不同，对流动性的需求也不同。因此，信息对于金融市场的运行和质量至关重要。本章对现有文献进行综述，归纳了限价订单市场中交易前与交易后不同程度、不同类型的透明度所导致的成本和带来的收益。特别需要注意的是，本章分别讨论了将订单中不同类型的信息（如订单类型、订单规模、订单的时间选择以及交易者的身份等）进行公开，分别提高交易前与交易后的透明度所产生的利弊。

第20章：有关透明度和信息披露的实证与实验研究
（Arie E. Gozluklu）

市场透明度是市场设计的一个必需的环节。为市场参与者和监管者提供更高透明度，从而产生更加深远的影响究竟是利是弊，现有文献就此呈现出截然不同的观点。市场微观结构理论为政策制定者提供了重要的但又往往相互矛盾的见解。因此，实证和实验检验将指引透明度政策。本章提供了有关市场透明度和信息披露的实证和实验研究的调查和整合。讨论了市场质量范畴内的透明度和交易披露的多个方面，着眼于实证和实验研究作为前述章节的补充。

1.2.5　第五部分：新兴市场的微观结构问题

本书的最后一部分集中讨论了新兴市场中与市场微观结构相关的问题，共5章。第21章介绍了一项对新兴市场的市场有效性的研究，以及市场有效性如何与市场微观结构相联系。第22章综合了对股票市场流动性及其与金融危机之间关系的讨论。同时，本章对1997—1998年亚洲金融危机和最近的2007—2008年全球金融危机期间的流动性进行了调查并提供了证据。第23章探讨了由于导致新兴市场交易成本较高的各种因素，以及降低成本的方法。第24章的重点是新欧盟的中东欧新兴市场的价格行为，进一步说明了宏观经济新闻公告和价格跳升对价格行为的影响。第25章关注了高速发展的非洲市场的市场微观结构问题。这些问题包括价格形成与价格发现、市场结构与市场设计以及信息与信息披露。

第21章：新兴市场的股票市场效率和市场微观结构

（Parvez Ahmed）

本章检验了新兴市场中市场有效性的理论与实践。市场有效性是金融经济学最基本的原则。无套利机会是有效市场的根本特征之一。市场有效性有赖于市场微观结构。交易成本和低成本传输信息都属于影响市场有效性的结构性因素。本章对新兴股票市场的市场有效性实证证据进行了归纳总结。无偏股票价格有助于改进公司治理。证券市场的高波动性在增加资本成本的同时，对投资者而言也是一个威胁。资本市场的流动性同样很重要，因为它可以让储蓄者在不影响股票价格的情况下快速对资产进行买卖。

第22章：流动性和亚洲股票市场危机

（Charlie Charoenwong，David K. Ding和Yung Chiang Yang）

本章讨论了股票市场的流动性及其与金融危机的关系。首先对流动性进行定义，并解释了流动性的测度，随后探讨了流动性的影响因素。本章还对11个亚洲国家的流动性进行了分析。基于时间序列分析的实证结果表明，1997—1998年亚洲金融危机和2007—2008年全球金融危机期间，股票市场流动性均出现大幅下降。多元回归结果表明，市场大幅衰退后，股票流动性及交易活跃性均会下降。韩国和台湾地区的股票流动性受市场衰退影响巨大，新加坡则最小。这些结果显示，以成交量衡量的股票交易会随市场大幅衰退而减缓。反过来，这会影响经检验国家的交易活跃性，特别是韩国和中国，但新加坡和日本所受影响最小。

第23章：新兴市场的交易成本与执行策略

（Mark Humphery-Jenner 和 Eliza Wu）

本章对新兴市场中的高额交易成本进行了讨论，并对降低交易成本的方式进行了探索。由于交投疏落、监管不力、直接市场准入或算法交易受限等原因，造成新兴市场的交易成本偏高。在构建或重组投资组合或者执行一笔交易时，投资组合经理或交易者必须考虑这些成本。本章提供了几种进行大额交易时降低交易成本的方式。本章还讨论了投资组合经理采取何种方法对可能出现高额交易成本的投资组合进行重组。

第24章：新兴市场在信息到达期间的盘中价格表现

（Jan Hanousek，Evžen Kočenda 和 Jan Novotný）

本章介绍了新欧盟中的中东欧新兴市场中的宏观经济新闻公告和价格跳升对价格行为的影响。虽然现有文献广泛讨论了投资回报和新闻公告之间的关系，但是对新闻公告是否会导致新兴市场价格剧烈变动这一问题尚未有定论。本章提出了新的实证证据，证明新兴欧盟市场对新闻公告确有回应，但有一定时滞；外国宏观经济新闻是导致价格跳升的主要原因。还发现了来自欧盟和美国的价格跳升正在明显转移。尽管新兴市场是欧盟不可分割的部分，但美国市场对其影响却更为显著，特别是控制溢出效应时。美国投资者参与这些市场可以解释这一结果。

第25章：非洲股票市场的微观结构

（Sabur Mollah 和 Abul Hassan）

市场微观结构一直都是金融领域内令人感兴趣的话题。本章探究了非洲市场的主要微观结构问题，包括价格形成和发现机制、市场结构及设计，以及信息和信息披露等。非洲市场上金融资产价格发现过程的无效性是显而易见的，这是因为市场上的流动性不足破坏了价格发现过程。非洲市场的信息披露质量较差，某些企业甚至规避对必要信息的披露。市场监管和法律制度的质量对非洲股票市场的深度和有效性产生了负面影响。此类市场亟需技术手段和监管手段，用以提高信息流的充分性、促进交易机制并完善监管体系。

1.3　总结和结论

在过去的几十年间，金融市场经历了根本性的剧烈变革。由于新的交易市场建立、其他市场或被兼并或者转型，即使是漫不经心的观察者也能指出金融市场的不断变化。并不令人吃惊的是，把金融资产从一个投资者转让给另一投资者的过程已经发生了改变。为了与技术进步、新的监管、竞争、全球化以及投资者不断变化的偏好保持同步，市场微观结构处于不断演变的过程中。例如，出现了新的利用计算机更快处理速度的交易策略。监管制度改革试图提高交易服务的竞争性，同时控制高频效益的增长和影响。由于竞争加剧，全球的证券交易所掀起并购浪潮。金融危机的全球性传染效应迫使交易所采取必要的措施来限制其影响。这样的变革在带来益处的同时，也给投资者带来了巨大挑战。市场微观结构的变动会产生诸多影响，包括对交易成本和证券价格短期行为的影响。

由于出现了不同的机构设置，市场微观结构的主体已经变得更加复杂。向市场提交买卖金融资产的订单转化为交易并形成交易价格的过程既非统一，也非简单。鉴于股票、债券、衍生工具和货币市场有明显区别，这一点尤其如此。这些区别表明，在设计市场或监管市场的过程中，一刀切的方法显然行不通。本书试图在这错综复杂情形之中为读者指引并提供一个能够更好理解市场是如何运行的思路。尽管有许多研究可以帮助我们理解交易以及金融市场，但需要解释的疑惑依然存在。例如，金融资产交易机制广泛多样化的基本原理尚不清楚。

Harris（2003）所说的市场令人着迷，至今仍是如此。祝读者阅读《新兴市场与发达市场的微观结构》一书愉快。在阅读的过程中，请记住一句日本的名言"即使你的旅程走完了95%，也只是完成了一半而已"。由于市场微观结构处于不断演进之中，因此对其的研究没有终点。尽管如此，这不会阻止你向前的步伐。这一漫长的研究之旅需要脚踏实地，让我们一起努力。

作者简介

H. 肯特·贝克是美利坚大学 Kogod 商学院金融学教授，贝克教授撰写并编辑了19部著作。他近期在牛津大学出版社出版的专著包括《投资组合理论与管理》（2013）、《国际金融：一项调查》（2013）以及《公司金融的调查研究》（2011）。在约翰·威立父子公司合作出版的专著包括《另类投资——工具、绩效、基准与策略》（2013）以及《金融和投资的社会责任——金融机构、公司、投资者与活动家》（2012）。作为一名成果丰硕的金融学者，他发表了150余篇同行评审的论文，刊发的期刊杂志包括 *Journal of Finance*，*Journal of*

Finance and Quantitative Analysis，*Financial Management*，*Financial Analysts Journal*，*Journal of Portfolio Management*，*Harvard Business Review*。他拥有在超过 100 个组织从事咨询和培训工作的经历，供职于 7 家编辑部。贝克教授在乔治敦大学获得工商管理学士学位；在马里兰大学获得教育学硕士学位、工商管理硕士学位和工商管理博士学位；在美利坚大学获得一个文学硕士学位、一个理学硕士学位，以及两个博士学位。同时，他还拥有注册金融分析师和注册管理会计师资格。

哈利尔·基默兹是罗林斯学院 Crummer 商学研究生院美国银行金融学教授。他曾在比尔肯大学、休斯顿大学清湖分校、依玛德克大学、华东理工大学、哥本哈根商学院和卡迪尔哈斯大学任职。基默兹教授在学术期刊上发表了 60 余篇论文，并与人合编两部著作。他的研究成果还出现在 *Journal of Banking and Finance*，*Financial Review*，*Global Finance Journal*，*Journal of Applied Finance*，*Journal of Economics and Finance*，*Review of Financial Economics*，*Quarterly Journal of Business and Economics*。基默兹教授还供职于多家刊物的编辑部，是 *International Journal of Emerging Markets* 的区域编辑。基默兹教授拥有在多个政府和公共组织从事咨询和培训工作的经历，如土耳其中央银行、银行家协会以及 Stalla。基默兹教授在土耳其乌鲁达大学获得理学学士学位，在新奥尔良大学获得工商管理硕士学位、文学硕士学位以及博士学位。

参考文献

Bruner, Robert, Robert Conroy, Javier Estrada, Mark Kritzman, and Wei Li. 2002. "Introduction to Valuation in Emerging Markets. "*Emerging Markets Review* 3:4,310-324.

Comerton-Forde, Carole, and James Rydge. 2004. *A Review of Stock Market Microstructure.* Sydney:SIRCA.

De Jong, Frank, and Barbara Rindi. 2009. *The Microstructure of Financial Markets.* Cambridge:Cambridge University Press.

Harris, Lawrence. 2003. *Trading and Exchanges, Market Microstructure for Practitioners.* Oxford:Oxford University Press.

Hasbrouck, Joel. 2007. *Empirical Market Microstructure: The Institutions, Economics, and Econometrics of Securities Trading.* Oxford:Oxford University Press.

Lyons, Richard K. 2001. *The Microstructure Approach to Exchang Rates.* Cambridge, MA: MIT Press.

Madhavan, Ananth. 2000. "Market Microstructure:A Survey. "*Journal of Financial Markets* 3:3,205-258.

O'Hara, Maureen. 1995. *Market Microstructure Theory.* Oxford:Balckwell.

Schmidt, Anatoly B. 2011. *Financial Markets and Trading:An Introduction to Market Microstructure and Trading Strategies.* Hoboken, NJ:Wiley Finance.

Stoll, Hans R. 2003. "Market Microstructure "In Ggorgo M. Constantinides, Milton Harris, and René M. Stulz, eds. *Handbook of the Economics of Finance*(vol. 1, part 1),553-604. Amsterdam:Elsevier.

Vives, Xavier. 2008. *Information and Learning in Markets:The Impact of Market Microstructure.* Princeton and Oxford:Princeton University Press.

第2章 股票市场微观结构

NAZLI SILA ALAN

纽约市立大学柏鲁克分校杰克林商学院博士生

RECEP BILDIK

博士，伊斯坦布尔证券交易所业务开发与营销部总监

ROBERT A. SCHWARTZ

纽约市立大学柏鲁克分校杰克林商学院金融学

Marvin M.Speisor 讲座教授，学校杰出教授

2.1 引言

股票市场微观结构是金融经济学中相对较新的研究领域，它主要研究股票买卖订单提交至市场并形成交易和交易价格的过程。由于涉及中介机构、电子技术以及详细的规则，这一过程并不简单。在市场中执行其投资组合策略的交易者的交易决策同样不简单。并未明确说明的是，在标准的金融学和经济学分析中，市场通常被假设为一个完全流动、无摩擦的环境，一般不考虑现实世界中市场的复杂性。

完全流动和无摩擦市场的假设简化了建模和课堂讨论的复杂程度，如作为现代资产组合理论基石的资本资产定价模型（CAPM）。CAPM假设：可以在无风险利率水平下无限制地借贷资金；持股量和股票价格持续变动；单个投资组合包含的股票数量不受限制；所有投资者拥有相同的信息并且形成相同的（同质的）预期；任何投资者都不足以影响股票价格。在这样的市场环境下，股票价格和预期收益率只与一个变量相关：股票的β系数，它用以衡量系统性

风险（即股票与市场组合的同向变化）。

　　然而，在现实世界中，无摩擦的市场环境并不存在。相反，在市场中，中介机构（经纪人和交易商）、设备（如电脑等）、耐心（交易无法即时达成），以及规定如何处理订单并形成交易的规则手册是非常必要的。此外，大型机构投资者的订单大到足以影响市场价格。所有这些都表明交易成本是存在的，如何构建一个包含这些成本的市场是一个精妙而又复杂的挑战。对于所有国家，无论是新兴市场国家还是发达国家，迎接这一挑战至关重要。结构不合理的市场会导致市场参与者的交易成本增高，公众客户参与热情下降，上市公司股票价值下降，公开上市公司减少，最终降低一国的经济增长率。

　　微观结构的相关文献强调了这些问题，它起源于20世纪70年代复杂而神秘的美国股票市场。今天，文献被应用到更大范围的新兴市场和发达市场。本章回顾了市场微观结构的相关文献，考虑了市场质量（重点强调了作为市场质量测度标准的日内价格波动性），并描述了新兴市场国家土耳其现在的进步。在发展证券交易所的同时，土耳其还对一个重要目标给予特别关注：促进土耳其公司上市，进行首次公开发行（IPO），在本国交易所挂牌交易。

　　本章结构如下，第一部分对无摩擦股票市场进行概述，重点是无摩擦市场的两个特点：完全流动性以及股票价格随机游走。第二部分转向有摩擦市场并介绍股票市场的微观结构，研究聚焦在市场运行上。这样，本章就将注意力集中在市场的价格发现和总量发现功能上。接下来，本章对不断发展的微观市场文献进行了综述。在有摩擦的市场中，市场的有效性非常重要。因此，本章接下来的部分，重点关注了作为市场效率测度标准的日内价格波动性。此后的部分主要强调已发行股票进行交易的二级市场的必要性。其功能对于在新股发行的一级市场上筹集资本非常重要。这一讨论重点关注了伊斯坦布尔证券交易所（ISE）及其对土耳其经济发展的贡献。最后一部分是总结和结论。

2.2　无摩擦市场观察

　　正如前文所述，无摩擦股票市场的两个关键特点就是完全流动性和股票价格随机游走。本节将从这两个概念开始。

2.2.1　流动性

　　尽管很难精准界定，流动性通常被理解为在合理时间，以合理价格买入或卖出合理数量股票的能力。可能有人会问，什么是"合理"？在CAPM的框架下，合理就是指价格会随着新信息及时调整，永远准确；交易以零交易成本即时达成；并且由于交易者都是微小的个体，因此可以达成任何他们想要的交易数量，且不会影响市场价格。

2.2.2　随机游走

简单来说，随机游走是完全流动性和有效市场的产物。当股价完全反映了所有当前信息时（完全有效市场的一个特性），只有出现全新信息时股价才会变动。然而，根据定义，全新信息是无法被预测的。如果新信息无法被预测，那就没有人可以从股价变动中获利，因此股价服从随机游走。将逻辑反过来，股价的不可预测性是有效市场的特性，评估股价是否服从随机游走可以检验市场的有效性。

在这种完全流动性、完全有效、随机游走的市场中，CAPM模型刻画了价格的决定以及不同资产间的预期收益率分布，这些资产只有一个要素不同，那就是CAPM衡量不可分散（系统性）风险的β系数。在该模型中，市场和交易并不发挥作用，即无需费力和成本，投资者（具有同质预期）就可以持有最优的投资组合，价格总是处于均衡价值，且均衡价值随机游走。

这种描述和现实的市场有多大的不同呢？现实的市场充斥着众多复杂的基础信息，异质的投资者预期，一系列的交易成本，出现新信息后发现均衡价值的挑战，等等。其结果就是现实的市场既不是完全流动的，也不是完全有效的。随着高频数据的出现，现有研究可以更清晰地表明在有摩擦环境中股价并不是随机游走的。理解这些事实是股票市场微观结构的一个重要挑战。只有认识市场过程的复杂性，才能更好地理解市场结构对市场效率的重要性。

2.3　股票市场微观结构：摩擦市场分析

投资决策是通过向市场发送买入和卖出订单得以实施的，订单在市场中进行匹配并形成交易。股票市场微观结构直接聚焦于投资决定的执行。如Francioni，Hazarika，Reck和Schwartz（2008，p.57）所述，执行过程"……将投资组合经理最关心的有关股票估价的基础信息与市场中形成的价格和成交量连接起来，而连接质量则取决于一个证券市场的规则、程序和设施，以及市场运行的监管和竞争环境"。

执行过程的微观结构分析包括以下几个方面：（1）构建市场结构；（2）制定交易策略；（3）测试市场的效率；（4）理解新信息转化为证券价格的过程。

鉴于微观结构的焦点是市场运行，理解市场功能非常重要。简单而言，市场（真实的或虚拟的）就是买方和卖方集合并交易的场所。进一步来看，市场的功能就是发现两点：价格和数量。传统的经济学理论认为，在一个竞争的市场中，价格和数量同时被发现。在以价格为纵轴，数量为横轴的坐标系中，最优的价格和数量形成于市场的需求曲线和供给曲线的交点。但在现实市场中并非如此简单。就如股票市场那样，现实市场的价格发现和数量发现绝非一个简单的过程。

进行已上市股票交易的设施通常是一个持续的、订单驱动的、限价订单簿平台。在这一环境下，交易达成时股票价格得以确定，其结果取决于交易者提交的订单。订单的提交则基于交易者预期的结果以及订单被处理的方式，而后者取决于特定市场的订单处理规则（即价格优先原则，是否允许穿价成交，以及第二个优先原则，时间优先，同等时间条件下数量优先，同等数量条件下按比例执行）。其他考虑因素包括接受订单的特定类型（标准限价和市价订单、全或无订单、全数执行或立刻取消委托订单）、透明性规则（显示订单簿中有多少偏离最优买卖报价），以及中介（经纪人和做市商）。其他的结构选择还包括报价驱动市场、集合竞价以及各种类型的大宗交易系统。

通过交易平台，市场参与者可以使用通信网络。通信网络用于传播股票价值的潜在决定因素、订单提交过程，以及交易信息（报价、成交价格、成交量）披露方式等公共信息。市场参与者获取这些相关信息的时效性和公平性至关重要。

对于股票市场微观结构的分析强调市场的基本经济功能（价格和数量发现）以及市场的架构（所用交易设备及所提供通信网络的质量）。但微观市场结构的相关文献要比至此所讨论的内容更为广泛和具体。下一节将从更高视角回顾该理论文献的出现和发展。下节资料来源于 Francioni, Hazarika, Reck 和 Schwartz（2008，2010）。

2.4　微观结构文献简述

尽管微观结构这个术语近年才被创造出来，但在 20 世纪 70 年代，证券交易委员会机构《投资者报告》（1971）发布后，微观结构文献就开始出现了。

受该报告影响，早期文献更多地关注交易商和特约交易商的操作和盈利能力。中介机构提供的服务被认为具有即时性（在交易日内任何时间快速成交的能力），买卖价差被认为是做市商提供即时性服务所收取的费用。关键的问题是市场中是否有充分的竞争，以保证中介机构的利润处于合理的水平（答案大多是否定的）。显然，这些早期文献促进了交易商定价模型的发展，为微观结构的进一步研究奠定了基础。

关于交易商的文献主要沿两个脉络发展：基于存货的模型和基于信息不对称的模型。在第一类模型中，金融经济学家认为报价的设定是基于交易商的存货控制，即当交易商持有不合意的多头时会降低报价，持有不合意的空头时会提高报价。在第二类研究中，金融经济学家认为报价的设定是基于交易商的信息成本控制，即交易商在与拥有做市商未知信息的市场参与者进行交易时所产生的成本。信息不对称模型的出现极大地扩展和深化了微观结构的研究。

不对称交易商的研究还促进了另一重要发展：为了交易商市场的发展，市场中必须同时包括流动性交易者和知情交易者。原因很简单，在这些研究文献中，金融经济学家假设知情交易者具有同质预期。具有同质预期的知情交易者互相之间不会进行交易，他们只会与不知情的中介机构进行交易。但是很显然，中介机构无法在一个都是知情交易者的市场中获利。在与知情交易者交易时，中介机构总是会亏损。因此，做市商需要流动性交易者的存在（由其自身特殊现金流驱动进行交易的市场参与者），这样才能用与流动性交易者交易时获得的利润来抵补与知情交易者交易时所承担的成本。这些文献还提出噪音交易者对于市场稳定是非常必要的。噪音交易者是那些基于价格变动进行交易的市场参与者，这些价格变动似乎包含了可利用的信息，但实际上并没有。

由此，微观结构研究经历了重大发展，其中较为重要的包括对以下内容的分析：

- 订单驱动和报价驱动市场
- 定期集合竞价交易（在集合竞价交易中大量订单成批在同一时间，以同一价格被同时执行）与连续竞价交易（当一个买入订单与一个卖出订单价格匹配时交易随即达成）
- 技术的发展，特别是电子交易的出现
- 市场特性，如透明度、跨越另类交易系统订单流的合并与分割
- 市场质量特征，如买卖价差的大小、市场冲击成本、日内收益自相关性

以及日内价格波动性

- 用于评估市场质量并将价格变动分解为反映信息的有效价格变动和微观结构噪音的计量经济学技术
- 一系列国际市场
- 作为市场属性和预期收益决定因素的流动性

近来，相关文献开始关注股权市场的另一个现实情况，即投资者持有异质性的预期。正如前文所述，同质性预期的环境更易于进行分析，但该假设显然不符合现实，并且会抑制一些从微观结构视角来说非常重要的问题，特别是市场的价格发现功能以及加剧的日内价格波动已经被明确地纳入相关研究。

学术界对不同预期范式的反对，尽管在逐渐减少，但众多金融经济学家依旧持反对意见。正如前文所述，在很多应用中，同质性预期是一个非常简化的假设。如果给定相同的信息，理性决策者会以相同的方式解释信息，并由此得出相同的结论，在这种情况下，同质性预期被认为是现实的。但是如前所述，考虑到现实世界中信息的规模和复杂性，没有人能够完全理解所有信息，不同分析者的预期也就不同了。因为对于这一点有了初步的认识，最近出现了私人信息的概念。

评估股票价值时必须处理公开信息。分析者以其独特的方式处理公开信息从而得到私人信息。例如，通过购买一个特定产品的门店销售额数据，并用时间序列回归分析预测该产品未来的销售额和盈利性，就可以得到私人信息。信息是私人的和预期是不同的只有细微的差别。对两者来说，参与者之间的估价不同，只有在市场中才能实现价格发现。这一事实明确地说明了股票市场的经济功能，最重要的就是价格发现功能。

关键的是，在预期不同的环境中，股票没有唯一确定的内在价值。为何如此？举个简单的例子，看跌的市场参与者将一只股票估价为每股35美元，而看涨的市场参与者估价为每股40美元。那股票的内在价值是35美元还是40美元呢？两者都不是，因为内在价值的概念并不适用。那是否存在一个均衡价值呢？是的，均衡价值是存在的，但是它只能在市场中，以看涨和看跌方之间的比例和成交规模以及这两类参与者所提交的订单为基础形成。

接下来，关注的焦点从价格发现转移到对加剧的日内价格波动的讨论。非常关键的一点是，在预期不同的环境中，价格发现是一个复杂、持久的过程，导致交易价格普遍背离均衡价值。因此，即使没有买卖价差和市场冲击效应，股价也不是随机游走的。随着信息发生变化，价格有时会调整不足；有时会超调，随后再回复到新的均衡价值。本章下一节将关注超调和调整不足之间的关系以及这些不准确的价格调整所包含的收益自相关性。

经验结果一致表明日内价格波动主要呈负自相关（Schwartz 和 Whitcomb 1977，1979），这种负自相关加剧了日内价格波动（Hasbrouck 和 Schwartz 1988；Ozenbas，Pagano 和 Schwartz 2010；Pagano，Peng 和 Schwartz 2013）。加剧的波动性在市场开盘时很明显，此时正是经过一夜的收盘后价格发现受到挑战的时候。本章下一节关注日内价格波动性并将其作为对市场质量的测度。

2.5　日内价格波动性：市场质量的测度

无摩擦市场是一个投资者一直努力去实现却永远也无法完全达到的理想世界。在现实世界的金融市场中，摩擦带来了交易成本，包括显性成本，如佣金和交易费用，以及隐性成本，如买卖价差和市场冲击。摩擦还会导致在价格发现中出现误差。这些事实都会共同反映在加剧的日内价格波动上。因此，本节讨论的重点就是作为市场效率测度标准的日内价格波动性。在此将重点关注交易的前半个小时，从价格发现视角来看，这是一个交易日内最具挑战性的时间段。

本节首先解释了为何加剧的日内价格波动性是市场有效性（无效性）的标志。Schwartz 和 Whitcomb（1979）最早提出，在一个完全有效、随机游走的市场中，短期（如半小时）波动以一种特殊的方式与长期（如一个交易日）波动相关。此后，Hasbrouck 和 Schwartz（1988）基于这种相关关系，运用比较分析，对纽约证券交易所（NYSE）和美国证券交易所（AMEX）以及纳斯达克（NASDAQ）的市场效率进行评估。

假设价格变动独立同分布（i.i.d），方程 2.1 描述了短期和长期波动性之间的关系：

$$Var(R_L) = T \times Var(R_S) \tag{2.1}$$

其中，R_L 表示一个较长时间间隔 L 内收益的对数（如从开盘至收盘的收益），T 表示在一个较长时期内短期间隔的期数（如一个为期 6.5 小时的交易日内有 13 个半小时的间隔），R_S 表示一个较短时间间隔 S 内收益的对数（如前半小时的收益）。该方程表明，在一个完全有效、随机游走的环境中，股价的波动性随着 T（或随着所测度时间间隔的长度）呈线性增长。

如果放松市场完全有效和随机游走的假设，就要对短期收益的自协方差加以考虑。现在，根据 Hasbrouck 和 Schwartz（1988），时间变化方程可以写作：

$$Var(R_L) = T\,Var(R_S) + 2\sum_{s=1}^{T-1}Cov(R_{S,1}, R_{S,1+s}) \tag{2.2}$$

其中，Cov（$R_{S,1}$, $R_{S,1+s}$）表示分为 s 期的短期收益的自协方差，s=1，…，T-1。如果协方差项之和为负，那么 Var（R_L）<$T×Var$（R_S）。由于协方差项主要表示短期收益的相关性，该不等式可以被视为并非 Var（R_L）被抑制，而是 Var（R_S）被加剧了。

由于协方差项主要与前述的三个因素——买卖价差、市场冲击成本以及价格发现误差——有关，其中每个因素都会引起价格向均值回归，因此收益呈负的自相关（Schwartz 和 Francioni 2004）。也就是说，在买卖报价之间跳动的价格转化为呈负自相关的收益，这样价格在经过一个大的买入或卖出订单的推上或拉下后，将回归之前的值。

价格发现误差的效应则更为不确定。向新均衡值调整不足的价格会导致正的收益自相关，而向新均衡值超调的价格变动则会导致负的收益自相关。需要注意的是，超调和调整不足可能会同时发生。例如，随着利好消息的出现，价格呈向上趋势伴随一系列正收益（正的一阶自相关），出现向新均衡值的过度调整，然后伴随一系列负收益下行回归新均衡值（也是正的一阶自相关）。但由于这种逆转，一段时间的价格上涨会伴随着一段时间的价格下降，即导致负的高阶收益自相关。经验证据表明，收益波动性的加剧在开盘后的前半小时尤其突出（Ozenbas 等 2010；Pagano，Peng 和 Schwartz 2013）。该结论与一阶及高阶收益自相关显著为负的共同影响相一致。这主要归因于价格发现的复杂性，特别是在交易日最具挑战性的开盘时段。

2.5.1 波动性加剧与U形日内模式

大量的文献论及日内波动性加剧问题。除 Hasbrouck 和 Schwartz（1988）外，还有一些更新的研究探讨了加剧的短期波动性及其与执行成本的联系，这些研究包括：Lo 和 MacKinlay（1988），Fleming 和 Remolona（1999），Stoll（2000），以及 Bessembinde 和 Rath（2008）。

其他一些研究，包括 McInish 和 Wood（1984），对个股的日内收益与市场指数之间的领先—滞后关系进行了实时分析。研究结果表明日内收益呈 U形。同样，Wood，McInish 和 Ord（1985）运用大量 NYSE 的股票交易数据，发现交易日内的指数收益率变动也基本呈 U 形。McInish 和 Wood（1990）进一步观察到，股票间的分钟内收益的方差在交易日开始和结束时要比其间间隔的数小时高。Kim，Lockwood和McInish（1998）发现日内股票的β系数也呈相似的U形日内模式。

通过对比两个美国市场（NYSE和NASDAQ）和三个非美国市场（伦敦证券交易所、巴黎泛欧交易所和德意志证券交易所），Ozenbas，Schwartz和Wood（2002）发现U形日内波动模式在美国和非美国市场都适用。Ozenbas，Pagano和Schwartz（2010）主要关注NYSE、NASDAQ和伦敦证券交易所，该研究将分析扩展至中小盘股，进一步证实了这一结论。

Paroush，Schwartz和Wolf（2010）提出一个对U形日内模式的解释。他们认为交易价格受到价格发现误差干扰，这种误差转化为加剧的波动性，特别是在市场开盘时。Pagano，Peng和Schwartz（2013）使用股票市场的收益数据评估了开盘和收盘的波动性。他们发现2004年NASDAQ引进的开盘和收盘集合竞价降低了波动性，从而说明这种波动性在很大程度上归因于噪音价格发现。

由于价格发现是一个复杂持久的过程，它需要市场参与者之间的大量协调。价格发现的质量与市场结构直接相关，因为市场结构决定了参与者的订单如何协调并转化为交易。这个逻辑反过来就是，市场结构会影响价格波动性的发现意味着，这种波动性至少在某种程度上归因于价格发现是一个噪音过程。Pagano等（2013）关于NASDAQ引入集合竞价后开盘和收盘波动性降低的发现显然支持了这一假设。

市场的开盘和收盘要比交易中间时段压力更大，见表2-1。价格发现的准确性在市场开盘时受到的挑战最大，因为此时信息集合经过一夜的变化后将形成新的股票价值。在市场收盘时，价格同样会被扰乱，此时参与者为了完成他们的订单和平衡投资组合而倍感压力。价格发现中的这两个干扰因素导致了加剧的波动性。因此，进行研究时应仔细关注交易日开盘和收盘时段。此外，价格发现应成为市场微观结构文献中的重要主题。遗憾的是，迄今为止这并未得到广泛认可。

价格发现在市场微观结构文献中没有得到足够重视，这是因为一个普遍的观点认为拥有相似信息的投资者会形成同质预期，因此股票具有唯一确定的、股票分析师可以发现的内在价值。当这一假设放松，即拥有相似信息的投资者会形成异质预期时，股票不会形成唯一确定的内在价值，均衡价格只有在市场中才能被发现。因此，在异质预期环境中，基于市场的价格发现是非即时、噪音的，噪音转化为加剧的日内价格波动性。

年份	交易所		
	NYSE（%）	NASDAQ（%）	ISE（%）
2000	0.42	1.07	1.69
2005	0.50	0.91	0.98
2010	0.86	0.95	0.93

表2-1 开盘10分钟的价格波动率

注：上表显示的是NYSE、NASDAQ和ISE在2000年、2005年和2010年开盘10分钟的价格波动率，测量方法是先计算每个交易日开始10分钟内最高价与最低价之间差价的百分比，然后计算全年所有交易日的平均值。

2.5.2 NYSE、NASDAQ和ISE的开盘价格波动性

测量日内价格波动性的一个有效方法是观察一个给定时间间隔内价格波动的极值。这样，日内价格波动性可以用给定时间间隔内最高价和最低价之间差价的百分比进行测度。由表2-1可以看出，NYSE的股票在交易日开盘10分钟内的日内价格波动率在过去的10年中增长了一倍多。比较NYSE和美国另一主要证券市场NASDAQ可以看出，NASDAQ的股票开盘价格波动率在历史上一直较高。但在过去10年结束时，NYSE的开盘价格波动率上升至与NASDAQ相近的水平。ISE的价格波动率一直在下降。利用1996年至1999年ISE-100指数的数据，Bildik（2001）发现ISE在上午和下午开盘时的价格波动率都较高。我们可以看到，2000年平均开盘价格波动率是1.69%，到2005年下降到0.98%，到过去10年结束时又进一步降到0.93%。

日内价格波动性演进背后的主要驱动力是技术创新、监管变化，以及在更广泛的市场中可供选择的交易场所之间不断演化的竞争状况，后一点对美国和欧洲市场来说尤其重要。技术进步促进了市场之间的联系，极大地加快了处理订单、转化为交易以及向参与者进行反馈的速度。监管措施和新的电子技术为发展一个价差更小、市场冲击成本更低的快速、高度竞争的市场环境铺平了道路。美国的主要监管包括在1998年颁布的《另类交易市场管理规则》（Reg ATS）和2007年颁布的《国家市场系统管理规则》（Reg NMS）：Reg ATS正式确立经纪商非交易所交易市场为另类交易系统，另类交易系统与交易所一样运作和接受监管；Reg NMS制定了穿价交易规则，进一步鼓励了市场间订单的公平竞争。

因此，很多人认为美国和欧洲市场的市场质量得到了提高。然而，此处的

证据却表明NYSE股票的开盘价格波动率一直在上升，NASDAQ的股票价格波动率则一直维持在相对较高的水平，ISE的价格波动率从非常高的水平下降。为何会出现这些相互矛盾的结果呢？

近年来，美国的市场在三个不同的维度——空间、时间和价格——上出现分割。空间维度是指订单流在多个交易场所之间分割。市场之间的电子化连接把不同的交易场所连接在一起，但是与单一的、合在一起的交易设施相比，其在协调订单和价格发现的准确性上无法实现有效性。

第二个维度是时间分割。在当今这个电子化的市场中，发生交易的速度不断提高，精准测度订单到达时间的能力变得非常强大。过去测度的时间精度达到几秒左右，而现在测度的时间精度达到毫秒。精度较低时，如果大量订单突然到达，订单到达次序难以确定，订单会被集中起来，以集合竞价方式同时执行。当精度较高时，订单到达次序可以更精确地确定，这样就可以像连续交易一样，按次序执行交易。但总而言之，在亚秒级时间间隔里的交易达成次序缺乏经济内容，并且交易的分离在时间上分割了市场。

第三个维度是价格层级的分割。在美国，最小报价单位从1/8美元（12.5美分）减小到1美分导致了价格层级的分割。尽管最小报价单位的减小可以缩小价差，但在最优报价的市场深度降低，并且报价的定位更加不稳定。在当前市场上，闪变的报价很普遍。最小报价单位变得更小，鼓励了参与者在价格/时间优先的交易序列中占位，并且与前两个维度一样，基于大量价格层级的订单分割降低了订单协调的效率。如此，价格层级的分割干扰了价格发现。

我们可以推定，技术和监管的综合效应通过在空间、时间和价格上分割市场，在很大程度上造成了我们所观察到的日内波动性模式的变化。因此，在通过价格效率来评估市场质量时，仅仅考虑佣金、价差和市场冲击成本是不够的。价格发现的质量同样至关重要。既然日内价格波动性的提高可以被视为噪音价格发现的指示器，那么除其他市场质量测度指标外，分析和监控波动性水平是必不可少的。

2.6　通过市场筹集资本

正常运转的股票市场对经济大有裨益。这样的市场是公司长期融资的重要来源，这是因为它们能够有效配置资本、分散风险并降低破产的脆弱性。这些优势使得上市股权成为全球金融体系的重要组成部分。

股票市场通过有效地将资金输送到业绩最好的公司，从而促进经济增长。具有说服力的经验证据表明，如果能够对股东提供强有力的法律保护，那么除银行融资外，包含强有力的资本市场在内的金融体系能够推动更快更稳定的经济增长（Levine 和 Zervos 1998；Beck 和 Levine 2008）。此外，当全球经济仍在竭力从信贷泡沫的破灭中恢复时，无论是通过银行还是资本市场，更多的举债无疑是最不受欢迎的。上市股权分散了公司的所有权，使公司得以从经济衰退中恢复，是一个高效的减震器。相比之下，过高的杠杆则会增加破产的风险，使全球经济更易受到冲击。

本节将聚焦土耳其股票市场的最新发展。近年来，土耳其已成为全世界经济增长最快的国家之一。在 2001 年经历了一场严重的金融危机之后，土耳其进行了作为国际货币基金组织（IMF）救助计划一部分的金融和财政改革。这些改革增强了土耳其的经济基础，将土耳其带入了一个年平均增长率超过 6% 的新时期，并一直持续到 2008 年。

2009 年，全球经济状况和紧缩的财政政策导致土耳其国内生产总值（GDP）出现下降，但监管良好的金融市场和银行体系帮助土耳其平稳地度过了危机。此后，土耳其的 GDP 大幅反弹并保持了强劲增长。土耳其没有一家银行在这场金融危机中破产。

但是另一方面，土耳其仍然依靠不稳定的短期投资为其巨额贸易逆差和资金需求进行融资。即使在 2002 年之后，经济环境开始有利于资本市场发展，土耳其经济仍然存在储蓄问题，这一问题将阻碍未来的市场发展。其储蓄率达到历史最低水平（约 13%），成为经济发展中的致命弱点。

土耳其有着和欧洲大陆类似的银行主导型金融体系。保险业和资本市场相对不发达，银行业的股票价格历来较高，而公司主要依靠债务（贷款）融资来实现发展。土耳其的公司通常都有较高的杠杆率。截至 2012 年 3 月，ISE 的公司（不包括金融业）的股本负债率和资产负债率分别为 119% 和 54%。土耳其最大的 500 家私营公司的资产负债率在 2011 年底达到 58.5%。这使得这些公司很容易受到外部冲击的影响，难以实现较高的长期增长率。公司必须将其资金来源多元化。但遗憾的是，土耳其很多公司并没有意识到资本市场中的其他融资机会。

2.6.1 上市的优势

股权文化可以转化为更强劲的宏观经济，一国民主的质量也会随着非正规经济活动的减少和公司运作的更加透明而得以提升。结果很简单，健康的经济和高质量的民主要求建立一个正规、透明、负责任的体系。因此，上市的优势不仅广泛适用于单个公司，同样适用于宏观经济。下面将介绍上市的7个关键优势。

1）获得资本

对于一家公司而言，在证券交易所公开发行股票募集资金的成本要远低于保持私有和向银行或私人投资者筹资。更低的资本成本鼓励了公司的自然增长和并购。当留存收益和债务融资不足时，IPO是继续发展业务的一个非常好的途径。IPO提供了一个巨大、永久、低成本的融资渠道，并且无需偿还，也没有利息费用负担，这是因为IPO投资者所寻求的是投资增值和分红。除其他方面外，上市还提供了一家公司的公开估值，这使得公司可以通过提供股票而非现金进行并购。

2）改善债务融资条件

能够在获得认可的证券交易所上市的公司被认为更加可靠，特别是在企业透明度低和金融支持不够充分的国家。银行和其他信贷提供者更愿意向更透明的上市公司提供贷款。因此，上市公司可以以更少的抵押、更长的期限、更低的利率获得更多的贷款。

3）创造流动性

上市最重要的好处之一就是公开的市场为公司股票创造了流动性。在有组织的交易所进行股票交易可以使股票买卖快速达成并降低交易成本，从而使股票持有者节省了大量成本。流动性还可以使原始股持有者在二级市场出售其股份。

4）提升公司的公众形象

通过在获得认可的证券交易所上市，一家公司能够获得更广泛、通常更有利的媒体报导，这会提升其产品的曝光度和公众认可度。专业的金融分析师报告涵盖了上市公司的各项活动，这为该公司股票提供了流动性并促进其业务往来。在交易所上市就是一则公司广告，可以提升投资者对其产品和证券的认识。

5）投资组合多样化和控制权变更

投资组合多样化是上市的又一好处。通过上市，一家公司的控股股东可以退出并再投资于其他资产。这对股权集中的家族企业尤为重要。

6）通过市场约束减少代理问题

上市对公司管理加以约束，减少了股东和经理人之间的代理问题。股票价格反映出的信息可以让股东和经理人更好地评估公司业绩。基于市场的公司估值也可以用于制定更有效率的管理层薪酬。股权激励能够鼓励关键员工提高效率并更好地推动公司发展。股东权益分享报酬也提升了雇员的忠诚度，以此留住关键员工。

　　7）制度化和信心的提升

　　IPO过程中的尽职调查必须对一家公司的商业模式进行全面分析。在实施IPO的过程中会出现内部变化，包括组织结构的改变、关键员工的选拔以及对公司效率的全面评估。这些努力会显著地强化公司的沟通体系、管理和控制。在证券交易所上市所必需的程序、标准和法律规则可以进一步提高公司质量。在上市公司经历了严格的法律、财务及公司尽职调查后，股东会更为安心。

2.6.2　ISE对资本筹集的关注和经验

　　伴随着创纪录的经济增长率和强劲的宏观经济指标，土耳其继续巩固其在快速增长的发展中国家中的地位。但是其公司发展和资本市场扩张未能保持同步，这无疑是相较于其他发展中国家的竞争劣势。

　　尽管上市的好处显而易见，但是很多土耳其公司仍未上市。令人惊讶的是，土耳其500强公司中有414家公司和接下来的500家公司中有462家公司没有在ISE上市。截至2010年12月，土耳其的公司超过100万家，其中只有338家上市了。为何会如此？

　　发达国家主要跨国公司的扩张要归功于资本市场的同步发展。在高增长国家，如印度、中国、波兰、墨西哥和印度尼西亚，股票市场的发展表明，要想更具全球竞争力，必须继续发展其资本市场。

　　根据世界交易所联合会（WFE）的数据，2001年有7 000家公司在NYSE上市；在印度，这个数字是1 000。现在10年过去了，印度已经超越美国。截至2011年7月，按照上市公司的数量（6 684），印度证券交易所成为世界上最大的证券交易所。在这10年间增长了542%。同一时期，中国上市公司的数量增加了一倍，达到2 229家。波兰的增长率达到193%。而在土耳其，同一时期（2001—2011）在ISE上市的公司数量仅增长15.7%，达到360家。土耳其上市市场需要大力发展。

　　对于公司而言，为了维持和发展，通过资本市场筹资很重要。然而，土耳其有95%的公司是家族企业。在美国，80%的家族企业在第一代就终结了，16%的家族企业传至第二代，只有4%能够传至第三代。而土耳其的情况则不同，这对土耳其来说是个挑战。

2.6.3　ISE积极推动IPO并注重教育指导

ISE承担起了改善这一不容乐观局面的重任，他们与土耳其资本市场中的其他利益相关者进行合作。一个亮点就是ISE与土耳其资本市场委员会（CMB）联合土耳其商品交易所联合会（TOBB）及土耳其资本市场中介机构协会（TSPAKB）在2008年10月宣布了一项IPO项目。此外，ISE还和大量企业建立了沟通机制，这些企业隶属于28个工商业联合会。

ISE的目标很明确，到2023年，将上市公司的数量提高到1 000家。为了推动这一目标的实现，土耳其出口商协会（TIM）与资本市场机构签署了一项协议，为其会员出口公司提供更多获取资本的途径。该协议向公司提供了更多筹集项目资金和增加全球竞争力的机会。TIM希望更多的融资选择能够改善其会员公司的领导力、股东价值、指导原则、尽职调查、透明度及公司结构。TIM举办了很多研讨会和其他活动，帮助指导其成员了解该协议所提供的融资机会。

2.6.4　私人公司上市的障碍

为了探悉公司是否充分了解上市的好处，并以此找出导致公司对上市犹豫不决的原因，ISE对尚未上市的500家较大规模的公司进行了一项调查。虽然调查结果并未公开，但结果表明很多公司对于在交易所上市的好处缺乏充分的认识。此外，要想劝说这些公司上市，还需有财务激励措施，如税收减免或降低上市总成本（包括承销、审计、挂牌和注册）。上市繁冗的行政流程和复杂的会计准则以及对审计和透明度的要求，都会使公司对上市望而却步。更多的访谈和轶事证据都证实了这些因素对公司上市决策的巨大影响。

基于这些调查结果，ISE与其他利益相关者合作，制定了解决私人公司上市障碍、担忧和要求的路线图。同时，ISE重新检查现有规则以推动和加速公司的公开上市，还将继续修订规则以满足公司的需求。ISE降低了IPO费用，并简化了上市流程。为了促进外国公司在土耳其发行资本市场工具而发布的国外资本市场工具公报也进行了修改。这些改革措施以及强劲的宏观经济增长，使得上市公司的数量大幅上升，并使其发行了大量的私营公司债券、认股权证和担保债券。

2010年，为庆祝成立25周年，ISE将上市费用降低了25%，这一优惠一直持续到2012年底。上市/注册费折扣适用于在ISE全国市场和全国二板市场的首次上市/注册。限制条件是，公司的市值最低要达到1亿土耳其里拉

（约 5 500 万美元），公众持股量不低于 25%。

2010 年举行的 IPO 项目伊斯坦布尔峰会是土耳其首次大规模推动 IPO 的标志性事件。执行委员会委员和来自约 2 000 家未在 ISE 上市的公司领导人受邀出席了会议。提供 IPO 服务的公司、独立的审计公司、律师事务所、国内和国际的私募资本基金、各种公司投资者以及基金也派人员出席了会议。土耳其主要的工商业城市也举办了类似的会议。

ISE 主席和高级管理层访问了那些可能会上市的公司。他们发现这些公司对资本市场和 ISE 有严重的误解。最严重的误解包括一些安纳托利亚的公司误认为 ISE 是伊斯坦布尔的证券交易所，只为伊斯坦布尔的公司服务，而它们不能在那里上市。

2.6.5 ISE IPO 项目的积极成果

2000 年至 2009 年，平均每年有 9 家公司进行 IPO，平均每年募集资金 13 亿美元。在 2010 年和 2011 年，IPO 数量增长了 1 倍多，达到 23 家和 27 家。这表明 IPO 项目取得了积极成果。2012 年上半年有 18 家公司进行了 IPO 并开始在 ISE 进行交易，这表明尽管全球仍笼罩在负面的投资者情绪中，土耳其的 IPO 势头依然保持强劲。

能够满足在 ISE 上市和交易要求的公司股票可以在 ISE 全国主板市场进行交易，除此之外，还有其他的细分市场可以满足不同规模和情况的公司的需求。全国二板市场就服务于那些未能满足全国主板市场上市要求的中小企业（SMEs）。对于那些最初未能满足在全国主板市场上市要求的公司，在全国二板市场上市是迈向全国主板市场的第一步。

此外，为那些达不到 ISE 股票市场要求的中、小、微型企业专门设立了一个新兴企业市场（ECM），并且专门建立了市场咨询机构来支持中小型企业。ECM 的 IPO 和交易成本（由 ISE、CMB 和中央登记中心收取）降低到标准费用的 10%，并且 ISE 一直到 2012 年底才开始收取 ECM 入场费。

2.6.6 投资者偏好

仅仅发展一个一流的交易所市场还远远不够，公众投资者们必须转向该市场并将资金配置到股票投资上来。所谓充足的公众参与不仅要求足够高的国民储蓄率，还要求足够比例的储蓄直接投向股票。对于后者，股权资产需要和其他资产，如银行存款、黄金和不动产进行竞争，股票市场必须培养投资者的意识使其应对这个挑战。为了树立投资者的信心，交易所还需制定规则和制度来保护投资者、提供透明度，确保易于进入并提供充足的流动性。此外，还要为不同规模的公司上市创造多层次市场（产品差异化策略）来吸引散户投资者（Yartey 2008）。

根据 Kshirsagar 和 Tahilyani（2011）的一份报告，在许多新兴市场国家大量的财富仍集中在实物资产（即黄金和不动产）上。土耳其资本市场中介机构协会（TSPAKB 2011）的一项调查显示，土耳其投资者最偏好的投资选择是黄金，接下来是不动产和存款。Lam 和 Pant（2011）对亚洲经济体的调查则显示，超过 60% 的投资者以存款的形式持有储蓄，而非投资于共同基金或股票。土耳其发展部的数据显示全国总储蓄中存款的份额达到 67%，而股票的份额仅占 14%。

在 20 世纪已经形成了一个明显的模式。鲜有例外的是，随着国家变得更加富裕，投资者会更愿意把钱投到具有风险的股票上，以期获得更高的收益。这种情况不仅出现在美国和欧洲，近年来也出现在新加坡、韩国和中国香港。然而，有许多因素共同作用于股票市场的繁荣：保护中小投资者的规则制度、强有力的执行、对公众持股人的责任、上市公司的透明度、股票市场充足的流动性、机构投资者的参与以及散户进入市场的便利性。诸多证据证明了这些影响股票市场发展因素的重要性（Beck，Demirguc-Kunt 和 Levine 2003；La Porta，Lopez-De-Silanes，Shleifer 和 Vishny 1997，1998，2006；Yartey 2008）。

法律框架的质量和资本市场的发展之间存在紧密的联系，投资者保护是监管结构中至关重要的组成部分。只有证券法更为完善，企业家才能在 IPO 时将公司的大部分股份出售给公众。反过来也一样，如果投资者保护不够充分，则会由内部人持有更多的所有权（Stulz 2009）。很明显，不完善的证券法使公司远离公开市场。

如前文所述，ISE 在其他资本市场机构的协作下，不断努力增加上市公司的数量。但是金融危机严重打击了投资者的信心，导致其离开市场。如数据所显示，信任一旦失去就很难恢复。持有股票的投资者数量一直低于 2001 年危机爆发前（根据 ISE 结算和托管银行的数据，大约为 140 万户）。

目前，另一个问题是 ISE 股票公众持股量的近 65% 是由外国投资者持有，这主要是因为国内的需求相对疲软（根据土耳其中央登记机构的数据，本国机构投资者的份额低于 10%）。为了解决这一问题，CMB、ISE 和其他几家机构共同发起了一项投资者教育活动。

提供更好的教育可以巩固投资者基础。TSPAKB（2011）在 2010 年的一项调查表明，公众投资者对投资工具和投资机构缺乏足够的专业知识，也不了解诸如土耳其投资者保护基金这样的投资者保护机制。该调查的目标群体包括现有的投资者、潜在的投资者、大学生、教师和媒体。

CMB 的网站（www.yatirimyapiyorum.org.tr）提供有关金融市场和投资工具的基本信息，以及投资者的投诉流程。ISE 也推出一个类似的网站（www.bilincliyatirimci.org）对公众和投资者进行教育。CMB 和 ISE 还出版了提供投资者教育的小册子，ISE 发起了一项媒体活动来提升投资者信心。一本 TSPAKB 的书籍以通俗易懂的语言向个人投资者介绍资本市场。ISE 官员和 CMB 及 TSPAKB 成员访问了土耳其全国的大学来提高学生和教师的认识。

最后，在新兴市场国家提高储蓄率同样重要。对储蓄实行税收优惠、自动注册的退休计划以及默认分配的变动是提高储蓄的有效方法。在世界银行的支持下，土耳其政府正努力提高储蓄率，这是土耳其政府工作的重中之重。

2.6.7 结语

土耳其是世界上第 16 大经济体，青年人口 7 400 万。尽管最近发生了金融危机，土耳其仍保持相对强劲的宏观经济增长。高通胀时期已经结束，经济得到巨大发展。土耳其已经削减了预算赤字和未偿债务。随着经济和政治稳定性的重建，土耳其资本市场有着良好的前景。在这一有利环境下，投资者偏好和认识都在提高。ISE 对 IPOs 特别关注，不仅是为了使公司通过建立声望和获取资金而受益，更是为了给公众投资者创造一个更具流动性和透明度的市场。

2.7 总结和结论

股票市场微观结构是一个不断发展、涉及多层面的理论。根植于市场结构，这个金融经济学的新领域最初聚焦于做市商的盈利和运作，以及作为存货失衡控制工具的报价设置。一些早期研究还集中于订单驱动市场的运行。

随着早期理论的发展，人们把微观结构和信息经济学联系在一起，使这一新领域获得了巨大发展。金融经济学家认为，在证券交易中，一个驱动市场的事实就是一些参与者比其他人更知情，两组参与者都知道这一点，因此，信息不对称影响了做市商的报价设置以及交易者行为。

如前文所述，标准的信息不对称文献保留了被广泛采纳的假设：具有相同信息的参与者会形成一致（同质）预期。但后来的金融经济学家放宽了同质性预期的假设，将注意力更多地集中在更为现实的模型上，即鉴于现实世界的艰巨性和复杂性，拥有相同信息的参与者会形成不同（异质）预期。

本章强调了这一范式转换的重要性。基于异质预期，可以得出以下结论：（1）股票的内在价值并没有严格界定；（2）市场出清价格只有在以参与者提交的订单为基础的市场中才能被发现；（3）因为价格发现是动态的和非即时的，这一过程中引进了噪音，噪音明显加剧了超短期价格的波动性，特别是市场开盘时（如交易的前半个小时）的价格波动性明显加剧。

本章阐明了价格发现的准确性，并由此说明日内价格波动性取决于协调订单流以及将订单转换为交易的程序。日内价格波动性的关注对市场结构有重要的意义。订单处理的规则、市场透明度以及订单流的合并和拆分尤为重要。

本章评估了三个市场——NYSE、NASDAQ和ISE——开盘阶段的波动性。ISE的波动性较高，但是有趣的是，ISE的波动性一直在下降，而NAS-DAQ的波动性保持相对稳定，NYSE的波动性则不断增强。技术革新和监管发展之间复杂的相互作用对这三个市场有着不同的影响。有意思的是，NYSE市场近年来分化程度高，NASDAQ市场一直以来相对分化，而ISE市场一直保持着空间上的统一。

市场结构对股票市场的有效运行至关重要。一个有效运行的股票市场对经济增长和宏观经济发展极其重要。在某种程度上来说，只有当上市公司的股票能够在一个运行良好的二级市场上以对买卖双方都合理的成本和价格进行交易时，股权资金才被提供给上市公司。因此，一个稳固、有效的二级市场是一个成功的募集新资本的一级市场的必要条件。有鉴于此，本章最后一节聚焦于ISE近年来在吸引新的公司上市以及通过IPOs和二次发售筹集股权资本中所面临的挑战和成功经验。

本章得出的结论是，很多涉及市场结构的问题复杂而又微妙。因此，理解这种复杂性并发展一个稳固、有效的交易场所，不仅对市场本身的参与者，而且对更广泛的经济十分重要。

讨论题

1. 为什么摩擦世界中的股票市场结构很重要？
2. 为什么鼓励IPOs以及在交易所上市对一国经济发展很重要？
3. 日内价格波动性加剧和股票市场质量之间有何联系？
4. 股票交易所的基本功能是什么？

作者介绍

Nazli Sila Alan 是纽约市立大学柏鲁克分校杰克林商学院金融学博士生。Alan 女士对市场微观结构很感兴趣，主要专注于价格发现过程和市场波动性。她在一些学术会议中发表了研究成果。此前，她在伊斯坦布尔的一家商业银行工作。Alan 女士在伊斯坦布尔的海峡大学获得工商管理学士学位，其后在霍夫斯特拉大学 FrankG.Zarb 商学院获得金融学硕士学位。

Recep Bildik 是伊斯坦布尔证券交易所（ISE）业务开发和营销部总监，拥有超过 15 年的金融市场从业经验。Bildik 博士在 ISE 第一个电子化交易系统的建立、股票市场微观结构的规则制定、市场运行的管理、市场的设计和推行、新产品的开发中发挥了关键作用。他同时还兼任土耳其科克大学商学院的金融学副教授。Bildik 博士作为法定审计委员会成员进入土耳其证券市场结算和托管银行（Takasbank Inc.）董事会。他是国际金融风险管理师协会研究中心高级研究员和欧亚大陆地区代表。他还是芝加哥大学商学院和德保罗大学金融系的访问学者。他发表了多篇期刊论文，并在国际会议提交多篇论文。Bildik 博士在伊斯坦布尔大学商学院获得了博士和硕士学位，作为 Kokkalis 研究生在哈佛大学获得公共管理硕士学位。

Robert A.Schwartz 是纽约市立大学柏鲁克分校杰克林商学院的金融学 Marvin M.Speisor 讲座教授，学校杰出教授。他发表期刊论文 60 多篇，参编著作 12 部，出版专著 8 部，包括《微观市场：微观经济分析的市场结构方法》。Schwartz 教授担任多个市场中心的咨询专家，以及 *Journal of Finance* 副主编。目前他担任 *Review of Quantitative Finance and Accouning* 和 *Review of Pacific Basin Financial Markets and Policies* 副主编。他是 *International Finance*、*Journal of Trading* 和 *International Journal of Portfolio Analysis & Management* 的咨询或编辑委员会委员。1995年，Schwartz 教授被提名为 NASDAQ 经济咨询委员会第一任主席，任期到1999年。他是模拟交易 TraderEX（www.etraderex.net）的开发者。2009年，Schwartz 成为国际交易所联合会年度杰出大奖的第一位获奖人。

参考文献

Beck, Thorsten, Asli Demirguc - Kunt, and Ross Levine.2003. "Law, Endowments and Finance." *Journal of Financial Economics* 70:2,137-181.

Beck, Thorston, and Ross Levine.2008. "Legal Institutions and Financial Development." In Claude Ménard and Mary M.Shirley, eds.*Handbook of New Institutional Economics*,251-278.Berlin: Springer-Verlag.

Bessembinder, Hendrik, and Subhrendu Rath.2008. "Does Market Structure Matter? Trading Costs and Return Volatility Around Exchange Listings." In Greg N.Gregoriou and Francois - Serge Lhabitant, eds.*Stock Market Liquidity: Implications for Market Microstructure and Asset Pricing*,149-172.Hoboken,NJ: John Wiley & Sons.

Bildik, Recep.2001."Intra-day Seasonalities on Stock Returns: Evidence from the Turkish Stock Market."*Emerging Markets Review* 2:4,387-417.

Fleming, Michael J., and Eli M.Remolona.1999. "Price Formation and Liquidity in the U.S. Treasury Market: The Response to Public Information." *Journal of Finance* 54:5,1901-1915.

Francioni, Reto, Sonali Hazarika, Martin Reck, and Robert A.Schwartz.2008."Equity Market Microstructure: Taking Stock of What We Know."*Journal of Portfolio Management* 35:1, 57-71.

Francioni, Reto, Sonali Hazarika, Martin Reck, and Robert A.Schwartz.2010. "Security Market Microstructure: The Analysis of a Non-frictionless Market." In Cheng-Few Lee and Alice C.Lee, eds.*Handbook of Quantitative Finance and Risk Management*,333-353. New York: Springer.

Hasbrouck, Joel, and Robert A.Schwartz.1988. "Liquidity and Execution Costs in Equity Markets."*Journal of Portfolio Management* 14:10-16.

Kim, Suhkyong, Larry J.Lockwood, and Thomas H.McInish.1998. "A Transactions Data Analysis of Intraday Betas."*Financial Review* 33:2,213-225.

Kshirsagar, Alok, and Naveen Tahilyani.2011.*Deepening Financial Savings: Opportunities for Consumers, Financial Institutions, and the Economy*.New York: McKinsey & Company.

Lam, Kenny, and Jatin Pant.2011. "The Changing Face of Asian Personal Financial Services."*McKinsey Quarterly*,September.

La Porta, Rafael, Florencio Lopez - De - Silanes, Andrei Shleifer, and Robert Vishny.1997. "Legal Determinants of External Finance."*Journal of Finance* 52:3,1131-1150.

La Porta, Rafael, Florencio Lopez-De-Silanes, Andrei Shleifer, and Robert Vishny.1998."Law and Finance."*Journal of Political Economy* 106:6,1113-1155.

La Porta, Rafael, Florencio Lopez - De - Silanes, Andrei Shleifer, and Robert Vishny.2006. "What Works in Securities Laws."*Journal of Finance* 61:1,1-32.

Levine, Ross, and Sara Zervos.1998. "Stock Markets Banks and Economic Growth."

American Economic Review 88:3,537–558.

Lo, Andrew W., and A.Craig MacKinlay.1988. "Stock Market Prices Do Not Follow Random Walks: Evidence from a Simple Specification Test." *Review of Financial Studies* 1:1,41–66.

McInish, Thomas H., and Robert A.Wood.1984. "Intertemporal Differences in Movements of Minute-to-Minute Stock Returns." *Financial Review* 19:4,359–371.

McInish, Thomas H., and Robert A.Wood.1990. "A Transactions Data Analysis of the Variability of Common Stock Returns during 1980–1984." *Journal of Banking & Finance* 14:1,99–112.

Ozenbas, Deniz, Michael S.Pagano, and Robert A.Schwartz.2010. "Accentuated Intraday Stock Price Volatility: What Is the Cause?" *Journal of Portfolio Management* 36:3,45–55.

Ozenbas, Deniz, Robert A.Schwartz, and Robert A.Wood.2002. "Volatility in US and European Equity Markets: An Assessment of Market Quality." *International Finance* 5:3, 437–461.

Pagano, Michael, Lin Peng, and Robert A.Schwartz.2013. "Market Structure and Price Formation at Market Openings and Closings: Evidence from Nasdaq's Calls." *Journal of Financial Markets* 16:2,331–361.

Paroush, Jacob, Robert A.Schwartz, and Avner Wolf.2010. "The Dynamic Process of Price Discovery in an Equity Market." *Managerial Finance* 36:7,554–565.

Schwartz, Robert A., and Reto Francioni.2004. *Equity Markets in Action: The Fundamentals of Liquidity, Market Structure and Trading.* Hoboken, NJ: John Wiley & Sons.

Schwartz, Robert A., and David K.Whitcomb.1977. "The Time - Variance Relationship: Evidence on Autocorrelation in Common Stock Returns." *Journal of Finance* 32:1,41–55.

Schwartz, Robert A., and David K.Whitcomb.1979. "On Time - Variance Analysis: Reply." *Journal of Finance* 34:5,1273–1275.

Securities and Exchange Commission.1971. *Institutional Investor Report.* Washington, DC: Securities and Exchange Commission.

Stoll, Hans R.2000. "Friction." *Journal of Finance* 55:4,1479–1514.

Stulz, René.2009. "Securities Laws, Disclosure, and National Capital Markets in the Age of Financial Globalization." *Journal of Accounting Research* 47:2,349–390.

TSPAKB.2011. "Capital Markets Research of Determining Perception and Investment Potential." Available at http://bit.ly/15akfiP.

Wood, Robert A., Thomas H.McInish, and J.Keith Ord.1985. "An Investigation of Transactions Data for NYSE Stocks." *Journal of Finance* 40:3,723–739.

Yartey, Charles Amo.2008. "The Determinants of Stock Market Development in Emerging Economies: Is South Africa Different?" IMF Working Paper, WP/08/32.Washington, DC: International Monetary Fund.

第3章 欧元区政府债券市场微观结构

MADHUCCHAND DARBHA

雷丁大学亨利商学院ICMA中心博士生

ALFONSO DUFOUR

雷丁大学亨利商学院ICMA中心讲师

3.1 引言

从20世纪80年代起，研究者可以获得股票市场的交易和报价数据（Wood，McInish和Ord 1985；Wood 2000）并进行研究。20世纪90年代开始，债券市场交易和报价高频数据的可获得性显著提升了对债券市场流动性和交易的理解。本章总结了债券市场微观结构文献的近期发展，并对流动性测度以及构建适用于欧元区政府债券市场MTS系统的固定收益证券模型的复杂性提供了样例，MTS是最大的欧洲政府债券电子交易平台。

固定收益市场包括货币市场和债券市场。货币市场证券的到期期限为一年或不足一年，债券的到期期限超过一年。本章将对债券进行专门讨论，固定收益证券一词可以和债券相互替代使用。债券市场交易与股票市场交易不同，因为对每一个债券发行人而言有一系列的可交易证券可用。每一只固定收益证券都具有特定的到期日、期限、息票以及其他可选特性。因此，固定收益市场上每只债券的交易量通常远低于股票市场上每只股票的交易量。例如，MTS固定收益平台正常情况下每只债券每天只有少量交易，即使是最具流动性的政府债券也是如此。与之相反的是，固定收益市场的成交总额要高于股票市场的成交额。2012年6月，伦敦证券交易所（LSE）股票订单的日均交易额为57亿欧元，而 MTS 债券平台的日均交易额为 87 亿欧元。这一金额包括现金市场平台总成交额，但不包括回购协议的成交额，回购协议在一个单独的市场平台进行交易（伦敦证券交易所 2012）。此外，与股票的无限期不同，固定收益证券有确定的到期日，一般可以预知未来现金流。债券收益随债券期限变动，二者之间的关系称为利率的期限结构。

和股票一样，固定收益证券交易也有一级市场和二级市场。一级市场是新债券发行的市场。债券一旦被发行，它可以在二级市场中交易。新发行的固定收益证券，也称为新券，由于具有更高的流动性和更低的交易成本，并且它们更有助于价格发现，因此，比特性相近的旧债券更吸引人。Pasquariello 和 Vega（2009）发现美国政府债的新券和旧券之间流动性差异非常显著。但是，如果市场中有做市商，这种流动性差异就比较小（Coluzzi, Ginebri 和 Turco 2008）。当股票发行人需要募集更多资本时，它们可以发行更多股份。同样，债券发行人可以通过重新拍卖扩大债务发行规模，它们还可以通过新的拍卖发行不同类别的债券。债券拍卖会影响未偿证券的价格动态、收益率及流动性。与股票相同，发行前交易市场可以交易已具有特定国际证券识别码（ISIN）、到期日和息票的预期拍卖的固定收益证券。

固定收益证券通常在场外市场（OTC）和有组织的交易商间批发平台进行交易，很少在由预设交易商提供流动性的零售平台进行交易。根据发行人的不同，固定收益证券可以分为：政府债券、准政府债券和公司债券。在美国，政府证券交易数据的主要来源是 GovPX。2002 年，强制性要求将交易报告至美国债券报告及合规系统（TRACE），促进了对美国公司债券二级市场的研究。在欧洲，MTS 是固定收益证券交易数据的最主要来源。

微观结构研究的主要领域是价格发现、流动性、交易成本以及规则和制度变化对交易者行为及资产价格动态的影响。价格发现是有关固定收益证券价值的新信息融入证券价格和收益率的过程。宏观经济新闻的发布驱动固定收益市场的价格发现过程（Fleming 和 Remolona 1997；Balduzzi, Elton 和 Green 2001）。实证研究表明交易和订单流在价格发现的过程中扮演了重要角色。Green（2004）研究了公告发布对交易的影响，Brandt 和 Kavajecz（2004）发现在美国国债市场上，订单流对价格变动有显著影响。Li, Wang, Wu 和 He（2009）以及 Dufour 和 Nguyen（2012）讨论了信息不对称对解释美国和欧洲政府债券市场债券收益率截面的重要性。Mizrach 和 Neely（2008）研究了债券和债券期货市场对美国政府债券价格发现过程的贡献。他们发现期货市场的重要性随时间和流动性不同而变化。期货市场对期限较长的债券更有益。

流动性是指证券被买卖且不影响价格的便利程度。流动的市场由于较低的交易成本而更受欢迎。文献确认了流动性的几个方面：广度（宽度）、深度、即时性和弹性（Harris 2002）。研究者提出几个用来测度流动性并建模的代理变量，如买卖价差、报价深度和成交额（Fleming 2003），这些随后会在本章讨论。当引入承担做市义务的市场参与者、市场透明度提高，或交易匿名时，固定收益市场的结构会发生变化（Albanesi 和 Rindi 2000）。当宏观经济形势恶化时，交易者行为会改变，市场参与者将其资金从风险高、流动性低的证券转移到更安全、流动性更好的资产上（Beber，Brandt 和 Kavajecz 2009）。

本章的其余部分分布在各节。下一节介绍 MTS 市场的机构特性。其后是对流动性测度和流动性截面变异理解方法的阐述。然后考察了 2007—2010 年流动性和主权债务危机中的债券流动性的动态。最后一节是总结和结论。

3.2　MTS 市场

2012 年，MTS 市场成为欧洲最大的电子固定收益市场。它是一个交易商间的批发市场。1988 年，意大利银行和意大利财政部创建了 MTS，作为意大利政府证券二级市场交易的电子平台。其目的是提高意大利政府债券市场的流动性和透明度。后来该公司被私有化，通过和当地政府债券交易商合作开发 MTS 市场，其业务也扩展到其他欧洲国家。1999 年，基准固定收益证券交易平台 EuroMTS 建立。自 2007 年 10 月，MTS 成为 LSE 集团的一部分，从事政府债券、准政府债券、资产支持证券和一些公司债券交易。在 MTS 交易的债券主要由欧洲国家的财政部发行，当然还有一个特定的细分市场 EuroGlobalMTS 用来交易欧盟（EU）以外国家发行的欧元证券。欧元在欧洲市场的引入消除了汇率风险并增加了政府债券供给的竞争。这一改变对欧洲固定收益市场的相对价格和交易策略产生了实质性的影响。

欧元区政府债券市场由一级市场和二级市场组成。政府通过一级市场发行新债券或增发已发行的债券。对一级市场的研究主要关注为满足欧盟各政府的筹资需求而实施的政策。中央银行和财政部执行业务和交易策略以满足筹资需求。在欧元区，政府债券的发行期限在 2 年到 30 年之间。Biais，Renucci 和 Saint-Paul（2004）对欧元区国库券的一级市场拍卖和程序进行了详细描述。对二级市场的研究主要集中在交易规则、支付和结算程序、交易所的组织以及交易商（做市商）和经纪人（代理人）的作用。Dufour 和 Skinner（2004）；

Cheung，de Jong和Rindi（2005）；Dunne，Moore和Portes（2006）则评述了欧洲政府债券市场的微观结构。

在二级市场，债券在场外市场进行交易，也可以在有组织的交易所和另类交易系统交易。MTS是欧洲最大的电子固定收益证券交易市场，有超过500个交易欧洲政府债券、准政府债券、公司债券、全覆盖债券和回购协议（repos）的对手方。Persaud（2006）估计MTS平台占通过电子交易系统执行的欧洲政府债券交易量的近72%。市场参与者在从这个流动、透明且有效的债券市场中获益。到2012年，MTS交易以下国家的债券：奥地利、比利时、捷克共和国、丹麦、芬兰、法国、德国、希腊、匈牙利、爱尔兰、以色列、意大利、荷兰、葡萄牙、斯洛文尼亚、西班牙和英国。

MTS是一个完全电子化的、报价驱动的交易商间市场，它拥有多个交易平台。允许债券在本地或国内平台以及EuroMTS平台上平行上市并交易。国内市场可以交易基准债券和非基准债券，而EuroMTS平台只交易基准债券。所有MTS平台共享同样的交易技术，但是每个平台有其自己的规则、市场参与者和做市商。交易商可以同时进入当地和EuroMTS平台确保了这两个交易同种债券的平行交易平台之间不会出现价格差异。根据Cheung等（2005）的研究，尽管存在市场分割，平行平台之间的交易成本和流动性联系紧密。

每个MTS平台都有两类参与者：做市商和市场接受者。机构必须满足交易量和资产净值的严格要求才能获得做市商资格。做市商必须为分配给其的债券提供双边报价。做市商必须承诺在交易日内以最少时间、最大价差以及在250万欧元至1000万欧元之间的最小数量，依据债券的到期日及基准地位提供确定报价。

2007年之前，MTS通过要求做市商在交易日内以最少时间和最大价差提供报价来对交易商施加严格的报价要求。随着流动性危机的出现，MTS减少了交易商的义务并引进了更灵活的要求。MTS通过监控平均报价时间和平均价差来取代规定固定的义务，而平均报价时间和平均价差必须与包含所有交易商计算出来的市场平均值相一致。

做市商有权利但并非有义务对在特定平台交易的任何其他债券公布报价。对于在本地MTS市场和EuroMTS市场进行平行交易的债券，做市商可以对两个平台同时报价。除了公布报价或限价订单外，做市商也可以提交流动性消费的市价订单。

市场接受者必须使用市价订单并以最有利报价成交。其没有义务以公布的报价买入或卖出。在交易执行前，MTS保持交易者的匿名身份。一旦交易被执行，MTS会公开交易对手方的身份以便进行清算和交割。如果涉及中央对手方，双方永远不会知道彼此的身份。

对于每一个平台，MTS使用一个集中限价订单簿。一旦收到报价，MTS就根据价格和时间优先原则对买入和卖出报价进行排序，然后公布市场双方中每一方的最优报价。当报价和进入的订单相符或是和相反方报价匹配时，就会执行交易。

3.3　债券市场流动性

通过对2004年1月到2010年7月间欧元区固定附息主权债券的大样本实证分析，可以说明有关MTS市场流动性的讨论。相关数据从MTS时间序列数据库获得，该数据库提供报价和交易数据，并记录最优的三个买入和卖出报价的每一次变动。样本覆盖11个国家（奥地利、比利时、德国、芬兰、法国、希腊、爱尔兰、意大利、荷兰、葡萄牙和西班牙），包含了4种到期期限，即3年、5年、10年和30年的441只债券。表3-1提供了不同国家和不同年份的债券分布。在样本中，法国和意大利的债券数量最大。芬兰和爱尔兰的债券数量最小。样本中每年提供的债券数量从2004年的260只增长到2010年的310只。

样本债券总共有8 000万次最优买入和卖出报价的更新。这是一个巨大的报价更新数据，但是它分布在多只债券中。为了进行对比，Dufour和Nguyen（2008）估计了交易量最大的债券的新报价平均每隔35秒到达。与之相比，交易最频繁的股票的新报价平均每隔几秒就到达（Bandi和Russell 2003）。

市场微观结构的实证研究通常需要一系列预备步骤来为分析准备数据。Coluzziet等（2008）以及Dufour和Nguyen（2008）提供了MTS数据的使用指南，Fleming和Mizrach（2009）则详细描述了美国政府债券数据。本章所用样本数据的准备经过以下步骤：

• 第一，只考虑欧洲中部时间（CET）上午8时15分至下午5时30分之间的常规交易时段的报价。

• 第二，对同一债券在平行平台同时提交的相同报价赋予相同的时间标识，在3毫秒内进行记录，以此解释延迟问题。MTS时间序列数据库以平台使用者的角度来记录数据。事实上，同时提交到多个MTS平台的报价是根据平台接收到报价的时间来记录的，而不是提交的时间。当平台位于不同国家时，观察到记录报价更新的时间标识有细微差别是很普遍的现象。

表 3-1   样本债券数量

国家	债券数量						
	2004 年	2005 年	2006 年	2007 年	2008 年	2009 年	2010 年
奥地利	13	14	15	16	16	17	17
比利时	22	23	22	22	23	23	25
德国	28	35	39	42	45	46	46
西班牙	29	29	28	26	28	31	33
芬兰	9	9	10	9	9	10	10
法国	48	50	52	51	54	50	51
希腊	22	25	25	27	27	28	28
爱尔兰	5	5	5	6	7	11	11
意大利	54	51	50	49	49	52	51
荷兰	25	27	26	24	21	22	22
葡萄牙	5	17	17	16	16	16	16
总计	260	285	289	283	295	306	310

注: 该表为各国每年样本债券的数量。2010 年只包括 1 月至 7 月的样本。

● 第三，通过构造一个统一的订单簿来计算平行平台中的最优买入和卖出报价。

● 第四，剔除负的或极大的买卖价差的报价。当平行平台的价格出现暂时性背离时，就会在统一报价中出现负的报价。当价差极大时没有交易执行。

本章所做的假设是将每个国家的债券按不同期限类别分组。然后，将每年、每组债券的可交易价差定义为交易执行时的样本债券最大价差。大于可交易价差的价差归类为极大价差，将其剔除。极大价差的提交通常出现在交易日开始和结束时，这仅仅是为了履行在交易日提供连续报价的监管义务。交易不会以这些报价达成。文献把这种报价定义为无成交意向报价，在"闪电崩盘"之后，2010 年 11 月美国股票市场禁止了这种报价。在"闪电崩盘"发生时流动性的突然蒸发导致了一些交易以极端的价格执行（Kirilenko，Kyle，Samadi

和 Tuzun 2011）。本章对样本中每年每只债券的计算都通过对实证数据的筛选，筛选剔除的最优报价更新不超过 1%。

债券微观结构数据的典型特性包括日内模式、买卖价差的期限结构特征、最优报价的深度、报价更新的频率、中间报价价格波动性，以及新券与旧券效应。MTS日内模式的典型特征是在交易日开始和结束时价差大和深度小。存在开盘效应是因为欧元区债券市场的开盘时间比股票市场早 45 分钟。存在收盘效应是由于交易商履行了其每日报价义务后就会扩大价差。欧洲中部时间的上午中间时段和下午 3 时 30 分左右会出现更高的报价强度和中间报价价格波动性，此时恰是股票市场的开盘时间和事先安排的宏观经济新闻发布时间。交易和报价变量的期限结构特征反映在买卖价差、报价更新频率、价格波动性随债券期限增强（报价深度降低）上。Engle，Fleming，Ghysels 和 Nguyen（2011）提供了美国国债市场的例子，Dufour 和 Nguyen（2011）则给出了欧元区市场的例子。

美国国债市场的文献对新券与旧券效应进行了广泛的讨论（Krishnamurthy 2002；Pasquariello 和 Vega 2009；Goyenko，Subrahmanyam 和 Ukhov 2011）。最新发行的债券更受欢迎，是因为它们比其他相同期限的债券具有更高的流动性。对该效应的主要解释是一只特定债券的流动性会随着债券的年份而降低，这是因为通过不断增持，投资者会把债券放置在投资组合中，其目的是为了持有债券直至到期，这明显地降低了二级市场中可供交易的债券数量。Li 等（2009），Dufour 和 Nguyen（2012）发现新券对价格发现过程的贡献更大。然而，Goyenko 等（2011）则发现旧券也会起作用，这是因为宏观经济变量的变动首先影响旧券的买卖价差，而不是新券的买卖价差。Coluzzi 等（2008）发现意大利新券的流动性并不显著高于旧券。这是因为指定做市商的存在，有助于维持债券的高流动性，即使是旧券。

3.3.1 测度债券的流动性

流动性的多维度使其成为一个难以理解的概念。因为流动性有多个维度，研究者提出了多种流动性的测度方法，但并未得出一个单一的标准测度。普遍认可的流动性替代变量包括买卖价差、深度、斜率、成交额和成交次数、发行规模、市场参与者的数量、做市商的数量、报价更新的次数以及波动性。

1）买卖价差

买卖价差是最常用的流动性替代变量，它是流动性提供者公布的最优卖出报价和最优买入报价之间的差额。当比较证券之间的价差时，研究者使用相对价差或者比例价差，即买卖价差除以买卖报价的中间值。交易商通过报出较大的买卖价差来覆盖由于逆向选择风险、存货管理、竞争和订单处理过程而产生的交易成本。Fleming（2003）考察了几个测度美国国债市场流动性的替代变量，得出买卖价差是最优的流动性指标。Beber等（2009）也使用买卖价差作为流动性测度的方法之一，研究了流动性和信用质量对欧元区主权债务收益率差价的影响。总的来说，买卖价差是反映执行小规模交易成本的有效指标，因为大规模交易会以较低的价格执行或者通过议价进行。

  MTS的做市商有在交易日大部分时段提供双边报价的义务，而报价更新的时间分布没有规律，报价更新有时频繁，有时较慢。因此，用日内价差的时间加权平均数来代替简单平均数。日内价差以下次更新前它们在市场中仍可用的时间在整个交易日内所占比重作为权重。

$$TWBAS_d = \frac{1}{T}\sum_{t=1}^{Q}\frac{(Ask_t - Bid_t)}{(Ask_t + Bid_t)/2} \times (T_{t+1} - T_t) \tag{3.1}$$

  时间加权买卖价差 $TWBAS_d$ 是一个用所有日内最优买卖报价更新进行计算而得出的每日流动性测度方法；T_t 是以秒测量的第 t 期报价更新的时间标识；Q 是在一个交易日内报价修改的次数；T 是以秒测量的交易日时长。

  图3-1显示了本章所讨论的样本债券买卖价差的期限结构。图表展现的是用基点（bps）测度的2007年MTS债券交易的日均买卖价差。债券按国家（法国、德国、意大利、西班牙）和期限（2年、3年、5年、30年）进行分组。买卖价差随债券期限而增大。

  两个常见的价差测度方法是有效价差和罗尔价差。前者是交易价格和价差中间值的差额。后者从连续价格变动的协方差中计算而得，不需要报价数据。Bao，Pan和Wang（2011）证明罗尔价差对美国公司债券收益率的解释优于买卖报价价差。

  2）深度

  深度是指在最优买卖报价水平上可供交易的数量。深度代表了在每一买卖报价水平上做市商对流动性的供给和需求。深度由在最优买卖报价水平上可供交易规模的平均数计算而得。然后使用前文所讲述的买卖价差中的时间加权平均数方法来计算交易日所有深度观察值的平均数。Engle等（2011）构建了一个测度美国国债市场深度的计量经济学模型。他们发现高波动性和低流动性相关，这种相关性体现为在最优报价水平上可获得的深度较小。

  3）斜率

  因为MTS是一个电子交易平台，市场质量在很大程度上由订单簿的特征

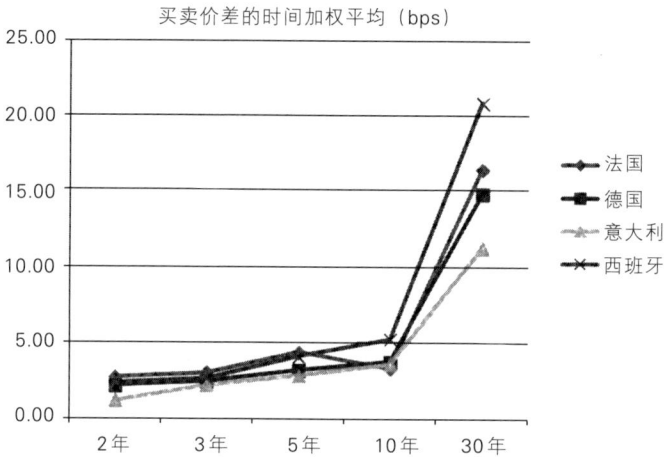

买卖价差的时间加权平均（bps）

图 3-1　日均买卖价差和债券的期限

注：本图显示了日均买卖价差如何随债券到期期限而变动。这被称为买卖价差的期限结构。将日内买卖价差除以报价的中间值，并以基点度量。使用2007年高频分笔数据，对相同期限组内的债券计算每日时间加权平均买卖价差。债券的期限从2年到30年。平均买卖价差随债券期限增大。法国、德国、意大利和西班牙的政府债券可以观察到相似的图形。

决定。很多研究者深入调查了限价订单的信息含量（Irvine，Benston 和 Kandel 2000；Kalay，Wei 和 Wohl 2002；Wang 2009）。这些研究分析了限价订单簿的形状和未来波动性之间的关系。在一个同时有知情交易者和不知情交易者的市场中，流动性提供者会加大买卖价差，以避免被具有信息优势的交易者挤出。换句话说，就是因为在市场波动期投机范围的扩大会导致知情交易的可能性上升，做市商才要更加小心行事。因此，做市商提供的报价深度会偏离最优报价。前文描述的流动性测度要么采集市场宽度的动态，要么采集深度的动态。然而，这些流动性维度并非相互独立，因为做市商是通过改变买卖报价以及深度来管理流动性的。

研究者提出了几个把宽度和深度一起采集的估计量，也就是测度整个订单簿可获得的流动性。Næs 和 Skjeltorp（2006）提出了估计量是深度对宽度的敏感性，或者说订单簿的斜率。斜率被定义为在订单簿中所有的水平上的供给数量变动对价格变动的比率。本章的实证分析采用在交易日最活跃的上午11点到下午3点半的时间段中，每30分钟在订单簿中抽取10个样本来估计斜率，这是因为在其他时间段，订单簿的深度和价格都会在更低水平上。Næs 和 Skjeltorp 解释了这些测度方法的具体计算。当订单簿中的大部分债券成交额集中在最优报价附近时，日均斜率较大，表明流动性较高。与之相反，如果债券成交量偏离最优报价水平，限价订单簿的斜度较平缓，这表明流动性较低。

4）成交额和成交次数

成交额是债券的实际成交数量乘以交易价格。这种测度流动性的方法应用广泛（Benston 和 Hagerman 1974；Stoll 1978）。日成交额可以很容易地从高频交易数据中计算得到，也很容易从交易所和金融信息提供商那里获取。在资产的横截面，成交额体现交易活跃度，并且与市场流动性呈正相关关系。交易成本低的市场会吸引更多的交易者。但是，当研究一个特定资产成交额动态时，更多的成交额总是与波动性的增加和信息不对称有关，而这会对流动性产生不利影响。另一个测度交易活跃度的指标是交易频率，它被定义为一个时间间隔内债券成交的次数。Fleming（2003）用交易频率作为解释美国国债市场流动性的测度方法之一。

5）发行规模

一个普遍的观点是债券发行规模越大，可供交易的债券就越多，流动性也就越高。遗憾的是，发行规模并不总是可用，而且它也不能用来解释时变的流动性。MTS 数据库清楚地识别在 EuroMTS 基准平台上市的基准债券。一个EuroMTS 的虚拟变量可以用来检验发行规模大的债券是否比发行规模小的相似债券相对更具流动性。

6）市场参与者的数量和指定做市商的数量

MTS 有两个主要类型的市场参与者：做市商和价格接受者。做市商通过发布报价来提供流动性，也可以通过按其竞争者发布的现行报价进行交易来获得流动性。一些做市商承担定价义务；其他做市商没有保持连续报价和收紧价差的义务。价格接受者只能接受现行报价。在交易日内承担以最短时间和最大价差提供流动性义务的做市商的数量有可能会影响流动性提供者之间的竞争和买卖价差的大小。

2007 年年中，随着流动性危机的爆发，MTS 被迫减少交易商的义务。不同的 MTS 市场规则手册为做市商规定了更为灵活的义务，要求做市商保持价差接近平均市场价差并且报价时间接近平均市场报价时间，而不是直接指出明确的最大价差和给定的最小报价时间。更多的指定做市商和市场参与者也许意味着更激烈的报价竞争，但这会伴随着更小价差和更大报价深度（Benston 和Hagerman 1974）。

有些债券既在本地 MTS 平台也在 EuroMTS 基准平台进行交易。交易商和做市商可以在两个平台中的任何一个或者两个平台都进行交易。因此每个平台的参与者和交易特定债券的做市商数量都不同。本章的实证分析比较了获准在每个平台上交易的参与者数量，并在估计每只债券的交易商总量时选取较大数值。计算每只债券的做市商总量时也使用同样的步骤。

7）报价更新的次数

对资产真实价格有自己主观评价的做市商通过不断修正提交至限价订单簿的买卖报价表现出对交易的兴趣。很多实证研究都强调信息是通过做市商对报价的修正传播到市场中的（Kavajecz和OddersWhite 2001；Cheung等2005）。做市商因为各种各样的理由更新他们公布的报价，但主要原因有：（1）应对其他交易商的挑战；（2）通过扩大买卖价差来抵补逆向选择成本；（3）吸引订单流以控制不合意的存货水平；（4）提供流动性；（5）反映中央银行政策变动和政策公告。

因此，可以得到两个关于报价更新次数和债券流动性之间关系的预测。一方面，报价更新次数的上升可能是由于有更多的指定做市商和参与者，这意味着市场竞争更为激烈并且买卖价差可能会更小。另一方面，报价更新次数的增加也可能与信息不对称的加剧有关，并由此导致更大的买卖价差。本章的实证分析使用每日最优买卖报价中间值的变动次数来计算报价更新的次数。

8）债券价格波动性

很多研究探索了债券价格波动性及其决定因素。宏观经济公告和订单流都会影响债券价格（Fleming和Remolona 1999；Balduzzi等2001；Brandt和Kavajecz 2004）。价格波动性也与市场流动性显著相关。债券市场的信息不对称与存货的私人信息及订单流相关，也和做市商对公共新闻异质性评价相关。严重的信息不对称会反映在债券价格的高波动性上。做市商会表现得更为谨慎，对真实价格的不确定使得他们提高价差，因此导致市场缺乏流动性。这样，债券价格波动剧烈可以被视为市场流动性水平低的信号（Engle等2011）。

Barndorff-Nielsen和Shephard（2002）以及Andersen，Bollerslev，Diebold和Labys（2003）建议以交易日收益的平方和来估计实际日波动性，收益从等距时间间隔中抽样。但Oomen（2006）则提出了另一可选抽样程序，如在极短时间抽样更为可取，可以得到更好的估计量。

9）其他流动性变量：收益率差

在文献中还有一种基于债券利差的流动性指标（Longstaff 2004；Pasquariello和Vega 2009；Schwarz 2010）。尽管在下一节的实证分析中并未使用这一指标，但为了完整性，还是对这一指标做个简要回顾。超出无风险利率的那部分债券收益率可以被解释为信用和流动性要素之和。信用要素用于向债券投资者补偿债券发行者的违约风险。流动性要素则向投资者补偿不能变现债券的风险。

研究者已找到估计债券收益率中流动性要素的方法。最常见的方法是比较具有相同信用要素的新券和旧券的收益率，这些债券由同一国家发行（Pasquariello 和 Vega 2009），或是政府债券和由政府担保的准政府债券（Longstaff 2004；Schwarz 2010）。

3.4　流动性的决定因素

理解能够有效解释欧元区政府债券随时间及在截面出现流动性时变动的那些因素非常重要。本章提供了一个新实证证据支持关于流动性和债券特性之间关系的讨论。按照 Fleming 的建议（Fleming 2003），流动性可以用由日内数据计算的平均买卖价差来测度。先计算出每日时间加权平均价差，再按月进行平均。采用混合回归对所有样本债券的月平均买卖价差进行解释，这些样本债券有一系列债券特性和其他流动性测度方法。Bao 等（2011）把类似方法应用于一组公司债券。

表 3-2 是使用稳健标准误差得到的估计系数和 t 统计量。和预期的一样，旧债券的买卖价差更大。这与比较新券和旧券时得到的结果一致。债券的年龄每增长一年，平均买卖价差就增长一个基点。息票利息越高的债券价格越高，比例价差越低。修正久期是对于到期收益率的微小变动，债券价格的百分比变动。久期越长、信用评级越低的债券，流动性越低。

表 3-2　　　　　　　　　　　　　　　买卖价差和债券特性

	M1	M2	M3	M4	M5	M6	M7	M8	M9	M10
常数项	10.71	10.34	12.78	11.69	24.36	11.74	−0.13	16.66	12.84	5.23
	[29.41]	[29.43]	[32.43]	[30.92]	[42.97]	[29.32]	[−0.39]	[33.16]	[32.27]	[8.14]
年龄	1.11	1.11	0.93	0.96	0.64	0.98	1.09	0.91	0.96	1.25
	[17.47]	[18.01]	[14.80]	[15.29]	[11.01]	[15.82]	[19.00]	[14.41]	[14.94]	[17.92]
息票利息	−2.71	−2.65	−2.67	−2.61	−2.66	−2.23	−2.30	−2.63	−2.51	−2.31
	[−21.35]	[−21.55]	[−21.32]	[−20.71]	[−22.35]	[−17.37]	[−19.54]	[−20.39]	[−19.60]	[−19.06]
修正久期	0.78	0.70	0.71	0.77	0.25	0.57	−0.20	0.78	0.82	0.75
	[41.25]	[31.50]	[36.52]	[40.24]	[10.30]	[27.12]	[−6.84]	[40.80]	[42.52]	[40.42]

	M1	M2	M3	M4	M5	M6	M7	M8	M9	M10
评级	0.77	0.74	1.17	1.13	0.99	0.89	0.72	0.97	0.92	0.73
	[6.58]	[6.74]	[9.27]	[8.85]	[9.17]	[7.66]	[6.46]	[8.03]	[7.79]	[6.28]
波动性		0.05								
		[5.66]								
成交额			−0.06							
			[−16.93]							
成交次数					−0.35					
					[12.99]					
深度					−0.46					
					[−41.60]					
斜率						−0.00				
						[−22.58]				
报价修改次数							0.04			
							[42.62]			
参与者数量								−0.09		
								[−19.17]		
指定做市商数量									−0.21	
									[−18.25]	
基准标记										4.07
										[10.07]
债券数量	441	441	441	441	441	441	441	441	441	441
观察值数量	12 910	12 910	12 910	12 910	12 910	12 818	12 910	12 910	12 910	12 910
调整的可决系数	0.059	0.102	0.086	0.079	0.198	0.087	0.252	0.083	0.074	0.068

注：图表中显示的是月度数据的面板回归结果。平均买卖价差为被解释变量。使用日内数据计算日时间加权平均买卖价差，然后按每个样本进行月平均。方括号中是t统计量。粗体表示显著性水平为5%。债券期限是以年计算的债券已发行时间。息票利息是以面值的百分比表示的定期现金流。修正久期是到期收益率的微小变动带来的债券价格的百分比变动。评级是把惠誉评级转化为数字：AAA=1，BBB_=9。流动性变量是先逐日计算，再取样本月份的平均数。波动性是用日内数据计算的债券报价中间值的平均日波动性。成交额是以百万表示的月度总成交额。成交次数是日平均成交次数。深度是日平均深度，它是用在最优买入和卖出报价水平可交易数量的日内数据计算得到的，以百万为单位计量。斜率是用订单簿里所有可获得报价水平的日内数据求得每日斜率，然后计算出的日平均订单簿斜率。报价修改次数是报价中间值的日均变动次数。参与者数量是可以在特定平台上交易的市场参与者数量。对于同时在当地和EuroMTS平台上交易的债券，参与者数量是两者中的较大数。指定做市商数量是有义务提供流动性的做市商数量。对于同时在两个平台交易的债券，指定做市商数量是两者中的较大数。基准标记是虚拟变量，对于在EuroMTS平台上交易的债券，其虚拟变量取值为1，否则为0。

控制住债券特性变量后，就可以评估买卖价差和各种微观结构变量之间的关系。债券缺乏流动性似乎与高波动性和大量报价修改相关，这可能意味着更高程度的信息不对称。成交额大和成交次数多是流动债券的特征。除此之外，在最优报价水平，整个订单簿深度越大，债券的价差越小。可见，较小的报价价差和较大的深度相关。

值得注意的是，市场参与者数量和指定做市商数量对于提高债券流动性来说非常重要。不管是大量的市场参与者还是做市商，都意味着更大的交易竞争性和更高的流动性。这一结果给债券市场设计带来启示。市场参与者数量相较于指定做市商数量来说似乎是更有效的买卖价差决定因素。最后，由基准标记表示的基准债券发行规模与预期的不一样。在 EuroMTS 基准平台上市的债券的流动性要明显低于有着相似年龄、息票利息、久期和评级的其他债券。因此，发行规模似乎并不是一个合适的欧洲政府债券流动性变量。总体来说，这些结果和 Bao 等（2011）研究美国公司债券得到的结果一致。

3.5　危机前和危机期间

最近的流动性和主权债务危机对欧洲政府债券市场的流动性产生了深刻影响。我们对 2004 年 1 月至 2007 年 7 月危机发生前、2007 年 8 月至 2010 年 7 月危机发生期间以及整个样本区间进行了回归分析，这和上一节的描述相似。使用国家虚拟变量来控制特定国家的影响。德国的虚拟变量被省略了，这样的常数项就反映了德国债券买卖价差的基准水平。表 3-3 显示的是回归分析的估计结果。

在引入统一货币后，欧元区国家经历了一段政府债券收益趋同、政府债券二级市场高度流动的时期。这反映在表 3-4 显示的结果中，危机前买卖价差的基准水平要远低于危机期间。特别地，爱尔兰、意大利、葡萄牙和西班牙的平均流动性甚至优于德国。这种情况在危机期间出现变化，所有欧洲国家的流动性都明显恶化。回归常数项在危机期间几乎增长了 20 倍。所有受主权债务危机影响的国家——希腊、爱尔兰、意大利、葡萄牙和西班牙——以国家虚拟变量表示的买卖价差基准水平急剧增长。引人注意的是，法国维持了比德国更低的价差。

在危机期间，买卖价差的决定因素与文献预测的一致。在其他方面都一样的债券中，最新发行的或者期限短的债券更受青睐，并且其流动性更高（Pasquariello

表3-3　　　　　　　　　　　危机期间的债券流动性

	危机前	t统计量	危机时	t统计量	全部样本	t统计量
常数项	2.024	13.17	40.158	14.82	30.582	30.77
年龄	0.263	24.08	−0.203	−1.97	0.528	8.15
基准标记	−0.071	−1.22	8.302	7.31	6.477	16.43
息票利息	−0.350	−19.95	−0.050	−0.15	−1.975	−16.89
修正久期	0.335	23.98	0.531	7.20	0.153	6.23
波动性	0.264	24.10	0.021	4.30	0.041	5.41
深度	−0.015	−10.66	−0.927	−25.02	−0.430	−41.24
成交额	−0.002	−4.85	−0.042	−7.04	−0.013	−6.35
参与者数量	−0.003	−1.28	−0.353	−9.07	−0.215	−21.53
奥地利虚拟变量	0.360	4.37	24.307	12.98	8.419	10.02
比利时虚拟变量	−0.454	−4.71	−0.348	−0.21	−2.156	−4.74
芬兰虚拟变量	−0.360	−5.50	7.470	4.85	2.505	4.88
法国虚拟变量	−0.019	−0.25	−3.142	−2.49	−2.598	−7.35
希腊虚拟变量	0.099	1.11	17.292	7.64	0.731	1.01
爱尔兰虚拟变量	−0.266	−2.43	15.327	2.30	−3.789	−3.21
意大利虚拟变量	−0.472	−5.29	13.829	18.28	10.815	24.50
荷兰虚拟变量	0.347	3.90	2.256	3.52	−0.520	−1.90
葡萄牙虚拟变量	−0.137	−2.11	19.389	11.40	7.168	10.29
西班牙虚拟变量	−0.320	−3.82	8.084	7.13	1.577	3.01
债券数量	342		285		441	
观察值数量	8 334		4 576		12 910	
调整的可决系数	0.86		0.39		0.29	

注：表中显示的是月度数据的面板回归结果。平均买卖价差为被解释变量。样本被划分为两个阶段：危机前和危机期间。危机前子样本从2004年1月至2007年7月，危机期间从2007年8月至2010年7月。使用日内数据计算日时间加权平均买卖价差，然后按每个样本进行月平均。计算稳健标准误差并得到t统计量。粗体表示显著性水平为5%。债券期限是以年计算的债券已发行时间。息票利息是以面值的百分比表示的定期现金流。修正久期是到期收益率的微小变动带来的债券价格的百分比变动。波动性是用日内数据计算的债券报价中间值的平均日波动性。深度是日平均深度，它是用在最优买入和卖出报价水平可交易数量的日内数据计算得到的，以百万为单位计量。成交额是以百万表示的月度总成交额。成交次数是日平均成交次数。参与者数量是可以在特定平台上交易的市场参与者数量。对于同时在当地和EuroMTS平台上交易的债券，参与者数量是两者中的较大数。国家虚拟变量用来控制相对于德国的持续流动性差异。

和 Vega 2009)。最具流动性的债券，由基准标记表示的发行规模更大，修正久期更短。研究者经常使用发行规模作为债券流动性的代理变量（Fleming 2003），债券价差随久期增大。这个结果证实了买卖价差的期限结构（Dufour 和 Nguyen 2012）。息票利息的高低也很重要，这是因为息票利息越高的债券，价格越高，因此会有较低的比例买卖价差。此外，波动性低、深度大、成交额高以及市场参与者多的债券，价差较小。

2007年下半年，全球性的流动性危机蔓延到所有的资产类别。MTS的交易商倍感压力，他们既不愿意也没有能力保持较小价差。MTS市场同意解除和放松做市的义务，这导致所有市场的流动性急剧下降，债券的买卖价差增大、深度变小、价格波动性增大。这种趋势显而易见，如在观察平均比例买卖价差时。这种价差对每个国家债券截面每日进行计算，然后对样本每年所有交易日进行平均。因为买卖价差的期限结构，这种测度会高估长期债券比例相对大的国家的流动性。Goyenko 等（2011）发现，在衰退阶段投资者会转向更具流动性的短期债券，表现出流动性转移，这会导致流动性的期限结构更为陡峭。

如果研究者对在不同到期日的债券分布变化不加以控制，计算不同期限类别的所有债券的简单平均买卖价差可能产生一个相悖的结果。在衰退期，情况恶化的国家发行长期债券非常困难，因此趋向于只发行短期债券。这样，尽管每一种到期日类别的买卖价差都在增大，但由于未偿债务的久期变短，可能导致国家平均买卖价差变小。因此，正如在表3-3中面板回归所示，构建平均买卖价差模型时对到期日的控制很重要。

在危机期间，买卖价差和债券特性之间的关系会有很大的变化。债券年龄系数的重要性降低，并且当很多欧元区政府很难发行新债券时，系数的符号会变化。显示为越旧的债券价差反而较小。相对发行规模较大的基准债券则与较大的价差以及较低的流动性联系在一起。债券的息票利息变得无法解释流动性的变化。债券的修正久期对于解释买卖价差仍然很重要，这表明期限较长债券的流动性期限结构的持续显示了较大的价差。模型解释了买卖价差变动的比例变低，调整的可决系数从危机前的86%变为危机期间的39%。

表3-4中的数据显示了从2004年1月至2010年7月欧元区债券市场的重要发展趋势。在危机前阶段，欧元区国家拥有一个买卖价差小、报价深度大、交易活跃的具有高流动性的政府债券市场。在危机期间，买卖价差急剧增大，报价深度变小，交易活跃性降低。特别是2004年，平均买卖价差的范围从法国的1.58个基点（bps）到爱尔兰的4.46个基点，所有国家总的简单平均值是

2.77 个基点。2007 年总的平均买卖价差增长到 4.17 个基点，2008 年增长到 13.73 个基点，并在 2009 年到达峰值，增长到 22.33 个基点。2010 年平均买卖价差下降到 16.81 个基点。Engle 等（2011）发现美国国债市场也具有相似的流动性动态。

表 3-4 交易变量的统计汇总

项目	2004年	2005年	2006年	2007年	2008年	2009年	2010年
报价修改	244.28	210.07	176.33	217.13	244.93	218.28	194.41
买卖价差（bps）	2.77	2.40	2.65	4.17	13.73	22.33	16.81
报价深度（€mil）	17.54	15.10	13.04	13.58	6.53	4.94	5.65
交易	1.35	0.97	0.73	0.82	0.52	0.46	0.37
交易值（€bn）	15.01	10.56	7.76	8.78	5.25	4.05	3.56

注：上表显示了每只债券的报价修订次数、比例买卖价差、报价深度以及成交次数的日平均值。它们是通过每个国家可得到的所有样本债券的日截面平均值计算得到的。截面平均数是先计算每年所有交易日的平均值，再计算出所有国家的平均值。交易值是所有样本债券的日平均总值。计算每个交易日的交易值，然后计算每年所有交易日的平均值。2010 年的样本只包括 1 月至 7 月。

3.6 总结和结论

为股票和期货交易而开发的高速有效的电子系统很快被运用到其他资产，如债券、货币、金融衍生工具以及互换交易。各种资产的订单处理和匹配规则以及交易定价的规则难免会相似。然而，不同资产类别的特性导致它们的市场结构具有重要的差异并且产生资产特有的经验模式。本章展示了固定收益市场的微观结构并且关注了欧洲主权债券电子交易的 MTS 批发平台。

对 MTS 市场流动性的实证研究发现了固定收益市场的特性。本章分析了 2007 年 10 月流动性危机开始之前和之后阶段的债券缺乏流动性和债券特性之间的关系。尽管市场参与者通常将政府债券当作安全和流动的资产，本章表明这类债券也会受到流动性危机的影响。当市场参与者需要流动性时，会将其最具流动性的资产变现，这样甚至会把流动性危机传播到政府债券。因此，应在固定收益市场开发并应用流动性风险管理工具。

讨论题

1.股票市场和固定收益市场之间的主要区别是什么?
2.解释MTS市场的主要特性。
3.解释买卖价差和债券特性,如年份、修正久期和信用评级之间的关系。
4.解释在2007—2010年危机期间,欧洲债券市场流动性的表现。
5.讨论流动性风险对于债券投资是否重要。

作者介绍

  Madhucchand Darbha在雷丁大学亨利商学院ICMA中心攻读博士学位,他的指导老师是Alfonso Dufour教授。他的研究领域是欧洲政府债券市场的微观结构和流动性风险。此前,他是印度苏格兰皇家银行算法交易的数量分析师。他的工作是利用高频数据库来设计和实施用以校正和测试交易算法的框架。他还曾担任花旗集团(伦敦)、巴克莱全球投资(东京)以及新生银行(东京)的金融软件顾问,执行固定收益市场和外汇市场的前台、中台、后台交易申请。Darbha先生在印度海德拉巴尼赫鲁科技大学获得控制工程技术学士学位。

  Alfonso Dufour是雷丁大学亨利商学院ICMA中心金融学讲师和博士课程导师。他拥有金融计量经济学的背景,并对市场结构、资产价格日内动态和流动性进行了广泛的研究。目前,他的研究兴趣跨越了算法交易、市场操纵、信用违约互换和政府债券市场。作为一名咨询顾问,他向市场监管者和交易所提出政策建议,并建议设计高频分笔数据库用于学术研究。他的研究成果在*Journal of Finance*和*European Journal of Finance*上发表。Dufour主要讲授硕士课程以及对市场参与者的有关金融市场、流动性风险和高频计量经济学的培训课程。他在加利福尼亚大学圣迭戈分校获得经济学硕士和博士学位,在意大利威尼斯大学获得经济学学士学位。

参考文献

Albanesi, Stefania, and Barbara Rindi.2000."The Quality of the Italian Treasury Bond Market, Asymmetric Information and Transaction Costs." *Annales d´Economie et de Statistique* 60,1-19.

Andersen, Torben G., Tim Bollerslev, Francis X.Diebold, and Paul Labys.2003. "Modeling and Forecasting Realized Volatility." *Econometrica* 71:2,579-625.

Balduzzi, Pierluigi, Edwin J.Elton, and T.Clifton Green.2001."Economic News and Bond Prices: Evidence from the U.S.Treasury Market." *Journal of Financial and Quantitative Analysis* 36:4,523-543.

Bandi Federico M., and Jeffrey R.Russell.2003."Microstructure Noise, Realized Volatility, and Optimal Sampling." Working Paper, Graduate School of Business, University of Chicago.

Bao, Jack, Jun Pan, and Jiang Wang.2011."The Illiquidity of Corporate Bonds." *Journal of Finance* 66:3,911-946.

Barndorff-Nielsen, Ole E., and Neil Shephard.2002."Estimating Quadratic Variation Using Realized Variance." *Journal of Applied Econometrics* 17:5,457-477.

Beber, Alessandro, Michael W.Brandt, and Kenneth A.Kavajecz.2009. "Flight-to-Quality or Flight-to-Liquidity? Evidence from the Euro-Area Bond Market." *Review of Financial Studies* 22:3,925-957.

Benston, George J., and Robert L.Hagerman.1974."Determinants of Bid-Asked Spreads in the Over-the-Counter Market." *Journal of Financial Economics* 1:4,353-364.

Biais, Bruno, Antoine Renucci, and Gilles Saint-Paul.2004."Liquidity and the Cost of Funds in the European Treasury Market." Working Paper 285, Institut d´Économie Industrielle (IDEI), Toulouse.

Brandt, Michael W., and Kenneth A.Kavajecz.2004. "Price Discovery in the U.S.Treasury Market: The Impact of Order Flow and Liquidity on the Yield Curve." *Journal of Finance* 59:6,2623-2654.

Cao, Charles, Oliver Hansch, and Xiaoxin Wang.2009."The Information Content of an Open Limit-Order Book." *Journal of Futures Markets* 29:1,16-41.

Cheung, Yiu Chung, Frank de Jong, and Barbara Rindi.2005."Trading European Sovereign Bonds: The Microstructure of the MTS Trading Platforms." Working Paper 432, European Central Bank.

Coluzzi, Chiara, Sergio Ginebri, and Manuel Turco.2008. "Measuring and Analyzing the Liquidity of the Italian Treasury Security Wholesale Secondary Market." Working Paper, University of Molise.

Dufour, Alfonso, and Minh Nguyen.2008."Time-Varying Price Discovery in the European Treasury Markets." Working Paper, ICMA Centre, Henley Business School, University of Reading.

Dufour, Alfonso, and Minh Nguyen.2012. "Permanent Trading Impacts and Bond Yields." *European Jounal of Finance* 18:9,841-864.

Dufour, Alfonso, and Frank Skinner.2004. "MTS Time Series: Market and Data Description for the European Bond and Repo Database." Working Paper 7, ICMA Centre, Henley Business School, University of Reading.

Dunne, Peter, Michael J.Moore, and Richard Portes.2006. "European Government Bond Markets: Transparency, Liquidity, Efficiency." CEPR Research Report, Corporation of London.

Engle, Robert F., Michael J.Fleming, Eric Ghysels, and Giang Nguyen.2011. "Liquidity and Volatility in the U.S.Treasury Market: Evidence from a New Class of Dynamic Order Book Models." Working Paper, University of North Carolina at Chapel Hill.

Fleming, Michael J.2003. "Measuring Treasury Market Liquidity." *Federal Reserve Bank of New York Economic Policy Review* 9:3,83-108.

Fleming, Michael J., and Bruce Mizrach.2009. "The Microstructure of a U.S.Treasury ECN: The BrokerTec Platform." Staff Report 381, Federal Reserve Bank of New York.

Fleming, Michael J., and Eli M.Remolona.1997. "What Moves the Bond Market?" *Economic Policy Review* 3:4,31-50.

Fleming, Michael J., and Eli M.Remolona.1999. "Price Formation and Liquidity in the U.S. Treasury Market: The Response to Pubic Information." *Journal of Finance* 54:5,1901-1915.

Foucault, Thierry, Sophie Moinas, and Erik Theissen.2007. "Does Anonymity Matter in Electronic Limit Order Markets?" *Review of Financial Studies* 20:5,1707-1747.

Goyenko, Ruslan, Avanidhar Subrahmanyam, and Andrey Ukhov.2011. "The Term Structure of Bond Market Liquidity and Its Implications for Expected Bond Returns." *Journal of Financial and Quantitative Analysis* 46:1,111-139.

Green, T.Clifton.2004. "Economic News and the Impact of Trading on Bond Prices." *Journal of Finance* 59:3,1201-1233.

Harris, Lawrence E.2002. *Trading and Exchanges: Market Microstructure for Practitioners.* Oxford: Oxford University Press.

Harris, Lawrence E., and Venkatesh Panchapagesan.2005. "The Information Content of the Limit Order Book: Evidence from NYSE Specialist Trading Decisions." *Journal of Financial Markets* 8:1,25-67.

Irvine, Paul, George Benston, and Eugene Kandel.2000. "Liquidity beyond the Inside Spread: Measuring and Using Information in the Limit Order Book." Working Paper, Emory University.

Kalay, Avner, Li Wei, and Avi Wohl.2002. "Continuous Trading or Call Auctions: Revealed Preferences of Investors at the Tel Aviv Stock Exchange." *Journal of Finance* 57:1,523-542.

Kavajecz, Kenneth A., and Elizabeth R.Odders-White.2001. "An Examination of Changes in Specialists' Posted Price Schedules." *Review of Financial Studies* 14:3,681-704.

Kirilenko, Andrei A., Albert S.Kyle, Mehrdad Samadi, and Tugkan Tuzun.2011. "The Flash Crash: The Impact of High Frequency Trading on an Electronic Market." Working Paper, Robert H.Smith School of Business, University of Maryland.

Krishnamurthy, Arvind.2002."The Bond/Old-Bond Spread." *Journal of Financial Economics* 66:2,463-506.

Li, Haitao, Junbo Wang, Chunchi Wu, and Yan He.2009. "Are Liquidity and Information Risks Priced in the Treasury Bond Market? *Journal of Finance* 64:1,467-503.

London Stock Exchange.2012."June 2012 Monthly Market Report."Available at www.londonstockexchange.com.

Longstaff, Francis A.2004."The Flight-to-Liquidity Premium in U.S.Treasury Bond Prices." *Journal of Business* 77:3,511-526.

Mizrach, Bruce, and Christopher J.Neely.2008."Information Share in the U.S.Treasury Market." *Journal of Banking and Finance* 32:7,1221-1233.

Næs, Randi, and Johannes A.Skjeltorp.2006."Order Book Characteristics and the Volume-Volatility Relation: Empirical Evidence from a Limit Order Market." *Journal of Financial Markets* 9:4,408-432.

Oomen, Roel C.A.2006. "Properties of Realized Variance under Alternative Sampling Schemes." *Journal of Business and Economic Statistics* 24:2,219-237.

Pasquariello, Paolo, and Clara Vega.2009."The On-the-Run Liquidity Phenomenon." *Journal of Financial Economics* 92:1,1-24.

Persaud, Avinash D.2006. "Improving Efficiency in the European Government Bond Market."Available at www.icap.com.

Schwarz, Krista.2010."Mind the Gap: Disentangling Credit and Liquidity in Risk Spreads." Working Paper, Columbia University.

Stoll, Hans R.1978. "The Supply of Dealer Services in Securities Markets." *Journal of Finance* 33:4,1133-1151.

Wood, Robert A.2000."Market Microstructure Research Databases: History and Projections." *Journal of Business and Economic Statistics* 18:2,140-145.

Wood, Robert A., Thomas H.McInish, and J.Keith Ord.1985."An Investigation of Transactions Data for NYSE Stocks." *Journal of Finance* 40:3,723-739.

第4章 衍生工具市场微观结构发展

JAMES T. MOSER

美利坚大学 Kogod 商学院驻校执行官

4.1 引言

衍生工具合约在很多重要方面不同于证券。证券将所有权，如将一定金额（或一定比例）的应付报酬及表决权，交付给证券持有者。但衍生工具并不提供所有权。相反，衍生工具是约束买卖双方履行特定责任的待履行合约。对于商品期货合约，该责任要求合约的空方（卖方）在约定日期至约定地点交付约定数量的商品，而多方（买方）在交货时支付合约价格。更多时候，衍生工具合约，甚至是那些约定交割条件的合约，都是以现金进行结算来完成名义交付的。这点区别很重要。因为所有权可以被稀释，所以证券的发行数量是有限的。这种限制导致可供出售的证券数量有一个上限。与之不同，无论何时只要多空双方在价格上达成一致并信守承诺，就可形成一个待履行的衍生工具合约。

除上述衍生工具合约的义务外，交易所交易的衍生工具合约买卖双方的责任还包括旨在减少随后出现的不履行合约义务而导致对手方风险暴露的条款。因为通常情况下，交易所对合约的交易对手方履约进行担保，这一追加的责任贯穿于整个合约有效期。随着影响违约可能性情况的出现，这些责任将使履约担保的成本维持在一个可以接受的水平。例如，期货合约价格的急剧变化增加了当前头寸持有者无法履行交割义务的可能性。如逐日盯市条款要求提交额外保证金或者履约担保书来确保头寸安全，可以通过将成本保持在逐日盯市水平的最大值来降低不履约的成本。此外，商品交易所的层级结构加强了对当前交易双方的监督，使其提前考虑成本高昂的不履约问题。

交易所还通过指定交易协议来减少合约平仓的问题。这些协议包括对交易场所准入权的管理，以避免会员与无法履约的对手方达成交易。例如，交易所会审查所有会员申请的背景，会员必须通过一名清算所成员来清算头寸。这一清算程序确保一旦清算完成，合约对手方承担的是清算所的信用风险，而不是其交易对手的信用风险。

这些行为意味着交易会产生成本。要覆盖这些成本就得向提供合约的交易所支付费用。因此，对于证券市场，订单成本被转移到可见的交易价格中。这意味着对基准价格的理解必须包含对进行交易的市场组织的理解。

本章的目标是对衍生工具合约，特别是交易所交易的期货合约的交易市场微观结构文献的实证贡献进行探讨。本章其余部分的组织结构如下，下一节以构建一个无摩擦卖方减价拍卖作为基础，来探讨不同的市场安排如何有助于满足市场参与者的即时性需要。其后一节是市场类型：卖方减价拍卖市场、连续双向拍卖的公开喊价市场，以及集中限价订单的电子市场。最后一节是总结和结论。

4.2 微观结构理论探源

价格理论，即供求分析范式，产生自经济学家试图回答的问题：价格是如何得出的？与之类似，微观结构理论产生自有关价格形成的组织结构（即交易所）的问题。

4.2.1 微观结构理论

由 Demsetz（1968）引入的微观结构理论，在证券交易市场的范围内探讨了科斯（1960）的社会成本问题。Demsetz 试图解释观察到的交易价格与通过假设的卖方减价拍卖过程决定的价格相背离的问题。在假想的交易场所，潜在的买方和卖方分别向中立的仲裁人发出其需求和供给信号。仲裁人将这些披露的单个计划合并构成总需求和总供给，并公布供求均衡的价格水平。如果相应的买卖报价等于或优于宣布的价格，那么买卖订单以公布的价格成交。也就是说，如果买盘报价低于或等于宣布的报价；买入订单成交，如果卖盘报价等于或高于宣布的价格，卖出订单成交。

对于科斯的社会成本问题，Demsetz（1968）承认交易价格包含支付给服务提供者的报酬，服务提供者解决了证券交易中的一些摩擦。这些摩擦通常包括对纯粹卖方减价过程的背离，而 Demsetz 则主要关注即时达成交易的成本。

卖方减价拍卖在离散时间间隔发生。对于偏好即时交易的市场参与者来说，这意味着延迟。正是由于寻求即时交易的市场参与者的存在，有望促进存货持有交易商的进入。这些交易商提供的中介服务要求支付报酬。报酬必须覆盖预期的附加经营成本，如订单提交费用，以及存货持有成本。此外，由于交易商承担了因价格变动而使存货价值受到影响的风险，因此必须对交易商支付报酬。风险溢价中还包括因信息不对称而产生的成本。如果交易商的信息仅限于从买卖订单（即订单流）中得到的信息，就会产生该成本。完全信息包括订单流和相关基础信息，从这个意义上来说，交易商与拥有关于公司价值内部信息的市场参与者相比，处于信息劣势。这种交易劣势形成交易商必须承担的成本，因此需要报酬。

一种有效的思路是，为什么由市场安排处理这一问题？为什么其他摩擦不通过服务提供者收取附加费用的方式进行处理？例如，为什么证券交易商并不列出单独对即时性的提供进行收费？一种解释是即时性的需求及其提供成本具有可变性。如果即时性的均衡成本没有时间一致性，那么持续竞争的市场将有效地分配所需资源来提供这一服务。一个简单的逻辑思考即可说明问题。假设有这样一种情况，一只证券的大部分持有者突然决定抛售这只证券。进一步假设，这些交易仅仅出于对流动性的需求，而不是有关证券价值的信息出现变动。此外，所有的市场参与者都肯定交易没有传递有关证券基本价值的信息。由于流动性被吸收而产生的价格下行压力导致市场参与者即时出售该证券，引起价值的相应上升。这些信息通过那些寻求即时性的市场参与者提供的报价得以最即时的传递。

这一逻辑思维反过来提示可以用卖方减价的方法研究即时性问题。一般情况下，证券市场交易必须承担订单成本，这一成本负担会改变卖方提供的数量及（或）买方需求的数量。包含在订单成本中的是与提供即时性有关的成本。这些数量上的变化会影响数量和价格的对应关系，导致观察到的价格与从纯粹卖方减价拍卖中预期的价格之间出现价差。保持基本价格不变，即时性的高成本减少了证券的需求量。这对通过证券市场进行资本配置有重要启示。对于衍生工具市场，即时性成本直接影响风险管理，并通过这一途径间接影响资本配置。Demsetz（1968）解释了市场安排将证券价格决定与即时性报酬决定结合在一起使成本最小化，以此来说明科斯（1960）的社会成本问题。

4.3　来自卖方减价拍卖市场的证据

Eaves 和 Williams（2007）对 1997—1998 年期间东京谷物交易所（TGE）进行的 15 677 次玉米和红小豆合约拍卖的数据进行了研究。交易盘，也称定盘，在每个交易日定期进行，从最近交割的合约月开始，连续顺次到期限最长的合约月。拍卖过程中，拍卖商公布价格，参与者报出愿意在该价格上买入或卖出的合约数量。期货佣金商（FCMs）承诺代表其客户的利益。当拍卖商发现在每个价格水平下愿意买入和卖出的合约数量不均衡时，或是调整下一次公布的报价以减少这种失衡（如果买入数量超过卖出数量则调高价格，如果卖出数量超过买入数量则调低价格），或者在失衡为零的价格水平上使市场出清。此外，当观察到市场参与者对失衡的反应是在之前的价格上有更多的交易意愿时，拍卖商可以发出有着更多买卖意愿的信号。

拍卖商在如何公布价格上具有相当大的灵活性。对于任何拍卖的初始价格一般设定为接近以前确定的价格水平。例如，第二个到期合约的初始价格一般接近最临近的合约月所决定的价格。这种灵活性，结合拍卖商的专业知识，使得拍卖迅速进行。平均而言，定盘交易持续 10 分钟左右。Eaves 和 Williams（2007）通过研究数据来推断拍卖商在得到使买卖意愿得以出清的价格时要考虑哪些因素。这是通过估计价格调整之间的时间对各解释变量的固定效应回归模型来完成的。结果表明，如果失衡程度较大，拍卖商会加快公布报价；当重复报出之前的报价时或在当前价格上有更多的交易意愿的信号后，由于失衡程度下降，拍卖商会减缓报出新价格。

还有一个重要的问题是策略性抵押的出现。策略性抵押旨在促使其他市场参与者改变其竞标行为。例如，一个买家以增加其抵押品数量作为对公布价格上升的回应，这可能被理解为他是在伪装其购买意愿以便能够以更有利的价格购买其想要的合约。这种伪装的抵押会影响交易意愿失衡和价格调整之间的相关性。Eaves 和 Williams（2007）研究了这些相关性以评估策略性抵押的程度。他们的研究结论与实验研究的结果相矛盾。实验研究者普遍发现策略性抵押要比 Eaves 和 Williams 认为的更为广泛。但是，实验文献显示卖方减价拍卖要比大多数衍生工具市场所采用的连续双向拍卖的效率要低，而 Eaves 和 Williams 的研究并不支持这个结论。他们认为定盘交易的结构特点降低了策略性行为的代价。这些特点包括拍卖商公布价格的时间安排，以及在瞬间时间间隔公布价格变动而不是根据现存抵押失衡的比例来公布价格变动的惯例。

最后，Eaves和Williams（2007）研究了拍卖参与者之间的信息流。他们发现在拍卖的最初几秒钟内有近2/3的抵押被修改，这表明抵押人在很大程度上相信现存抵押并不是策略性的。此外，在拍卖的随后几秒钟内抵押修改急剧下降，表明不确定性被迅速化解。这些结果与从市场上更为常用的连续双重拍卖过程中得到的结论并没有实质区别。

在价格决定问题上，TGE与采用连续双向拍卖的市场之间几乎没有不同，这就引起以下问题：为什么没有观察到更多的采用卖者减价拍卖的实例？例如，相对较少的参与者数量能否解释策略性抵押缺乏？任何情况下，Eaves和Williams（2007）都没有发现在任何一个拍卖中有超过55个抵押人参与。因此可以推测，参与者担心一旦有策略性行为，他们会损失名誉资本。

4.4　双向拍卖市场的流动性供给

继Demsetz（1968）的开创性工作之后，其后的研究对提供即时性的成本进行了细分。Stoll（1978）里程碑性的论文将提供即时性的成本确定为三部分：（1）最初由Demsetz（1968）和Tinic（1972）提出的订单处理成本；（2）由stoll（1978）以及Ho和Stoll（1981，1983）构建模型的库存持有成本；（3）Copeland和Galai（1983），Glosten和Milgrom（1985），以及Easley和O'Hara（1987）考虑的不利信息成本。

如前所述，微观结构理论将每个成本视为需最小化的摩擦，并试图理解市场组织如何获得所要求的效率。衍生合约市场采用了两种独特的安排来实现必要的成本最小化。在其早期的研究中，商品交易采取公开喊价的方式，其特点是由被称为场内交易商的市场参与者提供流动性。20世纪80年代末，由于无法吸引足够数量的场内交易商迁至法兰克福，德国期货交易所（DTB）于1998年与瑞士期权及金融期货交易所（SOFFEX）合并后改名为欧洲期货交易所，开始为期货合约提供电子交易场所。本节介绍相关理论。

4.4.1　公开喊价市场

商品交易所的组织形式会造成做市商存货成本的来源不同。与由证券交易所的专家或指定做市商主导的做市安排不同，公开喊价市场的做市是通过被称为场内交易商或者黄牛的市场参与者完成的。这些场内交易商通过发出买卖价格信号争夺订单流。与他们在证券交易所的交易对手不同,场内交易商没有进行交易的肯定性义务。也就是说,公开喊价交易所的做市是自发的,所得报酬由场内交易商对交易所的交易池(pit)内汇集的交易信息进行准确观测并由回应的专业知识决定。由于被以集中限价订单簿为特征的电子市场所取代,近年来期货合约的公开喊价市场逐渐减少,但是大多数微观结构的文献仍涉及这些市场中的衍生工具交易。

场内交易商在存货问题上有三个特点区别于证券市场中的做市商。第一,场内交易商所持头寸是买入或卖出的义务,而不是需要承担持有或融资成本的存货。场内交易商确实需要承担的成本是因为拥有交易席位或是因为租用席位获得交易权利而产生的会员成本,但是该成本与头寸规模无关。可以想象,当合约头寸超过一定水平(即场内交易商的持仓风险超过用以保证仓位安全的抵押品的价值,通常是席位的价值)时,应当评估场内交易商是否应增加费用。当然,通常不会这么做。相反,这些场内交易商会直接进行交易清算。第二,基于头寸规模的成本增加可能是因为交易保证金要求而出现的,但场内交易商很少长时间持有存货,所以因持有头寸而增加的成本是零。第三,场内交易商的头寸在任何时候都可以是多头或空头,因此提供即时性是在场内交易商建仓或清仓时完成的。相比之下,股票市场专家一般通过抛售存货来降低价格风险。除非专家能以与囤货成本可比的价格卖空,否则专家的即时性供给可能是不对称的。购买并持有证券的成本相对较低意味着向卖方提供即时性的能力高于向买方提供即时性的能力。注意到这些差异,与证券市场做市商一样,场内交易商在持有头寸时面临着价格风险,但不会导致他们头寸持有成本的增加。

多年以来,数据的局限性阻碍了对公开喊价市场的严谨的统计研究。直到20世纪80年代,日内交易数据还是无法获得的。此后的几年中,价格记录中的日内数据由监控交易行为的交易池(pit)记录器记录,并通过俯瞰交易池或从交易商手写交易卡中记录当前的价格。这些交易卡可以提供价格和数量信息,但缺乏可靠的时间戳。相反,美国的交易所记录15分钟内的交易。这些时间戳程序不足以确定市场参与者的实际交易顺序。因此,最早的实证工作包括采用单个市场参与者交易记录的案例研究。Working(1967,1977)和Silber(1984)采用案例研究方法探索了期货市场的流动性供给。Working(1967)的研究检验了一个纽约棉花交易所的交易者在1952年间2个月的交易记录。Silber的研究则检验了一个纽约期货交易所的黄牛在1982年和1983年间6个月的交易记录。他们都认为黄牛党通过频繁交易以及在很短的时间间隔持有头寸来提高流动性。Silber还对所谓的碰巧交易（scratch trades）进行了深入了解。这种情况出现在黄牛党获得一个大订单，并以小幅增量卖出其头寸时。通常情况下，由于黄牛党宁愿平仓，也不愿因价格与头寸反向变动而蒙受损失，这些增量交易中很大比例是零利润的。碰巧交易的存在意味着场内交易商的平均回报不及平均买卖价差。

Kuserk和Locke（1993）根据早期研究提供的黄牛党交易特点对交易进行筛选，由此扩展了Working（1967）和Silber（1984）对黄牛党活动的案例研究。将1990年7月开始的3个月间12种期货合约的小于290万手的交易数据集根据客户类型指标（CTI）代码分为（1）自营账户；（2）清算会员账户；（3）其他场内交易商的账户；（4）客户账户。然后，根据日均交易数量、合约成交量及每个交易类型的交易商数量，对交易进行汇总。由于这是根据场内交易人和他们的交易对手方进行的分类，这些交易活动显然分为自营账户和客户账户。

Kuserk和Locke（1993）发现在检验的12个合约市场中，黄牛活动的特点有重大变化。作者选定四个筛选指标来鉴别黄牛：日均收盘头寸、日均交易量、交易间隔时间的中值，以及平均交易规模。为了验证所筛选的交易与Working-Silber的特点相一致，对交易活动的履约进行了检验。黄牛交易的日均收入在活牛合约的240美元到欧洲美元合约的1 050美元之间。对所检验的每种合约市场的收入在四分位范围上绘制收入中位值，作者发现收入和风险之间的正相关关系。

Manaster和Mann（1996）检验了做市商的交易数据集。该数据集包括了1992年前6个月间芝加哥商业交易所（CME）的16种不同合约中超过2 000个场内交易商的交易。有两个问题需要思考：是否有证据表明做市商的库存是有人管理的？这种管理是否导致价格优惠？

Manaster和Mann（1996）对库存管理的研究分为两个步骤。第一步通过每分钟间隔内的库存变化对每个时间间隔开始时的库存水平进行回归来检验均值回归。均值回归的发现意味着做市商寻求维持零合约的长期平均库存水平。当头寸累积时，做市商更有可能做的是多头时卖出，空头时买入。估计了超过61 000个时间序列回归，一个回归对应一天，一天中做市商至少进行20分钟的交易活动。Phillips-Perron检验得出结论：做市商存货显现出均值回归。例如，对标准普尔500指数合约进行的20 490次检验中近80%都支持均值回归。在中值处，在t时一个持有非零头寸的标准普尔500指数合约的做市商在一分钟内减少了49%的头寸。第二步的库存管理检验考虑横截面，以确定买入卖出压力的发生率。结果表明，做市商在每个一分钟时间间隔开始时的头寸规模与在该时间间隔中头寸减少的程度呈负相关关系。非负相关性的比例绝不会超过41%。这些证据有力证明了存货是有人管理的。

由做市商管理存货带来的价格效应可以通过将做市商交易履约的相对测度对该做市商的存货相对于其他做市商时间戳平均存货的偏离程度进行回归来检验。将 $\bar{p}_{\tau}^{b}$ 和 $\bar{p}_{\tau}^{s}$ 分别定义为 t 时开始的交易时间间隔的当前买入和卖出价格，变量 p_{ti}^{b} 和 p_{ti}^{s} 定义为交易员 i 在此期间遇到的买入和卖出价格，相对交易履约变量表示为：

$$\pi_{ti} = \begin{cases} \bar{p}_{\tau}^{b} - p_{ti}^{b}, & \text{如果交易员}i\text{在开始于}\tau\text{的时间间隔内的}t\text{时买入} \\ p_{ti}^{s} - \bar{p}_{\tau}^{s}, & \text{如果交易员}i\text{在开始于}\tau\text{的时间间隔内的}t\text{时买出} \end{cases} \tag{4.1}$$

以及相对买入或卖出存货水平的两个变量：

$$I_{ti}^{B} = \begin{cases} I_{ti} - \bar{I}_{t,\,pti}, & \text{交易员}i\text{在}t\text{的买入交易} \\ 0, & \text{交易员}i\text{在}t\text{时的卖出交易} \end{cases} \tag{4.2}$$

$$I_{ti}^{S} = \begin{cases} I_{ti} - \bar{I}_{t,\,pti}, & \text{交易员}i\text{在}t\text{时的卖出交易} \\ 0, & \text{交易员}i\text{在}t\text{时的买入交易} \end{cases} \tag{4.3}$$

一般说来，如果价格让步被用于管理存货，那么将 π_{ti} 对 $I_{ti}^{B} - I_{ti}^{S}$ 进行回归，可以得到一个正的系数。所有估计系数有近1/3为正，基本不显著；但有2/3为负，且大多在统计上显著。这一结果与预测价格调整的存货模型相反。Manaster 和 Mann（1996）认为这一结果更为有力地证明了利润是在平仓时形成的。另一种解释是，做市商会按照对期货订单流的预期来累积头寸。也就是说，在预期大量买入订单时，做市商会积累空头头寸，这样即将到达的买入订单就可以通过对做市商空头头寸平仓来得到执行。

伦敦国际金融期货交易所（LIFFE）公开喊价市场交易价格的电子记录始于20世纪90年代。通过 LIFFE 的数据，Tse（1999）检验了自1995年起的两年时间里公开喊价的日内交易活动。他的统计调查专注于即时性成本、价格波动性和成交量。

时间加权比例买卖价差对10个每日指标变量进行回归，来检验以下假设：（1）开盘期间；（2）英国宏观经济新闻；（3）美国宏观经济新闻；（4）美国股市开盘；（5）LIFFE 收盘。常数项显示平均双程交易成本是同时期期货价格的0.0340%。开盘和收盘期间的4个指标变量显著为负，表明该期间流动性供给的增加，使得即时性成本平均下降了0.0041%。合约总额对这些指标变量的独立回归表明合约总额在开盘和收盘期间显著增加。因为成交量并未按具体的交易者类型进行分配，因此合约总额的增加并不能等同于流动性供给的变化。但是，即时性成本的下降与流动性供给曲线的右移相一致。

Tse（1999）对于即时性成本的研究结论与期货市场的若干制度特征是一致的。期货市场的做市商也就是黄牛党，Tse将他们描述为持有较少头寸通常在每个交易日结束前平仓。这意味着，在开盘时他们没有存货风险，并有一整天的时间来消化在交易日开始时产生的存货风险。总之，这些事实表明在交易开始时存货风险的报酬是最低的，并随着做市商的头寸累积而不断上升，这也表明开盘后的极短时间内买卖差价应低于日内平均水平。同样，在收盘时做市商累积头寸变得平坦，多头的做市商愿意平仓，并从空头的做市商获得即时性。由于做市商将其头寸平仓，其结果是买卖价差没有增加。

Tse（1999）通过对高低价格之比的对数值进行差分，对价格波动性进行检验。他发现，在开盘和收盘期间价格波动性大幅增加。Tse对这一结果的解释与Grossman和Miller（1988）的即时性模型一致。根据该模型，投机者当前存货风险的后果及其风险规避的程度决定了做市商的预期收益。由于存货风险随着收益波动性而上升，收益波动性的增加意味着做市商的报酬增长。Tse的解释是开盘和收盘期间较低的买卖价差与他所观察到的吸引了更多做市商参与的可接受价格范围的上升是一致的。

4.4.2 电子交易市场

最近证券及交易所交易衍生工具向电子市场的迁移已经缩小了这些市场之间的差异。日益增加的匿名参与者和由计算机算法进行的交易提供做市。这些电子市场强调对网络外部性的依赖，而不是传统的做市设施，如证券市场的专家和期货交易所的场内交易商。

电子集中限价订单簿通过积累限价订单替代了做市设施。到达的市价订单压低（买入）排序的卖价，或者提高（卖出）排序的买价。买卖报价是按照价格（最好到最差）中的到达（最早到最迟）顺序排序的。撮合引擎执行算法进行交易。在购买方，这些引擎通过将每个到达的买入订单与现存的最低卖价进行撮合来执行交易。如果买盘未能全部成交，引擎将检索价格依次升高的现存卖出订单。同样，该引擎将卖出订单与现存的最高买价进行撮合，然后检索相继更低的买价。无论买入还是卖出订单，引擎都是通过进行撮合并完成订单来执行交易。因此，任何时刻订单簿的深度、买入或卖出限价订单的数量，确定了可以即时成交的市价卖出订单或市价买入订单的限制。

这种集中限价订单簿便利了无需即时性的买入和卖出订单。这些订单的存在为确有需要的参与者提供了即时性。指令簿的状况，特别是其在每一方的深度，告知了参与者他们可预期的不同规模市价订单的价格冲击。如果深度不足并且随后价格变动性加剧降低了交易所集中限价订单簿经营者收取的费用，交易所就有动力采取行动为做市商做一些安排以减少因市场深度不充分引起的价格冲击。那些安排各有不同。股票市场专家（即受雇于证券交易所的做市商）可以获得有关集中限价订单簿的完全信息。这些信息使他们能够预测要求即时性的订单带来的价格冲击。在预期出现因市价订单引起即时的价格下降（上升）时，专家作为买方（卖方）以一个暂时有利的价格进行交易，然后再按随后到达的限价指令卖出（买入）以获得利润。这样的安排提供了获得即时性的节约成本的途径。

买卖价格的差价决定了提供流动性的做市商可以获得的最大预期报酬（即执行市价订单的价格以及抵消这些交易的价格）。假设即时性服务的价格非零，当前达成共识的价格介于最优买价和最优卖价之间，它会随着即时性服务供求的波动，高于或者低于最优买价和最优卖价的中点。低于（高于）中点的共识价格表明，向卖方（买方）提供即时性服务的高价格。可以推理出，对于一个仅仅用于流动性的交易，即时性服务的边际价格就是最优买价（卖价）和当前共识价格的差价。

每个潜在的即时性供给者决定其即时性服务的供给量。这导致了似乎是临时协调失败的一些实例，其中最著名的是 2010 年 5 月 6 日的例子。在那一天，买方即时性的供给者迅速拉高他们的限价订单进行买入，导致卖出证券和股指期货的市价订单超过有限数量的可供买入的限价订单。随之而来的价格下降无法立即与对基本面的负面冲击进行区别。这种不确定性激发了更多的市价卖出订单，增加了价格进一步下行的压力。

4.5　公开喊价市场和电子市场间的信息流

大多数情况下，由 Harris（2003）所描述的网络外部性限制了交易所提供相同或近乎相同合约的数量。尽管存在外部性，20 世纪 90 年代的大部分时间里，在 DTB 和 LIFFE 这两个期货交易所有近乎完全相同的 10 年期国债合约上市并交易活跃。很长一段时间里，这些上市合约的差异仅在于它们的倒数第二个交割日（DTB 的合约是最后交易日后两天，LIFFE 合约是最后交易日后 3 天）和交易技术（DTB 是电子集中订单簿，LIFFE 是公开喊价）。鉴于交割条款的差异与价格形成无关，研究者研究了两个合约之间的信息流以探究两种交易技术的有效性。

Shyy 和 Lee（1995）检验了 1993 年 11 月 12 天期间内的实时价格，其中不包括因传输问题引起数据损失的交易日。经过筛选，他们的数据集包括两个交易所在 6 个交易日内的 3 158 个观察值。他们首先检验了两大交易所的买卖价格提供较大套利机会的情况。他们发现出现压低一个交易所的买价同时提高另一个交易所的卖价而产生利润的情况相对较少。此外，作者认为在考虑佣金和保证金存款的成本后，那些平均利润无关紧要。此后，Shyy 和 Lee 采用 Engle 和 Granger（1987）的误差修正检验探讨了跨市场定价关系。总结出这两个价格序列存在协整关系，他们发现 DTB 价格显著领先于 LIFFE 的价格，这意味着知情交易者在 DTB 下单。

Shyy 和 Lee（1995）检验了信息不对称对买卖价差的影响。作者把每个交易所 $t+1$ 时实现的中间价变动对 t 时买卖价差进行回归（区别 DTB 和 LIFFE 的指标变量）。他们发现在 LIFFE 逆向选择成本构成是价差的 40% 以上，而 DTB 的逆向选择成本构成低于价差的 20%。作者认为，对这一差异有几种不同的解释。其中之一是 LIFFE 交易采用的是公开喊价交易技术，而 DTB 交易采用的是电子技术。

Pirrong（1996）使用 Roll（1984）的方法估计了买卖价差，发现 DTB 的价差并不比 LIFFE 的高，尽管他也发现 DTB 的订单簿深度大于 LIFFE。如后所述，Pirrong 的估计可以解释为，当信息优势交易者试图隐藏其信息时，收益会存在正的自协方差。Pirrong 有关深度的检验结果是通过将价格变动的绝对值对成交量和滞后价格波动性进行回归得出的。他发现 LIFFE 未预期的成交量峰值与同时发生的价格冲击正相关。他进一步报告了 LIFFE 的价格冲击和滞后的价格冲击之间的正相关关系。这两个研究结果都表明在较高成交量水平下缺乏充足的深度。与此相反，DTB 未预期的成交量并不会引起价格冲击。然而值得注意的是，这些结果并不包含跨交易所效应。这一点很重要，因为在任一交易所发生的价格冲击对于同时活跃于两个交易所的交易商来说都是可以观察到的。Pirrong 的描述也没有包含这些交易者对各自市场的效应。

Kofman 和 Moser（1997）率先检验了各自交易所报价之间的关系，以及那些交易所的价格透明度。他们使用了两种方法来估计买卖价差：（1）Roll（1984）的方法，该方法假设订单处理成本单独决定买卖价差；（2）George，Kaul 和 Nimalendran（1991）引入的方法，以下简称 GKN。GKN 方法纠正了当价格变动的自协变存在时间不一致性时造成的 Roll 的价差估计量存在的偏差。这种时间不一致性产生的原因之一是，当知情交易者平滑其交易活动以降低其价格显示的信息程度时会出现正的协变。因此，他们的估计过程捕捉了 Stoll（1989）提出的三个买卖价差潜在决定因素中的两个：订单成本以及信息不对称成本。

使用 Roll（1984）的方法，估计出的 DTB 买卖价差（以最小价格变动单位为单位）是 0.65，LIFFE 在公开喊价期间的买卖价差是 0.82，在电子交易期间是 0.41。远远低于那不勒斯交易商（1992）报告的 1.5，并与 Shyy 和 Lee（1995）发现的由于不利信息成本而使偏差下降的结论一致。GKN 方法估计的 DTB 买卖价差是 1.4，LIFFE 在公开喊价期间是 1.26，在电子交易期间是 1.86。这些估计要更高一些，与交易者所描述的价差更为接近，这体现了 Shyy 和 lee 所描述的不利信息成本。

与 DTB 具有更高不利信息成本的结论一致，Kofman 和 Moser（1997）发现在检验的 30 个日收益分布中有 27 个峰度较高。套利意味着到达 DTB 的信息冲击被传导至 LIFFE。作者用广义自回归条件异方差（GARCH）过程对每个日内（1 分钟间隔）收益序列估计了日二元 GARCH（1，1）模型。该模型可以检验价格和方差水平及变动的领先滞后关系。他们发现，除 DTB 的 3 例和 LIFFE 的 5 例外，收益与其自身价格水平之间都呈显著负相关关系。这种收益的均值回归表明价格上的误差修正过程。

收益及其滞后项之间的短期相互作用显示出正的双向性（即影响 DTB 价格的信息能够可靠地预测 LIFFE 的价格变化，反之亦然）。此外，可以预期，当交易在以买方报价成交和以卖方报价成交之间反弹时，收益及其滞后项之间始终呈负相关关系。不足为奇的是，有证据表明条件自有收益方差具有很强的持续性。另外，跨市场收益的新息尽管显著，但确实不同。Kofman 和 Moser（1997）对此的解释是 LIFFE 仅列出最优买价和最优卖价，而 DTB 列出的是报价。到达 LIFFE 的信息冲击向 DTB 的传导是即时的，但到达 DTB 的类似冲击要求重置最优买价或卖价。重置买卖价所需时间使其对 LIFFE 价格的影响趋于减弱，这是因为更长的时间间隔意味着附加信息更有可能在重置前到达。

Kofman 和 Moser（1997）认为两个交易所的买卖价差大致相同，DTB 订单成本更低的优势与 DTB 做市商为不利信息支付的溢价相互抵消。因此，两个交易所买卖差价并没有什么差异。同样，在样本期，作者发现信息持续到达两个交易所，这意味着，任一交易所都不能以价格形成能力去支配另一交易所。这一结论与对这一问题的一般性理解相矛盾，一般性理解是由即时性供给而产生的网络外部性通常会导致一个期货交易所在相似产品合约上支配其竞争者。

Martens（1998）通过检验高波动性和低波动性阶段，对公开喊价和电子市场的比较进行了改进。非常重要的一点是，他提出了经常被提到的观点，即公开喊价市场在处理所谓快速市场的信息流上更为有效。Martens 使用了 Hasbrouck（1995）提出的信息份额过程。Hasbrouck 的方法假设，不论交易市场的数量是多少，跨市场套利都可以确保基础价格的存在，因此基础价格的总变差在各交易场所应该是一致的。因此，在各交易市场观察到的周期性方差新息的部分可以解释为信息份额。更简单地说，Hasbrouck 的方法检验每一个交易市场以确定其对证券方差演化的贡献。信息份额是以其对基础价格方差的平均冲击进行度量的。对基本方差和方差新息的估计采用的是 Johansen（1991）的共同趋势。该方法对于各个来源并没有提供一个明确的辨识，但它给出了每个来源的上限和下限。按照惯例，文献使用了这些边界的中点测度信息份额。

Martens（1998）的样本包含 1995 年 9 月至 12 月到期合约的日内交易，即 1995 年 9 月 8 日到 1995 年 12 月 20 日期间进行的交易。报告结果是每一个到期月、全样本期间以及按成交量分类的交易日的平均信息份额。全样本结果显示，LIFFE 的信息份额在高波动性时期介于 17.0% 和 98.6% 之间（DTB 的信息份额在 1.4% 和 83% 之间），给定 LIFFE58.4% 的信息份额，DTB42.2%。在低波动性时期，LIFFE 的中点下降到 33.8%，而 DTB 的中点上升到 66.2%。这些结果与公开喊价市场在信息流最大时期，即方差更大时处理信息更为有效的观点相一致。

Martens（1998）还检验了高、低波动性时期的成交量。他比较了两个交易所在各时期的成交量占总成交量的比重。在高波动期，LIFFE 的成交量占总份额的百分比从 71.2% 下降到 62.7%，在低波动期则上升到 80.9%。Martens 认为套利活动解释了成交量的差异。LIFFE 在高波动期价格发现的快速性意味着在 DTB 的套利机会更为频繁。可以认为，两个交易所的信息份额与成交量之间的负相关关系与这种解释一致。在 Granger（1969）看来，一个更令人信服的理由是方差新息造成了成交量的变化。

Frino，McInish 和 Toner（1998）使用两种回归方法探讨了 LIFFE 和 DTB 各自的价格即时性。他们的样本包括从 1997 年年底开始的 30 天内日内时间戳价格。他们的数据集跨越了 DTB 的交易活动增加与 LIFFE 相匹配的时期。这一点很重要，因为以往的研究只关注 DTB 的活动大幅低于 LIFFE 的时期，这个事实引发了一个问题，早期研究的结论是否应理解为交易活动差别中的人为因素。

Frino，McInish 和 Toner（1998）的回归是由 McInish 和 Wood（1992）引

入的寻求时间加权买卖价差决定因素的方法。他们的第一个回归检验的是买卖价差的日内差异。Frino，McInish 和 Toner 在调整时期后，发现 LIFFE 的买卖价差显著大于 DTB 的买卖价差。他们的第二个方法包括对交易活动和价格波动性的控制。和前一个一样，他们发现 LIFFE 的买卖价差比 DTB 高 9%。重要的是，这一结果在统计学和经济学上都是显著的。其控制变量的系数需要关注。他们发现，价差总体上与交易活动负相关，与价格波动性正相关。一个捕捉 LIFFE 波动性影响的交互变量发现了抵消效应，表明该交易所的价差随着价格波动性增加而增大的速度要比 DTB 慢。该结果与当信息流动剧烈时公开喊价市场在信息处理上更为有效的观点相一致。与此相反，交易活动与 LIFFE 的指示变量之间的交互系数不显著，表明这些交易所基于交易活动水平的买卖价差没有统计学上的差别。

Franke 和 Hess（2000）研究了 1991 年 1 月至 1995 年 12 月间最近交割月合约的日内数据。他们第一轮检验的是两个交易所的价格差。通过计算并比较每个交易所的 3 分钟间隔平均价格，发现 LIFFE 的价格比 DTB 的价格高出不到两个最小报价单位。有两个例外分别是 DTB 的前两个交割月（1991 年 3 月和 6 月到期），当时价格差达到 6 个最小报价单位；以及 1993 年 3 月，当时为民主德国遣返筹措资金而发行的债券可以在 DTB 交割，但不能在 LIFFE 交割。后一时期，价格差别扩大至 49 个最小报价单位。最后，价格差随着样本期的结束而加大。

第二轮检验中使用了对数变换的市场份额对 GARCH 估计的价格波动性、总交易量的对数以及交易时间间隔的对数的普通最小二乘（OLS）估计。Franke 和 Hess（2000）报告了 60 个回归结果（20 个合约月的 3 个解释变量）。对 GARCH 估计的价格波动性的回归支持了他们的电子交易（DTB）市场份额随着波动性增强而下降的假设，尽管在其样本期末这一趋势已减弱。最值得注意的是，1995 年 9 月的系数显著为正。总交易量和交易间时间间隔变量的系数也与其假设大体一致，但在样本期末支持性减弱。

他们的第三个检验采用了广义矩方法（GMM）来估计同时系统。第一个系统以两个交易量的对数方程（每个交易所一个，以 TV 表示）和一个用日最高最低价之间差价的对数度量的波动性方程（以 HL 表示）为特征。各交易所交易量的对数对 HL 变量和总交易量的对数进行回归。HL 变量对其滞后值、总交易量的对数和市场份额进行回归。和 OLS 的估计结果相似，电子交易的市场份额在高波动性阶段出现下降。但 Franke 和 Hess（2000）还发现在样本期末该影响减弱，尽管其在统计上仍显著。然后，研究者估计了适合每个合同月市场份额和 HL 变量的第二个系统。该方法中的市场份额是 DTB 市场份额与 LIFFE 市场份额之比的对数。他们的结果又一次与他们的假设相一致，但在样本期末这种一致性减弱。作者推测，在样本期内，DTB 订单簿深度的改进可以解释其结果。

　　LIFFE 和 DTB 竞争时期为研究者提供了一个有趣的天然实验，它提供了一个发现两个几乎同质的期货合约之间微观结构差异影响的机会。容易被忽略的一个方面是其似乎违反了先发优势。这一优势就是网络外部性能使第一家交易所获益，得到流动性合约。一旦获得，没有哪个交易者可以在其他地方进行交易。依赖于知情交易者所产生的外源性信息流的交易者不愿意在其他地方交易，因为他们距离那些交易者传递的信息只有一步（或几步）之遥。依赖于内源性交易流信息的做市商更愿意在其他地方交易。因此，没有协调就将其交易活动移至其他地方，先发者将实现外部性的收益。

　　DTB 和 LIFFE 之间经验的持久性令人惊讶。这两个交易所之间相互联系的程度可以解释这种持久性。虽然基础债券是在德国发行的，但现货工具的一级市场长期位于伦敦。大量起源于伦敦的信息流，影响了 LIFFE 的交易。因此，有意进行国债交易的德国人应在该地具有良好的沟通资源。同样地，因为 DTB 是电子市场，LIFFE 的参与者能够即时获取来自德国的信息流。因此，DTB 和 LIFFE 不同于公开喊价市场之间的相互作用，公开喊价市场可以产生先发优势。先发优势仅仅是公开喊价交易透明度限制的产物吗？

4.6　其他微观结构问题

　　交易所认识到合约设计特征具有微观结构的含义。合同的设计能够阻碍做市商参与提供流动性的能力。例如，即使期限非常短，执行一个典型的利率互换合约的资本要求也要远高于大多数甚至所有场内交易商交易在期货交易所交易利率合约所要求的资本水平。因此，交易所交易合约的设计者应仔细审查合约规模以使其合约满足潜在市场参与者的需要，同时能确保有足够的参与来满足流动性要求。有必要对市场进行细分，把这些需求分开，设立一个无需大量资本水平即可提供流动性的市场，以及一个可以进行大批订单，即大宗交易的市场。

　　虽然设计问题通常是识别数据，但可用性限制了设计问题的实证研究。Karagozoglu 和 Martell（1999）的文章是个例外，该论文研究了合约规模和定价增量的问题。作者研究了两个悉尼期货交易所（SFE）合约——股票价格指数和银行承兑汇票——的重新设计。SFE将股价指数合约的名义价值降低了四倍，同时提高了最小报价单位。最小报价单位是指价格变动的最小金额。根据之前的推理，名义价值的下降将吸引更多的做市商参与。此外，最小报价单位的增加是为了吸引更多的参与者，因为它加大了最小买卖价差。Karagozoglu和Martell发现股价指数合约成交量增加，这表明虽然要为做市商所提供的必要即时性支付更多的报酬，但重新设计可以使做市商执行额外的合约。

但是，Karagozoglu和Martell（1999）发现银行承兑汇票合约出现相反的情况。该合约的重新设计使其合约名义价值翻倍，但保持最小报价单位不变。在这种情况下，要求的资本水平足以使做市商执行几乎一半的合约，而其最低报酬保持不变。该合约的成交量下降。这表明不利于做市商的条款降低了做市商的参与度，随之而来的即时性丧失也降低了合约的吸引力。

合约设计影响的实证研究非常困难，但又是必需的。类似于Karagozoglu和Martell（1999）所研究的合约变动是很罕见的。几乎没有留下自由度来保证结论的可靠性。此外，对于多份合约横截面证据的检验必须引入对多种情况的控制。因此，研究合同设计特性的影响比较粗略，但又是必要的。

4.7　微观结构的未来研究方向

目前，美国法律规定，参与互换场外交易（OTC）市场的交易商，可以预约大部分衍生工具合约的名义价值。最近的立法——《多德-弗兰克华尔街改革和消费者保护法》（Pub.L.111-203，H.R.4173）将法律指定的"互换"应用于当前场外交易市场所有的衍生工具合约。通常，被称为"期权"的合约在法律上应为"互换"，"期权"的叫法使其与交易所交易的合约难以区分。交易商承担对手方义务，包括价格或利率风险，以及与对手方有关的信用风险。他们针对现有头寸或在其他市场上分散其头寸中累积的价格或利率风险。交易商通过对个人对手方收取抵押品或分散投资来管理信用风险。《多德-弗兰克法案》设想互换交易在互换交易设施（SEFs）上执行。目前，美国监管当局对透明度和清算的重视表明，他们设想当前在OTC市场的交易移至类似当前商品期货交易所的市场中。当然，交易商和用户抵制这一监管，但无法精确预测抵制的程度。这些抵制在不断发展，包括明显的游说努力，还包括合约创新，以避免授权要求通过清算所在交易所交易合约和清算。

4.8 总结和结论

检验衍生工具合约的微观结构研究者检验了各种不同的市场组织。本章关注了三个问题：TGE 的卖方减价拍卖市场、2005 年以前占主导地位的公开喊价市场，以及不断发展的电子交易市场。随着《多德–弗兰克法案》设想将名义价值 6 000 000 亿美元的合约移至与交易所类似的互换交易设施，还会有进一步的发展。市场的创新还有待观察，就如同不同市场安排之间的比较一样，为研究者提供了更多的自由度。

讨论题

1. 请简述一个卖方减价过程（即假设没有交易成本）。
2. 请简述即时性的必要性以及如何满足这一要求。
3. 场内交易商，也称黄牛，是公开喊价市场的做市商。请简述交易日内场内交易商头寸的特点。
4. 在电子交易中，集中限价订单簿取代场内交易商的活动。请简述集中限价订单簿如何运转。
5. 请比较公开喊价市场和集中限价订单簿市场的优缺点。

作者介绍

James T. Moser 是美利坚大学的驻校执行官以及美利坚大学 Kogod 商学院金融项目的硕士生导师。他的研究方向集中在衍生工具对实体经济的贡献，解决衍生工具使用所产生问题的私人市场安排，以及政府在衍生工具监管中的恰当角色等。他是美国商品期货交易委员会前副首席经济学家和代理首席经济学家。他早期的职位包括芝加哥联邦储备银行研究员以及芝加哥商品交易所高级主管。此前，他还曾在路易斯安那理工大学、伊利诺伊大学香槟分校、密歇根州立大学和肯塔基大学任职。他于 1978 年在弗吉尼亚联邦大学获得经济学学士学位，于 1986 年在俄亥俄州获得金融学博士学位。

参考文献

Coase, Ronald H.1960."The Problem of Social Cost." *Journal of Law and Economics* 3: 1,1−44.

Copeland, Thomas, and Daniel Galai.1983."Information Effects on the Bid-Ask Spread." *Journal of Finance* 38:5,1453−1469.

Demsetz, Harold.1968."The Cost of Transacting."*Quarterly Journal of Economics* 82:1, 33−53.

Easley, David, and Maureen O′Hara.1987."Price, Trade Size, and Information in Securities Markets."*Journal of Financial Economics* 19:1,69−90.

Eaves, James E., and Jeffrey C.Williams.2007."Walrasian *Tâtonnement* Auctions on the Tokyo Grain Exchange."*Review of Financial Studies* 4:4,1183−1218.

Engle, Robert F., and Clive W.J.Granger.1987."Co-Integration and Error Correction: Representation, Estimation, and Testing."*Econometrica* 55:2,251−276.

Franke, Günter, and Dieter Hess.2000."Information Diffusion in Electronic and Floor Trading."*Journal of Empirical Finance* 7:5,455−478.

Frino, Alex, Thomas H.McInish, and Martin Toner.1998."The Liquidity of Automated Exchanges: New Evidence from German Bund Futures." *Journal of International Financial Market Institutions and Money* 8:3,225−241.

George, Thomas J., Gautam Kaul, and M.Nimalendran.1991."Estimation of the Bid-Ask Spread and Its Components: A New Approach." *Review of Financial Studies* 4: 4, 623−656.

Glosten, Lawrence R., and Paul R.Milgrom.1985."Bid, Ask and Transaction Prices in a Specialist Market with Heterogeneously Informed Traders."*Journal of Financial Economics* 14:1,71−100.

Granger, Clive W.J.1969."Investigating Causal Relationships by Econometric Models and Cross-Spectral Methods."*Econometrica* 37:3,424−934.

Grossman, Sanford J., and Merton H.Miller,1988."Liquidity and Market Structure."*Journal of Finance* 43:3,617−637.

Harris, Lawrence.2003.*Trading and Exchanges: Market Microstructure for Practitioners.* New York: Oxford University Press.

Hasbrouck, Joel.1995. "One Security, Many Markets: Determining the Contributions to Price Discovery."*Journal of Finance* 50:4,1175−1199.

Ho, Thomas S.Y., and Hans R.Stoll.1981."Optimal Dealer Pricing under Transactions and Return Uncertainty."*Journal of Financial Economics* 9:1,47−73.

Ho, Thomas S.Y., and Hans R.Stoll.1983."The Dynamics of Dealer Markets under Competition."*Journal of Finance* 38:4,1053−1074.

Johansen, Søren.1991."Estimation and Hypothesis Testing of Cointegration Vectors in Gaussian Vector Autoregressive Models."*Econometrica* 59:6,1551−1580.

Karagozoglu, Ahmet K., and Terrence F.Martell.1999. "Changing the Size of a Futures Contract: Liquidity and Microstructure Effects." *Financial Review* 34:4, 75-94.

Kofman, Paul, and James T.Moser.1997. "Spreads, Information Flows and Transparency across Trading Systems." *Applied Financial Economics* 7:3, 281-294.

Kuserk, Gregory J., and Peter R.Locke.1993. "Scalper Behavior in Futures Markets: An Empirical Analysis." *Journal of Futures Markets* 13:4, 409-431.

Manaster, Steven, and Steven Mann.1996. "Life in the Pits: Competitive Market Making and Inventory Control." *Review of Financial Studies* 9:3, 953-975.

Martens, Martin.1998. "Price Discovery in High and Low Volatility Periods: Open Outcry versus Electronic Trading." *Journal of International Financial Markets, Institutions and Money* 8:3, 243-260.

McInish, Thomas H., and Robert A.Wood.1992. "An Analysis of Intraday Patterns in Bid/Ask Spreads for NYSE Stocks." *Journal of Finance* 47:2, 753-764.

Napoli, Janet A.1992. "Derivative Markets and Competitiveness." *Economic Perspectives* (Federal Reserve Bank of Chicago) 16:4, 13-24.

Pirrong, S.Craig.1996. "Market Liquidity and Depth on Computerized and Open Outcry Trading Systems: A Comparison of DTB and LIFFE Bund Contracts." *Journal of Futures Markets* 16:5, 519-543.

Roll, Richard.1984. "A Simple Implicit Measure of the Effective Bid-Ask Spread in an Efficient Market." *Journal of Finance* 39:4, 1127-1139.

Shyy, Gang, and Jie-Haun Lee.1995. "Price Transmission and Information Asymmetry in Bund Futures: LIFF vs.DTB." *Journal of Futures Markets* 15:1, 87-99.

Silber, William L.1984. "Behavior in an Auction Market: An Analysis of Scalpers in Futures Markets." *Journal of Finance* 39:4, 937-953.

Stoll, Hans R.1978. "The Supply of Dealer Services in Securities Markets." *Journal of Finance* 33:4, 1133-1151.

Stoll, Hans R.1989. "Inferring the Components of the Bid-Ask Spread: Theory and Empirical Tests." *Journal of Finance* 44:1, 115-134.

Tinic, Seha M.1972. "The Economics of Liquidity Services." *Quarterly Journal of Economics* 86:1, 79-93.

Tse, Yiuman.1999. "Market Microstructure of FTSE 100 Index Futures: An Intraday Empirical Analysis." *Journal of Futures Markets* 19:1, 31-58.

Working, Holbrook.1967. "Test of a Theory Concerning Floor Trading on Commodity Exchange." *Food Research Institute Studies* 7(*1967 Supplement*), 5-48.Palo Alto, CA: Stanford University Press.http://www.farmdoc.illinois.edu/irwin/links_archive_biblio_Working.asp.

Working, Holbrook.1977. "Price effects of scalping and day trading." In Anne E.Peck, ed.*Selected Writings of Holbrook Working*, 181-193.Chicago: Chicago Board of Trade.

第5章 外汇市场微观结构

CAROL OSLER

布兰迪斯大学副教授及项目主管

XUHANG WANG

布兰迪斯大学研究生

5.1 引言

　　本章的重点是全球最大的金融市场——外汇市场的微观结构。根据国际清算银行（2010）的数据，外汇市场的日均交易超过4万亿美元，这一数字大约是美国股票市场日交易量的20倍（CNN 2012）。尽管如此，与其他市场相比，外汇市场尚缺乏深入的研究，这或许是因为在过去的20年货币才开始成为投机活动的主要对象。

　　20世纪70年代发展起来的汇率模型的实证表现令人失望，从而激发了学术界对外汇市场的兴趣。1973年，固定汇率的布雷顿森林体系崩溃，在历史上，汇率第一次在全球范围内浮动。由于鲜有对浮动汇率的实证证据，早期经济学建模者采用了未经检验的假设。这些理论，包括购买力平价（PPP）和非抵补利率平价（UIP），很快被新出现的证据证明是错误的（Engel 1996；Rogoff 1996）。事实上，这些归纳派生出的模型被证实在对汇率的预测上比简单的随机游走假设更加糟糕（Meese和Rogoff 1983）。一个更加演绎、基于事实的方法似乎值得尝试，因此经济学家开始考察交易大厅（Goodhart 1998），并对交易员进行调研（Taylor和Allen 1992）。这些观察有助于精密的分析，一旦交易程序被数字化处理、交易数据可用，这种分析就可以进行了。由于数据充分且准确，因此假设检验的结果被认为是可靠的，对外汇市场的认识开始加速发展。

　　尽管货币可以在几乎所有市场进行无论多大规模的兑换，但外汇交易在伦敦、纽约、东京、新加坡、中国香港和悉尼最为活跃。由于市场连续一天24小时运转，外汇几乎可以在任何时间进行交易，甚至是周末。交易活动随着太阳，从澳大利亚悉尼的清晨（22：00 GMT）开始活跃，到纽约的晚上（19：00 GMT）逐渐放缓。随着一天中外汇交易商进出市场，市场流动性上升下降。如图5-1所示，日内交易量和波动性的峰值发生在伦敦时间的中午，这时欧洲和北美的交易商同时活跃在市场上。

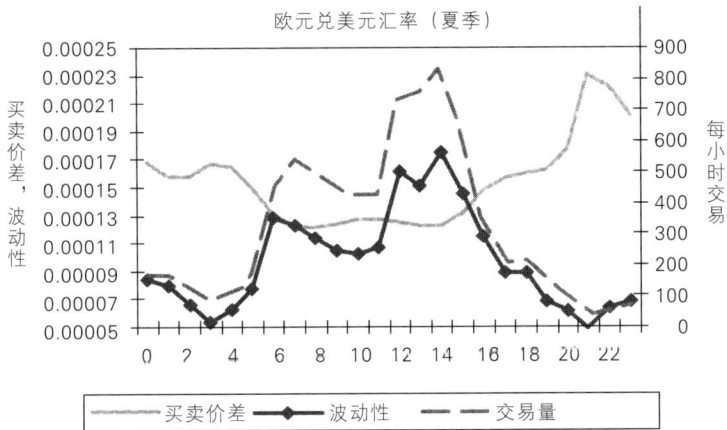

图5-1　外汇交易商间市场交易量、波动性和买卖价差

注：上图中是来自EBS的2002年12月28日至2006年3月3日期间的数据。夏季，即4月至10月的数据单独计算，这是因为日本不采用夏令时。该模式与冬季稍有不同。波动性按比例缩放至与买卖价差匹配。

　　本章首先对外汇市场进行概述，然后概述微观结构研究者发现的订单流与汇率之间的关系。继而总结了市场流动性、价格发现及汇率波动性等微观结构研究的主要成果。最后，本章以总结主要成果，并强调微观结构研究对汇率模型的意义作为结尾。

5.2　外汇市场的特征

　　本节对外汇市场进行概述。在介绍外汇交易和外汇交易工具后，本章着重强调了市场的双层制度结构，即在第一层中交易商为客户提供流动性，另一层中交易商之间互相提供流动性。本节最后对交易商和主要客户群所具有的动机和约束进行了更为深入的检验。

5.2.1 外汇和外汇交易工具

美元长期以来一直是国际主导货币，涉及美元的交易占全部交易的近85%（国际清算银行 2010）。这不仅是因为美国产品市场和金融市场的规模庞大，还因为美元在大多数非美元货币之间所扮演的基准货币的传统角色。一个想把非美元货币A兑换成B的交易商必须先将A货币出售兑换为美元，然后再出售美元兑换为B货币。美元在所有交易中的份额已经从2001年的90%开始下降，其原因可能是在欧洲，欧元作为基准货币开始兴起。涉及欧元的交易占即期外汇市场的39%（总份额为200%，而不是100%，因为每一笔交易都涉及两个货币）。接下来，交易最活跃的货币是日元（19%）和英镑（13%）。排在第五位的是澳元（8%），它近期超过了瑞士法郎（6%）。

新兴市场货币在过去的10年间已成为市场发展的重要力量，其中亚洲货币一路领先（Wooldridge 和 Tsuyuguchi 2008）。目前，中国港币、韩元和新加坡元的交易额已经和北欧货币相当，印度卢比紧随其后。1998年至2010年间，排名前十的亚洲货币的交易总和从大约每日410亿美元上升到3 380亿美元。每年19%的增长率是整个市场8%的平均增长率的2倍多。俄国和巴西的货币也以近似的速度增长（国际清算银行 2010）。

微观结构研究集中在即期和远期外汇交易，这些交易约占可以正式识别的外汇交易的一半。2010年4月，在两日内交割的即期交易（除了美元与加元的交易在一日内交割）平均每日交易额1.2万亿美元。在即期日后交割的远期交易（尽管"内部远期"交割更快）平均日交易额4 000亿美元。对于发展中国家而言，活跃的远期外汇市场的出现是其发展的里程碑，因为发展中国家需要从具有流动性的货币市场获得支持。一个对新兴市场的调查发现，只有9%的被调查者认为其远期外汇市场是成熟、具有流动性和深度的，30%的被调查者认为其远期外汇市场是不成熟、缺乏流动性和深度的（Canales-Krijenko 2004）。

外汇掉期在其余的外汇交易中占据主导地位，2010年，日交易量是1.6万亿美元。外汇掉期与回购协议类似，它将一个即期交易和一个反向的远期交易结合在一起。银行主要使用外汇掉期进行隔夜头寸管理。其他外汇交易工具还包括货币互换（每日400亿美元）和期权（每日2 000亿美元）。

外汇市场监管比大多数股票或债券市场宽松得多。政府对于监管本地外汇交易心存疑虑，因为外汇交易可以在任何地方进行，并且外汇交易报酬高又环保，可以转移到任意其他地方。尽管缺乏监管，外汇市场却能很好地处理危机。2001年9月11日，甚至在纽约，外汇市场依旧开放。Mende（2006）分析了流动性货币如何应对这一事件，他发现交易量、波动性和买卖差价之间的关系保持不变。冲击仅仅持续了1或2天。

5.2.2 双层市场

外汇市场本质上是一个双层市场。一层是客户直接与其交易商进行交易；另一层是交易商之间相互交易。这一市场结构类似于美国国债市场和市政债券市场，不同于大多数股票市场。

客户市场是一个报价驱动或场外交易（OTC）市场，即大多数个人或机构需要与专业的交易商进行外汇交易。客户首先联系交易商询问当前价格；交易商提供双向报价，较低的报价是买入约定货币的价格，较高的报价是交易商出售该货币的价格；最后，客户决定是否买、卖、或放弃交易。交易商通常基于当前交易商间市场价格进行报价。因为客户交易不是匿名的，交易商对每一位客户设定买卖价差。对于给定货币，对的价格总是表示为每单位基础货币等于多少单位的分子货币，基础货币是由市场惯例决定的。本节接下来的内容将侧重于外汇市场流动性的提供者和需求者。

5.2.3 流动性提供者

交易商间的交易十分活跃。尽管在20世纪八九十年代，交易商间的交易占全部交易的一半以上，但这一数字已经降到了39%。同时，总交易量快速增长，2007年至2010年间，按绝对值计算的交易商间即期交易量增长了50%。最新数据显示，交易商间日交易量超过5 000亿美元（国际清算银行 2010）。

1990年以前，从单个银行获得订单后将其口头传达给其他主要银行的声讯经纪人处理的交易约为交易商间交易的一半。1990年左右，电子交易被引入交易商间市场，10年间，两个主要的电子限价订单市场，电子经纪服务平台（EBS）和路透社占据了交易商间市场的主导地位。在主要的货币对交易中，这些电子经纪人大规模地淘汰了声讯经纪人，并代替了大多数交易商间的直接交易。声讯经纪人在低流动性的货币间交易中仍扮演着重要角色，约占交易商间交易总量的10%。

电子交易显然增加了交易商间市场的透明度，因为它更便于交易商了解指定时间的市场价格。除此之外，电子交易也改变了市场的产业组织。每一家大银行现在都为其客户提供众多单一银行交易平台，每个平台为一种特定客户类型定制（King，Osler和Rime 2012）。最活跃的客户会收到滚动报价，点击鼠标即可完成交易；最不活跃的客户可以按市场每日定盘价进行事先约定数量的交易。建立并维护这些交易平台需要对交易基础设施进行大规模投资，但这也带来了规模经济。相应的，也带来了交易商市场聚集度的显著提升。聚集度上升自然在电子交易最普遍的市场最为明显。2007年至2010年间，在英国，占有总交易量75%的银行数量从12家降到9家，在美国从10家下降到7家，在日本从9家下降到8家，在瑞士从3家下降到2家。在法国和加拿大这些非主要交易中心，数字没有变化，在丹麦、中国香港和韩国，这一数字甚至略有上升（国际清算银行 2010）。

相应的，外汇市场聚集度的上升使交易商的存货管理方式产生了巨大变化。过去，由于客户的交易相对不频繁而交易商间的交易快速且便宜，因此交易商通过交易商间交易来管理存货。在许多大银行，由于外汇交易的整体扩张和行业整合，客户间交易的时间间隔大幅下降。因此，大交易商通常短暂地持有存货，直到他们可以转给其他客户。在许多大银行，从内在化的客户交易获得的利润上升，抵消了交易商间交易投机利润的下降。

交易商还改变了他们的报价方式。过去，交易商通常不会基于存货而让价，即在存货高时降价，反之亦然，这是因为交易商不愿意让其他交易商获得有关自己头寸的信息。现在，交易商们更加依赖于客户交易进行存货管理，原来的顾虑被消除，让价据说已成为标准惯例。

小交易商的行为也有所改变。由于强化客户关系所需技术基础设施的开发与维护非常昂贵，许多小交易商只是从大交易商获得该技术的许可，这一做法称为贴白标。在主要交易中心以外的一些小银行甚至已经开始退出最具流动性货币的交易，这些交易竞争最激烈，它们开始专注于当地货币的交易，作为对客户的一项服务。小银行几乎完全依赖为客户提供服务所获利润，而非从投机性的交易商间交易所获利润，为其交易业务提供资金。幸运的是，电子交易程序降低了成本，从而弥补了客户服务下降的收益。

除了主要的交易银行，其他三个外汇交易的流动性提供者是国际托管银行、零售业务集合体和高频交易商。国际托管银行为机构资产管理人提供保管、记录和交易服务，主要是共同基金、养老基金、捐赠基金，以及其他低杠杆基金。2007年，这些机构总共托管了100万亿美元的资产（《机构投资者杂志》2007）。零售业务集合体是以互联网为基础的可以使小型机构投资者参与外汇市场的平台。

无论零售业务集合体还是高频交易商在 2000 年都是不存在的。前者将其客户的交易，通常低于 10 万美元，集合成大银行青睐的 100 万美元或者更大的交易。这使得零售业务集合体将交易商间市场较小的买卖价差传递给其客户。有些零售业务集合体充当交易商，作为客户的委托人进行交易；有些充当经纪人，作为客户的代理人进行交易；还有些两者兼具。尽管零售业务集合体通常允许客户的杠杆率达 200%，但其通过保证金要求以及在保证金不足时立刻平仓来严格控制风险。美国最近要求最高零售杠杆限制为 50%。高频交易商通过以极快的速度在电子交易平台之间进行交易来获取价差。来自这些极低成本的流动性提供者之间的竞争已经成为促使银行将其客户交易内部化的主要因素。

5.2.4 流动性需求者

外汇市场的流动性需求者包括公司、个人投资者和金融机构。金融机构包括地区性和小型银行，中央银行，高杠杆资产管理人，如对冲基金，低杠杆资产管理人，如养老基金、捐赠基金和共同基金。地区性银行和小型银行交易最具流动性的货币对时，通常是大银行的客户。大多数主要发达国家的中央银行偶尔干预外汇市场，但有一个明显的例外，就是日本。相比之下，大多数新兴市场的中央银行干预时比较积极。有目共睹的干预者包括不同的国家，如巴西、匈牙利、以色列和越南（Nguyen 2009）。

流动性需求者交易货币的动机各不相同。金融客户主要是将外汇作为一种价值贮藏，因为其使用外汇来创造未来收益。相比之下，公司客户主要把外汇作为交易媒介，因为其使用外汇来买卖商品和服务。对公司客户而言，对投机性交易实施成本高昂的风险保护是缺乏效率的。

过去，在大多数 OTC 市场，外汇客户很难获得实时市场信息。由于缺乏监管，交易商和客户之间交易无需报告，获得交易商间实时价格的成本较高。但随着电子交易的到来，市场透明度急剧上升。客户可以在整个交易日以较低成本在线跟踪交易商间价格。在询价报价系统上，客户可以同时比较多个交易商给出的报价。大型机构客户甚至可以通过特定的电子交易平台向市场提供流动性，而不是仅仅从交易商那里获得流动性。相应的，透明度的提升加剧了交易商之间的竞争，降低了买卖价差。

微观结构研究把客户描绘成将基本信息带入市场的代理人，然后开始所谓的价格发现过程，通过价格发现来反映潜在的基本信息（这一过程会在下面深入讨论）。外汇交易客户在获取信息的程度上有所区别。交易商通常认为对冲基金消息最灵通，这是因为对冲基金标准的2+20薪酬结构（2%的资产净值加上20%的利润）提供了收集市场相关信息的强大动力。真正的货币基金主要关注于标的资产其自身的货币收益，通常被交易商认为缺乏关于汇率的信息（Taylor和Farstrup 2006）。缺乏对外汇的关注有助于解释真正的货币基金委托其全球托管银行进行外汇交易的趋势，这一问题在下文讨论。

自2000年左右零售业务集合体出现开始，零售投资已经在全球范围激增，达交易总量的10%（King和Rime 2010）。研究显示零售货币交易商集中于主要货币交易，通常进行日内交易，采用高杠杆并且没有利润（Heimer和Simon 2011）。缺乏盈利能力反映出缺乏市场相关信息。

如股票和债券市场一样，在流动性更强的货币市场，算法交易开始盛行。算法交易通过计算机算法对价格、波动性及其他市场条件等信息进行处理，并利用这些信息来设计并执行外汇交易策略；一旦程序编写完成，这些算法交易无需人工干预。金融机构通常使用算法将大宗交易分割成较小的单笔交易，并将其时间间隔开，以此降低执行成本。算法交易的另一种形式是高频交易，在前面已有讨论。

5.3　订单流和汇率

自从被证明是决定汇率收益率的直接原因后，订单流就成为外汇研究的重点（Evans和Lyons 2002a；Hau，Killeen和Moore 2002）。订单流被定义为买方是主动交易方的交易数量减去卖方是主动交易方的交易数量。在限价订单市场，主动交易方是下达市价订单的一方；在OTC市场，主动交易方是询价的一方。本质上，订单流测度了净流动性需求，因为主动交易方是流动性的需求方。

在该领域的关键发现依赖于一个简单的线性回归，即针对一个货币对C的收益率和订单流之间的线性回归，如公式（5.1）所示：

$$Return_t^c = \alpha + \beta' Order flow_t^c + \varepsilon_t \qquad (5.1)$$

订单流的系数在任何时间范围，从1分钟到几个月，一直为正，这意味着该货币的订单流为正时，该货币升值。更具体地说，在10分钟的时间段内，每交易10亿欧元，欧元平均升值47个基点；在1天的时间段内，每交易10亿欧元，欧元平均升值40个基点；在1个月的时间段内，每交易10亿欧元，欧元平均升值20个基点。美元－日元货币对的数据在10分钟的时间段内与之相似，但更高。订单流对收益率的解释力很强，特别是考虑到宏观基础的汇率模型的 R^2 通常低于10%。对于欧元-美元货币对，基本的订单流回归模型解释了10分钟收益率的50%，日收益率的46%，月收益率的20%（Berger 等 2008）。

对基本的订单流回归模型进行扩展，使之包含来自多货币的订单流，已经被证明是有效的：

$$Return_t^c = \alpha + \sum_c \beta^c Order flow_t^c + \mu_t \qquad (5.2)$$

Evans 和 Lyons（2002b）发现7种货币对美元的共同解释力平均为65%，最高达到78%，大幅超过单一货币模型的解释力。

尽管这些结果表明价格向净流动性需求的变动方向变动，但另一种可能性是这种正相关关系实际反映了反向因果关系，即交易商根据价格的上升（下降）进行买入（卖出）。相关研究显示，这种反馈交易确实发生在该市场（Osler 2005；Danielsson 和 Love 2006）。尽管如此，订单流对收益率的明确影响不仅保持了对这种反馈的调整（Evans 和 Lyons 2005），还在某些情况下更加显著（Danielesson 和 Love 2006）。

文献主要集中于3个假设来解释交易商间订单流和收益率之间的关系：存货效应、信息效应和流动性效应。下一节将讨论各个假设。

5.3.1　存货效应

为了弥补成本，流动性提供者必然报出一个正的买卖价差，即他们必然以高于其愿意买入资产的价格来卖出资产。这样的买卖价差将引导价格向流动性需求的变动方向变动：买方驱动的交易会提高卖盘报价，卖方驱动的交易会降低买盘的报价。在汇率不受其他因素影响的情况下，该效应应该只是暂时的，因为任何向卖价的上升移动都很快会伴随着向买价的下降移动。但是，订单流和汇率之间的关联却是持久的。前文提及的一个月时间段的订单流回归模型20%的解释力，以及在汇率是随机游走情况下每日时间段上存在的任何效应，都表明了这样的持久性（Evans 和 Lyons 2002a）。

5.3.2　信息效应

订单流对于汇率的持久影响可能反映了价格对于市场相关信息的反应（Lyons 2001）。例如，假设一个投机者预期即将披露的贸易收支统计将高于市场普遍的预期，这意味着本国货币将走强。当该投机者在新闻披露前买入了该货币时，相关的订单流将向交易商揭示该投资者认为该货币被低估。由于交易商将会根据该信息进行交易，汇率将会逐步向他们认为的更高的基础价值移动。

由股票市场激发的理论工作（Glosten 和 Milgrom 1985；Kyle 1985）最初识别了私人信息与收益率的相关性。这一早期的研究不能被完全用来解释外汇市场，因为私人信息的本质和来源在不同市场有所变化。股票分析师可以通过拜访公司或比较公司同其竞争对手的产品来获取私人信息。在外汇市场，除了可能从中央银行获得关于市场干预的秘密，很少有相似的方法来获得关于某一货币的私人信息。事实上，大多数与基本的货币价值相关的宏观经济信息，如进出口数据，最终都会成为公开信息。但是这些信息的披露通常会有时滞，这会产生使即将披露的统计数据成为私人信息的可能性。在有关一国当前经济状况的信息以统计数据形式被公开之前，代理人会持有分散的信息。

假设由于一国正处于经济上升期，某公司的产品需求旺盛，该公司会购买更多的进口原材料。虽然每个公司可能并没有意识到更广的经济层面，但外汇交易商根据这种诸多公司的行为可以推断出经济正在改善（Lyons 2001）。当交易商根据这一信息进行交易时，其会导致该信息影响汇率（Glosten 和 Milgrom 1985；Holden 和 Subrahmanyam 1992；Osler，Mende 和 Menkhoff 2011）。由于这样的交易反映了基本信息，因此汇率的变动将是持久的。金融客户，如资产管理人的交易也会无意中反映投资者的风险认知、财富积累及其他基本因素。因此，这些交易可能也会揭示多样的宏观信息。对冲基金和其他交易活跃的交易者也会揭示异质性私人信息。但是，对冲基金的信息更多是通过主动对当前经济状况进行研究来获取的（Harris 和 Raviv 1993；Banerjee 和 Kremer 2010；Kandel 和 Pearson 1995）。

许多证据表明外汇交易订单流携带了私人信息。Evans 和 Lyons（2005）发现，花旗银行客户每日的订单流在 6 个月范围内对外汇收益率具有预测能力。Evans 和 Lyons（2007）显示花旗银行客户的订单流对未来的 GDP、通货膨胀和货币存量具有巨大的预测能力。Ramadorai（2008）显示道富银行的机构投资者的订单流同样对汇率具有预测能力。

如果客户是信息不对称的，那么交易商可能也是信息不对称的，因为每个交易商都有不同的客户。Bjonnes，Osler 和 Rime（2011）显示大型银行相比小型银行信息更灵通。这是符合逻辑的，因为大型交易商客户更多，交易商本身也支持这一观点（Goodhart1988；Cheung 和 Chinn 2011）。Moore 和 Payne（2011）提供了交易商之间信息不对称的进一步证据。

客户之间存在的信息不对称使人们产生了哪个客户消息最灵通的疑问。证据显示，金融客户要比公司客户消息更灵通（Fan 和 Lyons 2003；Carpenter 和 Wang 2003；Osler，Mende 和 Mankhoff 2011；Bjonnes 等 2011）。一些进一步的证据显示，在金融客户中对冲基金尤其消息灵通。在新兴市场，信息不对称还存在于本国客户和外国客户。Gereben，Gyomai 和 Kiss（2006）检验了匈牙利福林和欧元之间的市场，发现外国交易者比本国交易者信息更多。交易商自身就是信息的另一种潜在来源。几项研究证明外汇交易商不仅汇集了从客户那里采集的信息，同时也代表了一个独立的信息来源（Bjonnes 等 2011；Moore 和 Payne 2011）。

5.3.3 流动性效应

Shleifer（1986）率先提出了金融资产的供求具有有限弹性，在股票研究中，这一现象被称为需求向下倾斜。为了支持这一理论，Shleifer 展示了一些不知情交易——特别是对新加入标准普尔 500 指数的股票的交易——产生了持续的超额收益。在外汇研究中，需求或供给有限弹性的相关性被称为流动性效应。但是，这里所讨论的流动性并非由交易商提供的即时流动性，而是所谓的隔夜流动性。在外汇市场中，隔夜流动性是必要的，因为单个交易商会在交易日结束时不保留存货。因此，从整个交易市场范围来看，并不提供隔夜流动性，因为一些客户在一天内改变净头寸，另一些客户则必须处于对立面，并持有头寸直至下一个交易日。

有两类群体的外汇需求或供给被认为是有限弹性的。第一类是风险厌恶投资者，理论上当资产价格下降和风险溢价上升时，他们会增加对风险资产的需求（Evans 和 Lyons 2002a）。目前尚无证据显示这种隔夜流动性的来源对外汇市场有影响。证据的缺乏可能仅仅反映出对金融客户交易的分解数据的缺失，因为有些金融代理人——通常是技术交易者——对风险溢价缺乏敏感。另一类外汇需求有限弹性的是商业客户，因为贬值的外汇意味着更为廉价的进口原材料（更高的需求）或从以外币定价的出口产品中实现的价值更低（更低的供给）。从不积极监控市场日内情况的商业客户可以通过止盈订单来对收益率变动进行敏感的反应，止盈订单是指当价值下跌（上升）到一个事先约定的水平时，指示交易商买入（卖出）特定数额外汇（Osler 2003）。

微观结构的证据支持商业客户作为隔夜流动性提供者的重要性。有研究显示在日内交易中商业订单流滞后于金融订单流，金融订单流不滞后于商业订单流（Bjonnes，Rime 和 Solheim 2005）。另一项研究显示商业客户订单流，而非金融客户订单流，对滞后的日收益率有反应（Marsh 和 O'Rourke 2005）。更广泛地说，大量数据集证实了商业（金融）订单流与收益率负（正）相关（Ly-ons 2011；Bjonnes 和 Rime 2005；Osler，Mende 和 Menhoff 2011）。

Froot 和 Ramadorai（2005）使用多年的金融订单流数据库，发现金融订单流和收益率之间的短期正相关性在几个月之后达到峰值，然后下降，在300个左右交易日时降为0。尽管这说明了金融订单流的影响并不持久，但并不能削弱订单流影响收益率的假设。事实上，一个包含了迄今为止的微观结构证据的汇率模型已经预测了投资者订单流对汇率影响的暂时性（Osler，Carlson 和 Dahl 2008）。暂时性的原因很直观：投资者的购买不可避免地被清算，因此与任何投资者建立头寸有关的订单流的影响最终都会在平仓时翻转回来。该模型还预测了公司订单流的影响应当是持久的，因为在通常的商业交易中仅有一方参与外汇市场（另一方是直接支付或接受本国货币）。

总体而言，微观结构证据预测了金融因素在短期主导汇率，而实体经济因素，例如相对价格水平，在长期主导汇率。这一预期与大量经验证据相一致。微观结构的证据来自于 Fan 和 Lyons（2003）。不胜枚举的宏观经济因素始终显示实体经济的影响，如购买力平价，主要在长期影响汇率（Rogoff 1996）；而金融变量（例如利率），如利率，主要在短期影响汇率。

5.4 买卖价差

提供即时流动性是任何金融市场的首要目标之一。O'Hara（1995）把完全流动性市场定义为一个交易可以被迅速并无成本执行的市场。这在概念上似乎很清晰，但在实践中流动性很难度量。对小型交易而言，不会有什么困难，因为流动性直接随报价的买卖价差变动。但是对于大型交易，报价的买卖价差可能不太相关，因为大部分交易都会以超出报价的价格执行。在这种情况下，一笔大交易的一部分以当前最优价格执行；剩余部分会逐步以缺乏吸引力的价格执行，其结果是平均价格，即滑点变动。滑点由报价的深度和订单簿的形态所决定。可以通过将大型交易分割成小型交易并分散在一段时间里执行使滑点最小化。这表明价格在交易后恢复到均衡价格的速度，即复原力，对流动性也很重要。讨论主要集中于作为流动性测度的买卖价差，这是因为 Fleming（2003）得出结论是出于实用目的，买卖价差要优于报价规模、交易规模、成交量和交易频率。

5.4.1 交易商间买卖价差

标准理论假设买卖价差补偿交易商的运营成本（如工资、设备和资本）、存货持有成本、存货风险以及逆向选择成本，即与信息优势客户交易时的潜在损失。在股票市场，买卖价差有时是支付给垄断或寡头垄断市场力量的租金（Smidt 1971；Christie，Harris 和 Schultz 1994）。

垄断或寡头垄断力量对交易商间外汇买卖价差几乎没有影响，这是因为交易商间市场历来竞争激烈。事实上，对交易商的检验显示市场力量不是买卖价差的主要决定因素（Cheung 和 Chinn 2001）。存货持有成本对交易商间买卖价差也几乎没有影响，这是因为交易商通常不会持有头寸过夜。

Osler，Sherman 和 Simon（2012）用 2003 年至 2006 年的 EBS 数据证明运营成本、存货风险和逆向选择对具有流动性的货币对的交易商间买卖价差有显著影响。运营成本历来在外汇市场相对较低，并且随着电子交易的广泛应用，运营成本进一步降低。交易本身不断加速，交易过程通过采用直通式处理系统（STP）变得更有效率，这一系统使得从交易到确认及清算完全电子化；STP 加速了交易过程，同时大大地减少了人为失误。随着前文提及的透明度的增加，与之相应的成本下降使得买卖价差缩小。20 世纪 90 年代，交易商间在最具流动性的外汇市场上的买卖价差通常是 5 个基点，而现在通常低于 1 个基点，这一变化有效地降低了市场最小报价单位。

理论表明，存货成本由当前存货、价格波动性、预期交易规模，以及到下一类似交易的时间长短决定（Stoll 1978；Linnainmaa 和 Rosu 2008）。因为交易商间交易迅速、便宜且匿名，外汇交易商通常将存货维持在接近 0，而且在交易商行为的经验分析中，存货并不显著（Bjonnes 和 Rime 2005；Osler，Savaser 和 Nguyen 2011）。相反的，与股票和债券市场一样，波动性有显著影响。每日测度的交易商间买卖价差随着波动性而剧烈变动（Bessembinder 1993；Hartmann 1999），这一影响在 2001 年 9 月 11 日使买卖价差翻倍（Mende 2006）。

在日内，股票和外汇买卖价差的行为有着强烈的对比。股票的买卖价差、成交量和波动率在日内服从一个通常被描述成不对称的 U 型形态：在市场开盘时达到峰值，在接下来几小时下降，趋平，然后适当上升直到市场收盘。如图 5-1 所示，交易商间外汇买卖价差与之形成对比，在深夜交易最低时达到峰值，在伦敦时间中午左右达到谷底，此时成交量和波动性最高。

如 Osler 等（2012）所显示的，股票和外汇买卖价差的这种行为差异可以归咎于外汇市场缺乏正式交易时间。股票市场每天闭市超过12小时，在这段时间私人信息不断积累，但并没有被加入价格中。当股票市场开盘后，知情投资者冲入市场来依靠其积累的信息进行交易（Holden 和 Subrahmanyam 1992），逆向选择达到日内峰值（Madhavan，Richardson 和 Roomans 1997）。此后，私人信息逐步到达，而不是扎堆到达，因此逆向选择风险、波动性和成交量逐渐降低。相比之下，具有流动性的外汇市场从没有正式闭市，因此交易在全天都很活跃，并且价格发现机制始终运转顺畅。在那些相对缺乏流动性、具有固定交易时间的外汇市场，固定交易时间的影响更为明显，交易商间外汇交易的买卖价差服从一个不对称 U 型形状。Menkoff，Schmeling 和 Osler（2010）检验的俄罗斯卢布市场，及 Gau（2005）检验的台北市场，都显示了这样的情况。

根据 Froemmel 和 Gysegem（2011）对匈牙利福林和欧元的银行间市场的研究，对于新兴市场货币，逆向选择和存货风险都是交易商间买卖价差的重要决定因素。值得注意的是，一个交易商当前的存货头寸影响他在该新兴市场货币的买卖价差。这与前文讨论的在极具流动性的外汇市场中存货影响不显著，形成鲜明对比。作者认为对于相对缺乏流动性的货币，存货更为重要，这是因为交易的低频增加了两笔交易之间的等待时间。

5.4.2　客户的买卖价差

在外汇市场中，客户层面买卖价差的表现行为不同于交易商间买卖价差。这一对比在横截面研究中最为明显。Ding（2009）；Reitz，Schmidt 和 Taylor（2009）；以及 Osler，Mende 和 Menkhoff（2011）证明客户的买卖价差与交易规模反向变动。这些作者还证明，对于给定规模的交易，金融客户被收取的买卖价差要小于商业客户。如果客户的买卖价差与交易商间买卖价差一样，由于由逆向选择、交易持续期或存货效应主导，那么就可以预期到与之相反的情况。

至少有 3 个因素可以解释外汇客户买卖价差的横截面变异。固定运营成本可以解释客户买卖价差和交易规模之间的反向关系，这是因为大规模交易的较小买卖价差可以很容易地覆盖成本。策略交易和市场力量可以解释为何商业客户支付的买卖价差大于金融客户。策略交易者操纵信息到达率以符合其自身利益。在双层的外汇市场中，交易商在与其他交易商进行交易时，可以从客户信息中获益。因此，交易商可以合理地将其与知情客户的交易数量最大化，这可以通过给这些客户一个相对较小的买卖价差来实现。Ramadorai（2008）的研究与此一致，他发现最具预测汇率收益技术的资产管理人支付的买卖价差最小。

拥有私人信息的客户被认为拥有高于交易商的即时市场力量，这是因为交易商渴望了解他们是否正在买卖。这使得这些客户可以获得较小的买卖价差，而知情公司的交易者通常有很强的动机这么做。交易商有其自己的实时了解市场状况的市场力量来源。如前文所讨论的，公司客户对与市场相关的私人信息知之甚少，最小的商业客户，如一家极小型香料进口公司，通常对市场的基本信息，如正常的买卖价差或者当前的波动性等信息不知情。在某些OTC市场，如美国地方政府债券市场，缺乏市场状况的信息通常与市场缺乏透明度相关（Green，Hollifield和Schruhoff 2007）。尽管外汇交易已经不再如此，但小型公司仍然缺乏信息，因为它们无力承担用于监控外汇市场并择机交易所需的资源。此外，还没有给员工最小化外汇交易执行成本的激励。Reitz等（2009）的经验证据显示，相对于他们的外汇交易商，金融客户比商业客户有更大的市场力量。

5.4.3　托管价差

和常规的外汇交易商一样，托管银行交易商也是在委托的基础上交易外汇，并与其他交易商交易以抵补存货头寸。有些大型托管银行也在更广泛的外汇交易中扮演做市商的角色。但是大多数托管银行的交易流程与标准的OTC市场不同。通常，一个托管客户不直接与托管交易商联系，而是与基金会计联系，由基金会计将交易指令传达给交易商。由于交易商会首先在交易商间市场抵补其头寸，然后再设定他与客户的交易价格，因此交易商不承担存货风险或逆向选择。

值得注意的是，对于托管客户的透明度很低，他们仅了解交易价格，而不知晓买卖价差，在交易后几天或者几周才能收到这些有限的信息。Osler，Savaser和Nguyen（2011）提供的证据表明透明度的缺乏对托管客户支付的买卖价差有巨大的影响。他们对一家中等规模的全球托管银行2006年完整的外汇交易记录进行的检验显示，在标准的交易中，托管银行的价格相较于交易商间价格提高了约20个基点。相比之下，如果客户直接联系托管银行交易员，获得有关执行成本的完整信息，价格只上涨3个基点。他们还提供了托管交易商保护其价格上涨不确定性的证据。

5.5 价格发现

在文献中被广泛讨论的价格发现机制是以股票市场研究为基础的，强调了逆向选择的重要性。为了避免事后后悔，交易商将特定交易透露的潜在信息整合到交易中。这意味着按照特定信息进行交易的客户越多，价格就会移动得越快，越接近完全信息时的价值（Glosten 和 Milgrom 1985；Holden 和 Subrahmanyam 1992）。

这一价格发现机制不能直接应用于外汇市场，因为消息灵通的客户支付较小的买卖价差，而无后悔定价则意味着相反的情况。Osler，Mende 和 Menkhoff（2011）提出一个替代的外汇交易市场的价格发现机制。他们指出交易商在与客户交易后出售存货时面临一个权衡取舍：以买卖价差为成本可以快速执行的主动交易，如市价订单；或是在不确定时间不确定执行但如果执行可以获得买卖价差的被动交易，如限价订单。这样的权衡取舍意味着交易商更有可能在与知情客户交易后采取主动交易，而不是与不知情客户交易后。在与知情客户交易后的主动交易把价格推向客户信息暗示的方向：在客户买入（卖出）后价格上升（下降）。

为了支持他们提出的价格发现机制，Osler，Mende 和 Menkhoff（2011）发现在进行可能包含信息的交易后，特别是金融客户交易和大宗交易，银行间市价订单出现的可能性更高。这一价格发现机制还有其他证据支持。Rime，Sarno 和 Sojli（2010）发现交易商间订单流对即将公布的宏观数据有很强的预测能力。根据 Phylaktis 和 Chen（2010）的研究，排名靠前的交易银行主导交易商间市场的价格发现。最后，Bjonnes 等（2010）发现那些与消息灵通客户交易的交易商相对更可能采取主动交易。这一机制同样与之前讨论的情况相一致，即金融订单流和交易商订单流与同时期收益正相关，而商业订单流则不是。

5.6 波动性

证据表明资产价格波动是一个持续的过程，汇率波动性也符合这一规律。研究者倾向于假设波动性的变动是由订单流驱动的，相应地，订单流由新信息的到达驱动。如果确实如此，那么在世界某一特定地区的汇率波动性应该是一个本土事件。外汇微观结构研究检验了热浪假说和与之相对立的流星雨假说，流星雨假说认为某地波动性主要受其他地区的波动性影响。Engle，Ito 和 Lin（1990）提供了最早的随之被证实的证据，波动性的增加源自围绕行星的波浪，这与流星雨假说一致。一个类似的疑问是一个汇率的波动性是如何影响同时期其他汇率的波动性的。Bubak，Kocenda 和 Zikes（2011）检验了欧元美元汇率和中欧货币汇率，发现一个特定汇率的日实际波动率显著取决于其他汇率的滞后实际波动率，及其自身滞后值。

外汇微观结构研究还研究波动持续性的来源。Berger，Chaboud，Hjal-marsson 和 Howorka（2006）使用一个简单模型分析了大量非常详细的交易商间交易数据，该模型以 Kyle（1985）提出的收益率是订单流的线性函数为基础。他们假设实际波动率（RV_t）由订单流的平方（OF_t^2）和收益率对订单流敏感性（λ_t）的平方决定：

$$RV_t = \lambda_t^2 OF_t^2 + \eta_t \qquad (5.3)$$

其中，η_t 是残差。在传统的波动性由新信息到达驱动的假设下，订单流的变化主导了波动性的变化。Berger，Chaboud，Hjalmarsson 和 Howorka（2006）发现订单流在短期是主导因素，但是波动性的低频变动主要由订单流价格效应的变动所驱动。

5.7 总结和结论

外汇市场微观结构研究现在已有大量的实证发现，这些发现描绘出一个吸引人的、连贯的外汇市场。它显示出外汇市场在许多层面不同于股票和债券市场，包括交易商间市场的存在及其作用、私人信息的本质和来源、客户买卖价差的横截面决定因素、交易商间买卖价差的日内行为，以及价格发现过程。由于外汇市场快速变化，还会有新问题不断涌现，有待继续研究。

外汇微观结构研究对汇率模型有重要的意义。鉴于公司交易者在提供隔夜流动性上的核心作用，基于严密的微观基础的模型必须包含这样的代理人。模型需关注订单流，而不是存货持有，因为汇率仅对外汇市场流做出反应，并且只有约一半的公司外汇支付真正通过市场进行。最后，模型需考虑所有投资最终都要被清算偿付这一事实，所以大多数由金融原因驱动的外汇流最终都会反转。其关键含义是，金融订单流对汇率最多就是施加有限的长期影响，而公司订单流则在长期占据主导地位。

讨论题

1. 比较外汇市场的双层结构和经典微观结构模型中的单层结构。

2. 在客户和交易商间市场，影响客户和交易商间买卖价差的关键因素有何不同？

3. 哪一个外汇市场参与者最知情和最不知情？为什么？

4. 假设市场竞争激烈，解释为什么电子交易使买卖价差显著缩小。

5. 如研究所示，小型银行始终比大型交易银行缺乏信息，解释为什么小型外汇交易银行应当离开市场。

作者介绍

Carol Osler 是布兰迪斯大学副教授和布兰迪斯大学国际经济与金融硕士项目主任，她讲授市场微观结构、国际宏观经济和中央银行学。她目前主要研究外汇市场经济学，在主要学术刊物，包括 *Journal of Finance* 上发表文章。主要研究课题包括技术分析的盈利能力、止损订单对汇率波动的影响、外汇交易者的过度自信、外汇交易银行信息优势的来源。Osler 教授的早期研究发现住房市场和股票市场泡沫是导致宏观经济波动的主要来源。她在普林斯顿大学获得经济学博士学位，在斯沃斯莫尔学院获得学士学位。

Xuhang Wang 是布兰迪斯大学研究生。她在布兰迪斯国际商学院学习系统的金融和计量经济学课程，获得国际经济和金融硕士学位。她在浙江大学获得工商管理学士学位。

参考文献

Banerjee, Snehal, and Ilan Kremer.2010 "Disagreement and Learning: Dynamic Patterns of Trade." *Journal of Finance* 65:4,1269-1302.

Bank for International Settlements.2010. *Triennial Central Bank Survey of Foreign Exchange and Derivatives Market Activity in April 2010.* Basel: Monetary and Economics Department, Bank for International Settlements.

Berger David, Alain Chaboud, Sergey Chernenko, Edward Howorka, and Jonathan Wright.2008. "Order Flow and Exchange Rate Dynamics in Electronic Brokerage System Data." *Journal of International Economics* 75:93-109.

Berger, David, Alain Chaboud, Erik Hjalmarsson, and Edward Howorka.2006. "What Drives Volatility Persistence in the Foreign Exchange Market?" *Journal of Financial Economics* 94:2,192-213.

Bessembinder, Hendrik.1993. "Bid-Ask Spreads in the Interbank Foreign Exchange Markets." *Journal of Financial Economics* 35:3,317-348.

Bjønnes, Geir, Carol L.Osler, and Dagfinn Rime.2011. "Sources of Information Advantage in the Interbank Foreign Exchange Market." Working Paper, Norges Bank.

Bjønnes, Høidal G., and Dagfinn Rime.2005. "Dealer Behavior and Trading Systems in Foreign Exchange Markets." *Journal of Financial Economics* 75:3,571-605.

Djønnes, Høidal G., Dagfinn Rime, and Haakon O.A.Solheim.2005. "Liquidity Provision in the Overnight Foreign Exchange Market." *Journal of International Money and Finance* 24:2,175-196.

Bubá, Vít, Evzen Kocenda, and Filip Zikes.2011. "Volatility Transmission in Emerging European Foreign Exchange Markets." *Journal of Banking & Finance* 35:11,2829-2841.

Canles-Kriljenko, Jorge I.2004. "Foreign Exchange Market in Selected Developing and Transition Economies: Evidence from a Survey." IMF Working Paper 04/04, International Monetary Fund.

Carpenter, Andrew, and Jianxin Wang.2003. "Sources of Private Information in FX Trading." Working Paper, University of New South Wales.

Cheung, Yinwong, and Menzie D.Chinn.2001. "Currency Traders and Exchange Rate Dynamics: A Survey of the US Market." *Journal of International Money and Finance* 20:4, 439-471.

Christie, William G., Jeffrey H.Harris, and Paul H.Schultz.1994. "Why Did NASDAQ Market Makers Stop Avoiding Odd-Eighth Quotes?" *Journal of Finance* 49:5,1841-1860.

CNN.2012.Money.January 19.Available at money.cnn.com/2012/01/19/markets/tradingvolume/index.htm.

Danielsson, Jon, and Ryan Love.2006. "Feedback Trading." *International Journal of Finance and Economics* 11:1,35-53.

Ding, Liang.2009. "Did-Ask Spread and Order Size in the Foreign Exchange Market: An Empirical Investigation." *International Jounal of Finance and Economics* 14:1,98–105.

Engel,Charles,1996."The Forward Discount Anomaly and the Risk Premium:A Survey of Recent Evidence." *Journal of Empirical Finance* 3:2,123–192.

Engle,Robert F.,Takatoshi Ito,and Wen-Ling.1990."Meteor Showers or Heat Waves? Heteroskedastic Intra-daily Volatility in the Foreign Exchange Market." *Econometrica* 58:3, 525–542.

Evans,Martin D.D.,and Richard K.Lyons.2002a."Order Flow and Exchange Rate Dynamics." *Journal of Political Economy* 110:1,170–180.

Evans,Martin D.D.,and Richard K.Lyons.2002b."Information Integration and FX Trading." *Journal of International Money and Finance* 21:6,807–831.

Evans,Martin D.D.,and Richard K.Lyons.2005."Do Currency Markets Absorb News Quickly?" *Journal of International Money and Finance* 24:2,197–217.

Evans,Martin D.D.,and Richard K.Lyons.2007."Exchange Rate Fundamentals and Order Flow."Working Paper 13151,National Bureau of Economic Research.

Fan,Mintao,and Richard K.Lyons.2003."Customer trades and extreme events in foreign exchange." In Paul Mizen,ed.*Monetary History, Exchange Rates and Financial Markets: Essays in Honor of Charles Goodhart*,160–179.Northampton:Edward Elgar.

Fleming,Michael J.2003."Measuring Treasury Market Liquidity." *Federal Reserve Bank of New York Economic Policy Review* 9:3,83–108.

Froemmel,Michael,and Frederick V.Gysegem.2011."Spread Components in the Hungarian Forint-Euro Market."Working Paper 11/709,Faculty of Economics and Business Administration,Ghent University.

Froot,Kenneth A.,and Tarun Ramadorai.2005."Currency Retruns,Intrinsic Value,and Institutional Investor Flows." *Journal of Finance* 60:3,1535–1566.

Gau,Yinfeng.2005."Intraday Volatility in the Taipei FX Market." *Pacific-Basin Finance Journal* 13:4,471–487.

Gereben,Aron,Gyorgy Gyomai,and Norbert M.Kiss.2006."Customer Order Flow,Information and Liquidity on the Hungarian Foreign Exchange Market." MNB Working Papers, Central Bank of Hungary.

Glosten,Lawrence R.,and Paul R.Milgrom.1985."Bid,Ask and Transaction Prices in a Specialist Market with Heterogeneously Informed Traders." *Journal of Financial Economics* 14:1,71–100.

Goodhart,Charles.1988."The Foreign Exchange Market:A Random Walk with a Dragging Anchor." *Economica* 55:220,437–460.

Green,Richard C.,Burton Hollifield,and Norman Schurhoff.2007."Financial Intermediation and the Costs of Trading in an Opaque Market." *Review of Financial Studies* 20: 2,275–314.

Harris,Milton,and Artur Raviv.1993."Differences of Opinion Make a Horse Race." *Review of Financial Studies* 6:3,473–506.

Hartmann,Philipp.1999."Trading Volumes and Transaction Costs in the Foreign Exchange Market:Evidence from Daily Dollar-Yen Spot Data." *Journal of Banking and Finance* 23:5, 801–824.

Hau,Harald,William Killeen,and Michael Moore.2002."How Has the Euro Changed the Foreign Exchange Market?"*Economic Policy* 17：34，151-177.

Heimer，Rawley Z.，and David Simon.2011."Facebook Finance：How Social Interaction Prop-
agates Active Investing."Working Paper，Brandeis University.

Holden，Craig W.，and Avanidhar Subrahmanyam.1992."Long-Lived Private Information and
Imperfect Competition."*Journal of Finance* 47：1，247-270.

Institutional Investor Magazine.2007."Global Custody Rankings."Available at www.limaga-
zinerankings.com/globalcustody/GlobalCustodyRanking.asp.

Kandel，Eugene，and Neil D.Pearson.1995."Differential Interpretation of Public Signals and
Trade in Speculative Markets."*Journal of Political Economy* 103：4，831-872.

King，R.Michael，Carol L.Osler，and Dagfinn Rime.2012."Foreign exchange market struc-
ture，players，and evolution." In Jessica James，Ian Marsh，and Lucio Sarno，eds.*Hand-
book of Exchange Rates*，3-44.Hoboken，NJ：John Wiley & Sons.

King，R.Michael，and Dagfinn Rime.2010."The $4 Trillion Question：What Explains FX
Growth since 2007?" *Bank for International Settlements Quarterly Review*，December，
27-41.

Kyle，Albert S.1985."Continuous Auctions and Insider Trading." *Econometrica* 53：6，
1315-1335.

Linnainmaa，Juhani，and Ioanid Rosu.2008."Time Series Determinants of Liquidity in a Lim-
it Order Market."American Finance Association 2009 San Francisco Meeting Paper.

Lyons，Richard K.2001.*The Microstructure Approach to Exchange Rates*.Cambridge，MA：
Mit Press.

Madhavan，Ananth，Matthew Richardson，and Mark Roomans.1997."Why Do Security Pric-
es Change? A Transaction Level Analysis of NYSE Stocks."*Review of Financial Studies*
10：4，1035-1064.

Marsh，Ian W.，and Ceire O'Rourke.2005."Customer Order Flow and Exchange Rate Move-
ments：Is There Really Information Content?"Working Paper，Cass Business School，City
University London.

Meese，Richard A.，and Kenneth S.Rogoff.1983."Empirical Exchange Rate Models of
the Seventies：Do They Fit Out of Sample?"*Journal of International Economics* 14：1-2，
3-24.

Mende，Alexander.2006."09/11 and the USD/EUR Exchange Market."*Applied Financial Eco-
nomics* 16：3，213-222.

Menkhoff，Lukas，Maik Schmeling，and Carol Osler.2010."Limit-Order Submission Strate-
gies under Asymmetric Information."*Journal of Banking and Finance* 34：11，2665-2677.

Moore，Michael J.，and Richard Payne.2011."On the Sources of Private Information in FX
Markets."*Journal of Banking and Finance* 35：5，1250-1262.

Nguyen，Tran P.2009."Implications of Exchange Rate Policy for Foreign Exchange Market
Development：Vietnam，1985-2009."Thesis，Griffith University.

O'Hara，Maureen.1995.*Market Microstructure Theory*.Cambridge：Blackwell.

Osler，Carol L.2003."Currency Orders and Exchange-Rate Dynamics：Explaining the Suc-
cess of Technical Analysis."*Journal of Finance* 58：5，1791-1819.

Osler，Carol L.2005."Stop-Loss Orders and Price Cascades in Currency Markets."*Journal
of International Money and Finance* 24：2，219-241.

Osler, Carol L., John A.Carlson, and Christian M.Dahl.2008."Short-Run Exchange-Rate Dynamics: Theory and Evidence."Working Paper 2008-01, School of Economics and Management, University of Aarhus.

Osler, Carol L., Alexander Mende, and Lukas Menkhoff.2011."Price Discovery in Currency Markets."*Journal of International Money and Finance* 30:8,1696-1718.

Osler, Carol L., Tanseli Savaser, and Thang Nguyen.2011."Asymmetric Information and the Foreign Exchange Trades of Global Custody Banks."Working Paper, Brandeis University.

Osler, Carol L., Rimma Sherman, and David Simon.2012. "Trade Duration and Bid-Ask Spreads."Working Paper, Brandeis University.

Phylaktis, Kate, and Long Chen.2010."Asymmetric Information, Price Discovery, and Macroeconomic Announcements in FX Markets: Do Top Trading Bank Know More?" *International Journal of Finance and Economics* 15:3,228-246.

Ramadorai, Tarun.2008."What Determines Transaction Costs in Foreign Exchange Markets?"*International Journal of Finance and Economics* 13:1,14-25.

Reitz, Stefan, Markus Schmidt, and Mark Taylor.2009. "Financial Intermediation and the Role of Price Discrimination in a Two-Tier Market."Paper presented at the Fifth Annual Central Bank Workshop in the Microstructure of Financial Markets, Zurich, Switzerland, October 9.

Rime, Dagfinn, Lucio Sarno, and Elvira Sojli.2010."Exchange Rate Forecasting, Order Flow and Macroeconomic Information."*Journal of International Economics* 80:1,72-88.

Rogoff, Kenneth S.1996."The Purchasing Power Parity Puzzle."*Journal of Economic Literature* 34:2,647-668.

Shleifer, Andrei.1986."Do Demand Curves for Stocks Slope Down?"*Journal of Finance* 41:3,579-590.

Smidt, Seymour.1971."Which Road to an Efficient Stock Market: Free Competition or Regulated Monopoly?"*Financial Analysts Journal* 27:5,18-20.

Stoll, Huang.1978."The Supply of Dealer Services in Security Markets."*Journal of Finance* 33:4,1133-1151.

Taylor, Andrew, and Adam Farstrup.2006.*Active Currency Management: Arguments, Considerations, and Performance for Institutional Investors.*Darien, CT: CRA Rogers Casey International Equity Research.

Taylor, Mark P., and Helen Allen.1992."The Use of Technical Analysis in the Foreign Exchange Market."*Journal of International Money and Finance* 11:3:304-314.

Wooldridge, Philip, and Yosuke Tsuyuguchi.2008."The Evolution of Trading Activity in Asian Foreign Exchange Markets."Working Paper, Monetary and Economics Department, Bank for International Settlements.

第6章 金融危机前后的证券市场监管结构

DONATO MASCIANDARO

博科尼大学经济学系和Paolo Baffi中心经济学全职教授、
金融监管经济学教授、欧洲货币与金融论坛成员

MARC QUINTYN

国际货币基金组织能力发展协会部门主任

6.1 引言

证券市场监管结构的现状如何？从2007—2008年的金融危机可以看出金融服务市场高度一体化，这表明当局应该采取相应的综合监管方法。市场的一体化需要监管一体化，这在危机爆发前就已经很明显了，特别是在欧盟（EU）（Hertig和Lee 2003；Jovanic 2006；Avgouleas 2007）。

证券监管有三个核心目标：（1）保护投资者利益；（2）确保市场有效性与透明度；（3）降低系统性风险（国际证监会组织（IOSCO） 1998）。有效实现这三个目标取决于收集和处理信息的能力。事实上，国家证券监管者已经逐渐偏离了证券监管规则（Carvajal和Elliot 2007）。监管者的作用就是确保市场信息能完整、及时、准确地披露，尽管在国际论坛中监管已有更为明确的定义。

在过去30年间，信息收集的需求是以金融市场的根本变化为背景的。金融业改变了其传统面貌，银行、证券和保险业之间的传统界限变得模糊不清。在这个模糊的市场中，可以通过两种方法处理和发布信息以实现公众目标：（1）监管部门之间协调政策；（2）在制度设计上将证券监管融入整个监管体系结构中。

政策协调与制度整合之间必然存在权衡取舍关系。直觉上很简单，但证券监管体系结构将会由单一主管部门负责证券监管转变为由统一监管部门监管整个金融体系。前者对各监管机构之间的协调性要求相对较高，而后者基本不需要。政策协调是制度设置的内生因素。

尽管监管者之间的协调政策越来越受到重视（Braumuller 2007；Carvajal和Elliot 2007；Monkiewicz 2007b；Shipp 2008），但是目前的金融文献严重忽略了综合证券监管。本章的目标就是填补这一空缺。

在2007年爆发金融危机前后，证券市场监管是怎样融入整个监管制度设置中的？本章试图通过提出一个部门一体化指数，即证券监管一体化指数来回答这一问题，该指数的应用基于国家监管设置的庞大且不断更新的数据库。进而利用相关结果对欧盟和美国提出的改革方案进行评估。

尽管金融危机对证券业的冲击没有像对银行业那么引入注意，但金融动荡表明完全有必要重新考虑整个监管格局。证券监管的首要目标就是同时对涉及证券业务的公司业务合规行为和证券市场的系统性风险实施监管。

在过去的15年左右，随着银行、证券和保险市场一体化进程的不断推进，各个部门之间的模糊界限对金融部门的分布产生了深刻影响（十国集团2001）。模糊界限对监管设置和其有效性的影响结果是相关的。

对银行、证券和保险分业监管加大了监管套利的风险，这是金融危机爆发的根源之一。分散监管设置的缺点在美国非常明显（Coffee 1995；Brown 2009；Flamee和Windels 2009；Leijonhufvud 2009）。

然而，监管一体化本身并不能被视为金融体系安全稳健的充分条件。在不同制度国家，监管失败的事例时有发生。原因很简单，迄今为止尚未出现最优监管模式。新近的金融监管结构的研究文献都力图阐明监管结构对银行业和证券业业绩的影响。尽管对于监管制度的特点及其驱动因素有一些探讨，但实证证据依然非常有限，可能是因为这一轮改革刚刚开始（Masciandaro和Quintyn 2009）。当前状况下不存在更优的监管模式（Schoenmaker 2003；Monkiewicz 2007a）。

尽管如此，监管部门整合可以减低监管套利风险，监管套利会产生或放大在部门之间蔓延的潜在的系统性风险。对于证券业而言，监管部门整合程度越高意味着监管者能得到越多的信息，不稳定风险越低。

不同国家证券市场之间模糊的区别，以及不稳定风险的外溢，要求加强国际协调。各国市场的整合程度越高就越能降低建立和实施信息交流的交易成本，从而提高证券监管合作的可能性。从欧盟的视角来看，制度设置越聚合，就越能增加集中监管设置的可能性（Masciandaro，Niet和Quintyn 2011）。

本章概述了证券监管融入整体监管结构的全球现状。本章内容安排如下：下一节描述金融危机爆发前金融监管结构的格局，重点强调整合的趋势。第三节集中于证券监管，提出了度量部门一体化程度的指数，评估了证券监管的监管职责融入整体监管的程度。倒数第二节讨论近期欧盟和美国监管结构改革议案对一体化程度的影响。最后一节是小结和结论。

6.2　金融危机前的监管结构

本章区分了规制（regulation）与监管（supervision），但把重点集中在监管上。规制是指管理中介机构行为的规则，而监管是指一个或多个公共机构为了确保与规制框架一致而实施的监控行为（Barth，Caprio和Levine 2006）。

由于过去15年逐步区分规制和监管当局的重大发展，对监管的关注在今天远胜于过去。本章的核心关注点是微观监管，中央银行通常实施的是宏观监管。竞争政策掌握在专业权威部门手中（Borio 2003；Kremers，Schoenmaker和Wierts 2003；Cihak和Podpiera 2007；Herrings和Carmassi 2008）。

在过去10年间，很多国家对金融监管结构进行了改革。本章提供了来自各大洲102个国家异质性样本的数据集（Masciandaro和Quintyn 2011）。自1998年开始，该样本中64%（102个国家中的66个）的国家通过建立新的监管机构或变更（至少一个）现有机构的权限对金融监管结构进行了改革。

图6-1表明越来越多的国家改变了金融监管设置，并在2002年达到高峰，2004—2006年期间实施了多项改革方案。如果增加区域和国家收入的视角，改革趋势更为明显。图6-2是根据国家组进行的分解，表明欧洲、欧盟和经济合作与发展组织（OECD）中分别有82%、77%和73%的国家进行了改革。因此监管制度的形式是过去10年中的一个重要问题，特别是在较为发达的国家，其中欧洲最为突出。

改革浪潮是否透露出组织监管的相关信息？图6-3总结了这一问题。监管制度主要划分为三种主要的监管模式：（1）垂直（筒仓）模式，该模式遵循金融体系在不同业务部门的界限，每个部门由不同的机构监管；（2）水平（顶峰）模式，该模式遵循公共监管目标之间的差异，每个目标由不同的机构监管；（3）统一模式，该模式由单一机构监管整个金融体系以实现全部公共目标。

改革数量

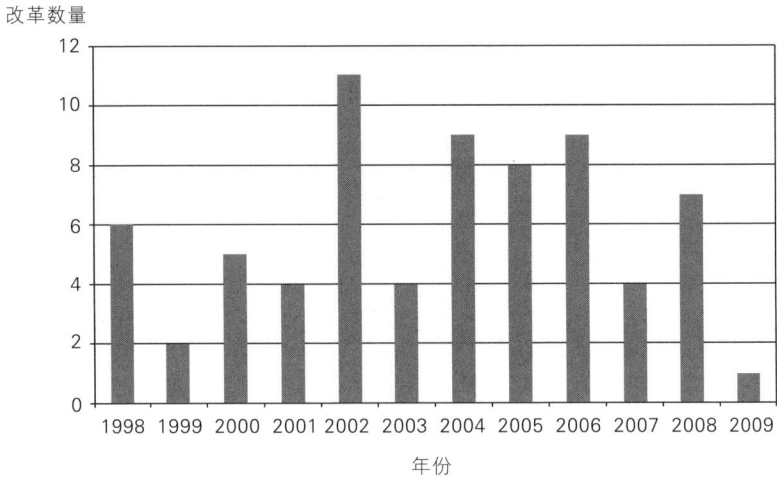

图6-1　逐年监管结构改革（1998—2009年）

注：该图显示1998—2009年期间，全球各国进行国家监管结构改革的数量。

百分比

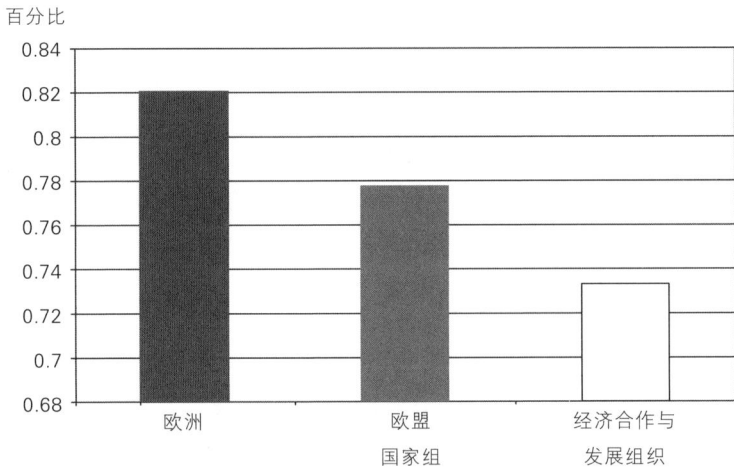

图6-2　按国家组划分的监管结构改革（每组的百分比）

注：该图显示的是各国家组监管改革的比重。

其中36个国家，即样本的35%，监管制度依旧采用垂直模式，对银行、证券和保险进行分业监管。理论上，在银行、证券及保险严格分业的金融体系结构中，传统的垂直模式运转良好。证券监管由专门机构负责。

24个国家，即样本的24%，通过引入单一机构建立了新的监管制度。这种

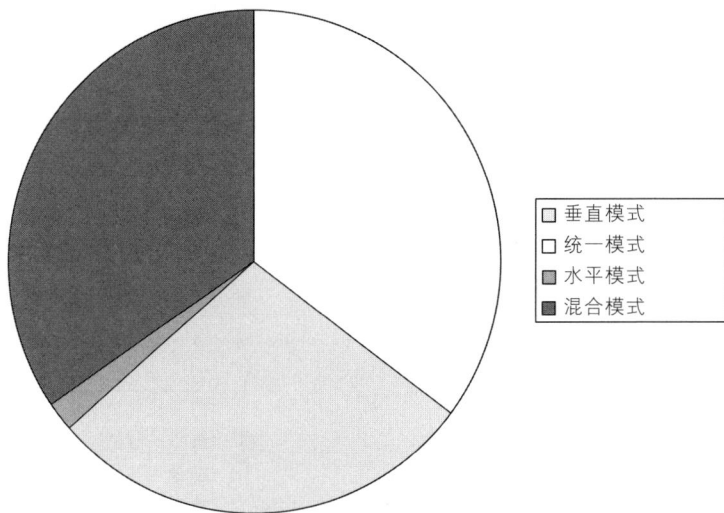

图6-3　按模式划分的监管结构（每种模式的百分比）

注：该图显示的是102个国家采取的监管结构模式（垂直模式、统一模式、水平模式和混合模式）所占比重。

统一监管涵盖了银行、证券和保险市场。在单一监管制度下，监管当局充当监管整个金融体系，包括证券部门的垄断机构。

采用水平模式的是澳大利亚和荷兰，仅占样本的2%。这两个国家都采用了所谓的水平模式，其监管目标一方面是维持系统稳定性，另一方面是进行业务监管。统一模式和水平模式都代表了2008年金融危机爆发前主导监管结构改革的整合过程。

其他国家采用的是混合监管制度，有些监管者监管多个细分市场，有的只监管一个。剩余的40个国家属于这一组，占样本的39%。该组包括法国、意大利和美国，其监管结构可以用历史或法律传统更好地描述，而不是经济框架。

如果聚焦于1988—2008年期间实施改革的66个国家[①]，可以更清晰地看到监管制度的演进。如图6-4所示，三种主要监管制度（统一、垂直和混合）所占的比重接近，分别为30%、33%和33%，而水平模式最少，仅占4%。也就是

---

① 译者注：此处有疑，图表6-4中的国家总数为70个。

说，样本的40%（20个国家）[1]采用了创新的监管制度——统一或水平监管制度；其余的60%（31个国家）[2]选择了保守的方法（即保持更传统的垂直或混合监管制度）。

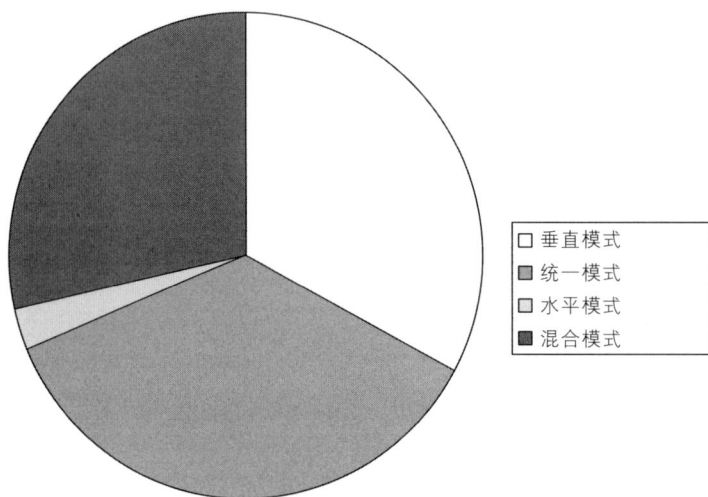

图6-4　按模式划分的改革后的监管结构（每种模式的百分比）

注：该图显示的是70个国家改革后采取的监管结构模式（垂直模式、统一模式、水平模式和混合模式）所占比重。

数据有助于解释为什么近期有关金融监管结构的经济学文献都集中在全球监管结构改革的整合趋势上（Barth，Nolle，Phumiwasana和Yago 2002；Arnone和Gambini 2007；Cihak和Podpiera 2007）。

是否有可能测度整合过程呢？金融监管统一度（FSU）指数在这方面有重要作用（Masciandaro和Quintyn 2009）。该指数是通过分析每个被检验的国家有哪些和有多少个监管机构有效地对银行业、证券市场和保险业这三个传统的金融部门进行监管而得出的。图6-5是FSU指数的分布：其中44个国家监管整合度较低（FSU指数为0或1）；27个国家建立了统一监管制度或采用了监管整合度较高的水平模式（FSU指数达到6或7）。

---

① 译者注：此处有疑，该比例应为34%（30%+4%），国家个数应为24个（按国家总数为70个计算）。

② 译者注：此处有疑，该比例应为66%（33%+33%），国家个数应为46个（按国家总数为70个计算）。

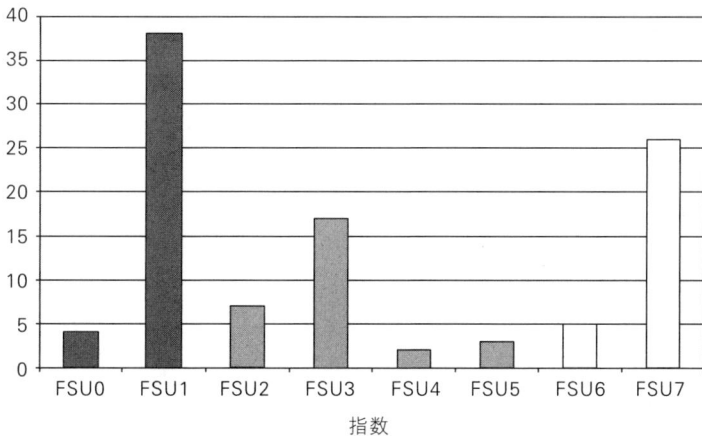

图 6-5　金融监管统一度（FSU）指数

注：该图显示的是 FSU 指数的国家个数分布。

6.3　证券监管一体化

　　金融监管结构的发展演进凸显出整合趋势，在工业化国家，特别是欧洲尤为明显。从证券业角度来看，整合进程使证券监管不同程度上融入整体监管设置。本节重点为部门整合，即研究证券监管如何融入对整个金融体系的监管之中。

　　聚焦于部门整合有助于评估证券监管者如何获取信息从而更好地防范或降低不确定性风险。近期的金融市场动荡表明部门整合可以作为提升市场监管的潜在工具，但是其他类型的整合，如技术整合（即监管工具完全整合）和有机整合（即监管原则和标准完全整合）却未必如此。

　　证券监管者可以从部门整合中得到的大量信息获益，并在技术整合和运营整合中保持灵活性。技术和运营的灵活性非常重要。尽管不同的银行与金融公司之间进行了整合，但结构性差异还是有效地保持了证券业的特殊性。

　　从定性角度看，证券监管与金融监管的其他部分是否一体化取决于每个国家采用的监管模式。如果监管制度是垂直模式，实行银行、证券和证券市场分业监管，那么其一体化程度就低。如果监管制度是由单一机构管理，银行、证券和证券市场的监管完全统一，那么其一体化程度就高。采用水平和混合模式的情况下，一体化程度为中等水平。这种评估能更具体准确吗？上节介绍的整合指数是否可用？

用整合指数来衡量一体化程度是远远不够的。该指数用来衡量监管权的整合程度，在区分某些情况时会使用主观权重。例如，整合指数在评估具体情况时赋予银行和证券业监管更大的相关性，如一个部门至少有两个监管者，或是一个监管者负责监管一个以上部门时的整合程度。在评估某一行业监管一体化程度时，主观权重的存在就成为一个缺陷。

因此，测度整合情况和一体化程度应引入一个更稳健的指标：金融监管赫芬达尔-赫希曼（FSHH）指数（Masciandaro 和 Quintyn 2011）。FSHH 指数是用来衡量监管权整合程度，由赫芬达尔和赫希曼提出的由经典指数推导出的指数（Hirschman 1964）。FSHH 指数可以用来评估监管整合程度。

运用 FSHH 指数来分析金融监管权整合程度的稳健性取决于以下三个重要假设：首先，可以定义每个监管市场存在的地理维度和机构维度。因此，在各个国家（地理维度），可以定义不同的部门监管（机构维度）。也就是说，在每个国家的每个金融市场组成不同的监管市场。这样，地理维度（即不同国家的存在）和机构维度（即不同市场的存在）依然可以被识别出来。该情况一般发生在银行、证券和证券市场的传统界限变得模糊以及大型集团淡化了中介定义时（Masciandaro 和 Quintyn 2008）。

其次，在每个部门如果存在一个以上的监管机构，我们定义不同机构之间监管权力的分配是相对明确的。如果监管整合程度下降，每个部门中参与监管活动的机构数量就会增加。

最后，监管权被视为一个整体（即假设不同类别的监管活动包括银行业监管、证券市场监管和证券监管）。假设监管机构彼此间的监管权或监管技术存在完全可替代性。无论在哪里行使监管权（代理维度），监管权都是每个机构作为监管代理机构的特征。因此，在每个国家，一个机构在一个部门拥有的监管权可以与其在其他部门的监管权（如有）叠加。每个机构拥有的监管权越大，其行使监管责任的部门数量就越多。这三个维度（地理、机构和代理）都既有法律基础，又有经济意义。

FSHH 指数是根据一国全部监管者的监管份额的平方和计算的。对于一个国家，其 FSHH 指数等于：

$$H = \sum_{i=1}^{n} s_i^2 \tag{6.1}$$

其中，s_i 是机构 i 的监管权份额，n 为监管机构总数。对于每个监管机构 i，假设监管三个部门，每个部门同样重要。并且每个部门可以由一个以上的机构监管，每个监管机构也同样重要。可以用以下公式表示：

$$s_i = \sum_{j=1}^{m} s_j; \quad s_j = \frac{1}{m} \frac{1}{q_j} \tag{6.2}$$

其中，m 是监管机构 i 所监管的部门数量，q 是对部门 j 监管的机构数量。也就是说，如果一个部门由一个以上机构监管，监管权会平均分配给现有的监管者。

FSHH 指数可以用来检验监管整合状况。在此使用一个包含 99 个国家的样本集，根据国别（收入和区域依附性）分析了金融危机爆发前（2007 年）和爆发后（2010 年）的监管整合状况。

图 6-6 表明：第一，金融危机爆发前工业化国家（OECD）的监管整合度平均高于欧洲及总样本。第二，金融危机爆发后三组国家的监管整合度都有所提高。由此可以看出，监管改革保持了一个总趋势，即减少代理机构数量以实行统一监管模式或所谓的水平模式，这是 1986—2006 年期间的主导趋势（Masciandaro 和 Quintyn 2009）。然而，有些国家公布的有可能会降低监管整合度的改革仍在实行，如英国和德国。

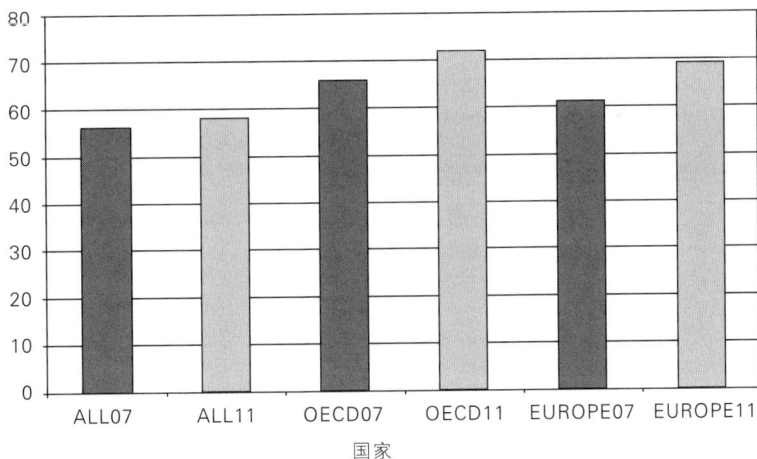

图 6-6　金融危机爆发前后的金融监管统一度（FSU）指数

注：该图显示的是 2007—2010 年金融危机爆发前后按国家分组的 FSU 指数水平。

这种新方法还可以用来构建证券市场监管一体化指数，即证券监管一体化（ISS）指数。道理很简单，证券市场的监管权越大，证券监管融入整体监管组织的几率就越大。换言之，当证券市场由统一的监管者负责时，证券监管一体化程度更易达到最大值。同样，如果实行多头监管模式，一体化程度就低。ISS指数能准确衡量证券市场监管整合程度。

构建ISS指数就要考虑证券监管在一国所占份额，该份额在0到1之间取值。在此根据99个样本国家计算得出ISS，信息更新至2010年，从而得出证券行业监管整合状况。

图6-7显示出两种最频繁的监管制度是如何两极分化的：（1）当监管制度采用统一模式时（样本的29%），一体化程度最高（ISS指数=1）；（2）当监管制度采用垂直模式时（样本的42%），一体化程度相对较低（ISS指数=0.33）。一体化程度的两极分化显然是由于上节提及的整合过程。

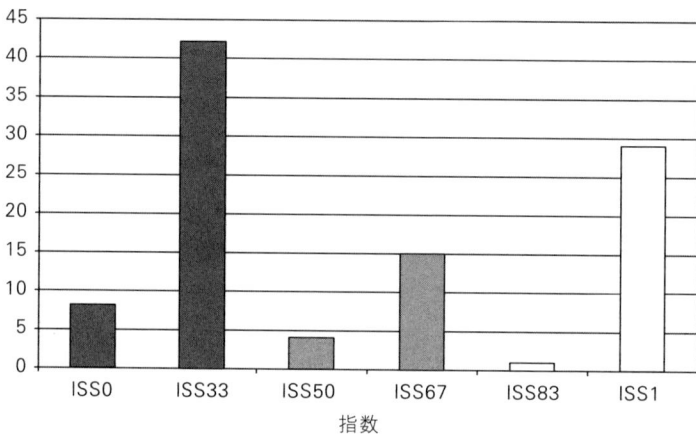

图6-7　证券监管一体化（ISS）指数

注：该图显示的是ISS指数的国家数量分布状况。

即使给定总体整合程度，证券监管的一体化程度也会有所不同。事实上，即使是监管机构数量相同的国家，其证券监管者对整体监管的参与程度也不相同。

我们还可以根据按收入和地区依附性划分的国家组来研究证券监管一体化的趋势。图6-8即为这一视角，它显示出如果把工业化国家而不是欧洲地区作为一个整体来看，金融危机爆发前后的一体化程度平均提升了。这两组的得分都高于总样本。该结果与整体监管设置的整合相符。

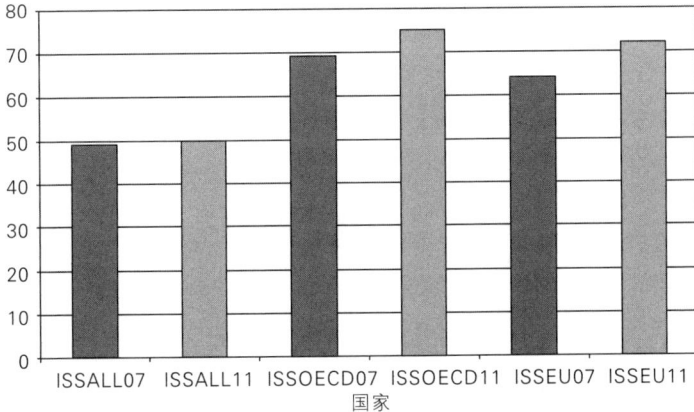

图 6-8　金融危机爆发前后的证券监管一体化（ISS）指数

注：该图显示的是2007—2010年金融危机爆发前后按国家分组的ISS指数水平。

6.4　监管一体化过程还有效吗？

金融危机爆发后，对金融业稳定性的担忧重新引发了对监管制度架构的重视。在一些国家，政策制定者正在考虑他们是否有必要重塑监管制度。本节回顾了最近提出的改革建议以及当前的证券市场监管一体化趋势是否仍然有效的问题。

经过在这方面多年的争论及缓慢进展，欧洲监管改革终于受到了关注（Wymeersch 2010；Kost de Sevres 和 Sasso 2012；Kull 2011）。为了应对金融危机，欧盟委员会在2008年末授权一个专家组对欧洲监管改革提出建议，该专家组由 Jacques de larosiere 担任主席。2009年初，该专家组提交了报告，建议在第一阶段加强国家监管机构之间已有的合作机制（第20条建议）。在第二阶段，建立一体化的欧洲金融监管体系（ESFS）（第21条建议）。之后，只设置两个监管机构（水平模式）：一个负责银行和证券监管，以及与金融稳定性相关的其他问题；另一个负责跨部门和市场的相关问题（第22条建议）。

欧盟委员会的建议在阶段一和阶段二均未实现。对于微观审慎监管，ES-FS为三层结构：一个指导委员会、三个欧洲监管机构（ESAs）和最底一层的各国监管机构。三个欧洲监管机构——欧洲银行管理局（EBA）、欧洲保险与职业年金管理局（EIOPA）和欧洲证券管理局（ESA）遵循传统行业责任的界限。欧盟委员会的建议得到了欧洲行政和立法机构的完全支持，新的监管设置于 2010 年 11 月 24 日，由欧洲议会和欧洲理事会于第 1093/2010 号法规中正式确认。

在超国家层面构建三个分部门监管机构的提议框架属于垂直监管模式的范畴。欧盟委员会认识到了成员国之间存在不同的监管结构，但还是强调在欧洲层面的垂直监管模式是最为显著的。换言之，欧洲政策制定者采用了保守的监管方式替代创新模式。欧洲的方案是对鼓励在超国家和国家层面进行监管整合保持中立态度。监管整合似乎中断了。

2008 年，德国"大联合"政府为了支持联邦银行，威胁要解散唯一的金融监管机构（BAFIN）。同样，随着 2010 年 6 月英国金融服务管理局的解体（Ferran 2011），英国政府公布了一项致力于整合英格兰银行监管权力的银行监管体系改革方案。上述改革方案的提出将使证券市场监管机构的权力相对减少，从而降低证券监管在整个监管框架中的一体化程度。

在美国，2010 年《多德-弗兰克法案》提出了新的金融监管结构。该法案建议成立两个新的监管机构：全国银行监理会和消费者保护局。全国银行监理会负责监管所有联邦特许银行，它包括现存的两个机构：美国储蓄机构监理局和货币监理署。消费者保护局负责保护整个金融行业消费者免受不公平待遇和滥用职权行为的影响。该法案还提议在财政部建立一个联邦证券办公室。

《多德-弗兰克法案》明确了美国实行的混合监管模式，该模式包含多个监管机构，其中一些监管机构负责监管一个以上的细分市场，如美联储或新成立的消费者保护局，而其他机构只负责监管一个市场。因此，尽管金融危机期间有证据表明分散的监管设置不能很好地监管现实中美国日益整合的、相互关联的、复杂的金融市场（Leijonhufvud 2009），但美国的法律并没有遵循整合与集成化趋势。《多德-弗兰克法案》更倾向于支持跨部门合作，而不是机构整合。

金融危机爆发前监管结构的变化趋势表明，所观察到的监管整合现象与证券监管在整个监管框架下的一体化密切相关。但是随着金融危机的到来，该趋势似乎没有持续下去，尤其在欧盟和美国。政策制定者保留了多监管机构的监管体制：欧盟的垂直监管模式和美国的混合监管模式，并没有实现证券监管的一体化。该如何解释这一现象呢？

政治经济学有利于解释政治家的保守行为。尽管经历了金融危机，政治家们还是注意到减少分割获得的预期收益要小于政治和官僚达成共识维持现状带来的预期收益。欧洲通过采用垂直模式，各国监管机构保持了地位。在欧洲层面上的任何监管整合都意味着新机构治理规则的精巧设计。美国也是同样。采取保守的方式更容易达成国家政治共识。事实上，欧盟委员会意识到其提案明确反对不存在共识的完全集中化的解决方案。

Dalla Pellegrina 和 Masciandaro（2008）表明保持低整合程度的多机构监管制度与薄弱的治理实践之间可能的关系。如果存在寻租行为参与利益互惠，他们将后者解释为补偿游说团体（既得利益者）的一种方式。因此，政治家越是寻租代理人，就越需要建立更大的以满足所有权利和默许特权利益的机构（或领导岗位的数量）。

6.5 总结和结论

始于20世纪90年代末的全球监管结构改革浪潮给有兴趣的旁观者带来许多有关新监管结构主要特征的疑问。本章试图解答证券监管部门整合演变过程的有关问题。使用新的监管一体化指数，对独特且不断更新的数据库进行的检验强调了近期的经济衰退之前整个监管整合和证券监管一体化的趋势。

面对金融危机，我们从过去学到了哪些有利于未来的经验教训呢？金融市场不断壮大且愈加复杂，怎样才能使千变万化的市场得到最佳监管呢？有效监管的一般准则是获取详尽和最新的信息，但在今天使用这一准则比较棘手。如果市场基本处于静态和分割状态，偶尔回顾一下就足矣了。垂直模式对包括证券业在内的所有市场都是自然而有效的。但当前有必要探索一种创新的监管模式，如统一和水平模式，并评估其一体化程度。

修正监管设置的经济学原理并不够充分。首先，监管改革的形式和时机难以检测。其次，政治上需要理解监管结构改革的本质。为何政治家会采取行动？何时采取行动？有必要进行更进一步的研究以找到满意的答案。

讨论题

1.确定并讨论组织监管的三种主要模式。

2.讨论每一种模式下，证券监管是如何设计的。

3.讨论在过去的20年，监管设置呈现哪些趋势。

4.说明改革浪潮是如何引起监管组织的相关变化的。

5.简述美国监管框架的新模式。

6.简述新欧盟监管框架的模式。

作者介绍

Donato Masciandaro 是博科尼大学经济学全职教授、金融监管经济学教授，他从博科尼大学获得学位。他还是 Paolo Baffi 中心中央银行和金融监管研究中心主任。Masciandaro 教授是 SUERF（Societè universitarie Europèenne de Recherches Financièr）的管理委员会成员及名誉司库。他还是 *Journal of Financial Stability* 的副主编。主要研究领域包括三方面：中央银行、金融监管以及非法金融市场。他最新的三部合作著作为：*The Handbook of Central Banking*，*Financial Regulation and Supervision after the Crisis*，*Designing Financial Supervision Institutions: Independence*，*Accountability and Governance* 和 *Black Finance*。

Marc Quintyn 自 2006 年起担任国际货币基金组织（IMF）能力发展协会部门主任。他从 1989 年就加入 IMF，大部分职业生涯都从事货币与金融部门的监督和计划、FSAPs、世界各地的技术援助工作。加入 IMF 前，Quintyn 博士是比利时根特大学货币金融学的助理教授（1979—1983 年）；比利时国家银行研究部经济学家（1984—1989 年）；比利时林堡大学教授（1986—1989 年）。他合著了多部著作，并发表多篇有关欧洲货币和金融整合、货币政策以及最近的有关金融部门改革、银行监管方面的制度建设与治理以及中央银行方面的文章。他在比利时根特大学获得博士学位。

参考文献

Arnone, Marco, and Alessandro Gambini.2007."Architecture of supervisory authorities and banking supervision." In Donato Masciandaro and Marc Quintyn, eds.*Designing Financial Supervision Institutions: Independence, Accountability and Governance*, 262-308.Cheltenham: Edward Elgar.

Avgouleas, Emilious.2007."EU Securities Regulation, a Single Regime for an Integrated Securities Market: Harmonized We Stand Harmonized We Fail?" *Journal of International Banking Law and Regulation* 22:2,79-87.

Barth, James R., Gerard J.Caprio, and Ross Levine.2006.*Rethinking Bank Regulation.Till Angels Govern.*Cambridge: Cambridge University Press.

Barth, James R., Daniel E.Nolle, Triphon Phumiwasana, and Glenn Yago.2002. "A Cross Country Analysis of the Bank Supervisory Framework and Bank Performance." *Financial Markets, Institutions & Instruments* 12:2,67-120.

Borio, Claudio.2003."Towards a Macroprudential Framework for Financial Regulation and Supervision?"BIS Working Paper No.128.Available at www.bis.org/publ/work128.pdf.

Braumuller, Peter.2007."Cross Border Exchange of Information and Cooperation between Insurance Supervisors." *Geneva Papers* 32:3,301-318.

Brown, Weiss.2009."The Development of International Norms for Securities Regulation." *Brooklyn Journal of International Law* 34:3,954-997.

Carvajal, Ana, and Jennifer Elliot.2007."Strengths and Weaknesses in Securities Market Regulation: A Global Analysis."IMF Working Paper WP/07/259.

Čihák, Martin, and Richard Podpiera.2007."Experience with integrated supervisors: governance and quality of supervision." In Donato Masciandaro and Marc Quintyn, eds.*Designing Financial Supervision Institutions: Independence, Accountability and Governance*, 309-341.Cheltenham: Edward Elgar.

Coffee, John C.1995."Competition Versus Consolidation: The Signiticance of Organizational Structure in Financial and Securities Regulation." *Business Lawyer* 50:2,447-484.

Dalla Pellegrina, Lucia, and Donato Masciandaro.2008. "Politicians, Central Banks and the Shape of Financial Supervision Architectures." *Journal of Financial Regulation and Compliance* 16:4,290-317.

de Larosière Group.2009.*The High-Level Group on Supervision in the EU.*Brussels: European Commission.

Ferran, Eilis.2011."The Break-up of the Financial Services Authority." *Oxford Journal of Legal Studies* 31:3,455-480.

Flamèe, Michel, and Paul Windels.2009."Restructuring Financial Sector Supervision: Creating a Level Playing Field." *Geneva Papers* 34:1,9-23.

Group of Ten.2001.*Consolidation in the Financial Sector.*Basel: Bank for International Settlements.Available at www.bis.org/publ/gten05.htm.

Herrings, Richard J., and Jacopo Carmassi.2008."The Structure of Cross-Sector Financial Supervision."*Financial Markets,Institutions and Instruments* 17:1,51-76.

Hertig, Gérard, and Ruben Lee.2003."Four Predictions about the Future of EU Securities Regulation."*Journal of Comparative Law Studies* 3,359-377.

Hirschman,Albert O.1964."The Paternity of an Index."*American Economic Review* 54:5, 761-762.

IOSCO.1998.*Objectives and Principles of Securities Regulation.*Madrid:International Organization of Securities Regulation.

Jovanic, Tatjana.2006."Is There a Case in the EU for a Securities Market Regulator and Should It Be Structured as a Regulatory Agency for Internal Market?"Second European Conference on Financial Regulation and Supervision,Bocconi University,Bocconi,Milan, Italy,June 19,2007.Available at http://ssrn.com/abstract=1523186.

Kost de Sevres,Nicolette,and Lorenzo Sasso.2012."The New European Financial Markets Legal Framework:A Real Improvement? An Analysis of Financial Law and Governance in European Capital Markets from a Micro and Macro Economic Perspective." *Capital Markets Law Journal*,vol.7,n.1,30-54.

Kremers, Jeroen J.M., Dirk Schoenmaker, and Peter J.Wierts.2003."Cross-sector supervision:Which model?"In Robert E.Litan and Richard Herrings,eds.*Brookings-Warthon Papers on Financial Service:2003*,225-243.Washington,DC:Brookings Institution Press.

Kull, Diana.2011."Legal Implications of the Establishment of the European Securities and Markets Authority."Available at http://ssrn.com/abstract=1948071.

Leijonhufvud,Alex.2009."Cubing Instability:Policy and Regulation."*CEPR Policy Insight* No 36,1-8.

Masciandaro, Donato, Maria Nieto, and Marc Quintyn.2011."Exploring Governance of the New European Banking Authority:A Case for Harmonization?"*Journal of Financial Stability* 7:4,204-214.

Masciandaro, Donato, and Marc Quintyn.2008."Helping Hand or Grabbing Hand? Politicians,Supervisory Regime,Financial Structure and Market View."*North American Journal of Economics and Finance* 19:1,153-174.

Masciandaro, Donato, and Marc Quintyn.2009."Reforming Financial Supervision and the Role of the Central Banks:A Review of Global Trends,Causes and Effects(1998-2008)." *CEPR Policy Insight* No 30,1-11.

Masciandaro, Donato, and Marc Quintyn.2011."Measuring Financial Supervision Architectures and the Role of the Central Banks."*Capco Institute Journal of Financial Transformation* 32,9-14.

Monkiewicz, Jan.2007a. "Consolidated or Specialized Financial Market Supervisors: Is There an Optimal Solution?"*Geneva Papers* 32:1,151-161.

Monkiewicz, Jan.2007b."The Future of Securities Supervision in the EU:National Authorities,Lead Supervisors or EU Supranational Institution?"*Geneva Papers* 32:3,393-400.

Schoenmaker, Dirk.2003."Financial Supervision:From National to European?"*Financial and Monetary Studies*,NIBESVV 22:1,1-64.

Shipp, Bryan T.2008."Filling Gaps in EU Securities Law :Contractually Organized Supervision and the College of EuroNext Regulators."American University International Law Review 23:2,388–450.

Wymeersch, Eddy.2010. "The Institutional Reforms of the European Financial Supervisory System, an Interim Report." Financial Law Institute Working Paper No.2010-01, Ghent University.Available at http://papers.ssrn.com/sol3/papers.cfm? abstract_id=1541968.

第7章　金融市场传染

THADAVILLIL JITHENDRANATHAN
圣托马斯大学Opus商学院金融学教授

7.1　引言

　　2008—2009年金融危机的重要转折点是2008年9月15日雷曼兄弟申请破产保护。尽管联邦储备银行尽力挽救，但是没有其他主要的金融机构提出收购这家陷入困境的投资银行。这家美国主要投资银行宣布破产对标准普尔500指数产生了巨大的负面影响，该指数下跌4.7%，全球其他股票市场指数也遭受巨大损失。在随后的几天里，巴克莱和野村控股收购了雷曼兄弟的主要资产。9月15日这一周，美国及全球其他股票市场都出现了震荡。9月16日，标准普尔500指数有所反弹，上涨1.75%，但是转天又下降了4.71%。接下来的两天，对雷曼兄弟的资产能得到有序处理的希望提振了市场：标准普尔500指数上涨近8.9%，全球大多数股票市场也相应有所上涨。

　　雷曼兄弟破产的缓解很短暂。这个起源于房地产市场崩溃的金融危机逐步扩散到其他金融机构，并最终成为自大萧条以来最严重的金融危机。自2008年9月19日开始的6个月内，标准普尔500指数下跌了近40%，包括新兴股票市场指数在内的大多数其他市场也遭受了类似的损失。极为有趣的一点是此次危机如何改变股票市场之间的联动关系。金融危机爆发前后一些亚洲新兴股票市场指数之间相关性的比较可以解释这种联动关系。

　　如表7-1所示，除了韩国与印度、韩国与中国台湾地区、中国香港特别行政区与中国台湾地区之间，金融危机爆发前各市场收益之间的相关系数都低于

0.5。中国与印度尼西亚、韩国与印度尼西亚之间的相关系数为负。在雷曼兄弟破产后的一个月，日收益之间的相关性呈现急剧上升趋势，特别是中国与其他亚洲新兴市场之间。此次始于美国的"传染"传播至亚洲市场，从此它们开始作为一个整体一起变动。

表7-1　　　　　　　雷曼兄弟破产前后亚洲新兴市场的相关系数比较

A组. 2008年9月19日前一个月的日收益相关系数

国家	中国香港地区	印度	印度尼西亚	韩国	马来西亚	中国台湾地区
中国内地	0.4447	0.2348	−0.0735	0.2025	0.3905	0.2973
中国香港地区		0.5380	0.1657	0.5540	0.4755	0.6725
印度			0.4045	0.1739	0.4476	0.3529
印度尼西亚				−0.0547	0.3067	0.3270
韩国					0.3020	0.7456
马来西亚						0.4560

B组. 2008年9月19日之后的日常收益相关系数

国家	中国香港地区	印度	印度尼西亚	韩国	马来西亚	中国台湾地区
中国内地	0.5755	0.4705	0.3995	0.4817	0.5739	0.2616
中国香港地区		0.9012	0.6358	0.7512	0.8450	0.2936
印度			0.5165	0.6044	0.7549	0.1494
印度尼西亚				0.7395	0.6763	0.7747
韩国					0.9054	0.6556
马来西亚						0.5220

　　确定股票价格的一种方法就是将投资者未来的现金流按经投资者所冒风险调整后的预期收益率进行贴现。如果预期未来现金流或预期收益率发生变动，股票价格就会改变。引起预期未来现金流变动的原因可能是发生了影响公司的宏观和微观事件；而预期收益的变动则可能源于基准利率的变动或风险调整。

　　引起公司预期未来现金流变动，并进而影响投资者预期现金流的宏观经济事件可以改变经济活动和利率。例如，2008—2009年的金融危机开始于美国房地产市场的疲软，随后出现住房抵押贷款违约率的上升。这些住房抵押贷款的违约导致了拥有与抵押贷款挂钩的衍生工具敞口的金融机构蒙受巨大损失。这些损失导致一些主要金融机构破产，如雷曼兄弟，并进一步导致信贷市场失灵。信贷市场的紧缩降低了企业和消费者的贷款可获得性。消费信贷的减少对汽车行业产生了不利影响，因为该行业主要依赖信贷市场为消费者提供融资以购买其产品。其结果是包括通用汽车和克莱斯勒在内的主要汽车制造商相继破产。微观经济事件则具体到某一特定公司，会导致公司修订其盈利方针，这会影响对股东的未来派息，从而导致对股票重新估价。

如果两个市场是完全隔离的，那么一个市场中的宏微观经济事件对另一市场的影响极小。假设另一星球存在与地球相似的金融市场，该星球发生的重大金融危机对我们的金融市场丝毫没有影响，因为地球上的人们根本不知道有这样一个金融市场存在。全球各国的市场之间因贸易、统一货币及跨境投资等因素而被不同程度地联系起来。因此，一国市场发生的事件很可能影响另一市场，引起该市场股票的估值发生变动。概括来说，金融传染就是冲击从一个市场传导到其他市场。

现代投资组合理论的基本原则就是多元化收益取决于投资组合中资产的收益不完全正相关（即 r=+1）（Markowitz 1952）。投资组合优化模型的输入变量是投资组合中每项资产的预期收益率和方差以及资产预期收益的协方差。优化模型利用这些输入变量找到有效的投资组合。大多数实证的优化模型采用历史方差与协方差作为相应预期值的替代变量。如果投资组合中一项资产的收益冲击传导至该组合中的其他资产，会加大各资产收益之间的相关性，从而降低多元化收益。一个市场向其他市场的冲击传导会增加资产收益之间的相关性，并降低国际多元化投资的收益。大量实证证据表明，在收益为负或处于熊市时，国际股票市场之间的相关性有增强的趋势（Jorion 1986，1991；Fletcher 和 Hiller 2001）。Longin 和 Solnik（1995）通过极值理论表明负收益之间的相关性远大于正收益的相关性。

本章旨在解释除市场之间的经济联系外，一个市场的宏观事件影响其他市场的根本原因。接下来，本章内容安排如下：下一节探讨金融市场传染的原因以及各市场之间冲击传导的渠道。第3节介绍三个用于检验市场间冲击传染的模型。第4节简要回顾了近期的金融传染事件。最后一节是本章小结和主要结论。

7.2 导致金融传染的原因是什么？

在探寻金融传染的理论解释之前，明确金融传染的定义非常必要。本章把金融传染定义为一国金融市场的冲击传导到其他国家金融市场的过程。传染一词源自传染病学，传染病学中的传染是指疾病通过直接或间接接触传播。引发疾病的原因可能是某种病毒或细菌，但是传播渠道决定了传染的强度。对于金融市场来说，经济体中某一部分受到冲击就相当于感染病毒，例如美国2007—2008年房地产市场的崩溃。该冲击传导到其他金融市场，导致了全球金融市场的巨大损失。金融传染的结果非常明显，但是对于传染该冲击的渠道，目前还没有统一的观点。不过金融传染的传导渠道可以大致分为基本联系和非理性行为。

7.2.1 基本联系

经济基本面将各国经济联系起来。国家之间最早的相互联系的例子就是国家之间的商品贸易。接下来就是个人、企业之间的联系，以及有些情况下，一些国家与其他国家发生资金借贷关系。随着有限责任的股份制公司的出现，个人和机构可以投资于国外的实物资产和金融资产，使得国家之间的联系愈加密切。多边贸易协定和最近的统一货币更是加强了这种联系。在下一节中，我们将把这些联系进一步细分为金融联系、实际联系和政治联系。

1）金融联系

大量的直接和间接投资都跨越了国界。一国的公司可以投资于另一国的实物资产或收购另一公司。通过这些跨境投资，母公司的现金流不再仅依赖于一个单位，而在不同国家间传播。在某国的子公司现金流出现负面冲击，会影响其母公司的现金流，并进一步导致母公司股价下降。在这种情况下，一国的冲击通过交叉持股的金融渠道传导到其他国家。公司利用国外市场筹集资本，进一步推进了市场一体化。近年来，选择在国外市场上市的公司越来越多，它们或是为了筹集新的资本，或是为了进行贸易。在美国，有超过2 000家外国公司的股票以美国存托凭证（ADRs）的形式在美国上市。根据Jaiswal-Dale和Jithendranathan（2009）的研究，来自上市公司国家的冲击会影响这些存托凭证的收益和波动性。因此，交叉上市会将一个市场的冲击传导至其他市场。

间接投资是传导冲击的另一个金融渠道。全球大多数股票市场是对外国投资者开放的。当金融危机爆发时，该国的投资者会重新评估其持有的投资组合，并将其资产重新分配至更为安全的资产。如果他们在重新调整过程中减持了外国股票，就会对其他国家的股票市场产生负面影响。

2）实际联系

我们把诸如贸易这样的经济关系视为国家之间的实际联系。两个国家进行大量双边贸易的情况下，一国的经济冲击很容易传导至其贸易伙伴。加拿大和美国就是通过双边贸易联系起来的实例。因为相比之下美国是个更大的经济体，美国的经济冲击经常会对加拿大经济产生重要影响。双边贸易协定使两国的商品和服务更易流通，因此加强了国家间的贸易联系。北美自由贸易协定（NAFTA）就是双边贸易协定的典型例子，该协议加强了美国、加拿大和墨西哥之间的经济合作关系。

3）政治联系

如果一些国家同意达成政治同盟，如欧盟，这会加强各成员国金融市场之间的联系。如果这些国家能统一货币，这种政治联系将会得到进一步巩固。在统一货币区内，对任一经济体的冲击都会迅速影响其他国家，最近发生的希腊金融危机就证明了这一点。

希腊金融危机传导到区域内其他经济体可能存在两方面的原因。一个国家出现问题会使其他国家加强对类似问题的监管审查，同时也暴露出一些弱点。这就是希腊债务危机影响了包括葡萄牙、西班牙和意大利在内的区域内其他经济体的一个重要原因。希腊危机影响区域内经济体，特别是巴尔干半岛的第二个原因是通过银行体系。希腊银行是该区域的一个重要存在，银行业的任何违约都会影响该区域的其他国家（Kouretas和Vlamis 2010）。

7.2.2　非理性行为

金融传染的实证研究表明仅靠经济基本面并不能解释市场的联动，特别是在金融市场出现一个或多个冲击的时期（Connolly 和 Wang 2003）。不同市场中投资者之间的信息不对称是出现所谓非理性行为的主要原因之一。有效市场假说（EMH）（Fama 1970）的基本观点是所有投资者都是理性的，都拥有相同的信息，他们基于信息对股票定价，主要考虑的是经济基本面。因此，如果一个市场的投资者能得到其他市场事件的相关信息，就会影响该市场的经济基本面，随后股价将会反映这种信息。如果存在信息不对称，投资者就不能充分地了解外部冲击对一国经济基本面的影响。因此，投资者会关注外部市场，尽可能地从该市场的价格变动中获取信息。通过这一机制，即使不合理的股价变动，如1987年10月美国股市崩盘，也会被传导至其他市场，导致金融传染（King和Wadhwani 1990）。

羊群效应是对金融市场传染的另一解释。羊群效应一般出现在知情投资者和非知情投资者之间存在信息不对称的情况下。非知情投资者没有获取信息的来源，所以他们会模仿知情投资者的行为。如果知情投资者是基于完全信息对资产进行定价的，该羊群效应就不会引起市场的非理性行为。根据行为金融理论，即使是知情投资者，也存在股票未来现金流和风险调整收益率的不确定性。金融资产的价格通常是无意识的、主观评估过程的结果，这取决于整个市场的情绪（Hirshleifer 和 Teoh 2003）。如 20 世纪 90 年代出现高科技泡沫时，当市场参与者对未来情况乐观时，股价呈现上涨趋势；市场情绪悲观时，则相反。

7.2.3　市场微观结构和传染

根据 Madhavan（2000）的观点，市场微观结构研究的是投资者潜在需求转化为价格和交易量的过程。越来越多的证据表明社交网络传递了对财务决策有价值的信息（Hirshleifer 和 Teoh 2009）。个人和机构投资者都会受熟人和新闻媒介言论的影响。近年来，最重要的变化之一是互联网和移动通信的出现，这加快了世界各地信息传播的速度。任何人只要有一台能够连接上互联网的电脑，无论在多偏远的地方都能挖掘到发生在世界各地最新的新闻。

随着信息传播速度的加快，市场结构的另一变化是投资者能以相对较低的成本进行交易。信息高速传播促成的交易便利性可能是金融传染影响新兴市场的原因。Veldkamp（2006）发现伴随着媒体的报道，在新兴市场存在能证明混乱及羊群效应的实证证据。

市场微观结构的传染效应往往在低频数据——如日或月度价格变动——中被掩盖了。采用日内数据可以缓解部分问题。有些实证研究通过日内数据来识别市场微观结构的传染效应。例如，Chakrabarty 和 Zhang（2012）采用不同的微观市场结构变量来研究 2008 年雷曼兄弟破产后的传染效应。

不同步交易可能会造成传染方向性的识别问题。例如，欧洲股票市场在纽约股票市场之前开盘，这样就会产生一个问题，到底是欧洲的交易影响了纽约的开盘价格，还是纽约开盘价格的信息影响了欧洲股票此后的价格。当两个市场之间，如东京和纽约，没有出现重叠交易时，这个问题会变得更难分析。一个市场潜在的冲击可能通过其他资产传导到其他市场。Frank（2009）采用次贷危机期间，交易所交易基金（ETFs）、外汇、固定收益、商品和能源证券的高频数据识别这些资产类别之间的联系。研究结果表明，各种类别资产的价格在危机期间相关性更强。

7.3　检验金融市场传染的经验模型

检验金融市场传染有多种方法，本节主要讨论三种方法：（1）方差比率模型；（2）动态条件相关系数模型；（3）协整模型。

7.3.1 方差比率模型

在方差比率模型中，收益冲击从一个市场传导到一个区域，然后从该区域传导到单个市场。假设每个新兴证券市场的波动性受全球市场、区域市场以及自身内部市场的影响。在本章，以美国证券市场作为全球市场的替代变量，以区域新兴市场指数反映区域效应，以单个国家指数衡量内部波动性。该模型的另一个假设为波动性溢出效应是从全球市场到区域市场再到单个国家市场。我们通过以下的单变量广义自回归条件异方差（GARCH）模型来估计美国证券市场的收益过程：

$$R_{US,t} = c_{0,US} + c_{1,US} R_{US,t-1} + e_{US,t} \tag{7.1}$$

其中，$R_{US,t}$是美国股票市场t时期的收益率。$e_{US,t}$是特定冲击，服从均值为零的正态分布，收益率的条件方差服从以下GARCH（1，1）过程：

$$\sigma_{US,t}^2 = \omega_{US} + \alpha_{US} e_{US,t-1}^2 + \beta_{US} \sigma_{US,t-1}^2 \tag{7.2}$$

其中，$\sigma_{US,t}^2$表示美国股票市场t时期的波动性。

过去的区域收益率以及滞后的美国市场收益率会影响区域指数收益率。方程（7.1）中的误差项反映了从美国市场传导到区域市场的波动性均值溢出效应。

$$R_{RI,t} = c_{0,RI} + c_{1,RI} R_{RI,t-1} + \gamma_{RI,t-1} R_{US,t-1} + \varphi_{RI,t-1} e_{US,t} + e_{RI,t} \tag{7.3}$$

其中，$R_{RI,t}$是区域新兴市场t时期的收益率。用方程（7.2）的GARCH（1，1）过程估计区域市场指数的波动性。

全球市场和区域市场都会影响单个国家指数。为了捕捉该效应，我们把美国和区域市场的滞后收益率加入回归模型。为了捕捉全球和区域市场的均值溢出效应，该模型还引入了方程（7.1）和方程（7.3）的误差项，如下所示：

$$R_{i,t} = c_{0,i} + c_{1,i} R_{i,t-1} + \gamma_{i,t-1} R_{US,t-1} + \delta_{i,t-1} R_{RI,t-1} + \varphi_{i,t-1} e_{US,t} + \phi_{i,t-1} e_{RI,t} + e_{i,t} \tag{7.4}$$

其中，$R_{i,t}$表示第i个新兴市场国家指数在t时期的收益率。新兴市场指数的波动性是用方程（7.2）的GARCH（1，1）过程估计的。

下一步是确定由全球、区域及国内因素引起的每个市场波动性的比例。一国市场收益率的条件方差可由方程（7.5）表示：

$$h_{i,t} = \varphi_{i,t-1}^2 \sigma_{US,t}^2 + \phi_{i,t-1}^2 \sigma_{RI,t}^2 + \sigma_{i,t}^2 \tag{7.5}$$

为了计算波动性溢出效应，按以下公式计算方差比率：

$$VR_{i,t}^{US} = \frac{\varphi_{i,t-1}^2 \sigma_{US,t}^2}{h_{i,t}} \tag{7.6}$$

$$VR_{i,t}^{RI} = \frac{\phi_{RI,t}^2 \sigma_{RI,t}^2}{h_{i,t}} \tag{7.7}$$

$$VR_{i,t}^i = \frac{\sigma_{i,t}^2}{h_{i,t}} \tag{7.8}$$

计算方差比率可以确定三种波动性来源对单个新兴市场总波动性的贡献程度。研究这些方差比率的时间序列属性，还可以估计溢出效应随时间的变动。

7.3.2　动态条件相关系数模型

两个市场间的相关系数可以凸显出市场联动性增强的时期。一种可行的方法就是通过动态条件相关系数（DCC）模型（Engle 2002）观察各市场收益率之间的条件相关系数变动的时间。DCC模型的优势在于能够捕捉相关系数性质变化的时间。通过观察金融危机期间的相关系数，可以估计在这一期间相关系数是否增强。DCC模型通过两个步骤来估计条件方差和相关系数。假设在 $t-1$ 时期信息可知的情况下，单个国家指数的收益率服从正态分布且均值为零。

$$E_{t-1}(r_t) \sim N(0, H_t) \tag{7.9}$$

第一步，通过单变量GARCH模型来估计方差 σ_{it}^2，由GARCH（1，1）设定：

$$\sigma_{it}^2 = \gamma_i + \alpha_i r_{it-1}^2 + \beta_i \sigma_{it-1}^2 \tag{7.10}$$

通过将每个市场的条件收益率除以之前步骤得到的标准差将其标准化。以下为收益率的标准化向量：

$$E_{t-1}(\varepsilon_t) \sim N(0, R_t) \tag{7.11}$$

市场 i 和 j 之间的相关系数为：

$$\rho_{ij,t} = \frac{E_{t-1}(\varepsilon_{i,t} \varepsilon_{j,t})}{\sqrt{E_{t-1}(\varepsilon_{i,t}^2) E_{t-1}(\varepsilon_{j,t}^2)}} = E_{t-1}(\varepsilon_{i,t} \varepsilon_{j,t}) \tag{7.12}$$

通过GARCH（1，1）设定，随机变量之间的协方差可以表示为：

$$q_{ij,t} = \bar{\rho}_{ij} + \alpha(\varepsilon_{i,t-1} \varepsilon_{j,t-1} - \bar{\rho}_{ij}) + \beta(q_{ij,t-1} - \bar{\rho}_{ij}) \tag{7.13}$$

向量积的无条件期望值为 $\bar{\rho}_{ij}$，对于总体方差其 $\bar{\rho}_{ij} = 1$。相关系数估计值为：

$$p_{ij,t} = \frac{q_{ij,t}}{\sqrt{q_{ii,t} q_{jj,t}}} \tag{7.14}$$

当 $\alpha + \beta < 1$ 时，该模型为均值回归，其矩阵形式可以表示为：

$$Q_t = S(1 - \alpha - \beta) + \alpha(\varepsilon_{t-1} \varepsilon'_{t-1}) + \beta Q_{t-1} \tag{7.15}$$

其中，S是干扰项的无条件相关系数矩阵，$Q_t = |q_{i,j,t}|$。

该估计量的对数似然值可以表示为：

$$L = -\frac{1}{2}\sum_{t=1}^{T}(n\log(2\pi) + 2\log|D_t| + \log|R_t| + \varepsilon_t' R_t^{-1}\varepsilon_t) \tag{7.16}$$

在估计的第二步中，用似然估计法估计方程（7.10）中的参数。

一旦估计出两个市场的相关系数，就能通过时间序列相关系数检测结构性突变，并识别出相关系数增强的特定时期。如果在危机时期出现结构性突变，那么就意味着一个市场的危机改变了这些市场收益率之间的关系。检验时间序列的结构性突变有多种方法，接下来讨论其中的一种。

识别结构性突变的Bai-Perron检验

Bai-Perron检验（Bai和Perron 1998）在识别结构性突变方面有一定优势，它能在不指定具体结构性突变日期的情况下检验结构性突变。假设相关系数序列中发生m个结构性突变，可以用以下列方程表示：

$$\begin{aligned}
\rho_{ij,t} &= \alpha_1 + \varepsilon_t, \quad t = 1, \cdots, T_1 \\
\rho_{ij,t} &= \alpha_2 + \varepsilon_t, \quad t = T_1 + 1, \cdots, T_2 \\
&\vdots \\
\rho_{ij,t} &= \alpha_m + \varepsilon_t, \quad t = T_{m-1} + 1, \cdots, T_m
\end{aligned} \tag{7.17}$$

其中，α_1，α_2，$\cdots$，α_m是与每个状态相对应的均值相关系数。估计出的残差平方和为：

$$SSR_T(T_1,\cdots,T_m) = \sum_{i=1}^{m}\sum_{t=T_{i-1}+1}^{T_i}(\rho_{ij,t} - \alpha_i)^2 \tag{7.18}$$

$\hat{\alpha}(\{T_j\})$ 表示最终估计，并在目标函数中进行替换，最终残差平方和表示为 $S_T(T_1, \cdots, T_m)$。估计的突变日期为：

$$(\hat{T}_1,\cdots,\hat{T}_m) = \arg\min_{T_1,\cdots,T_m} S_T(T_1,\cdots,T_m) \tag{7.19}$$

其中，$(T_1, \cdots, T_m)$ 时间间隔还可以进一步最小化，例如 $T_i - T_{i-1} \geqslant [\varepsilon T]$。这些突变点是目标函数的最优解。结构性突变以及自身条件相关系数的变动并不一定预示了金融传染。如果多个市场在相同的时间发生结构性突变，那么意味着这些市场间的联动效应可能会增强，这可能是由金融传染导致的。

7.3.3 协整模型

一般情况下，向量自回归（VAR）分析和因果检验假设变量在系统中是平稳的。为了检验该假设的有效性，首先要进行变量的单位根检验。如果变量存在协整关系（即单个序列非平稳，但其线性组合是平稳的），那么一阶差分序列分析就是错定的，因为排除了变量之间的长期均衡关系。Engle和Granger（1987）提出了协整检验。

为了检验单位根（或差分平稳检验），ADF单位根检验（Dickey和Fuller 1979）或Phillips–Perron（PP）检验（Phillips和Perron1988）都可以用于以下回归：

ADF回归方程：$\Delta x_t = a_0 + \rho x_{t-1} + \sum_{i=1}^{m} \beta_i \Delta x_{t-i} + \eta_t$ (7.20)

PP回归方程：$x_t = \mu + \alpha x_{t-1} + \varepsilon_t$ (7.21)

这两种单位根检验的不同之处在于处理序列相关性干扰项方式。PP检验对于检验广泛的序列相关性和依赖于时间的异方差性具有更强的稳健性。零假设为该序列不平稳：ADF检验中$\rho = 0$，PP检验中$\alpha = 1$。

检验完所有变量的平稳性之后，可采用以下的Engle–Granger协整性检验估计两个变量之间的长期均衡关系：

$$y_t = \alpha + \beta x_t + \varepsilon_t$$ (7.22)

如果y_t和x_t都为一阶平稳I（1），且y和x之间的二元差分项ε_t是平稳的，则表示y和x是（1，1）阶协整的。残差序列是偏离长期关系的估计值。目前VAR模型的应用有所扩展。VAR模型存在的一个问题是无法区分相互依赖和传染效应。在最近的一篇文献中，Samarakoon（2011）采用虚拟危机下随时间变化的非预期收益率和对收益率冲击的相互作用的模型把相互依赖的作用从金融传染中分离出来。

7.4 新兴市场金融传染历史

新兴股票市场在20世纪70年代末至80年代初才开始对外国投资者开放，所以其金融传染历史非常有限。本节我们将回顾20世纪90年代三次主要的金融传染：1994—1995年龙舌兰危机，1997—1998年亚洲金融危机，以及1998年俄罗斯金融危机。

7.4.1 1994—1995年龙舌兰危机

龙舌兰危机始于1994年12月，当时墨西哥政府决定对比索实行浮动汇率。比索开始快速贬值，几天内对美元的贬值幅度超过15%。比索兑美元的贬值加大了对与美元挂钩的墨西哥短期债务潜在违约的恐慌，从而使得整个墨西哥银行体系变得岌岌可危。

从 1994 年 11 月到 1995 年 2 月这 4 个月期间，以美元计值的墨西哥股票市场下跌了超过 60%。墨西哥市场的不稳定性快速传播到其他主要的拉美股票市场。阿根廷、巴西和智利的股票市场在这 4 个月期间以美元计值的市值分别损失了 37%、29% 和 13%。美国政府、国际货币基金组织（IMF）和国际清算银行（BIS）共同提供了 5 亿美元贷款来帮助应对墨西哥金融危机。至 1996 年末，巴西和阿根廷的股票市场回归到其危机前的水平，但墨西哥和智利市场是在一年后才慢慢恢复到危机前的水平。

图 7-1 显示墨西哥和阿根廷的日股票市场收益率的联动效应有所增强。采用 DCC 模型对这两个市场在 1994 年 11 月到 1995 年 2 月 4 个月期间的相关系数进行估计。1994 年危机爆发前，两个市场收益率相关系数大概为 0.2，1994 年 12 月危机爆发时，相关系数短时期内下降，但 1995 年 1 月中旬相关系数上升至 0.6。这种高相关性状况持续了 1 个多月，直到 1995 年 2 月底才开始回落至危机爆发前 0.2 的水平。收益率相关系数急剧增长也表示从一个市场传导到另一市场的金融传染效应。

（1994 年 11 月 1 日至 1995 年 2 月 28 日）

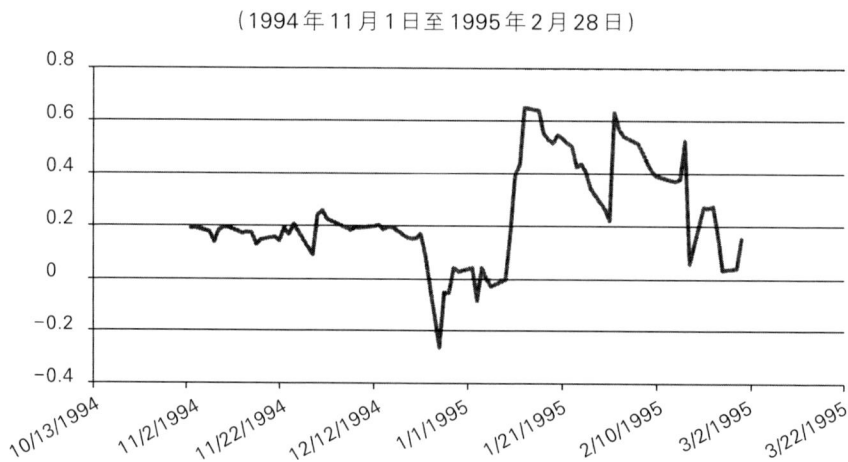

图 7-1　龙舌兰危机对墨西哥和阿根廷股票市场联动效应的影响

还有一些采用其他计量经济学方法检验股票市场传染效应的实证研究。Calvo 和 Reinhart（1996）发现在龙舌兰危机期间拉美市场的周股票收益率联动性增强。作者认为出现该现象的一种原因是该区域市场缺乏流动性，一个市场中的部分大型投资者对股票进行抛售会引发其他市场股价下跌。

Forbes 和 Rigobon（2000）研究了来自区域外冲击的影响效应。1998年俄罗斯金融市场的崩溃使拉美股票市场遭受了巨大损失。这些联动效应是否可以归咎于金融传染？作者认为当存在异方差和内生性时，一些金融传染效应测量模型是错定的。对模型进行修正后，他们的结果表明在平静和危机期跨市场关系存在一定的稳定性。

7.4.2 1997—1998 年亚洲金融危机

亚洲金融危机起源于泰国的汇率危机。1997年7月2日前，泰铢是钉住美元的，但是由于缺乏外汇储备来维持固定的钉住汇率制度，迫使泰国政府只能使泰铢浮动起来。泰铢汇率的浮动引发了一轮对该区域其他货币的密集投机性攻击，从而导致了印度尼西亚、马来西亚、菲律宾、中国台湾地区和新加坡的货币都出现贬值。

很多外国投资者会选择退出这些市场，并由此形成巨大的抛售压力，所以股票市场很快就会受到货币贬值的影响。中国香港地区、印度尼西亚、马来西亚、菲律宾、韩国、中国台湾地区以及泰国的股票指数都急剧下跌。表7-2显示的是股票市场的下跌程度。

表7-2　　1997年9月1日至1998年12月31日亚洲股票市场的收益率及波动性

	中国香港 地区%	印度 尼西亚%	马来 西亚%	菲律宾 %	韩国 %	中国台湾 地区%	泰国 %
平均日收益率[①]	−0.02	−0.17	−0.09	−0.13	0.04	−0.04	−0.17
日收益率标准差	2.60	5.67	3.14	2.73	4.32	1.79	3.83
最小日收益率	−13.70	−35.00	−21.46	−10.36	−19.48	−10.53	−13.44
最大日收益率	18.82	26.84	23.14	15.73	30.84	7.17	19.84
累计收益率[②]	−23.89	−82.79	−52.37	−58.31	−22.20	−26.86	−71.44

注：该表显示了亚洲金融危机期间16个月的股票市场损失程度及波动性。

[①] 平均日收益率的计算方式为 $r_t = (r_t - r_{t-1})/r_{t-1}$。

[②] $1 \sim i$ 时期的累计收益率为 $i = (r_i - r_1)/r_1$。

以美元计值，这些国家的股票指数都遭受了巨大的损失。1997年1月1日至1998年12月31日两年间，印度尼西亚股票指数下跌82.79%，泰国、菲律

宾、马来西亚、中国台湾地区、中国香港地区及韩国的股票指数也分别下降了
71.44%、58.31%、52.37%、26.86%、23.86%、22.20%。正如日收益率的波动性
所反映的，日价格波动大幅上涨。这些国家中，日收益率波动幅度最大的是印
度尼西亚（5.67%），最小的是中国台湾地区（1.79%）。

IMF组织了1 120亿美元的援助贷款以帮助泰国、韩国和印度尼西亚度过
金融危机，但未能阻止该地区经济进一步衰退。经历两年多的时间该地区的经
济才恢复。图7-2阐明了金融危机对这些市场指数累计收益率的影响。

（1997年1月1日至1998年12月31日）

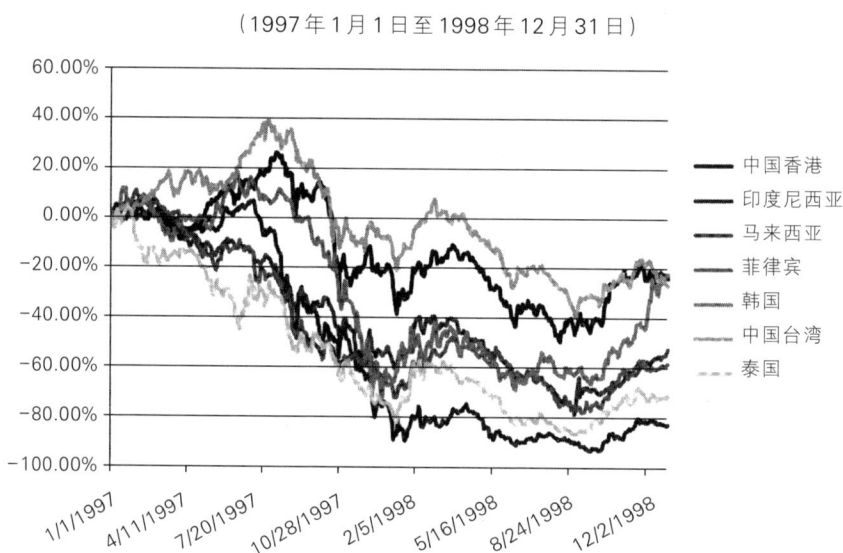

图7-2　金融危机对7个亚洲国家（地区）股票市场指数累计收益率的影响

从1997年初到7月危机爆发，中国香港地区、印度尼西亚、韩国和中国台
湾地区的累计收益率为正。金融危机爆发后，累计收益率开始大幅下降，并在
1998年初下降到最低点。尽管这些市场曾出现短暂的复苏，但还是在1998年8
月底达到又一个低点。1998年9月17日，印度尼西亚股票指数的累计收益率
非常惨淡，自1997年初下降了93.32%。1998年末，除了印度尼西亚和泰国，
大部分市场都有很大的好转。

图7-3和图7-4分别表示了泰国和菲律宾以及泰国和中国台湾地区的日收
益率之间的相关系数。危机爆发前这两对组合的平均相关系数大约为0.2，但
危机刚开始时相关系数有所下降。这可能是因为该危机起源于泰国，刚开始还

没影响到其他两个市场。随着泰国市场的衰退，该市场与其他两个市场的相关系数下降。一旦危机影响了所有的市场，股票收益率的相关系数就出现了上升的趋势。1998年第一季度，泰国与菲律宾的市场相关系数超过了0.8，泰国和中国台湾地区两市场的相关系数最高时也超过了0.6。两对组合之间的相关系数并没有恢复到危机前的水平，而是保持在0.3至0.4之间。

（1997年1月1日至1998年12月31日）

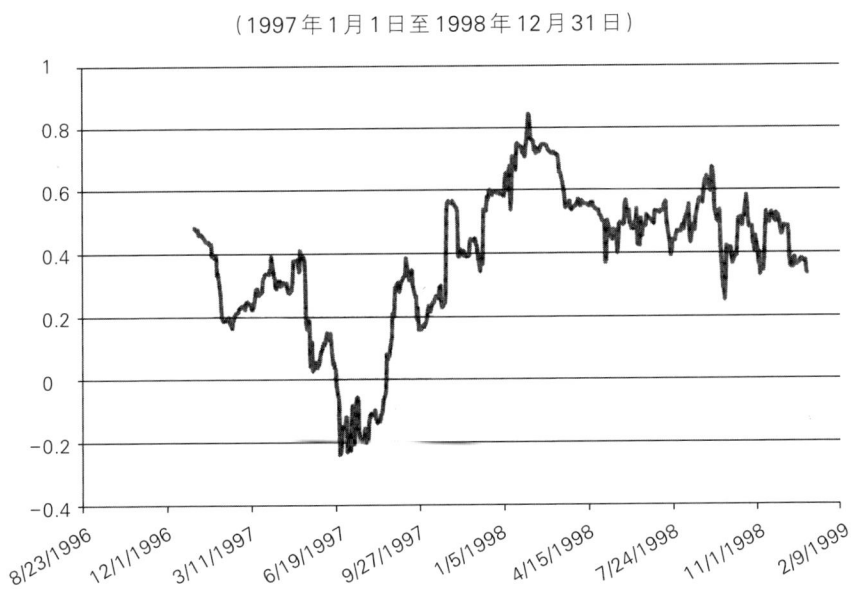

图 7-3　亚洲金融危机期间泰国和菲律宾股票市场联动性的变动

注：该图描绘了亚洲金融危机期间泰国和菲律宾股票市场指数日收益率之间的相关系数随时间变动的情况。

　　大量研究探讨了亚洲金融危机的传染效应，结果表明亚洲各国之间存在危机的传染。例如，Baur（2003）证明了亚洲金融危机期间金融传染的均值和波动性，发现此次危机中金融传染影响该地区市场的速度让人震惊。Abeysinghe（2000）认为传染现象出现的原因不是基本要素间的联系，而是纯粹的金融传染。Gebka和Serwa（2006）采用阈值向量自回归模型研究了亚洲和美国市场之间的内在联系在平稳和动荡时期的差异。研究结果表明美国和亚洲市场之间冲击的传导渠道在平稳和动荡时期都很活跃，但是在动荡时期变得更加显著。

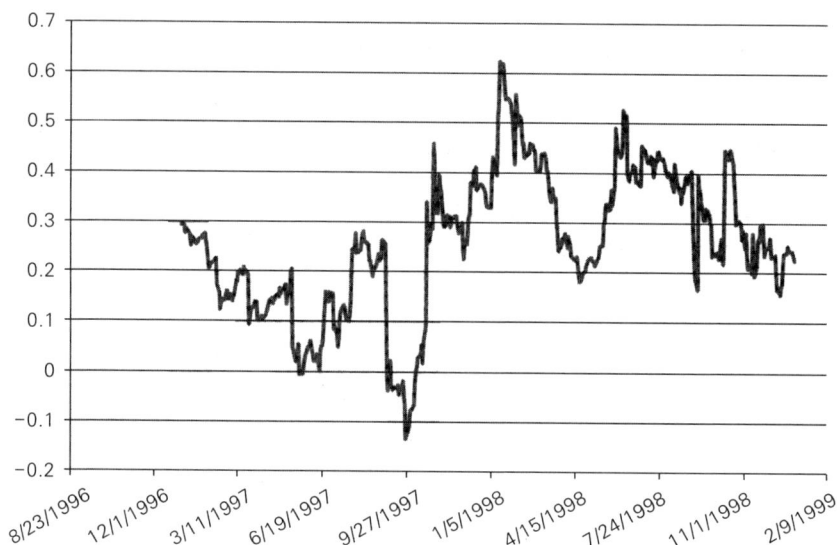

图7-4　亚洲金融危机期间泰国和中国台湾地区股票市场联动性的变动

注：该图描绘了亚洲金融危机期间泰国和中国台湾地区股票市场指数日收益率之间的相关系数随时间变动的情况。

7.4.3　1998年俄罗斯金融危机

俄罗斯金融危机始于1998年8月的俄罗斯政府对内外债偿付违约。1998年8月17日，俄罗斯废除了对俄罗斯卢布的保护政策，并将到期的商业外债偿还延期90天。俄罗斯卢布兑美元的汇率由1998年7月底的6.235贬至1998年12月底的16.064。导致危机爆发的直接原因就是俄罗斯政府没有解决财政失衡以及石油价格下降的问题，其中石油出口是俄罗斯外汇的主要来源（Cooper 1999）。

俄罗斯政府违约的直接影响是造成美国对冲基金长期资本管理公司（LTCM）濒临破产，该公司对不同国家之间债券收益率差会下降投入了巨大的赌注。俄罗斯违约事件震动了全球债券市场，并造成债券收益率差增大，因此，美联储立即组织了对这家陷入困境的对冲基金的救援行动（Jorion 2000）。虽然巴西、中国香港地区和墨西哥几乎没有与俄罗斯的直接贸易，但俄罗斯危机仍对这些国家及地区的股票市场产生了很大的影响（Kaminsky，Reinhart和Vegh 2003）。Dungey等（2007）研究了俄罗斯违约以及随之而来的

LTCM濒临破产对10个新兴市场和工业市场的综合效应。研究结果表明在上述所研究的市场中金融传染效应很严重且传播很广泛，金融危机对工业市场以及拉美市场的影响尤为显著。

7.5　发达国家金融传染历史

本节讨论了发达国家金融传染的两个时期：1987年10月股灾以及2008—2009年次贷危机。

7.5.1　1987年10月股灾

美国股票市场危机的早期实例就是1987年10月的股市崩盘，即美国股票价格在相对较短的时间内下降超过了21%。在纽约股票市场崩盘后，全球其他的股票市场相继遭受了巨大损失。全球23个主要的股票市场中有19个市场下跌超过20%（Roll 1988）。Hamao，Masulis和Ng（1990）发现溢出效应的方向是从纽约到伦敦再到东京，并且没发现反向的溢出效应。20世纪80年代到90年代期间，在美国增长的主要是跨境上市的股票，这可能是这些市场出现溢出效应的原因之一（Bertero和Mayer 1990）。

7.5.2　2008—2009年次贷危机

此次金融危机对全球的影响依然存在。本章前面的部分已经讨论了引发危机的主要原因，这节列举了最近一些全球冲击传导的实证研究。Grammatikos和Vermeulen（2012）研究了此次危机对欧洲货币联盟国家的影响并找到了危机从美国市场传导到欧洲市场的有力证据。该危机涉及了三种类型的冲击：（1）全球贸易崩溃；（2）信贷供给下降；（3）股票市场抛售压力加大。通过对一些公司进行截面分析，Calomiris，Love和Peria（2012）发现这些公司的收益率对这些冲击非常敏感。

7.6　总结和结论

当一个市场发生的事件通常为负面事件，并传导到其他的市场时，金融传染就发生了。两国之间的经济联系是这些冲击传导的渠道，但是仅仅是经济联系还不足以解释冲击的传导。新兴市场在投资者中越来越受重视，对于这些投资者来说，理解各国市场之间的依赖性结构对于收益最大化至关重要。

研究者们采用几个实证模型来检验各市场间的联动效应以及传染效应。大量实证研究表明市场间的联动效应大幅增加。1995—1996年的龙舌兰危机和1997—1998年的亚洲金融危机就是两个典型案例。俄罗斯主权违约以及随之而来的对冲基金长期资本管理公司（LTCM）濒临破产的综合效应同样影响了那些与俄罗斯很少发生直接联系的国家，这也表明了金融传染的渠道可以是间接的。最近的来源于美国房地产市场崩溃的金融危机传导到了全球市场，甚至影响了那些很少暴露在次贷相关产品风险下的市场。欧洲南部的主权债务危机蔓延至该地区的其他经济体，并影响了全球其他市场。

讨论题

1. 讨论一个市场的冲击能否传导到其他市场。
2. 简述冲击的传导渠道。
3. 简述估计冲击传染的实证研究方法。
4. 解释大量金融危机的实证研究能否说明金融传染的存在。
5. 讨论市场如何从金融传染中隔离出来。

作者介绍

Thadavillil Jithendranathan 是美国明尼苏达州圣保罗市圣托马斯大学 Opus 商学院金融学教授。他的主要研究领域是资产价格、衍生证券、国际多样化投资以及金融冲击传导。他曾在 *Pacific Basin Finance Journal*、*International Journal of Finance and Economics* 和 *Journal of Multinational Financial Management* 等刊物发表论文。Jithendranathan 教授在美国和其他国家主要讲授公司金融、衍生证券、固定收益证券和国际金融课程。他在巴鲁克学院获得工商管理学硕士学位，在纽约市立大学获得金融学博士学位。

参考文献

Abeysinghe, Tilak.2000. "Thai Meitdown and Transmission of Recession within ASEAN4 and NIE4." Working Paper, World Bank.

Bai, Jushan, and Pierre Perron.1998. "Estimating and Testing Linear Models with Multiple Structural Changes." *Econometrica* 66:1,47-78.

Baur, Dirk.2003. "Testing for Contagion—Mean and Volatility Contagion." *Journal of Multinational Financial Management* 13:4-5,405-422.

Bertero, Elisabetta, and Colin Mayer.1990. "Structure and Performance: Global Interdependence of Stock Markets around the Crash of October 1987." European Economic Review 34:6,1155-1180.

Calomiris, Charles W., Inessa Love, and María Soledad Martía.2012. "Stock Returns' Sensitivities to Crisis Shocks: Evidence from Developed and Emerging Markets." *Journal of International Money and Finance* 31:4,743-765.

Calvo, Sara, and Carmen M.Reinhart.1996. "Capital flows to Latin America: Is there evidence of contagion effects?" In Guillermo A.Calvo, Morris Goldstein, and Eduard H.Hochreiter, eds.*Private Capital Flows to Emerging Markets*, 151-171.Washington, DC: Institute for International Economics.

Chakrabarty, Bidisha, and Gaiyan Zhang.2012. "Credit Contagion Channels: Market Microstructure Evidence from Lehman Brothers' Bankruptcy." *Financial Management* 41: 2, 320-343.

Connolly, Robert A., and F.Albert Wang.2003. "International Equity Market Comovements: Economic Fundamentals or Contagion?" *Pacific-Basin Finance Journal* 11:1,23-43.

Cooper, William H.1999. "The Russian Financial Crisis: An Analysis of Trends, Causes, and Implications." Congressional Research Service Report #98-578.Washington, DC: National Council for Science and the Environment.

Dickey, David A., and Wayne A.Fuller.1979. "Distribution of the Estimators for Autoregressive Time Series with a Unit Root." Journal of the American Statistical Association 74: 366,427-431.

Dungey, Mardi, Renée Fry, Brenda González-Hermosillo, and Vance L.Martin.2007. "Contagion in Global Equity Markets in 1998.The Effects of the Russian and LTCM Crises." *North American Journal of Economics and Finance* 18:2,155-174.

Engle, Robert.2002. "Dynamic Conditional Correlation—A Simple Class of Multivariate GARCH Models." *Journal of Business and Economic Statistics* 20:3,339-350.

Engle, Robert F., and Clive W.J.Granger, 1987. "Cointegration and Error Correction: Representation, Estimation and Testing." *Econoometrica* 55:2,251-276.

Fama, Eugene F.1970. "Efficient Capital Markets: A Review of Theory and Empirical Work." *Journal of Finance* 25:2,383-427.

Fletcher, Jonathan, and Joe Hiller.2001. "An Examination of Resampled Portfolio Efficiency." *Financial Analysts Journal* 57:5,66–74.

Forbes, Kristin, and Roberto Rigobon.2000. "Contagion in Latin America: Definitions, Measurement, and Policy Implications." NBER Working Paper No.7885.

Frank, Nathaniel.2009. "Linkages between Asset Classes during the Financial Crisis, Accounting for Market Microstructure Noise and Non-Synchronous Trading." Oxford University Working Paper, Oxford-Man Institute of Finance and Department of Economics.

Gebka, Bartosz, and Dobromil Serwa.2006. "Are Financial Spillovers Stable across Regimes? Evidence from the 1997 Asian Crisis." *International Financial Markets, Institutions and Money* 16:4,301–317.

Grammatikos, Theoharry, and Robert Vermeulen.2012. "Transmission of the Financial and Sovereign Debt Crises to the EMU: Stock Prices, CDS Spreads and Exchange Rates." *Journal of International Money and Finance* 31:3,517–533.

Hamao, Yasushi, Ronald W.Masulis, and Victor Ng.1990. "Correlations in Price Changes and Volatility across International Stock Markets." *Review of Financial Studies* 3:2,281–307.

Hirshleifer, David, and Siew H.Teoh.2003. "Herd Behavior and Cascading in Capital Markets: A Review and Synthesis." *European Financial Management* 9:1,25–66.

Hirshleifer, David, and Siew H.Teoh.2009. "Thought and behavior contagion in capital markets." In Thorsten Hens and Klaus Reiner Schenk-Hoppé, eds. *Handbook of Financial Markets*, 1–46.Amsterdam: North-Holland.

Jaiswal-Dale, Ameeta, and Thadavillil Jithendranathan.2009. "Transmission of Shocks from Cross-Listed Markets to the Return and Volatility of Domestic Stocks." *Journal of Multinational Financial Management* 19:5,395–408.

Jorion, Philippe.1986. "Bayes-Stein Estimation for Portfolio Analysis." *Journal of Financial and Quantitative Analysis* 21:3,279–292.

Jorion, Philippe.1991. "Bayesian and CAPM Estimators of the Means: Implications for Portfolio Selection." *Journal of Banking and Finance* 15:3,717–727.

Jorion, Philippe.2000. "Risk Management Lessons from Long-Term Capital Management." *European Financial Management* 6:3,277–300.

Kaminsky, Graciela L., Carmen M.Reinhart, and Carlos A.Végh.2003. "The Unholy Trinity of Financial Contagion." *Journal of Economic Perspectives* 17:4,5–174.

King, Mervyn A., and Sushil Wadhwani.1990. "Transmission of Volatility Between Stock Markets." *Review of Financial Studies* 3:1,5–33.

Kouretas, George P., and Prodromos Vlamis.2010. "The Greek Crisis: Causes and Implications." *Panoeconomicus* 57:4,391–404.

Longin, François, and Bruno Solnik.1995. "Is the Correlation in International Equity Returns Constant: 1960–1990?" Journal of International Money and Finance 14:1,3–26.

Madhavan, Ananth.2000. "Market Microstructure: A Survey." Journal of Financial Markets 3:3,205–258.

Markowitz, Harry M.1952. "Portfolio Selection." *Journal of Finance* 7:1,77–91.

Phillips, Peter C.B., and Pierre Perron.1988. "Testing for a Unit Root in Time Series Regression." *Biometrika* 75:2,335–346.

Roll, Richard.1988. "The International Crash of October 1987." Financial Analysts Journal 44:5,19–35.

Samarakoon, Lalith P.2011. "Stock Market Interdependence, Contagion, and the U.S.Financial Crisis: The Case of Emerging and Frontier Markets." *Journal of International Financial Markets, Institutions & Money* 21:5,724-742.

Veldkamp, Laura L.2006. "Media Frenzies in Markets for Financial Information." *American Economic Review* 96:3,577-601.

第二部分

市场体系与设计

第8章　市场体系：概念框架与现实体系

MASSIMILIANO MARZO

博洛尼亚大学经济学副教授

8.1　引言

随着金融市场的日益复杂，人们迫切地需要理解市场结构的潜在逻辑和演进。本章概述了近期的制度变迁，以及研究先进市场历史特征的理论进展。

从历史上看，市场演进紧随技术进展之后。高速的计算能力和降低交易成本的需要引发了市场结构和市场体系的重大变化。市场结构最新发展的特点是分散化和未显示的交易所，如暗池。

市场结构由交易协议的特点直接决定（即订单执行的一系列规则和交易过程的组织形式）。一般来说，市场由两个基本机制构成：订单驱动或报价驱动。订单驱动市场为在市场中进行操作的代理人之间的直接互动留下了更多的空间。而在报价驱动市场上，订单由中介机构来处理。如果在同一市场结构中，这两种机制同时存在，则称为混合市场。如今，世界上大多数金融市场采用的是基于混合协议的运行模式。本章并不详细讨论交易协定的主要特点，该部分将在本书第9章中讨论。

不断演进的市场和交易制度催生了关于如何处理订单的几点创新。本章探讨了市场结构的不同特性。回顾了主要的市场结构，探讨了市场上各种代理商之间（交易商、经纪人和客户）关系的特征，并特别强调了金融市场的可接入性。对市场结构演进的诠释源自于交易商的存货状况。本章证明了市场结构随着时间推移的演进是两个互补因素的结果：（1）技术创新，其中快速的计算机和服务器起到越来越大的作用；（2）存货水平最小化的需求。这两个因素是市场结构演进的主要动机，即源于金融市场集中化和分散化的趋势。

金融市场最新演进的第二个重要现象是匿名的作用。本章从理论角度评价了匿名交易结构与完全公开的订单簿的优缺点。通过理论预测与经验证据的对比，得出了综合的结果。

现代证券市场的另一个重要进展是在交易环境中日益重要的暗池。如在下文中将详细阐述的，暗池是一种基于未显示的流动性或匿名交易簿的交易类型。本书将特别关注对暗池的分析。

下一节按照金融市场接入特征的不同介绍不同的市场结构。市场结构演进的关键因素是流动性。本节主要讨论在交易中流动性的重要性，以及搜寻流动性如何有力地推动了金融市场结构的演进。在这样的背景下，本章重点研究流动性和大宗交易，这些可以表现出交易商的行为特征。将大宗交易的价格冲击最小化，即存货风险最小化，是现代证券市场最新演进的另一个关键决定因素。后面章节的安排如下：匿名性与完全交易信息披露问题，以及集中化与分散化问题将会单列一节进行讨论，并对暗池的特征进行全方位描述。另有一节从交易商视角出发，研究了存货管理背后的主要理论问题，这也是市场结构设计的核心内容。最后一节是本章总结和结论。

8.2 市场结构的类型

市场结构有三种不同的类型：（1）交易商和客户间市场，即 D2C；（2）交易商和交易商间市场，即 D2D；（3）二选一。市场经历了从单个交易商和客户之间的双边交易到多个交易商和客户之间的多重交易的转变。最初，金融市场交易是在以双边交易为基础进行订单处理的交易大厅内进行的。经纪人的角色是专门为促进交易商与客户之间的沟通而设置的。如今，得益于快速发展的通信技术，电子平台成为了当前市场转型的核心。

一种粗略的市场分类是对以市场为基础的交易进行区分，即客户或交易商是在有组织的交易所提交订单，还是在场外市场（OTC）提交订单。报价是在场外双向撮合的。正如后文所述，特定市场以暗池或未显示流动性的市场为代表。

在 D2C 市场，经纪人的作用是消除交易所和客户之间的隔阂。这些市场可以看作是通过单个经纪人的电话交易和多个经纪人的交易商电子交易平台组成的混合体。

这些市场的运行严格遵循交易商间市场的基本运作规则。在一个交易所主导的市场中，D2C是基于订单运行的，这意味着每笔交易必须由订单（买或卖）驱动，这些订单可以根据一套特定的交易规则进行撮合。在某些情况下，如在OTC市场，D2C市场通过报价请求（RFQ）或是报价流请求（RFS）进行报价。报价驱动市场机制就是交易者与负责提供买卖报价的交易商或做市商进行交易。例如，股权就是典型的在设定交易协议时订单发挥最重要作用的那种资产类别。另外，许多固定收益证券市场是基于RFQ机制运行的。RFQ市场是基于经纪人或客户的请求而生成报价的特定平台。例如，一个交易者向交易商提出一个限价订单的请求，就相当于在交易商的私人订单簿上直接下单。在RFS机制下，经纪人或客户通常要求的是持续更新的报价，而不是单一的双向报价。交易商更新报价后，交易者可以决定接受报价，或者拒绝并等待下一次的报价更新。

RFQ和RFS所属的市场类型又可进一步划分为连续交易商市场和定期竞价市场。在连续交易商市场，做市商根据限价订单簿不断变化的需求和供给更新所有报价。在一般情况下，报价既可以是确定性报价，也可以是指示性报价。对于确定性报价，交易商必须保证限价订单在订单簿中是公开的。这相当于一个RFW机制，即对于每一个报价请求，每个交易商都必须公开报价。指示性报价仅代表一个通用的信号，不应被视为限制报价。执行价格在议价过程后确定。定期竞价就是先集合订单，然后在一个交易时段中预先设定的时间进行价格撮合并确定执行价格。

市场组织最重要的要素之一是代理人市场接入的规则。确保进入市场的方法有三个：

1.直接会员。在这种情况下，交易商、经纪人或其他客户须在支付一定的费用，并承诺符合有关金融稳定和职业能力的监管要求后，才能获准进入交易大厅。

2.直接市场接入（DMA）。在这种情况下，经纪人允许客户进入其订单传递系统。通过DMA，客户可以利用经纪人的系统向交易所发送订单。这就要求客户获准进入与经纪人相连接的订单管理系统（OMS）或执行管理系统（EMS）。经纪人单独运行DMA以保护客户的订单不会被经纪人的其他交易者及其自营交易部门查阅评价。

3.发起人接入。这种接入方式是为了满足持高频交易策略的买方客户的需要。它允许客户通过使用经纪人的唯一市场标识符（MPID）连接市场，而不必经过整个系统。市场要求经纪人来监督交易，以确保不会出现过度风险。监督可以通过一个快速的专属系统或是通过第三方在交易前进行。监督也可以在交易后进行，这被称为裸体访问，因为交易后监督不允许经纪人阻止错误的交易。

图8-1举例解释了市场上各种类型的代理人之间的相互关系。图8-1的上半部分显示了在交易商间市场上各交易者之间的相互作用，下半部分显示了客户市场的情况。一个有序的金融市场的关键是确保交易商间市场（图8-1上半部分）和客户市场之间的连接。这可以通过连接两个市场的几个平台得以保证。电子通讯网络（ECN）、交叉盘网络（CN）、另类交易系统或暗池之间存在显著的区别。ECN和ATS均是场外交易市场。图8-1还显示了客户如何通过直接市场接入或发起人接入进入市场。

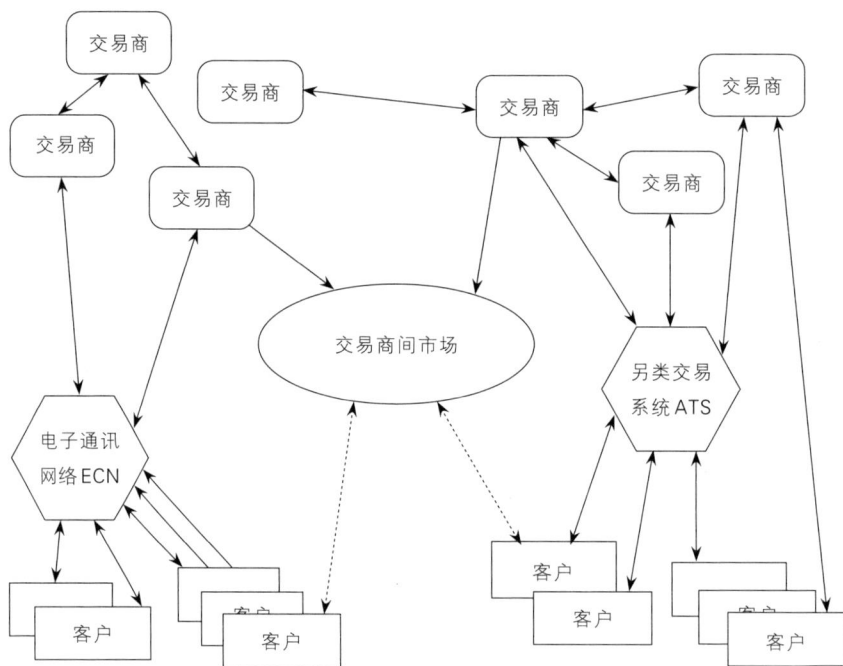

图8-1　基于电子通讯网络和另类交易系统（ATS）的市场组织

注：上图显示了市场组织中的各类代理人和交易场所之间的相互作用。

资料来源：改编自Johnson（2010）。

自1997年开始，ECN成为第一个场外交易场所的交易机制。此前，场外交易只能在交易商间进行，客户无法参与。ECN日益提高的重要性主要源于确保客户进入交易商间价格形成的需要。为了确保最大程度的价格透明度而对交易所间日益激烈竞争的监管规定在事实上形成了高度的市场分散化。市场整合和市场分散之间的冲突关系将在后文讨论。

ECN 和 CN 不同于电子订单簿（ELB）。ELB 在聚合订单和显示限价订单（即在不同价位上愿意买入和卖出的交易者数量）中发挥重要作用。CN 不显示订单，但是它会将跨交易所的未显示的流动性聚合，并允许以当前的中点报价对买卖订单进行撮合。从技术上来说，美国证券交易委员会（SEC）（1997，p14）把 CN 定义为"允许参与者先看到未定价订单，该订单稍后会以某一单一价格配以适量利率执行，而该单一价格一般由各个交叉证券的一级公开市场衍生而来。"在某种意义上，ECN 和 CN 在交易和订单中扮演流动性聚合器的角色。

通过 CN 撮合的订单可以是标准化的，也可以是非标准化可协商的。如果是标准化的，该订单要依照标准限价或市价订单规则执行；如果是非标准化可协商的，一旦进行撮合，买方和卖方之间的最佳价格大多是可以协商的。另一个重要的区别是这种交叉盘是持续的，还是只在特定的时间发生。例如 Liquidnet，一旦进行撮合，在交易期间交叉盘是持续进行的。在 NASDAQ 交叉盘网络，交叉盘只在交易期间的特定时间进行，即在 CN 聚合订单前，订单撮合是在事先约定的时间进行。还有些 CN 是独立的，如 NYFIX Millennium；其他的则是由经纪自营商发起的，如 Goldman Sachs SIGMA X。

8.3 流动性搜寻和大宗交易

流动性是一个健全的金融市场最重要的要素。流动性就是不知情交易者在其需要时，可以以较低成本快速买入或卖出任意数量有价证券的可能性。这个定义强调了即时性、对称性、深度和有效性。

构建有效的市场结构是为了构造能够为市场上所有的交易者提供最具流动性的基础设施和交易机制。影响流动性的因素有三个。第一个因素是近期的交易历史，该因素指的是市场快速返回其原来位置的弹性和能力。第二个因素是知情交易者和不知情交易者的比例。最后一个因素是市场结构和组织架构的类型（即市场的竞争程度以及市场是由订单驱动，还是报价驱动）。

测度流动性的常用工具包括报价价差和有效价差，它们常用于测度价格冲击和深度。另外，积极交易者是流动性的需求方，而消极交易者则供给流动性。谁是流动性的供给者？至少有五种类型的流动性供给者或消极交易者：（1）作为专家的做市商、全国证券交易商协会的交易商、黄牛党和当日交易者；（2）楼上交易商，包括持有大宗头寸的交易商、一揽子交易者和程序化交易者；（3）买方机构和个人交易者；（4）价值交易者；（5）套利者，包括纯粹的套利者、指数基金和配对交易者。

流动性需求者以机构交易者和专业交易者为代表。通常，对于大宗交易者来说，订单簿缺乏流动性，并且大额订单被理解为知情订单。市场的分割给流动性带来了更大的挑战。

通过对不同类型的流动性进行检验，可以发现市场结构和流动性之间的互动关系。根据其可见度，流动性可分为：

• 已显示流动性。此类流动性通过交易商和经纪人的报价显示，订单簿包含了买卖价格和数量的全部信息。

• 市场上未显示流动性。由于许多订单出现在 ECN 或者在市场订单簿之外的保留订单中，因此此类流动性不完全显示在市场上。

• 在经纪自营商中未显示流动性。例如，此类流动性随着经纪人持有代理订单而出现。

• 在投资者中未显示流动性。此种流动性是由买方订单产生的，属于潜在的流动性。

如前所述，大宗交易可以解释为是私人信息的结果。另外，大宗交易也带来了价格风险和订单曝露的问题。实证文献显示，大宗交易对价格有持续性影响。Saar（2001）提出了由大宗交易引发的不对称效应：相对于卖出，买入行为明显伴随有更大的持续性价格冲击。根据 Saar 的解释，这可能是由于机构投资者的特殊作用，其比其他投资者更具信息优势。例如，共同基金不能通过借款进行投资，也不作存货研究来使其证券投资组合多元化。那么，共同基金的买卖行为就可以被视为信息优势的结果。

从理论角度看，Burdett 和 O'Hara（1987）研究了两个交易对手方之间大宗交易交易机制的搜寻模型。大宗交易商会一直搜寻交易对手方，直至交易达成。搜寻持续的时间取决于扒头交易的成本：得到劣质交易的可能性越大，搜寻持续时间越短。该模型的结果衍生出搜寻过程的最优停止时间。Grossmann（1992）通过研究楼上和楼下市场的作用，进一步探索了交易中的搜索模型。相对于楼下市场，楼上市场占据主导地位。如果有足够多的交易商向楼上市场提交订单，这个市场就会在显示的订单流上占据优势。

这些研究结果揭示了大宗交易中的匿名问题。Seppi（1991）提出，在楼上市场进行的大宗交易可能会更便宜，因为流动性交易者可以释放出他们是知情交易者的信号。Madhavan和Cheng（1997）的实证分析指出，楼上交易更便宜是因为流动性交易者的信号传递效应，以及买入的持续性价格冲击远大于卖出。Bessembinder和Venkatamaran（2004）认为，即使市场拥有一个集中限价订单簿，楼上市场的存在依旧是有用的。他们的研究表明，楼上市场的成本较低，并且有助于创造流动性，从而提高了市场质量。

8.4 匿名性和市场透明度

De Jong和Rindi（2007，p.14）把市场透明度定义为"市场参与者获取有关交易过程信息的能力"。这些信息与交易前或交易后机制有关。交易前信息是关于订单质量以及价格和数量动态的。交易前信息向所有的市场参与者或其中一部分参与者发布。交易后信息涉及订单的方向、维数和交易者身份。所有这些信息在随后的交易动态演进中是至关重要的，并且有助于推断出定价策略。

对于限价订单簿的交易前透明度，目前市场上并没有全球统一的定义。一般来说，市场会员能看到全部的订单簿，但市场会员以外的投资者只能在某些特定市场看到完整的订单簿（深度），如伦敦证券交易所、多伦多证券交易所、纽约证券交易所SuperDot系统。在其他一些市场，如瑞士交易所和伦敦SEAQ-I，投资者只能观察到最佳买卖报价。东京证券交易所、纳斯达克和意大利证券交易所能达到中等程度的交易前透明度，投资者只能看到最佳买卖报价。

根据Harris（1993）的观点，一个公开的限价订单簿（LOB）会释放出私人信息，这会成为交易者进行扒头交易的诱因。Madhavan（1995）从理论的角度研究了支持交易信息坡露的交易后透明度的影响：如果没有交易后的信息披露要求，交易商更愿意在订单流竞争中提供更好的报价。Pagano和Roell（1996）检验了具有不同价格透明度的不同交易系统，发现交易者间的竞争越激烈，则透明度越高。

Rindi（2008）针对风险规避型交易者提供噪音交易者所需流动性的市场，研究了交易前透明度对流动性的影响。风险规避型交易者出现在逆向选择的过程中，在这一过程中他们逐步成为知情交易者。这成为抑制其提供流动性的诱因。在这种情况下，披露交易者的身份有助于缓解逆向选择问题。另外，对于知情的流动性供给方，透明度越高，知情投资者的数量以及创造流动性的激励就越少。在这种情况下，匿名可以被视为确保市场更具流动性的一种方式。

实证检验得出了矛盾复杂的结果。Boehmer，Saar和Yu（2005）的研究表明，引入公开订单簿来获得更高的报价透明度（如公开订单簿、实时的纽约证券交易所限价订单簿）可以带来更低的交易成本和更积极的限价订单提交策略。Madhavan，Porter和Weaver（2005）研究了多伦多证券交易所引入向市场双方公开前五名价格的规则而产生的影响。他们的研究结论与增加透明度可以降低交易成本的观点产生了冲突。他们观察到透明度越高，价差越大，交易成本越高。

Hendershott和Jones（2005）研究了新监管框架的引入对Island电子通讯网络的影响，该电子通讯网络于2002年9月在三个最活跃的交易所交易基金（ETF）中不再是完全显示的订单簿。他们认为，在订单簿中引入匿名后，ETF对交易成本增加的调整变得更加缓慢，并且价格发现机制的有效性也下降了。这一结果引起了对于在匿名机制下价格完全传导市场信息能力的怀疑。

Baruch（2004）则得出了不同的结果。他的研究表明公开的限价订单簿更适于需求流动性的交易者，而供给流动性的交易者更适于不公开的订单簿。对公开性的偏好完全取决于每个交易者在市场上所扮演的角色。一般情况下，如果市场足够大，公开的限价订单簿对市场订单交易者就是有用的，无论他们是知情交易者还是流动性交易者。

从理论的角度来看，这一研究结果的主要驱动因素是模型中不同程度的信息不对称。以Baruch（2004）关于订单簿匿名性的一个简单理论模型为例。假设风险资产支付 $\tilde{d}$ 是一个零均值同方差的随机变量。该模型比较了两种不同的均衡状态：订单簿是公开的以及订单簿是封闭的，并且只有专家会员知道订单簿状态。市场上有四种类型的参与者。第一类由流动性交易者构成：他们的总需求由市场订单总数 $\tilde{m}$ 给定。战略性风险中性的知情交易者知道 $\tilde{d}$ 并且提交数量为 $\tilde{x}$ 的市场订单。市场的订单总数量为 $\tilde{m}+\tilde{x}$。该模型有 N 个战略性风险中性交易者，被称为限价订单交易者，他们的数量是一个随机变量。专家会员设置一个单一价格并出清市场。第一个成交价格直接进入订单簿，这就限制了专家会员战略性地使用定价决策。该模型用近似方法求解。Baruch的研究结果表明，在公开订单簿环境中的市场订单的价格效应小于在非公开订单簿的情况。此外，公开的订单簿环境中的交易密集度也低于非公开订单簿。Baruch的模型用一种简单的方式为这些复杂的问题提供了理论解释。

8.5 集中化和分散化

传统的大厅交易市场包含了前面罗列的固定交易市场的所有交易特点，包括电子限价订单簿（ELB）、经纪自营商以及代理商经纪人。基于大厅的交易所的优势来源于它集中了具有不同特点、不同交易选择的各种类型的代理商。近期的金融监管变化将几家交易所推向了的更具竞争性的方式，客户可以选择能确保最佳执行的交易所。美国的全国市场系统（NMS）规则和欧盟的金融工具市场法规（MIFIU）均强调了应对市场竞争应采取更具竞争性的方法，以此来降低交易成本，提高价格形成机制的透明度。

在这样的背景下，技术的作用是至关重要的。快速的运算能力使得实时交易信息的通讯成本很低。分散化可以削减管理成本，而且不会因为快速执行交易订单簿而失去信息效率。近期证券市场的演化可以归纳为以下趋势：电子交易、透明度和可接入性。最近分散化渐增的趋势遵循的是先前交易所整合的路径。证券市场结构的历史演变已经经历了分化和整合浪潮。例如，纽约证券交易所和纳斯达克日益重要，正是逐步遵循了本地证券市场的历史经验。另外，传统交易所的重要性不断提升，增强了其相对市场支配力对执行成本的不利影响。

在欧洲，伦敦证券交易所的一些市场份额已经流失到了像Chi-X这样发展更快的新进入者。在美国，在纽约证券交易所上市的股票在市场上的交易比例已经由2004年的80%下降到2009年的仅20%，而大部分流失的交易量被新进入者，如Direct Edge和BATS获得。在美国，监管机构鼓励分散化以降低交易所的市场支配力并促进定价。

一个关键的问题是不同类型的竞争场所是如何影响市场质量的。另外，集中化的优势主要源于其在交易活动中低廉的执行成本，这形成了一种网络效应：在一个单一的市场订单簿中集中大量的交易者，可以从他们之间的互动中发挥出最大优势。原则上，集中化带来的流动性增加是因为大部分的订单都集中在一个特定的交易场所，并非分散在几个市场。同时，交易所集中化对交易后活动，如结算交割和托管，具有积极影响。关键的问题是需要何种程度的集中化和分散化。一些观点认为过度的交易分散化会因为同时降低了分散度和集中市场中的流动性而降低市场质量。

越来越多的文献试图比较分散化和集中化的优点和缺点。例如，O'Hora 和 Ye（2011）的研究表明，在纽约证券交易所和纳斯达克，分散化有助于降低交易成本，提高交易执行速度。但是他们的分析没有区分对来自有形市场和暗池交易市场的流动性的不同影响。在订单分散化和集中化之间权衡取舍时考虑的是固定成本。Pagano（1989）以及 Admati 和 Pfeiderer（1991）从理论角度指出，集中化市场机制的重要性要高于分散的市场。所有这些研究都有一个共同的观点，即集中化的优势来源于降低了所有交易者的股票执行风险。然而，即使是分散的方式，技术进步也使得利用网络外部性成为可能。从经纪人的角度来看，市场可以被认为不是分散的。聚合过程可以满足来自市场各方的订单需要，并且分散化可以提高市场质量。Battalio（1997）；Biais，Martimort 和 Rochet（2000）；Conrad，Johnson 和 Wahal（2003）的实证研究证实了竞争效应有利于降低市场价格和交易成本。

分散化的优点包括减小最小报价变动单位和最低订单规模。此外，如果投资者对智能订单传递（SOR）技术具有完全访问权，则分散化不会损害市场质量和市场信息。这种技术可以使投资者根据全球的市场流动性和最优执行价格自动选择在何时执行一个给定的买入或卖出订单。如果交易所采用积极的价格以吸引尽可能多的投资者，则 SOR 技术的作用显得尤其重要，它可以区分不同类型的知情交易者。特别是 Easley，Kiefer 和 O'Hara（1997）的研究表明，纽约证券交易所比区域交易商吸引了更多的知情订单流。而 Rarclay，Hendershott 和 McCormick（2003）的研究则表明，ECN 比纳斯达克市场做市商吸引了更多的知情订单流。

与 SOR 技术相关的另一个重要方面是价格优先规则。Foucault 和 Menkveld（2008）发现了与 Glosten（1994）研究结论类似的结果，他们认为如果使用时间优先，跨市场的竞争可以促进流动性供给方之间的竞争进而提高流动性。

Degryse，de Jong 和 van Kervel（2011）认为，可见订单簿的分散化可以提高全球流动性，而暗池交易则会对全球流动性产生不利影响。他们还提供了可见订单簿的分散化降低本地流动性的证据。这一发现表明依靠传统市场的市场参与者无法享受分散化带来的好处。

一般来说，支持集中化的论点源于对规模经济的需求，因为管理交易所的固定成本通常较高。与服务相关的费用，如结算交割以及监控和上市功能的费用，可以通过大规模运营得到摊销。另外，集中化程度的增强，提高了交易所的市场支配力，产生了更高的交易成本。因此，提高交易所之间的竞争程度对降低交易成本有着直接影响。根据这一共识，早期的分析研究强烈支持市场的集中化。例如，Pagano（1989）的研究表明，如果有两个市场，订单往往趋向于集中在更具流动性的市场。Chowdhry 和 Nanda（1991）指出在多个市场交易同一资产会出现逆向选择成本。这意味着，考虑到较高的交易成本，在存在逆向选择成本的情况下，最缺乏流动性的市场会被流动性较高的市场完全吸收。此外，Madhavan（1995）集中研究了公共信息与私人信息的作用。他指出市场的分散是由于大交易商和交易者手中掌握私人信息，他们可以隐藏自己的交易。Madhavan 认为由于交易信息披露规则的存在，市场将不会分散，因为分散化会导致更大的价格波动。其他的研究则主要关注竞争效应在识别分散化优点时的作用。例如 Harris（1993）的研究表明交易者有不同的需要，而传统市场的某些参与者发现在交易所集中交易使他们可以根据订单规模和执行的即时性找到一个匹配订单。

ECN 在决定市场结构中发挥了重要作用。Barclay，Christie，Harris，Karidel 和 Schultz（1999）指出，ECN 对降低成本起着重要的作用。Huang（2002）的研究表明，ECN 报价更新比做市商报价更新包含的信息更多。此外，Barclay 等（2003）发现选择在 ECN 进行交易并非仅取决于降低成本的动机。更多的知情交易者选择在 ECN 进行交易，尽管成本变得更高了。他们在ECN 交易是为了在交易中保持匿名，这在某些特定交易规模和时间段来说是至关重要的。

8.6 暗池和另类交易系统

暗池是订单和交易不公开显示的交易系统。在一些情况下，暗池在中间价位被动撮合买方和卖方。在其他情况下，暗池纯粹作为未显示的限价订单簿运行，依据时间优先和价格优先执行订单。

根据 Tabb 集团（2011）的数据，美国股票交易量的 12% 是在暗池进行的。在欧洲，暗池的市场份额正在迅速增加。2005 年之前，暗池和另类交易系统所占的市场份额很低。当时它们的作用主要是确保交易商间大宗交易的顺利执行，不把其意图透露给整个市场，避免其交易带来的价格冲击。全国市场系统管理（NMS）规则取消了保护现行交易所手动报价系统的规则。这就为更新更快的电子交易系统进入现行交易所打开了大门。正如前文所讨论的，这大大促进了 ATS 的强劲发展。截至 2012 年，美国共有 32 个暗池、200 名经纪自营商和10 个交易所。交易所和 ECN 被认为是透明的，而暗池被认为是不透明的。

根据Tabb集团（2011）和Rosenblatt证券（2011）的数据，自2008年以来暗池的市场份额几乎翻了一倍，到2011年达到约12%的市场份额。最新的发展是交易所深度订单的订单规模显著减小。因此，大宗交易非常自然地到暗池进行交易。如表8-1所示，根据价格形成机制，暗池可以大致划分为三类。表8-2则展示了在运行中的交叉机制的类型。

在表8-1的第一类暗池中，交易价格来源自透明的交易所，并没有真正的价格形成机制。在这种情况下，暗池扮演的是撮合订单的匿名机制。通常，和成交量加权平均价（VWAP）一样，全国最优买卖报价（NBBO）会被作为均衡价格。该组的暗池包括Liquidnet和ITG Posit。Liquidnet是连续撮合；在ITG Posit，一天有几次订单撮合。在Liquidnet，一旦完成撮合，提示系统随即开始工作，每个对手方都会接收到一个提示信号。因此，Liquidnet是基于许多机构投资者和潜在对手方的订单簿整合而成的。与ITG Posit类似，Instinet也是一个未预定执行机制的暗池。

第二类暗池由拥有连续未显示限价订单簿的交易所组成。在这一类暗池中，限制或挂钩的订单是被普遍接受的。挂钩订单是一种特殊的限价订单，这种限制价格是根据一个可以观察到的市场价格设定的，如买价、卖价或中间价。挂钩订单的限价根据市场变动而变动。主要的经纪自营商机制拥有自己的交易基础设施，包括Credit Suisse Crossfinder，Goldman Sachs Sigma X，Citi Match，Barclays LX，Morgan Stanley MS Pool和UBS PIN。执行价格从限价和提交的订单中获得。这类暗池的特点是它们包含经纪自营商的自营订单流。这一特点使得这类市场并不是独家代理市场。

表8-1 根据交易机制分类的暗池

类型	实例	特征
根据交易价格撮合	ITG Posit，Liquidnet和Instinet	由代理经纪人和交易所所有；订单以中间价或VWAP成交，客户对客户
未显示限价订单簿	Credit Suisse Crossfinder，Goldman Sachs Sigma X，Citi Match，Barclays LX，Morgan Stanley MS Pool和UBS PIN	大多是经纪自营商暗池；可以提供一些价格发现并包括自营订单流
电子做市商	Getco和Knight	高速系统，立即处理订单或取消订单；作为主体进行交易

注：该表显示了现有暗池的不同交易机制，中间一列是暗池的名称，最后一列是每种交易机制的主要特征。

表 8-2   根据交易频率和交易对手方搜寻分类的暗池

类型		实例	特征
预定暗池		ITG Posit 和 Instinet US crossing	在固定时间交叉
连续暗池	撮合	ITG Posit Now，Instinet CBX 和 Direct Edge	按中间价撮合
	告知	Pipeline，POST Alert 和 Liquidnet	向潜在的匹配对手方发送电子信息
	内部协商	Liquidnet，Credit Suisse Crossfinder，Gold-man Sachs Signa X，Knight Link 和 Getco	经纪自营商所有；未显示限价订单簿或电子做市商

注：上表描述了现有暗池使用的订单交叉机制。
资料来源：摘自 Zhu（2012）。

第三类暗池充当快速电子做市商的角色，可以迅速接收进入的订单。交易价格并非基于全国最优买卖报价计算。相反，它们是从暗池自身的交易机制中获得的，如在 Getco 和 Knight。这一类暗池交易是自营商以其自己的账户进行的。

暗池其他的显著特点是所有权结构和订单规模。许多经纪自营商是暗池的所有者，而一个经纪自营商集团或交易所仅拥有很小一部分。不同暗池之间的订单规模有着很大的差别。这主要是由于可以将初始订单切割成更小的订单。

暗池还有一个重要的特点就是交易报告机制。在美国，暗池交易全都由交易报告系统（TRFs）汇总，该系统收集所有的场外交易市场的交易。TRFs 报告的交易并不区分每笔交易是否是在特定的场外交易市场执行。此外，TRFs 暗池的记录不显示交易报告的认证号码。这就造成了一个悖论：同样的交易记录既会出现暗池中的客户对客户的交易，也会出现经纪人和机构的交易。这种情况的存在是因为无论交易在哪里执行，经纪自营商都要用他自己的认证号码报告交易。

Zhu（2012）讨论了其他代表未显示流动性来源的交易机制，这些未显示流动性的来源并不一定是暗池。例如，在经纪自营商订单内部化中，经纪人或交易商作为自营商或代理人处理客户订单。这和暗池之间的主要差异在于，在订单内部化系统中，经纪人和交易商扮演的是中介机构的角色，而在暗池中是客户之间直接联系。另一个区别是，暗池没有自己的交易报告识别号码。Zhu 指出，通过经纪自营商报告的交易既包括发生在暗池的客户对客户的交易，也包括经纪人自己在机构登记的场外交易，这些都是用相同的MPID。同样，在属于特定交易所或市场的暗池中发生的交易可以和在公开限价订单簿上发生的交易一起报告，使用相同的MPID。因此，掌握MPID号码并不足以确定交易是否在暗池中执行。

暗池不应与其他未显示的流动性来源混淆，例如一个简单的经纪人或交易商作为自营商或代理人处理订单的经纪自营商内部化程序。这二者的主要区别是，在暗池中可能存在客户对客户的交易，而在经纪自营商内部化系统中，经纪人或交易商仅作为中介机构存在。

暗池的另一种分类方法是按照交易频率和交易对手方搜寻分类。图表8-3区分了两种类型的交易执行频率：预定和连续。预定订单在预先设定的时间以随机化方式交叉。连续执行方式包括以下几点：（1）撮合，就像传统订单簿一样，根据价格优先原则将买方订单与卖方订单撮合。（2）告知，即向根据价格和数量排序选择的潜在交易对手方发送电子信息。（3）内部执行，作为未显示限价指令簿或电子做市商身份执行订单。

8.7 存货模型

来自实际机构设定的监管压力和市场演变的出发点的形成是源于与交易机制相关的流动性风险和头寸风险。交易商由于其机构头寸而遭受巨大的头寸风险。头寸风险最小化是在限价订单和市场订单模型之间作选择的关键驱动因素。

本节描述了存货模型的主要技术结构。这一分析来源于Stoll（1978）以及Ho和Stoll（1981，1983）所做的研究。一般情况下，交易商作为流动性提供者，其目的是吸收订单流的暂时性失衡。在Stoll的模型中，交易商持有的资产存货头寸可能会偏离最优资产组合头寸。因此，交易商会远离有效边界。这样，作为流动性的提供者，交易商可以要求赔偿。价格的设定能够使交易商依据最终财富的预期效用与执行客户订单后计算的预期效用相等。在其最简单的版本中，Stoll模型的买卖价差为：

$$S_i = \alpha \sigma_i^2 |y_i| \tag{8.1}$$

其中，σ_i^2 是第 i 种资产价格的波动性，y_i 是交易商买卖的数量（如果交易商买入，则 $y_i > 0$；如果交易商卖出，则 $y_i < 0$）。如方程（8.1）所示，证券

的波动性越大，则价差越大。同时，交易商买卖股票的数量 y_i 越大，则价格冲击越大。存货的作用是至关重要的，因为定价取决于交易商手中的初始存货。事实上，方程（8.2）和方程（8.3）分别给出了买价和卖价：

$$p_i^A = p_i(K_i) + \frac{\alpha}{2}\sigma_i^2|y_i| \tag{8.2}$$

$$p_i^B = p_i(K_i) - \frac{\alpha}{2}\sigma_i^2|y_i| \tag{8.3}$$

其中，$p_i(K_i)$ 表示的是中间报价，方程如下：

$$p_i(K_i) = \bar{C} - \frac{\alpha}{2}\sigma_i^2 K_i \tag{8.4}$$

初始存货 K_i 越高（越低），则交易商的报价就越低（越高）。

鉴于有多个交易商，市场结构向对订单驱动市场演变，即交易日可以通过公开拍卖或连续市场进行。现在考虑这样一个案例，假设有 N 位风险规避的交易商和 L 位流动性交易者。风险厌恶的交易商提交风险资产的限价订单，而流动性交易商提交市价订单。假设总的市场订单按 $\tilde{Z}$ 随机分布，均值为 $\tilde{Z}$，方差为 σ_z^2。假设第 i 个交易商的存货是 $\bar{K}$，所有交易商存货的均值为 $\bar{K} = \sum_i^N K_i$。假设每个交易商都通过风险规避系数 α 来优化效用函数的常数绝对风险厌恶（CARA）。优化程序（Stoll 1978；De Jong 和 Rindi 2007）给出了以下第 i 个交易商风险资产的需求函数：

$$y_i = \frac{\varphi_i - p}{\alpha\sigma^2} \tag{8.5}$$

其中，y_i 是第 i 个交易商的资产需求数量；φ_i 是每个交易商对资产的边际评价；p 是均衡资产价格；σ^2 是资产波动性。以这些结果为基础，De Jong 和 Rindi 给出了交易商对资产的边际评价：

$$\varphi_i = \bar{p} - \alpha\sigma^2 K_i \tag{8.6}$$

其中，$\bar{p}$ 是风险资产的期望值，K_i 是交易商的存货头寸。存货头寸 K_i 越高，则交易商对该资产的边际评价越低。因此，根据该模型，如果边际评价高于 p 或存货头寸较低，交易商就会买入资产。与每种资产相关的存货水平可以解释交易活动的动态调整。求解均衡解可以得到第 i 个交易商的均衡需求：

$$y_i^* = (\bar{K} - K_i) - \frac{\tilde{z}}{N} \tag{8.7}$$

方程（8.7）表明，每个交易商的交易数量是其存货头寸和平均存货头寸之差的函数，平均存货头寸是基于市场上所有交易商交易同种资产计算得出的。显然，存货对冲并不完全，这是因为交易活动并没有消除平均存货头寸和个人库存水平之间的差距。方程（8.8）和方程（8.9）分别给出了买价和卖价：

$$p^A = \bar{p} - \alpha\sigma_i^2 \bar{K} + \frac{\alpha\sigma^2}{N}|Z| \qquad 当 |Z| > 0 时 \tag{8.8}$$

$$p^B = \bar{p} - \alpha\sigma_i^2 \bar{K} + \frac{\alpha\sigma^2}{N}|Z| \qquad 当 |Z| > 0 时 \tag{8.9}$$

从方程（8.8）和方程（8.9）之差可以得到买卖价差，如下：

$$S = 2\frac{\alpha\sigma^2}{N}|Z| \tag{8.10}$$

$\bar{p} - \alpha\sigma^2 \bar{K}$ 为中间报价，是交易商平均存货 $\bar{K}$ 的减函数。$\bar{K}$ 越高，交易商就会以更低的买价和卖价来吸引客户买入或卖出资产。该模型描述了一个交易商的操作程序，以及价差的行为特性，即增加资产的波动性、减少交易商的数量（N趋于无穷大）。以扩大价差来应对资产波动性增加是合理的，因为需要保护交易者免受标的资产的不利波动影响。另外，当市场竞争更激烈时，就会降低各交易商在管理价差中的市场支配力。

Viswanathan 和 Wang（2002）进一步扩展了 Ho 和 Stoll（1980，1981）的方法，他们考虑了交易商市场不完全竞争的作用。建模方法的主要创新之处在于，假设交易商在估计由交易引发的价格冲击时，已经考虑了自身的决策。考虑这一创新后，从该模型可以得到以下均衡价格：

$$p = \bar{p} - \alpha\sigma^2 \bar{K} + \lambda|\tilde{Z}| \tag{8.11}$$

其中，交易 λ 的价格冲击被定义为：

$$\lambda = \alpha\sigma^2 \frac{(N-1)}{(N-2)N} \tag{8.12}$$

买卖价差由 $S = 2\lambda$ 给定。

将方程（8.11）和方程（8.12）与方程（8.9）和方程（8.10）进行比较可以发现，不完全竞争的交易商市场的价格冲击要大于完全竞争的交易商市场，但中间报价是相同的。正如在前例中所看到的，在完全竞争市场中，波动性的增加扩大了价差。这通常与市场流动性的下降有关。因此，如果交易商考虑价格冲击对其交易的影响，他们倾向于向市场提供更低的流动性。

假设市场中存在一个知情交易者，就要在模型中加入逆向选择成本。要想发现不完全信息的作用，就需要放松不完全竞争市场的假设，允许交易商之间的完全竞争。假设一个知情代理人观察到一个私人信号。在这种情况下，价格冲击的表达式是信号精度的函数。信号的精度越高，市场的流动性越低。这是因为需要对冲不利的价格变化，交易商的逆向选择成本和交易的价格冲击会更高。

8.8 高频交易

快速计算以及因日益加大的削减交易成本的压力而使存货风险最小化的需要，都使得高频交易（HFT）越来越重要，这个问题将会在第9章深入分析，因为这是与交易协议更为相关的问题。这一节将简要概述 HFT 对市场结构造成的影响。HFT 的主要驱动因素如下：

- 极短的延迟。如果订单提交和执行之间的时间间隔极短，延迟就会非常短。这样做是为了使执行风险和存货成本最小化。例如，假设两个交易者使用相同的策略购买同一股票，如果他们都面临有限制的供给，则最快的交易者将会获得全部的机会。

- 市场费用和结算费用。费用结构设计合理的市场可以吸引订单流，并可以开发更为有效的跨交易场所的多样化交易策略。

- 价格变动单位。价格变动单位越小，则利用全部市场条件的机会越大。

总之，成本越低，则从不断变化的订单簿中获得的机会越多。

一般来说，HFT 对市场有两大影响：直接影响和间接影响。对于直接影响，考虑到降低成本，HFT 增加了成交次数，同时降低了平均交易规模。然而，HFT 的出现造成了进入特定交易的障碍，因为执行这样的特定交易策略需要更为复杂的基础设施。如前所述，由于市场分割，HFT 可以减少由于市场分散化而产生的负面影响：减少延迟和提高计算速度可以允许在几个市场同时提交订单。有关波动性的证据是混杂的。例如 Kirilienko，Kyle，Samadi 和 Tuzun（2011）认为，在2010年5月6日的快速崩盘中，HFT 可能加剧了波动性。Hendorshott 和 Riordan（2013）发现 HFT 对价格发现机制有显著的正效应。Chaboud，Chiquoine，Hjalmarsson 和 Vega（2009）则发现 HFT 和市场波动之间几乎没有联系。

HFT 的间接影响完全是由于由技术约束所隐含的市场结构设计。这是因为必须由高级交易设施（如快速计算和算法设计）处理的大额投资只有大玩家才有机会利用，而小玩家则没有机会。

事实上，HFT 隐含的潜在风险与集合成本的增加有关，这是因为对技术、反设局和监测投资的需要不断增加。降低买卖价差（或者更普遍的说法，交易成本）所获得的好处不一定会被大规模分散化的缺失带来的好处弥补。此外，一个极具争议的问题是，HFT 是否涉及了真正的流动性提供者。与 HFT

相关的智能订单传递机制的大规模应用使得不同场所的流动性短时间内会出现大幅波动。因此，对HFT作用的最终判断要求衡量在全球范围内快速转移流动性的成本。

其他一些问题不值一提。特别是，低延迟对订单的高频更新至关重要。低延迟的订单可以在给定的订单簿更新前完成发送。订单簿更新越频繁，对订单簿有一个清晰观察的延迟就越短。

为确保将延迟减少到最低，惯常做法是HFT要求发起人接入以及与交易场所附近的服务器联位。这样做是为了确保决策与执行之间的步骤尽可能最少。因为订单变化迅速（即每2毫秒），因此每一秒需要记录500点。如果延迟降到16微秒，则每秒记录64 000次变化。这提高了从几个市场输入数据时信息丢失的概率。直接影响就是会存在参与者基于不准确数据进行交易的情况。监管机构认为这是不可接受的。

联位的潜在影响源于所实施的交易策略。联位能改进一个池延迟，交易策略不受内在公允价值的影响，但受流动性的影响。联位策略是个股投资策略，是趋势跟踪者或放大器，并且不断提高的速度更倾向于流动性吸收。由于不能在所有可能的场所实施联位，因此选择在哪里联位显然就决定了关于特定个股或一组股票的策略，这可能会危害长期投资者。

另一个问题是费用结构的作用。一般来说，为了吸引最高比例的订单流，欧洲的交易所中很大一部分已经实施了一个基于'改变–接受'结构的费用结构。这意味着费用应该反映每个订单在价格形成过程（PFP）中的贡献。提供流动性的大额订单成本应低于大额消费订单（决定了大规模市场冲击和不确定性）。费用对任何HFT的利润都有很大影响。在没有任何监管约束的情况下，费用结构的发展趋势是由每个池吸引流动性的能力引导的。监管机构主要关心的应该是要求所有代理人都在同一水平，从特定的费用结构中不会产生潜在的差别。

关于市场结构的最后一个问题与价格变动单位有关。价格变动单位是摩擦成本的主要组成部分，会影响流动性提供策略与流动性消费策略之间的动态关系。价格变动单位还对平均交易规模和订单总量有重大影响，从而产生集合总成本。价格变动单位已成为一个吸引最大比例订单流以获取市场份额的有效工具。对所有股票来说，并没有唯一有效的价格变动单位。考虑到对价差和深度的影响，较小的价格变动单位对高流动性股票有利，但对低流动性股票不利（Buti，Rindi，Wen和Werner 2012）。从理论的角度来看，Kadan（2006）的研究显示，降低价格变动单位给交易商和投资者带来的福利取决于活跃在市场中的交易商数量。如果交易商数量很大，降低价格变动单位对投资者就是有利的。

总之，HFT 的作用在于显著地改变了市场结构，而日益重要的 HFT 是否对投资者有利尚不清楚。需要有更多的研究来进一步阐明这些问题。

8.9　总结和结论

本章研究了市场结构演进的主要决定因素和现代证券市场的市场结构。集中讨论了所有市场参与者共同关注的两个关键需求之间的因果联系：流动性搜寻和存货风险最小化。本章探讨了电子通讯系统（ECN）和另类交易场所的作用，如暗池。从理论和实证角度分析了集中化和分散化。当前所有金融市场均在经历的市场结构的快速演变，其关键驱动力就是高频交易（HFT）的引入。本章讨论了引入高频交易（HFT）的一些关键问题。当然，在交易中大力推进 HFT 的应用是否对市场参与者有不利影响仍有待讨论。此外，本章也详细回顾了最新的理论和实证研究进展。

讨论题

1.讨论流动性作为构建市场结构的基本原理的作用。

2.讨论匿名性对于市场透明度的潜在好处。

3.回溯近期的市场演变。技术是如何决定可在市场上观察到的现实市场结构的？

4.比较集中化与分散化的优点和缺点。

5.解释暗池和 ECN 在市场中的作用。

作者介绍

Massimiliano Marzo 是博洛尼亚大学经济系副教授，主要研究金融市场微观结构。他在国内外重要的几家交易和银行机构担任顾问。他的研究集中在银行间市场、跨交易场所的价格发现机制和最优执行方式。他已在国际同行评议刊物上发表了多篇文章，包括Journal of Economics Dynamics and Control、Applied Economics、Structural Change and Economic Dynamics、Journal of Policy Modeling 和 International Review of Economics and Finance。他 为 Journal of Money、Credit and Banking、American Economic Review 和 Structural Change and Economic Dynamics等刊物担任审稿人。他在耶鲁大学获得经济学博士学位，在博洛尼亚大学获得经济学学士学位。

参考文献

Admati, Adnan, and Paul Pfeiderer.1991."Sunshine Trading and Financial Market Equilibrium."*Review of Financial Studies* 4:3,443−481.

Barclay, Michael J., William G.Christie, Jeffrey H.Harris, Eugene Kandel, and Paul H.Schultz.1999."Effects of Market Reform on the Trading Costs and Depths of NasdaqStocks." *Journal of Finance* 54:1,1−34.

Barclay, Michael J., Terrence Hendershott, and Timothy D.McCormick.2003."Competition among Trading Venues:Information and Trading′on Electronic Communication Networks."*Journal of Finance* 58:6,2637−2666.

Baruch, Shmuel.2004."Who Benefits from an Open Limit−Order Book?"*Journal of Business* 78:4,1267−1306.

Battalio, Robert H.1997."Third Market Broker−Dealers:Cost Competition or Cream Skimmers?"*Journal of Finance* 52:1,341−352.

Bessembinder, Henrik, and Kumar Venkataraman.2004."Does an Electronic Stock Exchange Need an Upstairs Market?"*Journal of Financial Economics* 38:4,747−777.

Biais, Bruno, David Martimort, and Jean−Charles Rochet.2000."Competing Mechanisms in a Common Value Environment."*Econometrica* 68:4,799−837.

Boehmer, Ekkehart, Gideon Saar, and Lei Yu.2005."Lifting the Veil: An Analysis of Pre-Trade Transparency at NYSE."*Journal of Finance* 60:2,783−815.

Burdett, Kyle, and Maureen O′Hara.1987."Building Blocks: An Introduction to Block Trading."*Journal of Banking and Finance* 11:2,193−212.

Buti, Sabrina, Barbara Rindi, Yuanji Wen, and Ingrid Werner.2012."Tick Size Regulation and Sub−Penny Trading."Working Paper, Rotman School of Management.

Chaboud, Alain, Benjamin Chiquoine, Erik Hjalmarsson, and Clara Vega.2009."Rise of the Machines: Algorithmic Trading in the Foreign Exchange Market."Board of Governors of the Federal Reserve System, International Finance Discussion Papers, No.980, October.

Chowdhry, Bhagwan, and Vikram Nanda.1991."Multimarket Trading and Market Liquidity." *Review of Financial Studies* 4:3,483−511.

Conrad, Jennifer, Kevin M.Johnson, and Sunil Wahal.2003."Institutional Trading and Alternative Trading Systems."*Journal of Financial Economics* 70:1,99−134.

De Jong, Frank, and Barbara Rindi.2007.*The Microstructure of Financial Markets*.New York: Cambridge University Press.

Degryse, Hans, Frank de Jong, and Vincent van Kervel.2011."The Impact of Dark Trading and Visible Fragmentation on Market Quality."Working Paper, Tilburg University.

Easley, David, Nicholas M.Kiefer, and Maureen O′Hara.1997."One Day in the Life of a Very Common Stock."*Review of Financial Studies* 10:3,805−835.

Foucault, Thierry, and Albert J.Menkveld.2008."Competition for Order Flow and Smart Order Routing Systems."*Journal of Finance* 63:1,119−158.

Glosten, Lawrence.1994."Is the Electronic Open Limit Order Book Inevitable?"*Journal of Finance 49:4,1127–1161.

Grossmann, Sanford.1992. "The Information Role of Upstairs and Downstairs Markets."
Journal of Business 65:4,509–529.

Harris, Lawrence.1993. "Consolidation, Fragmentation, Segmentation and Regulation." *Financial Markets, Institutions and Instruments* 2:5,1–28.

Hendershott, Terrence, and Charles J.Jones.2005. "Island Goes Dark: Transparency, Fragmentation and Regulation." *Review of Financial Studies* 18:3,743–793.

Hendershott, Terrence, and Ryan Riordan.2013. "Algorithmic Trading and the Market for Liquidity." *Journal of Financial and Quantitative Analysis*, forthcoming.

Ho, Thomas, and Hans Stoll.1980. "On Dealer INrl[arkets under Competition." *Journal of Financial Economics* 5:2,257–275.

Ho, Thomas, and Hans Stoll.1981. "Optimal Dealer Pricing under Transactions and Return Uncertainty." *Journal of Financial Economics* 9:1,47–73.

Ho, Thomas, and Hans Stoll.1983. "The Dynamics of Dealer Markets under Competition."
Journal of Finance 38:4,218–231.

Huang, Roger.2002. "The Quality of ECN and Nasdaq Market–Maker Quotes." *Journal of Finance* 57:3,1285–1319.

Johnson, Barry C.2010. *Algorithmic Trading and DMA: An Introduction to Direct Access Trading Strategies.* London: 4Myeloma Press.

Kadan, Ohad.2006. "So Who Gains from a Small Tick–Size?" *Journal of Financial Intermediation* 15:1,32–66.

Kirilienko, Andrei, Albert S.Kyle, Mehrad Samadi, and Tugkan Tuzun.2011. "The Flash Crash: The Impact of High Frequency Trading on an Electronic Market." Working Paper, Social Science Research Network.

Madhavan, Ananth.1995. "Consolidation, Fragmentation and the Disclosure of Trading Information." *Review of Financial Studies* 8:3,579–603.

Madhavan, Ananth, and Minder Cheng.1997. "In Search of Liquidity: Block Trades in the Upstairs and Downstairs Markets." *Review of Financial Studies* 10:1,175–203.

Madhavan, Ananth, David Porter, and Daniel Weaver.2005. "Should Securities Markets Be Transparent?" *Journal of Financial Markets* 8:3,265–287.

O′Hara, Maureen, and Mao Ye.2011. "Is Market Fragmentation Harming Market Quality?"
Jrournal of Financial Economics 100:3,459–474.

Pagano, Marco.1989. "Trading Volume and Asset Liquidity." *Quarterly Journal of Economics* 104:2,255–274.

Pagano, Marco, and Ailsa Roell.1996. "Transparency and Liquidity: A Comparison of Auction and Dealer Markets with Informed Trading." *Journal of Finance* 51:2,579–611.

Rindi, Barbara.2008. "Informed Traders as Liquidity Providers: Anonymity, Liquidity and Price Formation." *Review of Finance* 12:1,497–532.

Rosenblatt Securities.2011. "Let There Be Light.Market Structure Analysis." Available at www.rblt.com.

Saar, Gideon.2001. "Price Impact Asymmetry of Block Trades: An Institutional Trading Explanation." *Review of Financial Studies* 14:4,1153–1181.

Securities and Exchange Commission.1997. *Concept Release, Regulation of Exchanges.*

Washington,DC: Securities and Exchange Commission.

Seppi, Duane J.1990."Equilibrium Block Trading and Asymmentric Information." *Journal of Finance* 45:1,73-94.

Stoll, Hans R.1978."The Supply of Dealer Services m Securities Markets." *Journal of Finance*.33:4,1133-1151.

Tabb Group.2011."Liquidity Matrix."Technical Report.Available at www.tabbgroup.com.

Viswanathan,S.,and James J.D.Wang.2002."Market Architecture: Limit Order Books versus Dealership Markets." *Journal of Financial Markets* 5:2,127-167.

Zhu, Haoxiang.2012."Do Dark Pools Harm Price Discovery?"Working Paper,Sloan School of Management,Massachusetts Institute of Technology.

第9章　设计交易市场

MASSIMILIANO MARZO

博洛尼亚大学经济系副教授

9.1　引言

在过去的几年中，来自监管和技术的压力日益增大，交易系统已经发生了显著的变化。过去，交易主要在交易者能面对面的交易大厅进行。两种流行的投资分析方法是技术分析和基本面分析。前者是通过研究历史价格和成交量变化来推断未来价格演变。这种构建在技术分析基础上的交易策略是由根据价量动态变化的历史模型演进决定的。相比之下，基本面分析着重于根据基础定价模型来推断未来价格演变。对于股票，基本面模型主要关注未来现金流量的现值；对于固定收益证券，估价方法主要关注市场利率的未来变化。

近来的技术进步强调了算法和电子交易的重要性。本章将探讨这些进展对交易机制的影响。分析交易机制时，着重关注了高频交易（HFT）带来的新技术。特别注意的是最重要的交易算法。

本章的其余部分分为7节。第1节讨论了积极的交易者和消极的交易者之间的差异，并分析了各种类型的订单，包括市价订单、限价订单和条件指令订单。第2节回顾了交易过程并分析了四种执行方式：代理交易、自营交易、机构交易、程序化交易。第3节研究交易机制，即订单驱动和报价驱动两种交易机制。第4节讨论了设计交易程序的三个步骤：价格形成、价格发现、结算与交割。第5节关注的是高频交易及其优缺点。第6节讨论了应用最广泛的交易算法，并将其与市场机制和交易规则的演化进行了比较。最后一节是简要的总结和结论。

9.2　市场参与者

　　一般而言，市场参与者有两大类：积极交易者和消极交易者。积极交易者有即时快速地执行订单的需求。他们的交易行为会根据交易方向影响价格。消极交易者提供即时性，并有稳定价格的作用。在一般情况下，如果知情交易者作为流动性交易者的交易对手方，那么流动性交易者将会有所损失。这是因为流动性交易者遵循的是消极交易策略，而由知情交易者行为控制的价格冲击会影响其交易决策。另外，知情交易者试图通过匿名交易来使其交易的价格冲击最小化。交易商通常是消极的流动性交易者。也就是说，他们向积极交易者提供流动性，并承受输给知情交易者的风险。因此，他们的定价策略在平衡其信息风险中至关重要。

　　两种类型的订单对市场参与者尤其重要：市价订单和限价订单。市价订单，即交易者或投资者指定他们想要在市场中交易的数量（作为供给或需求方），而不指定价格。为了避免价格执行的不确定性，交易者叫以提交限价订单代替市价订单。限价订单在卖出订单中设置最低执行价格，在买入订单中设置最高执行价格。例如，一个买入某只股票1 000股的买入订单，限价为35美元，只要股价为35美元或低于35美元，则该订单立即执行。不同的是，市价订单仅指定购买1 000股股票，没有任何价格指令，或是隐含发送将接受哪个价位买入指定数量股票的信号。限价订单的缺点是可能无法执行。在限价订单中，交易者或投资者会同时将价格和数量信号发送到市场。对订单的修改可能只是将其插入另一个订单之后。市价订单通常能满足交易者的即时性需要，限价订单能使交易者实现价格目标。市价订单和限价订单均可附带附加指令。这些指令会产生混合订单指令，即包含有市价指令特点的限价指令。Cesari，Marzo和Zagaglia（2013）讨论了这些混合订单，包括市价转限价订单、条件订单、隐藏订单和冰山订单。

　　● 市价转限价订单是一个隐含价格限制的市价订单，寻求最优价格，将其作为价格限制。当订单簿中没有足够的流动性时，市价转限价订单中未执行的部分即转化为限价订单。

　　● 条件订单通常在某些与市场价格水平有关的特定条件下有效。如果订中包含的特定条件得到满足，就会有一个实际订单提交。价格阈值非常重要，因为当且仅当价格阈值被触发时，条件订单才会生成。

- 隐藏订单是含有一个特殊指令使其在订单簿中不可见的订单。此类订单是为了利用现有流动性状况。

- 冰山订单是隐藏订单和完全可见订单之间的折中，被用来管理大额订单。对于冰山订单，只有订单总额的一小部分是可见的。当这部分订单被执行后，新的一部分会被释放出来。冰山订单的目的是使交易者可以管理订单的大部分而不会对价格产生太大的影响。

另一个重要问题是流动性。一般来说，订单簿或市场的质量均与订单簿的流动性状况有关。流动性是以最低成本买入或卖出任意数量证券的能力。基本上，流动性描述的就是即时价格，即在极短的时间内成交的能力。根据 Ami-hud 和 Mendelson（1966）的观点，流动性是一个难以捉摸的概念，往往很难界定。然而，描述市场流动性或订单簿质量有三个关键因素：深度、紧密性和弹性。

1. 深度是指订单簿中接近均衡价格的买入和卖出订单总量。深度市场就是交易量非常大，也不会产生强烈的价格冲击。

2. 紧密度是指买价和卖价之间的差价。价差紧密意味着较低的交易成本。

3. 弹性决定了市场能够多快地从交易冲击中恢复过来。一个弹性市场较少受到因交易活动产生的价格偏误影响。价格的变化不会影响整体交易水平。

流动性是一个动态概念，不能与一个特定时期或交易时段相联系。另外，如果市场更具流动性，交易对价格的冲击较小。为此，交易机制和实践的演变努力应对最大限度利用市场流动性的需要。事实上，某些交易算法的目的是寻找流动性并在进入或退出市场时发出信号，其目的在于实现交易冲击最小化。

9.3 交易过程

交易过程涉及保证市场准入和交易规则的全套规则。根据 Johnson（2010）的研究，接入市场的机制至少有三种：（1）直接市场接入（DMA）；（2）发起人接入；（3）直接接入。DMA 就是经纪人允许客户访问自己的订单传递系统。在这种情况下，买方可以向经纪人的系统发送买卖订单。如果是发起人接入，客户可以采用高频策略并且需要超低的延迟连接，以便他们可以非常快地连接到交易所并执行订单。延迟是指信息从一点传送到另一点所消耗的时间，延迟越低越好。这种情况允许客户直接接入市场。客户使用经纪人的标识符，但用其自己的系统。作为直接会员，交易者可以直接进入市场。快速连接非常重要，因为订单簿中的待定订单的延迟越低，越可以快速执行，而不用承担被"踢出局"的风险。

算法交易（AT）特别值得一提。正如 Schwartz，Juniper 和 Schlumprecht（2011，p.1）所说：

这些天来，肆虐华尔街的是什么？高频交易（毫无疑问）。与 HFT 相关的是什么？算法交易（毫无疑问）。交易能以毫秒的频率发生，想要"活在当下"、"交易在当下"的人们就必须使用算法，我们都知道它是由计算机驱动的，预制模式识别决策规则会（a）在一毫秒的瞬间告诉你做什么；（b）在同一毫秒的瞬间执行决策。你应在什么时候提交订单？它应是一个限价订单还是市价订单？如果是限价订单，应该如何定价？如果订单未被执行，会在订单簿中保留多久？答案都在算法中。

算法交易是通过大量指令确定买入或卖出订单的计算机程序，它使得交易者可以最大程度地利用市场条件和整个订单簿结构。特别是，这些指令还包括发送、隐藏、分拆（定义为子订单）部分比例。事实上，AT 就是在定量模型中设置一个确定数量的买入或卖出订单，这个定量模型根据特定目标自动生成下单时机和订单大小。粗略估计，每次交易者遵循交易协议时都会出现 AT，交易协议通过确定预定参数来管理一定量的交易以达到价格冲击最小化。

AT 的激增要求公司要快于市场竞争对市场活动做出反应以增强交易的盈利能力。因此，超低延迟对这些公司非常重要。例如，当执行套利策略时，获利的机会可能仅在实现平价前的几毫秒里。但今天被认为的超低延迟（如不到一毫秒）在未来可能会被认为是不可接受的。

在交易过程中，关注的焦点是执行成本。由于经纪人和交易所的相关费用，每个订单都会对资产价格产生影响，因此订单的执行涉及相关成本。显然，大额订单比小额订单对价格的冲击更大，并且未执行风险会随着订单规模而增加。另外，更慢或更被动的交易会将交易者暴露在资产波动的风险中。

交易活动可以根据四种执行方式进行分类：（1）代理交易；（2）自营交易；（3）机构交易；（4）程序化交易。以下分别讨论。

9.3.1 代理交易

在代理交易中，经纪人成为市场的一个"管道"。每天每个客户指定待执行的交易指令，有时候还会指定特定的基准价格或一定比例的交易量。代理交易可以采用以下三种主要方式。第一，高接触交易，即交易者手动操作订单。第二，低接触交易，即交易通过 AT 执行，基本没有真实交易者操作。第三，零接触交易，即交易者通过 DMA 进入市场，并通过经纪人的身份认证手动执行订单。在代理交易中，客户暴露于市场风险中，而经纪人不承担任何风险。

9.3.2　自营交易

在自营交易中，下单时经纪人或交易商与客户对资产的预付价格意见一致。这种交易通过特定的交易商在场外交易市场（OTC）进行，而非有组织的交易所。在这种情况下，风险转移给经纪人或交易商，他们会将管理订单的成本和相关风险包含在协议的买卖价差中。

9.3.3　机构交易

投资和养老基金被归类为机构投资者，其根据特定的投资准则持有巨额证券投资组合。其使用自营或者代理技术进行交易。机构交易还包括量化投资基金或使用电子交易和算法交易开发高度自动化策略的基金。

9.3.4　程序化交易

程序化交易，又称篮子或投资组合交易，是一种同时交易整批资产而不是对组合中的资产进行单独交易的交易方法。程序化交易的基本原理就是在整批交易全部标的资产时重新调整投资组合。近年来，特别是高速计算机大量增加后，程序化交易大幅增加。

程序化交易的核心交易策略有以下三种：久期平均、投资组合保险和指数套利。

1.久期平均是使用价格波动限制来降低价格波动性，从而在市场低迷期使损失最小化的策略。

2.投资组合保险或动态套期保值就是投资组合经理在市场下跌时设置一个资产组合的最低值，然后在预先设定的价位买入特定指数的看跌期权。如果指数低于这一水平，保险人执行或出售该看跌期权。期权的盈利抵消了证券投资组合的损失。如果投资组合增值，则交易者损失看跌期权的期权费。

3.指数套利是基于股票市场与标的证券（如股票市场指数）的期货或期权市场之间的相关性的策略。根据这一策略，交易者在高点卖出指数期货，并买入被低估的构成该指数的标的股票。盈利来自于这两种证券或证券组合的价格差。

除上述核心交易策略外，一些机构投资者还使用其他的交易策略。包括系统交易、量化交易、高频交易、统计套利和算法交易。

• 系统交易。这种交易策略就是在一定时期内为几个或某一特定资产建立交易策略。交易结果由进入和退出时的价格和交易量水平决定。根据该交易策略得到的阈值水平通常与根据布林线得到的结果进行比较。交易策略包括关于价格、交易量和进出市场时机的一组决策。部分交易策略是根据交易者进入或退出市场时价格阈值水平的界定给出的。在这个意义上，布林线代表了识别形成激活策略上下限的高/低价格趋势的主要工具。它是识别股票价格上下阈值的技术交易工具，显示了随时间的波动性。布林线是根据最后n期收盘价的标准差构建的。分析师可以根据高于或低于n期移动平均线一定数量的标准差得出上轨线和下轨线。当价格波动性增强（减弱）时，这些线会开口（收口）。技术分析师认为如果上轨或下轨标准价格是极端的，布林线非常有用。

• 量化交易。在这种情况中，交易规则是通过专有的量化模型执行的。量化模型或规则是根据有关股票价格时间序列行为的研究而设计的，这些研究通过历史观察值推断未来走势，并通过模拟时间序列条件来设计特定的模型。

• 高频交易（HFT）：HFT是以微秒为基础进行的、零库存头寸的交易活动。该策略的设计是为了从错误定价中获得最大好处并使风险暴露最小化。高水平的交易活动监测对于HFT至关重要。

• 统计套利。统计套利的目标是基于分析历史数据检测套利可能性来设计交易活动。数据挖掘方法可以在设置交易策略中应用。

• 算法交易。该交易模型通过含有一系列指令的计算机完成，这些指令以特定方式执行交易，包括界定识别策略条件对某些市场事件，如政策公告和市场新闻，所作反应的特定策略。这类交易可用几种不同的算法，其中价格、交易量和流动性代表了驱动因素。通常，算法可以根据动态规划插入指令进行设计，其订单参数是根据市场演变设置的。例如，订单的规模可以以交易量为条件。或者，算法也可以根据静态规划进行设计。本章后面的部分将对算法进行更为深入的讨论。

9.4 交易机制

市场可以根据其交易机制和交易频率进行分类。交易机制一般可以分为订单驱动或报价驱动。

在订单驱动的市场中，匿名的交易者可以平等地参与交易、在订单簿中下单，这些订单都采用相同的原则进行撮合。订单驱动市场的典型例子就是交易所和自动交易系统。在这类市场中，在订单送达市场的同时确定价格。在这种情况下，买卖订单直接匹配。流动性是由来自市场参与者的持续订单流提供的。这样，中介机构唯一可能的作用就是把订单从客户送达市场，促进了市场的流动性。

一个纯粹的报价驱动交易机制意味着交易者必须与交易商（或做市商）进行交易，交易商（或做市商）报出其买卖给定数量时的买价和卖价。除股票之外的大多数证券都是在报价驱动市场中交易，交易通常以电子方式进行。在报价驱动市场，价格由作为流动性供给方的指定做市商或交易商决定。这些中介机构在交易和做市中处于垄断地位：每个交易者或代理商都必须把订单发送给中间机构。在某些情况下，指定的流动性供给方可以作为客户限价订单的经纪人或代表他们的账户进行交易。每个交易者向做市商提交订单，做市商在屏幕上发布买卖报价。买价和卖价有效保证了市场的流动性。从这个意义上来说，交易商的作用在于提供价格以保证市场持续的流动性。在一个纯粹的报价驱动市场，投资者无法提交限价订单并与交易商竞争价格。另外，考虑到交易商和交易者之间的关系中产生的议价结构，存在这样的可能性，即从交易商那里获得的价格优于从市场获得的价格。但一般而言，报价驱动的市场透明度较低。对冲存货风险的需要迫使交易商利用其市场支配力正确地设定买卖报价。

混合市场同时兼有纯粹的限价订单市场和报价驱动市场的特征，中介机构发挥和经纪人相同的作用，其维持和管理订单簿的流动性。以 NASDAQ 为例，交易商可以选择向电子交易系统发送客户的限价订单。

更确切地说，报价驱动市场一个合理的假设是，某些参与者比其他人具有信息优势。由于这个原因，买卖价差显示了做市商愿意进行交易的成本。确切地说，价差应该覆盖与知情交易者进行交易以及做市场存货头寸产生的成本和损失。

与之对比，订单驱动市场是基于集中化的订单簿组织起来的，各类交易者提交的全部订单都被集中起来。订单的排列方式为最优价格位于顶部。顶部的买单具有最高的买方限价，而顶部的卖单具有最低的卖方限价。交易机制中很重要的一个问题是订单簿的透明度：如果只有最优价格是可见的，那么订单簿就类似于做市商的双向报价；相反地，如果整个订单簿都是可见的，交易者可以看到所有可用的价格和交易量。从技术上讲，当最优买价等于最优卖价时，市场可以被认为是"锁定"状态。当最优卖价低于最优买价时，订单簿被认为是"交错"的。

通常，混合市场同时包含连续竞价和集合竞价，因为这些特性既提供了连续执行的便利，又具有集合竞价的稳定效应。在连续竞价市场，市场开盘期间的任何时间都可以进行交易。在集合竞价市场，证券只能在特定时间交易。有些市场在市场波动性较强的时期采用连续竞价，即在交易日的开盘和收盘时，以及在因停盘而交易中断之后。有些市场基于连续竞价的基础收集订单，但每日定期（如30分钟内）按集合竞价执行订单。

交易协议的规则是一个有序市场机制的主要驱动力。事实上，由于市场的作用是提供一个公平、有序的交易环境，市场组织和交易协议应该提供最好的环境来确保快速、高效、低廉的执行方法。交易协议应包含三个方面的内容：（1）订单优先；（2）交易规模的要求；（3）价格增量。

第一，订单优先包括一套界定在执行阶段订单优先权的规则。例如，在价格优先原则下，拥有最高优先权的是最高买价和最低卖价的订单。如果订单的价格相同，第二优先规则是将优先权赋予非隐藏订单和最先到达的订单。差别定价规则则以最先到达订单的限价价格作为交易价格。

第二，交易规模的要求是交易规则设计中的另一个关键问题。这个问题在批发市场和零售市场差异巨大，在批发市场规模高于预定阈值的订单时才会被执行，而零售市场中任何大小的订单都可以执行。

第三，定价增量或价格变动单位是订单簿中价格上下变动的单位。Kadan（2006）讨论了价格变动单位的大小在交易过程中的作用，Barclay，Christie，Harris，Kandel和Schultz（1999）检验了交易改革对市场绩效的影响。

每个市场都会根据自己的经验设定自己的规则。不同市场间的激烈竞争吸引了绝大部分的订单流，这种现象使不同市场的交易协议趋同，或者至少是相对于公开可见的市场类型。暗池市场的规则设定与上述市场不同，暗池市场的规则仅其参与者可知并且订单簿是不透明的。Hendershott和Jones（2005）首先分析了暗池的作用及其对市场质量的影响。这方面的文献还包括对市场集中化和分散化作用的广泛分析（Chowdhry和Nanda 1991；Burdett和O'Hara 1987；Madhavan 1995）。

大额订单价格冲击最小化的需求产生了将订单传送到另类交易系统的强烈动机。另外，最近的监管，例如美国的全国市场系统（NMS）和欧洲的金融工具市场法规（MIFID），强调了市场竞争在确保佣金和费用更为低廉以及提高价格发现机制方面的作用。这使得市场分散化的作用日益重要。作为可以进行匿名交易的特殊的另类市场，暗池代表了这一现象的进一步演变。

9.5 设计交易过程

一般来说，交易过程可以根据三个主要步骤设计：价格形成、价格发现以及结算与交割。

1.价格形成。这个阶段是确定买/卖一定数量证券的价格。

2.价格发现。价格发现机制搜寻和发现准备以某一特定价格交易的对手方的动态过程。

3.结算与交割（净额）。交易过程中的这个问题是为处理现金流而设计的，用于交易报告并确保所有权转让的一系列基础设施和规则。

接下来的讨论集中在价格发现和结算与交割。价格形成机制包括代理人之间市场相互作用的微观结构，这不是本章的主要内容。Viswanathan 和 Wang（2002）对价格形成机制进行了深入探讨。

9.5.1 价格发现

价格发现机制涉及双边交易、连续竞价、集合竞价。双边交易，即一对一的交易机制，主要用于报价驱动和议价交易。在这种情况下，对手方的身份是已知的，报价都是根据客户的需要调整的。对逆向选择风险进行一般估计并纳入报价。订单簿包含所有的出价，每个交易者通过"拍板成交"来接受由对手方出具的报价。在多个交易商的市场，订单包含所有的买卖报价。在 NAS-DAQ，交易商有义务提供确定报价。与之形成对比的是，在混合市场客户可以向特定做市商发送订单，做市商可以接受或拒绝。接受部分订单意味着重新协商。

广义地说，至少有五种价格发现机制：（1）报价请求（RFQ）；（2）请求流（RFS）；（3）匿名的双边机制；（4）连续竞价；（5）集合竞价。以下分别进行简要介绍。

1）报价请求

RFQ 就是客户通过电子驱动系统（交易商对客户平台）发送报价请求。请求可以设定为对价格和数量的确定请求。交易商会向客户回复一个确定的报价，客户可以接受或拒绝报价（离开订单簿），甚至重新协商条件。在这个过程中，对于接受客户报价请求并将其提交给一个交易商或一组特定交易商的经纪人仍有空间。图9-1综合地展示了该过程。

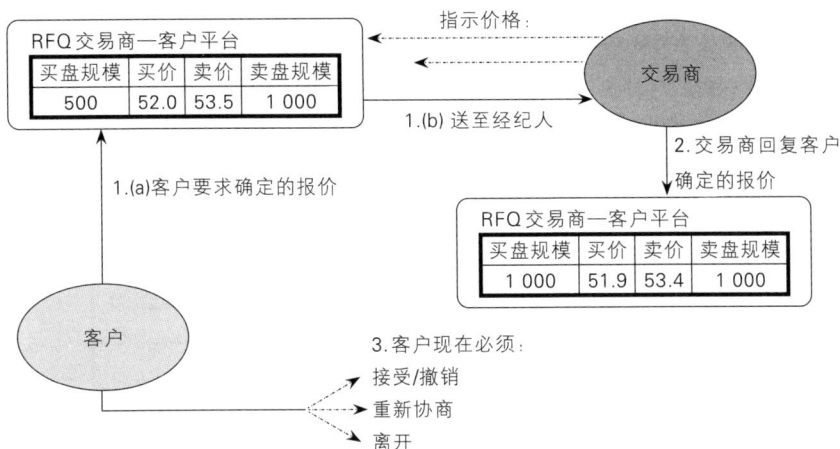

图 9-1 报价请求示例

注：上图显示了报价请求过程的运行机制，摘自Johnson（2010）。客户首先请求确定的报价，请求被送至经纪人。然后，交易商回复客户确定的报价。客户有多种选择：接受/撤销、重新协商、离开。

2）请求流

在请求流的情况下，客户要求报价持续更新，而不是一次性报价。在这种情况下，交易商发出一系列报价。与特定交易商进行交易的决定通过压价或提高报价做出。另外，客户可以选择等待后续的更新以便看价格是否有所改进。在采用请求流的市场，交易商负责提供确定报价的持续更新。图9-2展示了请求流的运行机制。

3）匿名双边机制

在这种情况下，买卖都是匿名发送。当系统发现一个潜在匹配时，双方之间的谈判开始。对于这种类型的价格动态，由一级市场决定价格，数量可以协商。每一个对手方都可以得到另一方的记分卡，记分卡汇总先前成功的谈判历史。交易者的身份仅在成功执行后才被公开。

4）连续竞价

在一个连续的竞价中，撮合原则适用于每次订单的添加、更新或取消。连续竞价即许多买/卖订单同时被加入一个中央订单簿的过程。因为大量订单被添加到订单簿，成功的关键要素是有一个强大的基础设施系统来处理全部的订单。订单指示首先被发送到订单簿。接下来，交易撮合原则检测发现匹配的概率。然后，订单簿被更新以反映所有的变化，并且执行通知发送到全部匹配。最后，循环重新开始下一个订单的执行。

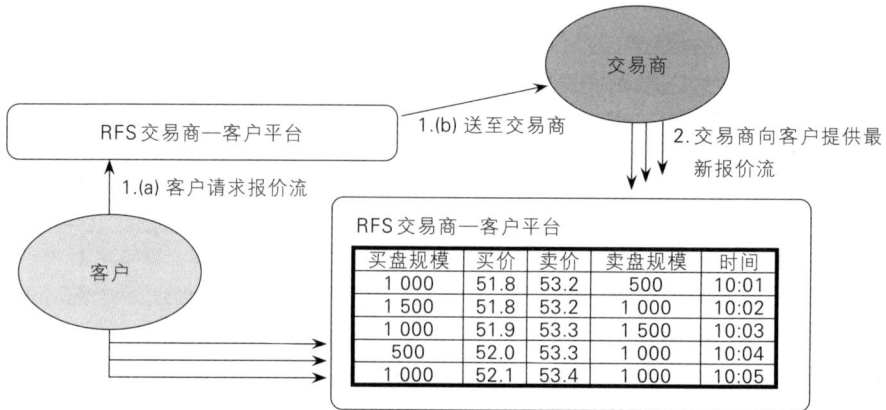

图9-2 请求流举例

注：上图展示了与请求流相关的订单传递机制，改编自Johnson（2010）。客户发出的请求流被传递给交易商。交易商向客户提供最新报价流。对于每一个新报价，客户必须决定是接受还是忽略。

给定该过程的结构，撮合原则在交易过程动态演化中起着关键作用。事实上，关于撮合原则，订单优先是定义交易过程的关键要素。特别是，价格具有最高优先权：提高价格的订单要优先于其他。此后，价格/时间原则按照优先权来对待订单簿同侧出现的同价订单。价格/时间原则在股票市场更常见。在期货市场，价格/比例分配模型被广泛应用；每个订单是根据订单在该价格全部订单总余额中所占比重被分开。

在某些市场如暗池市场并没有独立的价格发现机制。在这样的市场中，执行价格来自外部（一级市场），它通常使用外部最佳买入价和卖出价的中间价格。

5）集合竞价

集合竞价发生在一天内事先约定的时间段：一次、两次或每10到15分钟一次。第一阶段是集合订单，然后在竞价时间进行交易撮合以集中最高成交量。给定订单簿的状况，竞价以最优价格成交。在一些交叉系统，价格可以来自另一个市场。价格一经确定，订单簿开始撮合处于均衡限制价格的所有订单。一旦竞价结束，订单簿会被更新以吸引更多的流动性，并继续进行下一步。集合竞价通常用于流动性较差的资产，因为它允许把大量的订单集中起来。

在各种交易机制中还有一种是连续双向竞价（CDA）。这属于订单驱动连续竞价市场，可以同时支持买盘竞价和卖盘竞价。它可以作为中央限价订单簿（CLOB），同时集中买单和卖单，并且自动搜寻机制确保每只证券合并订单簿中的买方和卖方限价订单之间进行最优撮合。Madhavan 和 Cheng（1997）提供了市场不同交易端之间相互作用的分析（大宗交易，即'楼上'和'楼下'）。

9.5.2　清算与结算

清算与结算是指交易机制的最后阶段。交易后，管理清算和净额结算的系统将信号发送到交易对手以确认交易执行。特别地，清算涉及确认交易双方持有要求的资产以履行其交易义务。结算涉及资产和资金的实物交换。这意味着订单簿的更新反映了所有权的变更。市场上的托管人确保资产的实物交割。

中央对手方（CC）和中央订单簿（COB）的运作机制有着些许不同。在这种情况下，中央对手方（CC）担任整个市场的票据交换所，因为每个买方或卖方都以中央对手方（CC）为交易对手，就如期货或期权市场一样。此功能使得完全匿名交易成为可能。交易是有抵押的（即每个交易对手方应该在特定账户提供抵押品作为对未执行订单的担保）。清算处理的是与中央对手方（CC）的净额交易。

9.6　高频交易

金融市场的最新发展就是高频交易，这是交易活动的重要创新。它使用非常复杂的计算机程序，分析实时市场数据寻找交易机会，时间间隔可以从几秒到 1 小时。处理信息的延迟、向订单簿发送订单以及订单的执行仅需几毫秒或几微秒，而人工操作几乎不可能实现。学者和从业者之间的争论总结出了关于高频交易的利弊。

一般而言，交易活动广泛采用新技术的趋势始于 20 世纪 70 年代，当时纽约证券交易所（NYSE）引入了指定订单转换（DOT）机制，该系统将买卖订单传送至交易席位，然后人工执行。在 20 世纪 80 年代，股票交易所逐步采用电子限价订单，通过插入算法使得交易所能够自动向特定的平台发送订单，该平台可以恰当地撮合订单。

程序化交易或系统化交易的近期发展趋势已经表明，基于价值标准的定量策略被日益广泛应用。投资基金和自营交易大量采用算法。交易算法决定价格、数量和订单的最优传送。该过程中的参数由订单簿的状态和整体流动性给出。订单被划分为几个市场场所和不同时间范围。一般来说，买方机构采用这种算法的目的在于长期持有股票，而投行机构，如 Getco 和高盛（Goldman Sachs）使用这种算法是为了实现短线持有。尽管最初产生自股权市场，如今高频交易（HFT）已迅速蔓延到固定收益以及期货和期权市场。

量化投资和高频交易的关键区别在于投资持有期。高频交易在几毫秒至几小时的范围内投资，在一个交易日内平仓。Jovanovic 和 Menkveld（2010）的研究表明，在 Chi-X 和泛欧交易所（Euronext），高频交易者的总头寸在整个交易日内都在零附近。从这个角度看，高频交易有助于交易者的头寸风险最小化。Ho 和 Stall（1981，1983）研究了头寸的相关风险。

正如 Biais（2011）指出的，高频交易具有三个优势。第一，高频交易算法有助于确保资产在交易期间能够准确且持续的定价。Chaboud，Chiquoine，Hjalmarsson 和 Vega（2009）主要研究外汇市场，他们认为计算机相比人工能够更快地检测出三角套汇的机会，并快速做出反应。显然，计算机在检测套利汇机会上是非常有用的，它们通过两种基本途径发挥作用：降低搜索成本和缓解交易者的认知限制。

第二，高频交易允许投资者和交易者妥善处理近些年持续增加的市场分散化。相同的证券同时在几个交易平台交易导致大量分散的情况，使得搜寻最优流动性状况和最优交易机会变得极其困难。计算机的广泛使用可以实现在很短的时间间隔实时检测套利机会，有助于解决这个问题。

第三，高频交易相对于人类内在的认知限制具有一定的优势。在集中的市场中，交易者必须不断监视数个信息来源，如差价、订单和市场消息。人工分析意味着存在决策时滞（无论是买入还是卖出），这可能对交易的盈利性是致命的损害。使用计算机可以帮助人们克服分散化和短时间内大量信息引起的认知限制。

但是高频交易也存在一些缺陷。首先是与高频交易有关的市场操纵。事实上，高频交易涉及三种形式的市场操纵：（1）"填充"；（2）"放烟雾弹"；（3）"电子欺骗"。"填充"就是高频交易者向市场提交极高数量的订单并使市场产生拥堵的能力。这样，较慢的交易者可能会发现进入市场非常困难。"放烟雾弹"指的是设置限价订单以吸引较慢的交易者。较慢的交易者被吸引时，高频交易者可以修改他们的订单，转到更有利可图的交易。最后，"电子欺骗"指的是策略性地提交和撤销限价订单来引发市场恐慌，并诱发较慢的交易者以盈利的方式做出反应。

最后一个潜在的危险与HFT的逆向选择有关。高频交易的实施需要在成本高昂的基础设施上进行大量投资。如Hendershott和Riordan（2013）所说，其技术使得它能快速捕获所有可用的信息，并具有领先的价格发现优势。根据Brogaard（2010），Kirilenko等（2010）以及Hendershott和Riordan（2013）的实证研究结果，高频交易者在价格将要增加（减少）时可以买入（卖出）。这对较慢的人工交易者来说意味着巨大的逆向选择成本。

此外，建立高频交易的基础设施所需的庞大投资意味着强大的市场力量。基本上，高频交易者可以拦截大部分的订单流，这意味着流动性供给会产生反竞争效应。总的来说，高频交易为监管机构和做市商带来了新的挑战。有必要对此进行深入研究，以更好地确定高频交易的利弊。

9.7 交易算法

如前所述，交易算法就像一台计算机发布一系列指令来执行一组特定的订单。交易平台技术的最新发展已经创造出大量的算法。通常，主要的驱动因素是价格、成交量或流动性。一些交易算法遵循预先确定的既定交易计划。其他的算法则更加动态，它们往往是实时的，是不断发展的市场条件的函数。表9-1提供了一个通用的算法分类。

表9-1		算法的不同类型
关键驱动因素		算法
计划	时间	时间加权平均价格（TWAP）
	成交量	成交量加权平均价格（VWAP）
预先设定的基准	成交量	成交量百分比（POV）
	价格	执行差额（IS）
	比率	配对/价差交易
动态基准	价格	基准价交易（PI）
		收盘市价（MOC）
流动性		基于流动性的算法智能下单方式

注：上表为目前行业内主要采用的交易算法类型及其关键驱动因素。

表9-1显示了两种计划驱动型算法：基于时间计划的时间加权平均价格

（TWAP）和成交量加权平均价格（VWAP）。如果算法是根据预先设定的静态基准设计的，算法可以分为以成交量为预先设定基准的成交量百分比、以价格作为基准的执行差额、以两只证券价格的比率（或价差）作为基准的匹配交易算法。另外，如果算法的驱动因素是动态基准，它可以是实时价格，如基准价格交易（PI）算法，或基于收盘价，如收盘市价订单（MOC）算法。最后，最近实行的算法设计以市场中任何给定时间的流动性条件为目标。基于流动性的算法根据流动性来调整其订单策略以避免强烈的价格冲击。

不断发展的算法包括至少三代。第一代算法是订单切片的自然演化，例如VWAP和TWAP算法。第二代算法的产生是为了处理交易成本分析以预测订单可能对资产价格产生的影响。两代算法之间的差异主要在于，第一代算法对价格或风险不敏感，而第二代算法以降低交易成本为导向。第三代算法主要是基于流动性的，将市场的流动性状况考虑在内来设计出减少市场冲击的最优策略。

广泛用于所有算法的参数包括开始/结束时间、有关执行方式的条件。积极、消极或中性的交易方式可以设置为完成订单所需的最长时间的函数。

接下来，对一些基本算法做一概述。

9.7.1 时间加权平均价格

一个简单的TWAP算法可以表述如下：交易者或投资者买入一定数量的特定资产。一旦交易者指定了执行此订单的时间范围，该算法在该时间段把总订单平均切分为等量的子订单。如果交易者选择积极的交易计划，订单将会更快地执行。消极交易计划的时间跨度越长，每个子订单的规模就越小。订单按照不间断的交易计划被发送到市场（如每5分钟）。可以加入特殊参数以引入考虑了证券市场价格的动态调整率，以及一系列参数，这些参数以通过检查有效订单的相对距离和交易频率来控制订单的完成为目标。

9.7.2 成交量加权平均价格

成交量加权平均价格（VWAP）等于总交易金额除以总成交量。该结果确定了可能实现价格冲击最小化的理想的交易比例。基本上，算法的价值是由市场交易总量的历史价值决定的。成功实现VWAP的关键因素与VWAP对市场成交量的依从性有关。如果历史的和实际的市场交易量相同，VWAP的性能不会受到影响；但如果这两个变量不同，则会存在大量问题。作为算法的一部分，可以加入特殊的参数以根据市场价格锁定执行，允许交易计划向上或向下倾斜。

9.7.3 成交量百分比

成交量百分比（POV）是密切关注市场实时交易量的一种算法。交易计划是根据实时市场成交量的不断变化动态决定的。例如，若算法规定参与率，交易量将等于证券市场成交量的20%。如果历史交易量接近实际交易量，则它类似于VWAP。一般情况下，考虑到交易者自身交易的影响，该算法会进行调整。与此相关的问题是，市场成交量的突然变化可能把它变成一个不合意的交易策略。因此，通过预测市场成交量来补充算法是至关重要的。这是通过综合历史成交量、当前观察和量化分析来实现的。POV的替代版本也考虑了价格变化对特定基准的作用。使限价执行固定的价格条件可以被加入模型中以避免价格冲击。

9.7.4 最小冲击算法

最小冲击算法构建的独特目标就是给定订单的市场冲击最小化。该算法通过将订单进行切分并将子订单传送给特定市场来将每个市场的市场冲击最小化。这在另类交易系统（ATSs）或暗池的帮助下是可以实现的。算法决定了每次向每个市场场所分解的比例。

成本驱动算法旨在将交易成本减至最低。一般来说，该算法使平均交易价格与设定基准之间的差额最小化。这种类型的算法属于执行差额（IS）算法，它由每个投资者的交易价格与实际实现的平均执行价格之间的差额决定。该算法的目标是实现与执行价格差额最小化的平均执行价格。该算法有两个版本：静态和动态。在静态版本中，执行差额算法的步骤如下：（1）确定最优交易范围，它是订单规模、交易时间、资产流动性和投资者的风险规避或交易冲动的函数；（2）确定交易计划或参与率。在动态版本中，该算法更适应市场环境，考虑了最优参与率是以不同的实时市场状况为条件的。

9.7.5 流动性驱动算法

这种类型的算法是为了寻找跨越不同执行场所的流动性。流动性驱动算法是基于动态规则，根据现有市场上潜在的流动性状况调整订单。根据每个价位上的订单总余额（深度）来检测市场质量的流动性指标是在几个不同的场所同时计算。然后，搜寻算法向流动性状况最适合订单规模和价格限制特点的市场发送订单。所有待设定的参数中，需要决定不同市场上订单的可见性：多少订单应该是可见的，多少是要隐藏的。这些类型的订单可以非常有效地使交易的价格冲击最小化。

9.8 总结和结论

本章分析了在近期证券市场发展中交易设计呈现的主要特点。近年来，交易机制的演进已经变得非常快速且激烈。分散化的增强和使用技术的倾向向交易技术和市场结构的未来发展提出了重大的挑战。

本章讨论了近期有关交易机制和算法的市场进展。交易过程已经从人工操作过程发展成自动化系统。规则是这一过程的重要内容。市场之间引进更激烈竞争的需要为划分子市场创造了动力，根据不同的特性将分散化的市场划分为不同的子市场，满足特定类型代理对订单规模、交易范围和市场可见性的需求。分散化程度的加大要求必须使用技术进行管理，允许交易者监控同一时间多个市场的市场状况。这需要算法发挥更强大的作用，同时动态地监控所有市场场所以允许市场参与者从所有可能的备选中找到最优价格。

这种进化趋势要求对价格形成机制进行认真分析。这样的机制不再是由单个市场的流动性、成交量和信息质量决定的。相反，其与多个市场同时存在的市场状况有关。在这种背景下，高频交易是至关重要的。它代表了一种应对分散化并使每笔交易均获得最优价格的非常有效的方式。静态和动态交易算法都越来越重要。本章讨论了近期演进趋势，这也为提高算法质量提供了明确的动因。

讨论题

1.界定流动性并讨论其重要性。
2.解释为什么高频交易很重要，以及预期相关的主要风险。
3.讨论为什么算法交易在当今金融市场上非常必要。
4.讨论动态和静态算法之间的主要差别。

作者介绍

Massimiliano Marzo是博洛尼亚大学经济系副教授，主要研究金融市场微观结构。他在国内外重要的几家交易和银行机构担任顾问。他的研究集中在银行间市场、跨交易场所的价格发现机制和最优执行方式。他已在国际同行评议刊物上发表了多篇文章，包括Journal of Economics Dynamics and Control、Applied Economics、Structural Change and Economic Dynamics、Journal of Policy Modeling 和 International Review of Economics and Finance。他为 Journal of Money、Credit and Banking、American Economic Review 和 Structural Change and Economic Dynamics 等刊物担任审稿人。他在耶鲁大学获得经济学博士学位，在博洛尼亚大学获得经济学学士学位。

参考文献

Amihud, Yakov, and Haim mendelson.1986. "Asset Pricing and the Bid–Ask Spread." *Journal of Financial Economics* 17:2, 223–249.

Barclay, Michael J., William G.Christie, Jeffrey H.Harris, Eugene Kandel, and Paul H.Schultz.1999. "Effects of Market Reform on the Trading Costs and Depths of Nasdaq Stocks." *Journal of Finance* 54:1, 1–34.

Biais, Bruno.2011. "High Frequency Trading." Working Paper, University of Toulouse.

Brogaard, Jonathan.2010. "High Frequency Trading and Its Impact on Market Quality." Working Paper, Northwestern University.

Burdett, Kyle, and Maureen O′Hara, 1987. "Building Blocks: An Introduction to Block Trading." *Journal of Banking and Finance* 11:2, 193–212.

Cesari, Riccardo, Massimiliano Marzo, and Paolo Zagaglia.2013. "Effective trade execution." In H.Kent Baker and Greg Filbeck, eds.*Portfolio Theory and Management*.New York: Oxford University Press.

Chaboud, Alain, Ben Chiquoine, Erik Hjalmarsson, and Clara Vega.2009. "Rise of the Machines: Algorithmic Trading in the Foreign Exchange Market." Federal Reserve Board International Finance Discussion Paper Number 980.

Chowdhry, Bhagwan, and Vikram Nanda.1991. "Multimarket Trading and Market Liquidity." *Review of Financial Studies* 4:3, 483–511.

Hendershott, Terrence, and Charles J.Jones.2005. "Island Goes Dark: Transparency, Fragmentation and Regulation." *Review of Financial Studies* 18:3, 743–793.

Hendershott, Terrence, and Ryan Riordan 2013. "Algorithmic Trading and the Market for Liquidity." *Journal of Financial and Quantitative Analysis*, forthcoming.

Ho, Thomas, and Hans Stoll.1981. "Optimal Dealer Pricing under Transactions and Return Uncertainty." *Journal of Financial Economics* 9:1, 47–73.

Ho, Thomas, and Hans Stoll.1983. "The Dynamics of Dealer Markets under Competition." *Journal of Finance* 38:4, 1053–1074.

Johnson, Barry C.2010.*Algorithmic Trading and DMA: An Introduction to Direct Access Trading Strategies*.London: 4Myeloma Press.

Jovanovic, Boyan, and Albert Menkveld.2010. "Middlemen in Limit Order Markets." Working Paper, New York University.

Kadan, Ohad.2006. "So Who Gains from a Small Tick–Size?" *Journal of Financial Intermediation* 15:1, 32–66.

Kirilenko, Andrei, Albert Kyle, Mehrdad Samadi, and Tugkan Tuzun.2010. "The Flash Crash: The Impact of High Frequency Trading on an Electronic Market." Working Paper, Smith School of Business, University of Maryland.

Madhavan, Ananth.1995. "Consolidation, Fragmentation and the Disclosure of Trading Information." *Review of Financial Studies* 8:3, 579–603.

Madhavan, Ananth, and Minder Cheng.1997. "In Search of Liquidity: Block Trades in the Upstairs and Downstairs Markets." *Review of Financial Studies* 10:1,175-203.

Schwartz, Robert A., David C.Juniper, and Thomas Schlumprecht.2011. "Herd on the Street." *Journal of Portfolio Management* 38:1,1-4.

Viswanathan, S., and James J.D.Wang.2002. "Market Architecture: Limit Order Books versus Dealership Markets." *Journal of Financial Markets* 5:2,127-167.

第10章 市场设计中的现存问题

CAROLE COMERTON-FORDE

墨尔本大学金融学教授

10.1 引言

过去的20年间，全球股票市场发生了根本性的变化。20世纪90年代末，大多数国家都有一个全国性的交易所作为共同的组织来运行，如今，大多数交易所都是营利性公司公开上市。提升交易服务竞争性的监管改革意味着许多国家现有的垄断式的交易所在交易服务上正面临着激烈的竞争。因此，交易开始分散于多个交易场所。

技术发展已成为这一变革的又一主要驱动力。在向市场提供的交易服务中出现了大量的创新。其中最为重要的是低延迟交易，随之产生了低延迟交易者（通常是指高频交易者）。此外，在交易服务的类型上也有创新，其中包括无交易前透明度（通常指暗流动性）的交易新机制。

本章探讨了股票市场中由结构性变化所引发的现存问题。介绍了股票市场的分散性，以及市场新进入者取得成功的原因。本章集中研究了当前股票市场中两个最具争论性的问题：高频交易（HFT）和暗池。本章界定了相关概念，解释其增长的原因，并分析其对市场质量的冲击。与高频交易和暗池相关的新出现的监管问题也将被讨论。本章集中研究了北美和欧洲市场的情况，因为所讨论的问题大多涉及这些市场。此外，亚洲市场也正经历着相似的变化，相关之处会有所说明。

10.2 竞争性和分散性

近年的监管改革加剧了市场间的竞争。本节讨论这些改革对现行市场份额的冲击，并且分析市场新进入者的成功因素。

10.2.1 市场份额

提升竞争性的监管改革主要在 20 世纪中后期被引入北美和欧洲市场。在美国，2005 年引入《全国市场体系规则》（Reg NMS），旨在促进市场间的竞争以及订单间的竞争。在欧洲，2007 年引入《欧盟金融工具市场法规》（MiFID），结束了使一国交易所形成垄断的集中原则。这些监管方面的变化使现有的交易所失去了大量市场份额。

图 10-1 显示了 5 个国家现有市场保留的交易活动份额：英国（伦敦证券交易所 LSE）、法国（泛欧证券交易所）、德国（德意志交易所）、加拿大（多伦多证券交易所 TSE）和美国（纽约证券交易所 NYSE）。图 10-1 的横轴表示在引入竞争之前及之后的数月时间。

竞争开始后的两年间，所有这些市场失去了超过 25% 的市场份额，在 4 年半时间里，全部交易所失去了超过 35% 的市场份额。表现最差的是伦敦证券交易所和纽约证券交易所，它们在 4 年半的时间里分别失去了 52% 和 76% 的市场份额。它们可以说是适应竞争最慢的。由于技术升级缓慢，它们难以将交易费用降至与新竞争者相当的水平。

市场份额的大量减少，引发了一个显而易见的问题：这些交易活动如今在哪里进行？很明显，交易分散到一系列新市场中进行。美国、欧洲、加拿大现在分别拥有超过 50、100 和 10 个不同的交易场所。美国股票市场提供了交易分散的典型例子。历史上，NYSE 和它的交易大厅在美国股票市场占主导地位。而如今，在 NYSE 上市的股票只有大约 25% 在 NYSE 进行交易，而且其中仅有一小部分在交易大厅完成。图表 10-2 显示了 2012 年 3 月美国不同交易场所统一成交量（即所有交易所上市的股票）的分散情况。NYSE 有三个交易场所运行，包括传统的纽约证券交易所、纽约证券交易所高增长板和美国证券交易所（已包括在"其他"的类别中）。NASDAQ 是另一个市场主导者，占据了大约 21% 的市场份额，同样分为三个场所：NASDAQ、NASDAQ PSX 平台和 NASDAQ BX。有两个新进入者（BATS 和 Direct Edge）分别运行着两个交易场所，总共占市场份额的 20%。

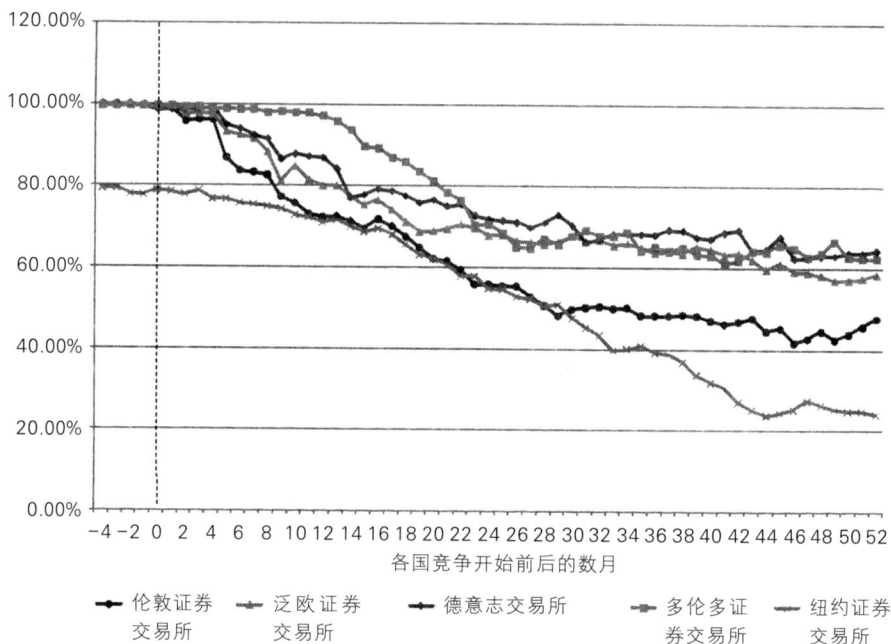

图 10-1　现有交易所的交易活动市场份额

注：上图显示的是现有交易所上市股票的美元成交量份额。横轴表示各国竞争开始前后的数月。在美国，全国市场体系规则实施之日标志着竞争的开始，即使实施之前也存在着竞争。数据来源于《路透社每月市场份额报告》。

图10-2中的另一大部分是"暗池"和"NASDAQ/NYSE TRE"，代表了众多交易场所，而不是单一的交易场地。

代表着大约20个暗池和超过200个经纪自营商的这些交易平台并不提供任何交易前的信息披露。这就意味着，在这些平台上，没有任何关于订单或报价的可用信息。但是，订单会被立刻上报至交易报告系统（TRF），确保了交易后市场信息的披露。这种交易统称为暗流动性交易。近年来，暗流动性的问题已经受到了极大关注。"暗池"一节将对这一问题进行进一步探讨。

类似的分散化现象也出现在监管者鼓励市场间竞争的其他市场。尽管新交易场所广泛扩散，但每一个管辖范围，都有一两个新进入者成为主导的交易场所。在美国，这种主导的新进入者是BATS和Direct Edge。在欧洲，Chi-X European已成为最成功的市场新进入者，它占据了全欧洲市场20%的交易份额。在加拿大，Alpha Trading和Chi-X Global分别占据了16%和12%的市场份额。

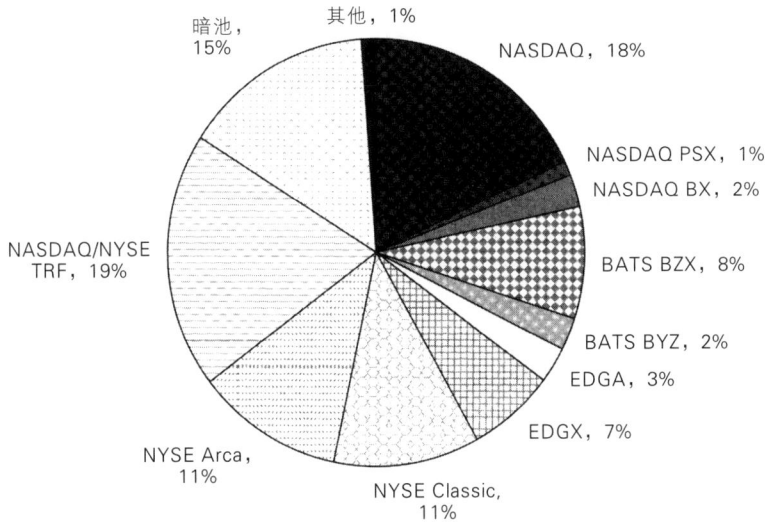

图 10-2　美国全国股票市场体系的市场份额

注：上图显示的是 2012 年 2 月美国股票市场体系的各个交易场地的市场份额。数字是每个交易场所或场所类型的股票美元成交量比例，为估计数，故加总不等于100%。数据来源于Rosenblatt证券公司2012年3月的《"让光芒普照大地"报告》。

10.2.2　市场新进入者的成功因素

市场新进入者的成功主要有三个原因：低延迟技术、进取型和创新型定价，以及新进入者的股权。下面逐一进行讨论。

1）低延迟技术

新进入者通常能够提供比现有市场更新、更快的技术。例如，Chi-X Europe在2008年4月成立一周年纪念日发布的新闻稿中宣布其交易系统比欧洲现有交易所最快的系统还要快10倍。

改进的延迟问题以及多个交易场所的存在鼓励了采用高频策略的交易者进入这些市场。下一节将提供更多关于这些交易者及其策略的细节。Menkveld（2012）研究了高频交易者对新进入市场取得成功的贡献，检验了2007年4月在荷兰市场成立的Chi-X Europe的情况。他指出在推出不到一年的时间里，Chi-X Europe已经占有荷兰股票交易12%的份额，Menkveld还研究了一家2007年7月开始交易荷兰股票的大型匿名高频交易公司。他指出这家高频交易公司占了Chi-X推出1年内在Chi-X和泛欧证券交易所总交易的15%。研究结论显示，Chi-X市场的增长与这家大型高频交易公司交易的增长显著相关。

2）进取型和创新型定价

新进入者还在价格上进行竞争，通常，新进入者对其交易服务的定价远低于现有交易所收取的费用。除了交易费用较低外，新进入者还提供创新的费用结构。它们最普遍使用的定价结构是接盘定价法。接盘定价法就是向交易者收取不同的费用，与那些通过市价或可售限价订单从市场获得流动性的交易者相比，这些交易者通过不可售限价订单向市场提供流动性。这种定价的标准模式是：对从市场获得流动性的交易者收取费用，给向市场提供流动性的交易者支付回扣。

此外，这一模式还有若干变种，包括向流动性提供者收取费用，而向流动性需求者支付折扣。例如，最进取的定价方式是在2007年1月，BATS在其成立近1年时所采用的：BATS在反转接盘定价法时进行了特殊定价，这使得其向流动性提供者支付的回扣（每股0.003美元）超过了向流动性需求者收取的费用（美股0.002美元）。这种价格结构有助于BATS获得市场份额。当时，NYSE向交易双方收取的费用是每股0.00275美元。

进取型定价还有助于解释Chi-X在荷兰市场的成功，Chi-X在荷兰市场刚刚推出时，其向流动性需求者收取0.3个基点的费用，向流动性提供者支付0.2个基点的回扣。这意味着存在0.1个基点的净费用差价。与此相反，现有的市场，如泛欧证券交易所，向交易者收取固定的费用——每笔交易1.2欧元，相当于25 000欧元的平均交易规模的0.48个基点。对活跃的交易者在费用上给予成交量折扣，可以将这一费用降低到每笔交易0.6欧元。此外，泛欧证券交易所还收取0.05个基点的可变交易费用。泛欧证券交易所还规定当撤销/交易超过5时，加收0.1欧元的过度撤销费用。创造二级交易平台，发展接盘定价模式，提高交易速度，都能为市场吸引新的交易者及新的交易活动。

3）新进入者的股权

大型交易公司或经纪行通常都拥有新进入者。因此，这些公司有动力把订单流发送给新市场进入者。在某种情况下，像Chi-X Europe，会向在平台执行大额交易的参与者提供股权激励。这些平台会给现有交易所带来降低交易费用的压力。

10.3　高频交易

本节对高频交易进行界定，介绍四种高频交易策略，并指出高频交易成功的决定因素。此外，还分析了高频交易对市场质量的影响以及高频交易的风险。

10.3.1　高频交易的定义

高频交易已经成为全球众多股票市场的主流交易形式。美国证券交易委员会（SEC）在其《股票市场结构概念释义》（2010，p.45）中，把高频交易描述为"近年来最重要的市场结构发展"。数据的限制意味着直接估计高频交易的交易量是不现实的。但是，市场估计表明高频交易占总交易的很一大部分。2012年3月，《金融时报》（2012）报道，高频交易占美国总交易的55%，占欧洲总交易的38%，占日本总交易的28%，占加拿大总交易的18%，占亚洲总交易的5%（除去日本）。尽管占据主导地位，但高频交易这个术语仍不好界定并经常被误用。

高频交易本身不是一种独立的交易策略，而是利用低延迟交易系统每日生成、传送并执行大量交易的一系列策略。证券交易委员会的《股票市场结构概念释义》（2010，p.45）定义了高频交易的五个特征：

（1）使用超高速和超复杂的计算机程序生成、传送并执行订单；（2）使用主机托管服务以及交易所提供的数据服务以使网络和其他类型的延迟最小化；（3）在极短时间内建仓或平仓；（4）有大量订单在提交后很快撤销；（5）收盘时尽可能接近平仓位（即不隔夜持有大量未抵补头寸）。

这些特点中的前四个被普遍接受。但一些市场参与者认为最后一个特点并非所有高频交易策略所共有的。

拥有自营能力的专业交易者通常进行高频交易，这里包括可能是注册经纪自营商的自营公司（如GETCO和Optiver）、提供多元化服务的经纪自营商的自营交易部门（例如，高盛投资公司和德意志银行），以及对冲基金（例如Renais-sance和D.E.Shaw）。

高频交易在技术上要求相当大规模的投资。同时，低延迟意味着高频交易通常要求非常快地与交易所交易系统连接。这就需要使用主机托管服务，这就意味着高频交易要把其计算机定位在交易所的服务器附近。主机托管服务是由交易场所或负责交易场所匹配引擎的第三方提供的。该服务允许交易者租用计算机机架以便将其交易系统放置在极其接近交易场所服务器的地方。高频交易还要使用从单个交易所直接购买的低延迟数据服务。

高频交易是算法交易（AT）的子集，算法交易是指使用计算机算法管理并决策订单的执行。例如，一家大型投资公司会使用算法将大额订单拆分并在一天内执行以使市场冲击成本最小化。这就是一个算法交易的例子，而非高频交易。

10.3.2　高频交易策略

《股票市场结构概念释义》（证券交易委员会，2010）有关股票市场结构的概念发布（美国证券交易委员会）定义了4个高频交易公司使用的策略：（1）（被动）电子做市策略；（2）套利；（3）结构性策略；（4）方向性策略。其他人还提出了其他策略或分类，但它们大体可以被归为被动做市策略和寻求利用定价失效或搜寻流动性的积极策略。这些策略并不新颖，但新技术使得这些策略可以更有效地实施。

1）电子做市策略

电子做市策略是使用算法通过不可执行限价订单向市场提供流动性，通常，这一策略需要向市场的买卖双方发布指令，并且在不同价格下有序排列多个订单。这一策略会产生大量订单，并在非常短的时间内撤销订单。

使用这一策略的交易者称为电子流动性提供者（ELPs）。他们已经在很大程度上取代了传统做市商。但是，与传统做市商不同，ELPs通常没有任何正式的做市义务，交易场所也未赋予其任何交易特权。与传统做市商相似的是，ELPs也是通过价差获取利润，同时必须有效管理与知情交易者进行交易的风险。由于最小价格单位由0.125美元降至0.01美元，来自买卖差价的潜在收益已大幅下降。但是，一些交易所给流动性提供者的回扣可以增加价差收益。电子做市被认为是最常见的高频交易形式，尽管很难在实证中证实。

2）套利策略

套利策略利用市场间或相关产品间的价格失效来寻求利润。在多个交易场所的流动性分散为市场间的套利交易提供了更多的机会。高频套利策略只需要非常短暂的定价失效就能产生利润。这些策略通常在不同的市场或产品间进行对冲，或许会持续数日。与电子做市策略不同，套利策略的交易者是从其他流动性供给者那里获得流动性的需求方。

3）结构性策略

该类策略寻求的是市场或参与者之间的结构性差异和无效性。例如，通过直接从交易所获得低延迟数据，交易者就可以识别并剔除证券买卖汇总记录带中的陈旧报价。

4）方向性策略

方向性策略是指交易者通过预测日内价格变动并根据这一预测进行交易的一种策略。通常，可以使用订单流数据分析来预测价格变动。例如，市场中买盘订单增加时，高频交易会推断出新的积极信息出现，并开始买入股票。

在使用技术快速应对公司信息发布和新信息方面也有发展。例如，一些数据供应商提供机读信息服务，即解析文本以测度信息内容及投资者情绪。然后，高频交易者根据这些信息产生的信号进行交易。

尽管方向性策略对于市场来说并不新鲜，但是技术进步使其可以更快速执行。但SEC在其《股票市场结构概念释义》中表达了对这一策略的关注，指出这种策略可能会导致市场操纵。其中，尤其要关注两种策略——订单占先和趋势引发策略，具体描述如下：

（1）订单占先是指识别隐藏在订单簿中的大买（卖）家，并在大额订单引发价格变动之前买入（卖出）。

（2）趋势引发是通过进行一系列订单和交易诱发价格激增或急速下降。

监管者应将注意力集中在交易策略的本质上，而不是在交易者进行交易的速度上。如果这些策略被认为是操纵行为，监管者应对操纵者采取行动，而不是把所有的高频交易都看作是操纵行为。

10.3.3 高频交易的盈利能力

在媒体和监管咨询报告回复中对高频交易的批评之一就是高频交易在交易中获得了超额利润。但是，这些批评通常是毫无根据的。由于许多高频交易公司或是私人持有，或是大型多元服务企业的一部分，因此它们与高频交易策略有关的成本和收益信息几乎无法获得。

成立一家高频交易公司的成本有可能很高，包括硬件设施、主机托管费用、软件开发和维护费用，以及数据交换费用。Brogaard，Hendershott 和 Riordan（2012）以2008年和2009年在NASDAQ进行交易的26家高频交易公司为样本，估计了高频交易的收益，但他们并未对成本进行估计。结果显示平均每天每只股票的交易收益是 2 351 美元，并随着股票盘数的大小变动，大型股每股每天的交易收益为 6 642 美元，而小型股收益则为 38 美元。这相当于每 10 000 美元的交易量能获得 0.03 美元的交易收益。Brogaard，Hendershott 和 Riordan 发现小型股每美元的交易收益更高。他们还发现消极被动交易策略的收益是以高频交易为启动程序的交易的两到三倍。

10.3.4 高频交易增长的影响因素

近年来，有很多因素影响了高频交易的增长。这些因素也有助于解释不同市场上高频交易水平的变化，这些因素包括：（1）低延迟交易系统的使用；（2）分割的市场；（3）有吸引力的交易所定价；（4）高流动性；（5）较低的最小价格变动单位；（6）穿价交易保护。

1）低延迟交易系统

由于高频交易策略依赖于快速地买进卖出，这就要求交易场所提供低延迟的交易系统。与高频交易策略有关的大量订单和交易也要求容量巨大的系统。

这一要求也解释了亚洲高频交易活动相对低迷的原因，这是因为亚洲众多市场上的交易平台都运转相对缓慢。伴随着2010年1月东京证券交易所（TSE）和2011年8月新加坡证券交易所（SGX）交易系统的升级，这一情况开始发生改变。TSE系统升级后，将延时从2秒降低到5毫秒。SGX升级后的订单反应时间提高到90微秒，并提供每秒一百万订单簿变化的容量，这一容量较之从前提高了100倍。这些新交易系统的引入使这些市场上的高频交易大量增长。例如，Bershova和Rakhlin（2012）估计日本的高频交易从2009年的10%增长到2012年的40%。

2）分割的市场

无论在什么情况下，多个场所交易单一的产品时，流动性都会被分割到不同场所。这种分割性为高频交易者提供了利用交易场所间定价无效的机会。因此，高频交易重新组合了不同交易场所间的流动性。同时，不同交易场所间的竞争也促使交易费用降低，这一点对高频交易策略非常重要。

3）有吸引力的交易所定价

由于高频交易策略利润较低，因此执行该策略时达到一个较低成本就显得尤为重要。由于费用竞争尤为激烈，因此美国市场的高频交易最为活跃。接盘定价方式也促进了高频交易活动的增长。交易所支付的回扣对电子做市策略尤为重要，因为这是对流动性提供者所获差价的补充。

4）高流动性

由于高频交易策略要求较高的成交量，因此这些策略主要被运用在高流动性的市场和高流动性的股票上。交易流动性不足的股票要承受更高的风险，因为这类股票出售困难且成本更高。

5）较低的最小价格变动单位

最小价格变动单位对于实施高频交易策略非常重要。较低的最小价格变动单位为高频交易者提供更多的价格梯度来设置订单并寻找套利机会。较低的最小价格变动单位因其更为紧密的价格增量而有助于管理风险。在某些市场，如日本，新进入的交易场所通过提供更低的最小价格变动单位来吸引高频交易。在另一些国家，如澳大利亚，监管者已经在其所有交易场所间设定了一致的最小价格变动单位。

6）穿价交易保护

穿价交易保护意味着以最优价格显示的订单不会穿价成交。市价订单必须被递送至显示最优价格的市场。这一规则由于确保提交至市场中的限价订单在其处于最优价格时受到保护，因此有利于电子做市商。美国市场的全国市场系统规则提供了穿价交易保护。与此相反，欧盟金融工具市场法规没有规定订单以最优价格被递送至市场。这无疑使欧洲的高频交易活跃程度低于美国。

7）高频交易对市场质量的影响

评估高频交易的增长对市场是有利还是不利，需要考虑合意市场的特性或特征。股票市场的存在使公司可以筹集资本以进行投资，拓展自身业务。对于愿意提供这一资本的投资者来说，必须要有活跃的二级市场以提供流动性和准确的价格发现。市场还必须是公平的、可靠的、透明的，这样才能鼓励投资者。

对于一个有流动性的市场，必须是交易者交易大量股票而对股票价格几乎不产生影响。因此，市场必须提供较小的买卖差价和较大的深度。对这些变量的时间序列分析为解释近年来美国市场的流动性变化提供了一些观点。图10-3显示了过去15年间在NYSE挂牌上市的股票买卖价差的大幅下降。

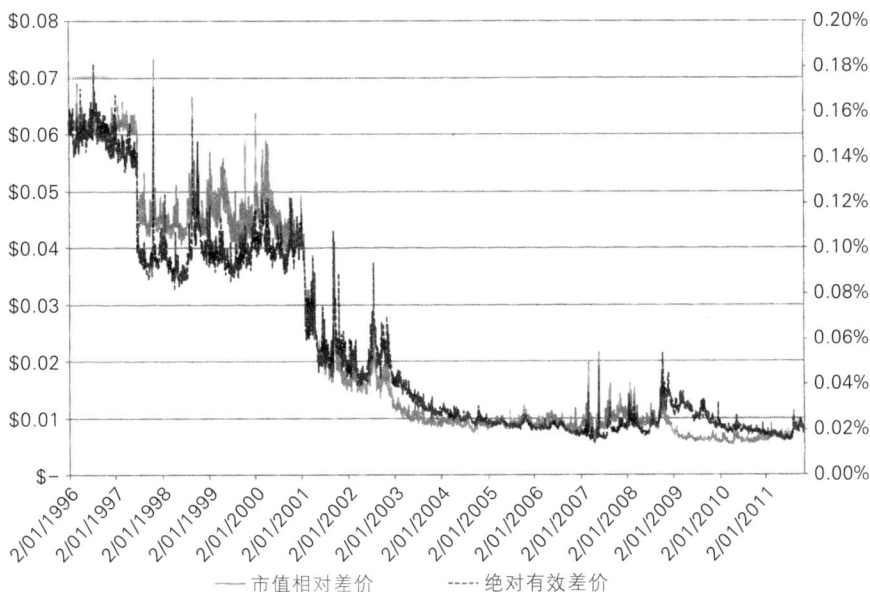

——市值相对差价　　　- - - - 绝对有效差价

图10-3　NYSE上市股票绝对和相对有效差价

注：上图显示的是1996年1月到2011年10月NYSE上市股票的市值加权绝对和相对有效价差。交易数据来源于路透社历史数据。

Chordia，Roll 和 Subrahmanyam（2011）指出在最优买卖价格的市场深度出现显著下降，从 1993 年到 2008 年间从 12 000 股降至低于 2 000 股。但是，在最优价格的深度下降并不能说明整体深度的下降。进一步说，这些估计并不能解释同一时期价差也显著下降的事实，因此需要考虑以多价格梯度来提供相当的深度数量。但不幸的是，以这种方式计算的深度数据难以获得。因此，仅有在最优价格的价差和深度不足以了解机构投资者的流动性变动。这种执行不足提供了另一种测度成本的方法。使用这种测度方法，Anand，Puckett，Irvine 和 Venkataraman（2011）指出在 2009 年以前的 10 年间机构交易的成本逐步下降。

这一时期，有多个因素导致流动性和交易成本发生变动，包括最小价格变动单位从 0.125 美元下降到 0.01 美元，提升交易服务竞争性的监管改革，市场间的激烈竞争，以及算法交易的大量使用。在同一时间，宏观经济条件的变化也影响了市场流动性。但是，识别某一特定因素与流动性变化之间的直接联系是非常困难的。鉴于这些原因，要想清晰地记录高频交易对市场流动性的影响也是非常困难的。

尽管困难重重，主流媒体上仍有关于高频交易对市场流动性影响的激烈讨论。其中大部分的讨论都是基于各种轶闻，而不是经验证据。坊间的观点通常认为高频交易会损害市场流动性。

一些研究估计了高频交易对流动性和市场质量的影响。这些研究分为两类：（1）在数据中直接识别特定高频交易公司的研究；（2）检验市场结构变化的影响，这种市场结构变化加剧了高频交易对市场的影响。

Brogaard，Hendershott 和 Riordan（2012）检验了 2008 年和 2009 年 NAS-DAQ 市场上最大的 26 家高频交易公司执行的 120 支股票交易的数据。Brogaard（2011）研究了相同的 NASDAQ 数据，并补充了 BATS 的数据。这些数据集为更深刻地理解高频交易及其对市场的影响提供了可能。

这些文献证实了高频交易的普遍存在，已占 NASDAQ 和 BATS 近 70% 的份额，在大盘股中（占其交易的 69%）比在小盘股（占其交易的 35%）中更为活跃。Brogaard（2011）指出在 NASDAQ 的高频交易公司需求和供给的流动性比例几乎是相同的（43% 比 41%）。在 BATS，高频交易公司的流动性供给更为频繁，占交易时间的 61%，而流动性需求只占 15%。在两个市场中，高频交易公司都会以最优买卖报价（BBO）提供流动性。它们在 NASDAQ 和 BATS 以最优买卖报价提供订单占交易时间的比例分别为 65% 和 58%。高频交易公司达到最优买卖报价占其在 NASDAQ 和 BATS 交易时间的比例分别为 19% 和

26%。更进一步，高频交易公司在两个市场以最优买卖报价提供的深度与非高频交易公司大体相同。这一结果表明高频交易公司对市场流动性有正效应。

Brogaard，Hendershott 和 Riordan（2012）检验了 NASDAQ 市场上高频交易对价格发现的作用。他们发现高频交易对定价效率有正向影响。他们还指出，当高频交易以可市价化订单交易时，其朝着永久价格变化方向，与短暂定价错误的相反方向进行交易。他们的证据还显示，这一结论在普通交易日和最高波动性的交易日都成立。与之相反，当以不可市价化订单交易时，其被永久或短暂因素逆向选择。但是，逆向选择的成本低于穷赚取的买卖价差和流动性回扣。Brogaard，Hendershott 和 Riordan 认为高频交易的影响与其他中介机构或投机者对市场的影响类似。

Jovanovic 和 Menkveld（2011）以及 Menkveld（2012）是这一研究的典型，他们说明了市场结构的变化如何导致高频交易的增加。这些文献考察了 Chi-X 成立以及随之而来的大量高频交易进入荷兰市场的情形。图 10-4 显示了 Chi-X 和新进入的高频交易公司极快地成为荷兰市场的重要参与者。

图 10-4　阿姆斯特丹市场的新进入者

注：上图显示的是 2007 年 1 月 2 日到 2008 年 4 月 23 日基于荷兰指数成分股交易的两个时间序列。图中是基于交易数量的市场新进入者 Chi-X 的市场份额，以及一个匿名高频交易商在新进入市场（Chi-X）和现有市场（欧洲证券交易所）的交易情况。数据来源于 Albert Menkveld 及其论文（2012）。

Jovanovic 和 Menkveld（2011）检验了这些新进入者对市场质量的影响。他们以同一时期未经历市场结构变化的比利时市场作为对照，使用差异分析方法，指出荷兰股票市场报价的买卖价差下降了57%，有效价差和逆向选择成本分别下降了15%和23%，在最优买卖价格的市场深度也下降了29%。但是，考虑到价差的大幅缩小，这一下降是否代表了在给定价格市场深度的实际降低尚不确定。根据 Menkveld（2012）的观点，高频交易公司在其交易中的80%都扮演了流动性供给者的角色。这一研究还显示，高频交易以价差赚钱，但会损失头寸。总之，这些文献的结论再一次佐证了高频交易对市场质量的有利影响。

尽管经验证据显示高频交易对流动性和价格发现都有积极作用，但仍有人质疑其提供流动性的质量。对此，需要确认三个问题：（1）可获得性；（2）流动性的规模；（3）流动性的一致性。鉴于高频交易者非常快速地输入并撤销订单，因此他们被批评仅提供了"稍纵即逝"的流动性，导致缓慢的交易者难以进入市场。此外，由于高频交易者只进行小规模交易，因此他们还被批评增加了大型交易者在订单簿中寻找足够规模的匹配订单的难度。但是，大型交易者越来越频繁地在交易日中使用算法交易拆分订单，也是造成这一问题的原因。最后，高频交易公司还因会在市场条件极不稳定时退出市场而受到批评。

10.3.5　高频交易风险

尽管高频交易给市场带来诸多好处，但它也产生了相当大的成本和风险，包括大量增长的订单信息流量和相关技术成本。此外，由于异常订单的进入或算法欺诈现象，越来越多的自动化交易很可能增加极端事件发生的概率。

1）订单信息流量和技术成本

高频交易策略包括大量订单的输入、修改和撤销，这会导致发送至市场的订单信息流量大幅增加。例如，在股票市场，截至2011年8月，NYSE 的信息流量同比增长121%，打破了7.01亿流量的单日历史记录。同一天，NYSE Arca 市场创造了12亿信息流量的记录。在期权市场上，NYSE Amex 的信息流量也同比增长超过100%，单日达到1.24亿信息流量。2011年8月，NYSE Arca 期权市场也创造了单日1.4亿的信息流量（美国交易信息可在 http：//exchanges.nyx.com/us-equities-news/record-messagge-traffic-august 中查询）。这些信息流量的增加无论对交易所、监管者，还是市场参与者来说，都提高了其管理交易系统的成本，也导致技术故障增加。近年来，主要股票市场的市场中断现象增加。例如，NYSE Euronext 在2011年6月经历了一系列的市场中断，LSE 在2010年11月和2011年2月都出现过市场中断。

2）极端事件、异常订单和算法欺诈

日益增长的交易程序自动化也增加了异常订单和算法欺诈的风险。这些风险同样适用于使用执行算法的高频交易公司和买方公司。但是，之所以将对这一问题的关注集中在对高频交易上，大概是因为2010年5月6日的股市瞬间暴跌事件。

欧洲经济和政治的不稳定，使2010年5月6日成为极度混乱的一天。到凌晨2点30分，波动指数上升了22.5%，标准普尔500电子迷你期货合约订单簿中买方深度下降了55%。下午2点32分，一家大型交易商发动了出售75 000份电子迷你合约（约合41亿美元）的计划，这基本是现有股票头寸。该交易商使用了自动执行算法，这一算法的目标执行率是前一分钟成交量的9%，并且无时间和价格限制。这就导致订单在20分钟内被执行。期货市场的高频交易者、做市商和买方开始吸收这一卖盘压力。高频交易公司积累了大量头寸，大约占成交量的30%。但是，面对不断增长的存货和风险，他们开始快速抛出头寸，并退出市场。结果，市场中的流动性蒸发。此次股市瞬间暴跌的进一步细节可见《美国商品期货交易委员会和证券交易委员会的报告（2010）》。

高频交易者因在市场最需流动性时退出市场而遭到强烈的批评。但是，如果考虑到大多数高频交易公司并没有正式的做市义务，其这样做也就不足为奇了。Domowitz（2010）指出这一结果应该是人类行为的结果，而非市场结构或高频交易的结果。他描述了1962年的一场相似的股市暴跌，当时市场在极短的时间内大幅跳水。证券交易委员会通过调查发现在股市下跌的过程中，NYSE的专家（即有正式义务的做市商）不是退出市场，就是积极地抛售股票。

《美国商品期货交易委员会/证券交易委员会的股市暴跌报告》指出，有一些其他因素导致了5月6日事件的发生。其一是无成交意向报价，即当真正的流动性退出市场时，进入市场的市价订单以极端的价格执行。此外，记录信息流量记录会导致统一报价的延迟，NYSE专有数据会导致市场混乱。最后，内化订单流的批发做市商会将大部分，并非全部的订单流传送至公开交易所以即时执行，这会给价格带来巨大压力。

10.3.6 对高频交易增长的监管

全世界的监管者都关注着高频交易的增长，并评估对这种增长及高频交易对市场的影响进行监管的必要性。监管者还考虑了准入和公平性、波动性控制、信息费及监控等问题。

1）准入和公平性

对延迟性的关注引起了监管者对双重市场的注意，双重市场使一些投资者可以比其他人更快做出反应。尽管关注的焦点是技术上的差异，但对市场准入差异的研究并不是新兴起的。当交易还在交易所内进行的时候，场内交易商较之场外交易者就具有速度优势。如今监管者应该关注的是确保接受主机托管服务是公平的，并且其费用是合理的，而不是所有投资者都能同等地进入。

2）波动性控制

自2010年5月6日的股市暴跌以后，监管者开始考虑引入波动性控制，包括在波动性拍卖和交易跌停之后实行交易中断。采取的方法多种多样，但目标是一致的：降低导致价格大幅变动的异常订单出现的可能性，以及在出现价格大幅、快速变动时，暂停市场以使系统和投资者重新组合或重新校准。在分散化的市场中，监管者试图在不同市场间的同种证券交易中确保交易暂停是协调一致的。

3）信息费

在美国和欧洲的市场已经引入信息费来抑制过度的信息流量。例如，NASDAQ和Direct Edge都规定在订单与成交比例超过100∶1时实施惩罚。NASDAQ的惩罚还考虑了订单从何处被提交至订单簿的问题。NASDAQ对超出比例的使用者收取费用，而Direct Edge会给一个较低的回扣（《金融时报》2012）。

4）监控

与高频交易有关的信息流量激增以及由市场间竞争引发的市场分散化加大了市场监管和监控的复杂性。监管者必须有能力在所有相关市场间重新创造并重新进行交易。那场股市暴跌也强调了这些工具的重要性。在美国，已经对建立一个订单合并审计跟踪系统进行了广泛的讨论。2012年7月，证券交易委员会出台了一项新规则，要求建立合并审计跟踪系统。建立这一审计跟踪系统成本极高，但这是当前高频市场中必要的工具。在澳大利亚和加拿大，监管者已经建立了合并审计跟踪系统，市场上已经开始征收费用来抵补市场监管的成本。这些费用是信息流量费和交易费用的结合，这反映了与激增的信息流量有关的技术成本影响了监管成本。

10.4 暗池交易

近期广受关注的另一类交易活动是暗池交易。本节将对暗池交易及其他形式的暗流动性进行界定。此外，还探讨了暗流动性对市场质量的影响以及针对市场质量的监管反应。

10.4.1 什么是暗池交易？

虽然暗池交易是个较新的术语，但其概念并不陌生。暗池是指没有交易前透明度的交易场所。这就意味着买卖股票的订单并不是在市场上披露的。这种交易的意向直到订单匹配并且执行后才会为市场所知。

股票市场一般都为交易者提供在执行交易前无需透明度的交易机制。世界上大多数市场都提供楼上交易机制，以便使大型交易者不必向市场披露其订单而直接执行大宗交易。如果大额订单在市场上披露了，就为投机者创造了效仿的可能，他们会抢先交易或匹配报价。允许执行大宗交易无需交易前透明度的机制确保了大宗交易的执行带来较低的价格冲击，并且不会因临时出现的供求失衡而引发价格波动。

技术的发展使不透明的交易便利不再是大宗交易商的专利。其结果就是，不透明交易显著增加。例如，在美国，不透明交易已经从2008年12月的17%（证券交易委员会2010）上升到2012年2月的34%（Rosenblatt证券2012a）。这种增长引起了对价格发现和流动性的关注。

既然不透明交易对大宗交易商的好处显而易见，那为什么小订单对无交易前透明度执行的需要就不那么明显？进一步说，如果大量订单流直接被传送至不透明交易场所，并且以相同价格出现在交易所订单簿的订单无法执行，投资者就不愿将其订单公布在市场上。这就导致交易所订单簿的订单流更少，买卖价差更大，整个市场的交易成本更高。

暗池交易通常不利于价格发现。执行价格是根据公开市场显示的（即中点价格的最终交易价格）或通过公开市场上最优价格协商而设定的。若大部分交易活动都是以交易前不透明形式执行的，那么价格发现过程的总体质量就很可能恶化。

10.4.2 暗池的类型

暗池有多种不同的交易模式。Mittal（2008）给出了以下几种暗池的分类：

• 公共配对撮合网络。这是暗池的传统形式。它们通常只对直接与交易场所连接的买方公司开放，并为其大额交易提供便利。这类交易场所的典型包括Liquidnet和POSIT。

• 内部撮合池。这类暗池通常用于卖方公司内部化自己的订单流。暗池内包括客户和自己内部的订单流。最近，还有一些引进了流动性合伙人，这使得其他买方或卖方公司可以直接进入。通常由运营商决定谁可以进入这些暗池。这类交易场所的典型是 Credit Suisse Crossfinder 和 Goldman Sachs SigmaX。

- 监听目标池。这类暗池只允许来自客户的执行/取消订单（IOC）与运营商的订单流相互作用。对冲基金或电子做市商通常在这类场所交易。电子做市商利用量化模型来决定暗池是否应该接受或拒绝 IOC 订单。这类场所的典型是 Getco 和 Citadel。

- 交易所暗池。这类暗池包括交易所提供的两类不同的暗流动性：（1）另类交易系统，例如 ISE Midpoint Match 或 NASDAQ Cross；（2）与公开订单相互作用但在交易前完全隐藏的隐藏订单。

- 联合暗池。这类暗池是公共交叉网络和内部撮合池的混合，通过公司联合体而非单一的公司运转。

这些交易模式也反映在不同类型暗池交易的特性中。尽管传统上不透明交易便利的目的是满足机构交易者进行大宗交易的需要，而如今不透明交易中的大部分涉及小订单。证券交易委员会指出超过90%的暗池交易是在向暗池发送订单之前使用算法拆分订单的机构投资者所进行的（证券交易委员会2009）。一家美国的经纪公司 Rosenblatt 证券每月都编制暗池交易的数据，其报告显示17个暗池中只有4个的平均交易规模在公开市场的平均交易规模之上。其余暗池的平均交易规模大约是200到300股，这与交易所的平均交易规模持平。

10.4.3　公开交易场所中的暗订单

除暗池数量增长外，在公开交易场所也出现了暗订单数量的大量增长。主要包括：

- 冰山订单。这类订单只披露订单总交易量的一小部分。随着披露部分被执行，隐藏的部分会更新为订单的披露部分。

- 部分隐藏订单。这类订单出现在订单簿中，但订单要素是隐藏的。例如，有些交易所允许隐藏交易量。

- 完全隐藏订单。这些订单存在于交易所的限价订单簿中，但完全对市场隐藏。某些情况下，完全隐藏订单的价格也许比市场上当前显示的价格更优。完全隐藏订单的执行优先权通常低于公开显示订单。

与暗池中的订单一样，公开交易场所中的暗订单对交易前的价格发现过程也没有贡献。但与暗池中的订单不同，这些订单与公开的流动性之间有相互作用。

在大多数市场上，交易所订单簿中存在的部分暗流动性是未知的，因为交易所并不对其进行披露。在美国市场上，这部分流动性估计占全部交易量的4%（Rosenblatt证券2012b）。

10.4.4 暗交易对市场质量的影响

评估暗流动性对市场质量的影响需要考虑合意的市场特性，即流动性和价格发现。尽管暗交易有利于寻求市场冲击成本最小化的大型交易者，但是过多的暗交易会对流动性或价格发现产生不利影响。

具有流动性的市场拥有较小的利差和较大的深度。暗交易对流动性产生两方面的潜在影响：如果订单隐藏执行，而同一价格上的公开订单未被执行，投资者就会对公开订单感到灰心。这很可能会导致公开订单簿的深度下降及买卖差价加大。

暗交易的增长还分散了流动性，使信息聚集更加困难。进一步说，由于暗交易场所通常不像交易所那样经过授权，因此只要它们以非歧视方式进行交易，就可以限制访问其流动性。例如，证券交易委员会（2010）报告近100%的零售订单流已经被内化，离开交易所。这就意味着大量的不知情订单流被从交易所其他类型的订单流中分割出来。这会潜在地影响交易所市场的流动性和价格发现。

一些学术研究检验了内化及其对公开流动性的影响。例如，Chordia和Subrahmanyam（1995）以及Easley，Keifer和O'Hara（1996）发展的理论模型显示不知情订单流被内化，导致非内化订单流中知情订单流增加。因此，他们的模型预测价差的扩大为知情交易者所增加的交易风险提供风险补偿。

实证证据证实了这一理论。例如，Battalio，Greene和Jennings（1998）发现内化的降低会导致价差的缩小。在对纳斯达克股票的实证分析中，Chung，Chuwonganant和McCormick（2014）发现买卖报价价差及有效价差都和内化有直接的关系。Weaver（2011）近期的研究在当前市场环境中证实了这些结论。Weaver发现内化水平越高会导致更大的买卖价差以及更大的价格冲击。

Easley等（1996）也认为订单流以这种方式被分割会破坏价格形成过程。一个有效的价格发现过程需要投资者能够识别订单和交易流。Cao，Hansch和Wang（2009）指出交易价格只决定价格发现大约23%的比例，而剩下的77%由最优买卖价和订单簿中订单决定。这一结论意味着如果大量交易是交易前非透明的交易，肯定会损害价格发现过程的质量。

10.4.5 对暗流动性增长的监管

与高频交易一样，暗流动性也受到全世界监管者的广泛关注。监管主要关注暗交易的增长对流动性和价格发现的影响。此外，还有一些有关暗池活动的公平性及其监管的问题。

1）流动性和价格发现

试图关注流动性和价格发现的监管者倾向于限制转入暗交易场所的交易活动水平。针对这一问题提出的建议包括价格改进要求、最小交易规模要求以及在达到特定市场份额后交易变透明的要求。

价格改进要求意味着在暗交易场所执行的交易要提供比在交易所更优的价格。该要求通过赋予公开的订单优先权来鼓励限价订单披露。在美国，该要求被称为所内交易规则（trade-at Rule）。一份来自商品和期货交易委员会与证券交易委员会联合咨询委员会的报告（2011，p12）强调对暗交易增长的关注，并建议证券交易委员会考虑采用一项规则，即"内化的或优先的订单只有在比最优买卖报价更有利的情况下才会被执行"。

加拿大监管者在2012年末引入了价格改进要求，澳大利亚监管部门也建议使用类似规则。Larrymore和Murphy（2009）对1998年TSE引入的价格改进规则进行了检验，表明这一方法是有效的。他们发现引入价格改进规则导致买卖价差和有效价差显著下降，特别是小订单。此外，还会导致收益波动性下降、市场深度加大以及以定价误差来测度的整体市场质量的提升。

最小交易规模要求将暗交易限制在相对大型的订单上。这一规则有效地将暗交易场所重新聚焦于批量交易以使价格冲击最小化。由于最小交易规模要求的强制执行，这一规则限制了机构投资者对暗池的使用。

在美国，目前交易场所要求当持有特定股票的市场份额超过5%时，需要通过证券买卖汇总记录带来公开显示并提供获得最优价格的方式。2009年11月，证券交易委员会建议将这一门槛从5%降低至0.25%，但这一建议至今未被采纳。尽管这类规则鼓励了单个市场的透明度，但它并未解决总体市场中暗交易的潜在增长问题。

2）暗池活动的公平性和监管问题

暗交易场所的交易前活动无论对于市场还是监管者来说都是非透明的。尽管监管者在得到报告时能观察到交易，但他们仍无法观察到订单流或订单的匹配情况。这意味着监管者无法监控这些交易场所的交易行为，也无法确保没有操纵或委托——代理冲突。如果暗池执行的是大规模零售订单流，这个问题就要尤其关注，因为这些投资者无法监控他们所得到的执行结果的质量。

10.5　总结和结论

过去十年间股票市场飞速变化。技术的发展、竞争以及监管改革是其变化的主要动因。市场间的竞争导致市场流动性的大规模分化。市场新进入者通过提供更先进的技术和创新性的定价使其自身的市场份额快速增长。在许多市场上，新进入者是由主要交易公司发起成立的，这些交易公司利用其自己的订单流来确保这些新市场的成功。

高频交易和暗池受到了监管者和市场参与者的关注。二者既为市场创造收益，也带来了新的挑战和风险。高频交易在许多发达市场中已成为主流的交易形式，尽管它没有被很好地理解。高频交易就其自身而言并非一种策略，而是使用低延迟交易系统每日生成、传送、执行大量交易的一系列策略。低延迟交易系统的使用、市场的分化、交易费用的降低、最小价格变动单位的减小，以及在某些情况下的穿价交易保护都促进了高频交易的发展。学术研究表明高频交易对流动性和价格发现有积极影响。但也有一些学者对高频交易所提供流动性的可获得性和深度提出质疑。高频交易也会带来新的技术风险和成本，因此，在高频交易盛行的国家，该交易已引起监管方面的极大关注。

暗池活动近年来也极大增加。除市场为交易前非透明交易提供了机会，科技进步也向所有交易者提供了这类交易的交易便利，而非仅针对机构投资者。监管者和市场参与者都审慎考虑了暗交易增长对流动性、价格发现和市场公平性的影响。目前，对这一影响的学术结论是不一致的。

本章提出了应对挑战的监管问题将影响股票市场的未来发展。行业也会继续创新以跟随或超前于监管对策。这些动力都会确保市场继续快速发展。

讨论题

1.简述高频交易的定义及特点。
2.评价高频交易对市场质量的有利影响及风险。
3.简述暗流动性的定义及不同类型。
4.评价暗流动性对市场质量的有利影响及风险。

作者介绍

Carole Comerton-Forde 是墨尔本大学金融学教授。她的研究领域是市场微观结构，特别专注于市场流动性和市场完整性。她的成果发表在一流学术期刊，包括 Journal of Finance 和 Quantitative Analysis。Comerton-Forde 教授之前在澳大利亚国立大学、悉尼大学和纽约大学担任学术职务，还是纽约证券交易所的访问经济学家，也担任过世界多家股票交易所和市场监管机构的顾问。Comerton-Forde 教授在悉尼大学以金融学一级荣誉生的身份获得商学学士学位，并在悉尼大学获得金融学博士学位。

鸣谢

本章的部分工作是作者任职于澳大利亚国立大学时完成的。作者特此感谢 Haizan Zeng 对此研究的协助。

参考文献

Anand, Amber, Andy Puckett, Paul Irvine, and Kumar Venkataraman.2011. "Market Crashes and Institutional Trading." Working Paper, SSRN.Available at http://ssrn.com abstract= 1524845.

Battalio, Robert, Jason Greene, and Robert Jennings.1998. "Order Flow Distribution, Bid Ask Spreads, and Liquidity Costs: Merrill Lynch′s Decision to Cease Routinely Routing Orders to Regional Stock Exchanges." *Journal of Financial Intermediation* 7:4,338-358.

Bershova, Nataliya, and Dmitry Rakhlin.2012. "High Frequency Trading and Long Term Investors: A View from the Buy-Side." Working Paper, SSRN.Available at http://ssrn.com/ abstract=2066884.

Brogaard, Jonathan.2011. "The Activity of High Frequency Traders." Working Paper, University of Washington.Available at www.researchgate.net publication/228131395_The_Activity_of_High_Frequency_Traders.

Brogaard, Jonathan, Terrence Hendershott, and Ryan Riordan.2012. "High Frequency Trading and Price Discovery." Working Paper, SSRN.Available at http://ssrn.com/abstract= 1928510.

Cao, Charles, Oliver Hansch, and Xiaoxin Wang.2009. "The Information Content of the Open-Limit Order Book." *Journal of Futures Markets* 29:1,16-41.

Chordia, Tarun, Richard Roll, and Avanidhar Subrahmanyam.2011. "Recent Trends in Trading Activity and Market Quality." *Journal of Financial Economics* 101:2,243-263.

Chordia, Tarun, and Avanidhar Subrahmanyam.1995. "Market Making, the Tick Size, and Payment-for-Orderflow: Theory and Evidence." *Journal of Business* 68:4,543-575.

Chung: Kee Ho, Chairat Chuwonganant, and D.Tim McCormick.2004. "Order Preferencing and Market Quality on NASDAQ before and after Decimalization." *Journal of Financial Economics* 71:3,581-612.

Domowitz, Ian.2010. "Will the Real Market Failure Please Stand Up?" *ITG Insights* I:2,1-3. Available at www.itg.com/news_events/insights/In_Domowitz_092210.pdf.

Easley, David, Nicholas Keifer, and Maureen O′Hara.1996. "Cream-Skimming or Profit Sharing? The Curious Role of Purchased Order Flow." *Journal of Finance* 51:3,811-833.

Financial Times.2012. "US Bourses to Fine HFT Data-Cloggers." March 7.Available at http:// im.media.ft.com/content/images/354ca2f6-6722-11e1-9d4e-00144feabdc0.img? width=854&height=693&title=&desc=High-frequency trading graphic.

Joint Commodities and Futures Trading Commission and Securities and Exchange Commission Joint Advisory Committee on Emerging Regulatory Issues.2011.*Recommendations Regarding Regulatory Responses to the Market Events of May 6, 2010*.Washington, DC: Futures Trading Commission and Securities and Exchange Commission.

Jovanovic, Boyan, and Albert J.Menkveld.2011. "Middlemen in Limit-Order Markets." Working Paper, SSRN.Available at http://ssrn.com/abstract=1624329.

Larrymore, Norris, and Albert J.Murphy.2009. "Internalization and Market Quality: An Empirical Investigation."*Journal of Financial Research* 32:2,337–363.

Menkveld,Albert J.2012."High Frequency Trading and the New-Market Makers."Working Paper,SSRN.Available at http://ssrn.com/abstract=1722924.

Mittal,Hitesh.2008."Are You Playing in a Toxic Dark Pool? A Guide to Preventing Information Leakage."*Journal of Trading* 3:3,20–33.

Rosenblatt Securities.2012a."Let There Be Light: Rosenblatt´s Monthly Dark Liquidity Tracker."March.Available at www.rblt.com/.

Rosenblatt Securities.2012b."Let There Be Light: Rosenblatt´s Monthly Dark Liquidity Tracker."May.Available at www.rblt.com/.

Securities and Exchange Commission.2009.*Securities and Exchange Commission Regulation of Non-Public Trading Interest* (Release No.34-60997; File No.S7-27-09),November 13.Washington,DC: Securities and Exchange Commission.

Securities and Exchange Commission.2010.*Concept Release on Equity Market Structure* (Release No.34-61358,File No.S7-02-10),January 13.Washington,DC: Securities and Exchange Commission.

Securities and Exchange Commission.2012.*Consolidated Audit Trail* (Release No.34-67457; File No.S7-11-10),July 18.Washington,DC: Securities and Exchange Commission.

United States Commodities and Futures Trading Commission and Securities and Exchange Commission.2010.*Findings Regarding the Market Events of May 6, 2010.*Report of the Staffs of the CFTC and SEC to the Joint Advisory Committee on Emerging Regulatory Issues, September 30.Washington, DC: Commodities and Futures Trading Commission and Securities and Exchange Commission.

Weaver,Daniel.2011."Internalization and Market Quality in a Fragmented Market Structure."Working Paper,Rutgers University.Available at http://ssrn.com/abstract=1846470.

第11章 百分位报价和离散性

BRITTANY COLE

密西西比大学博士生

BONNIE VAN NESS

密西西比大学金融系主任、教授

11.1 引言

大多数金融市场都正式或非正式地规定了市场上报价和交易资产的最小价格变动单位。最小价格变动单位（也称为 tick size），要求资产以离散的价格进行交易。例如，最小价格变动单位是1美元的资产可以以10美元报出买价和11美元报出卖价。如果最小价格变动单位降至0.25美元时，市场中的交易者可以有更多的报价点：10.25美元、10.50美元和10.75美元。换句话说，就是离散价格设置的可能性扩大了。根据 Anshuman 和 Kalay（1998）的研究，离散价格导致了资产的均衡价格与观察到的价格之间的背离。加大价格增量既有支持者，也有反对者。加宽的定价网格（即可能的价位越少）增加了对做市商和限价订单交易者的刺激，同时缩短了议价的时间（Harris 1991），并减少了交易者所需追踪的信息量（Angel 1997）。加大最小价格变动单位的好处被投资者在交易时因较大买卖差价而导致的较高交易成本抵消了。

一种普遍的观点是1997年以前美国股票市场所使用的1/8的最小价格变动单位是从西班牙的交易系统演化而来的，该系统价格以1/8报价。尽管以1/8为基础的最小价格变动单位的起源被普遍接受，但其起源的历史文献并非如此简单。然而，NYSE、NASDAQ 和 AMEX 在1997年都把最小价格变动单位从

1/8改为1/16，并在2001年更进一步把最小价格变动单位降到1分钱（百分位）。价格离散性并非美国金融市场所独有，其他国家的市场也都在经历最小价格变动单位的变动。

本章余下的部分是这样安排的：第二节详细阐述了最小价格变动单位背后的金融理论。随后三节介绍美国和其他国家金融市场经历的最小价格变动单位调整。本章还介绍了证券价聚集及最小价格变动单位变动对价格聚集的影响。最后一节进行了总结，并给出结论。

11.2　最小价格变动背后的理论

金融理论为交易所官员引入最小价格变动提供了解释。Anshuman和Kalay（1998）认为对价格分布的限制造成基础的均衡资产价格和可观察到的资产价格之间出现背离。这一差异导致买方以高于均衡价格买入或卖方以低于均衡价格卖出。他们指出限制价格分布对于为了使会员公司利润最大化的交易所而言是最优的。以离散价格做市还会导致与交易地点相关的佣金、市场上卖盘和买盘非对称性佣金、随时间变化的买卖价差以及市场崩盘等现象。对于同一个经济体，如果使用连续价格，这些问题就不会发生。

另外，Harris（1991）主张交易者使用离散价格以减少议价成本。由于交易者只有有限时间，减少可能的价格数量可以减少议价及完成交易所需时间。最小价格变动单位越高，在既定范围可用的可能价格就越低。

和最小价格变化相关的一个重要问题是市场流动性。较大的最小价格变动单位可以通过缩短交易者的议价时间来提高流动性；较小的最小价格变动单位可以通过吸引更多的投资者来提高流动性。相反的，较大的最小价格变动单位也会因个体投资者的交易成本过高而降低市场流动性。关于最优的最小价格变动单位和市场质量，存在一些理论探讨。Seppi（1997）提出了一个流动性供给的微观结构模型，即拥有市场力量的专家与竞争性的限价订单簿进行竞争。Seppi认为，如果定价网格适当，限价订单簿的累积深度会随最小价格变动单位的下降而下降。他的结论支持了如果市场采用较小的最小价格变动单位会使流动性下降的结论，如百分位定价。

Grossman和Miller（1988）构建了市场流动性模型，即在买方和卖方订单到达的时间差中，由做市商提供及时性并承担风险。在他们的模型中，最小价格变动单位的变动使流动性需求者获益。但这会对流动性提供者不利，因为他们所承担的成本会上升，进而降低了他们向市场提供流动性的意愿。市场上采用最小价格变动就是对买卖报价价差提供了下限。

最小价格变动单位的变动也会影响买卖价差。Harris（1994）发展了离散价差的横截面模型，并应用这一模型预测了当最小价格变动单位从1/8变为1/16时的价差缩小程度。对于定价低于10美元的股票来说，该模型预测出买卖报价价差的大幅降低。有趣的是，这一模型还预测出交易量会大幅上升。此后，Harris（1999）研究了将最小价格变动单位降至1美分的影响。他的研究结果表明买卖价差的缩小，特别是对于成交量较大的股票而言，会降低报价，并且在专家拍卖市场上交易股票的价格改进率会上升。他认为估计出价差缩小是因为解除了价差宽度的限制，而价格改进率的上升是因为执行了价格–时间优先原则，并且是特别针对NYSE而言。

在相关的研究中，Bacidore（2001）开发了一个包含两类交易者的模型：知情交易者和流动性交易者。该模型旨在解释为何在采用百分位报价后价差中的逆向选择成分会降低。这是一项重要贡献，因为作者指出了百分位报价导致低交易成本，而这既降低了做市商的利润，又减少了价差中的逆向选择。

最小价格变动单位的大小会影响参与金融市场的做市商数量。Kandel和Marx（1999）模拟了NASDAQ做市商争夺订单流的方式。在模型中，他们假设有效的最小价格变动单位并不取决于做市商的数量，并且最小价格变动单位来源不清。每个做市商要选择买价和卖价，它们必须是有效最小价格变动单位的整数倍。作者指出做市商数量使最小价格变动单位和成交量增加。如果做市商不采取确定报价，如任意的1/8报价，他们实际上是提高了最小价格变动单位。这种被动提高的最小价格变动单位会使优先交易和纵向整合增加，也会使系统总成本增加。优先交易通常发生在经纪人和做市商之间有在其他交易者之前下单的特殊（包括货币激励）安排的情况下。如果最小价格变动单位降低，优先交易和纵向整合就会消失，但做市商总量会增加。

但是对于离散价格集来说另一个更为严重的问题是价格聚集。金融学和心理学理论都指出了金融市场价格聚集现象背后的众多原因。金融理论表明，在一个完美的资本市场中，交易价格应该均匀分布，或者至少随机地分布在所有可能的价格点上（Niederhoffer 1965）。但是在离散定价的环境中，缺乏定价选择权会引发价格聚集。在一个非离散或较少限制的定价环境中，市场中有更多的价格点，这样避免价格聚集现象就会变得简单一些。Harris（1991）认为由于投资者为了降低在交易中的议价成本，自然会产生价格聚集现象。作者注意到价格聚集的趋势不仅依赖于定价网格，也依赖于企业的特性，如规模、流动性、价差和波动性。在对黄金价格聚集的研究中，Ball，Torous 和 Tschoegl（1985）提出了价格决定假说，该假说说明价格聚集取决于公众对证券价值的了解程度。如果证券价值并未被公众掌握，价格就会聚集。

11.3 经验证据：最小价格变动单位从 1/8 变为 1/16

1997 年，美国股票市场实行了第一次最小价格变动单位的调整，从 1 美元的 1/8 降至 1/16。根据上一节所述，金融理论预测最小价格变动的缩小会影响许多市场和证券的特性。

直观上看，最小价格变动单位的下降可能会伴随着由于买卖价缩近而出现的市场价差缩小。Bollen 和 Whaley（1999）检验了这一假设，并且发现确实在价格变动单位调整后报价价差缩小了。事实上，成交量加权的买卖价差缩小了 0.03 美元。Goldstein 和 Kavajecz（2000）检验了价差以及最小价格变动单位下降对 NYSE 的流动性提供者的影响。他们也发现报价价差平均缩小了 0.03 美元，即 14.3%。但是，他们发现限价订单簿价差平均扩大了 0.03 美元，即 9.1%，总体来说，限价订单簿的变化和 NYSE 场内会员的行为减少了小额市价订单的成本。与之相反，如果只单独对限价订单簿进行交易，那么这种变化会提高大额市价订单的交易成本。Chung 和 Van Ness（2001）进一步验证了最小价格变动单位变动后价差缩小的现象。根据他们的研究，在交易的最后一小时价差缩小幅度最大，在交易刚开始一个小时价差缩小幅度最小。

Jones 和 Lipson（2001）运用订单规模，指出流动性需求者在较低的最小价格变动单位下要支付的成本较高。10 000 股或以上的订单则支付成本更高。由于执行大额订单需要的流动性远大于小额订单的需要，因此大额订单的执行更为困难，以致支付的成本更高。至少 100 000 股的机构订单在最小价格变动单位降低后要多花费超过 1/3 的成本。对于机构订单来说，一个经纪人单日在 1/16 的最小价格变动单位下的执行成本要高出超过 50%，对这一高成本的解释是在一日内完成的订单比几日之后执行的订单需要更多的流动性。由于在最小价格变动单位变化前，NYSE 股票的报价价差是最低的，因此其成本增高是最突出的。

经验研究显示 NASDAQ 市场的价差要高于 NYSE 的价差。价差差异主要是由于这些平台所代表的市场类型不同（交易商与拍卖）。因此，NASDAQ 的价差在最小价格变动单位降至 1/16 后会受到不同的影响。Bessembinder

（1999）也研究了 NASDAQ 的最小价格变动单位从 1/8 降至 1/16 的问题。他发现 NASDAQ 的交易执行成本要高于 NYSE，但其差额在缩小，NYSE 的报价价差为 0.78%，而 NASDAQ 的报价价差为 1.03%。Van Ness 和 Pruitt（2000）分析了按 1/16 报价对 AMEX、NASDAQ 和 NYSE 的影响。他们发现报价价差和有效价差在各市场都显著缩小。

最小价格变动单位的下降对市场深度的影响是可以预见的。Bollen 和 Whaley（1999）发现在最小价格变动单位降至 1/16 后，NYSE 的总体市场深度下降了，但报价深度上升了 38%。作者将总体市场深度定义为在当前报价水平下的深度，这与报价价差的深度是截然不同的。Goldstein 和 Kavajecz（2000）发现，他们的样本报价深度下降了 48%，其中包含系统订单的提交、执行、撤销和报价。有趣的是，他们发现 NYSE 场内会员显示的流动性下降。Goldstein 和 Kavajecz 以 NYSE 场内会员没有改变其提供流动性的策略作为依据来解释他们的研究结果，他们指出 NYSE 场内会员在最小价格变动单位下降后，会更多地扩大限价订单价差。

但是，Bessembinder（1999）并未发现 NASDAQ 市场的流动性随着最小价格变动单位变动而下降的迹象。Chung 和 Van Ness（2001）检验了报价深度的下降，并发现在交易第一小时报价深度的下降是最大的。Van Ness 等（2000）发现 AMEX 和 NYSE 总体报价深度下降，但 NASDAQ 的报价深度上升。

最小价格变动单位的变动促使市场及其参与者都处于调整期。而且，最小价格变动单位的变动有可能使证券被错误定价，甚至有可能随着市场适应新的定价规则而出现套利机会。随着最小价格变动单位的下降，SEC 报告的套利交易数量激增，但每笔潜在套利交易的平均金额在下降（Henker 和 Martens 2005）。Henker 和 Martens 检验了这种套利与标准普尔 500 指数期货的联系。在这一研究中，他们发现当 NYSE 将最小价格变动单位降至 1/16 后，市场有效性增加并且股指期货和股票市场之间的套利联系增强。并且随着最小价格变动单位的变动而降低的交易成本很可能导致股指期货定价错误（MPE）。这种定价错误引发了套利行为。尽管市场有效性增加，但至少在 NYSE 发生的套利交易仍在增长。

11.4　经验证据：最小价格变动单位从 1/16 变为百分位报价

美国股票市场又一次最小价格变动单位的下降是在 2001 年。这一次将最小价格变动单位从1美元的1/16降至1美分，即百分位的报价。由于最小价格变动单位从1/8降至1/16时价差出现了缩小，因此当市场调整为按百分位定价后，价差也将会进一步缩小。Chakravarty，Wood和Van Ness（2004）证实了实行百分位之后报价差和有效价差的进一步下降。他们发现市场中0.05美元或更小的买卖报价增量被频繁使用。Bessembinder（2003）检验了多个交易所的最小价格变动单位的变化。他使用买卖报价价差、有效价差和已实现价差来衡量交易成本。NYSE和NASDAQ在实行百分位以后买卖报价价差都大幅缩小。NYSE的价差缩小了将近50%，从将近0.11美元大约降至约0.06美元。NASDAQ的价差缩小则富有戏剧性，从0.07美元缩小到大约0.02美元。大、中盘股的价差缩小幅度比小盘股更大。

Chung，Van Ness和Van Ness（2004）比较了不同市场间的挂牌和有效价差。在他们的样本中，NASDAQ的报价价差是0.1394美元，NYSE的价差是0.1055美元。在公司规模最小的1/4股票间的这一差异是最大的。但当有效价差是以交易量加权平均时，两个交易所间的差异并不明显。NASDAQ小盘股较大的价差带来报价价差和有效价差。

Chung，Charoenwong和Ding（2004）采用了另一种方法研究了最小价格变动单位降低到百分位。他们检验了随最小价格变动单位而变动的价差和深度是如何由其他冲突因素引发的。这一研究有助于解释百分位定价会使哪类股票最为受益，并且也评估了一些股票以厘来定价的影响。作者通过研究在实行百分位报价前具有价差有较高比例是1个最小价格变动单位的、以1/16报价并且频繁交易的股票，指出在报价发生变化后，价差和深度都大幅下降。他们认为，这是由加诸于股票的约束减少以及在百分位下价格竞争加剧造成的。此外，他们试图证实是否在实行百分位前定价规则确实被约束。他们的结论是，随着交易日内的波动，1/16的最小价格变动单位确实只在一天中的某几个时点上被绑定。与之形成对比的是，他们认为以厘定价可能会缩小一些股票的价差，特别是那些交易量大、风险低或定价低的股票。这些成果反映了对于百分位与其他研究的不同观点。

除了价差和执行成本的变化，Chakravarty等（2004）发现在百分位改革以后，交易活跃度和交易量都有所下降。最小价格变动单位下降后，股票收益率波动最初呈现增长，随之是长期的下降，而这很可能归因于交易次数的下降。

较小的最小价格变动单位会对交易行为、流动性供给和执行质量产生影响。Bacidore，Battalio和Jennings（2003）研究了NYSE的这些因素。他们发现交易者并没有大幅减少使用传统的限价订单而去使用市价订单或非显示订单，但交易者确实降低了限价订单的规模并且撤销限价订单更为频繁。这种行为意味着限价订单簿中显示的流动性会降低。Bacidore等人并未找到自百分位以后，以有效价差衡量的执行质量更差的证据。

Chung和Chuwonganant（2002）研究了在NYSE最小价格变动单位怎样影响专家行为，并因此引起报价调整。特别是作者分析了专家和其他流动性提供者如何在他们的报价调整中使用价差和深度，以及最小价格变动单位的变动是否会改变他们的报价调整行为。Chung和Chuwonganant说明了涉及价差变动的报价调整频率比涉及深度变动的报价调整频率要低。在百分位前后时期，最小价格变动单位都会影响交易日内价差调整频率的变动率，并且他们预测百分位将会继续降低价格刚性的程度并使价格竞争更加激烈。

Chung，Chuwonganant和McCormick（2004）运用NASDAQ进行百分位改革前后的数据，通过聚焦于订单优先，进一步检验了交易商行为。NAS-DAQ的经纪人和交易商会把客户订单直接或优先提交给同意以最优价格兑付的交易商，无论交易商的报价是多少。交易商通常为其提供激励，如直接向经纪人进行货币给付或提供实物商品及服务。他们的研究结果表明订单优先在NASDAQ实行百分位前盛行，并在最小价格变动单位减小后延续了这一状况。

最小价格变动单位的缩小还会改变机构交易者的交易策略。Garvey和Wu（2007）使用了主要在NASDAQ市场交易的机构投资者的专有经纪自营商的数据，并发现专业的交易者会提交较小的订单来提高其交易频率或订单提交量。他们的机构交易者把交易转移到匿名交易场所，并且更为频繁地撤销订单。撤销量的增加相当于报价活动量的增加，这意味着在实行百分位后市场透明度有所下降。

11.5 美国以外市场的离散定价

美国以外的证券市场实行百分位已经几年了。并非所有的金融市场表现都与美国市场一样，因此研究最小价格变动单位变动对其他证券市场的影响是非常重要的。外国的市场结构不同于NYSE或NASDAQ的市场结构。例如，新加坡股票交易所（SES）在实行百分位时期只使用限价订单的交易结构；澳大利亚股票交易所（ASX）完全通过电子限价指令簿进行交易。因此，最小价格变动单位的下降对不同国家金融市场有不同影响。

加拿大多伦多股票交易所（TSE）于1996年开始实行百分位。Bacidore

（1997）检验了最小价格变动单位下降对 TSE 的影响。对于最小价格变动单位从 1 美元的 1/8 下降到 0.05 美元的股票，百分位缩小了价差并且未破坏市场的流动性。对于最小价格变动单位从 0.05 美元下降到 0.01 美元的股票，百分位对市场质量几乎没有影响。

Mackinnon 和 Nemiroff（2004）也对最小价格变动单位从 1/8 下降到 0.05 美元后的 TSE 进行了检验。特别是他们使用 TSE 300 指数，即 TSE 市值前 300 的企业。他们研究了最小价格变动单位变化前后的流动性提供者的利润和交易活跃度。以限价订单交易策略的收益作为流动性提供者利润的代理变量。这些限价指令在股票最终成交价附近以固定的增量被提交。作者发现在最小价格变动单位变化后，流动性提供者的利润随之大幅下降。如果流动性提供者在最小价格变动单位变化后利润变少，就得依靠交易频率的增加来弥补利润的减少。

由于金融市场不是孤立地运作，一个市场上最小价格增量的下降也会影响其他市场的市场质量。Ahn，Cao 和 Choe（1998）检验了最小价格变动单位下降对在 TSE 和 NYSE/AMEX 以及在 TSE 和 NASDAQ 跨市场上市股票的影响。他们指出 TSE 市场上的跨市场上市股票价差缩小，在 NASDAQ 的价差缩小幅度相对较小，但在 NYSE 和 AMEX 都没看到价差缩小的现象。他们还发现跨市场上市股票的订单流并没有从美国市场转向 TSE。

1994 年 7 月，SES 针对市场价格等于或高于 25 美元的股票，把最小价格变动单位从 0.05 美元下降到 0.01 美元。这些股票在此次变动前都是以 1 美元或 0.5 美元的增量进行报价的。Lau 和 McInish（1995）研究了最小价格变动单位从 0.5 美元下降到 0.1 美元的情况，发现和其他大部分市场一致，最小价格变动单位的下降会导致买卖价差相应缩小。报价规模也会缩小，这与存货分散于更多价位点相一致。

1995 年 12 月，ASX 针对股价低于 0.5 澳元或高于 10 澳元的股票降低了最小价格变动单位。ASX 通过一个在交易日连续交易的具有竞争力和透明度的电子订单系统进行交易。随着最小价格变动单位的降低，投资者可以以更小的价格增量在电子订单簿中下订单，这会导致买卖价差的缩小。但是，价差的缩小会降低对市场中提供流动性的限价订单的溢价。

Aitken 和 Comerton-Forde（2005）使用买卖价差、最优买卖价格的深度以及加权的订单簿敞口检验了定价低于 0.5 澳元或高于 10 澳元股票的最小价格变动单位下降前后的流动性状况。由于 ASX 实行分层的最小价格变动单位制度，最小价格变动单位的变动不是统一的，而是可变的。对于价格低于 0.1 澳元及 0.1 澳元至 1 澳元的股票，最小价格变动单位从 0.005 澳元降至 0.001 澳元；对于价格高于10澳元的股票，最小价格变动单位降至0.01澳元。作者发现对价格低于0.5澳元的股票的买卖价差和在最优买卖价上的成交量都显著下降。总体来说，股票价格低于0.5澳元时，股票的流动性增加，成交活跃的股票增加得较多。价格高于10澳元股票的价差扩大了大约30%，主要是由于股票成交量低。这一类别中的成交活跃的股票显示出流动性提高。但是，成交清淡的股票则出现了流动性总体的下降，同时伴随着价差增加、深度下降。Aitken和Comerton-Forde认为对于这些股票可能存在一个最优的最小价格变动单位，而ASX最小价格变动单位的下降超过了这一最优水平。

11.6 非股权市场最小价格变动单位的变动

SEC于2007年2月在股票期权市场进行了美分定价试行的第一阶段运行。该项目是将13支试行股票期权的价差降至0.01美元。SEC又进一步增加了22支股票期权（Stone 2009）。从2007年2月到2010年8月期间，期权的最小价格变动单位降至0.01美元。对于3美元以下的期权交易，SEC将最小价格变动单位从0.05美元降至0.01美元；对于3美元及以上的期权交易，最小价格变动单位从0.10美元降至0.05美元。自2011年1月4日起，SEC实行了美分定价试行方案的十个阶段（Massoud和Dai 2012）。Stone报告试行的期权平均买卖价差下降了0.06美元，但对于非美分定价的期权控制组来说，平均买卖价差扩大了。试行期权的报价活动增长了44%并且平均内部买卖价差缩小了52%。在百分位的情况下，成交量也有所上升，10个交易合约都上升了。

Massoud和Dai（2012）研究了参与试行的期权对期权市场的影响。他们认为不断提升的期权市场质量会吸引一些交易者将其全部或部分交易活动从股票市场转移到期权市场上来。他们发现看涨期权和看跌期权的买卖价差会继续缩小。交易成本的下降对期权成交量以及看涨和看跌期权的未平仓量有正效应。

Chou和Chung（2006）研究了美国股票市场百分位对期货市场的影响。他们特别关注了在百分位的股票市场中进行交易的交易所交易基金（ETFs），以及相应地在期货市场中以更大的最小价格变动单位进行交易的期货合约。ETF是在交易所上市并交易的指数基金或信托。随着股票市场实行百分位，ETF的价差和深度也随之下降，这与做市商在实行百分位后在更多价格点位分布其存货是一致的。指数期货的交易活动普遍出现增长。但是，由于针对ETF

价差扩大的逆向选择，Chou 和 Chung 认为，在实行百分位后，知情交易者更多地进行 ETFs 交易，ETFs 在价格发现过程中开始引领指数期货。股票和期货市场之间最小价格变动单位的差异使 ETF 市场交易增加，因此相对来说向 ETF 价格传递了更多信息。

一些非美国的期货市场也经历了最小价格变动单位的变动。2006 年，悉尼期货交易所将 3 年期联邦国债期货合约的最小价格变动单位减半。Alampieski 和 Lepone（2009）研究了这一下降对流动性和执行成本的影响。在最小价格变动单位下降以后，3 年期联邦国债期货合约的买卖价差缩小，这和其他股票市场上最小价格变动单位下降以后的反应是一致的。同时，无论在最优报价值还是限价订单簿中的报价深度都有所下降。总体来看，在最小价格变动单位下降以后，对 3 年期联邦国债期货合约而言，市场质量提高了。

Ap Gwilym，McManus 和 Thomas（2005）调查了伦敦国际金融期货交易所中的英国长期国债期货向百分位的转型。结果发现该市场与其他市场略有不同。特别之处在于，尽管声称在实行百分位前市场受到最小价格变动单位限制，但在实行百分位后，报价价差加大了。在最小价格变动单位变动后，平均交易规模缩小，但场内日成交量却增加了。这一现象说明不是所有的金融市场对价格变动单位的变化都有相同的反应。

11.7 聚集现象

根据微观市场结构理论，聚集和化整是价格发现的副产品。化整会降低不完全信息市场的议价成本，但也会增加价格离散的程度。如前所述，价格离散性会损害市场质量。在分散化交易中，最小价格变动单位的组合是由监管者任意进行设置的，最小价格变动单位倍数的化整会导致买卖价差的扩大，因此会增加做市商利润（He 和 Wu 2004）。

金融市场的聚集现象通常出现在价格按相同价格变动单位分组时，如 0.05 美元或 0.01 美元。心理学理论表明在这种情况下，投资者会被某些数字吸引，这为金融市场上的聚集现象提供了一种论据。在限制最小价格变动单位的情况下，例如 1/8 或 1/16，聚集现象会比实行百分位或美分位时更常见。实行美分位的情况有更多的定价选择。不同市场结构集群现象也会不同，如 NYSE 和 NASDAQ，就在很大程度上是因为交易结构的差异（即拍卖市场和交易商市场）。

Osborne（1962）可能是最早描述并解释交易和报价在某些部分聚集的人之一。Harris（1991）同时研究了交易商和交易所市场的聚集现象，他指出聚集现象随价格水平和波动性而增加，但随市场价值和交易频率下降。他还指出交易商市场的聚集程度高于公开拍卖的交易所。聚集程度的差异来自于他提出的这两个理论：市场不确定性是证券价格聚集的部分驱动因素，以及交易商市场上存在着潜在的共谋问题（Christie 和 Shultz 1994）。在 Harris 的研究中，他使用了工具变量分析来构建含有价格水平、价格变动波动性、公司规模、交易活跃度等的不确定性模型。概括地说，股票价格聚集在化整的分数位，整数比1/2 更常见。但是，1/2 比 1/4 更常见，1/4 也会比 1/8 更常见。Grossman，Miller，Cone，Fischel 和 Ross（1997）概述了强调价格不确定性效应以及交易规模、波动性和报价信息对聚集度影响的聚集理论。

Christie 和 Shultz（1994）检验了实行 1/8 报价制度的 NASDAQ 的报价模式。尽管 NASDAQ 的多交易商市场就是为了通过交易商间订单流的竞争来创造更小价差而设计的，但是 Christie 和 Shultz 发现相较于 NYSE 的对应样本，NASDAQ 的价差更大。他们认为这是由 NASDAQ 的交易商在其交易中避免 1/8 报价而引起的。这不能由 Harris（1991）的议价假设、交易活跃度或影响价差的其他因素来解释。NASDAQ 至少 0.25 美元的价差进一步促使作者质疑 1/8 偶数倍的报价是否是自然发生的，还是 NASDAQ 交易商暗中共谋而产生的。

Christie，Harris 和 Shultz（1994）在观察到 NASDAQ 交易商报价行为有所变化后，又重新检验了这一问题，并试图解释为什么 NASDAQ 交易商重新采用 1/8 的奇数倍报价。对 1/8 的奇数倍报价的不再排斥是发生在他们之前论文的研究结果（Christie 和 Shultz 1994）在全国新闻媒体发布之后。1994 年 5 月 26 日和 27 日，新闻媒体开始报道 Christie 和 Shultz 论文的成果。安进公司、思科系统公司和微软的股票交易商从 5 月 27 日开始，突然增加了对 1/8 的奇数倍报价的使用量，使得这些股票的平均内在和有效价差大约下降了 50%。苹果公司的股票交易商在随后的交易日采取了这一模式，因特尔公司也在 1994 年 6 月 10 日使用这一报价方式。尽管作者没有直接说明，但是暗示出交易商暗中共谋以避免 1/8 的奇数倍报价方式，并且在被发现后，他们再次共谋并开始使用 1/8 的奇数倍报价。

随着 SEC 批准订单处理规则并将最小价格变动单位降至 1/16，Bessem-binder（1999）发现报价继续聚集在分数位，并且 NASDAQ 聚集程度高于 NYSE。Cooney 和 Van Ness（2003）指出当投资者提交限价订单买卖 NYSE 的股票时，无论是个人还是机构投资者都显示出对 1/8 的偶数倍报价的偏好。He

和 Wu（2004）检验了 NYSE 试行百分位前后的价格化整现象。他们发现化整现象在实行百分位前后的时期都存在于交易、买价和卖价之中。在百分位交易后报价差和有效买卖价差缩小。他们认为价差的缩小是由于在控制交易变量的变化后化整的频率降低。在实行百分位之前，价格聚集在整数美元、1/2 美元、1/4 美元甚至 1/8 美元周围；而实行百分位以后，价格聚集在 1 美元、0.5 美元、0.25 美元、0.1 美元、0.05 美元。

在实行百分位后，Chung 和 Van Ness（2004）发现报价明显聚集在 0.05 美元和 0.01 美元。可以被 0.05 美元整除的报价比例在 NASDAQ 占 39%，在 NYSE 占 40%。可以被 0.1 美元整除的报价比例在 NASDAQ 占 22%，在 NYSE 占 24%。在实行百分位前，作者使用对应的样本发现，价格更容易聚集在 5 美分或 10 美分，而非此前研究发现的聚集在 1/16 的偶数倍上。

Ikenberry 和 Weston（2008）发现在实行百分位后，价格聚集现象增加，并且指出以分为价格增量并不是理想的最小价格变动单位。对于他们样本中的众多股票来说，交易价格聚集占所有交易价格的 50% 以上。此外，他们并没发现 NASDAQ 和 NYSE 的交易价格聚集存在差异。Ikenberry 和 Weston 说明了价格聚集会随着交易密度而降低，随着公司规模、股价、波动性以及买卖价差而增加。

11.8　总结和结论

在过去 10 年左右的时间里，最小价格变动单位在美国及其他国家的金融市场上发生了引人注目的变化。金融理论指出较低的议价成本是保持较高最小价格变动单位的主要原因。较高最小价格变动单位的要求减少了投资者可用的价位点，因此减少了交易所需的议价时间。但是，经验结果显示较低的最小价格变动单位会带来报价价差和有效价差的缩小，在某些情况下，还会提高流动性。大多数研究都发现 NASDAQ 市场的价差仍高于 NYSE，但价差的差异已小于实行 1/8 报价制时期。交易商和专家的行为已经适应了这一更精细的定价网格，并且当最小价格变动单位从 1 美元的 1/8 变动到 1/16 再到 1 美分时，研究显示 NYSE 场内席位对流动性目标仍很重要。不管金融市场上是否有强制使用的最小价格变动单位，投资者都会自己定义其缩减过的首选价格变动单位。

讨论题

1.美国股票市场在过去几年都使用了哪些最小价格变动单位？

2.当美国将股票报价和定价变为1/16时，对市场质量有何影响？

3.当美国股票市场转换成百分位或美分定价时，对执行成本有何影响？

4.百分位对股票期权市场有何影响？

5.美国股票市场实行百分位，对市场深度有何影响？

6.金融理论对最小价格变动单位的变动作何预测？讨论这些预测是否正确。

作者介绍

Brittany Cole 是密西西比大学的博士生。他目前的研究领域包括投资和市场微观结构、流动性、投资者情绪和交易者类型。她在田纳西大学马丁分校获得农业经济学本科学位，并从密西西比大学获得工商管理硕士学位。作为一名在读博士，Cole女士在其所在大学管理田纳西河谷管理局投资挑战资产组合中的非必需消费品板块。她对金融市场和市场研究的兴趣促使她最终决定攻读金融学博士。

Bonnie Van Ness 是密西西比大学金融学 Ortho Smith 教授。她的研究兴趣主要在市场微观结构领域。Van Ness教授在各类金融期刊发表了50多篇研究论文，包括 Journal of Financial Economics、Journal of Financial and Quantitative Analysis、Journal of Banking and Finance、Financial Management。她担任金融系主任，并与 Robert Van Ness 合作编辑 Financial Review。她之前在堪萨斯州立大学和马歇尔大学任教。她在密西西比大学获得工商管理硕士学位，并在孟菲斯大学获金融学博士学位。

参考文献

Ahn, Hee-Joon, Charles Q. Cao, and Hyuk Choe. 1996. "Tick Size, Spread, and Volume." *Journal of Financial Intermediation* 5:1, 2–22.

Ahn, Hee-Joon, Charles Q. Cao, and Hyuk Choe. 1998. "Decimalization and Competition among Stock Markets: Evidence from the Toronto Stock Exchange Cross Listed Securities." *Journal of Financial Markets* 1:1, 51–87.

Aitken, Michael, and Carole Comerton-Forde. 2005. "Do Reductions in Tick Sizes Influence Liquidity?" *Accounting and Finance* 45:2, 171–184.

Alampieski, Kiril, and Andrew Lepone. 2009. "Impact of a Tick Size Reduction on Liquidity: Evidence from the Sydney Futures Exchange." *Accounting and Finance* 49:1, 1–20.

Angel, James J. 1997. "Tick Size, Share Prices, and Stock Splits." *Journal of Finance* 52:2, 655–681.

Anshuman, V. Ravi, and Avner Kalay. 1998. "Market Making with Discrete Prices." *Review of Financial Studies* 11:1, 81–109.

Ap Gwilym, Owain, Ian McManus, and Stephen Thomas. 2005. "Fractional versus Decimal Pricing: Evidence from the UK Long Gilt Futures Markets." *Journal of Futures Markets* 25: 5, 419–442.

Bacidore, Jeffery M. 1997. "The Impact of Decimalization on Market Quality: An Empirical Investigation of the Toronto Stock Exchange." *Journal of Financial Intermediation* 6:2, 92–120.

Bacidore, Jeffery M. 2001. "Decimalization, Adverse Selection, and Market Maker Rents." *Journal of Banking and Finance* 25:5, 829–855.

Bacidore, Jeffrey, Robert H. Battalio, and Robert H. Jennings. 2003. "Order Submission Strategies, Liquidity Supply, and Trading in Pennies on the New York Stock Exchange." *Journal of Financial Markets* 6:3, 337–362.

Ball, Clifford A., Walter N. Torous, and Adrian E. Tschoegl. 1985. "The Degree of Price Resolution: The Case of the Gold Market." *Journal of Futures Markets* 5:1, 29–43.

Bessembinder, Hendrik. 1999. "Trade Execution Costs on NASDAQ and the NYSE: A Post Reform Comparison." *Journal of Financial and Quantitative Analysis* 34:3, 387–407.

Bessembinder, Hendrik. 2003. "Trade Execution Costs and Market Quality after Decimalization." *Journal of Financial and Quantitative Analysis* 38:4, 747–777.

Bollen, Nicolas P. B., and Robert E. Whaley. 1999. "Are 'Teenies' Better?" *Journal of Portfolio Management* 25:1, 1–24.

Chakravarty, Sugato, Robert A. Wood, and Robert A. Van Ness. 2004. "Decimals and Liquidity: A Study of the NYSE." *Journal of Financial Research* 27:1, 75–94.

Chou, Robin K., and Huimin Chung. 2006. "Decimalization, Trading Costs, and Information Transmission between ETFs and Index Futures." *Journal of Futures Markets* 26:2, 131–151.

Christie, William G., Jeffrey H. Harris, and Paul H. Schultz. 1994. "Why Did NASDAQ Market

Makers Stop Avoiding Odd Eighth Quotes?" *Journal of Finance* 49:5,1841−1860.

Christie, William G., and Paul H.Schultz.1994. "Why Do NASDAQ Market Makers Avoid Odd Eighth Quotes?" *Journal of Finance* 49:5,1813−1840.

Chung, Kee H., Charlie Charoenwong, and David K.Ding.2004. "Penny Pricing and the Components of Spread and Depth Changes." *Journal of Banking and Finance* 28:12, 2981−3007.

Chung, Kee H., and Chairat Chuwonganant.2002. "Tick Size and Quote Revisions on the NYSE." *Journal of Financial Markets* 5:4,391−410.

Chung, Kee H., Chairat Chuwonganant, and D.Timothy McCormick.2004. "Order Preferencing, and Market Quality on NASDAQ before and after Decimalization." *Journal of Financial Economics* 71:3,581−612.

Chung, Kee H., Bornnie F.Van Ness, and Robert A.Van Ness.2004. "Trading Costs and Quote Clustering on the NYSE and NASDAQ after Decimalization." *Journal of Financial Research* 27:3,309−328.

Chung, Kee H., and Robert A.Van Ness.2001. "Order Handling Rules, Tick Size, and the Intraday Pattern of Bid−Ask Spreads for NASDAQ Stocks." *Journal of Financial Markets* 4: 2,143−161.

Cooney, John, Bonnie F.Van Ness, and Robert A.Van Ness.2003. "Do Investors Prefer Even Eighths Prices? Evidence from NYSE Limit Orders." *Journal of Banking and Finance* 27:4, 719−748.

Garvey, Ryan, and Fei Wu.2007. "Market Transparency and Institutional Trader Behavior after a Tick Change." *Journal of Trading* 2:1,35−48.

Goldstein, Michael A., and Kenneth A Kavajecz.2000. "Eighths, Sixteenths, and Market Depth: Changes in Tick Size and Liquidity Provision on the NYSE." *Journal of Financial Economics* 56:1,125−149.

Grossman, Sanford J., and Merton Miller.1988. "Liquidity and Market Structure." *Journal of Finance* 43:3,617−633.

Grossman, Sanford J., Merton Miller, Kenneth Cone, Daniel Fischel, and David Ross.1997. "Clustering and Competition in Asset Markets." *Journal of Law and Economics* 40:23, 23−60.

Harris, Lawrence.1991. "Stock Price Clustering and Discreteness." *Review of Financial Studies* 4:3,389−415.

Harris, Lawrence.1994. "Minimum Price Variations, Discrete Bid−Ask Spreads, and Quotation Sizes." *Review of Financial Studies* 7:1,149−178.

Harris, Lawrence.1999. "Trading in Pennies: A Survey of the Issues." Working Paper, University of Southern California.

He, Yan, and Chunchi Wu.2004. "Price Rounding and Bid−Ask Spreads before and after the Decimalization." *International Review of Economics and Finance* 13:1,19−41.

Henker, Thomas, and Martin Martens.2005. "Index Futures Arbitrage before and after the Introduction of Sixteenths on the NYSE." *Journal of Empirical Finance* 12:3,353−373.

Ikenberry, David, and James P.Weston.2008. "Clustering in U.S.Stock Prices after Decimalization." *European Financial Management* 14:1,30−54.

Jones, Charles M., and Marc L.Lipson.2001. "Sixteenths: Direct Evidence of Institutional Execution Costs." *Journal of Financial Economics* 59:2,253−278.

Kandel,Eugene,and Leslie M.Marx.1999."Payments for Order Flow on NASDAQ." *Journal of Finance* 54:1,35−66.

Lau,Sie Ting,and Thomas H.Mclnish.1995."Reducing Tick Size on the Stock Exchange of Singapore." *Pacific Basin Finance Journal* 3:4,485−496.

MacKinnon,Greg,and Howard Nemiroff.2004."Tick Size and the Returns to Providing Liquidity." *International Review of Economics and Finance* 13:1,57−73.

Massoud,Nadia,and Rui Dai.2012."How Trading in the Options Market Interacted with Trading in Underlying Stocks around the Effective Date of the SEC Penny Pilot Program." Working Paper,York University and the Wharton School,University of Pennsylvania.Niederhoffer,Victor.1965."Clustering in Stock Prices." *Operations Research* 13:2,258−265.

Osborne,M.F.M.,1962."Periodic Structure in the Brownian Motion of Stock Prices." *Operations Research* 10:3,345−379.

Seppi,Duane J.1997."Liquidity Provision with Limit Orders and a Strategic Specialist." *Review of Financial Studies* 10:1,103−150.

Stone,Elizabeth C.2009."Regulated Technology Diffusion: The SEC and the Impact of 'Penny Pricing' in Electronic Options Trading."Working Paper,Stanford University.

Van Ness,Bonnie F.,Robert A.Van Ness,and Stephen W.Pruitt.2000."The Impact of the Reduction in Tick Increments in Major US Markets on Spread,Depth,and Volatility." *Review of Quantitative Finance and Accounting* 15:2,153−167.

第12章 暗池交易

HANS DEGRYSE

荷兰语天主教鲁汶大学、蒂尔堡大学及欧盟经济政策研究中心金融
学教授

GEOFFREY TOMBEUR

荷兰语天主教鲁汶大学博士生

MARK VAN ACHTER

伊拉斯姆斯大学鹿特丹管理学院金融学助理教授

GUNTHER WUYTS

荷兰语天主教鲁汶大学金融学教授

12.1 引言

过去几十年间，在技术创新和监管变革的驱动下，目前交易场所激烈竞争以吸引投资者的订单流。投资者过去常常被限制在本地的交易所进行交易，而他们现在所面对的是能够满足其交易需求的大量的交易系统。例如，投资者可以选择向能够连续限价订单交易的市场提交订单（如电子通讯网络[ECN]，或欧洲的多边交易设施[MTF]）。其他另类交易系统（ATSs）在本质上更加不透明（即它们的特点是交易前或交易后的透明度较低或缺失）。例子包括场外（OTC）交易、经纪自营商内部交易，以及暗池交易。本章的重点就是暗池。

暗池就是不公开展示订单的交易场所。使用暗池的好处是能够隐藏订单，使投资者可以避免交易的价格冲击及经纪人的抢先交易。暗池对大型机构订单特别关注，因为暗池原本就是为机构交易者交易成本最小化而设计的。此外，

在暗池交易的订单佣金也较低。暗池的缺点就是执行风险较大。提交订单时，暗池交易订单找到对手方的概率通常比公开交易场所的订单要低。

在暗池交易中，各种交易机制都是可用的。有些暗池像限价订单市场那样运作，交易者能够提交有定价的订单；有些暗池作为交叉盘网络（CNs）（即使用衍生工具定价机制，允许交易者仅提交无定价订单）运行。公开交易场所中的最优买卖价的中间价是被频繁使用的交叉价格。根据订单保护规则，穿价交易（即不以所有市场中最优价格来执行订单）在美国是被禁止的，交易价格不能劣于现行全国最优买卖报价（NBBO）。因此，即使暗池中的交易价格不是中间价，交易者也不能在暗池交易中得到一个更劣的交易价格。

本章其余部分结构如下：下一节引入暗池的定义及简要历史。其后是对相关理论和实证学术文献的回顾，接下来介绍暗池的监管。最后一节是结论。

12.2　什么是暗池？

"什么是暗池？"这个问题不容易回答，因为每个暗池都有其独特之处。暗池交易的出现可以追溯至几十年前，但其在不断变化的交易环境中取得巨大进展是近期的现象。首先对暗池进行界定，然后探讨暗池的历史演进。

12.2.1　暗池的定义

暗池这一术语包含了一系列具有不同机构属性的交易场所。通常，暗池是不公开发布其买卖报价的交易场所。除了这个一般特征，暗池具有的其他属性包括：（1）市场模型（例如连续交易与定期交易、隐秘与公开的交易池）；（2）暗池的所有权（如传统的交易所还是（一群）经纪自营商）；（3）可以进入暗池的交易者类型（如暗池所有者的客户、买或卖的单边交易者、散户及/或机构客户）。

按照这些原则，Mittal（2008）定义了五种不同的暗池。

（1）公开交叉盘网络仅限于代理人，由经纪人所有，成立是为了产生佣金。独立暗池的运营商不能提交自营订单。买方交易者通常和其有直接联系。例如ITG POSIT 和Liquidnet。

（2）内部撮合池旨在使运营商的交易订单流内部化。然后是处理散户的订单，这些暗池包括来自运营商的自营订单流。买方交易者通常能够进入暗池，但是运营商可以决定是否禁止卖方交易者进入。

（3）监听目标池只接受执行/取消订单，客户的订单流只与运营商的订单流相互作用。相较于其他暗池，这些系统可以被视为异类。

（4）交易所暗池是由交易所注册的另类交易系统，例如 NYSE Match-point，Nasdaq Crossing，或者 Deutsche Borse's Xetra XXL。

（5）联合暗池是由几个经纪人联合运行的。通常，成员首先尝试在其各自暗池匹配订单，然后仅把未执行的订单发送到联合暗池。通常是卖方交易者进入这类暗池。

12.2.2 暗池的简要历史

虽然暗池市场份额的增加是过去十年才有的现象，但其全面出现可以追溯到更久以前。CNs 最早出现在 20 世纪 70 年代，作为买方交易者之间的私人电话通讯网络。Instinet 和 Posit 在随后的十年把 CNs 转化为电子平台。早期 CNs 之间的竞争很弱而且成效有限，但是这种状况在 21 世纪已经发生了巨大变化。现今在美国有 40 多家暗池可供交易，欧盟紧随其后，加拿大也有超过 5 家暗池。对暗池市场份额的统一测度非常困难，部分原因是运营模式多种多样。根据罗森布拉特证券公司的调查，2012 年初，暗池在美国大约占 14% 的市场份额。从 2008 年初不足 4% 开始，最近几年市场份额一直在快速提高。在欧洲，暗池的市场份额相对较小，但这是因为暗池在欧洲出现较晚（与美国相反），在 2007 年引进金融工具市场指令（MiFID）之后，欧洲将会和美国的发展进程相似（罗森布拉特证券公司 2012）。

对暗池爆发性增长的一个可能解释就是算法交易程序（algos）的出现。这些算法考虑了价格、流动性和市场冲击，以最优方式自动地向各交易场所传送订单。另外一个解释就是监管（即美国的 RegNMS 和欧盟的 MiFID），监管促使新的交易场所出现，包括暗池。

暗池通常没有价格发现的功能，因为它们使用从现有公开市场衍生而来的价格作为交易价格。此外，投资者还面临着在暗池和传统交易所之间的权衡。一方面，暗池减少了价格冲击，可以减少一半的价差，有较低的提交和执行成本，并提供匿名交易；另一方面，它们的执行概率相对较低而且有时不具有即时性（如 CNs 的集中撮合）。在 CN 没有执行订单意味着投资者需要把订单转到公开的金融市场。如果市场不利于投资者或者公开的市场价差扩大时，具有投机性质的暗池交易就会出现风险。另外，暗池交易以从现存公开市场中衍生出的价格执行。这种衍生的定价机制需要一个信息充分和高效的公开市场。

本节的最后强调了关于暗池机构设置需要考虑的各种问题。《交易者》杂志在"摩根斯坦利的暗池交易政策"(在线新闻，2012年3月29日)中对所提问题的现实重要性进行了说明。首先，暗池交易需要避免价格操纵。CNs设计的一个重要方面就是降低公开市场价格发现被操控的风险，以便在CN获得一个更优价格。例如在配对撮合之前，投资者会在公开市场购买证券来提高在CN卖出他们现有订单所用的中间价格。公开市场的流动性越低，在CNs成交量的总体比例越高，价格被操纵的风险也就越大。但是，CNs已经设计了制度性特征以降低风险：在紧随预定的匹配撮合时间之后的5或7分钟时间间隔中的随机时间来选择中间价。暗池交易还需避免捕食交易。在捕食交易策略中，在配对价格确定之后交易者提交订单作为对消息的反应(这种情况可能出现在盘后)。为了应对该策略，例如Instinet，当出现新消息时就会取消交叉配对，并且对消息驱动策略的市场进行监控。最后，暗池还需要避免信息泄露。通常，CNs在交易之后才会把信息在市场公布。这样避免了各种形式的交易前信息泄露(包括订单规模、可用流动性及订单方向)。否则，交易者将能够利用其私人信息。Mittal(2008)及Dgryse，Achter和Wuyts(2009b)对这一话题进行了更为详细的讨论。

12.3 暗池交易的理论和经验文献

当证券在多个场所交易时，必须进行不同的权衡(即市场间竞争加剧带来的收益相对于分散化加剧以及由此而缺乏统一性产生的成本)。一方面，网络外部性和运行一个证券市场的规模经济，使统一的市场受到青睐。此外，还有观点认为统一市场的逆向选择成本和存货风险更低。另一方面，日益激烈的竞争降低了交易成本并推动了创新。并且不同的交易场所能够满足不同类型的交易者(Hendershott和Mendelson 2000；Degryse，Van Achter和Wuyts 2009a)。

接下来，对有关暗池的理论和经验文献进行综述。由于篇幅限制，对于明市间的竞争及关于交易前和交易后透明度的问题将不再赘述。

12.3.1 暗池理论

早期关于暗池的理论研究往往倾向于关注CNs，但近期的文献则更多地检验了按其他交易协议运行的暗池。文献提出了如下问题：

- 什么样的交易者会选择暗池？
- 在何种环境下暗池能够和其他市场机制共存？哪类股票对在暗池交易最

敏感？

- 在传统的明市导入暗池会对市场质量产生什么影响？有何福利影响？
- 什么是暗池的最佳设计？

理论文献首先关注的是在静态环境中解决一个或多个问题的模型，模型假设交易者同时到达（Hendershott 和 mendelson 2000；Foster，Gervais 和 Ramaswamy 2007）。随后介绍了传统交易所和暗池之间竞争的动态模型（Degryse 等 2009a；Buti，Rindi 和 Werner 2011a）。最后，本节引入了考虑交易者之间信息不对称的模型。这些模型关注知情交易者面对暗池的策略及对价格发现的影响。

1）静态模型

Hendershott 和 Mendelson（2000）对 CNs 做出了开创性的贡献。他们构建了一个 CN 和交易商市场相互竞争的模型，用来检验市场间竞争加剧的收益和订单流分散化的潜在成本之间的权衡。他们认为 CNs 对市场表现和投资者福利的影响是细微且复杂的。在他们的模型中，随机的知情交易者和流动性交易者同时决定向这两个市场中的一个提交单一订单。这个选择取决于交易者个体特性，如他们的估价和对交易的不耐性，以及其他的市场参数（在 CN 的提交和执行成本、交易商的半差以及 CN 的执行概率）。由此产生了四种可能的交易策略：（1）不交易；（2）CN 独家交易；（3）交易商市场独家交易；（4）投机性 CN 交易。最后一个反映了把在 CN 未被执行的订单转至交易商市场的概率。

Hendershott 和 Mendelson（2000）发现如果交易者是异质性的，交易机制是可以共存的。每个市场都能满足特定的投资群体，从而导致了订单流的分散化。例如，如果交易者对交易的不耐程度不同，交易商市场会更好地满足更重视即时性的交易者，CNs 也将满足那些为了换取更低交易成本而愿意牺牲即时性和执行确定性的交易者。来自 CN 的竞争在两个相反的方面影响交易商市场。一方面，风险分散效应导致了更低的价差。知情的 CN 独家交易者降低了交易商的预期存货失衡，并且由于非信息性原因（即流动性）进行交易的 CN 独家交易者要承受部分逆向选择成本。另一方面，由于撇脂效应，价差也会扩大，因为交易商市场中的不知情投机交易者仅仅会把交易商市场作为最后的市场。所以，这部分不知情交易者不能再用与交易商的交易所得弥补他们与知情交易者交易的损失。

在 CN 里有两个相反的力量在起作用。首先，存在一个正的流动性外部性，因为 CN 交易量的提高会使所有的 CN 交易者受益并吸引额外的流动性。

最终这还会导致所谓的临界质量效应，意味着CN必须吸引充足的交易量，否则它无法吸引任何订单流。其次，如果CN具有充足的流动性，流动外部性可能会受到负的挤出外部性控制。当具有较高即时性偏好的交易者无法与具有较低即时性偏好的交易者进行区分时，就会发生这种情况，并且以流动外部性被挤出而告终。

Foster等（2007）研究了一个特定的交叉配对撮合程序，即交易量条件订单交叉盘与一个连续竞价市场共存的作用和可行性。根据该机制，只有最低限额的股票进行交易时，交叉机制才会被触发。这个程序的交易量条件吸引了那些认为连续竞价市场的即时性价格过高的交易者，同时也阻止了那些对即时性需求过高以至于不能冒未执行风险的（知情）交易者。作者认为，如果一个传统交易决定在其系统中加入一个交叉配对撮合机制，至少可以部分地避免由缺少流动性导致的市场崩溃。这个额外的市场甚至可以提高连续竞价市场的有效性，并在这个过程中提高交易者福利。特别是交叉配对撮合机制吸引了额外的交易者而没有减少未参加该机制的交易者的福利。这些新的交易者即时性偏好较低，并且如果无法选择隐藏订单和在其订单上设置其他交易者参与双边市场的条件，他们不会加入这个机制。这意味着，相对于未知情的订单流来说，交易量条件提高了交易的可能性。

2）动态模型

Degryse等（2009a）使用一个动态模型对交易商市场导入CN进行检验。特别是他们分析了三种不同信息设置的情况，即信息透明、完全不透明和半透明，对两个系统中的订单流组合和动态特征的影响。在标准的信息透明的情况下，交易者对过去的订单流完全知情，因此在作出决策前会观察CN订单簿的现行状态。完全不透明则意味着交易者对CN和交易商市场过去的订单流都是不知情的。半透明意味着交易者能观察交易商市场之前进行的交易，但无法观察到向CN提交的订单。由于CN在大多数情况下是不透明的，后一种信息设置与现实最接近。

交易者被假定为随机到达并顺次交易。他们根据自己的交易意愿、市场特性（交易商市场的买入和卖出价、CN订单簿的状态，及留待交叉撮合的时间）以及交易的人数分布来决定在哪里进行交易。在交易商市场，交易者支付的一个最小价格变动单位的价差成本是固定的（即不受存货或逆向选择的影响）。CN订单流集中在一个时间优先的订单簿里。这意味着在过剩的市场一侧最后提交的订单不会被执行。当两个交易系统共存时，交易者要在有保证并迅速执行订单的交易商市场和成本低廉但并不确定执行的CN之间进行权衡。

交易者可以在三种可能的策略中进行选择：不交易、在交易商市场交易，或向CN提交订单。这些策略取决于时间，换句话说，它们是不稳定的。在进行交叉撮合前留下的期数是策略选择的重要方面。但是最重要的因素是在CN的执行概率。交易者必须考虑向CN提交订单，会影响未来执行的概率和未来交易者的策略。

Degryse等（2009）发现交易系统能够满足不同类型交易者的需要。交易意愿高的投资者更倾向于选择即时性，并在交易商市场交易。因此，导入CN会对订单流产生两方面影响。一方面，由于耐心的投资者现在会提交CN订单，而不是抑制交易，因此创建了订单；另一方面，会出现订单分散效应，因为交易意愿较低的交易者从交易商市场转到CN进行交易。对于相对价差较高的资产，导入CN可使前一个效应占主导，并且整体福利增加。作者还指出在CN的执行概率是内生的，它取决于CN订单簿的状态、观察到的订单流，以及对未来订单的预期。事实上，这引出了Hendershott和Mendelson（2000）关于CN的流动性和挤出外部性的动态表述：当前的CN订单提高（降低）了市场执行概率及在市场相反（相同）一方观察到未来CN订单的可能性。这还会将完全透明和半透明设置引入创建订单流的系统模式中。

Buti等（2011a）通过研究不透明的CN（暗池）和透明的限价订单簿（LOB）之间的竞争扩展了Degryse等（2009a）的模型。在引入LOB后，交易者可以在该模型中提交限价订单，扩展了可能的交易策略集。作者认为，在这种情况下只有订单分散，而不会出现订单创建，因为如果在主要市场交易，耐心的交易者不需要支付半价差，但可以提交限价订单而不是避免交易。当LOB的流动性提供者之间的竞争变得更为激烈时，订单分散效应会更明显（即当LOB更深或价差更小时）。该模型还提供了关于CN流动性外部效应存在的进一步证据：如果交易者推断在CN的流动性正在增大，就会认为执行概率提高了，因此交易者在CN提交订单的可能性也就提高了。就市场质量而言，由于CN的导入，出现了订单流的迁移，LOB的内部报价深度和交易量一直在降低，但是总交易量却有所提高。高流动性的股票价差降低，缺乏流动性的股票价差提高。如果初始的LOB深度较高，限价和市价订单会转移到CN，这样会导致LOB的价差收紧。但如果初始的LOB深度较低，来自CN的竞争会降低限价订单的执行概率，使市价订单的使用增加，价差扩大。

Buti等（2011a）还提出CN订单簿的信息不对称问题。例如，一些暗池会把包含有关暗池中可用流动性私人信息的认购意愿信息发送给一部分选定的投资者，而其他投资者依然对此不知情。信息不对称加剧了订单分散效应，因为交易者使用CN的概率增大，因此所有交易者在CN的执行概率也增大。这将增强流动性外部性。

3）价格发现模型

由于暗池经常使用衍生的定价机制，所有的价格发现都发生在公开市场。因此，暗池交易的增加自然提升了人们对暗池交易对价格发现影响的关注度。近期有两个模型试图解决这些问题，但却得出相互矛盾的结论。Ye（2011）利用Kyle（1985）的框架对知情交易者和做市商之间的策略互动建模，该模型假设知情交易者也能够进入由不知情交易者提供流动性的CN中。在一个两期模型中，知情交易者必须首先决定在交易所的订单规模。噪音交易者向同批竞价提交订单。做市商仅能观察到净订单流，因此无法区别噪音交易者和知情交易者的订单。基于观察到的净订单流，做市商设定与半强势有效性一致的市场出清价格。同时，知情交易者必须确定在CN的订单规模，交叉撮合将在第二期进行。知情交易者会使其在交易所和CN的总利润最大化。

与原始的Kyle模型相比，Ye（2011）的模型有两个不确定因素：价格不确定性和执行不确定性（在CN）。这样，知情交易者就必须考虑两类交易成本：价格冲击（即订单越大，价格向不利方向转化的可能性越大）和执行概率冲击（即订单越大，订单执行的概率越小）。此外，由于交易使交叉价格转向不利方向，在交易所的交易创造了在CN利润的外部性。与原始的Kyle模型相比，这降低了知情交易者的积极性。因此，交易所的价格发现也受到影响。价格的信息有效性低于无条件方差的一半（即低于披露信息的一半）。价格发现机制还取决于流动性交易的相对分布：它随交易所的流动性交易而增加，但随CN的流动性交易而减少。Ye的模型还预测，由于知情交易者有更多的动力隐藏订单，CN交易量的波动性会增大。

与Ye（2011）的预测相比，Zhu（2012）认为CN导入交易商市场，改进了价格发现。Zhu也假定交易者成批到达，但他使用了Glosten和Milgrom（1985）的模型，即买入和卖出订单流不是净值，交易者可以在其作出交易决策前观察到交易商的买入和卖出价格。在交易商市场，交易者可以得到没有价格风险的有保证的执行，但是在CN存在执行风险，因为订单多的一方会被随机地选择来与另一方的订单进行匹配。如果一个订单未被执行，流动性交易者就会因抵押要求而承担交易者特定的延迟成本，但是知情交易者则由于丧失信息优势而失去获得利润的交易机会。

与Ye（2011）的模型相反，Zhu（2012）的模型中的流动性交易者不是被随机地分配到交易商市场或者CN，而是在交易场所间内生地选择。这个不同点导致两个模型得出不同的结论。Zhu（2012）认为知情交易者更有可能聚集在市场订单多的一方，因为他们的交易是相互关联的，而流动性交易者的需求缺乏相关性。因此，在CN中知情交易者的执行风险要高于流动性交易者。这就导致了交易者在交易场所上的自我选择：相对更知情的交易者选择交易商市场，相对更具流动性的交易者倾向于选择CN。CN的导入使交易商市场中知情交易者相对于流动性交易者的比例提高，从而改进了价值发现。不好的地方在于，流动性交易者进入CN的撇脂效应使交易商市场的流动性进一步恶化。Zhu进一步提出了在一个更为动态的假设中得出的结论，即假设暗池并非像CN那样的组织，而是一个不显示的LOB。对于后者，穿价交易和所内交易规则（有关该规则的更多信息请参见监管一节）确保了暗池的执行价格在交易商市场的买卖价格之中。

12.3.2　暗池交易的实证结果

关于暗池和CN的实证文献主要专注于回答以下问题：

- 暗池和交易所的交易成本有差异吗？如有，导致这一差异的因素是什么？
- 是什么因素驱使交易者选择将订单传送至暗池？
- 暗池对流动性有何影响？
- 暗池对价格发现有何影响？

1）交易成本和执行概率

通常，实证研究认为由于没有直接的价差成本以及对交易的价格冲击，CN的交易成本更低。证据还表明交易佣金也比较低。在CN交易的劣势是较高的执行风险。如Gresse（2006）研究了2000年和2001年两个6个月的期间内，ITG的POSIT交叉网络中1400只中型股，发现交易者在POSIT每交易1股能节省0.022～0.024英镑。然而她也发现，与节省成本对应的是较低的执行概率，只有2%～4%。

Conrad，Johnson和Wahal（2003）研究了美国59家机构投资者在1996年第一季度至1998年第一季度之间，总量达到1.6万亿美元的股票交易自营订单数据。这些机构投资者可以在三个交易平台之间选择：CNs、ECNs和传统经纪人。作者将订单区分为只由一个交易系统执行的订单（单一机制订单）和在多个交易系统执行的订单（多交易机制订单）。在订单、机构、证券特性，以及交易场所选择的内生性不变的条件下，他们发现配对撮合的总执行成本要低于经纪人（平均成本相差14～30个基点）。这些经济上的显著差异大多归因于

CN较低的佣金，以及没有价差。作者认为造成成本差异的一个原因或许是不执行订单的巨大机会成本。

Næs和Odegaard（2006）更进一步地解释了为什么CN交易成本在均衡状态下会更低。通过利用挪威国家石油基金在6个月的交易期中4200个对美国股票的订单样本，他们发现在CN的执行风险是由逆向选择造成的，逆向选择会导致未执行订单的机会成本更高。该基金的交易策略是外生的。如果出现未执行，所有订单首先会被递送至CN，随后再被送至经纪人（即Hendershott和Mendelson 2000所说的机会主义的CN交易策略）。作者认为，订单的交叉配对概率越低，股票在一个月内的累计超额收益率（CARs）越高。他们将此归结为知情交易者都集中在市场的一方。正因为如此，集中在市场一方的交易者面临着较低的执行概率，CN较低的交易成本完全被提高的机会成本所抵消：在CN，好的股票更难买，坏的股票更难卖。Næs和Skjeltorp（2003）利用相同的数据序列，发现成功配对撮合和未成功配对撮合的股票在流动性上存在系统性差异。他们认为不在CN中提供的股票通常缺乏流动性，这样的股票只能提供更高的收益率来吸引投资者持有。Næs和Odegaard发现流动性溢价能够解释未被配对撮合股票的超额业绩。但是，他们还发现对一些股票来说，即使交易活动没有不同，价差也有显著差异，这应该是因为存在知情交易者。这也为逆向选择的解释留下空间。

Ye（2010）扩展了关于交易成本和未执行概率的经验研究，利用来自8个CNs的SEC605数据，提取了从2010年1月到3月的2 702支股票作为样本。SEC的605规则要求市场中心在每月的电子报告中公开披露关于订单执行质量的特定信息。Ye认为决定传统市场交易成本的因素也影响了CN的执行概率。但是由于CN没有活跃的做市商，订单的不平衡导致了较高的未执行概率，而不是较高的买卖价差和交易的价格冲击。Ye进一步指出交易量越高的股票其未执行概率越低，而交易价格冲击越大的股票其未执行概率越高。此外，未执行概率与交易所的交易成本正相关。这有助于理性交易者在传统交易所和CN之间转移，直到两者没有任何区别。

2）运用暗池的决定因素

Ready（2010）利用了2005年6月至2007年9月间1 688支股票的季度数据，研究了驱动交易者将订单传送给三大暗池（Liquidnet，POSIT和Pipe-line）的因素。由于无法观察到交易者传送订单，因此主要关注交易量。令人惊讶的是，这些暗池吸引的机构交易份额最低的股票是那些成交量最大的股票，这与正的流动性外部性假设不相符。为了解释这种令人费解的现象，

Ready把暗池交易量和股票特性联系在一起，同时控制住机构交易的需求，进行了面板数据回归。他发现暗池市场份额比较低的股票是那些每股价差最低的股票。作者认为这些就是机构交易者面临订单传送选择限制的证据，如经纪人的"软美元"协议（即定量配额）。尽管更具流动性的股票找到交易对手方的概率更高，但利用暗池节约的成本要低于缺乏流动性的股票。因此，这些更具流动性的股票订单更有可能被传送给经纪人。

Ray（2010）研究了2005年6月至2006年6月间来自POSIT，Liquidnet和Pipeline的2 869只股票的日数据。他发现，CN的市场份额先随价差加大而加大，这与价差越大的股票节约的成本越多的观点相一致，但随后由于较大的价差，市场份额又会缩小。Ray认为买卖价差较高的股票市场份额较低的原因在于操纵股票。越缺乏流动性的股票越容易被操纵。

Buti，Rindi和werner（2011b）检验了2009年以来来自11个暗池的10 178只美国证券作为样本的暗池份额数据。这些暗池自愿向证券业与金融市场协会（SIFMA）报告数据。作者发现交易流动性较强的股票使暗池更为活跃。暗池因股票市值、股票价格、市场份额、内部深度以及滞后的暗池活动的提高而活跃，因报价差和有效价差、日内波动性、订单流失衡等而变得缺乏活力。NASDAQ的股票利用暗池高于纽约证券交易所（NYSE），而美国证券交易所（AMEX）则低于NYSE。他们认为这　结果与流动性外部性假设一致，即流动性吸引了暗池中的流动性，这与Buti等（2011a）的观点一致，限价订单簿竞争越激烈（流动性越高），就越会挤出耐心的交易者，增加暗池的使用。

Ye（2011）认为，由于在CN中价差与未执行概率正相关，因此较高价差股票在CN交易节约的成本与未执行概率的提高相抵消了。这也为Ray（2010），Ready（2010）和Buti等（2011b）关于高价差股票很少在CNs交易的结论提供了一个可供选择的解释。考虑到CN的价差成本和交易所的未执行概率，Ye发现了有效价差在交易所比在CN低的股票，以及执行概率在CN比在交易所低的股票，在CN的市场份额都较低。

3）暗池交易和市场质量

Greese（2006）发现POSIT的订单流对证券交易所自动报价（SEAQ）系统（伦敦股票交易所的交易商市场部分）的流动性没有损害效应。相反，价差与CN交易活跃度负相关。这是因为来自于交易商的CN订单流，对来自于机构投资者的订单流没有显著影响。作者认为，交易商分散风险的正效应超过了转移到CN的未知情订单流的潜在撇脂效应。

O'Hara和Ye（2011）以及Weaver（2011）使用了来自交易报告系统

（TRF）的交易量数据作为美国场外交易的代理变量，检验了场外交易对市场质量的影响。这两个研究得出了不同的结论。O'Hara和Ye发现场外交易提高了市场质量，而Weaver则认为在他的样本中场外交易对一级市场的质量有破坏性影响。之所以存在这种分歧是因为他们的样本区间不同，以及由此造成的TRF中报告的交易构成不同。在O'Hara和Ye的样本中（从2008年1月至6月，262只股票），TRF交易中很大一部分来自公开的ECNs（BATS和Direct-edge）；而在Weaver的样本中（自2010年10月的4 140只股票，）超过90%的交易是暗交易（即或是来自暗池，或是内部化订单流）。如O'Hara和Ye的观点，订单的分散化导致了市场质量的提高，而Weaver则认为暗池交易越多（大部分是内部化订单流）导致价差越大，市场深度越低，这反过来增加了交易的价格冲击和波动性。

Degryse，de Jong和van Kervel（2011）根据交易场所的透明度，明确地区分了不同的分散效应。他们检验了公开的分散化和暗交易对市场质量的影响。他们的样本是自2006年至2009年间所有相关交易场所的52只荷兰大中盘股的高频数据。他们的暗交易是来自暗池、内部化订单流和OTC市场的交易。利用内在股票时间序列识别策略，他们认为公开的分散化对全球流动性产生了倒U字形影响，而暗交易则有负面影响，这与Weaver（2011）的观点一致。作者将其结论作为Zhu（2012）提出的撇脂效应的证据：暗池显然吸引不知情订单流离开交易所市场，降低其流动性。Degryse等（2009b）也指出无论是公开的还是暗的，分散化都降低了本地流动性（即投资者无法使用智能下单技术的本地交易所的流动性）。

与之相反，Buti等（2011b）通过他们的样本发现，暗池交易提高了市场质量，即价差降低，深度提高，波动性降低。但是，Buti等（2011a）也指出，暗池交易越活跃，交易所的交易量就越低。

4）暗池和价格发现

Nimalendran和Ray（2012）检验了交叉盘网络（CNs）中有多少知情交易，以及这将如何影响整个市场质量。他们用了2009年6月至12月间，一个大型CN中100只具有代表性的股票交易数据作为样本。其结果表明，在其他因素不变的条件下，在交易前10分钟至交易后10分钟期间买卖价差扩大了。这一结果也适用于价格冲击。他们将这一解释作为在CN交易是知情的证据，隐含假设CN交易的信息传播到了其他交易所。

Nimalendran和Ray（2012）还检验了CN中已确定交易的回报，知情交易者更乐于积极交易，而且更倾向于参与CN交易，其执行价格偏离中间价。

他们发现在15至120分钟内，买入交易后做多头，卖出交易后做空头的交易策略有显著的正收益率。但问题是何种类型的信息驱动了这些结果。如果是作者所说的短期基本面信息驱动结果，那么在发布财报的日子结果会更显著。作者并未找到短期技术策略和短期CN定价策略是这一结果主要推动因素的证据。Nimalendran和Ray将他们的结果作为信息快速向交易所传递的证据。

Jiang，Mxlnish和Upson（2012）分析和比较了交易所的订单流和报告至TRFs的场外交易市场订单流的信息质量。他们的数据集是来自每日交易与报价（DTAQ）的200只股票2008年前6个月的数据。作者猜测由于不知情，交易者可能将其订单流分散到场外交易市场，因此交易所中的大部分交易是知情的，从而提高了整个市场的价格发现和市场质量。他们使用Hasbrouck（1995）的信息分享（IS）方法检验了交易所订单流是否比场外交易市场订单流包含更多的信息量。他们的结果显示，交易所订单流的信息量高于场外市场订单流，但在一定程度上，知情交易者也利用了场外交易市场提供的流动性。Jiang等通过有效价差的测度，发现交易所的逆向选择成本要显著高于场外市场，其原因在于这些交易包含的信息量不同。他们还发现交易所的不平衡可以预测未来的股票收益，但场外交易市场不能。总体来说，这与Zhu（2012）提出的大部分不知情交易者从交易所分离出去的观点是一致的。

Buti等（2011b）检验了暗池活动如何影响价格有效性。他们发现暗池越活跃，其短期波动性越低。但是，对于NASDAQ股票和一些小盘股来说，暗池活动与较高的绝对收益自相关，和较高的方差比率相关。此外，他们还指出随着方差比率的下降，暗池活动与短期过度反应增强相关。

12.4 监管关注

从历史上看，全球的暗池一直在缺乏监管的环境中运行。但最近几年，暗池的大规模增长促使监管者开始深入思考大规模场外交易和不透明交易场所的出现所带来的影响。

首先，在美国，鉴于暗池的日益扩散，证券交易委员会（SEC）于2009年提出修订现有全国市场系统规则（Reg. NMS）的方案。SEC特别建议采取措施提高暗池的透明度和缓解分散化。在该方案的第一部分，SEC要求向公众而不是向在暗池运行的特定人群提供投资者交易意向的信息，以此来增加交易前透明度。这些可执行的意向（IOIs）就像其他报价一样，要遵守相同的披露规则。SEC还建议将在公开的报价流中显示的最优价格订单的交易量阈值从报价的特定股票占市场份额的5%降至0.25%。这一建议适用于使用IOIs的暗池，仅对某些与大额订单有关的有针对性的IOI豁免。如200 000美元及以上的IO-Is只与代表相等交易规模的对手方交易意向进行沟通。这个豁免满足了大额投资者不能在公开市场处理其订单的需要，暗池最初就是为这些交易双方而设立的。其次，这个方案要求暗池公开确认在其池中执行的订单。同样，SEC打算让暗池达到与注册交易所程度相同的交易后透明度水平。这将能够使公众更容易地评估暗池的交易量以及暗池中特定股票的流动性。SEC所有建议措施潜在的目标就是提高交易前后的透明度，来为交易者提供更清晰的股票价格和流动性水平，或者就像SEC主席Mary Schapiro于2009年10月21日在演讲中所说的："我们从不应该低估透明度带来的广泛益处或者将其视为理所当然。透明度对于提升公众对金融市场诚实可信的信心是至关重要的"。

2010年5月股市闪电崩盘后由SEC和商品期货交易委员会（CFTC）创建的由八名成员组成的专家委员会于2011年2月建议SEC修订其现行的穿价交易规则。该规则规定包括暗池在内的任何市场中心的交易价格不能劣于当前的NBBO。特别是，委员会建议实施一个更为严格的所内交易规则，根据该规则，暗池的执行价格必须优于NBBO。正因为此，相同价格下显示订单要比未显示订单有更高的优先权。这种变动是为了限制暗池的交易量，使更多订单转移到公开市场。

鉴于暗池交易，欧盟委员会也审度了MiFID的现有交易规则。在现行MiFID监管下，作为经纪人交叉盘网络的暗池没有透明度要求。而以多边交易设施（MTFs）形式运行的暗池则面临与受管制的市场和MTFs相同的透明度要求。但使用交易前透明度豁免可以规避透明度要求。例如，这样的豁免可以用于保护投资者出售大量股份。

目前已被欧洲证券及市场管理局（ESMA）所代替的欧洲证券监管委员会（CESR）建议修订现行的MiFID框架。该委员会特别研究了交叉盘网络是否应被监管，对MIFs的交易前透明度豁免是否适当。

对经纪人交叉盘网络的监管，CESR建议创建一个新的类别，包含这些市场类型，即有组织的交易场所（OTF）。这样，所有有组织的交易都可以在受监管的交易场所进行。尽管像OTF那样受到监管的经纪人交叉盘网络不再包含自营交易流，但其有权决定如何执行交易。此外，OTF不允许与其他OTF相连接，否则来自不同OTFs的不同订单就会相互作用。至于透明度要求，OTFs遵照与受监管的市场和MTFs相同的交易前和交易后透明度要求。

特别对于交易前透明度，CESR 建议维持现有监管但设置更严格的制度，之后由金融市场监管者授权交易前透明度豁免，这样应用的就是基于规则而非基于原则的方法。此外，授权豁免必须建立在持续交易的基础上。国际证券委员会组织技术委员会（IOSCO）发布了建议 MiFID 修订关于暗池活动的报告。这个报告指出，在对价格形成、分散化、公平性及市场质量进行深入分析的条件下，监管者可以授权交易前透明度豁免。对于投资者而言，最优执行将不会因这些豁免而受到影响。CESE 和 IOSCO 都建议如果市场没有建立交易前透明度规则，应强制要求交易前数据的证券买卖汇总记录带。

12.5　总结和结论

暗池的证券交易在全球范围内都非常活跃。例如，据估计，2012 年初美国暗池的市场份额达到总交易量的 14% 左右。本章回顾了有关运用暗池的原因及其对市场质量影响的学术理论研究和实证文献。

运用暗池的原因是其较低的提交和执行成本，以及允许投资者进行匿名交易。但是交易者的执行概率会降低，还可能无法进行即时交易。暗池交易发生在不透明的市场，意味着交易前透明度的缺失，只有有限的交易后透明度。在价格发现上，暗池搭了其他市场的便车，因为暗池交易价格通常由透明的主板市场决定。这会引起操纵策略，对暗池和主板市场都会产生消极影响。

暗池还会影响其他市场的市场质量。会出现两个相反的影响。第一，由于暗池能满足不参与交易的交易者的需要，因此暗池具有额外的风险分担的好处。这会提高市场质量。第二，当暗池撇出部分不知情交易者时，市场质量会恶化。这一矛盾解释了为什么当暗池的市场份额过大时，监管者会担心价格发现和市场质量受损。

现有的实证分析提供了关于暗池如何影响市场质量的相互矛盾的证据。一些研究者发现暗池提高了市场质量，另一些则发现暗池交易规模越大，市场质量会越恶化。本文一个关键挑战就是识别暗池活动对市场质量的外生（即因果关系）影响。最近的研究通过利用面板数据已经取得了重大进展。

本文提出了几个开放性的问题。第一，暗池为了有效地运行要依赖于主板市场的透明度。暗池市场份额变得很大时，主板市场的质量会不会受到影响？交易是否会变得完全不透明？应如何对其进行监管？第二，现在一个完备的暗池有其自己的参与者和交易法则，但是技术能够使流动性进入不同暗池，暗池通过进一步整合或合并能够提高订单的执行概率，因此产生了最适度暗池的数量问题。第三，传统的市场已经开始在其市场组织中整合暗池。交易所组织的暗池和独立组织的暗池对市场质量的影响是否不同？这些问题有待于进一步研究。

讨论题

1. 为什么暗池需要透明市场的存在？
2. 假设部分订单流被传送至暗池，那么影响市场质量的主要理论渠道是什么？
3. 暗池以后的发展会怎样？促使暗池成功的关键因素是什么？
4. 监管者是否应该迫使暗池变得更加透明呢？作出决策需要考虑哪些因素？

作者介绍

Hans Degryse 是荷兰语天主教鲁汶大学和蒂尔堡大学的金融学教授，同时还是欧盟经济政策研究中心、慕尼黑经济研究中心、欧洲银行中心及蒂尔堡法律与经济中心的研究员。他的研究主要集中于金融中介，包括银行业的理论和实证，以及市场微观结构。他在多家期刊发表文章，包括 *American Economic Review*、*Journal of Finance*、*Journal of Financial Economics*、*Review of Financial Studies*、*Journal of Financial Intermediation* 以及 *Economic Journal*。他的研究成果还曾在重要的国际会议上进行介绍，如美国金融学会、西部金融学会、欧洲金融学会和金融中介研究学会。他主讲的课程包括银行学、公司金融、金融中介、金融市场、宏观经济学、货币经济学和风险管理。Degryse 教授在鲁汶大学获得经济学博士学位。

Geoffrey Tombeur 是荷兰语天主教鲁汶大学的金融学博士生。他的研究领域是金融市场微观结构。更具体些，他的博士研究课题是包括公开市场和暗池在内的交易场所之间的竞争，及其对价格形成、交易策略和市场质量的影响。他还研究了竞争和暗池对福利和监管的意义。他的研究成果曾在国际会议中进行介绍，如伊拉斯姆斯流动性论坛。他在鲁汶大学获得了应用工程学硕士学位和金融经济学硕士学位。

Mark Van Achter 是伊拉斯姆斯大学鹿特丹管理学院的金融学助理教授。他之前任教于布鲁塞尔大学、波恩大学和曼海姆大学，并在巴黎高等商业学院、纽约城市大学、那不勒斯大学、加州大学伯克利分校做访问学者。他的主要研究领域是金融市场微观结构，特别是交易透明度和技术。Van Achter 教授的成果曾在世界主要会议上进行介绍，包括西部金融学会、欧洲金融学会。他在主要学术期刊发表文章，如 Journal of Financial Economics，还获得了一些奖项，包括欧洲货币与金融论坛玛琼林奖。他在鲁汶大学获得经济学博士学位。

Gunther Wuyts 是荷兰语天主教鲁汶大学的金融学教授。他的研究发表在主要学术期刊，如 Journal of Financial Economics 和 Review of Finance。而且他还在实务人员出版物方面做出成果，包括机构投资者的《流动性指南》。他的研究成果曾在主要国际会议进行介绍，如西部金融学会和欧洲金融学会。他的主要研究领域是金融市场微观结构，包括市场流动性、电子订单驱动市场、金融市场监管、另类交易系统，尤其对暗池流动性、交易系统的竞争性、市场设计和交易策略颇有研究。他为本科生和研究生讲授交易与交易所、高级公司金融等课程，还在一个行政项目中讲授风险管理。他在鲁汶大学获得经济学博士学位。他此前曾在比利时国家银行工作，并在波恩大学做了六个月的访问学者。

鸣谢

Geoffery Tombeur 和 Gunther Wuyts 特别鸣谢 FWO-Flanders 的资金资助，合同为 G.0567.10。

参考文献

Buti, Sabrina, Barbara Rindi, and Ingrid M.Werner.2011a. "Dark Pool Trading Strategies." Working Paper, Ohio State University.

Buti, Sabrina, Barbara Rindi, and Ingrid M.Werner.2011b. "Diving into Dark Pools." Working Paper, Ohio State University.

Conrad, Jennifer, Kevin M.Johnson, and Sunil Wahal.2003. "Institutional Trading and Alternative Trading Systems." *Journal of Financial Economics* 70:1, 99-134.

Degryse, Hans, Frank de Jong, and Vincent van Kervel.2011. "The Impact of Dark and Visible Fragmentation on Market Quality." Working Paper, Tilburg University.

Degryse, Hans, Mark Van Achter, and Gunther Wuyts.2009a. "Dynamic Order Submission Strategies with Competition between a Dealer Market and a Crossing Network." *Journal of Financial Economics* 91:3, 319-338.

Degryse, Hans, Mark Van Achter, and Gunther Wuyts.2009b. "Shedding Light on Dark Liquidity Pools." *Institutional Investor Liquidity Guide* 2009:1, 147-155.

Foster, Dean P., Simon Gervais, and Krishna Ramaswamy.2007. "The Benefits of Volume-Conditional Order-Crossing." Working Paper, University of Pennsylvania.

Glosten, Lawrence R., and Paul R.Milgrom.1985. "Bid, Ask and Transaction Prices in a Specialist Market with Heterogeneously Informed Traders." *Journal of Financial Economics* 14:1, 71-100.

Gresse, Carole.2006. "The Effect of Crossing-Network Trading on Dealer Market's Bid-Ask Spreads." *European Financial Management* 12:2, 143-160.

Hasbrouck, Joel.1995. "One Security, Many Markets: Determining the Contributions to Price Discovery." *Journal of Finance* 50:4, 1175-1199.

Hendershott, Terrence, and Haim Mendelson.2000. "Crossing Networks and Dealer Markets: Competition and Performance." *Journal of Finance* 55:5, 2071-2115.

Jiang, Christine X., Thomas H.McInish, and James Upson.2012. "Market Fragmentation and Information Quality: The Role of TRF Trades." Working Paper, University of Memphis.

Kyle, Albert S.1985. "Continuous Auctions and Insider Trading." *Econometrica* 53:6, 1315-1335.

Mittal, Hitesh.2008. "Are You Playing in a Toxic Dark Pool? A Guide to Preventing Information Leakage." *Journal of Trading* 3:3, 20-33.

Næs, Randi, and Bernt Arne Ødegaard.2006. "Equity Trading by Institutional Investors: To Cross or Not to Cross?" *Journal of Financial Markets* 9:2, 79-99.

Næs, Randi, and Johannes A.Skjeltorp.2003. "Equity Trading by Institutional Investors: Evidence on Order Submission Strategies." *Journal of Banking and Finance* 27:9, 1779-1817.

Nimalendran, Mahendrarajah, and Sugata Ray.2012. "Information Linkages between Dark and Lit Trading Venues." Working Paper, University of Florida.

O´Hara, Maureen, and Mao Ye.2011. "Is Market Fragmentation Harming Market Quality?"

Journal of Financial Economics 100:3,459–474.

Ray,Sugata.2010."A Match in the Dark: Understanding Crossing Network Liquidity."Working Paper,University of Florida.

Ready,Mark J.2010."Determinants of Volume in Dark Pools."Working Paper,University of Wisconsin–Madison.

Rosenblatt Securities.2012.*Let There Be Light.*Rosenblatt's Monthly Dark Liquidity Tracker.

Schapiro,Mary L.2009."Speech by SEC Chairman: Statement on Dark Pool Regulation before the Commission Open Meeting." Available at www.sec.gov/news/speech/2009/spch102109mls.htm.

Traders Magazine 2012."Morgan Stanley Polices Its Dark Pool",available at www.traciers-magazine.com/news/morgan–stanley–dark–pool–behavior–109912–1.html.

Weaver,Daniel G.2011."Internalization and Market Quality in a Fragmented Market Structure."Working Paper,Rutgers University.

Ye,Mao.2010."Non–Execution and Market Share of Crossing Networks."Working Paper,University of Illinois.

Ye,Mao.2011."A Glimpse into the Dark: Price Formation,Transaction Costs,and Market Share in the Crossing Network."Working Paper,University of Illinois.

Zhu,Haoxiang.2012."Do Dark Pools Harm Price Discovery?"Working Paper,Stanford University.

第三部分

价格形成与价格发现

第13章　交易成本的决定因素

YU-CHUAN HUANG
高雄第一科技大学教授

13.1　引言

交易者很关心交易成本，因为交易成本使他们的交易策略的实施变得昂贵。当交易成本比较高时，一只具有较高总收益的股票可能会产出较低的净收益。与此类似，当交易成本比较低时，一只具有较低总收益的股票会产出较高的净收益。对大多数的进取型交易者而言，交易成本是他们总收益中最重要的因素。因此，交易成本在资产组合管理中起着重要的作用。

交易成本对交易所、经纪商和监管者也非常重要。对于交易所而言，当需要对不同的市场机制或交易系统的相对效率进行推断时，可以用交易成本的评估方法。对于经纪商，他们承担着代理责任，要确保委托客户的交易能够得到最佳执行。因此，他们需要研究交易成本来监测证券的表现，确保客户的交易能够得到最佳执行。监管者可能会比较关心微观结构监管，例如双向交易限制与交易成本之间的关系（Chang 和 Locke 1994；Smith 和 Whaley 1994）。类似地，有关交易成本的分析在基于电子屏交易相对效率的研究中也起着非常重要的作用（Fremault-Vila 和 Sandmann 1995）。在其他因素不变的条件下，如果两个市场的结构在其他方面都一致，那么交易成本较低的市场更有效率。

对于新兴市场，在公共政策的视角下，有关成本问题是特别重要的。例如，新兴市场中的大额交易经常引起较大的价格冲击，这引发了人们对外国资本流动可能会破坏本国市场平衡的担心（Choe，Kho 和 Stulz 1999）。另外，新兴市场的高额交易成本可能会促使企业在更具流动性的发达市场上交叉上市其股票，从而阻碍了本国市场的发展（Domowitz，Glen和Madhavan 2001）。

本章的目的是分析发达市场和新兴市场交易成本构成要素以及决定因素。因为近几年流入新兴市场的资金大量增加，鉴于看好经济快速增长的前景、金融监管放松和国际多样化的收益，对这些新兴市场感兴趣的投资者蜂拥而至。新兴市场中交易成本的知识至关重要，因为它会极大地影响新兴市场投资策略。如果交易成本很低，那么不同资产的配置策略就具有潜在的吸引力。相反，如果交易成本很高，那么买入并持有的策略将是更好的选择。

本章的结构如下：下一部分探讨交易成本的构成要素。主要解释了三种要素。然后，本章检验了三种交易成本构成要素的测度方法，在此之后又详细回顾了有关发达市场和新兴市场交易成本量级的文献。剩下的部分讨论了交易成本的不同决定因素以及如何在资本市场降低交易成本。

13.2 交易成本构成要素

交易成本包括与交易相关的所有成本。根据Harris（2003）的研究，交易成本包括显性成本、隐性成本和机会成本。

13.2.1 显性成本

显性交易成本是交易的直接成本，包括付给经纪商的佣金、付给交易所的费用和向政府缴纳的税金。很明显，显性成本很容易计量。尽管在美国这些成本一直在减少，而且目前处于较低的水平，但在其他国家仍然很高。

13.2.2 隐性成本

隐性交易成本是交易的间接成本，包括买卖价差和市场影响（冲击）的成本。在交易时，基于卖价买入和基于买价卖出的交易者都要支付买卖价差。很显然，价差是非常重要的交易成本。当大买家推高价格，大卖家压低价格时，所导致的市场或价格对交易的影响也属于交易成本。

与显性成本可以看到账户费用不同，隐性成本无法直接显现。所以，关于怎样合理地测度隐性成本存在很多分歧。关于隐性成本的早期研究主要关注买卖价差并视其为相关成本。例如，Demsetz（1968）认为报出的买卖价差是对做市商提供流动性的补偿。分析人员经常把报出的买卖价差作为隐性成本的测度手段。

然而，买卖报价并不一定是交易的真实价格，因为在报价范围内交易也是可能的，尤其是买卖价差很大时。这个特征使报出的买卖价差可能与隐性成本有偏差。为了解决这个问题，一些研究者提出了真实价差测度方法，经常被称为有效买卖价差。这个有效价差反映了真实交易价格与买卖报价中点的差异，为实际交易成本提供了一种更好的测度方法。

13.2.3　机会成本

错失交易的成本表现为机会成本。当一笔迫切想完成的交易没有被执行，或没有被按时执行时，机会成本就产生了。假设一个交易者想在纽约证券交易所（NYSE）以每股70.63美元的价格买入3 000股VO股票。为了得到一个更好的价格，交易者提交了一个买入限价指令，限定的价格为70.50美元。但随后VO股票价格涨到71.75美元，订单没有被执行。如果这位交易者再积极主动一些，并以平均70.70美元的价格提交订单，那么他将获得每股1.05美元的收益。由于交易者没有更积极地交易，他失去了赚到3 150美元（1.05美元×3 000股）的机会。

为了做好成本管理，必须把交易成本的三个要素同时考虑进去，因为少考虑一种交易成本，另外一种成本可能会提高。例如，一个交易者想减少市场冲击成本而推迟交易，直至价格合适时。然而，交易者的机会成本就可能因为错失交易机会而提高。因此，在隐性成本和机会成本之间存在着权衡的问题。

13.3　交易成本的测度

测度交易成本涉及显性成本、隐性成本和机会成本的测度。这部分将讨论交易成本三个组成部分的测度。

13.3.1　显性成本的测度

在三种交易成本中，显性成本是最容易测度的。通过简单的认定和汇总所有的佣金、费用以及与交易过程相关的显性支出就可以计算出显性成本。佣金能够在交易前进行协商，它会根据不同的资产而变化。通常情况下，佣金是可知并可测度的。

13.3.2 隐性成本的测度

测度隐性成本更加困难，因为实际测度（即没有交易时产品的价格与执行交易时的价格之间的差异）是做不到的。因此，就需要有一个基准，以此为准来比较交易与非交易的价格。为了测度一个已完成交易的价格影响，交易者必须估算一个公平的价格基准，即在交易尚未发生时的市场主流价格。这意味着要选择一个在市场交易发生前能代表证券公平价值的价格。

交易者能够利用特定价格基准方法和计量交易成本估计法测度交易成本。尽管价格基准方法被经常使用，但计量方法经常被用来测度整个市场的平均交易成本。

1）价格基准方法

通常，隐性成本等于交易价格与公平价格基准的差。基准价格的标准不同导致了隐性成本测度的不同。Collins 和 Fabozzi（1991）列举了三种不同的基准方法来测度市场影响：（1）交易前测度；（2）交易后测度；（3）平均测度。

交易前测度方法是利用了一个在交易之前就已经存在的价格作为公平价格基准。这个价格可能是前一个交易日的收盘价格，或者是产品的最后交易价格。最常用的测度方法是用买卖价差的中点，它是买卖报价的平均值。交易者通常使用交易价格和交易时的报价中点之间的差值来测度交易成本。这就是所谓的有效价差（ES），如公式（13.1）所示：

$$ES_t = D_t \times (P_t - M_t) \tag{13.1}$$

其中，P_t 是 t 时刻的交易价格；M_t 是 t 时刻的中点报价，即交易前公平价格的替代变量；D_t 是一个二元变量，是由买方发起的交易时等于 1，是由卖方发起的交易时等于 −1。

交易后基准运用的是交易决定后的价格。交易后价格基准的选择包括交易日的收盘价或者是交易执行之后的任意价格。研究者和参与者通常会利用交易后 5、10、15、30 或 60 分钟得到的报价中点来计算实际价差（RS）：

$$RS_t = D_t \times (P_t - P_{t+\tau}) \tag{13.2}$$

其中，$P_{t+\tau}$ 是在 t 时刻交易后至少 τ 分钟后的交易价格。

平均测度方法考虑了平均值，或者说是许多交易的代表性价格。Berkowitz，Logue 和 Noser（1988）曾建议，运用交易前后交易价格的加权平均值作为基准价格的替代变量。但是，不同的权重产生了测度隐性成本的不同方法。例如，Abel-Noser 公司用交易日的交易量作为权重对所有交易价格进行加权来估算基准价格。另外，Beebower和Priest（1980）假设，交易产生的任何非流动性效应在一个交易日内都会消散，因此，他们把加权方案全部应用于交易后当天的收盘价。

另外一种测度方法是把日开盘价格或者日开盘价格、最高价、最低价以及收盘价格的平均数考虑进来作为基准价格。例如Elkins/Mcsherry公司主要通过利用日开盘价格、最高价、最低价以及收盘价格的平均数作为基准价格（Domowitz等，2001）来估计交易成本。

交易量加权平均价格（VWAP）是交易日的平均交易价格，其中，每个交易价格都根据相关交易的规模进行了加权。VWAP能够通过所有交易的总交易价值除以总交易量简单地测算出来：

$$VWAP = \frac{总交易价值}{总交易量} = \frac{\sum_j P_j \cdot Q_j}{\sum_j Q_j} \tag{13.3}$$

其中，P_j 是第 j 笔交易的价格；Q_j 是第 j 笔交易的股票数量。

2）计量方法

计量交易成本测度模型利用了统计方法来测度交易者对价格的影响。当不能利用报价数据或订单流数据时，这些模型就比较受偏爱。例如，由于喊价式的期货市场很少公布交易中的买卖叫价，市场报告者只记录交易价格，因此，这些市场的交易成本只能用交易价格估算。Roll（1984）提出了一种直接从市场价格的时间序列来推断买卖价差的方法。Roll认为，在一个信息有效的市场，如果交易成本为0的话，那么在回报中不会有序列相关性。相反，如果做市商执行交易中承担了成本，他们就会要求补偿。补偿的一部分就可能是证券的买卖价差。因此，即使一个市场是信息有效的，由于记录的交易既有可能基于买价也有可能基于卖价，所以观察到的市场回报也不是独立的。反之，这意味着当做市商参与交易时，即使交易类型的条件分布被假定为是独立的，但所观察到的回报也会出现序列负相关。Roll指出，这种序列负相关性意味着买卖价差能够根据以下方式进行测度：

$$s = 2\sqrt{-\mathrm{Cov}(r_t,\ r_{t+1})} \tag{13.4}$$

其中，$\mathrm{Cov}(r_t,\ r_{t+1})$ 是回报的序列协方差。

为了推导出有效价差，Roll（1984）假设订单类型是序列独立的。然而，早期的文献包含了一些不同情况的例子，其中有些指出订单类型是序列相关的（Garbade 和 Lieber 1997；Choi，Salandro 和 Shastri 1988）。拓展的模型（Stoll 1989；George，Kaul 和 Nimalendran 1991；Huang 和 Stoll 1997；Madhavean 和

Sofianos 1997）将价差拆分为几个部分。例如，Stoll将价差分解为三个部分：
（1）订单处理成本；（2）存货成本；（3）逆向选择成本。

13.3.3　机会成本的测度

错失交易的机会成本是指所有需要交易的订单未能执行的成本。测度错失交易的机会成本面临着与测度隐性成本相同的问题。因为迫切需要交易的订单没有被执行，机会成本也无法观测到。

为了测度未完成交易的机会成本，人们可以监测投资者想要持有的投资组合的表现。期望资产组合的表现与经过显性成本和隐性成本调整后的真实资产组合表现的差异，代表了机会成本（Collins和Fabozii 1991）。

Treynor（1981）提出，测度机会成本可以基于真实交易的资产组合表现与纸面资产组合表现的差异。纸面资产组合的收益则是基于交易以交易决策时观察到的价格执行的假设。Perold（1988）定义这种测度方法为"执行落差法"。这种方法考虑了与一篮子交易相联系的总交易成本，包括未能在需要的时间执行所有需要执行的交易而产生的机会成本。

13.4　交易成本的量级：文献综述

在美国大多数关于交易成本的研究都关注于隐性成本的测度。因为隐性成本的测度是建立在价格基准的基础上，价格基准的不同标准导致了测度隐性成本的方法的不同。不幸的是，对于最优的标准大家的想法并不一致。因此，比较两种交易成本的测度方法是很困难的，因为不同的测度方法会对隐性成本的测度产生巨大影响。例如，Roll（1984）曾以1963—1982年期间纽约证券交易所和美国股票交易所的所有股票为样本进行了测度，结论是平均有效价差为0.298%。Chan和Lakonishok（1993）利用了一个以交易量为权重的价格基准来测度NYSE股票的交易成本。他们发现，对于NYSE中销售困难的小公司股票而言，其平均单向市场影响是0.18%。此外，Bessembinder和Kaufman（1997）测度了NYSE的平均单向价格影响是0.279%。最后，Keim和Madhavan（1997）发现了相似的价格影响，买进为0.31%，卖出为0.34%。Perold和Sirri（1996）利用一个平均价格基准来测度除美国之外的19个发达市场中类似交易的交易成本，他们发现其平均市场影响是0.36%。

通过检验42个发达和新兴国家的交易成本，Domowitz等（2001）发现，国家和地区之间的交易成本差异很大。特别是他们发现，平均单向总交易成本的范围涵盖了从最高的韩国 1.98% 到最低的法国 0.30%。除此以外，作者认为，显性成本和隐形成本对所有的国家都有重大的经济影响，除了北美之外，对于大多数地区，显性成本几乎占据了总成本的 2/3。在其数据里，美国的总交易成本是 0.38%，其中显性成本是 0.08%，隐形成本是 0.30%。显然，显性成本低于总成本的 1/4。Keim 和 Madhavan（1998）的研究结论类似，他们也指出 NYSE 的股票显性交易成本很低，大约占交易价值的 0.2%，约占总成本的 1/3。

Domowitz（2001）的一个重要发现指出，新兴国家的交易成本要比发达国家的交易成本高很多。在其样本中，新兴国家的总成本要比其他国家高出 95%，是美国的两倍。这对资产组合管理和国际分散化投资有很大的意义。

大多数的研究认为，交易成本随着时间的流逝会急剧下降。以下的原因能够解释交易成本的下滑。第一，不断增多的机构交易能够为交易服务创造更具竞争性的环境。第二，技术的发展，例如复杂交易系统的引入、向自动交易系统的转化以及信息传播技术的提高也导致了隐性交易成本的下降。第三，成本的下降也归功于交易者更多地使用低成本电子撮合网络。

13.5 交易成本的决定因素

Demsetz（1968）是最早对交易成本正式建立模型的人之一。在其之后，大量的研究涌现，试图去检验交易成本的决定因素。本部分对这些决定因素进行检验并说明它们与交易成本的关系。

13.5.1 交易活跃度

交易活跃的市场通常买卖价差较小，这样能降低交易成本。证据显示，交易活动的测度，例如交易量以及交易次数与交易成本负相关（Demsetz 1968；Stoll 1978a，1978b；Thompson 和 Waller 1987）。交易次数与交易量的提高能够带来规模经济效应，导致更低的订单处理成本。Hasbrouck（1988）认为，交易量较低的股票由于缺乏限价订单，需要特定交易商介入的可能性更大。而且他指出，股票的交易量越小，订单处理成本就越高。根据 Thompson 和 Waller 的研究，得到了一致的结论，即交易活动的增加能够使做市商更快地周转其存货，因此降低了潜在的流动性成本并减小了风险。交易活动也与信息不对称成本相联系。例如，Easley，Kiefer，O'Hara和Paperman（1996）指出，对于交易不活跃的股票而言，其知情交易的概率更高。

13.5.2 交易难度

Keim和Madhavan（1997）指出，交易成本会随着交易难度而提高。他们的经验证据表明，显性成本和隐性成本都与交易难度的测度值正相关。Bonser-Neal，Linnan和Neal（1999）检验了印度尼西亚雅加达股票交易所的交易执行成本，他们发现，交易的价格影响与交易难度是正相关的。交易难度最常用的替代变量是交易规模和市值。

1）交易规模

以前的研究认为，交易成本会随着交易规模的扩大而提高（Loeb1983；Wanger和Edwards1993；Kim和Ogden1996；Chan和Lakonishock1997；Keim和Madhavan1997，1998）。流动性效应理论和信息效应理论都能够解释交易规模与交易成本之间正相关的关系。流动性效应理论表明，大额交易会迫使做市商远离他们偏好的存货量，因此，这些交易的价格必然会弥补做市商承担的存货风险（Stoll 1978a；Ho和Stoll 1981；O'Hara和Oldfield 1986）。另外，Easley和O'Hara（1987）提出了信息效应理论，他们认为交易规模把逆向选择问题引入证券市场中，因为知情交易者想要交易，他们偏好于在任何给定价格上进行大规模交易。其结果就是做市商的定价策略必须视交易规模而定，大额交易会对应不太划算的价格。

2）市值

大多数的研究都认为市值与交易成本之间是负相关的（Thompson和Waller 1987；Huang和Stoll 1996；Chan和Lakonishok 1997；Keim和Madhavan 1997，1998；Bonser-Neal 1999和Domowitz 2001）。直观来看，市值越大、流动性越强的股票，其价格影响可能越小，其交易能够在价格无需大幅让步的情况下得以快速执行。根据Easley（1996）的研究，交易不活跃的股票大多是小公司股票，其结果就是小公司执行成本更高的原因是逆向选择成本更高。对于小公司来说，做市的存货成本也会更高一些，因为收益的波动性更大而且在不活跃的市场中化解存货的失衡也更困难。Kim和Ogden（1996）发现，公司规模与订单处理成本以及买卖价差构成中的逆向选择成本是负相关的。

13.5.3 波动性

波动性被认为是与交易成本正相关，因为价格波动反映了做市商储备证券时面临的真实价格变化的风险。随着这种风险的增加，买卖价差也会扩大以弥补或抵消潜在做市成本的提高。

市场的不确定性表明，高波动性也意味着知情交易者的增多。其结果是风险厌恶的做市商会扩大价差，意味着高波动性资产的逆向选择成本将会变大。以往的文献指出了波动性和订单处理成本（Kim 和 Ogden 1996；Huang 2004a）以及信息不对称成本（Copeland 和 Galai 1983；Kim 和 Ogden1996；Huang 2004a）之间存在正相关关系。

13.5.4　信息变量

信息不对称是执行成本的主要构成部分。信息不对称的存在使得交易者面临着逆向选择问题。当信息的出现被怀疑时，做市商就会扩大价差。因为信息不对称的程度是不能被直接观察到的，因此研究者必须依靠替代变量。本节描述了两个常用的替代变量。

1）信息事件

根据Hasbrouk（1988）的研究，买卖价差与特定交易商意识到的私有信息的披露呈正相关关系。与此类似，Lee（1993）的研究发现，当预测到收益公告将公布时，价差会扩大，甚至在公布后价差会更大。

2）价格水平

曾经提出证券价格可能与买卖价差的大小正相关的 Demsetz（1968）认为，每股价差的提高可能会与该资产价格的提高成比例，因此，每笔交易额将会与交易成本相均衡。Copeland 和 Galai 指出，在其他条件不变的情况下，信息的不确定性与买卖价差正相关。他们认为，买卖价差是价格水平的正相关函数，这意味着知情交易导致了高价格水平。与上述结论一致，Huang（2004a）指出，价格水平是价差中有关订单处理成本和信息不对称成本的主要构成因素之一。

13.5.5　交易策略、交易者能力和声誉

交易者的特性也会影响交易成本。交易者策略、能力和声誉都是影响交易成本的重要因素。

1）交易策略

遵循短期技术交易策略的进取型投资者往往比基于基本面分析交易策略的保守型交易者的交易成本更高一些。由于技术型交易者的需求更具即时性，因此他们情愿付出更高的交易成本。Chan 和 Lakonishok（1995）认为，投资管理

者的交易策略影响交易成本，如高换手率成长型股票的投资管理者具有更高的交易成本，而低换手率价值型股票的投资管理者具有更低的交易成本。

Keim和Madhavan（1997）也表明，投资方式对交易成本有影响。具体来说，他们把投资管理者分为价值型、技术型和指数投资型。价值型投资管理者，即那些利用基本面分析的管理者，由于他们的投资周期相对较长，他们的交易成本会更低一些。因此，他们能够通过耐心的交易以节省交易成本。与此相反，技术性管理者和指数型管理者，他们的交易策略依赖于快速地执行订单，因此有着更高的交易成本。Keim和Madhavan发现，价值型管理者的交易成本最低，而技术型与指数型管理者的平均交易成本明显会高一些。

2）交易者能力

即使执行一种特定的交易策略，订单提交策略的不同也会对交易成本产生重大影响。有着更高级交易技巧的交易者交易成本可能会更低。例如，Chan和Lakonishok（1993，1997）指出，交易背后的机构投资者身份会对价格冲击产生影响。此外，Bonser-Neal（1999）认为，购买资产时执行成本高的做市商在卖出时成本也会高。他们还指出，由外国投资者发起的交易对价格的影响要比当地投资者发起的大。

与此观点类似，Keim和Madhavan（1997，1998）发现，在具有相同投资方式的交易者之间，即使在对交易难度进行修正后，交易成本依然显著不同。他们推测，投资方式下成本的不同要归因于交易技巧和能力的不同。

3）声誉

声誉对交易成本也有着重要的影响。具有良好声誉的交易者进行流动性交易有着较低的交易成本，因为他们的交易逆向选择成本很小。这个优势在可以协商的楼上市场交易中体现得更为明显。Madhavan和Cheng（1997）分析了楼上和楼下市场的大宗交易，他们发现，声誉较好的交易者在楼上市场的交易大多是流动性驱动的。因此，交易成本反映了一个隐形因素的影响——声誉。

此外，正如Smith，Alasdair，Turnbull和White（2001）所指出的，自营交易得益于经纪人维护其声誉资本的目标。特别需要指出的是，作者认为，楼上自营交易的总价格影响和暂时价格影响比楼上代理交易的影响小。Bikker，Spierdijk和van der Sluis（2010）检验了世界第二大养老金基金2002年第一季度的股权交易情况。他们发现，就交易成本而言，该机构的交易比类似的自营交易风险更大。

13.5.6 市场交易系统

以往的文献表明研究者对于比较不同交易系统的交易成本很有兴趣。利用交易成本的估计来推断不同交易系统的相对效率是很自然的（Reiganum 1990；Blume和Goldstein 1992；Huang和Stoll 1996）。

1）自营商和拍卖系统

关于NYSE拍卖系统和NASDAQ自营商市场优点的争论存在已久。Blume和Goldstein（1992）提出，NASDAQ股票的报价和有效价差通常比交易所上市的可比较股票的价差要大。Christie和Schultz（1994）表明，1991年NAS-DAQ的自营商会对NASDAQ最大股票中的70%避免使用八分之奇数报价。这一结论导致了他们对NASDAQ市场的竞争性产生质疑，并认为自营商们暗自勾结扩大买卖价差。

Lee（1993）认为，非NYSE交易的股票价差要比在NYSE交易的股票每股高出0.7到1.0美分，而且，NASDAQ市场在所有规模的交易中执行难度都较大。Huang和Stoll（1996）比较了NASDAQ和NYSE的执行成本，他们发现，NASDAQ的股票执行成本要比NYSE中可比较股票的成本高几乎两倍。

Bessembinder和Kaufman（1997）认为，NYSE的执行成本要比NASDAQ低。特别是中小公司的执行成本差异都要比大公司高一些。对大公司来说，NASDAQ的平均有效半价差要比NYSE高8.1个基点。然而，对于中型企业交易而言，NASDAQ的平均有效半价差比NYSE高45.7个基点；对于小型企业而言，高53.9个基点。

针对机构交易者，Keim和Madhavan（1997）比较了NASDAQ大型机构投资者的股票和在其他交易所上市股票的交易成本。在控制交易规模、市值和投资方式的条件下，他们发现，NASDAQ机构投资者的交易成本整体上要高于NYSE和AMEX，但最大规模的股票除外。

市场改革可能会改善市场的交易成本。1997年1月20日，证券交易委员会（SEC）开始实施改革，允许公众通过提交捆绑的限价订单与NASDAQ的自营商直接竞争。另外，NASDAQ自营商在私人交易系统中提交的优先报价也开始被公布在NASDAQ市场上。Barclay，Christie，Harris，Kandel和Schultz（1999）检验了这些新规则对不同市场表现测度方法的影响，包括交易成本，他们认为，报价价差和有效价差显著下降，但对市场质量没有负面影响。

2）集合竞价与持续交易机制

另外一个影响交易成本的重要因素是集合竞价与持续交易机制。以往的理论和实证研究表明，持续交易的市场更易受信息不对称的影响。通过构建一个无穷序列集合竞价的持续交易市场模型，Kyle（1985）指出，在持续市场噪声交易者的预期损失是相同条件下单一集合竞价市场的两倍。Madhavan（1992）认为，在信息严重不对称时，基于集合竞价的交易系统与连续交易系统相比，停盘的可能性更小。Pagano 和 Roell（1996）认为，集合竞价市场更高的透明度使得噪声交易者的预期交易成本比在具有序贯交易特征的连续拍卖市场更低。最后，Schnitzlein（1996）通过操控实验室内资产市场的交易规则和信息设置，在信息不对称的情况下，检验了集合竞价和连续拍卖的相关表现。他们发现，在集合竞价交易机制下，由噪声交易者引发的信息不对称成本明显更低。

3）自动交易系统与场内交易系统

另外一个长期争论的话题是，自动交易系统和场内交易系统哪个更能促进形成竞争性交易环境。自动交易系统通过降低运行成本从而降低了交易成本。Domowitz（2001）指出，自动交易系统要比自营商和场内交易系统在建立和运行方面成本更低。与此观点类似，Domowitz 和 Steil（1999）确认，在自动交易市场，总交易成本包括显性成本和隐性成本，且通常都较低。

计算机和通信技术的发展大幅度降低了数据处理成本以及地区和全球联网的成本。基于电子屏的交易，通常仅需一个人把指令输入系统中，更为经济高效。另外，场内交易系统，需要好多人集中在同一个区域执行交易过程，并对既定时间范围内能够执行的订单数量设置物理限制，这样做很耗费时间。因此，一些人认为，电子市场的订单处理成本要比场内市场低。例如，Grunbichler，Longstaff 和 Schwartz（1994）指出，电子交易系统通常减少了人工处理订单所需的时间，并降低了运行交易所的固定成本。

另外，场内交易更有可能降低信息不对称的影响。一些学者如 Glosten 和 Milgrom（1985）和 Stoll（1989）指出，信息不对称的问题在场内交易市场较不明显，从而有着更低的买卖价差以及更高的交易量。Benveniste，Marcus 和 Wihelm（1992）也支持场内交易能够降低信息不对称效应的观点。场内交易存在的长期专业性和人际关系促进了交易者之间的合作，因此限制了交易者系统地利用私人信息的能力。例如，Handa，Schwartz 和 Tiwari（1998）曾提出，场内交易者披露订单仅仅是为了回应他或她想与之交易的对手订单的出现。这意味着场内交易者有能力拒绝和完全知情交易者交易，由此降低了信息不对称的成本。另一个例子是 Wang（1999）的研究，他认为场内交易相比于屏幕交易，价差的逆向选择成本较低，但订单处理成本较高。

Huang（2004a，2004b）检验了在中国台湾期货交易所（TAIFEX）和新加坡衍生品交易所（SGX-DT）交易的台湾股指期货合同。TAIFEX是一个电子集合竞价系统，SGX-DT是一个传统的公开喊价的持续交易系统。作者发现，TAIFEX市场的报价价差和有效价差都比SGX-DT低。而且，基于屏幕交易的TAIFEX期货市场的信息不对称成本要远低于公开喊价的SGX-DT期货市场，这表明持续公开喊价市场比电子竞价市场更容易受到信息不对称的影响。

13.5.7　交易时机

交易时机影响交易成本。例如，在开盘之前或开盘时发起的买入交易更可能引发异常的高交易成本。丰富的证据显示，金融市场中的买卖价差不是稳定不变的，而是随着时间变化的。例如，Brock和Kleidon（1992），Mcinish和Wood（1992），Foster和Viswanathan（1993），以及Chan，Chung和Jonson（1995），所有这些学者都证明了在NYSE交易的股票在开盘和收盘时的买卖价差较大，从而导致了U型日间价差走势图。但是，Werner和Kleidon（1996）以及Chan（1995）发现，伦敦股票交易所（LSE）的股票和芝加哥期权交易所（CBOE）的期权交易的买卖价差在开盘半小时内快速下降之后，在整个交易日内都会缓慢地下降。Chan，Christie和Schultz（1995）也发现，NASDAQ股票的价差只在开盘时比较高，而在收盘时达到最低。

研究者提出了几个理论来解释买卖价差的日间走势。例如，存货模型（Amihud和Mendelson1980）提出，价差的存在是用来弥补做市商承担非意愿存货的风险。当一个失衡订单使做市商偏离其理想的存货仓位时，做市商就会调整买卖价差来吸引订单，然后恢复到最佳存货仓位。因此，在市场的开盘和收盘期间，当交易量可能变大时，更大的存货失衡就会产生，由此买卖价差也会更大。

Brock和Kleidon（1992）的市场封闭理论认为，相较于交易日内的其他时间，开盘和收盘时的交易需求会更大一些，而且缺乏弹性，因为市场关闭后将不能交易。因此，拥有垄断力量的做市商能够在需求很大且缺乏弹性的期间内，通过报出更高的价格来有效地区别定价。

信息不对称模型（Admati和Pfleiderer1988）认为，做市商在信息不利的情况下会保持足够大的价差来弥补与知情交易者交易的损失。但是，这个模型预测，高交易量是与低价差相联系的，这与观察到的大多数的日间价差情况是不一致的。

13.5.8　交易地点

交易地点对于解释交易成本也起着重要的作用。例如，Domowitz等
（2001）观察了不同国家交易成本的很多变量。特别是新兴国家的交易成本
要比发达市场的交易成本高很多，即使对诸如市值和波动性等因素做了修正
后，依然如此。发达市场和新兴市场之间巨大的交易成本差异对于这些地区
的资产组合管理和国际化分散投资有着重要的意义。例如，新兴市场更高的
交易成本能够显著地降低国际化分散投资带来的利益。而且，在构建一个国
际资产组合时，如果考虑到交易成本，全球有效资产组合的构成会发生动态
的变化。

13.5.9　法律体系和投资者保护

一个国家的法律机构也可能影响交易成本。Eleswarapu和Venkataraman
（2006）指出，法律机构可能会通过其对信息风险和投资者参与的影响从而对
资本市场的流动性施加影响。

用于限制内部交易的法律和法规影响了交易股票的信息不对称风险。例
如，正如Maug（2002）所言，在一个对内部交易不加管制的环境里，大股东
和投资管理者会串通起来并私下交换信息。出于保护他们佣金的目的，管理者
会用信息来贿赂大股东以限制他们的干预。其结果是，如果内部交易不被限
制，流动性提供者会由于面临更大的逆向选择风险而扩大买卖价差。与此类
似，Bhattacharya和Daouk（2002）指出在内部交易法律被强化的国家里，股票
交易的平均成本更低。

公司信息披露制度所要求的透明度也会影响资本市场的信息风险。如果没
有这些法律，信息披露水平也会相应较低。除此之外，一国会计标准所要求的
财务报表质量是另外一个影响内部和外部投资者之间信息不对称性的基础因素
（Healy和Palepu2001）。

法律机构也通过影响投资者的参与来影响股票的流动性。对投资者的保护
不够充分导致被投资管理者更多的利用以及更高的信息不对称成本，流动性提
供者承担了更高的成本，因此会提供更大的买卖价差。La porta，Lopez-de-Si-
lanes，Shleifer和Vishny（1997，1998）认为，保护投资者免受企业利用的法规
提高了小投资者参与股市的意愿。作者表明，对投资者保护不利的国家其资本
市场更小、更窄，由此带来了市场深度更低和交易成本更高的后果。

Brockman和Chung（2002）指出，在中国香港交易所交叉上市的中国企

业的买卖价差要比中国香港市场相匹配的股票价差大。Chuang（2006）检验了美国存托凭证（ADRs）流动性和投资者保护之间的关系，他们发现，在有着更好的投资者保护机制和法制严明国家运营的公司的ADR，其信息不对称成本更低，流动性更高。而且，在金融危机期间的预期代理成本极高时，源于投资者保护不充分的交易成本也会非常高。而且，在亚洲金融危机期间，那些源于投资者保护不充分国家的ADRs的净卖方压力是非常大的。

在控制企业层面的流动性决定因素和本国市场份额的条件下，Eleswarapu和Venkataraman（2006）检验了44个国家的412个在NYSE上市的ADRs的交易成本。他们的证据表明，那些源自司法系统更有效、会计标准更优以及政治系统更稳定国家的股票，其有效价差更小，交易的价格影响也不显著。而且，他们认为，源于大陆法系（起源于法国）国家的股票交易成本要比普通法系（起源于英国）国家的股票高很多，这与以往关于法律和金融的文献结论相一致。

13.6 总结与结论

理解交易成本的构成和决定因素对于交易者和监管者都非常重要。对大多数主动型交易者来说，交易成本是其总收益中最重要的决定因素。因为总收益依赖于投资策略和交易实施，高交易成本会大为降低投资策略的回报，并由此影响了资产组合的收益水平。加深对交易成本和决定因素的理解有助于交易者更好地管理其交易，并通过有效的措施降低交易成本。

交易成本包括三个部分：显性成本、隐性成本和机会成本。显性成本可以观察到，而且很容易计量，但是隐性成本和机会成本是不易观察到的，而且很难计量。其结果就是关于如何最好地计量隐性成本和机会成本存在巨大的分歧。以往的研究通过利用特定价格基准法和经济计量测算法估计了隐性成本。然而，不同的标准导致了测量隐性成本不同的方法。不幸的是，关于最优标准没有一致的看法。因此，用一种交易成本的估算值与另一种相比较是很难的，因为方法的不同会影响估算的交易成本。

尽管相当多的争论依然集中于如何测度交易成本，但获得一致认可的是，虽然交易成本在不断下降，但依然在对经济起着重要的作用。交易成本的下降可能源于机构交易的增加，技术的发展、交易者对低成本电子网络的运用以及市场改革。市场结构的不同对隐性成本也有影响。例如，以往的文献发现，NASDAQ 自营商市场要比 NYSE 集合竞价体系贵，新兴市场的交易成本要高于发达市场。这对资产组合管理和国际分散投资有着重大的意义。

交易成本取决于许多因素。早期文献认为，主要的决定因素是交易活跃度、交易难度（通过交易复杂度、交易规模和市值测度）、价格水平和波动性。最近的研究显示，交易者的特征——例如，交易者的投资策略、能力和声誉——也会影响交易成本。遵循短期技术交易策略的进取型交易者通常的交易成本比基于基本面分析策略的保守型交易者要高。

具有不同交易机制和交易系统的市场，其交易成本也会不同。例如，集合竞价机制下的信息不对称成本要比持续交易成本低。自动限价订单簿系统通过降低运行成本，比场内交易结构有着更高的成本有效性。最后，由于不同的法律系统和投资者保护制度，不同国家的交易成本也不相同。有着高效司法系统、优质会计标准和更优保护机制的国家，其股票的交易成本更低。因此，法律体系和投资者保护制度的提升有助于降低资本市场的交易成本。

讨论题

1.什么是交易成本？指出并简要解释交易成本的三个不同组成部分。
2.交易规模和交易成本的关系是什么？说明解释这种关系的主要理论。
3.就交易成本而言，自动交易系统和场内交易系统的主要区别是什么？
4.讨论交易成本是否会随着一天内时间的变化而变化。说明买卖价差日间变动模式的主要理论。
5.假如法律系统在不同的国家区别很大，那么法律环境是如何影响跨国交易成本的？

作者介绍

Yu-Chuan Huang 是高雄第一科技大学的金融学教授。她的研究领域包括市场微观结构、行为金融、衍生工具和投资管理。Huang 教授在很多期刊公开发表过文章。包括 *Journal of Futures Markets*、*Journal of Financial Markets*、*Pa-*

cific-Basin Finance Journal、Review of Quantitative Finance and Accounting、Advances in Quantitative Analysis of Finance and Accounting、International Review of Economics and Finance、Journal of Business Finance and Accounting、Review of Pacific Basin Financial Markets and Policies、Asian Pacific Management Review 以及 Emerging Markets Finance and Trade。她于 2004 年和 2006 年获得了中国台湾证券与期货机构研究奖。Huang 教授在中国台湾中山大学取得了金融管理专业的博士学位。

参考文献

Admati, Anat R., and Paul Pfeiderer.1988."A Theory of Intraday Patterns : Volume and Price Variability." *Review of Financial Studies* 1 : 1, 3−40.

Amihud, Yakov, and Haim Mendelson.1980, "Dealership Markets : Market Making with Inventory." *Journal of Financial Economics* 8 : 1, 31−53.

Barclay, Michael J., William G.Christie, Jeffrey H.Harris, Eugene Kandel, and Paul H.Schultz.1999. "The Effects of Market Reform on the Trading Costs and Depths of NASDAQ Stocks." *Journal of Finance* 54 : 1, 1−34.

Beebower, Gilbert L., and William Priest.1980. "The Tricks of the Trade." *Journal of Portfolio Management* 6 : 2, 36−42.

Benveniste, Lawrence M., Alan J.Marcus, and William J.Wilhelm.1992. "What´s Special about the Specialist?" *Journal of Financial Economics* 32 : 1, 61−86.

Berkowitz, Stephen A., Dennis E.Logue, and Eugene A.Noser Jr.1988. "The Total Cost of Transactions on the NYSE." *Journal of Finance* 41 : 1, 97−112.

Bessembinder, Hendrik, and Herbert M.Kaufman.1997. "A Comparison of Trade Execution Costs for NYSE and NASDAQ-Listed Stocks." *Journal of Financial and Quantitative Analysis* 32 : 3, 287−310.

Bhattacharya, Utpal, and Hazem "Daouk.2002. "The World Price of Insider Trading." *Journal of Finance* 57 : 1, 75−108.

Bikker, Jacob A., Laura Spierdijk, and Pieter Jelle van der Sluis, 2010. "What Factors Increase the Risk of Incurring High Market Impact Costs?" *Applied Economics* 42 : 3, 369−387.

Blume, Marshall E., and Michael A.Goldstein, 1992. "Displayed and Effective Spreads by Market." Working Paper, Rodney L.White Center for Financial Research, Wharton School, University of Pennsylvania.

Bonser-Neal, Catherine, David Linnan, and Robert Neal.1999. "Emerging Market Transaction Costs : Evidence from Indonesia." *Pacific-Basin Finance Journal* 7 : 2, 103−127.

Brock, William A., and Allan W.Kleidon.1992. "Periodic Market Closure and Trading Volume : A Model of Intraday Bids and Asks." *Journal of Economic Dynamics and Control* 16 : 3−4, 451−489.

Brockman, Paul, and Dennis Y.Chung.2002. "Investor Protection and Firm Liquidity." *Journal of Finance* 58 : 2, 921−938.

Chan, K.C., William G.Christie, and Paul H.Schultz.1995. "Market Structure and the Intraday Patterns of Bid-Ask Spreads for NASDAQ Securities." *Journal of Business* 68 : 1, 35−60.

Chan, Kalok, Y.Peter Chung, and Herb Johnson.1995. "The Intraday Behavior of Bid-Ask Spreads for NYSE Stocks and CBOE Options." *Journal of Financial and Quantitative Analysis* 30 : 3, 329−346.

Chan, Louis K.C., and Josef Lakonishok.1993. "Institutional Trades and Stock Price Behavior." *Journal of Financial Economics* 33 : 2, 173−199.

Chan, Louis K.C., and Josef Lakonishok.1995. "The Behavior of Stock Prices around Institutional Trades." *Journal of Finance* 50:4,1147-1174.

Chan, Louis K.C., and Josef Lakonishok.1997. "Institutional Equity Trading Costs: NYSE versus NASDAQ." *Journal of Finance* 52:2,713-735.

Chand, Eric C., and Peter R.Locke.1994. "The Impact of CME Rule 552 on Dual Traders." *Journal of Futures Markets* 14:4,493-510.

Choe, Hyuk, Bong-Chan Kho, and René M.Stulz.1999. "Do Foreign Investors Destabilize Stock Markets? The Korean Experience in 1997." *Journal of Financial Economics* 54:2, 227-264.

Choi, J.Y., Dan Salandro, and Kuldeep Shastri.1988. "On the Estimation of Bid-Ask Spreads: Theory and Evidence." *Journal of Financial and Quantitative Analysis* 23:2,219-230.

Christie, William G., and Paul H.Schultz.1994. "Why Do NASDAQ Market Makers Avoid Odd-Eighth Quotes?" *Journal of Finance* 49:5,1813-1840.

Chung, Huimin.2006, "Investor Protection and Liquidity of Cross-Listed Securities: Evidence from the ADR Market." *Journal of Banking and Finance* 30:5,1485-1505.

Collins, Bruce M., and Frank J.Fabozzi.1991. "A Methodology for Measuring Transaction Costs." *Financial Analysts Journal* 47:2,27-36.

Copeland, Thomas E., and Dan Galai.1983. "Information Effects on the Bid-Ask Spread." *Journal of Finance* 38:5,1457-1469.

Demsetz, Harold.1968. "The Cost of Transaction." *Quarterly Journal of Economics* 82:1,33-53.

Domowitz, Ian, Jack Glen, and Ananth Madhavan.2001. "Liquidity, Volatility and Equity Trading Costs across Countries and over Time." *International Finance* 4:2,221-255.

Domowitz, Ian, and Benn Steil.1999. "Automation, Trading Costs, and the Structure of the Securities Trading Industry." *Brookings-Wharton Papers on Financial Services* 2:1,33-92.

Easley, David, and Maureen O´Hara.1987. "Price, Trade Size, and Information in Securities Markets." *Journal of Financial Economics* 19:1,69-90.

Easley, David, Nicholas M.Kiefer, Maureen O´Hara, and Joseph B.Paperman.1996. "Liquidity, Information, and Infrequently Traded Stocks." *Journal of Finance* 51:4,1405-1436.

Eleswarqpu, Venkat R., and Kumar Venkataraman.2006. "The Impact of Legal and Political Institutions on Equity Trading Costs: A Cross-Country Analysis." *Review of Financial Studies* 19:3,1081-1111.

Foster, Douglas F., and S.Viswanathan.1993. "Variations in Trading Volume, Return Volatility, and Trading Costs: Evidence on Recent Price Formation Models." *Journal of Finance* 48:1,187-211.

Fremault-Vila, Anne, and Gleb Sandmann.1995. "Floor Trading versus Electronic Screen Trading: An Empirical Analysis of Market Liquidity and Information Transmission in the Nikkei Stock Index Futures Market." London School of Economics Discussion Paper No.218.

Garbade, Kenneth D., and Zvi Lieber.1997. "On the Independence of Transactions on the New York Stock Exchange." *Journal of Banking and Finance* 1:2,151-172.

George, Thomas J., Gautam Kaul, and M.Nimalendran.1991. "Estimation of the Bid-Ask Spread and Its Components: A New Approach." *Review of Financial Studies* 4:4,623-656.

Glosten, Lawrence R., and Paul R.Milgrom.1985."Bid, Ask and Transaction Prices in a Spe-
cialist Market with Heterogeneously Informed Traders." *Journal of Financial Economics*
14:1, 71-100.

Grunbichler, Andreas, Francis A.Longstaff, and Eduardo S.Schwartz.1994. "Electronic
Screen Trading and the Transmission of Information: An Empirical Examination." *Journal
of Financial Intermediation* 3:2, 166-187.

Handa, Puneet, Robert A.Schwartz, and Ashish Tiwari.1998."The Ecology of an Order-Driv-
en Market." *Journal of Portfolio Management* 24:2, 47-55.

Harris, Larry.2003. *Trading and Exchanges, Market Microstructure for Practitioners*.Oxford:
Oxford University Press.

Hasbrouck, Joel.1988. "Trades, Quotes, Inventories, and Information." *Journal of Financial
Economics* 22:2, 229-252.

Healy, Paul M., and Krishna G.Palepu.2001. "Information Asymmetry, Corporate Disclco-
sure, and the Capital Markets: A Review of the Empirical Disclosure Literature." *Journal
of Accounting and Economics* 31:1-3, 405-440.

Ho, Thomas, and Hans Stoll.1981. "Optimal Dealer Pricing under Transactions and Return
Uncertainty." *Journal of Financial Economics* 9:1, 47-73.

Huang, Roger D., and Hans R.Stoll.1996."Dealer versus Auction Markets: A Paired Compari-
son of Execution Costs on NASDAQ and the NYSE." *Journal of Financial Economics* 41:
3, 313-357.

Huang, Roger D., and Hans R.Stoll.1997, "The Components of the Bid-Ask Spread: A Gen-
eral Approach." *Review of Financial Studies* 10:4, 995-1034.

Huang, Yu Chuan.2004a."The Components of Bid-Ask Spread and Their Determinants: TAI-
FEX versus SGX-DT". *Journal of Futures Markets* 24:9, 835-860.

Huang, Yu Chuan.2004b."The Market Microstructure and Relative Performance of Taiwan
Stock Index Futures: A Comparison of the Singapore Exchange and the Taiwan Futures
Exchange." *Journal of Financial Markets* 7:3, 335-350.

Keim, Donald B., and Ananth Madhavan.1997. "Transactions Costs and Investment Style:
An Inter-Exchange Analysis of Institutional Equity Trades." *Journal of Financial Econom-
ics* 46:3, 265-292.

Keim, Donald B., and Ananth Madhavan.1998."The Cost of Institutional Equity Trades." *Fi-
nancial Analysts Journal* 54:4, 50-69.

Kim, Sung-Hun, and Joseph P.Ogden.1996."Determinants of the Components of Bid-Ask
Spreads on Stocks." *European Financial Management* 1:1, 127-145.

Kyle, Albert S.1985. "Continuous Auctions and Insider Trading." *Econometrica* 53:6,
1315-1335.

La Porta, Rafael, Florecio Lopez-de-Silanes, Andrei Shleifer, and Robert W.Vishny.1997."Le-
gal Determinants of External Finance." *Journal of Finance* 52:3, 1131-1150.

La Porta, Rafael, Florencio Lopez-de-Silanes, Andrei Shleifer, and Robert W.Vishny.1998.
"Law and Finance." *Journal of Political Economy* 106:6, 1113-1155.

Lee, Charles M.C.1993. "Market Integration and Price Execution for NYSE-Listed Securi-
ties." *Journal of Finance* 48:3, 1009-1038.

Loeb, Thomas F.1983. "Trading Cost: The Critical Link between Investment Information and Results." *Financial Analyst Journal* 39:3,39-43.

Madhavan, Ananth.1992. "Trading Mechanisms in Securities Markets." *Journal of Finance* 47:2,607-641.

Madhavan, Ananth, and M.Cheng.1997. "In Search of Liquidity: Block Trades in the Upstairs and Downstairs Markets." *Review of Financial Studies* 10:1,175-204.

Madhavan, Ananth, and George Sofianos.1997. "An Empirical Analysis of NYSE Specialist Trading." *Journal of Financial Economics* 48:2,189-210.

Maug, Ernst.2002. "Insider Trading Legislation and Corporate Governance." *European Economic Review* 46:9,1569-1597.

McInish, Thomas H., and Robert A.Wood.1992. "An Analysis of Intraday Patterns in Bid/Ask Spreads for NYSE Stocks." *Journal of Finance* 47:2,753-764.

O´Hara, Maureen, and George Oldfield.1986. "The Microeconomics of Market Making." *Journal of Financial and Quantitative Analysis* 21:4,361-376.

Pagano, Marco, and Ailsa Roell.1996. "Transparency and Liquidity: A Comparison of Auction and Dealer Markets with Informed Trading." *Journal of Finance* 51:2,579-611.

Perold, Andre F.1988. "The Implementation Shortfall: Paper versus Reality." *Journal of Portfolio Management* 14:3,4-9.

Perold, Andre F., and Erik R.Sirri.1996. "The Cost of International Equity Trading." Working Paper, Harvard University.

Reinganum, Marc R.1990. "Market Microstructure and Asset Pricing: An Empirical Investigation of NYSE and NASDAQ Securities." *Journal of Financial Economics* 28:1-2,127-147.

Roll, Richard.1984. "A Simple Implicit Measure of the Effective Bid-Ask Spread." *Journal of Finance* 39:4,1127-1139.

Schnitzlein, Charles R.1996. "Call and Continuous Trading Mechanisms under Asymmetric Information: An Experimental Investigation." *Journal of Finance* 51:2,613-636.

Smith, Brian F., D.Alasdair, S.Turnbull, and Robert W.White.2001. "Upstairs Market for Principal and Agency Trades: Analysis of Adverse Information and Price Effects." *Journal of Finance* 56:5,1723-1746.

Smith, Tom, and Robert E.Whaley.1994. "Assessing the Costs of Regulation: The Case of Dual Trading." *Jurnal of Law and Economics* 37:1,215-246.

Stoll, Hans R.1978a. "The Supply of Dealer Services in the Securities Markets." *Journal of Finance* 33:4,1133-1151.

Stoll, Hans R.1978b. "The Pricing of Security Dealer Services: An Empirical Study of NASDAQ Stocks." *Journal of Finance* 33:4,1153-1172.

Stoll, Hans R.1989. "Inferring the Components of the Bid-Ask Spread: Theory and Empirical Tests." *Journal of Finance* 44:1,115-134.

Thompson, Sarahelen R., and Mark L.Waller.1987. "The Execution Cost of Trading in Commodity Futures Markets." *Food Research Institute Studies* 20:2,141-163.

Treynor, Jack.1981. "What Does It Take to Win the Trading Game?" *Financial Analyst Journal* 37:1,55-60.

Wang, Jianxin.1999. "Asymmetric Information and the Bid-Ask Spread: An Empirical Comparison between Automated Order Execution and Open Outcry Auction." *Journal of Inter-*

national Financial Markets 9:2,115-128.

Wanger, Wayne H., and Mark Edwards.1993. "Best Execution." *Financial Analyst Journal* 49:1,65-71.

Werner, Ingrid M., and Allan William Kleidon.1996. "UK and US Trading of British Cross-Listed Stocks: An Intraday Analysis of Market Integration." *Review of Financial Studies* 9:2, 619-664.

第14章 做市商与流动性

FRANK J.SENSENBRENNER

约翰·霍普金斯大学高等国际研究院、跨大西洋关系研究中心访问学者

14.1 引言

本章探讨做市商和市场结构在资产市场中的作用。首先，我们回顾一下资产市场在每类交易中是如何运作的，然后解释做市商与其他类似的中间人在各个市场行为中所扮演的角色。市场的核心功能就是确定交易工具的公允价值，并为买卖双方提供交易其资产的机会。经济学家将这一功能称为交易流动性，如前联邦储备银行理事 Warsh（2007）就将流动性看作是能够使一项资产毫无损失地转化为另一项资产的能力。学者们试图明确并量化某些特征，使其能够用来衡量市场流动性的高低。Kyle（1985）使用了三种方法对流动性进行了测度：（1）紧度，以买卖价差测度；（2）深度，以市场上可交易证券的数量表示；（3）弹性，以大规模交易后价格恢复正常的速度衡量。由此可见，流动性对于市场交易是至关重要的。交易所确保流动性的一项机制就是建立一种制度，特定的主体要承担提供流动性的责任。这些主体就是所谓的做市商。

做市商制度同时起源于纽约证券交易所（NYSE）和伦敦证券交易所（LSE）。这种制度安排使得纽约证券交易所的专业交易商（specialists）以及伦敦证券交易所的经纪人们（jobbers）能够享有一种特权，即在某些股票的交易中发挥具有垄断性的中介作用，以此换取他们确保这些股票流动性的承诺。做市商利用证券的买卖价差以及对库存股票的管理赚取利润。一些学术研究，比如 Glosten 和 Milgrom（1985）表明，做市商会在意识到他们正在与知情交易者

（即对股价未来走势了解更多的参与者）（Grossman 1976）交易时，对买卖价差的大小进行调整。Benveniste，Marcus 和 Wilhelm（1992）表明，存在专业交易商（即通过他们所有交易必然发生的参与者）的市场结构会通过不寻常的订单流检测知情交易存在的可能，专业交易商会对买卖价差进行调整以弥补他们与知情交易者交易可能面临的损失。Easley 和 O'Hara（1987）也指出，当非知情交易者怀疑市场上有知情交易者参与的时候，可能会减少交易，这将会导致流动性与交易量的降低。但是，近来在交易与分散化方面的创新，促使大部分制度从纯粹的专业交易商（垄断性）体系向做市商（最优流动性供给竞争）体系转型，向纯粹的自营商体系转型，针对交易工具，没有任何主体有义务去提供流动性，也同时不再享有交易所给予的特权。

本章其余部分安排如下：下一节讨论做市商与专业交易商在制定和实施证券市场交易策略时必须评估的因素，包括做市商必须规避的风险形式以及他们必须付出的成本代价。这种历史性的回顾描绘出了证券市场的演化进程，并可用于解读当今市场。之后，对权益市场与固定收益市场的不同市场结构进行了介绍，最后对高频交易者在当下市场中所扮演的角色进行了总结。

14.2　针对做市商的分析

做市商的利润获取主要源自流动性需求形成的买卖价差，并通过管理存货使得他们可以低买高卖资产。这就是所谓的做市商存货风险。由于买卖价差倾向为正，因此，除了交易日开盘时的特定情况如竞价阶段，做市商最关注的是他们的存货水平以及由价格变动带来的相关风险。做市商通过调整买卖价差使得流动性成本在不同情况下或降低或提高。Huang 和 Stoll（1997）提供了一个原理模型用以分析买卖价差代表了哪些因素。他们主张，买卖差价是由存货成本、与知情交易者交易的保护成本以及订单处理中包含的成本构成的。

14.2.1　逆向选择

根据有效市场理论（Fama，Fisher，Jensen 和 Roll 1969；Fama 1998），资产价格会通过知情交易者的市场行为反映出新的信息。这些交易者们通过参与市场交易试图充分利用他们的特殊地位，掌握资产的未来价格。知情交易者基于他们的信息进行交易促进了价格市场的形成，因此，这些信息也会反映在资产的价格中。当做市商相信他或她的交易对手具有私人信息时，逆向选择就产生了。与一个知情者交易，做市商很可能会由于卖出证券的价格与其未来价值不相称而遭受损失。知情交易者扮演着许多角色。

从传统意义上讲，知情交易者是具有基础信息的一个个体。Grossman（1976，p.573）将知情交易者定义为"了解未来价格形成的真实潜在概率分布，并且基于这些信息持有市场头寸"的人。他们一般表现为内幕交易者（即从基础信息中非法获益的人），或者更高明的交易者（比如沃伦·巴菲特），他们会基于分析获得更好的信息。此外，知情交易者对于证券的订单流也有更多的了解，比如知道一个大的资产管理人将会在价格发生变化时进行大量的股票交易。

一些研究，如Benveniste等（1992）就曾表明，专业交易商会通过不寻常的订单流察觉到知情交易者的存在。Fishe和Robe（2002）证实，在20世纪90年代末的一个内幕交易事件中，纽约证券交易所（NYSE）和美国证券交易所（AMEX）的专业交易商对内幕交易者扩大了价差，降低了深度。无论市场参与者是否知情，他们都无法欺骗专业交易商，因为专业交易商可以通过压低报价制裁他们。同时，由于信息缺乏集中，自营商或做市商只能通过汇总不平衡的订单流来检测知情交易的存在。

14.2.2　存货风险

存货风险与做市商临时持有的资产的价格变动有关。每一个做市商为了在市场中保持流动性，都会持有一定数量的证券。不过，由于需求压力的存在，做市商们往往会偏离这一水平。在此之后，随着新消息进入市场，做市商的存货价值也会受到影响。因此，做市商利用价差来管理他们的存货风险，使存货回复到他们理想的水平。Bollen，Smith和Whaley（2004）发现，存货风险最高占价差的44%。近期市场信息也表明，当做市商的存货水平偏离了理想水平时会面临风险。例如，纽约证券交易所中的一家主要做市商骑士资本的一个电脑错误，导致其交易量扩大了1 000倍。其结果是一天之内就亏损了4亿美元，这几乎耗尽了它所有的营运资金，使其不得不去寻找新的投资者。

14.2.3　订单处理成本

学术文献指出的最后一个构成买卖价差的因素是订单处理成本。订单处理成本是与流动性供应相关的成本，源自做市商在交易所进行操作所必须付出的人力及技术的固定成本。由于大订单的边际成本并不比小订单高，因此在大订单中，订单处理成本只占价差的很小一部分。

14.3 历史上的做市商形式

做市功能最早起源于纽约证券交易所，用以确保股票能够有序地流动和交易。这些个体以及后来的公司有责任保持市场的持续性，匹配买卖双方，保证投资人的知情权，以及在必要时提供资本。他们也有责任确保所有客户的订单都能够有平等的机会互动并得到最好的执行。一般来说，专业交易商经营5到10种股票。而且，所有交易者也必须通过它们执行订单。其结果就是专业交易商可以从所有想买卖股票的参与主体中获取买卖价差，并利用价差弥补价格变动带来的不利影响（这些不利影响很可能会耗尽他们的存货成本），或者解决与知情交易者交易带来的问题。专业交易商有责任维护一个具有流动性的有序市场，他们会对市场进行干预，在订单出现单方面不平衡的时候，会运用自有资金控制股票的波动性。更重要的是，专业交易商在管理存货时，既可以通过价差获取利润，也可以通过将他们的存货以比买入价更高的价格销售给那些流动性的需求者来获取利润。一些学术研究，如 Easley 和 O'Hara（1987），Admati 和 Pfleiderer（1988）发现，尽管专业交易商在与知情交易者的交易中会遭受损失，但是他们可以从那些需要立即执行的流动性交易者方面获利。由于市场结构朝着电子化交易方向变化及流动性供给的竞争加剧（即所谓的分散化），纽约证券交易所的专业交易商也不再需要扮演目前的角色，而是更多被看作是指定的做市商，这一角色在纳斯达克（NASDAQ）也同样存在。不过，专业交易商的历史对于理解指定做市商的角色，以及他们共同面临的责任与困境，仍具有一定价值。

14.3.1 专业交易商的责任

纽约证券交易所认为专业交易商需要承担四项职责：拍卖商、交易媒介、代理人以及委托人。拍卖商的功能是确保交易的连续性，并基于双向订单流和到达市场的基本信息提供报价。根据 Fama（1998）的研究，我们既可以将这一功能视为决定股票基础价格的信息，也可以将其视为流动性需求和不反映证券内在价值任何变化的订单失衡。这些变化包括机构重新平衡投资组合以确保最佳的资产配置，以及零售投资者出于个人需要卖出股票。

作为交易媒介这一角色，专业交易商通过尽力联络买卖双方促进订单流，由此提高流动性。专业交易商的媒介职能同样表现在拉拢流动性供应商方面。

也就是说，他们会确保那些之前对提供流动性表现出兴趣的参与主体能够收到市场定价及需求量的连续最新资料，并鼓励他们参与一些他们可能不想参与的交易。

专业交易商会通过电子化路径或者在交易大厅（目前除期货市场外，大部分的交易都是以电子化方式执行）执行传送给他们的交易来履行代理人的职责。专业交易商需要履行受托责任，为他们的客户获取交易的最优可能条件。根据美国国家市场系统管理规则（Reg NMS）和欧盟金融工具市场法规（MiFID）针对一体化证券市场的监管规定，交易的最优条件有了法律定义，即最优执行。在美国，Reg NMS 是从价格角度定义最优执行的。也就是说，代理人有责任为交易的股票寻找最优的价格（即为卖方找到最高的价格，为买方找到最低的价格），同时必须严格专注于价格。

在 Reg NMS 之前，代理人之间存在一种"软美元安排"，基于这一安排，代理人为市场上的一些订单流供给者提供折扣，可以通过与他们进行交易（通常并未达到最佳价格）来交换佣金折扣或提供订单流的报酬。然而，欧盟的 MiFID 则从对比关系的角度定义最佳执行，以价格、速度或每笔规模交易的最佳价格等来构建这一概念。零售投资者（个体）会去搜寻可能的最佳价格，机构投资者（公司投资者，如资产管理人、对冲基金，以及养老金计划）则会有很多目标。机构投资者既可以基于短期信息去搜寻最快的交易机会以实现资本化（这是一种下单策略，可以最大程度地保证订单能够以最贴近理想的价格执行），也可以采用在既定交易量基础上寻求所能获取到的最佳价格的策略。由于大量的养老金管理人需要平衡资产组合，他们会接受比零售投资者支付更高比例的市场冲击成本。因此，代理人更需要承担受托和监管责任，为客户寻求最优惠的条件，客户有时也会提出特别的要求，比如要求快速执行或者交易成本最低等。因此，作为一个代理人，专业交易商在管理自有存货之前首先要处理买卖的订单，而且当客户的订单仍在等待处理时，他们有责任不去交易。

代理人的另一项任务是要在交易暂停及开盘后保证恢复连续交易。由于大部分公司是在交易所闭市后发布市场敏感性信息，且市场参与者希望能够在开盘前就这些信息进行交易，因此往往会出现订单不平衡的状态。在这种情况下，专业交易商需要为限价指令簿上的买卖订单制定一个合适的开盘价，如有必要的话，还要对市场进行干预以确保价格稳定。举例来说，假设一家公司在闭市后发布新闻，称将要与竞争对手进行合并。这个利好消息将会引发转天开盘后股价的上涨。此时，专业交易商可能会采取两种方法稳定价格：研究限价指令簿，利用算法、判断或其他组合方法确定第二天交易合适的上涨后的开盘价。此外，如果在新价格上有持续的买入压力，那么专业交易商就要卖出部分存货，用自己的股票抑制股价波动。

根据纽约证券交易所（2012a）对专业交易商的研究，在21世纪前十年中期，专业交易商占据了总交易量的14%。其余的86%中也包括了由专业交易商匹配的买卖订单。专业交易商系统的支持者声称，与其他一些没有专业交易商的场所（即没有参与者被要求承担确保持续交易的责任）相比，专业交易商对流动性的边际贡献具有重大的差异。因为在纽约证券交易所（2012a）中，专业交易商可以通过保证持续交易，从那些在不稳定环境中对交易与否较为犹豫的主体那里激发出潜在的流动性。

能表明专业交易商或做市商功能的产品是交易所交易基金（ETF），这是一种非常流行的旨在复制一个指数的金融产品。那些试图追踪从标准普尔500指数到巴克莱综合（债券）指数，再到西得克萨斯中质原油价格指数的投资者就可以投资ETF，而没有必要购买指数中的原生一篮子股票。这种产品对零售投资者和机构投资者都有优势，因为对一个指数中每个单一组成部分进行交易的成本都会很高。目前的情况是，ETF已经非常受欢迎，根据一个基金经理同业公会——美国投资公司协会（2012）的数据，ETF现在代理了大约价值1万亿美元的资产。不过，最近的新闻报道宣称，在一些以商品为基础的ETF，比如USO（反映油价的交易所交易基金）中，在预期消息公布前往往缺乏流动性。不过在做市商面前，流动性是不会中断的，因为做市商会利用存货为寻求交易者提供双向报价。如果没有做市商，那么当正常的流动性模式出现中断时，投资者是没办法进行交易的。专业交易商系统的拥护者们宣称，专业交易商可以解决这一问题。

流动性供应商是具有优先性的做市商，他们从交易所获得报酬以保证股票能够正常流通。流动性供应商存在于泛欧证券交易所（巴黎、布鲁塞尔和阿姆斯特丹）。它们主要为中小型企业操作，以保证它们的股票能够有序交易。其结果是，泛欧证券交易所不允许流动性供应商参与泛欧交易所100指数交易，这一指数是由市值最高的100家公司组成的。然而，流动性供应商却广泛地参与了泛欧交易所中第二层级的150家市值最高公司的股票交易。这一模式也扩大到在泛欧证券交易所运营的公司债券市场中（纽约证券交易所2012b）。

泛欧证券交易所将流动性供应商的职能视为提供服务，既是公司代理人，也是证券自营商。经纪服务包括发起中型企业在泛欧证券交易所上市，为潜在投资者提供公司研究报告，以及进行推广活动等。泛欧证券交易所将提供经纪业务的流动性供应商数量限制为每只股票两个。自营商服务包括的内容与专业交易商类似：利用存货和买卖价差保证交易的持续性并提供双边报价。不过，与专业交易商不同的是，流动性供应商并不是唯一一个参与交易完成订单流的中间商。在公司债券市场中，流动性供应商有义务在交易日内为一定数量（40 000 欧元）的交易提供报价。Aitken，Cook，Harris 和 McInish（2009）发现，流动性供应商提高了高流动性股票的报价价差，降低了低流动性股票的价差以及所有股票的相对有效价差，而并未对价格冲击产生影响。这一结论表明，流动性供应商对于维护泛欧证券交易所的有序运作有一定的作用，因为其降低了买卖价差，这是测度流动性的一种常用方法。

直到 20 世纪 70 年代末，专业交易商这种组织结构一直占据着支配地位。但是，电子市场的发展和计算机与相关技术的应用迅速引发了竞争性交易所的发展，特别著名的是纳斯达克市场，从全国证券交易商自动报价系统协会开始，电子市场开始提供双边（买卖）报价。几年之后，NASDAQ 从一个报价列表逐渐演化为一个成熟的交易系统。不过，一个关键的不同点就是纳斯达克并不运行专业交易商结构。取而代之的是它引入了做市商个体，这二者的关键区别就在于一支股票可以由若干做市商来提供流动性服务，做市商同样有义务提供双边报价，但却需要竞争订单流。

14.3.2 关于分散化的学术研究

在关于股票交易竞争的学术研究中，有一个被称为分散化的问题，提出了两个有关买卖价差变动的理论。根据 Hamilto（1979）的研究，竞争会扩大（收窄）买卖价差（但也会增加波动性）。而 Madhavan（1995）则提出了相反的主张，他认为由于竞争降低了规模经济，所以买卖价差会扩大，波动性也会增强，价格会失去效率，无法反映股价的信息决定性影响。因此，纳斯达克系统允许从单一中介（秘密参与一只证券的所有交易）转变为多个竞争主体（每个主体都不完全了解市场），因为其都无法获得一只股票的全部信息流。

实证研究表明，股权市场上来自不同交易所的竞争降低了买卖价差。Gresse（2010）指出，欧盟金融工具市场法规的引入促进了分散化并降低了买卖价差。不过，Goldstein 和 Neilling（1999）在一项关于高频交易（HFT）发展的研究中发现，交易频率在解释特定股票订单流竞争中的做市商数量时起着更重要的作用，而非交易总量。

这一领域的学术研究在关于交易者在分散化条件下如何下单方面得出了一些结论。如 Pagano（1989）指出，如果两个市场之间的交易成本比较平均，那么交易将会集中在其中一个市场。同时他也注意到，交易者愿意参与能将异质属性传递到其交易活动的交易（如大宗交易商既会在柜台进行交易，也会在服务大宗交易的市场中进行交易；流动性交易者则会在一个不同的市场上进行交易）。Pagano进一步指出，调查研究将有助于解决大额交易商的流动性需求，尽管会产生一些成本。Fong，Madhavan和Swan（2001）提供了实证证据，证明各交易所不同的流动性需求和流动性定价会影响投资者对交易所的选择。

研究结果还表明，交易者会选择最符合他们需求的交易场所。零售投资者们更关心价格。而机构交易者最关心的可能是匿名性，因为其他的市场参与者如果察觉到机构交易者在进行投资组合的再平衡，就可能进行提前交易（即在其他订单之前进行交易）。这一观点与Kyle（1985），以及Foster和Vishwana-than（1990）的观点一致，他们也认为，交易者存在异质性（多样化）偏好。

14.3.3 技术如何改变交易

20世纪80年代中期，纳斯达克市场的兴起和交易计算机化的发展，推动了"极讯"（Instinet）公司的诞生，这是一个关注机构买家的市场。这些买家与零售投资者相比，具有不同的目标。机构买家寻求大交易量并掩盖其市场交易。如果某参与者发现一个大型资产管理者在进行资产组合的再平衡，那么机构买家就会利用这一点，在预期价格波动的基础上进行交易。因此，"极讯"公司开始在这些机构玩家之间安排交易。这种交易也被称为暗池交易，在这里，价格并不会为更广泛的群体所知。而另一种交易方式则相应地被称为公开交易（lit exchange）。

20世纪90年代，随着电子通讯网络的诞生，场外交易订单流也逐渐趋于成熟。这种趋势主要受到市场参与者观念的推动，大家认为专业交易商能够从每笔交易中获得买卖价差，因此他们占了其他交易者的便宜。交易者提议，通过场外市场可以让他们在不必向专业交易商提供报酬的情况下获取流动性资源。如果他们急需获得流动性，他们仍可以在交易所中进行交易，并向专业交易商支付费用。

两项发展加速了专业交易商制度的终结：（1）2000年的十进制改革（在此之前报价单位是1美元的1/16，或6.25美分）；（2）1984年引入自动化零售订单提交系统，如纳斯达克市场中的小额订单执行（细盘撮合）系统（SOES）。尽管这一系统最初是针对零售投资者的，因为其允许的最大订单规模为1 000股，但经纪商们也在秘密地利用这一系统，将较大的订单分解成小订单加以执行。经纪商们持续利用SOES系统为机构投资者交易导致了美国证券交易委员会于1996年调整了有关订单处理的规则。这些规则要求做市商或通过SOES匹配提交的最佳报价，或将订单提交到一个交易场所，如果这些报价改进了做市商的价差，那么这些报价将会被交易所公布出来。监管规则要求做市商在纳斯达克市场公布与其他交易场所相同的报价，除非其他那些交易场所是公开市场，因此对所有参与者都是透明的。提出这一要求是为了预防做市商越过零售订单而为机构提供优惠定价。

为了应对场外交易的发展，纽约证券交易所则引入了将自动化、电子订单与场内交易结合在一起的混合中介机制。一些交易者更愿意与专业交易商打交道，也偏爱专业交易商提供给受信任交易者的一些优惠（如报价的提高以及对隐性流动性的搜寻）。而另一些交易者则更喜欢匿名性和电子限价指令簿的快速执行，也愿意接受由此引发的偶尔出现的潜在流动性短缺。Hendershott 和 Moulton（2011）证明，引入混合机制之后，2006 年纽约证券交易所交易总量中有大概20%是在场内与专业交易商完成的，混合机制的实施使得场内交易下降到11%。

Hendershott 和 Moulton（2011）提出了引入混合交易机制背后的三个原因。第一，纽约证券交易所发现，交易者愿意就与交易对手进行电子交易还是通过专业交易商完成订单做出选择。第二，与必须一单单处理的专业交易商相比，电子交易可以容纳更多的交易量——电子算法可以更好地匹配交易请求。第三，美国证券交易委员会的订单处理规则只监管那些快速交易，委员会将其定义为：提供"提交报价的自动执行"。因此，如果没有混合系统，纽约证券交易所的报价可能会与其他次级报价一起被转移到其他交易所去。Hendershott 和 Moulton 发现，混合机制以买卖价差的形式增加了交易成本，这一成本可以看作是交易直接执行的成本，但价格会更加有效。

作为交易所之间分散化的结果，诸如 SOES（这也是交易所的一部分，但在形式上被分割开以针对特定的交易者）这样的订单提交系统，以及被称为电子通讯网络（ECNs）的其他交易场所以不同的方式对市场参与者产生了影响。由于十进制的应用以及机构投资者（大部分交易者）拥有了在竞争性交易所和电子通讯网络中寻求最优条件的能力，使得专业交易商和做市商都面临着利润被压缩的境况。这影响了交易所通过对证券上市收费以及对每笔交易收费或对交易股票的数量收费来获利。越多的机构通过 ECNs 或竞争性交易所交易，交易所的收入就会越少。由于机构都希望降低交易成本，因此会制定策略以决定如何将大额交易（如 100 000 股）分割成较小的订单，如何选择最合适的交易所提交订单，以及这些订单应为限价指令还是市场指令。

与此同时，同类机构也广泛投资于技术领域以保证其能够创造出"智能下单系统"。这些系统和最优下单背后的研究是今天高频交易者的先驱。另外，其有些担心零售订单无法得到有效的执行（伴随着更高的价格），因为机构交易者希望能够避开专业交易商，利用ECN或其他场所进行交易。其结果是，美国证券交易委员会（SEC）引入了国家市场系统管理规则（Reg NMS）以确保零售交易者能够在交易中获得平等执行的机会。SEC关于Reg NMS的具体说明（2004，p.12）如下："（v）市场间的激烈竞争促进了更有效和更具创新性的交易服务，同时，订单间的一体化竞争也会促进个股的定价更有效，针对所有类型的订单均如此，无论是大单还是小单。"

14.3.4 指定做市商及其他安排

当前市场结构的特征主要是由交易场所内许多竞争性指定做市商形成的。与专业交易商相比，指定做市商的权利和义务都要更少，而且倾向于与其他指定做市商竞争同一证券。与专业交易商有责任对所有的订单进行处理不同，指定做市商只需要提供报价（NYSE 2012c）。因为指定做市商与专业交易商不同，无法了解所有进入的订单，因此他们需要根据不完全信息决定如何报价。专业交易商不得不允许进入的交易被优先置于订单簿上，而指定做市商则是根据交易所发明的算法与这些交易平等竞争。因此，在专业交易商的四种角色中，指定做市商并不履行代理责任，但作为主体进行交易仍需要服从交易所规则。交易所也会为指定做市商提供货币性激励，促使他们在进入订单的交易中提供流动性。指定做市商倾向于成为已经向新模式转型的传统专业交易公司或者成为充分利用强大的技术，经常运用算法和HFT模式的电子化交易公司。

纽约证券交易所也提供了两个与做市商相似的辅助性角色用以促进流动性：场内经纪人和补充流动性供应商。场内经纪人是订单执行方面的专家，那些非交易所成员通过场内经纪人完成交易以获得可能的最优执行。场内经纪人还为场外主体提供有关市场状况的信息，告知其交易决策。除此之外，场内经纪人与他们的同行，也就是市场中那些代表其他机构参与者的人，在寻求流动性方面也有一定的作用。他们允许机构参与者在表明交易意图时采用匿名形式。

补充流动性供应商是机构性主体，交易所会在出现波动和订单不平衡时为其提供特殊定价和折扣促使其为市场提供流动性。补充流动性供应商不能是指定做市商，也不会从他们那里获得低价。他们的存在是为了在流动性稀缺的时候抑制波动。补充流动性供应商是用自己的账户进行交易的公司（自营交易者），他们同意提供当时最优报价（全国最优报价或NBBO）的5%，这与指定做市商的较高比例截然相反。纽约证券交易所充当补充流动性供应商的公司包括高盛投资公司、摩根士丹利，以及其他有交易部门的类似金融公司。

但是，近期监管的变化可能使得流动性受到损害。作为美国《多德-弗兰克（Dodd-Frank）金融改革法案》的一部分，沃尔克法则（Volcker Rule）禁止那些像银行一样受到监管的公司或银行持股公司从事自营交易（即不能像代理商那样用自己的账户交易）。由于大多数主要的投资银行，比如高盛投资公司、美林银行、巴克莱投资银行，都是银行或者银行控股公司，根据沃尔克法则，它们都不能开展做市商业务。因此，这些银行所持有的存货将会减少。而且，由于只有高频交易公司和对冲基金可以提供持续的做市商业务和流动性，这项业务在新监管规章之下也会萎缩。自从《多德-弗兰克金融法案》执行以来，积极从事公司债券交易的投资者发现出于同样的监管原因，流动性也在降低。

做市商存在于两个快速发展的领域——交易所交易产品及衍生品市场——在这两类市场的操作与他们在证券市场的操作有很大不同。一个主要的衍生品市场——纽约交易所高增长板市场，将做市商分为龙头做市商和普通做市商，每项期权产品中只有一个龙头做市商，但普通做市商的数量则没有限制。龙头做市商的职责更为严格。举例来说，交易日90%的报价都必须由他们提供，而普通做市商则只需提供交易日60%的报价。

交易所交易产品可分为两类：交易所交易基金（ETFs）和交易所交易凭证（ETNs）。如前文所述，交易所交易基金主要是拟合一个特定股票市场或商品的指数或因子。不过，有一些ETF基金的运作是与积极管理型基金类似的。交易所交易基金的流动性遵循着通常的做市商系统规则，但也会有一些主要变化。根据Tucker和Laippy（2010）的解释，ETFs由发行公司（发起人），以及许多授权参与者（APs）提供支持。这些授权参与者就是ETFs创造与赎回的参与者。在欧洲，大部分的ETFs都是组合型的；发起人与其他主体进行互换交易，以此获得追踪商品或股票指数带来的收益。相比之下，美国市场上的大部分ETFs都是单一型的，发起人和授权参与者拥有一篮子证券，追踪指数或商品价格变化。交易所交易基金的特有属性就是，与只能发行有限数量的股票相比，授权参与者可以从市场上创造或取消额外的基金。

当购买单一型ETFs时，买方既可以向授权参与者支付ETFs的现金价格，也可以支付包含追踪标的指数或商品的一篮子证券，授权参与者再将其用于交换交易所交易基金。由于原生市场上的流动性，交易所交易基金的交易价格和基础篮子的价值（也被称为资产净值或NAV）之间存在一定的差异（因为交易所交易基金的发起人或授权参与者在购买交易基金基础篮子的时候需要付出交易成本）。因此，创造交易所交易基金的成本往往会表现为买卖价差，因为价差是流动性的价格。当卖出 ETF 时，交易对方既可以将其加入自己的存货，也可以将其分解（赎回）成代表基础篮子的组成部分。

在流动性方面存在的一个重要差异就是交易所交易基金既有一级流动性，又有二级流动性。它的一级流动性可以被定义为所有交易基金的股票都可以在限价指令簿上进行交易。二级流动性是指授权参与者购买原生证券，并利用其设立一个新的交易所交易基金库的能力。这一层次的流动性允许存在比限价指令簿显示出的更小的买卖价差范围，如果买卖价差大于设立一个交易所交易基金的成本，那么交易所交易基金将会为流动性需求者设立。从某种程度上讲，这可以与从暗池市场提供流动性的参与者相比较，暗池市场的限价指令簿就不是所有参与者可知的。对于同时关注股票指数和公司债券指数的交易所交易基金而言，其提供者会使用指数中与指数变化密切相关的部分来构建标的篮子，因为毕竟购买全部指数的交易成本高到不切实际了。对于关注公司债券的 ETFs，一些供应商会提供两个篮子：一个债券篮子用于替代现金以设立 ETF，而另一个债券篮子则用于赎回 ETF。尽管与做市商的传统角色不同，但交易所交易基金供应商还是一样要面对存货管理（即持有存货和设立或赎回 ETFs 的两难抉择）、逆向选择以及订单处理成本等问题。

14.4　固定收益

在美国国债市场，拍卖是通过一系列特定的主体进行操作的，即所谓的一级自营商。一级自营商具有唯一可以与美联储进行政府债券交易的特权，这一特权使得它们成为了其他想参与此类交易的主体的做市商。与在股权市场一样，一级自营商作为美联储和其他市场参与者之间的中介拥有了排他的特权，但同时也要承担特定的义务。

英格兰、加拿大、西班牙、意大利、英国和美国的中央银行，都会在拍卖债券时利用一级自营商来确保流动性，因为它们有义务在政府拍卖中出价（即政府债券的一级市场）。在一次拍卖中出价越多，政府借款人的借款成本也就越低。此外，一级自营商也要对二级市场的流动性负责，二级市场主要是机构购买者和零售购买者之间的政府债券交易。这种交易机制保证了债券交易的持续性，中央银行并不想扮演做市商的角色，因为这可能会妨碍到它们的货币政策目标。

在管理货币储备方面，中央银行也是风险厌恶型，而且在充当做市商的时候也不愿承担任何存货风险。一级自营商可以作为中央银行的分配渠道以挖掘国外资本资源。通过对美联储现有一级自营商清单进行观察可以发现，其中有日本、加拿大、德国和法国的银行。中央银行确保一级自营商可以分布得较为广泛，以免出现寡头垄断，并通过提高债券定价来控制二级市场交易。

14.4.1　一级自营商的责任

在政府证券市场中，一级自营商的功能就像做市商一样，但在股权市场中则有着一系列与交易对手不同的责任与优势。这应归结于中央银行在发行政府债务中的公共政策角色。因此，中央银行要求一级自营商承担与股权做市商不同的责任。McConnachie（1996）提出了一个理解一级自营商责任的有用分析框架，纽约联储明确了美国市场一级自营商的责任目标。

在拍卖中提供充足的报价

由于中央银行的目标之一就是确保其证券有充足的流动性，同时尽可能降低借款成本，因此，一级自营商需要以接近市场利率的价格对最小数量的证券进行投标（或购买）。在一些国家对此有着严格的数值配额；而在另一些国家，中央银行对此监管则更具主观性。

在二级市场提供有序的市场操作

中央银行也同样关注更为广泛的机构投资团体是否有足够的流动性去交易政府公债。因此，一级自营商，如专业交易商，被要求在政府公债的整个交易日内提供双向市场。但是，大部分中央银行都不会以买卖价差的规模来监管自营商。而且，一些国家会要求一级自营商为所有的政府公债创造市场，而其他国家则只要求为最具流动性的产品创造市场。

与零售投资者开展交易

某些中央银行将它们的一项政策目标设定为一些自营商在其业务或交易网中能够有一定比例是针对零售投资者的。作为承担责任的回报，一级自营商获得了以下特权：

- 一级市场的排他性

在所有具有一级自营商系统的国家中，一级自营商都是唯一有权以特定方式在政府拍卖中投标的主体。虽然所有主体在债券拍卖中都有合法地位，但一级自营商却有一定的优势（如可通过电话或电脑系统进行投标的排他权力以及不必遵从预付的要求等）。这赋予了一级自营商在成本或结构上的优势，使得其他主体不愿参与拍卖过程。美联储会监督拍卖过程，并限定自营商最多持有

35%的市场份额，以防它们操纵债券市场。1991年，所罗门兄弟公司就曾在拍卖中购买了94%的两年期国债，借助债券卖空者垄断市场。

- 独有的交易平台准入方式以及较少的市场操作限制

英国的一级自营商具有独一无二的经纪人间自营商系统准入渠道，因此可以不必向市场透露信息就可以调整头寸。我们回想一下专业交易商与做市商的区别。由于透明度不够，一级自营商不必承受过大的市场冲击成本，而其他的市场参与者也无法推断出自营商在调整存货。进一步讲，中央银行也会对卖空政府公债加以限制。但是，做市商是被允许用存货这样操作的。

- 与中央银行联网

英格兰银行的《一级自营商手册》强调了一级自营商的一项经常被忽视的重要特权——其与中央银行的关系。由于一级自营商在公债管理方面与中央银行的联系十分紧密，因此其可以对证券市场监管提出建议并获得其他特权。在一些国家，一级自营商可以从中央银行获得一种特别的贷款融通，降低了融资成本。一级自营商还可以与中央银行签订回购协议，允许其在耗尽存货而无法履行做市职责的时候补充政府债券存货。这种关系使一级自营商可以从与中央银行的接触中获得市场信息，并在其他方面给公司带来好处。

14.4.2　高频交易与流动性定价

在过去的几年中，高频交易引发了交易数量的急剧增长。最初，交易者们利用算法系统将大的订单分解成小订单，从而获得更好的报价以及匿名性。人们也可以区分现代算法交易与高频交易，算法交易可以被看做是一种执行方式——并不是所有使用算法系统的主体都是为了寻求利益，其中有一些只是为了使交易成本最小化。

高频交易的公司机构会通过多种方式获取利润。第一，高频交易者会参与到传统的做市行为中，通过构建技术手段在交易所间进行套利，也可以在一个指数和其证券篮子构成成分之间进行套利。第二，一些高频交易者试图构造行为模型，因此他们能够提供报价引导其他主体为市场提供流动性。第三，高频交易者可以从流动性定价套利以及交易所的定价方式中获利。

在21世纪前十年中期，一些交易所和交易场所引入了费用明细表，即所谓的"流动性提供者与获取者费率"（maker-taker tariffs）。流行性获取者（taker）（以市场订单的方式）根据他们每月从交易所获取的流动性多少而支付一笔额外的费用。同时，那些流动性创造者（maker）也同样根据他们每月提供的流动性多少按比例从交易所获得一些费用。高频交易者为创造利润所采取策略之一就是从交易所中获取流动性，而在返利较多的地方创造流动性。这属于高频交易者的一般策略，执行这一策略经常会获得小额利润。高频交易的支持者，包括Hendershott，Jones和Menkveld（2011）主张，高频交易降低了交易成本。

高频交易的反对者则宣称，它损害了现有交易者的利益，并会在市场上引起额外的波动。考虑到许多公司策略的相似性，羊群效应的发生将会放大微小的价格变动，并导致短期流动性短缺。包括2010年5月6日闪电崩盘在内的许多危机，都可归咎于高频交易者。近期的一些学术研究，如Madhavan（2011）就将闪电崩盘归结于过度分散化，作者认为这会引发波动。

其他对于高频交易的批评主要集中在其所采用的基于报价的策略。正如Hasbrouck和Saar（2009）的研究发现，纳斯达克市场超过90%的报价都被取消了。因此，一些人认为高频交易公司其实并没打算基于这些报价进行交易，而是利用报价从其他市场参与者那里诱导流动性。需要担心的是，信息交换的过度使用——订单的提交、修正和取消——将会使交易所电脑超负荷，最终导致交易所基础设施崩溃。

与此相关的另一个担心是闪电交易。由于高频交易者会把他们的交易技术部署在交易所服务器附近，并采用自动化算法，因此他们能够对到达市场的信息做出更快的反应。交易所通常会在限价指令簿公布之前允许他们看若干毫秒，并收取一定的费用。因此，高频交易者对丁订单流有着潜在的信息优势，且能够在那些没有早一步进入限价指令簿的交易者之前进行交易。由于许多高频交易者是通过做市操作谋利，因此这就引发了一个问题，他们是从事传统的做市模式，还是出于自营交易目的想方设法地获取订单流信息。

14.5 总结和结论

做市商和专业交易商模式的存在是为了提高流动性，特别是在订单流出现不平衡的情况下。做市商必须平衡其提供流动性的责任与可能和知情交易者交易发生损失的可能。但是，因为交易技术影响的不断扩大，电子化交易所和传统交易所中也出现了多种多样的做市商模式。这反映出交易所的历史变革，即从过去的专业交易商可以独占信息的以场内交易为基础的交易机制，逐渐转变为今天这种参与者可以根据自己的需求在不同市场上进行选择的交易环境。这些模式赋予了交易主体承担义务所应有的特权，总体而言，确保了连续交易并降低了波动性。这些模式不断发展是由于交易者能够基于个人目标，包括成本、速度和匿名性、在各种交易场所中做出选择的能力。

在固定收益市场，中央银行指派一级自营商确保政府债券有序流动和足够的流动性。做市系统也有利于改善缺乏足够流动性和分配不均市场的政府债券系统。新一代利用计算机算法进行交易的高频交易者近来主导了做市。他们是否能够发挥正向作用是当下热议的一个话题。支持者认为高频交易降低了交易成本，但反对者指出，如果所有的高频交易都是同向的话，将会提高价格的波动性以及流动性。

讨论题

1.比较零售投资者和机构投资者的目标。他们是如何定义最佳执行的？什么样的交易结构可能受到他们的青睐？这源于他们的哪些特点？

2.针对市场上高频交易者造成的影响，美国证券交易委员会发布了若干批评性声明。讨论高频交易对市场是有利还是有害。

3.讨论中央银行引入一级自营商系统的环境条件。

4.讨论下面表述的价值："如果投资者在更多的交易所进行交易，他们将付出更小的成本。"

作者介绍

Frank J.Sensenbrenner是约翰·霍普金斯大学高等国际研究院跨大西洋关系研究中心的访问学者。跨大西洋关系研究中心关注的领域是欧盟与美国之间的经济关系。作者还兼任 Ambassadors Group LLC（其合作创立的一家商业咨询公司）的首席策略师，主要针对监管政策的影响以及全球地缘政治提供咨询。他同时是一名政治顾问，为全世界不同的中右翼政党提供咨询。Sensenbrenner在伦敦城市大学卡斯商学院获得了学士学位（荣誉学位）。他在悉尼大学与资本市场合作研究中心获得了博士学位，期间被联合授予了 NASDAQ OMX Nordic 奖学金。他的学位论文研究的是美国和欧盟股权交易监管与技术方面的问题。

参考文献

Admati, Anat R., and Paul Pfeiderer.1988."Selling and Trading on Information in Financial Markets."*American Economic Review* 78:2,96-103.

Aitken, Michael, Rowan Cook, Frederick deB.Harris, and Tom McInish.2009."Market Design and Execution Cost for Matched Securities Worldwide."*Journal of Trading*:1,38-76.

Benveniste, Lawrence, Alan Marcus, and William Wilhelm, 1992."What's Special about the Specialist?"*Journal of Financial Economics* 32:1,61-86.

Bollen, Nicholas, Tom Smith, and Robert Whaley.2004."Modeling the Bid-Ask Spread:Measuring the Inventory Premium."*Journal of Financial Economics* 72:1,97-114.

Easley, David, and Maureen O'Hara.1987."Price, Trade Size, and Information in Securities Markets."*Journal of Financial Economics* 19:11,69-90.

Fama, Eugene.1998."Market Efficiency, Long-Term Returns, and Behavioral Finance."*Journal of Financial Economics* 49:3,283-306.

Fama, Eugene, Lawrence Fisher, Michael Jensen, and Richard Roll.1969."The Adjustment of Stock Prices to New Information."*International Economic Review* 10:2,1-21.

Federal Reserve Bank of New York."Administration of Relationships with Primary Dealers." Available at www.ny.frb.org/markets/pridealers_policies.html.

Fishe, Raymond, and Michel Robe.2002."The Impact of Illegal Insider Trading in Dealer and Specialist Markets:Evidence from a Natural Experiment."*Journal of Financial Economics* 71:1,461-488.

Fong, Kingsley, Ananth Madhavan, and Peter Swan.2001."Why Do Markets Fragment?A Panel Data Analysis of Off-Exchange Trading ."Working Paper, University of Sydney.

Foster, F.Douglas, and S.Viswanathan.1990."A Theory of Interday Variations in Volumes, Variances and Trading Costs in Securities Markets." *Review of Financial Studies* 3:4, 595-624.

Glosten, Lawrence, and Richard Milgrom.1985."Bid, Ask and Transaction Prices in a Specialist Market with Heterogeneously Informed Traders." *Journal of Financial Economics* 14:1,71-100.

Goldstein, Michael, and Edward Nelling.1999."Market Making and Trading in NASDAQ Stocks."*Financial Review* 34:1,27-44.

Gresse, Carole.2010."Multi-Market Trading and Market Quality."Working Paper, University of Paris-Dauphine.

Grossman, Sanford.1976."On the Efficiency of Competitive Stock Markets Where Traders Have Diverse Information."*Journal of Finance* 31:2:573-584.

Hamilton, James L.1979."Marketplace Fragmentation, Competition, and the Efficiency of the Stock Exchange."*Journal of Finance* 34:1,171-187.

Hasbrouck, Joel, and Gideon Saar.2009."Technology and Liquidity Provision:The Blurring of Traditional Definitions."*Journal of Financial Markets* 12:2,143-172.

Hendershott, Terrence, Charles Jones, and Albert Menkveld.2011. "Does Algorithmic Trading Improve Liquidity?" *Journal of Finance* 66: 1, 1–33.

Hendershott, Terrence, and Pam Moulton.2011. "Automation, Speed, and Stock Market Quality: The NYSE's Hybrid." *Journal of Financial Markets* 14: 1,568–604.

Huang, Roger, and Hans Stoll.1997. "The Components of the Bid-Ask Spread: A General Approach." *Review of Financial Studies* 10: 4,995–1034.

Investment Company Institute.2012.*2012 Investment Company Fact Book.*Available at www.ici.org/pdf/2012_factbook.pdf.

Kyle, Albert.1985. "Contionuous Auctions and Insider Trading." *Econometrica* 53: 6, 1315–1335.

Madhavan, Ananth.1995. "Consolidation, Fragmentation, and the Disclosure of Trading Information." *Review of Financial Studies* 8: 3,579–603.

Madhavan, Ananth.2011. "Exchange-Traded Funds, Market Structure and the Flash Crash." Working Paper, BlackRock Inc.

McConnachie, Robin.1996.*Primary Dealers in Government Securities.*London: Conter for Central Banking Studies.

New York Stock Exchange.2012a. "IInside NYSE, the Specialist." Available at www.nyse.com/pdfs/specialistmagarticle.pdf.

New York Stock Exchange.2012b. "Market Making." Available at https://globalderivatives.nyx.com/nyse-arce-options/market-making.

New York Stock Exchange.2012c. "NYSE Euronext Liquidity Providers." Available at https://bonds.nyx.com/trading/eu-trading /LPs.

Pagano, Marco.1989. "Trading Volume and Asse Liquidity." *Quarterly Journal of Economics* 104: 2, 255–274.

Securities and Exchange Commission.2004. "Final Rule, Regulation NMS." Release No.34–51808.Washington, DC: Securities and Exchange Commission.Available at www.sec.gov/rules/final/34–51808.pdf.

Tucker, Matthew, and Steven Laippy.2010.*Understanding Bond ETFs´Premiums and Discounts: A Conceptual Framework.*New York: BlackRock Inc.

Warsh, Kevin.2007. "Market Liquidity: Definitions and Implications." Institute of International al Bankers Annual Washington Conference, March 5, Washington, DC.Available at www.federalreserve.gov/newsevents/speech/warsh20070305a.htm.

第15章 超越内部价差的流动性：交易的价格冲击

PAUL J.IRVINE

佐治亚大学金融学副教授和BBT学者

15.1 引言

价格冲击是交易成本的重要组成部分，有时候指的是交易的隐性成本，与交易的佣金等显性成本相对应。价格冲击可被定义为一笔特定交易或一系列交易对股票价格产生的影响（即一笔交易行为会使股票价格发生多大的变化）。将一笔交易定义为单一小额交易或单一大额交易，即大宗交易或者定义为一系列交易是很重要的。由于后两种情况均会对均衡价格产生较大的影响，因此投资者们想要执行一笔合理的大宗交易时应当考虑其产生的价格冲击。

交易者们需要考虑在执行一个典型交易时会产生的价格冲击，但测度价格冲击则取决于交易的性质。静态的价格冲击是指在执行单一的无论是大额还是小额的交易时产生的价格影响。动态的交易则更为复杂，包括若干独立分散的操作。动态交易产生的影响是会累积的。交易者要考虑的一个基本问题就是选择一个执行成本最低的执行策略。是执行全额的单一交易会使价格冲击变得小一点，还是将大宗订单分拆为小额订单，再逐个部分进行交易会使订单的价格冲击最小化？本章将说明，随着时间的推移，交易成本会不断下降，交易者也会越来越倾向将交易拆分为较小单位执行。这种行为表明，交易者在决定交易策略时，既会考虑交易的显性（佣金）成本，也会考虑隐性的价格冲击成本。

本章的组织结构如下：首先，从大宗交易的价格冲击入手，介绍关于交易价格冲击的研究成果。大宗交易都是独立执行的，因此可以很自然地反映出价格冲击的重要性。其次，本文说明了机构的交易过程，其中包括对动态价格冲击的定义和测度。最后，本章通过考察新兴市场的交易成本检验了价格冲击的最新研究，得出结论。

15.2　机构交易范例

机构投资者通常要面临执行相对大额交易的问题。因此，大部分关于价格冲击的研究都针对机构交易的价格冲击。尽管研究者们也分析过个人交易的价格冲击，但他们仍主要关注于测度机构订单的价格冲击。机构订单一般是大额交易，尽管这些大额订单通常会被拆分成较小的部分个别执行。这些大额交易会对证券市场价格造成破坏，与订单被提交前的市场价格相比，机构交易者会付出更高的成本，收益却更少。机构交易的价格冲击成本甚至比交易的显性佣金成本还要高。因此，机构交易部的重要职责之一，就是使交易的价格冲击最小化。

Kraus 和 Stoll（1972）做出了最初被广泛引用的一项研究，即通过考察纽约股票交易所（NYSE）大宗交易的价格冲击，对交易的价格冲击进行描述与测度。当时的交易惯例是通过经纪商或其他市场参与者，这些人负责找到愿意以可接受的价格（即具有最小价格冲击的价格）进行交易的交易对手，然后对大宗交易的买卖进行协商。这些协商交易通常发生在楼上市场，而在楼上市场执行的大额交易也被称为大宗交易。Kraus 和 Stoll 发现，买和卖的交易都有显著的价格冲击。大宗卖出交易会导致价格相较于交易之前的收盘价或市场价有所下跌。同样，大宗买入交易也会使价格相较于历史价格有所上升。然而，发生这些交易后，流动性的恢复状况则是不对称的。大宗卖出后，到交易日结束时，价格可以从大宗交易的价格冲击中恢复62%。但在大宗买入后，同等条件下，价格只能恢复12%。

此种大宗买卖交易在价格冲击方面的不对称性，与利用机构交易数据进行分析的其他研究成果（Chan 和 Lakonishok 1993；Keim 和 Madhavan 1996）的结论是一致的。对于这一发现，从研究成果中可以得出两种不同的解释：流动性假说和信息假说。流动性假说认为，流动性主要集中在限价订单簿上的卖方一边，而在买方一边则较为缺乏，因此，流动性会在卖出后快速恢复而在买入后则不行。信息假说表示，在大宗买入时可得的私人信息比大宗卖出时候多。

正如 Chan 和 Lakonishok 以及 Keim 和 Madhavan 所指出的，信息假说的观点表明，当机构投资者决定扩充投资组合的时候会有大量潜在证券可供选择，而当他们决定大量卖出的时候只能从相对较少的自有证券中选择。因此，从大量证券中选择一种股票买入而产生的信息很有可能会比从较少证券中选择一只股票卖出产生的信息要多。

由于没有明确的证据可以表明流动性在买方和卖方应该不同，因此最初信息假说在解释大宗交易冲击的不对称性上占据了优势。Chan 和 Lakonishok（1993，1995）对美国 37 个大型机构的交易进行了研究，并巩固了这一结论。他们开创性的研究将一系列的交易执行与过去的原始订单联系起来，突出了机构交易的动态特征。作者指出了两个主要的经验规律：价格冲击与公司规模负相关，而与交易的复杂程度正相关。这些发现具有经济意义。较大的公司往往会有更多的股东、更大的日成交量，以及更多的机构所有权，而所有这些特性都使其能够更容易找到有意愿的交易对手。

交易的复杂性通常是以与正常或平均交易量为基准相比的订单规模来进行测算的，例如，Anand 等（2012）就曾在研究中使用了一个根据以往 30 天的情况测算出的一个平均值。相对于某股票的日平均交易量，交易越复杂，就需要越多的流动性。尽管这些关于交易复杂性和公司规模的发现都是交易成本的重要决定因素，而且也促进了后续研究，但它并不支持流动性假说。也就是说，这些证据还无法解释在机构交易中出现的买卖不对称问题。

Chan 和 Lakonishok（1993）为信息假说提供了支持，因为他们发现了交易机构形成价格冲击的判定方法。在价格冲击成本的分布中，37 位经理人之间存在典型的差异。作者发现，经理人之间的交易成本覆盖范围很广，第十百分位和第九十百分位之间平均接近 1%。这些发现表明，如果私人信息在经理人中非平均分布，那么我们就可以认为机构交易的价格冲击也会有一个较广的分布。因此，当机构希望进行大宗购买时，交易一方必须考虑他们是否是在与知情交易者进行交易，而且也会要求价格让步才会执行订单。

在对数据的深入分析中，Chan 和 Lakonishok（1995）试图找出可能造成更大冲击的机构。他们发现，具有更高换手率的成长型机构会造成更大的价格冲击。作者建议，这类交易者会比其他人更需要流动性。这些结果表明，流动性假说在解释不对称的价格冲击方面具有一定的价值。

Saar（2001）基于机构投资者的四个共性提出了一个理论，并通过该理论为信息假说提供了一个更为严谨的基础。他指出，机构投资者：（1）将大量的资源用于调研；（2）通常不会使用杠杆；（3）不会过分关注存货；（4）不会从事卖空。这四个特点使得机构投资者主要集中于寻找有升值潜力的股票。

通过利用这些特点去分析机构行为，Saar（2001）建立了一个模型，来预测一只股票过去表现的历史情况对买卖不对称的影响。尤其是股票价格上涨时间越长，买卖之间价格不对称的稳定构成因素就越少。存在这一现象是因为股票价格上涨期越长，就会有越多的机构愿意持有。而已经拥有该股票的机构投资者会受到持股多元性要求的约束，而不愿意再购买更多的股票，因此知情投资者的购买意愿（与非知情投资者的大量购买意愿相反）将会下降。然而，在同样的条件下，负面消息的透露很可能会促使知情交易者大量卖出。根据 Saar 的分析，买卖不对称的可能性会受到特定股票价格历史的影响。

Chiyachantana 等（2004）运用了一个类似的条件论证支持流动性假说。他们利用两个独立时期的机构交易数据对美国和 36 个国际市场的买卖不对称进行了分析：一个时期是 1997 至 1998 年的五个季度，另一个时期是 2001 年的三个季度。他们的研究涉及了上涨的市场和下跌的市场。作者指出，现有大部分关于买卖不对称的研究所使用的数据都是市场上涨时期的。在牛市时期，交易的一方在为卖出方的机构交易者提供报价时所面对的风险都是基于一个事实，那就是投资者持有多头头寸通常会获得一些正收益。另一方面，向机构购买者卖出时就可能存在放弃正收益的机会成本。根据作者的观点，这种机会成本表明在一个上涨的市场中，买方是流动性需求者。

然而在熊市中，情况则正好相反。任何一个交易者都要面对的是在一个不断下跌的市场中，持有多头头寸的存货成本风险不断增加。在熊市中，机构卖出者进行的是流动性需求交易，而且在这类市场中，买卖不对称也将反转过来。

Chiyachantana 等（2004）的研究结论与上述发现一致。作者发现，1997—1998 年期间，美国市场上买方的平均价格冲击成本是 0.59%，卖方是 0.21%。而 2011 年则分别为 0.16% 与 0.83%。当他们进一步研究 36 个国际市场时又发现，1997—1998 年期间，机构买卖双方的平均价格冲击分别成本为 0.54% 和 0.35%。然而在 2011 年，机构买入交易的平均价格冲击成本降到了 0.21%，卖出交易则为 0.56%。买卖不对称在熊市发生了反转。这也表明，整个市场的流动性条件在机构价格冲击成本中具有十分重要的意义。对于机构来说，获取流动性的成本较高，信息的作用不像以往认为的那么重要。

总之，机构的大宗交易会对市场价格造成不小的冲击。大宗交易的价格大到足以使机构交易部开始寻求替代性策略以执行他们的大订单。目前，订单拆分策略已经占据了机构交易模式的主导地位。但以许多小订单的方式执行一个大订单是一个动态的过程，因此也增加了测度机构价格冲击的复杂性。

15.3 交易过程

想象一下，一个投资者带着订单来到市场，想要买入或卖出某一证券，通常情况下，所有的投资者都会有一些关于市场当前流动性状况的信息。交易所会提供当前的最佳（最高）买入价、最佳（最低）卖出价，以及在不同报价上可供交易的股份数额——买方深度和卖方深度。最高买入价和最低卖出价之间的差额就是买卖价差或称报价价差：

报价价差=最低卖出价−最高买入价   (15.1)

用这种方式定义的买卖价差通常被称为内部价差。报价价差的百分比率可以通过用报价差价除以内部价差中点的方式进行测算：

中点=（最低卖出价+最高买入价）÷2   (15.2)

内部价差是用来测度即时可得流动性最常用的方法，但通常这不是唯一可以利用的信息。许多交易所都提供了其他买卖报价（以及相关深度）的信息，这些报价通常要比内部价差报价的级别更低一点。这些信息包括了限价订单簿，或者是当前市场上所有可以提供的订单的清单。

如果有一个假想的投资者带着一个小订单来到市场上，比如说，是一个购买100股的订单，比内部深度的数量少，该投资者会推测认为可以获得最佳的卖价。不过，这并不是一个必然正确的推测。举例来说，该购买者可能会在当前分散的美国市场上获得价格让步，此时这个市场有许多不同的交易所会为了能执行一个订单而相互竞争。订单可能会被发送到某个交易所，在那里，一旦出价被提交到市场上，参与者就会报出一个稍微低一些的价格。除非有竞争者提供一个更好的价格，否则买入订单是不会从提供最佳内部报价的交易所流转出去的。最优价格通常具有优先权，正如大多数现代交易所都有价格优先规则：最优的卖出报价可执行买入订单。但是，美国市场现在允许含有小数的报价，对于一个当前面对最优卖价为47美元的投资者来说，经常会收到一个稍微低一点的价格，如46.99美元。有效价差正是一种综合了执行（交易）价格和报价之间差额的测度方式。其计算方法是交易价格与报价中点之间的差额乘以2。

有效价差=$[P_t - 中点] \times D \times 2$ (15.3)

其中，P_t是交易价格；D是一个指示变量，当交易方向为买入时是+1，交易方向为卖出时是−1。有效价差通常要乘以2，才能获得符合报价价差所代表的双向交易成本的测度结果，有效价差的百分比可以用与计算报价价差百分比相似的方法加以计算。在实践中，有效价差通常会比报价价差稍微小一点，但二者仍高度相关，尽管其显示出了执行价格与报价价差会有所不同。

15.3.1 机构订单的程序与问题

设想一下，某个机构交易部从一个公司投资组合经理人处收到了买卖某一支股票或系列股票的订单。该交易部带着一个可能比最优报价的深度大许多倍的买入订单进入市场。机构交易者面临一系列复杂的交易决策，当然，交易者通常可以决定与对应的限价订单簿的卖方进行交易执行订单。当订单耗尽了内部卖出报价的深度后，订单就会被移至订单簿并在对应的下一个最优卖价深度上执行。如果买入订单仍然没有完全执行，这一程序就将继续进行直到订单被完全执行。这通常不是一个机构交易部进入市场的方式，因为它确实成本太高。对于没有太大深度的限价订单簿的股票来说，有效价差可能会远远大于内部价差。

尽管执行机构订单有许多可选的方法，但交易部通常会受限于投资组合经理人的订单。一个"在市场上卖出100 000股微软股票"的订单相对会更容易执行，因为短时间内在流动性市场上卖出100 000股微软股票非常容易，不会造成股价的过度波动。不过，对交易部来说不幸的是，订单通常是有条件的，比如"以高于28.45美元的价格卖出100 000股微软股票"。现在交易者在卖出微软股票时就受到了限制，需要获得一个至少为28.45美元的平均价格。此时，交易者需要考虑两个主要选择：或是立即执行全部100 000股股份的大宗交易，或者将其拆分为小订单加以执行。为了避免大宗交易造成价格冲击，投资组合经理会特别强调一个最低价格。对于大宗交易的价格限制意味着交易部必须找到一个对手方，愿意以至少28.45美元的价格购买100 000股微软股份，换句话说，进行大宗交易一定不能造成过大的价格冲击导致价格低于28.45美元。

第二种交易的方法就是拆分订单。这种拆分订单的策略赋予了交易者许多种执行方法，但交易者仍然必须考虑价格冲击问题。在市场上进行200股交易可能会比较容易以最优报价被接受，但交易者并没有完成整个任务。交易者仍然必须执行订单剩下的99 800股股份，而且还要考虑这些交易的累计影响可能会造成价格冲击，导致平均价格低于28.45美元。一旦发生这种情况，交易者必须等待流动性恢复。如果这一系列的交易对流动性造成太过严重的损害，使价格一直低于28.45美元，交易者就必须等到他日交易，或者告知投资组合经理人大宗订单执行失败，还有一部分没有完成。

对机构交易者来说的一个基本问题就是要比较大宗交易策略和订单拆分策略的价格冲击。下一部分将讨论测度这两种策略的价格冲击时存在的一些细微的区别。

15.4 价格冲击的测度

价格冲击是指由于一次交易或一系列交易造成的均衡价格的变动。区别对待两种交易之所以重要是因为对单次交易影响的测度方法是不同的，而且与系列交易影响的测度相比，含义也有所不同。这种静态（单次交易）与动态（多次交易）的区别在确定交易冲击的经济重要性上十分关键。

对价格影响的精确测度是非常复杂的。尽管没有通用的单一公式，但对有些公式可以进行一下归纳，得出式（15.4）：

$$价格冲击 = [(P_1 P_0) \div P_0] \times D \tag{15.4}$$

其中，P_1 是执行价格，P_0 是基准价格，D 为指示变量，买入订单时为 +1，卖出订单时为 -1。如果想比较有效价差与报价价差的价格冲击，可以将式（15.4）乘以 2。交易前基准价格 P_0 的选择通常表明了价格冲击的不同定义。早期的研究，如 Kraus 和 Stoll（1972），采用前一天的收盘价作为基准价格。从 Chan 和 Lakonishok（1993）之后，通常的做法是采用开盘价作为 P_0 这个基准价格，因为许多机构订单都是在早上开盘前提交的。运用开盘价作基准通常被称为开放交易成本或执行成本，这种方法在测度订单执行的动态特征方面具有一定的优势。如果订单被分成几次交易执行，或者甚至跨越了多日，那么诸如交易第一天的开盘价格时间基点就可以看作是与交易最初被提交到市场同期的基准点。如果是一个订单通过多次交易执行，通常的做法就是综合成一个 P_1 用于一个完整订单全部执行价格的交易量加权平均。

如果研究人员幸运地找到了实际的订单提交时间，那么就可以采用将订单提交到交易部时的市场价格作为基准价格。Chiyachantana 等（2004）运用 Plexus 机构交易数据，包括提交时间，计算出一个提交时间基准和开放交易成本。幸运的是，他们发现开盘价格基准与提交价格基准的价格冲击测度之间只存在很小的差异。这一发现表明，关于机构订单是在早上开盘之前提交的假设总体上来说是可靠的。研究人员可以利用开放交易成本对价格冲击进行无实质性偏差的测度。

如果基于基准指数的同期回报关乎研究的过程，就像在 Chiyachantana 等（2004）的研究中一样，那么式（15.4）就可通过控制基于指数的同期回报进行修正，即式（15.5）：

经市场调整的价格冲击 = $\{[(P_1 P_0) \div P_0] \times [指数_1 \div 指数_0]\} \times D$ (15.5)

其中，指数$_1$是交易执行时的相关市场指数水平，指数$_0$是基准价格时的市场指数水平。为了计算市场调整价格冲击中包含的同期市场回报，这一计算采用基准价格相对百分数的方法。

最后，测度机构交易者成本指数的一个通用方法是交易量加权平均价格（VWAP），这是用来测度既定日期既定股票全部交易平均价格的最常用方法。运用VWAP作为基准，需要计算出一个机构订单的交易量加权平均执行成本以及相对于既定日期全部交易的订单执行成本：

VWAP价格冲击 = $[(P_1 \div VWAP) - 1] \times D$ (15.6)

所有这些价格冲击度量方法都可以很好地测度机构订单的单一交易或系列执行造成的价格冲击。由于这些方法可以应用于系列执行，研究人员通常会将其应用于对机构交易的研究中，交易机构订单的动态性远比单一交易复杂得多。动态基准在市场出现大订单时更为重要，交易者必须决定，是执行单一大宗交易还是执行系列较小交易来完成大宗订单，以确保价格冲击最小化。

Hu（2009）详细研究了对交易前基准和VWAP基准解释的区别，他提醒研究者在解释这些不同测度方法的结果时必须加以小心。他同时指出，市场走势会对交易前基准产生显著的影响。

15.4.1 价格冲击的静态分析

当研究问题涉及机构投资者交易成本时，动态分析就显得十分重要，需要考虑机构是否有可能采用订单拆分策略来执行订单。不过，如果是出于其他目的，比如比较不同时间或不同市场的流动性，那么就适合采用静态测度方法。

Fong，Holden和Trzcinka（2011）分析了43个大型股票交易所从1996年到2007年的执行成本。他们比较了其他流动性代理变量与基准流动性代理变量在以下方面的区别：报价价差、有效价差、价格冲击以及已实现价差。他们的研究主要考虑了特定市场上的平均价格冲击，而不是特定机构交易部的累计交易表现。他们运用了如下方法测算价格冲击：

持久价格冲击 (k) = $(中点_{0+s} - 中点_0) \times D \times 2$ (15.7)

该式展示了计算价格冲击的另一种方法。在式（15.7）中，中点$_0$为交易执行之前的内部价差的中点，中点$_{0+5}$为交易执行5分钟后的买卖价差的中点。由于式（15.7）并未使用交易价格，因此它与之前对价格冲击的定义方法并不相同。以交易后多久的时间作为测算依据会导致如式（15.7）这样的测度结果有所不同。研究人员通常会采用类似的式子对单笔交易的持久价格冲击进行测度。Fong等（2011）将这一等式乘以2，将其与报价价差中隐性的双向交易成本进行比较。这一方式计算出了某项特定交易对内部买卖报价的影响有多大，并就此提出了一个疑问，即当新的价格是以内部价差的中点进行定义的时候，交易的执行是否会导致不同的市场价格。这种方法暗含了一个假设，即如果一笔交易存在持久价格冲击的话，那么该冲击在交易执行5分钟后的调整报价中可以被观察到。

式（15.7）中的持久价格冲击与已实现价差紧密相关，遵循式（15.4）的原则，其采用了交易价格：

$$已实现价差 = (P_t - 中点_0) \times D \times 2 \tag{15.8}$$

已实现价差是使用中点作为 P_0 基准价格的价格冲击的两倍。由于每次执行时式（15.7）和（15.8）中的基准价格都会发生变化，因此在动态的机构交易中并不适用，但在测度单一交易的即时价格冲击或一组独立交易的平均值时十分有效。如果一笔交易的短时价格冲击影响在5分钟内发生了逆转，那么静态价格冲击就可以用来对一笔交易的持久价格冲击以及即时价格冲击的已实现价差进行测算。

表15-1表示的是Fong等（2011）在他们的研究中对43个大型股票交易所的有效价差、报价价差、已实现价差及持久价格冲击的计算结果，以百分数表示。观察表15-1可以发现几个有意思的规律。第一，执行成本，以交易价格的百分比来表示，平均来看数值较小。全球有效价差平均仅为0.023%。而已实现价差和持久价格冲击的数值甚至更低，在本质上与根据式（15.4）计算出的价格冲击非常接近的已实现价差，平均值只有交易价格的0.012%。持久价格冲击数值更小，只有0.010%。第二，发达国家的交易成本低于新兴市场。第三，根据Fong等人的定义，已实现价差和单笔交易的价格冲击，平均来看，均小于有效价差和报价价差。

如果价格冲击和已实现价差都比较小，甚至平均看比有效价差还小，这是什么原因造成的呢？为什么价格冲击会对我们的机构交易者造成困扰？答案在于Fong等（2011）在研究中所使用的基准。当采用前期买卖报价中点作为测算平均已实现价差和平均持久价格冲击的基准时，执行成本就会比较小。在纽约证券交易所中，这些成本约等于零，只是一个基点的小数而已。关键在于这些平均值是针对单一交易计算出来的，所采用的基准在时间上是相当短的。假定的交易者完成了一笔100 000股的订单中最先200股的交易，那么他必须考虑这些交易造成的累计影响。因为交易者仍然需要执行该订单中另外的99 800股，即使是基点的一个小数变化也可能会导致一次大的价格冲击。

表 15-1　　　　　　　　　　全球静态交易成本估计

国家	交易所	有效价差	报价价差	已实现价差	持久价格冲击
阿根廷	布宜诺斯艾利斯	0.023	0.036	0.012	0.011
澳大利亚	澳大利亚	0.036	0.045	0.020	0.017
奥地利	维也纳	0.013	0.013	0.005	0.008
比利时	布鲁塞尔	0.015	0.017	0.006	0.009
巴西	圣保罗	0.047	0.070	0.022	0.025
加拿大	多伦多	0.030	0.035	0.013	0.017
智利	圣地亚哥	0.028	0.037	0.021	0.007
中国	上海	0.004	0.003	0.000	0.004
中国	深圳	0.004	0.003	0.000	0.004
丹麦	哥本哈根	0.019	0.022	0.016	0.004
芬兰	赫尔辛基	0.017	0.023	0.014	0.003
法国	巴黎	0.018	0.019	0.011	0.007
德国	法兰克福	0.025	0.027	0.006	0.018
希腊	雅典	0.019	0.018	0.008	0.011
中国	香港	0.026	0.036	0.017	0.009
印度	孟买	0.033	0.038	0.016	0.017
印度尼西亚	雅加达	0.045	0.075	0.025	0.020
爱尔兰	爱尔兰	0.024	0.032	0.018	0.005
以色列	特拉维夫	0.048	0.070	0.016	0.032
意大利	米兰	0.007	0.008	0.004	0.003
日本	东京	0.010	0.013	0.003	0.007
日本	大阪	0.015	0.024	0.008	0.007
马来西亚	吉隆坡	0.022	0.035	0.008	0.014
墨西哥	墨西哥	0.024	0.047	0.008	0.016
荷兰	荷兰 AEX	0.015	0.015	0.006	0.010
新西兰	新西兰	0.025	0.025	0.017	0.008
挪威	奥斯陆	0.024	0.032	0.017	0.007
菲律宾	菲律宾	0.041	0.068	0.026	0.016
波兰	华沙	0.040	0.055	0.012	0.028
葡萄牙	里斯本	0.014	0.014	0.005	0.009
新加坡	新加坡	0.030	0.043	0.017	0.013
南非	约翰内斯堡	0.037	0.045	0.017	0.019
韩国	韩国	0.015	0.013	0.006	0.010
西班牙	巴塞罗那	0.006	0.006	0.002	0.004
瑞典	斯德哥尔摩	0.016	0.021	0.010	0.006
瑞士	瑞士证券交易所	0.013	0.014	0.005	0.008
中国	台湾	0.007	0.007	0.002	0.005
泰国	泰国	0.025	0.041	0.017	0.008
土耳其	伊斯坦布尔	0.009	0.008	0.001	0.008
英国	伦敦	0.028	0.039	0.024	0.004
美国	纽约	0.007	0.005	0.007	0.000
美国	美国	0.036	0.033	0.032	0.004
美国	纳斯达克	<u>0.025</u>	<u>0.028</u>	<u>0.026</u>	<u>−0.001</u>
全球平均		<u>0.023</u>	<u>0.029</u>	<u>0.012</u>	<u>0.010</u>

　　注：该表展示了四类基准交易成本测度结果，数据源于 Fong 等（2011）的表格 1。所有的交易成本都以百分数表示。

15.4.2 提前交易

Angel，Harris 和 Spatt（2010）描述了机构投资者需要面对的特殊交易问题。他们突出强调了为这类投资者测度动态价格冲击的重要性。对机构投资者来说，一个主要问题就是其他的交易者有可能会提前交易其订单。从狭义的定义上看，提前交易指的是经纪人在其客户提交订单之前进行交易。美国证券交易委员会对提前交易做出了特别禁止。但并不禁止非附属交易者识别出机构投资者的交易方式，并在其提交订单之前进行交易。例如，Pethokoukis（1997）曾描述了富达投资（Fidelity Investments）公司面临的问题。富达公司是一家非常大的公司，以至于当其重新配置头寸时，必须进行大量交易才能对其资产组合头寸产生比较大的影响。Pethokoukis 指出，会存在这样一个机构，它积极参与了富达公司交易模式的决策。那么它会将信息卖给非附属的交易者，非附属交易者会设法在富达公司交易前执行自己的订单，以期从大宗交易引起的价格冲击中获利。

富达公司可以试着在楼上市场通过大宗交易尽快执行其订单，但正如前文所述，大宗交易通常需要从交易对手方处获得较大的价格让步才能完成执行。富达公司也必须将订单提交给楼上经纪人，而该经纪人可能并不会在交易协商过程中保护订单中的信息，或者更糟，反而主动向特定交易者暗示订单中包含的信息。

富达公司也可以采用订单拆分策略，将交易拆分成一系列较小的部分执行。图 15-1 列示了在纽约证券交易所执行的平均交易规模，说明了订单拆分策略已越来越普遍。当然，该策略自身也有一些问题，比如订单需要一系列的交易才能执行。高频交易（HFTs）运用计算机算法从诸多交易中分辨交易模式。如果分析成功的话，高频交易就可以有效实施提前交易，以便从系列执行产生的累计价格冲击中获利。

Angel 等（2010）描述了提前交易以及其他交易策略的成本，如报价匹配策略及褪除策略（fading strategy）等，这些策略通常被非附属交易者如高频交易者所采用，用来揭示订单拆分策略所呈现出的模式。尽管机构采用订单拆分策略需要付出成本，但图 15-1 仍然清楚地展现出一个事实，即订单拆分策略的使用越来越多。机构订单需要通过若干次交易予以执行的事实意味着需要测度订单提交前与基准价格有关的动态价格冲击，以把握交易的完整价格冲击状况。

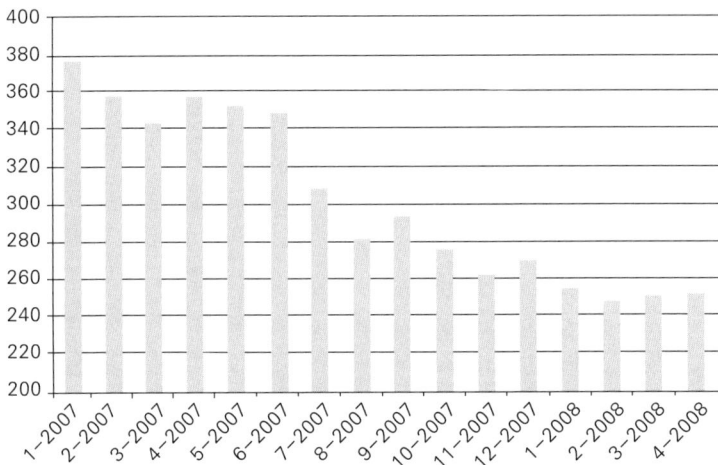

图15-1　纽约证券交易所平均交易规模

注：该表形象地说明了2007年1月至2008年4月间，在纽约证券交易所挂牌股票的平均交易规模，以股票数量表示。交易规模的数据来源于证券业及金融管理协会所提供的纽约证券交易所数据库。

15.5　新兴市场的价格冲击

Domowitz，Glen和Madhavan（2001）对发达市场与新兴市场的机构交易进行了研究，他们采用了交易成本咨询机构Elkins-McSherry的数据，包括1996年9月到1998年12月间不同市场交易的显性（佣金与手续费）成本与价格冲击成本。Elkins-McSherry基于机构平均成本累积数据，这意味着价格冲击成本测度了执行大宗订单的动态成本。笔者注意到，Elkins-McSherry提供了一个类似于VWAP的基准价格，因此其计算出的交易成本可以用式（15.6）很好地表达出来。

Domowitz等（2001）对全球42个市场的机构交易成本规律做了一个非常好的汇总。他们发现，单向的交易成本十分显著，平均达到了71.3个基点。在这些单向执行成本中，占较大比例的是显性成本，而价格冲击成本平均为25.3个基点。另一项发现是，美国市场有所不同，其显性佣金成本平均仅为8.3个基点，而隐性成本则平均为29.8个基点。显性成本趋向于在一些，但并非所有的发展中市场尤其地高，比如委内瑞拉、泰国和菲律宾。随着市场的发展，显性成本会趋向下降，价格冲击成本则变为机构交易决策中的更为重要的组成部分。

在总的交易成本和价格冲击成本中，存在着一个宽泛的截面变量，最低值是法国的，只有29.5个基点，最大值是韩国的197.5个基点。价格冲击成本的范围从只有5.2个基点的澳大利亚到134.4个基点的韩国不等。Domowitz等（2001）也指出，价格冲击成本与市场资本化程度负相关，与市场波动性正相关，在新兴市场更高。

Bosner-Neal，Linnan和Neal（1999）考察了印度尼西亚新兴市场的价格冲击成本。他们发现，与VWAP基准相关的单向价格成本，会在小公司高难度交易的60个基点到大公司低难度交易的27个基点之间变化。这种现象反映了他们得出的一般结论，即价格冲击成本会随交易规模反向变化，并与订单难度直接相关。这种现象也同时表明，那些买入时执行成本高的经纪人在卖出时也会面临高执行成本。而且，国外投资者往往会比本国投资者承担明显更高的价格冲击成本。前一个结论是Anand等（2012）所发现的机构交易成本本国异质性的初期形式。交易成本异质性程度是否会随市场发生变化仍然是一个未解之谜，如果是的话，那么又是什么因素决定了这种变化呢？后一个发现如果适用于不同市场的话，那么它就对国际多元化效果有重要的影响。

Alzahrani，Gregoriou和Hudson（2012）估计了2005年到2008年间，在沙特阿拉伯进行的至少10 000股交易的价格冲击成本。他们的研究意义既在于他们采用了相对最新的数据，也在于这些数据很完整且标记了具体时间。他们的日间数据使其能够计算出5分钟价格冲击，进而利用式（15.4）计算出每一笔交易的总价格冲击。其中，P_1是交易价格，P_0是大宗执行之前5分钟的交易价格。

他们的研究在即时估算快速成长的新兴市场大宗交易的价格冲击方面也具有一定的优势。他们的数据质量相对于Bosner-Neal等（1999）而言，突出了这样一个事实：新兴市场的高质量逐笔交易数据正在快速变得可得，因为全球交易系统越来越多地变为电子限价订单簿市场。Alzahrani等（2012）发现，大宗买入会造成51个基点的即时价格冲击，而大宗卖出则会造成43个基点的即时价格冲击。

Bosner-Neal等（1999）对印度尼西亚的研究和Alzahrani等（2012）对沙特阿拉伯的研究只是关于大宗交易价格冲击研究中的两个例子。目前，有更多的国际文献对发达市场与新兴市场的大宗交易价格冲击进行了检验。这些研究包括Booth，Liu，Martikainen和Tse（2002）对赫尔辛基的研究；Bessembinder和Venkataraman（2004）对巴黎的研究；Frino，Jarnecic，Johnstone和Lepone（2005）对悉尼的研究；Charoenwong，Ding和Jenwittayaroje（2010）对曼谷的研究；Fan，Hu和Jiang（2012）对中国上海的研究。这些研究中有一些（尽管不是全部）采用大宗交易的静态价格冲击来考察买卖不对称的问题。不过，研究人员也同样利用这些大宗交易的价格冲击，来考察楼上市场在向市场价格传递信息中的相对重要性（Booth 等 2002；Bessembinder 和 Venkataraman 2004），以及有关订单拆分策略与大宗交易策略二者效力的结论是否适用于不同的市场结构（Charoenwong 等 2010）。

自 Domowitz，Glen 和 Madhavan（2001）以及 Chiyachantana 等（2004）之后，就再没有对机构交易成本进行截面研究的重要国际成果了。随着数据可得性越来越高，市场的改革与自由化，以及金融危机带来的流动性不足改变了全球对机构交易成本的认识。Angel 等（2010）利用投资者交易集团（ITG）的机构交易汇总数据，从全球角度比较了交易成本的截面和时间序列。表 15-2 展示了同一来源的更新到 2009 年第四季度的数据。

表 15-2　　　　　　　　　　　全球交易成本

面板 A.总成本					
年份	新兴市场	发达亚洲国家	欧洲	日本	英国	美国
2005	105	61	57	77	51	54
2006	155	75	48	93	37	43
2007	136	94	79	68	55	53
2008	111	128	65	120	84	77
2009	96	84	57	62	59	48
面板 B.价格冲击成本					
年份	新兴市场	发达亚洲国家	欧洲	日本	英国	美国
2005	82	43	42	67	37	44
2006	89	59	36	83	25	35
2007	99	82	68	62	44	47
2008	90	113	53	111	73	68
2009	75	65	39	48	42	39
面板 C.佣金成本					
年份	新兴市场	发达亚洲国家	欧洲	日本	英国	美国
2005	23	17	14	10	13	10
2006	66	16	11	10	12	8
2007	36	12	11	7	11	7
2008	21	15	12	9	12	9
2009	21	19	18	14	17	8

注：全球交易成本来自投资者交易集团（ITG）的调查数据。所有的数据都来自于相关年份的第四季度，且所有的数据都是以基点方式表示的。

这些数据揭示了国际交易成本中的若干模式。首先，显性的佣金成本相当低，而且随着时间的推移，其在国际交易成本中的重要性越来越弱。其次，新兴市场的成本，包括来自东欧、南美、亚洲发展中国家和中东的数据，与发达市场相比仍较高，交易成本依旧是新兴市场多元化的一个重要障碍。不过，与发达国家的佣金相比，新兴市场的显性佣金成本还比较低。在发达的亚洲市场，包括澳大利亚和新加坡这样的国家，成本是第二高的。这一事实在一定程度上反映了这些市场有限的规模，而且正因如此，在以低成本完成交易时，交易对手方的资本获得也受到了限制。最后，发达市场（除了西欧）的成本在2008年金融危机期间经历了一次沉重的打击，不过目前已经得以恢复。

15.6　总结和结论

价格冲击成本是一笔订单的执行成本与订单被提交市场之前稳定价格或基准价格之间的差异。这一成本是交易大宗订单时的一项重要成本。机构努力使其最小化是当今市场结构持续变化的主要推动力。价格冲击成本既可以通过单一大宗交易进行静态测量，也可以在机构采取订单拆分策略，将大宗交易拆分成若干小订单加以执行时进行动态测量。研究者和实践者应当理解他们想要分析的问题的本质，选择正确的基准来衡量这些重要的交易成本。

特定市场的价格冲击规模具有十分重要的意义。预期的价格冲击对机构资产组合的选择以及多元化有着重要的影响。机构持有大量的股权，其面临着大宗交易引发价格冲击或是系列交易引发累计价格冲击的两难选择。执行方式的错误选择会对净资产组合回报产生重大影响。特定股票的高价格冲击成本预期会影响资产组合的多元化水平。特定国家的高价格冲击成本预期则会影响国际多元化水平。

电子限价订单簿在发达市场和新兴市场都是常见的执行方式。这是一种设立成本和运行成本都极低的市场，因为无需有实体场地或指派流动性提供者。流动性可以简单地通过订单簿上报出的系列限价订单提供。在一些市场，特别是在欧洲，对于一些机构投资的特定股票而言，交易的价格冲击风险非常大。目前，这些市场正在实施一些机制以降低价格冲击风险，其中包括企业为指派的流动性提供者支付报酬，使其为它们的股票提供约定的最小数量的流动性。

讨论题

1.研究人员何时应采用静态方法测度价格冲击而不是动态方法？
2.表15-2中展示的交易成本对资产组合管理有何意义？
3.什么是提前交易？它又是如何增强价格冲击的？

作者介绍

Paul J. Irvine 是美国佐治亚大学特里商学院的金融学副教授及 BBT 学者。他在 Journal of Accounting and Economics、Accounting Review、Journal of Finance、Review of Financial Studies、Journal of Financial and Quantitative Analysis 以及 Journal of Corporate Finance 等期刊上发表过文章。他还在证券交易委员会（SEC）、国家经济研究局（NBER）、机构交易者15人组（Quorum 15 group）、美国金融协会（AFA）以及西部金融协会（WFA）就交易问题发表演讲。同时，他拥有罗切斯特大学的硕士及博士学位。

参考文献

Alzahrani, Ahmed, Andros Gregoriou, and Robert Hudson. 2012. "Can Market Frictions Really Explain the Price Impact Asymmetry of Block Trades?Evidence from the Saudi Stock Market." *Emerging Markets Review* 13:2,202–209.

Anand, Amber, Paul Irvine, Andy Puckett, and Kumar Venkataraman. 2012. "Performance of Institutional Trading Desks:An Analysis of Persistence in Trading Costs. *Review of Financial Studies* 25:2,557–598.

Angel, James, Lawrence Harris, and Chester S.Spatt. 2010. "Equity Trading in the 21st Century." Working Paper, Marshall School of Business, University of Southern California.

Bessembinder, Hendrick, and Kumar Venkataraman. 2004. "Does and Electronic Stock Exchange Need and Upstairs Market?" *Journal of Financial Economics* 73:1,3–36.

Booth, G.Geoffrey, Ji-Chai Liu, Teppo Martikainen, and Yiuman Tse. 2002. "Trading and Pricing in Upstairs and Downstairs Stock Markets." *Review of Financial Studies* 15:4, 1111–1135.

Bosner-Neal, Catherine, David Linnan, and Robert Neal, 1999. "Emerging Market Transaction Costs:Evidence from Indonesia." *Pacific-Basin Finance Journal* 7:2,103–127.

Chan, Louis K.C., and Josed Lakonishok, 1993. "Institutional Trades and Intra-day Stock Price Behavior." *Journal of Financial Economics* 33:2,179–200.

Chan, Louis K.C., and Josef Lakonishok, 1995. "The Behavior of Stock Prices around Institutional Trades." *Journal of Finance* 50:4,1147–1174.

Charoenwong, Charlie, David K.Ding, and Nattawut Jenwittayaroje. 2010. "Price Movers on the Stock Exchange of Thailand:Evidence from a Fully Automated Order-Driven Market." *Financial Review* 45:3,761–783.

Chiyachantana, Chiraphol N., Pankaj K.Jain, Christine Jiang, and Robert A.Wood. 2004. "International Evidence on Institutional Trading Behavior and Price Impact." *Journal of Finance* 59:2,869–898.

Domowitz, Ian, Jack Glen, and Ananth Madhavan. 2001. "Liquidity, Volatility and Equity Trading Costs across Countries and over Time." *International Finance* 4:2,221–255.

Fan, Longzhen, Bill Hu, and Christine Jiang. 2012. "Pricing and Information Content of Block Trades on the Shanghai Stock Exchange." *Pacific-Basin Finance Journal* 20:3,378–397.

Fong, Kingsley, Craig W.Holden, and Charles A.Trzcinka. 2011. "What Are the Best Liquidity Proxies for Global Research?" Working Paper, Indiana University.

Frino, Alex, Elvis Jarnecic, David Johnstone, and Andrew Lepone. 2005. "Bid-Ask Bounce and the Measurement of Price Behavior around Block Trades on the Australian Stock Exchange." *Pacific-Basin Finance Journal* 13:3,247–262.

Hu, Gang. 2009. "Measures of Implicit Trading Costs and Buy-Sell Asymmetry." *Journal of Financial Markets* 12:3,418–437.

Keim, Donald B., and Ananth Madhavan. 1996. "The Upstairs Market for Large-Block Trans-

actions: Analysis and Measurement of Price Effects." *Review of Financial Studies* 9:
1,1-36.

Kraus, Alan, and Hans R.Stoll.1972."Price Impacts of Block Trading on the New York Stock Exchange." *Journal of Finance* 27:3,569-588.

Pethokoukis, James.1997."The Thorn in Fidelity's Side." *U.S.News and World Report*, September 8,72.

Saar, Gideon 2001."Price Impact Asymmetry of Block Trades: An Institutional Trading Explanation." *Review of Financial Studies* 14:4,1152-1181.

第16章 国际资产市场和新兴资产市场的价格发现

YIUMAN TSE

密苏里大学圣路易斯分校金融学Peter G.Schick教授

MICHAEL WILLIAMS

州长州立大学金融学助理教授

16.1 引言

价格发现是持续将变化的信息纳入价格的过程。价格发现有别于价格变动或价格冲击，价格发现所指的价格变化包括两部分，一是永久变化的部分，另一个是暂时的价格变化。其中，第一个构成部分代表了资产基本价值的变化，第二个变化是由市场摩擦造成的，如买入、卖出的弹性、存货调整和订单失衡等。

一般而言，在既定时间期间内，资产或市场价格融合了更多的信息，或者当固定的信息水平更快地体现在价格上时，价格发现效率更高。然而，价格发现效率会受到具有不同市场结构的不同资产的影响，例如不同的交易平台（公开喊价市场与电子限价订单市场）、监管条件和信息流的可得性等。同时，市场存在不同的交易成本结构、流动性条件和透明度差异。这些条件的差异会导致知情交易者或受益或受损，因此知情交易者会以不同的速度和程度将信息融入价格。因此，差异的市场结构条件会导致不同的价格发现效率。

本章主要探讨国际市场和新兴市场中的自市场价格发现与交叉市场价格发

现。自市场价格发现是指某资产只存在于一个市场或只参与一个市场的竞争的情况，该资产的二级市场只提供了一些琐碎的信息。交叉市场价格发现指的是同一种资产在多个市场交易或在相同信息环境下交易的情况。因此，在交叉市场价格发现中，多个市场通过一价定律联系在一起，共同的连接要素包括套利动机、共同的基础条件变化等因素。因为各市场是通过共同的要素连接起来的，因此，相互关联的市场可以通过纠正市场间共同价格的背离来互相促进。价格发现的研究表明，有些市场会对共同趋势的形成起到更大的作用，使得这些市场在价格发现过程中占据相对主导的地位。

鉴于本章重点研究国际市场的价格发现而不是价格影响，因此，本文主要探讨交叉市场价格发现。也就是说，本章集中分析哪些因素促成了某个市场的信息贡献比其他市场更大。尽管本章的主题是国际市场和新兴资产市场，但全书也讨论了包括美国市场在内的其他市场的问题。

本章的其余部分结构如下：首先，回顾了用于测度价格发现的实证方法；其次，讨论了推动价格发现功能在不同市场间转换的一般要素；再次，以股票市场和期权市场为例，描述了特定资产市场的价格发现功能；最后，是总结和结论。

16.2　测度价格发现

交叉市场价格发现通常采用以下三种方法中的某一种方法进行测度：（1）方差比率法；（2）格兰杰因果关系法；（3）同因素分解法。下面将分别对三种方法进行介绍。

16.2.1　方差比率法

French 和 Roll（1986）将方差比率定义为当日回报方差与隔夜回报方差的比率。传统上，这一比率是用在单一市场设定上的，在单一市场上，方差比率大于 1 意味着市场上或存在多余的私人信息或存在噪声交易信息。但是，如果两个市场交易时间是连续、不重叠的，方差比率就可以用来衡量相对于前日市场（隔夜市场波动性）的信息贡献，本地市场（当日市场波动）的信息贡献。较高（低）的方差比率意味着本地（前日）市场对价格变化的信息贡献更大。

方差比率法排除那些交易时间有部分或完全重叠的市场和资产，这是由于重叠的交易时间会严重制约价格发现检验的运用。根据 Menkveld，Koopman

和 Lucas（2007）的研究，在重叠交易时间内出现的任意价格会影响方差比率。此外，基于微观结构效应，该价格可能仅是一家公司真实的、基本价值的噪音指标。作者认为，由于受到纽约股票交易所（NYSE）报价的噪音影响，方差比率法高估了美国市场的信息贡献。

16.2.2　格兰杰因果关系或超前滞后法

检验价格发现的第二种方法是使用格兰杰因果检验（Granger 1969），用于判断一个市场的回报是否对其他市场的回报具有解释能力。该方法是构建一个既定的市场回报模型，作为自滞后和交叉滞后共同效果的函数。自滞后主要考虑的是自身效果的持久性，而对交叉滞后效应的系数约束检验则验证了因果性。因果关系的存在意味着信息被融入了不同的市场。在向量自回归框架下构建市场模型，可以通过计算脉冲响应函数和方差分解对因果性进行更深入的分析。具体来说，脉冲响应函数说明了某一个市场回报的一单位（或标准差）冲击对另一个市场回报影响的时间路径。相反，方差分解函数则说明了某个既定市场回报对于另一个市场回报的解释力。

然而，超前滞后法在不同的滞后结构下会有不同的结果。运用一致的滞后优化方法（即最大化赤池信息准则），基于模型的拟合程度选择滞后期数，就可以解决此问题。但运用这种方法，又会带来推理不清甚至是数据挖掘的需要。在推理不清的情况下，最佳的滞后期可能导致模型所描述的信息传播问题不具有经济意义。而在数据挖掘情况下，最佳的滞后期可能使得模型的样本数据拟合度最大，但是当数据生成过程随时间推移而改变时，可能会导致计量模型的拟合度变差。

此外，超前滞后法假设报价同时出现。然而，当处理一笔接一笔的交易数据时，尤其是在比较频繁交易证券与不频繁交易证券（即非同步交易偏差）的数据时，同时报价可能是不存在的。最后，超前滞后方法会受数据间隔偏差的影响，使用低频率数据（日数据）间隔掩盖了短期的因果关系（如盘中频率）。

16.2.3　同因素分解法

方差比率法和超前滞后法都存在一个共同的缺陷：测度的到底是什么？两种方法都试图揭示信息从一个资产（或市场）到另一个资产（市场）外溢的短期动态机制。然而，这种短期外溢可能不是信息外溢的结果，而是由于市场微观结构的噪音（如买入卖出弹性）、交易员反应过度、流动性问题等其他因素引起的暂时效果。

同因素分解法将价格分解为永久性部分和暂时性部分，其中永久性部分代表了真实的价格。当两个或两个以上的市场交易相同的资产或者共享信息时，一个永久的随机趋势将这些市场联系在一起，而这种趋势代表着共同有效的隐含价格（即市场是协整的）。同因素分解法尝试在协同系统中确定每个市场对于潜在的共同价格的贡献比例。大多数基于分解法的价格发现研究都是采用Hasbrouck（1995）的信息分享模型或者是Gonzalo，Granger（1995）的永久-暂时方法。

1）Hasbrouck信息分享模型

Hasbrouck（1995）的信息分享模型（IS）揭示了由资产价格变动引发的共同随机趋势方差的比例。在这个模型中，共同随机趋势并没有被明确指定，可以是资产价格间的任意一致关系，如套利压力或者其他一些市场平衡因素。IS模型也用于衡量一个既定市场相对于另一个市场，在价格调整过程中对同期信息冲击的反馈速度。因此，对于那些融入了更多（新的）信息的市场或暂时性噪音更少的市场，其IS值更高。

信息分享模型依赖于向量误差修正模型（VECM）的方差协方差矩阵分解，分解必然要求一个确定的变量排序。在市场非零相关的可能情况下，系统内不同市场排序将会获得不同的IS值。正如Hasbrouck（1995）指出的，同期交叉市场相关性导致IS模型生成了一系列IS值，这些数值随着市场数增多和相关性增加而变得差异更大。交叉相关的一个重要推动因素是从即时时间（一笔接一笔）到间隔时间（如5分钟、10分钟和15分钟间隔）的数据集成。随着数据集成期间变大，IS模型越来越难确定领导价格，因为交易员已经更新了他们的报价。使用较小的集成期间的问题是报价陈旧，这可能导致IS数据的偏差（Frijns，Schotman 2009）。此外，使用高频数据有可能导致由暂时的市场摩擦噪声引起的偏差（Yan，Zivot 2010）。

排序问题的一个解决方法是报告IS值的范围（即最大值和最小值）。不论变量排序如何，IS值的范围包含了既定市场的真实信息分享（Hasbrouck 2002）。然而，IS值的范围可能将一个或多个市场重叠，使得建立一个清晰的价格发现主导市场变得很困难。Baillie，Booth，Tse和Zabotina（2002）主张，可以简单计算各个市场排序的IS值，并使用IS值范围的最小值和最大值的平均值。

2）Gonzalo-Granger永久-暂时方法

Gonzalo-Granger永久-暂时模型（PT）提出一个方法，将一个单位根系列（即一阶平稳差分）分解成两个正交分量：永久性和暂时性。对于价格发现，永久性部分是连接 n 个资产市场单独价格的不可观测的有效隐含价格。许多学者利用 Gonzalo-Granger 分解法来研究价格发现，包括 Booth，So，Tse（1999）和 Harris，McInish，Wood（2002a）。这些学者认为，某个既定市场对市场间长期共同价格创新（尤其是调整）的贡献（权重）代表了该市场对价格发现的贡献。与 Hasbrouck 的 IS 方法不同的是，PT 权重衡量的是共同随机趋势的价格收敛程度，而未必是价格发现的速度。

Harris，McInish 和 Wood（2002b）运用模拟数据研究发现，PT 值能还原许多市场微观结构模型的真实信息。然而，Yan 和 Zivot（2007）却指出，PT 值衡量的是短期市场摩擦的相应市场反应。因此，如果一个既定市场的暂时价格变化相对较大，那么 PT 价格发现的推论可能会被误导。此外，PT 权重是基于 VECM 模型的长期冲击反应函数的比例，小样本相对于大样本可能得到的结果会不同（Lehmann 2002）。最后，PT 模型指出的有效隐含价格比真实值的易变性和自相关性更大，因此会导致错误的价格发现推论（Hasbrouck 2002）。

IS 和 PT 两种方法都存在共同的实证问题，例如在剔除所有短暂性影响、非同步价格和旧的报价的同时难以保持简约模型。除了修正模型本身之外，共同认可的一种方法是同时使用两种模型来进行价格发现的推论（如，Baillie 等2002；Lehmann 2002；Tse 和 Erenbury 2003）。Yan 和 Zivot（2007）发现，当用 IS 模型同时测度暂时效应和永久效应时，其结论就很不清晰。另 一方面，PT 模型仅衡量暂时性影响，而忽略了永久性部分对共同价格的影响。因此，对于一个既定市场，一个高的 IS 值和低的（高的）PT 值意味着该市场的价格发现贡献大（小）。

16.3 市场结构和价格发现

知情交易者（ITs）负责将信息融入价格。而且，套利者负责将信息融入不同的交易所和不同的资产类别。然而，不同的市场结构可能导致某个交易所比其他交易所更青睐知情交易者。因此，市场结构在价格发现过程中起到至关重要的作用。

16.3.1 交易、分散化、交易成本和流动性

如果所有交易所的参与者将自己独有的信息纳入一个共同价格中，那么在竞争性交易所中高度分散化的交易可能会导致更丰富的信息环境。然而，分散

化交易最终又会使得订单流和价格发现被整合到单一的交易所中。市场间的相对交易成本和流动性条件推动了这一整合。

尽管存在单一市场整合价格发现贡献的可能性，但引入多元市场交易仍是十分有益的。例如，Eun和Sabherwal（2003）发现，在国际股票交易中美国市场的竞争机制总体上有助于增强价格发现机制，美国市场竞争的加强导致了美国价格发现更大的贡献。Riordan，Storkenmaier和Wagener（2010）检验了伦敦证券交易所和其他多边交易设施的金融时报证券交易所（FTSE）100指数成分股，他们发现，订单流分散不会妨碍或减少价格发现。

然而，Theissen（2002）在研究德国股市时发现，交易所的相对市场份额会提高价格发现的贡献度。Huang（2002）检验了电子通讯网络（ECNs）的股票后发现，更大的交易量促进了更有效的价格发现，这可能是由于ITs更愿意选择在流动性充足的市场交易。最后，订单流优势可能会导致价格发现的优势，即使当市场间订单流竞争增强时此结果也不会改变（Caporale和Girardi 2011）。

交易成本代表了另一个摩擦，这可能会影响价格发现的贡献度。交易成本假说认为，较高的交易成本会导致IT提供信息的获利水平降低，从而迫使其转向具有更低成本的竞争性交易所，甚至可能会从根本上阻止交易。Frino和West（2003）通过对大阪证券交易所日经225股票指数期货和新加坡国际货币交易所的研究发现，价格发现首先出现在知情交易利润最高的交易所。这与交易成本假说的结论一致。Kao和Wan（2009）研究了美国和英国的天然气期货市场，结果支持了这些结论。作者尤其提到，纽约商业交易所（NYMEX）相对较低的交易成本和较大的交易量，使得美国期货市场的价格发现贡献最高（相对于英国的期货市场以及美国与英国的即期市场）。

如果高流动性能够意味着高交易量（即更大量的潜在交易和更好的IT掩饰）和低交易成本（即从事一笔交易的价格影响更低），那么流动性可能会影响价格发现的过程。例如，Yan和Zivot（2007）发现，当美元流动性高于日元和欧元时，美元的价格发现贡献就会更大一些。然而，在欧洲工作时间，当欧元市场开盘且交易活跃时，美元的贡献是最低的。Czerwonko，Khoury，Perrakis和Savor（2011）以芝加哥期权交易所（CBOE）为研究对象，发现较低的最小报价变动单位比率规则与较低的买卖价差和高流动性相关，这会提高价格发现贡献率。Frijns，Gilbert和Tourani-Rad（2010）发现，在澳大利亚证券交易所（ASX），随着交易所买卖价差的下降（即高流动性），价格发现贡献会提高，且随着交易成本降低，交易所的价格也变得更具信息性。

16.3.2 卫星市场、交叉网络和卫星资产

与订单流和价格发现分散化有关的一个问题是市场和资产变成了卫星市场与卫星资产。也就是说，当一个交易所主导价格发现贡献时，其他市场可能贡献很小，只是简单地围绕主导市场的信息影响轨道运行。Garbade，Silber（1979，p.460）首先对卫星市场问题进行研究。他们认为，区域市场提供了一定的价格发现功能，因此，这些市场是"卫星，但不是纯粹的卫星"。Hasbrouck（2003）检验了美国股票指数市场的盘中价格形成机制，他发现，电子化交易的小面额期货合约（E-minis）尽管看起来像卫星市场，但它却主导了常规场内交易期货合约的价格发现。

一些研究指出，电子交易系统（ECNs）有助于其他初级市场的价格形成。例如，Barclay，Hendershott 和 McCormick（2003）研究指出，ECNs交易能比（本地）做市商交易更好地解释60%多至100%的有效股票价格变化。虽然电子交易系统（ECNs）无法替代做市商，但是它们吸引了知情交易并收集了从其他市场透露出的信息。正如 Huang（2002）指出的，电子交易系统（ECNs）提供了独一无二的信息，并不是简单地搭相关交易所的信息便车。最后，Covrig，Ding 和 Low（2004）以日经225指数期货为研究对象，在不重叠的交易时间将新加坡股票交易所（一个卫星市场）与大阪证券交易所进行了对比。他们发现，尽管期货市场的价格发现功能最强，但卫星市场依然提供了大量的价格发现贡献。虽然卫星市场的交易量相当低，但这依然意味着卫星市场吸引了大量知情交易。此外，Covrig 等还指出，恰当的合约设计、更低的交易成本、涨跌停板和停牌制度的缺乏、更长的交易时间和更少的交易限制都会使得卫星市场拥有大的价格发现贡献。

与交易所的情况类似，等价资产也可能提供价格发现功能或简单地搭上其他原生资产信息的便车。例如，Tse 和 Martinez（2007）研究了美国国际型安硕（iShares）交易所交易基金（ETFs），作者认为，安硕的价格和净资产价值（NAVs）提供了价格发现功能。但其他的一些研究结论与这一观点相悖。如 Tao 和 Song（2010）对恒生指数基金的研究发现，其价格发现贡献几乎为零。So 和 Tse（2004）也分析了同一指数基金并将其与标的资产的即期和期货市场进行了比较，他们得出结论：香港的即期和期货市场比指数基金更富有信息性。最后，Hasbrouck（2003）发现，标准普尔500指数和纳斯达克100指数的交易所交易基金的价格发现功能都很弱。

还有一些学者研究了新兴市场间的价格联动，资本管控和对外国市场参与

者的限制也是这一研究方向的重要相关问题。例如，Chen，Li和Wu（2010）利用在纽约交易所（NYSE）交易的中国上市企业美国存托凭证（ADRs）发现，尽管是等价资产，美国存托凭证（ADRs）和其母国股票不存在协整关系。这意味着这两个市场并不存在一价关系。作者将这一结论归因于中国市场存在的汇率管制、交易限制和限制外国投资者参与交易的监管规则，是其阻止了套利交易。

Yang，Yang和Zhou（2012）分析中国沪深300指数（CSI300）的即期和期货价格，发现即期市场主导了价格发现。期货市场由于处于相对初期阶段，且对知情交易者（无论是国内交易者，还是国外交易者）进入设置的门槛较高，因此影响了其价格发现功能的发挥。

最后，Ma，Swan和Song（2010）检验了在中国大陆和离岸香港股票交易所同时交易的A股和H股之间的价格发现。他们发现，两者之间存在着随时间变化不断增长的协整关系。这一结果表明，市场的发展可以改变两个市场的存在方式、互动程度和价格发现主导地位。作者进一步发现，合格境内机构投资者（QDII）政策降低了内地价格发现的贡献，这意味着更多的国外投资者，特别是知情交易者的参与正在提高外汇信息的重要性。

16.3.3 交易平台

交易平台的选择也是监管知情交易的一个重要因素，因而也会影响价格发现的贡献。一些论文主要研究的是场内交易（即公开喊价或交易池交易）与电子交易价格发现的不同。Chng（2004）通过对富时100指数（FTSE100）期货的研究发现，电子交易的价格发现能力是场内交易的两倍。这是由于电子交易的中心限价指令簿允许订单流透明度更高且允许更大程度地隐藏交易意图。

Tse，Xiang和Fung（2006）检验了欧元/日元货币期货市场，并发现基于电子交易的Globex平台主导了欧元合约的价格发现。但是，在线交易主导了日元合约市场。无论如何，欧元/日元合约的场内交易的价格发现功能都是最弱的。这样的结果是由于知情交易者更为偏好即时性更高和订单匿名性更好的电子交易方式。

Theissen（2002）发现，德国股票市场中公开喊价和电子交易方式的价格发现功能相同。而且，电子交易系统交易股票的价格发现优势依赖于股票的流动性。Ates和Wang（2005a，2005b）也指出，如果电子交易的流动性更好且电子交易者也可以在场内交易，那么电子交易系统是占主导地位的。

另外一个相关问题，Booth，Lin，Martikainen和Tse（2002）比较了赫

尔辛基证券交易所的楼上交易和楼下交易的价格发现贡献度。如果楼下市场是典型的电子交易方式，而楼上市场则是一个由协商和大额股票交易构成场外市场的话，那么这两个交易地点之间的差异就是很重要的。作者发现，楼下市场主导了价格发现，楼上价格受到楼下价格的影响（反之则不同）。此外，作者还发现，楼下市场的价格发现影响了楼上市场上非知情交易者的经济利益。这些现象存在的原因包括：楼上市场对大量流动性强的大宗交易具有更好的定价能力，而楼下市场可以更好地实现出于信息动机的交易。

16.4 特定资产市场的价格发现

大多数有关价格发现的实证论文都会采用两种方法来检验交叉市场的价格发现。第一种方法是检验在多个市场买卖的相同资产。电子交易与公开喊价交易就是一个例子。第二种方法是检验等价资产的不同市场结构，此时资产同时在一级市场和二级市场交易。例如比较即期、期货和指数追踪产品价格的价格发现功能。

16.4.1 多交易所上市的资产

一般而言，交叉市场上市是指公司的原生股票在原生（本国）市场上市后又在第二市场上市。典型的产品包括美国存托凭证（ADRs）、场外交易公告板产品和私募产品。根据 Howe，Ragan（2002）以及 Gagnon 和 Karolyi（2012）的研究，交叉市场上市增强了双边的价格发现。然而，Forster，George（1995）认为，只有在第二个市场存在充分的交易时才会出现这种情况。Hupperets 和 Menkevld（2002）的研究表明，同时在阿姆斯特丹股票交易所和纽约股票交易所上市的股票，二者间价格发现贡献（本国市场对跨国市场）差异比较大。因此，关于哪一个市场在价格发现中起主导作用仍没有定论：本国交易所的当地交易者享有相对更多的信息，而国外市场可能更具有流动性和信息性。

1）本国市场主导

一些研究揭示了本国市场是否在价格发现中占主导地位。在假定了美国和加拿大市场相互重叠的交易时间和类似的市场发展与规则后，这两个市场是最常见的研究对象。Eun 和 Sabherwal（2003）研究了主要在多伦多证券交易所

（TSE）交易同时又在美国交易所交叉上市的加拿大股票。他们发现，美国的价格发现贡献范围在0.2%~98.2%（差距较大）之间，平均贡献是38.1%。因此，对于大多数产品来说，多伦多证券交易所（即本国市场）主导了价格发现贡献度。然而，美国市场仍然主导了大量股票的价格发现贡献。而且，美国市场更激烈的竞争增强了美国市场的贡献。

Frijns等（2010）检验了在澳大利亚和新西兰双边交叉上市的股票。他们发现，无论汇率在模型中是否为内生变量或是否将价格转化成同一币种表示，本国市场都在价格发现上占主导地位。Ding，Harris，Lau和McInish（1999）通过对马来西亚公司在新加坡股票交易所交叉上市的检验，得出了类似的结论，大约70%的价格发现源于本国市场。Agarwal，Liu和Rhee（2007）检验了在中国香港股票交易所（SEHK）上市且同时在伦敦股票交易所（LSE）交易的产品。他们发现，香港（本国）市场主导了价格发现，而伦敦股票交易所只起到了有限的作用。得到这样的结果主要是由于SEHK（LSE）交易是基于信息（流动性）动机。

沿着相同的思路，Ma等（2010）研究了同时在中国大陆市场和香港股市离岸市场交易的A股和H股。结果表明，大陆（本国）市场提供了最大的价格发现贡献，因为信息主要是由大陆本国投资者提供的。这一结论支持了交叉市场交易的"本国偏好"假说，即本国市场的投资者最接近信息流。

最后，Menkveld等（2007）研究了在NYSE交叉上市的荷兰股票，发现尽管其在美国市场交易量比例不断增长，但美国市场仍在价格发现过程中扮演很小的角色。本国市场的贡献比NYSE的贡献约大3倍。对于某些产品，本国市场和交叉市场之间的价格发现可能是独立于本国市场的。作者还指出，在重叠交易时间内（与只有一个市场开放相反）价格发现贡献度是最大的，而这主要是由于公司特定信息的披露。

有限数量的研究指出了交叉市场价格发现功能的缺失。这表明交叉市场是本国市场的一个信息卫星。例如，Pascual，Pascual-Fuster和Climent（2006）研究了在NYSE交叉上市的西班牙股票的部分或全部重叠交易时间。他们发现，NYSE交易活动对于西班牙ADRs的价格发现没有起到作用。同样，Grammig，Melvin和Schlag（2005b）检验了在NYSE交叉上市的加拿大、法国、德国和英国股票。他们的结论显示，大部分价格发现都发生在本国市场。作者也指出，与汇率波动相关的大多数调整都发生在美国市场，而不是本国市场。这些发现表明，美国市场主要还是一个卫星市场，而本国市场才是主要的信息生产者和传送者。

 2）交叉市场主导

 本国市场主导交叉上市产品的价格发现职能的含义就是交叉市场基本上是免费搭车。也就是说，交叉市场上的交易者不用参与国内市场的交易就可以受益于本国市场的价格发现，而且更重要的是，交叉市场的交易者不用面临与信息获取和整合有关的成本（Agarwal等 2007）。

 也有许多研究支持本国市场不主导价格发现的观点。例如，Su和Chong（2007）检验了同时在NYSE和SEHK交叉上市的8家中国公司。他们发现，大部分价格发现是在SEHK，NYSE只贡献了小部分力量。但是，这两个市场都主导了中国（本国）市场。Liu和An（2011）对芝加哥期货交易所（CBOT）、纽约商业交易所（NYMEX）、芝加哥商业交易所（CME）的Glo-bex和中国期货市场的铜与大豆价格进行了检验。他们发现，尽管NYMEX和CBOT在这些商品的价格发现中起到重要作用，但中国市场也提供了极大的价格发现贡献（近一半）。

 Chui和Kwok（1998）对中国相同公司的A股和B股进行了检验，其中，A股限制国外投资者参与。他们的研究结论表明，由于中国大陆的信息壁垒，国内投资者获得信息比国外投资者更加缓慢。其结果是B股引导A股，这说明国内投资者更多地是从国际投资者处获得信息，而不是向外发送信息。类似的研究中，Yang（2003）发现，在（上海）B股市场上的国外投资者比在（深圳和香港）A股市场上的国内投资者更为消息灵通。最后，Chan，Menkveld和Yang（2007）补充指出，一旦国内投资者可以参与B股市场，B股市场对于价格发现的贡献将提高。

 研究文献除了明确指出价格发现的主导者之外，大部分论文还指出，价格发现的主导地位依赖于公司和市场条件。例如，Wang和Yang（2011）研究了在NYSE交叉上市的韩国股票。他们发现，当美国市场稳定时，韩国原生股票比ADRs贡献更大。但是，当美国市场波动时，在美国交易ADRs具有不成比例的高价格发现贡献。Frijns等（2010）检验了澳大利亚和新西兰双边上市的股票并发现，随着时间的推移，大市场的（澳大利亚）价格发现会不断提高。而且当澳大利亚的买卖差价较低（即隐性交易成本较低）时，这一现象更加明显。因此，随着ASX交易成本下降，其价格发现贡献不断提高，其余较小市场的价格根据汇率变化而定。

 Eun和Sabherwal（2003）借鉴了上述结论，同时Phylaktis和Korczak（2007）发现，美国交易专家更多地参与会导致美国市场更高的贡献度。最后，Gramming，Melvin 和 Schlag（2005a）发现，跨国公司（的股票）相对于仅在本国发行股票的公司而言，更可能在跨国/国际市场拥有价格发现功能，这主要是由于外国参与者更接近国外信息源。

Wan 和 Kao（2009）检验了中国台湾两个外汇市场：台北外汇公司（TFI）和宇宙外汇国际公司（CFE）的价格发现功能。不同于以往的研究，他们采用了阈值协整模型，在此模型中不同的市场机制可能带来不同的价格发现过程。通常情况下，分解法如信息分享测度方法会隐含假设所有偏离共同价格的情况都可以被完全矫正，且在矫正过程中没有任何摩擦阻碍。但实际上，由于交易成本的存在，价格差异总是存在一个上下界限，在这一界限范围内，共同价格偏差并不总能完全被修正。因此，Wan 和 Kao 的方法允许导致多重整合机制的套利成本存在。作者发现，价格发现主导地位依赖于两个市场之间的价差的存在和大小。尤其在价差的上限附近，CFE 主导了价格发现。在价差下限附近，两个市场的价格发现贡献在不断变化，且都具有不同的调整速度。然而，当价差处于中间状态时，套利的缺乏妨碍了价格（也就是偏差）的修正。这说明，当套利成本超过套利收益时，两个市场之间不存在价格发现。

综上所述，价格发现主导地位的决定取决于许多市场结构的因素。此外，许多研究使用了不同的价格发现模型，其中或多或少地依赖于所使用的数据。进一步讲，许多跨国研究还必须考虑不同的汇率。例如，Agarwal 等（2007）指出，在比较不同形式表示的资产权利或不同币种表示的资产的价格发现主导地位时，要在测度中增加噪声项。根据 Grammig 等（2005a）的研究，不同市场的汇率要包括在价格发现的研究中。否则，研究的结论可能会有偏差。例如，如果市场的价格被转换成同一汇率，那么其价格发现就会被夸大。而且，汇率波动增大时，夸大效应也会变大。因此，我们不能如之前许多研究那样，仅是简单地利用汇率转化一个市场或证券的价格，而应该将汇率这一因素直接纳入 VECM 模型中去计算价格发现。

16.4.2 即期市场、期货市场和期权市场的价格发现

对于衍生品市场而言，原生（即期）市场主导价格发现具有坚实的理论依据。特别是假定衍生资产是从即期价格获得其价格，那么正如其名字所表明的，衍生品市场对原生市场的价格发现没有任何贡献。然而，类似于研究主市场和交叉市场的价格发现一样，也有一些关于即期和期货市场的研究对谁主导了价格发现过程存在不同的观点。

1）期货市场具有明确主导地位

以往大多数研究认为期货市场占主导地位。其中一个主要的对期货和即期市场价格发现的研究是 Garbade 和 Silber（1983）。他们发现，大部分信息被首先整合到期货市场价格中。许多学者检验了标准普尔500指数的即期和期货价格，发现价格发现主要是在期货市场（如 Kawaller，Koch 1987；Chan 1992）。

从国际视角考虑，So 和 Tse（2004）在对恒生指数市场进行研究后发现，其期货市场同时主导了即期市场和定向股市场。与此类似，Tao 和 Song（2010）也证实了期货市场的主导地位，并认为这是由于期货市场吸引了更多的知情交易者。根据 Chan（1992）的研究，知情交易者更青睐期货市场，因为期货市场具有高杠杆、低交易成本、更易投机和较低的交易限制等优势。

Lien 和 Shrestha（2009）研究了标准普尔500指数、东京股票指数和 FTSE100 指数的即期和期货市场。他们认为，大部分价格发现发生在期货市场是因为此类市场的交易成本相对更低。Kao 和 Wan（2009）同时检验了美国和英国的天然气市场。他们发现，美国期货市场主导了英国期货市场，而两国的期货市场都主导了两国的即期市场。作者进一步指出，只有很少的证据表明即期与即期市场存在相互作用。由此作者再次断言，上述结果的出现都是源于美国期货市场相对更低的交易成本和更大的交易量。

2）期货市场的有条件主导地位

虽然许多研究和经济分析都表明期货市场为即期市场提供价格发现，但是仍有大量文献认为，市场主导性取决于流动性、原生的信息环境和一般市场条件。例如，Brandt，Kavajecz 和 Underwood（2007）对美国国债期货和现货市场进行实证分析。他们发现，虽然即期和期货市场都存在价格发现功能，但期货市场仍占主导地位。作者进一步指出，价格发现主导地位取决于交易者类型（即忠实度）、融资率和相对的市场流动性。具体而言，当现货市场流动性不足时，它的价格发现贡献较大，这意味着知情交易者的存在。Figuerola-Ferretti 和 Gonzalo（2010）通过运用特定的分解模型检验了伦敦金属交易所有色金属的即期与期货价格。他们认为除了流动性不足（如先导）的市场之外，期货市场通常主导了价格发现过程。

一些研究着眼于市场的信息环境。Rosenberg 和 Traub（2008）发现，当期货市场透明度相对较高时，汇率期货市场主导了原生（自营商间）即期市场的价格发现。但是，当即期市场变得更加透明时，样本的这一结论出现了反转。

Chen和Gau（2010）研究了欧元/美元和日元/美元的期货和即期市场汇率。他们发现，平均来说是即期市场主导了价格发现。但是，当宏观经济新闻发布时，期货市场的杠杆效应吸引了知情交易者，导致期货市场主导了价格发现。而且，一个既定市场的相对贡献度也取决于发布的宏观经济新闻的类型。

针对一般市场条件问题，Upper和Werner（2007）检验了德国国债的即期与期货价格并指出，期货市场主导了即期市场（也有很大作用）的价格发现水平。然而，在1998年长期资本管理公司危机发生期间，这种优势发生了反转，即期市场很少甚至几乎没有价格发现作用。即期市场作用的下降很可能是由于大量基于客户端的交易更多地受到流动性而非私人信息的激励。最后，Hodgson，Masih和Masih（2003）检验了澳大利亚股票指数即期与期货合约并发现，价格发现会随着市场周期的变化而变化（即牛市与熊市阶段）。具体而言，在牛市阶段，非知情交易者涌入期货市场，从而降低了其对即期市场的贡献。

3）期权市场的作用

确定期权市场相对于期货和即期市场的价格发现作用是很困难的。一方面，期权市场可能是作为一个卫星市场在运行，它搭上了其他市场价格信息的免费车；另一方面，期权市场的高杠杆特性可能诱使知情交易者最大化其信息利润。Booth等（1999）检验了德国（德意志）Borse AG股票指数的即期、期货和期权价格。他们发现，即期和期货市场的价格发现贡献都主导了期权市场的价格发现。作者指出这一现象是由于相对于期权市场，即期和期货市场的交易成本更低，因此期权市场无法吸引足够多的知情交易。

Chakravarty，Gulen和Mayhew（2004）发现，在即期和期货市场中期权市场对于价格发现的贡献率大约是17%。但是，期权市场的贡献度取决于市场摩擦，如交易量、买卖价差和价格波动。此外，期权市场的贡献会随着执行价格的变化而变化，因为期权不同的执行价格会对应不同的市场摩擦水平。

16.5　总结和结论

价格发现是将信息纳入价格中。对于两个或两个以上的市场，价格发现指的是一个市场对信息整合到另一市场价格中去所做贡献的速度和程度。许多因素影响一个市场的价格发现对于另一市场的作用，包括交易活动、交易成本、流动性、知情交易者的相对比例、监管环境和原生信息环境等。以前的文献无法明确地回答哪种市场结构是最佳的。而且，文献也没有说明替代或等价资产是否持续地为原生资产价格提供了价格发现功能，或者它们是否在搭便车。是市场结构的改变、数据的局限性以及价格发现测度方法的不完善造成了上述悬而未决的问题。

尽管上述问题使得市场设计者最大化价格发现效率和把其他市场的信息整合到价格中的工作变得困难重重，但这也为学者研究价格发现创造了更多的研究机会。尤其对于那些运用最新发明的价格发现测度方法的学者、对于那些对没有中心位置的柜台市场进行检验的学者、对于那些研究市场结构随时间变化的发展中市场的学者以及那些对不断放松监管结构的市场（如中国）进行研究的学者，更是如此。

讨论题

1.列出并说明流动性对于决定市场价格发现贡献起重要作用的三个原因。

2.除了流动性外，说明其他价格发现主导地位的确定因素。

3.如果知情交易者最终负责价格发现，讨论交易所或监管机构是否应制定有利于知情交易者而不利于非知情交易者的政策。

4.Gonzalo 和 Granger（1995）以及 Hasbrouck（1995）的模型是两个主要用于研究价格发现过程的同因素模型。这两种模型之间的关系是什么？

作者介绍

Yiuman Tse 是美国密苏里大学圣路易斯分校 Peter G.Schick 教授。他的研究领域包括国际投资与金融市场，主要研究方向是价格发现和交叉市场的信息传递。他曾在 Review of Financial Studies、Journal of Financial and Quantitative Analysis、Journal of Econometrics、Management Science 等期刊发表文章。Tse 教授曾多次获得不同大学的教学奖励，包括 2006 年得克萨斯大学圣安东尼分校颁发给优秀教师的"校长杰出成就奖"。他于 1994 年获得圣路易斯安那州立大学金融学博士学位。

Michael Williams 是芝加哥伊利诺伊州长州立大学商业和公共管理学院金

融学助理教授。他目前主要研究市场微观结构和衍生品市场。Williams教授在很多领域发表过文章，包括市场效率、卖空禁令、信用违约掉期的风险传递、房地产信托投资基金和投机问题等。近年来的论文主要发表于 Financial Review、Journal of Futures Markets 和 Managerial Finance。他于2012年获得得克萨斯大学圣安东尼分校的金融学博士学位。

参考文献

Agarwal, Sumit, Chunlin Liu, and S.Ghon Rhee.2007. "Where Does Price Discovery Occur for Stocks Traded in Multiple Markets?Evidence from Hong Kong and London." *Journal of International Money and Finance* 26:1,46-63.

Ates, Aysegul, and George H.K.Wang.2005a. "Information Transmission in Electronic versus Open-Outcry Trading Systems: An Analysis of U.S.Equity Index Futures Markets." *Journal of Futures Markets* 25:7,679-715.

Ates, Aysegul, and George H.K.Wang.2005b. "Liquidity on Price Discovery on Floor versus Screen-Based Trading Systems: An Analysis of Foreign Exchange Futures Markets." *Review of Futures Markets* 14:3,391-419.

Baillie, Richard T., G.Geoffrey Booth, Yiuman Tse, and Tatyana Zabotina.2002. "Price Discovery and Common Factor Models." *Journal of Financial Markets* 5:3,309-321.

Barclay, Michael J., Terrence Hendershott, and D.Timothy McCormick.2003. "Competition among Trading Venues: Information and Trading on Electronic Communication Networks." *Journal of Finance* 58:6,2637-2666.

Booth, G.Geoffrey, Ji-Chai Lin, Teppo Martikainen, and Yiuman Tse.2002. "Trading and Pricing in Upstairs and Downstairs Stock Markets." *Review of Financial Studies* 15:4,1111-1135.

Booth, Geoffrey G., Raymond W.So, and Yiuman Tse.1999. "Price Discovery in the German Equity Index Derivatives Markets." *Journal of Futures Markets* 19:6,619-643.

Branddt, Michael W., Kenneth A.Kavajecz, and Shane E.Underwood.2007. "Price Discovery in the Treasury Futures Market." *Journal of Futures Markets* 27:11,1021-1051.

Caporale, Guglielmo Maria, and Alessandro Girardi.2011. "Price Discovery and Trade Fragmentation in a Multi-Market Environment: Evidence from the MTS System." Working Paper, Deutsches Institut für Wirtschaftsforschung, No.1139.

Chakravarty, Sugato, Huseyin Gulen, and Stewart Mayhew.2004. "Informed Trading in Stock and Option Markets." *Journal of Finance* 59:3,1235-1258.

Chan, Kalok.1992. "A Further Analysis of the Lead-Lag Relationship between the Cash Market and Stock Index Futures Market." *Review of Financial Studies* 5:1,123-152.

Chan, Kalok, Albert J.Menkveld, and Zhishu Yang.2007. "The Informativeness of Domestic and Foreign Investors´ Stock Trades: Evidence from the Perfectly Segmented Chinese Market." *Journal of Financial Markets* 10:4,391-415.

Chen, K.C., Guangzhong Li, and Lifan Wu.2010. "Price Discovery for Segmented US-Listed Chinese Stocks: Location or Market Quality?" *Journal of Business Finance and Accounting* 37:1,242-269.

Chen, Lun-Yu, and Yin-Feng Gau.2010. "New Announcements and Price Discovery in Foreign Exchange Spot and Futures Markets." *Journal of Banking and Finance* 34:7, 1628-1636.

Chng, Michael T.2004."A Model of Price Discovery and Market Design: Theory and Empirical Eyidence."*Journal of Futures Markets* 24:12,1107-1146.

Chui, Andy C.W., and Check C.Y.Kwok.1998."Cross-Autocorrelation between A Shares and B Shares in the Chinese Stock Market."*Journal of Financial Research* 21:3,333-353.

Covrig, Vicentiu, David K.Ding, and Buen Sin Low.2004."The Contribution of a Satellite Market to Price Discovery: Evidence from the Singapore Exchange."*Journal of Futures Markets* 24:10,981-1004.

Czerwonko, Michal, Nabil Khoury, Stylianos Perrakis, and Marko Savor.2011."Tick Size Reduction and Price Discovery in Options Markets: An Empirical Investigation."Working Paper.Available at http://papers.ssrn.com/so13papers.cfm?abstract_id=1773096.

Ding, David K., Frederick H.deB.Harris, Sie Ting Lau, and Thomas H.McInish.1999."An Investigation of Price Discovery in Informationally-Linked Markets: Equity Trading in Malaysia and Singapore."*Journal of Multinational Financial Management* 9:3,317-329.

Eun, Cheol S., and Sanjiv Sabherwal.2003."Cross-Border Listings and Price Discovery: Evidence from U.S.-Listed Canadian Stocks."*Journal of Finance* 58:2,549-575.

Figuerola-Ferretti, Isabel, and Jesus Gonzalo.2010."Modeling and Measuring Price Discovery in Commodity Markets."*Journal of Econometrics* 158:1,95-107.

Forster, Margaret M., and Thomas J.George.1995."Trading Hours, Information Flow, and International Cross-Listing."*International Review of Financial Analysis* 4:1,19-34.

French, Kenneth, and Richard Roll.1986."Stock Return Variances: The Arrival of Information and the Reaction of Traders."*Journal of Financial Economics* 17:1,5-26.

Frijns, Bart, Aaron Gilbert, and Alireza Tourani."The Dynamics of Price Discovery for Cross-Listed Shares: Evidence from Australia and New Zealand." *Journal of Banking and Finance* 34: 3, 498-508.

Frijns, Bart, and Peter Schotman.2009."Price Discovery in Tick Time."*Journal of Empirical Finance* 16:5,759-776.

Frino, Alex, and Andrew West.2003."The Impact of Transaction Costs on Price Discovery: Evidence from Cross-Listed Stock Index Futures Contracts."*Pacific-Basin Finance Journal* 11:2,139-151.

Gagnon, Louis, and Andrew Karolyi.2012. "Do international cross-listings still matter?" In Thorsten Beck, Sergio Schmukler, and Stijn Claessens, eds.*Evidence on Financial Globalization and Crises*,forthcoming.Amsterdam: Elsevier North-Holland,155-177.

Garbade, Kenneth D., and William L.Silber.1979."Dominant and Satellite Markets: A Study of Dually-Traded Securities."*Review of Economics and Statistics* 61:3,455-460.

Garbade, Kenneth D., and William L.Silber.1984. "Price Movements and Price Discovery in Futures and Cash Markets."*Review of Economics and Statistics* 65:2,289-297.

Gonzalo, Jesus, and Clive Granger.1995."Estimation of Common Long-Memory Components in Cointegrated Systems."*Journal of Business and Economic Statistics* 13:1,27-35.

Grammig, Joachim, Michael Melvin, and Christian Schlang.2005a."Internationally Cross-Listed Stock Prices during Overlapping Trading Hours: Price Discovery and Exchange Rate Effects."*Journal of Empirical Finance* 12:1,139-164.

Grammig, Joachim, Michael Melvin.and Christian Schag.2005b."The Role of U.S.Trading in Pricing Internationally Cross-Listed Stocks."Working Paper, Center for Research in International Finance, No.23.

Granger, Clive W.J.1969. "Investigting Causal Relations by Econometric Models and Cross-Spectral Methods." *Econometrica* 37:3,424-438.

Harris, Frederick H.deB., Thomas H.McInish, and Robert A.Wood.2002a. "Security Price Adjustment across Exchanges: An Investigation of Common Factor Components for Dow Stocks." *Journal of Financial Markets* 5:3,277-308.

Harris, Frederick H.deB., Thomas H.McInish, and Robert A.Wood.2002b. "Common Factor Components versus Information Shares: A Reply." *Journal of Financial Markets* 5:3,341-348.

Hasbrouck, Joel.1995. "One Security, Many Markets: Determining the Contributions to Price Discovery." *Journal of Finance* 50:4,1175-1199.

Hasbrouck, Joel.2002. "Stalking the 'Efficient Price' in Market Microstructure Specifications: An Overview." *Journal of Financial Markets* 5:3,329-339.

Hasbrouck, Joel.2003. "Intraday Price Formation in U.S.Equity Index Markets." *Journal of Finance* 58:6,2375-2399.

Hodgson, Allan, Abul Masih, and Rumi Masih.2003. "Price Discovery between Informationally Linked Markets during Different Trading Phases." *Journal of Financial Research* 26:1,77-95.

Howe, John S., and Kent P.Ragan.2002. "Price Discovery and the International Flow of Information." *Journal of International Financial Markets, Institutions, and Money* 12:3,201-215.

Huang, Roger D.2002. "The Quality of ECN and NASDAQ Market Maker Quotes." *Journal of Finance* 57:3,1285-1319.

Hupperets, Erik C.J., and Albert J.Menkveld.2002. "Intraday Analysis of Market Integration: Dutch Blue Chips Traded in Amsterdam and New York." *Journal of Financial Markets* 5:3,1285-1319.

Hupperets, Erik C.J., and Albert J.Menkveld.2002. "Intrady Analysis of Market Integration: Dutch Blue Chips Traded in Amsterdam and New York." *Journal of Financial Markets* 5:1,57-82.

Kao, Chung-Wei, and Jer-Yuh Wan.2009. "Information Transmission and Market Interactions across the Atlantic: An Empirical Study on the Natural Gas Market." *Energy Economics* 31:1,152-161.

Kawaller, Ira G., Paul D.Koch, and Timothy W.Koch.1987. "The Temporal Price Relationship between S&P 500 Futures and the S&P 500 Index." *Journal of Finance* 42:5,1309-1329.

Lehmann, Bruce N.2002. "Some Desiderata for the Measurement of Price Discovery across Markets." *Jurnal of Financial Markets* 5:3,259-276.

Lien, Donal, and Keshab Shrestha.2009. "A New Information Share Measure." *Journal of Futures Markets* 29:4,377-395.

Liu, Qingfu, and Yunbi An.2011. "Information Transmission in Informationally Linked Markets: Evidence from US and Chinese Commodity Futures Markets." *Journal of International Money and Finance* 30:5,778-795.

Ma, Jingyun, Peter L.Swan, and Fengming Song.2010. "Price Discovery and Information in an Emerging Market: Evidence from China." Working Paper, Social Science Research Network.Available at http://papers.ssrn.com/so13/papers.cfm?abstractid=1328750.

Menkveld, Albert J., Siem Jan Koopman, and André Lucas.2007. "Modeling Round-the-Clock Price Discovery for Cross-Listed Stocks Using State Space Methods." *Journal of*

Business and Economic Statistics 25:2,213-225.

Pascual, Roberto, Bartolomé Pascual-Fuster, and Franscisco Climent.2006."Cross-Listing, Price Discovery, and the Informativeness of the Trading Process." Journal of Financial Markets 9:2,144-161.

Phylaktis, Kate, and Piotr Korczak.2007."Specialist Trading and the Price Discovery Process of NYSE-Listed Non-US Stock."Working Paper, Cass Business School.

Riordan, Ryan, Andreas Storkenmaier, and Martin Wagener.2010."Fragmentation, Competition, and Market Quality: A Post-MiFID Analysis."Working Paper, Karlsruhe Institute of Technology.

Rosenberg, Joshua V., and Leah G. Traub.2008."Price Discovery in the Foreign Currency Futures and Spot Market."Federal Reserve Bank of New York Staff Reports, No.262.

So, Raymond W., and Yiuman Tse.2004."Price Discovery in the Hang Seng Index Markets: Index, Futures, and the Tracker Fund."Journal of Futures Markets 24:9,887-907.

Su, Qian, and Terrence Tai-Leung Chong.2007."Determining the Contributions to Price Discovery for Chinese Cross-Listed Stocks."Pacific-Basin Finance Journal 15:2,140-153.

Tao, Libin, and Frank M.Song.2010."Do Small Traders Contribute to Price Discovery?Evidence from the Hong Kong Hang Seng Index Markets."Journal of Futures Markets 30:2, 156-174.

Theissen, Erik.2002."Price Discovery in Floor and Screen Trading Systems."Journal of Empirical Finance 9:4,455-474.

Tse, Yiuman, and Grigori Erenbury.2003."Competition for Order Flow, Price Discovery, and Market Quality in the NASDAQ-100 Tracking Stock."Journal of Financial Research 26:3, 301-318.

Tse, Yiuman, and Valeria Martinez.2007."Price Discovery and Informational Efficiency of International iShares Funds."Global Finance Journal 18:1,1-15.

Tse, Yiuman, Ju Xiang, and Joseph K.W.Fung.2006."Price Discovery in the Foreign Exchange Futures Market."Journal of Futures Markets 26:11,1131-1143.

Upper, Christan, and Thomas Werner.2007."The Tail Wags the Dog: Time-Varying Information Shares in the Bund Market."Working Paper No 224, Bank for International Settlements.

Wan, Jer-Yuh, and Chung-Wei Kao.2009."Price Discovery in Taiwan's Foreign Exchange Market."Journal of International Financial Markets, Institutions, and Money 19:1,77-93.

Wang, Jianxin, and Minxian Yang.2011."Housewives of Tokyo versus the Gnomes of Zurich: Measuring Price Discovery in Sequential Markets." Journal of Financial Markets 14: 1,82-108.

Yan, Binchen, and Eric Zivot.2007."The Dynamics of Price Discovery."Working Paper, University of Washington.

Yan, Bingcheng, and Eric Zivot.2010."A Structural Analysis of Price Discovery Measures." Journal of Financial Markets 13:1,1-19.

Yang, Jian.2003."Market Segmentation and Information Asymmetry in Chinese Stock Markets: A VAR Analysis."Financial Review 38:4,591-609.

Yang, Jian, Zihui Yang, and Yinggang Zhou.2012."Intraday Price Discovery and Volatility Transmission in Stock Index and Stock Index Futures Markets: Evidence from China." Journal of Futures Markets 32:2,99-121.

第 17 章　抑制波动：熔断机制、价格限制机制与交易暂停机制

DAVID ABAD
西班牙阿利坎特大学副教授
ROBERTO PASCUAL
西班牙巴利阿里群岛大学副教授

17.1　引言

　　金融市场采用了不同类型的独特的安全熔断机制，以保护投资者在市场压力大的时候免受严重、突然的损失。虽然熔断机制已被采用，但 1987 年 10 月的股市崩盘开启了一场持续的关于限制波动性的需要和在不损害价格有效性的条件下如何实施的争论。随着在美国证券交易委员会（SEC）和商品期货交易委员会（2010）的报告中讨论了 2010 年 5 月 6 日美国证券市场的 "闪电崩盘"，此问题再次引起了争论。尽管对于 "闪电崩盘" 发生的最终原因仍存在争议，但是监管机构和学者都认为，现代金融市场日益提高的分散性和不同交易地点交易程序的差异性都加剧了高波动性的产生（Madhavan 1995；Sowers，Kirilenko，Meng 2012）。因此，市场监管者需要一种新的机制，用于处理复杂交易环境下的非同寻常的高风险。

　　出于对新的熔断机制的兴趣，本章修正了支持者与反对者以及现有理论模型的预测观点，以便更好地理解此类争论的核心。通过回顾价格限制机制和交易暂停机制的实证研究成果，本章对当前的争论提出了一些新观点。最后，本

章讨论了金融市场监管领域可能取得的新发展。具体而言，本章结构如下：下一部分介绍了一些基本术语和理论背景；随后是对实证研究文献的综述，并讨论了该领域研究者面临的一些约束；倒数第二部分指出了未来的研究方向；最后一部分总结了全文并得出结论。

17.2　基本术语

熔断机制是一个电气工程术语，指的是设计用于电气电路超负荷时自动关闭，保护电路免受损坏的一种开关。金融经济学借用这一术语用于描述在市场压力较大时，能够直接避免市场恐慌、保护流动性提供者、促进价格发现的一些措施，通常是借助限制交易或限制价格变动来实现的。熔断机制最常见的两种方法是价格限制机制和交易暂停机制。

价格限制机制设置了一个围绕参考价格允许价格波动的最大范围。换句话说，价格限制要求交易价格在一个特定范围内波动，超过限制的交易是不允许的。一个关键问题是要区分每日价格限幅和盘中价格限幅。每日价格限幅是基于前一交易日收盘价确立的单日价格最大波动幅度，一旦价格限制被触发，交易价格将被保持并约束剩余的交易时段。在触发价格限制后，交易仅允许在价格限幅内进行。盘中价格限幅是基于一个参考价格设定的，其在每次触发价格限制后重新设定。由于盘中价格限幅机制的存在，价格限制被触发后将引起连续交易的暂时中断，在此之后，连续交易在正常交易条件下得以恢复。这一中断可能包含向离散交易机制（集合竞价）的转变或仅是一次单纯的交易中断时期，意味着禁止交易。在恢复连续交易之前，新的参考价格是固定的，盘中价格限幅要相应地重新设定。一些市场将每日价格限幅和盘中价格限幅相结合，此时，每日价格限幅比盘中价格限幅大一些。由于价格限制被用于抑制价格的异常波动，因此，盘中价格限幅的大小取决于每种资产的近期历史波动状况。资产的波动性越大，盘中价格限幅就越大。

交易暂停机制是在连续交易时段内的暂时性停牌制度，其目的是抑制潜在的与实际的市场无序状态。特定资产交易暂停是对单一证券中断交易，全市场交易暂停改变了一组证券或整个市场的正常交易条件。国际证监会技术委员会（2010）确立了两种主要的交易暂停机制：自主暂停和自动暂停。

当要求市场操作员采取行动使交易暂停或要求监管当局在权限范围内使交易暂停时，称为自主暂停，它是由市场操作员自主决定的。当预期一个相关信息即将发布时，这种暂停机制就会被触发。自主交易暂停机制的期限并不是预先确定的，因为它依赖于触发它的特定环境。自动或基于规则的交易暂停机制是根据预先设定的参数触发的。例如，价格限制引发交易暂停，即一旦触及价格限制水平，连续交易就被终止。由于基于规则的交易暂停机制是依据市场规则的实施而被触发，所以它们在一定程度上可以被预测到，这将会改变市场参与者的交易行为和交易计划。尽管有延期的可能性，但自动交易暂停机制的期限是根据规则固定的。一般而言，基于规则的交易暂停期限更短，比自主交易暂停的发生更频繁。

2008年，世界交易所联合会（WFE）57个成员中的40个回应了针对熔断机制开展的调查。调查结果显示，60%的成员交易所实施了熔断机制，其余的40%没有实施。表17-1显示了每个组别的WFE的成员。

表17-1　　　　　　　　　全球范围内的熔断机制

实施熔断机制	未实施熔断机制
雅典交易所	安曼股票交易所
西班牙BME集团	澳大利亚股票交易所
布宜诺斯艾利斯股票交易所	百慕大股票交易所
哥伦比亚股票交易所	圣地亚哥股票交易所
卢森堡股票交易所	墨西哥股票交易所
蒙特利尔交易所	科伦坡股票交易所
芝加哥期权交易所	塞浦路斯股票交易所
德国交易所股份公司	中国香港交易及清算所
印度尼西亚股票交易所	洲际交易所ICE
爱尔兰股票交易所	国际股票交易所ISE
韩国交易所	伊斯坦布尔股票交易所
卢布尔雅那股票交易所	佳斯达克股票交易所
纳斯达克股票市场	JSE有限公司（约翰内斯堡）
纳斯达克OMX（斯德哥尔摩）	中国上海股票交易所
印度国家股票交易所有限公司	德黑兰股票交易所
大阪股票交易所有限公司	中国台湾股票交易所（TWSE)
奥斯陆股票交易所ASA	
新加坡交易所有限公司	
SIX瑞士交易所	
泰国股票交易所	
特拉维夫股票交易所	
TMX集团（多伦多）东京股票交易所集团有限公司	
维也纳证交所股份公司	

注：依据2008年第四季度熔断机制问卷调查，本表提供2008年世界交易所联合会成员中采用和未采用熔断机制的交易所名单。

对目前采用的不同系统进行详细的说明是不太容易的，因为它们在不断地更新发展。然而，在不同交易所的网页上可以找到一些更新的描述。尽管许多金融市场实施了熔断机制，但这些机制的有效性仍被广泛地争论。下面两部分将揭示争议的关键问题。

17.3　熔断机制的利与弊

对于熔断机制，既有拥护者也存在反对者。这一部分内容将对他们的观点进行总结。支持者经常强调，在市场动荡时期熔断机制可以为投资者重新评估价格提供时间。当熔断机制被激活时，参与者有机会冷静下来，消化市场事件，评估信息，重新考虑自己的交易策略，并与其客户进行交流。因此，熔断机制有助于给市场降温。这就是Ma，Rao和Sears（1989）所谈及的"降温假设"。熔断机制通过减少因投机引起的价格大幅震荡来降低价格的不稳定性，抑制情绪（恐慌）或交易噪音引起的过度反应，限制价格操纵。基于此，熔断机制有利于维护市场秩序，平滑价格波动。因此，熔断机制的支持者认为该机制可以减少价格波动。

拥护者还指出，熔断机制可以使交易者免受严重损失。当资产真实价值不确定性很高时，熔断机制限制了大的价格波动或者暂停了交易。通过限制价格风险、提高风险分担能力，监管机构希望吸引更多投资者参与；通过在市场压力大时保护流动性提供者，监管者试图在正常情况下刺激流动性供给。例如，在交易暂停期间，允许投资者更改或取消已下的限价订单。因此，交易暂停机制可以帮助限价订单交易者管理被知情交易者逐个击破的风险（Copeland 和Galai 1983）。因此，熔断机制支持者声称，该机制有利于维持市场的流动性，刺激交易活跃度并提高市场竞争力。

支持熔断机制的另一个理由是恰当的机制设计有助于在信息传输的正常渠道（报价）不再可靠的情况下，帮助市场重新获得信息（Greenwald 和Stein 1988）。因此，熔断机制降低了信息的不对称性，并通过提升市场参与者的信息可得性促进了价格发现。

熔断机制的反对者则认为，该制度会引发一些实际的问题，其弊端会超过潜在的优点。以下四个假说体现了他们主要的观点。熔断机制是交易过程中一个不必要的障碍。无法交易会迫使投资者改变他们的交易行为，造成明显的福利损失。流动性交易者也无法按自己的需求购买或出售资产。投资组合的管理者无法平衡其投资组合。做市商在管理其存货时也会遇到问题。没有耐心的交易者会被迫改变交易计划，在不利的价格条件下交易。没有耐心交易者的计划加速执行也可能会使订单的失衡进一步恶化。在另一个备选的交易所存在的情况下，熔断机制的激活可能会导致投资者向其他市场迁移。反对者认为，该机制只是推迟了不可避免的交易。因此，他们断言，在正常交易条件恢复后交易必然会出现异常高峰。这就是"交易干扰假说"（Telser 1989；Lauterbach，Ben-Zion 1993）。

当资产价格有效时，价格可以反映所有可得信息并仅会针对新信息作出改变（Fama 1970）。正如Glosten和Milgrom（1985）创立的微观结构连续交易模型所表明的，不知情交易者是通过监测交易过程来了解知情交易者持有的信息的。因此，交易包含了信息并有助于价格发现。通过干预交易，熔断机制成为了一种人为干扰自然学习过程的行为。"延迟信息假说"指出，价格限制和/或交易暂停阻碍了价格应对新信息进行调整以实现新的平衡。因此，熔断机制被认为会延迟价格发现，有害于价格有效性（Fama 1989）。

批评者认为，熔断机制不仅无法减少波动，反而会因为阻碍了价格调整，影响了对订单流失衡的及时纠正，而导致在更长的时期内波动性变大（Kyle 1988；Lehmann 1989）。较大的价格变化通常是由严重的一边倒市场引起的（即供需严重失衡）。如果订单失衡触发了熔断机制，交易必然被延迟。除此之外，熔断机制还可能会使知情交易者延迟部分交易，延迟了信息的传播。"波动溢出假说"认为，熔断机制会恶化后续时期的价格变化。

"磁吸效应假说"则认为，熔断机制可能会导致交易者关注可能的交易壁垒，加速自己的交易计划，加剧了订单失衡，反而导致熔断机制的有效实现。"磁吸效应"也被称为"重力效应"（Subrachmanyam 1994；Cho，Russell，Tiao和Tsay 2003）。

17.4 理论背景

由总统罗纳德·里根在1988年建立的布雷迪委员会成员研究了1987年股市大跌背后的引发原因，首要原因就是熔断机制。在其最终的报告中，布雷迪委员会认为，"熔断机制缓冲了市场波动的影响，但却损害了市场的基础结构"（Brady 1988，p.66）。在此之前，熔断机制在学术界从未受到过关注。Greenwald，Stein（1988）；Kyle（1988）；Fama（1989）；Lehmann（1989）；

Telser（1989）和 Moser（1990）进行了对熔断机制的最早期研究。逐渐地，一些金融经济家针对价格限制和交易暂停机制构建了理论模型。本部分内容主要对这些模型的最重要的观点进行总结。

在有关期货市场的特定领域内，Brennan（1986）是第一个提出理论来证明价格限制作用的人。他的模型指出，价格限制可能部分扮演着替代保证金要求的角色以确保合同的履行。Chowdhry 和 Nanda（1998）指出，价格限制可以通过排除市场潜在的不稳定性价格来提高市场的稳定性。在他的模型中，市场稳定性可以通过保证金要求的不同选择与价格限制的结合来实现。近来，Chou，Lin 和 Yu（2003）扩展了 Brenan 的模型，且研究表明，在现货市场实施价格限制也可以降低违约风险，并在期货市场实现更低的有效保证金要求。他们认为，现货市场与期货市场的价格限制可以部分相互替代以保证合同履约，并支持布雷迪委员会对于熔断机制跨市场协调的建议。

1987 年股市崩盘不久后，关于熔断机制的讨论越来越多。Greenwald 和 Stein（1988）指出，熔断机制的价值在于当市场信息传递因某种原因被中断时，它可以将信息再次传递给市场参与者。因此，Greenwald 和 Stein（1991）建立了一个模型来表明，恰当地设计并实施交易暂停机制可以提高市场吸收大规模波动冲击的能力。在该模型中，当股票的真实价值存在较高的不确定性时，交易者不愿参与市场交易。在此背景下，交易暂停机制通过降低交易风险和鼓励交易者参与，促进了价格发现。与此类似，Kodres 和 O'Brien（1994）研究认为，价格限制可以使无法连续监控市场流动性的交易者免受严重损失。在其模型中，价格限制通过减少意外的大幅度价格变动促进了帕累托最优风险分担。Westerhoff（2003）研究了熔断机制在投机市场的有效性，发现价格限制可以改善福利，并具有减少波动的潜在功能。

Kyle（1988）；Fama（1989）；Lehmann（1989）；Telser（1989）和 Moser（1990）是最早对熔断机制主动提出忧虑的学者。他们当初讨论了延迟价格发现、波动性溢出、限制投资者获得流动性和干扰交易等问题。他们并没有用正式的模型支撑他们的论点。Slezak（1994）构建了一个正式的理论模型，其中市场关闭延迟了私人信息的发布。在他的模型中，市场关闭通过增加市场的私人信息会提高风险溢价和价格的波动性。

Madhavan（1992）提出了当市场面临压力时，基于规则的熔断机制将连续交易转换为非连续交易（单一集合竞价）的理论体系，正如一些欧洲电子指令驱动的市场，如泛欧交易所采用的机制。在他的模型中，Madhavan 认为在信息严重不对称时期，连续市场是不可行的。回到纯粹的交易暂停时期可能会使原始问题恶化，因为一旦交易停止，恢复连续交易的过程将是十分困难甚至是不可能的。相反，他提出了一种暂时向集合竞价转化的方法，以避免市场失灵。他还提出，间歇性的交易机制应对信息不对称问题更为有效。此外，当参与者数量足够多时，集合竞价可以更有效地汇总信息。因此，价格分配作为一种公共信号有助于促进恢复连续交易。Madhavan建议，当买卖价差高于某个临界水平（基于交易量和历史价差）时，就触发转换机制。他认为这种触发机制更具优越性的原因是大的价格波动往往是由股票的基本面变化导致的，此时启动交易暂停机制会损害市场效率。

在相关的系列论文中，Subrahmanyam（1994，1995，1997）分析了基于规则的交易暂停机制对于流动性交易者和信息驱动交易者交易行为的影响。他的模型讨论了由Lehmann（1989）提出的普遍存在的磁吸效应。Subrahmanyam（1994）研究指出，基于规则的交易暂停机制会使不知情交易者以集中的方式（非最优的）提前达成交易。其结果是事前价格波动增加，价格向限制水平加速移动。这种磁吸效应并不一定伴随着流动性的减少。Subramanyam（1995）研究表明，将一定程度的自由决定权引入暂停规则中可以降低磁吸效应。最后，Subramanyam（1997）关注了面对熔断机制时知情交易者的事前战略行为。此时，知情交易者会相应缩减他们的订单以降低触发市场暂停机制的可能性。正如他1995年的研究结论，他认为在交易暂停机制规则中允许一定程度的自由性，会降低该效应的影响。

仅有少量论文讨论了市场存在异质性知情交易者时熔断机制的作用。Anshuman和Subrahmanyan（1999）研究了价格限制对于有效买卖价差和获取私人信息动机的影响。研究表明，价格限制会使得知情交易者获得更少的信息，从而降低了买卖佣金。但这也同时导致价格有效性的降低。因此，最优价格限制是即时成本与信息质量权衡的结果。在Kim和Sweeney（2002）的模型中，面对每日约束性价格限制的知情交易者，在当前价格接近但均衡价格大幅超过今日限价时，他们不愿意进行交易，也不愿透露自己的信息，因为他们要承担很高的机会成本。所以，价格限制会拉长信息不对称的时间。最后，Spiegel和Subrahmanyam（2000）提出了逆向选择成本模型，即某一支特定股票的交易暂停意味着相关个股存在着巨大的信息不对称风险，如同一产业的股票。

最后，最近有两篇论文指出，价格限制可以用于限制价格操纵。Edelen和Gervais（2003）基于代理理论研究认为，交易暂停机制对交易所（委托人）有益，因为这一机制可以通过专家（代理人）来协助监控潜在的肆意定价行为。Kim和Park（2010）断言，价格限制机制可以消除大型投资者的价格操纵行为。他们提出了一个简单的公私信息到达的三阶段模型。由于市场在信息到达时并不会立即知道如何对私有信息进行定价，因此操纵者就可以通过发布错误的私有信息而获利。在这种情况下，引入价格限制机制就可以通过压缩潜在利润来抑制价格操纵，但其成本会损害价格的有效性。

17.5　实证检验

一些研究对熔断机制进行了实证检验，表17-2显示的是一些与价格限制或交易暂停机制有关的研究，由于版面的限制这里仅总结了部分论文。

表17-2根据不同类型的熔断机制按年份对研究成果进行了排序。四种熔断机制包括：（1）每日价格限制；（2）基于规则的交易暂停机制；（3）自主交易暂停机制；（4）全市场交易暂停。对于每一项研究，表格列出论文发表时间、分析的市场和样本期间。同时，还显示了论文主要研究问题或提出的假设和论文结论。价格限制的实证检验主要针对亚洲市场、新兴市场和比较著名的期货市场。相反，对于交易暂停机制的研究主要是针对美国、加拿大和欧洲的发达市场。

表 17-2 　　　　　　　　　　对熔断机制的实证研究

研究	年份	样本	市场/产品	Q1	Q2	Q3	Q4
面板 A. 每日价格限制							
Ma 等	1989	1975—1988	期货合约	接受			
Chung	1991	1979—1987	韩国股票交易所	拒绝			
Kao 和 Ma	1992	1979—1987	货币期货市场		接受		
Chen	1993	1987—1990	中国台湾股票交易所	拒绝	拒绝		
Lee 和 Kim	1995	1980—1989	韩国股票交易所	接受			
Chen 和 Jeng	1996	1979—1991	货币期货市场	接受	拒绝		
Arak 和 Cook	1997	1980—1987	国债期货市场				拒绝
Kim 和 Rhee	1997	1989—1992	东京股票交易所	拒绝	拒绝	接受	

研究	年份	样本	市场/产品	Q1	Q2	Q3	Q4
Berkman 和 Steenbeek	1998	1992	日经225指数期货市场				拒绝
Chen	1998	1968—1994	农产品期货市场		拒绝		
Shen 和 Wang	1998	1988—1995	中国台湾股票交易所		拒绝		
Phylaktis 等	1999	1990—1996	雅典股票交易所	无定论			
Park	2000	1986—1998	农产品期货市场	无定论			
Hall 和 Kofman	2001	1988	农产品期货市场				拒绝
Huang 等	2001	1990—1996	中国台湾股票交易所				拒绝
Kim	2001	1975—1996	中国台湾股票交易所	拒绝			
Berkman 和 Lee	2002	1994—1996	韩国股票交易所	接受			
Kim 和 Sweeney	2002	1991—1994	中国台湾股票交易所		拒绝	接受	
Ryoo 和 Smith	2002	1988—1998	韩国股票交易所		拒绝		
Cho 等	2003	1998—1999	中国台湾股票交易所				接受
Veld-Merkoulova	2003	1968—1998	农产品期货市场	无定论	拒绝	接受	
Lee 和 Chou	2004	1997	中国台湾股票交易所			接受	
Chan 等	2005	1995—1996	吉隆坡股票交易所			接受	拒绝
Henka，Voronkva	2005	1996—2000	华沙股票交易所	拒绝	拒绝		
Bildik,Gulay	2006	1998—2002	伊斯坦布尔股票交易所	拒绝	拒绝	接受	接受
Kim 和 Yang	2008	2000	中国台湾股票交易所	接受		接受	
Du 等	2009	1998—1999	韩国股票交易所				接受
Hsieh 等	2009	2000	中国台湾股票交易所				接受
Wong 等	2009	2002	中国上海股票交易所				接受

研究	年份	样本	市场/产品	Q1	Q2	Q3	Q4
面板B.基于规则的交易暂停机制							
Martens 和 Steenbeek	2001	1991—1995	日经225指数期货市场	拒绝	拒绝	接受	
Abad 和 Pascual	2007	2001—2006	西班牙股票交易所				拒绝
Abad 和 Pascual	2010	2001—2007	西班牙股票交易所	拒绝		接受	
Tooma	2011	1997—2002	埃及股票交易所				接受
面板C.自主交易暂停机制							
Ferris 等	1992	1963—1987	纽约股票交易所 美国股票交易所	拒绝		接受	
Kabir	1994	1970—1988	伦敦股票交易所		拒绝		
Lee 等	1994	1988	纽约股票交易所	拒绝	拒绝	接受	
Fong	1996	1988—1989	纽约股票交易所 美国股票交易所	拒绝			
Kryzanowski 和 Nemiroff	2001	1988—1990	蒙特利尔股票交易所	拒绝	拒绝	接受	
Christie 等	2002	1997—1998	纳斯达克股票交易所	拒绝			接受
Chen 等	2003	1992	纽约股票交易所		接受		
Tan 和 Yeo	2003	1986—1995	新加坡股票交易所	拒绝	拒绝	接受	
Engelen 和 Kabir	2006	1992—2000	布鲁塞尔泛欧交易所			接受	接受
Hauser 等	2006	2001	特拉维夫股票交易所		接受		
Madura 等	2006	1998	纳斯达克股票交易所		接受		
面板D.市场范围交易暂停机制							
Kunh 等	1991	1989	纽约股票交易所	拒绝			
Lauterbach 和 Ben-Zion	1993	1987	特拉维夫股票交易所			拒绝	
Goldstein 和 Kavajecz	2004	1997	纽约股票交易所			接受	接受

注：本表展示的所选研究论文是按主题和时间分类的。它同时提供了论文发表时间、分析市场和样本期间。最后四列反映了每篇论文提出的主要问题或假设以及作者的结论。四个问题是：（1）熔断机制是否会降低波动性；（2）熔断机制是否强化了价格发现功能；（3）熔断机制是否会妨碍交易过程；（4）熔断机制是否可以激发磁吸效应。每一个问题中，"接受"意味着结论与假设一致；"拒绝"意味着相反的结论（即假设未被证实）；"无定论"意味着结论是模糊的；空白的地方意味着该论文并未讨论该假设。

下面，将对表17-2中显示的主要结论进行讨论，主要分析源于不同市场和/或不同样本区间、不同方法、不同样本规模和不同构成成分的实证检验结论。研究设计的不同可以解释不同研究结论不一致的问题。

17.5.1　熔断机制是否会降低波动性?

　　对于股票交易所价格限制机制的实证分析结论是多样的。Chung（1991）；Chen（1993）与Lee和Kim（1995）分析了亚洲市场的价格限制，这些市场中不同价格的股票具有不同的价格限制标准。这三篇论文检验了当股票的价格限制制度被改变时，其波动性水平的变化。支持者认为越严格的价格限制可以带来越低的波动性。Chung发现，没有证据表明在韩国市场上更严格的价格限制可以减少股票价格的波动性。Chen通过控制时间变化的波动性拓展了Chung的研究，结果表明，中国台湾股票交易所的价格限制制度并未起到冷却作用。相反，Lee和Kim采用截面数据，依据价格限制制度构建股票组合，作者得出了价格限制降低了波动性的结论。

　　Kim，Rhee（1997）利用韩国数据对两个不同的子样本波动性进行了比较。第一个子样本是触发每日价格限制的每日价格数据，第二个子样本则是接近但未触发价格限制的数据。研究结果表明，韩国的价格限制更容易对随后交易日的波动性产生溢出效应，而并未降低波动。Bildik和Gülay（2006）采用了与Kim和Rhee类似的方法，对伊斯坦布尔股票交易所数据进行了研究，得出了类似的结论。最后，Kim和Yang（2008）运用中国台湾股票交易所的数据，区分了仅触发一个价格限制的交易日和触发多个价格限制的交易日，结果发现，在连续价格限制触发日之后，价格的波动显著下降。

　　一些研究从市场监管改变的角度来探讨熔断机制，认为价格限制要么对波动性没有影响，要么放大了波动效应。其中，Phylaktis，Kavussanos和Manalis（1999）研究了1992年8月雅典股票交易所价格限制机制的引入，结论显示波动性没有显著改变。Kim（2001）分析了中国台湾股票交易所最大日间价格方差，从2.5%到7.0%的六次变化，结果表明，当最大日间价格方差下降（上升）时，波动性没有下降（上升）。其他的一些研究得到了相反的结论。例如Berkman和Lee（2002）发现，韩国股票交易所日间价格限制放宽后，价格的周波动性上升，尤其是小型股票更为明显。

　　Henke和Voronkova（2005）研究华沙股票交易所这一新兴市场的集合竞价环节。与Madhavan（1992）的理论模型一致，作者认为，在这一特定环境下的价格限制机制是次优的。同时，他们发现，价格限制引发了波动外溢。

Abad 和 Pascual（2010）分析了西班牙股票交易所实施的基于规则的熔断机制。在这一机制下，当特定股票的价格限制被触发时，会引发 5 分钟的连续交易向阶段交易转化。作者发现，价格限制触发后会产生非同寻常的高波动性。尽管如此，当连续交易恢复后，波动性在 30 分钟内即可恢复正常。

对期货市场价格限制机制研究的结论是多种多样的。例如，Ma 等（1989）发现，价格限制被触发后，波动性会降低。Chen 和 Jeng（1996）研究认为，1985 年货币期货市场价格限制机制被取消后导致了更大的波动。Park（2000）和 Veld-Merkoulova（2003）指出，价格限制对农产品期货合约的波动性没有影响。最后，Martens 和 Steenbeek（2001）检验了大阪股票交易所（OSE）和新加坡国际货币交易所（SIMEX）交叉上市的日经 225 指数期货合约，结果发现，一种备选交易机制的存在使得大阪股票交易所的熔断机制失去效用。

对于美国市场交易暂停机制的实证研究结果支持了波动溢出假设。例如，Ferris，Kumar 和 Wolfe（1992）研究了证券交易委员会（SEC）交易暂停机制对纽约股票交易所（NYSE）和美国股票交易所（AMEX）价格波动的影响。他们发现，在交易暂停后约 20 天内，价格波动性异常高。与此类似，Lee，Ready 和 Seguin（1994）以及 Corwin 和 Lipson（2000）研究发现，纽约股票交易所自主交易暂停之后，价格的波动性会增加。Lee 等比较了纽约股票交易所的交易暂停机制和伪交易暂停机制（Pseudo-halt）。伪交易暂停机制是指对同一企业、匹配的交易时间和持续期以及与净市场回报率相近的连续交易加以控制的机制。作者认为，在第一个完整交易日期间，纽约股票交易所交易暂停后的波动性要高于伪交易暂停后的波动性。Fong（1996）调整了伪交易暂停机制的定义，但研究结论与 Lee 等（1994）对纽约股票交易所交易暂停案例的研究结果一致。Christie，Corwin 和 Harris（2002）比较了交易暂停后纳斯达克市场备选的重开程序。他们发现，交易暂停后会出现高异常波动，即使当特定的交易暂停实施时允许在暂停期间传递信息，结果依然如是。最后，Kuhn，Kurserk 和 Locke（1991）分析了 1989 年 10 月美国市场的小规模暴跌，发现价格限制机制在现货市场和股指期货市场上对于降低波动性都是无效的。

对于非美国市场交易暂停机制的研究也支持波动性溢出假设。其中，Kryzanowski 和 Nemiroff（1998）的研究显示，蒙特利尔股票交易所的交易暂停会引起波动性显著提高。Wu（1998）比较了中国香港股票交易所的强制暂停和自主暂停机制，结果表明，强制暂停比自主暂停后的波动性更高一些。Tan 和 Yeo（2003）检验了新加坡股票交易所的自主交易暂停机制，发现好消息和坏消息的暂停交易都会加剧回报的波动性。

17.5.2　熔断机制会提升价格发现功能吗？

权益市场上价格限制机制对价格有效性影响的实证分析结果表明，价格限制机制是无效的。Shen 和 Wang（1998）研究了中国台湾股票交易所的每日回报自相关性、交易量和价格限制之间的关系。他们发现，价格限制的触发对自相关性的影响比对交易量的影响更大，这表明限制触发后价格走势具有趋势性。Kim 和 Sweeney（2002）研究了同样的市场，发现价格限制被触发后知情交易者会推迟利润驱动的交易，延迟价格发现。Ryoo 和 Smith（2002）研究表明，韩国股票交易所的价格限制会阻止股票价格随机游走。Chan，Kim 和Rhee（2005）利用吉隆坡股票交易所的数据检验了价格限制对价格发现的影响。通过对价格限制触发样本与控制样本的比较，作者发现，价格限制会延迟信息的传达。Chen（1993）；Kim 和 Rhee（1997）；Henke 和 Voronkova（2005）；Bildik 和 Gülay（2006）同样支持上述结论。另一方面，对于期货市场而言，相关证据有限且结论不一致（Kao 和 Ma 1992；Chen 和 Jeng 1996；Chen 1998；Veld-Merkoulova 2003）。

有关交易暂停机制，早期研究如 Lee 等（1994）；Kabir（1994）；Kryzanowski 和 Nemiroff（1998）；Wu（1998）；Corwin 和 Lipson（2000）；Martens和 Steenbeek（2001）以及 Tan 和 Yeo（2003）都认为，交易暂停机制弱化了价格有效性。另一方面，近期的更多研究不同意这一观点。Chen，Chen 和 Valerio（2003）发现，纽约股票交易所的交易暂停机制对于价格发现的影响取决于导致暂停的原因和被披露信息的重要性。当交易暂停时，纽约股票交易所的交易暂停机制可以减少价格差异，因为订单流是不均衡的。当交易暂停伴随着重要信息的公布时，交易暂停机制有助于信息传播，促进价格发现。但当交易暂停启动是由于即将发布消息时，其作用不明显，且会产生噪声价格，降低价格有效性。作者认为，总的来说，他们的结论与交易暂停机制有助于消息散布，促进价格发现的观点是一致的。

Madura，Richie 和 Tucker（2006）分析了纳斯达克股票交易所的异常回报和交易暂停机制对于价格发现的贡献。他们发现，大部分价格发现出现在交易暂停时期，由此得出结论，交易暂停机制可以提高价格发现功能。Hauser，Kedar-Levy，Pilo 和 Shurki（2006）检验了特拉维夫证券交易所在交易暂停后价格调整的速度。作者比较了具有相似内容和价值的公开通告在存在交易暂停机制和不存在交易暂停机制时的表现差异。研究结果表明，当交易暂停机制实施时，公告中包含的信息传播得更快。最后，Engelen 和 Kabir（2006）发现，比利时布鲁塞尔股票交易所的交易暂停机制在价格发现中扮演着重要角色。

17.5.3 熔断机制是否妨碍交易过程？

当前的研究结果表明，所有类型的熔断机制都会对投资者的交易计划起到妨碍的作用。例如，Kim，Rhee（1997）和 Bildik，Gülay（2006）研究了价格限制机制，Ferris 等（1992）；Lee 等（1994）；Kryzanowski 和 Nemiroff（1998）；Wu（1998）；Tan 和 Yeo（2003）以及 Engelen 和 Kabir（2006）研究了交易暂停机制，都发现在股票交易所的熔断机制被激活后，会出现异常高的交易量或换手率。同时，Martens 和 Steenbeek（2001）以及 Veld-Merkoulova（2003）研究认为，期货市场上的价格限制触发会刺激交易使其迁移到另外的市场或者相近的替代市场。

一些研究者关注这种对交易过程的妨碍是否会影响流动性供给和信息不对称风险。Kim 和 Sweeney（2002）发现，知情交易者面对价格限制时会采取策略性行为。Lee 和 Chou（2004）分析了中国台湾股票交易所盘中价格限制，发现相对于大的价格变动但并未触发价格限制的情况而言，价格限制上限的触发会导致信息不对称风险水平的显著提高。Chan 等（2005）发现吉隆坡股票交易所的每日价格限制并没有提高信息不对称，没有延迟知情交易者的到达，也没有加剧指令的失衡。最后，Kim 和 Yang（2008）研究认为，虽然在中国台湾股票交易所的价格限制成功地降低了波动性，但并不能降低信息不对称性。Abad 和 Pascual（2010）以西班牙股票交易所基于规则的转化机制为研究对象，发现当持续交易恢复后，出现了更高的交易活跃度、流动性不足和信息不对称。然而，恢复到正常水平仅需不到 90 分钟。

关于自主交易暂停机制，Corwin 和 Lipson（2000）研究了与纽约股票交易所交易暂停机制有关的订单流和流动性。作者发现，交易暂停机制启动之时和执行期间，订单的提交和取消量都很高。事实上，交易重启时的限价指令簿主要是由交易暂停机制期间提交的订单组成。他们还发现，在交易暂停机制启动前、中、后，限价指令簿接近报价的深度非常低，这表明投资者不愿意在这样的异常市场条件下提供流动性。Kryzanowski 和 Nemiroff（2001）将多伦多股票交易所和蒙特利尔交易所暂停交易的股票的价差按照理论构成进行了分解。他们的发现表明，价差构成中的逆向选择成本部分在交易暂停前后比较高，在交易暂停发生时达到峰值。Christie 等（2002）分析表明，在纳斯达克交易所，盘中暂停后交易重启，5 分钟报价期间后的价差和交易量比转天交易重启

90分钟报价期间后的价差与交易量还大。最后，Goldstein和Kavajecz（2004）研究了1997年10月纽约股票交易所全市场交易暂停机制。在这次极端的市场行为中，通过限价指令簿提供流动性的隐性成本太高以至于市场参与者都从指令簿中回抽深度，而去选择更为灵活和自主性更强的场内市场。

17.5.4 熔断机制是否会导致磁吸效应？

表17-2中列示的大部分研究结果都支持在股票交易中存在磁吸效应。例如，Cho等（2003）发现，当中国台湾股票交易所的股票价格接近价格限制的上限（下限）时，会强（弱）加速朝价格限制变动。Hsieh，Kim和Yang（2009）发现，当价格接近价格限制上限（下限）时，价格上涨的条件概率会显著提高（下降）。Wong，Chang和Tu（2009）研究表明，当价格限制即将被触发时，交易意图会增加，并伴随着更高的交易量和波动性。之前的研究结论也表明，不知情（非机构）交易者造成了磁吸效应。Chan等（2005）对于吉隆坡股票交易所的研究；Bildik和Gülay（2006）对于伊斯坦布尔股票交易所的研究；Du，Liu和Rhee（2009）对于韩国股票交易所研究以及Tooma（2011）对于埃及股票交易所的研究都得出了相似的结论。对于美国市场，Goldstein和Kavajecz（2004）发现，纽约股票交易所交易的激增恰恰发生在1997年10月全市场交易暂停之前。

然而，实证分析的结果则是不一致的。Huang，Fu和Ke（2001）通过逼近价格限制触发点（即变动价格限制点以便于股票价格逼近）来检验中国台湾股票交易所的磁吸效应假设。研究发现了隔夜价格延续和价格反转延迟现象。因此，作者认为，逼近价格限制触发点主要与噪音交易者对于新信息反应过度有关，而不是磁吸效应。近期，Abad和Pascual（2007）在以往曾讨论过的西班牙股票交易所（SSE）实施的基于规则的转换机制中探寻磁吸效应。他们发现，随着价格接近盘中价格限制，价格限制触发就和价格恢复相差无几了。而且，随着价格接近限制点，大多数激进型的交易者都会逐渐变得更加有耐心。当价格在限制点附近时，价格要么会恢复（伪价格限制触发日），要么会减慢（价格限制触发日）。因此，他们认为，西班牙股票交易所（SSE）机制并没有产生磁吸效应。

因为期货合约通常有近似的替代品，而个股没有，因此，之前股票交易中有关磁吸效应的实证检验无法适用于期货市场。事实上，目前对期货市场的研究拒绝了磁吸效应假设。Arak和Cook（1997）研究了美国国债期货市场中，因隔夜价格大幅变动导致开盘价格接近日间价格限制日的晨间价格。他们发现，价格反转与价格限制机制的"冷却效应"一致，而非磁吸效应。Berkman和Steenbeek（1998）关注了同时在大阪股票交易所（OSE）和新加坡国际金融交易所（SIMEX）交易的日经225指数期货合约。他们发现，在接近价格限制下（上）限的相对低（高）价时，没有交易发生。最后，Hall和Kofman（2001）分析了一系列农产品期货合约，所有结论都拒绝了磁吸假设。

17.5.5　小结与不足

熔断机制对于金融市场似乎是弊大于利。现有的实证研究表明，价格限制推迟了价格发现，不能纠正信息不对称性。而且，大部分情况下，要么对波动性没有影响，要么会增加波动性。此外，在股票交易所，价格限制通常会产生磁吸效应。因此，现有研究表明，价格限制对于金融市场是不利的。一些国际性研究证明，交易暂停机制并没有降低暂停股票的波动性，反而妨碍了交易。然而，近期的研究却认为，在交易暂停期间的信息传递提高了价格有效性。价格限制和交易暂停都会妨碍交易过程，在恢复正常交易条件后，经常会导致异常高的交易水平、不平衡的订单、信息不对称风险和流动性不足。

超过三十年的学术研究都质疑熔断机制的有效性。然而，这些机制仍在大部分金融市场中被广泛执行。现有实证研究的不一致性和可靠性可能隐藏在这个明显的矛盾之下。Harris（1998）指出了当前有关熔断机制对波动性影响的实证分析的一些主要缺陷。想从解释价格变化原因的诸多因素效应中剥离出熔断机制对波动性影响的净效应即使是可能的，也是很困难的。同时，不利用熔断机制来分析波动性是什么状况也是不可能的。学者们试图通过利用先验的类似于价格限制触发或交易暂停的控制期（伪事件）来巧妙地避免这一不符合现实的问题。然而，这些事件似乎比控制样本更与重要的信息和不确定性相关。如果确实如此，源于用于比较的伪事件的推断就毫无意义。

Harris（1998）认为，实验性研究可能会对这一缺陷提供解决方案。实验方法为直接比较受控环境下的不同交易安排（有或没有熔断机制）提供了机会。实验市场可以检验在受控环境下，有和没有熔断机制下的交易者行为（Coursey和Dyl 1990；Ackert，Church和Jayaraman 2001，2005）。然而，实验性市场相对真实市场而言过于简化，因为它们通常是基于准备检验目标的理论框架构建的，主体是少数专业投资者。因此，这样的研究结论需要谨慎对待。

熔断机制旨在减少不希望的价格波动，评价熔断机制的表现要求区分可接受（基础性）波动和不可接受（暂时性）波动。基础性价格波动的产生是由于新信息融入价格，或通过交易渠道（私人信息）或通过公开通告渠道。限制基础性波动意味着限制了价格有效性。只要价格波动来源于对基础价值变化的理性反应，高波动性并不一定有损于经济。暂时性波动是价格围绕其基础价值波动的趋势。它可能是由于交易过程中的摩擦而产生，例如流动性不足、投机或操纵活动、过度反应和交易泡沫。一个理想的熔断机制应该仅限制暂时性波动。根本问题就是如何判定不必要的波动。与信息相关的价格变化和与摩擦相关的价格变化之间的区别是微观市场结构研究的基本二分法（Hasbrouck 1996）。然而，在现实中，从基础性波动中分离暂时性波动是一个复杂而且无解的问题。

17.6   未来研究的方向是什么？

关于熔断机制今后的研究内容是什么？本节将讨论该领域未来研究的一些方向。

学术界需要作出更多的努力来解决 Harris（1998）提出的主要方法性缺陷：与现实不符的问题以及将价格波动拆分为基础性和暂时性波动等问题。对于熔断机制的研究主要是基于对价格限制触发或交易暂停机制的分析。这主要是由于数据的不可获得性，没有实证研究方法可以满足对同一市场的不同类型熔断机制进行直接比较。Coursey 和 Dyl（1990）利用实验市场比较了同一市场没有熔断机制、存在价格限制机制和存在交易暂停机制的差异。需要更多的实证研究来帮助市场构建者和监管者做出更好的决定。

大部分实证研究是基于自然变化的，如关于熔断机制市场监管的改变，关于价格限制触发或交易暂停机制的事件研究等。新的实证方法必须提供关于熔断机制有效性研究的新观点。例如，Kim 和 Limpaphayom（2000）研究了经常触发价格限制的股票的特点。他们发现，不稳定的、交易积极的中小盘股比其他股票更容易触发价格限制。类似地，Chen，Kim 和 Rui（2005）分析了流动性高和流动性不高的股票的价格限制表现，得出结论，交易所应该对流动性不足的股票采用更大的价格限制幅度。

很少有学者将熔断机制与金融经济学的其他领域直接关联起来进行研究，作为一个例外，Chou（1997）；Wei 和 Chiang（2004）以及 Wei（2002）研究了熔断机制下测度回报和风险的恰当方法。

近来提出的有关熔断机制存在理由的观点更值得关注。Kim 和 Park（2010）指出，大多数股市监管机构不能公开承认施行熔断机制的理由是存在市场操纵行为，但这是在交易所官员和市场参与者中共知的理由。在其模型中，对于实施价格限制机制存在成本（价格无效）和收益（抑制操纵）之间的权衡问题。因此，如果对于操纵的担心相对较高，模型建议实施价格限制。Kim 和 Park 分析了 43 个股票市场的样本，使用一国的腐败水平和公共执法质量作为市场操纵的替代变量。他们发现，高腐败和低公共执法质量的国家更可能采用价格限制进行监管。有趣的是，McDonald 和 Michayluk（2003）通过分析巴黎交易所熔断机制的可疑表现，认为价格限制可以用于操纵价格。

与 1987 年股市崩盘引发了关于熔断机制讨论的方式相同，2010 年 5 月 6 日的闪电崩盘又使这一问题受到关注。尽管闪电崩盘的原因仍在讨论和分析中（Kirilenko，Kyle，Samadi 和 Tuzun 2011），但为避免类似事情今后再次发生的解决方法已经提出：整合单一股票熔断机制。2010 年 5 月 18 日，纽约股票交易所、纳斯达克交易所和其他美国证券交易，对包含在标准普尔 500 指数（《美国证券交易委员会 SR-NYSE-2010-39 号文件》）中的单支股票施行了交易暂停机制。在新的监管规则下，当一只股票的价格相对于前 5 分钟内的卖出价变动达到 10% 或以上时，交易所整体交易将暂停 10 分钟。正如 Schapiro 主席所言："这一暂停将为市场提供机会来吸引新的对受影响股票的交易的兴趣，建立合理的市场价格，以公平和有序的方式重启交易（美国股票交易所新闻摘要 2010）。"很明显，没有什么新的论据用于证明这种整合的熔断机制。然而，这种新的熔断机制是对美国市场日益提高的交易分散性和高频交易在现代金融市场中起到越来越重要作用的应对。

全球金融市场的市场分散性都有所提高，因为 2005 年美国市场实施了《国家市场系统管理规则》（REG NMS），2007 年欧盟市场实施了《金融工具市场法规》（MiFID）。分散性提高了对于跨市场价格发现协调能力的关注度。虽然许多交易所在极端事件期间都实施了熔断机制以暂停或减少交易，但协调这些程序的最佳办法仍是一个悬而未决的问题。对于熔断机制必然不能再进行独立的分析了。因此，Chakrabarty，Corwin 和 Panayides（2011）分析了在纽约股票交易所交易暂停期间其他交易所的表现。应用于其他交易所的类似推论必须要根据相关或替代市场的产品加以拓展（Jiang，McInish 和 Upson 2009）。

高频交易是当前监管问题的焦点。在闪电崩盘和欧盟对于金融工具市场法规修订的推动下，有关高频交易的各种观点迅猛发展起来。对于高频交易的学术研究仍处于早期阶段，因此给有关高频交易对金融市场影响问题下结论还为时尚早。Easley，de Prado 和 O'Hara（2012）引进了同步交易量概率（VPIN）用来衡量指令流毒性（这是一个老问题的新称谓，即信息不对称风险）。他们指出，VPIN 是短期毒性引致波动的有效信号，并建议监管机构使用 VPIN 作为实施交易暂停机制或其他防止崩盘的监管措施的警示工具。与此类似，Bethel，Leinweber，Rübel 和 Wu（2011）分析了几个可以用于在市场条件下实时预测风险的信号，这些信号有助于监管机构通过"亮黄灯"的方法稳定市场而不用暂停交易。

17.7　总结和结论

熔断体系的实施，包括交易暂停机制、价格限制机制或两者并存，在全球金融市场非常普遍。然而，监管者、从业者和研究者都对这些机制的有效性保持着热烈和持续讨论。

一方面，熔断机制具有潜在有效性，因为：（1）在市场动荡期间，它可以为价格重估提供时间；（2）有助于稳定市场；（3）通过阻止与信息无关的大幅度价格变化来减少不当的价格波动，如由于恐慌、反应过度、投机或价格操纵引起的波动；（4）通过降低交易风险、击破风险和提高风险分担能力鼓励交易者参与交易并提供流动性；（5）有助于降低违约风险和期货市场的保证金要求。

另一方面，熔断机制也存在潜在不利影响，因为：（1）它阻止了价格对信息的反应，进而影响了价格有效性；（2）由于在更长的时期内波动性被传播，因此加剧了波动性；（3）由于干扰了交易，会造成福利损失，因此投资者无法实现自己的交易计划；（4）可能使交易计划无法实施，加剧订单失衡；（5）改变了知情交易者的交易计划，延迟了信息传播。

尽管至今为止的实证研究结论是不一致的，但价格限制确实经常会干涉价格形成，无法解决信息不对称性，也不能降低波动性。虽然交易暂停机制不能稳定市场，但它也促进了信息传递，提升了价格有效性。而且，经常有研究结果表明，当交易暂停机制或价格限制触发结束后，正常交易条件恢复时，交易活跃度、流动性不足和订单失衡都趋于提高。总体而言，实证分析对熔断机制的有效性提出了质疑。然而，研究过程中存在的一些重要的局限性也使得人们对实证研究结果的可靠性产生怀疑。

讨论题

1. 解释价格限制和交易暂停机制的差异。
2. 自主交易暂停机制和非自主交易暂停机制的差异是什么？
3. 反对熔断机制主要观点是什么？
4. 讨论磁吸效应假说。
5. 为什么基础波动和暂时波动之间的区别是评估熔断机制的主要问题？

作者介绍

David Abad 是西班牙阿利坎特大学财会系副教授。他主要讲授公司金融、资产定价和金融市场监管课程。Abad 副教授的主要研究领域是市场微观结构。他的研究在 Journal of Financial Research、Review of Quantitative Finance and Accounting、European Journal of Finance 以及 European Financial Management Journal 上发表，涉及熔断机制、价格发现、十进制、权证市场和信息披露等内容。他一直是西班牙巴利阿里群岛大学商业经济系客座研究员，获得了阿里坎特大学商业经济博士学位。

Robert Pascual 是西班牙巴利阿里群岛大学商业经济系副教授。他一直是纽约大学斯特恩商学院所罗门中心、欧洲经济统计高级研究中心、比利时布鲁塞尔自由大学的访问学者和耶鲁大学金融国际中心的客座研究员。Pascual 副教授的主要研究领域是金融市场微观结构，曾在 Journal of Financial Markets、Journal of Banking and Finance、Quantitative Finance、Journal of Financial Econometrics、Journal of Financial Research 以及 European Financial Management Journal 上发表文章。基于上述研究成果，Pascual 副教授曾荣获 2004 年欧洲证券交易所联合会颁发的德拉维加奖。他获得西班牙马德里卡洛斯三世大学经济学博士学位。

参考文献

Abad, David, and Roberto Pascual.2007"On the Magnet Effect of Price Limits."*European Financial Management Journal* 13:5,833-852.

Abad, David, and Roberto Pascual.2010."Switching to a Temporary Call Auction in Times of High Uncertainty."*Journal of Financial Research* 33:1,45-75.

Ackert, Lucy F., Bryan Church, and Narayanan Jayaraman.2001."An Experimental Study of Circuit Breakers:The Effects of Mandated Market Closures and Temporary Halts on Market Behavior."*Journal of Financial Markets* 4:2,185-208.

Ackert, Lucy F, Bryan Church, and Narayanan Jayaraman.2005."Circuit Breakers with Uncertainty about the Presence of Informed Agents:I Know What You Know...I Think."*Financial Markets, Institutions and Instruments* 14:3,135-167.

Anshuman, V.Ravi, and Avanidhar Subrahmanyam.1999."Price Limits, Information Acquisition, and Bid-Ask Spreads:Theory and Evidence."*Economic Notes* 28:1,91-118.

Arak, Marcelle, and Richard E.Cook.1997."Do Daily Price Limits Act as Magnets?The Case of Treasury Bond Futures."*Journal of Financial Services Research* 12:1,5-20.

Berkman, Henk, and John Byong Tek Lee.2002."The Effectiveness of Price Limits in an Emerging Market:Evidence from the Korean Stock Exchange." *Pacific-Basin Finance Journal* 10:5,517-530.

Berkman, Henk, and Onno W.Steenbeek.1998."The Influence of Daily Price Limits on Trading in Nikkei Futures."*Journal of Futures Markets* 18:3,265-279.

Bethel, E.Wes, David Leinweber, Oliver Rübel, and Kesheng Wu.2011."Federal Market Information Technology in the Post Flash Crash Era:Roles for Supercomputing."Working Paper, Lawrence Berkeley National Laboratory.

Bildik, Recep, and Güzhan Gülay.2006."Are Price Limits Effective?Evidence from the Istanbul Stock Exchange."*Journal of Financial Research* 29:3,383-403.

Brady, Nicholas F.1988.*Report of the Presidential Task Force on Market Mechanisms.* Washington, DC:Government Printing Office, Department of the Treasury.

Brennan, Michael J.1986."A Theory of Price Limits in Futures Markets."*Journal of Financial Economics* 16:2,213-233.

Chakrabary, Bidisha, Shane A.Corwin, and Marios A.Panayides.2011."When a Halt Is Not a Halt:An Analysis of Off-NYSE Trading during NYSE Market Closures."*Journal of Financial Intermediation* 20:3,361-386.

Chan, Soon H., Kenneth A.Kim, and S.Ghon Rhee.2005."Price Limit Performance:Evidence from Transactions Data and the Limit Order Book." *Journal of Empirical Finance* 12:2, 269-290.

Chen, Chao, and Jau-Lian Jeng.1996."The Impact of Price Limits on Foreign Currency Futures' Price Volatility and Market Efficiency."*Global Finance Journal* 7:1,13-25.

Chen, Gon-Meng, Kenneth A.Kim, and Oliver M.Rui.2005."A Note on Price Limit Performance: The Case of Illiquid Stocks." *Pacific-Basin Finance Journal* 13:1,81–92.

Chen, Haiwei.1998. "Price Limits, Overreaction, and Price Rsolution in Futures Markets." *Journal of Futures Markets* 18:3,243–263.

Chen, Hawei, Honghui Chen, and Nicholas Valerio.2003. "The Effects of Trading Halts on Price Discovery for NYSE Stocks." *Applied Economics* 35:1,91–97.

Chen, Yea-Mow.1993. "Price Limits and Stock Market Volatility in Taiwan." *Pacific-Basin Finance Journal* 1:2,139–153.

Cho, David D., Jeffrey Russell, George C.Tiao, and Ruey Tsay.2003. "The Magnet Effect of Price Limits: Evidence from High-Frequency Data on Taiwan Stock Exchange." *Journal of Empirical Finance* 10:1–2,133–168.

Chou, Pin-Huang.1997. "A Gibbs Sampling Aooriach to the Estimation of Linear Regression Models under Daily Price Limits." *Pacific-Basin Finance Journal* 5:1,39–62.

Chou, Pin-Huang, Mei-Chen Lin, and Min-Teh Yu.2003. "The Effectiveness of Coordinating Price Limits across Futures and Spot Markets." *Journal of Futures Markets* 23:6,577–602.

Chowdhry, Bhagwan, and Vikram Nanda.1998. "Leverage and Market Stability: The Role of Margin Rules and Price Limits." *Journal of Business* 71:2,179–210.

Christie, William G., Shane A.Corwin, and Jeffrey H.Harris, 2002. "Nasdaq Trading Halts: The Impact of Market Mechanisms on Prices, Trading Activity, and Execution Costs." *Journal of Finance* 57:3,1443–1478.

Chung, Jong-Rock.1991. "Price limit system and volatility of Korean stock market." In S. Ghon Rhee and Rosita P.Chang, eds.*Pacific-Basin Capital Markets Research* 2,283–294. North-Holland: Elsevier.

Copeland, Thomas E., and Dan Galai.1983. "Information Effects on the Bid-Ask Spread." *Journal of Finance* 38:5,1457–1469.

Corwin, Shane A., and Marc L.Lipson.2000. "Order Flow and Liquidity around NYSE Trading Halts." *Journal of Finance* 55:41771–1801.

Coursey, Donald L., and Edward A.Dyl.1990. "Price Limits, Trading Suspensions, and the Adjustment of Prices to New Information." *Review of Futures Markets* 9:2,343–360.

Du, Daphne Yan, Qianqiu Liu, and S.Ghon Rhee.2009. "An Analysis of the Magnet Effect under Price Limits." *International Review of Finance* 9:1–2,83–110.

Easley, David, Marcos Lopez de Prado, and Maureen O´Hara.2012. "Flow Toxicity and Liquidity in a High Frequency World." *Review of Financial Studies* 25:5,1457–1493.

Edelen, Roger, and Simon Gervais.2003. "The Role of Trading Halts in Monitoring a Specialist Market." *Review of Financial Studies* 16:1,263–300.

Englen, Peter-Jan, and Rezaul Kabir.2006. "Empirical Evidence on the Role of Trading Suspensions in Disseminatin New Information to the Capital Market." *Journal of Business Finance& Accounting* 33:7–8,1142–1167.

Fama, Eugene F.1970. "Efficient Capital Markets." *Journal of Finance* 26:5,1575–1617.

Fama, Eugene F.1989. "Perspectives on October 1987, or, What Did We Learn from the Crash?" In Robert W.Kamphuis Jr., Roger C.Kormendi, and J.W.Henry Watson, eds.*Black Monday and the Future of Financial Markets*,71–82.Homewood, IL: Irwin.

Ferris, Stephen P., Raman Kumar, and Glenn A.Wolfe.1992. "The Effect of SEC-Ordered Suspensions on Returns, Volatility, and Trading Volume." *Financial Review* 27:1,1–34.

Fong,Wai-Ming.1996."New York Stock Exchange Trading Halts and Volatility."*International Review of Economics and Finance* 5:3,243–257.

Glosten,Lawrence R.,and Paul R.Milgrom.1985."Bid,Ask and Transaction Prices in a Specialist Market with Heterogeneously Informed Traders." *Journal of Financial Economics* 14:1,71–100.

Goldstein, Michael A., and Kenneth A.Kavajecz.2004. "Trading Strategies during Circuit Breakers and Extreme Market Movements."*Journal of Financial Markets* 7:3,301–333.

Greenwald,Bruce C.,and Jeremy C.Stein.1988."The Task Force Report:The Reasoning behind the Recommendations."*Journal of Economic Perspectives* 2:3,3–23.

Greenwald, Bruce C., and Jeremy C.Stein.1991. "Transactional Risk, Market Crashes, and the Role of Circuit Breakers."*Journal of Business* 64:4,443–462.

Hall, Anthony D., and Paul Kofman.2001. "Limits to Linear Price Behavior:Futures Prices Regulated by Limits."*Journal of Futures Markets* 21:5,463–488.

Harris, Lawrence E.1998. "Circuit breakers and program trading limits:what have we learned?" In Robert E.Litan and Anthony M.Santomero,eds.*Brookings-Wharton Papers on Financial Services*,17–64.Washington,DC Brookings Institution Press.

Hasbrouck, Joel.1996. "Modeling microstructure time series." In Gangadharrao Soundaryarao Maddala and Calyampudi Radhakrishna Rao,eds.*Statistical Methods in Finance. Handbook of Statistics*,Volume 14,647–692.Amsterdam:Elsevier North-Holland.

Hauser,Shmuel,Haim Kedar-Levy,Batia Pilo,and Itzhak Shurki.2006."The Effect of Trading Halts on the Speed of Price Discovery."*Journal of Financial Services Research* 29:1,83–99.

Henke, Harald, and Svitlana Voronkova.2005. "Price Limits on a Call Auction Market:Evidence from the Warsaw Stock Exchange." *International Review of Economics and Finance* 14:4,439–453.

Hsieh,Ping-Hung,Yong H.Kim,and J.Jimmy Yang.2009."The Magnet Effect of Price Limits:A Logit Approach."*Journal of Empirical Finance* 16:5,830–837.

Huang,Yen-Sheng,Tze-Wei Fu,and Mei-Chu Ke.2001."Daily Price Limits and Stock Price Behavior:Evidence from the Taiwan Stock Exchange." *International Review of Economics and Finance* 10:3,263–288.

International Organization of Securities Commissions (IOSCO)Technical Committee.2002. *Report on Trading Halts and Market Closures*.Available at www.iosco.org/library/pubdocs/pdf/IOSCOPD138.pdf.

Jiang, Christine, Thomas McInish, and James Upson.2009. "The Information Content of Trading Halts."*Journal of Financial Markets* 12:4,703–726.

Kabir,Rezaul.1994."share Price Behavior around Trading Suspensions on the London Stock Exchange."*Applied Financial Economics* 4:4,289–295.

Kao, G.Wenchi, and Christopher K.Ma.1992."Memories,Heteroscedasticity,and Price Limit in Currency Futures Markets."*Journal of Futures Markets* 12:6,679–692.

Kim,Kenneth A.2001."Price Limits and Stock Market Volatility."*Economics Letters* 71:1, 131–136.

Kim,Kenneth A.,and Piman Limpaphayom 2000."Characteristics of Stocks that Frequently Hit Price Limits:Empirical Evidence from Taiwan and Thailand."*Journal of Financial Markets* 3:3,315–332.

Kim, Kenneth A., and Jungsoo Park.2010."Why Do Price Limits Exist in Stock Markets?A Manipulation-Based Explanation."*European Financial Management* 16:2,296-318.

Kim, Kenneth A., and S.Ghon Rhee.1997."Price Limit Performance: Evidence from the Tokyo Stock Exchange."*Journal of Finance* 52:2,885-901.

Kim, Kenneth A., and Richard J.Sweeney.2002."Effects of Price Limits on Information Revelation."Working Paper, Georgetown University.

Kim, Yong H., and J.Jimmy Yang.2008."The Effect of Price Limits on Intraday Volatility and Information Asymmetry."*Pacific Basin Finance Journal* 16:5,522-538.

Kirilenko, Andrei, Albert S.Kyle, Mehrdad Samadi, and Tugkan Tuzun.2011."Flash Crash: The Impact of High Frequency Trading on an Electronic Market."Working Paper, Social Science Research Network.

Kodres, Laura E., and Daniel P.O´Brien.1994."The Existence of Pareto-Superior Price Limits."*American Economic Review* 84:4,919-932.

Kryzanowski, Lawrence, and Howard Nemiroff.1998."Price Discovery around Trading Halts on the Montreal Exchange Using Trade-by-Trade Data."*Financial Review* 33:2,195-212.

Kryzanowski, Lawrence, and Howard Nemiroff.2001."Market Quote and Spread Component Cost Behavior around Trading Halts for Stocks Interlisted on the Montreal and Toronto Stock Exchanges."*Financial Review* 36:2,115-138.

Kuhn, Betsy A., Gregory J.Kurserk, and Peter Locke.1991."Do Circuit Breakers Moderate Volatility?Evidence from October 1989."*Review of Futures Markets* 10:1,136-175.

Kyly, Albert S.1988."Trading Halts and Price Limits."*Review of Futures Markets* 7:3,426-434.

Lauterbach, Beni, and Uri Ben-Zion.1993."Stock Market Crashes and the Performance of Circuit Breakers: Empirical Evidence."*Journal of Finance* 48:5,1909-1925.

Lee, Charles M.C., Mark J.Ready, and Paul J.Seguin.1994. "Volume, Volatility, and New York Stock Exchange Trading Halts."*Journal of Finance* 49:1,183-214.

Lee, Jie-Haun, and Robin K.Chou.2004."The Intraday Stock Return Characteristics Surrounding Price Limit Hits."*Journal of Multinational Financial Management* 14:4-5,485-501.

Lee, Sang-Bing, and Kwang-Jung Kim.1995."The Effect of Price Limits on Stock Price Volatility: Empirical Evidence in Korea." *Journal of Business Finance ε Accounting* 22:2, 257-267.

Lehmann, Bruce N.1989."Commentary: Volatility, Price Resolution, and the Effectiveness of Price Limits."*Journal of Financial Services Research* 3:2-3,205-209.

Ma, Christopher K., Ramesh P.Rao, and R.Stephen Sears.1989."Volatility, Price Resolution, and the Effectiveness of Price Limits." *Journal of Financial Services Research* 3: 2-3, 165-199.

Madhavan, Ananth.1992."Trading Mechanisms in Securities Markets." *Journal of Finance* 47:2,607-641.

Madhavan, Ananth.1995."Consolidation, Fragmentation, and the Disclosure of Trading Information."*Review of Financial Studies* 8:3,579-603.

Madura, Jeff, Nivine Richie, and Alan L.Tucker.2006."Trading Halts and Price Discovery." *Journal of Financial Services Research* 30:3,311-328.

Martens, Martin, and Onno W.Steenbeek.2001."Intraday Trading Halts in the Nikkei Futures Market."*Pacific-Basin Finance Journal* 9:5,535-561.

McDonald, Cynthia G., and David Michayluk.2003. "Suspicious Trading Halts." *Journal of Multinational Financial Management* 13:3,251–263.

Moser, James T.1990. "Circuit Breakers." *Economic Perspectives* 14:5,2–13.

Park, Chul Woo.2000. "Examining Futures Price Changes and Volatility on the Trading Day after a Limit-Lock Day." *Journal of Futures Markets* 20:5,445–466.

Phylaktis, Kate, Manolis Kavussanos, and Gikas Manalis.1999. "Price Limits and Stock Market Volatility in the Athens Stock Exchange." *European Financial Management* 5:1,69–84.

Ryoo, Hyun-Jung, and Graham Smith.2002. "Korean Stock Prices under Price Limits: Variance Ratio Tests of Random Walks." *Applied Financial Economics* 12:8,545–553.

Securities and Exchange Commission (SEC) News Digest.2010. "SEC Approves New Stock-by-Stock Circuit Breaker Rule." Commission Announcements, Issue 2010–107, June 10. Available at www.sec.gov/news/digest/2010/dig061010.htm.

Shen, Chun-Hua, and Lee-Rong Wang.1998. "Daily Serial Correlation, Trading Volume and Price Limits: Evidence from the Taiwan Stock Market." *Pacific-Basin Finance Journal* 6: 3–4,251–273.

Slezak, Steve L.1994. "A Theory of the Dynamics of Security Returns around Market Closures." *Journal of Finance* 49:4,1163–1211.

Sowers, Richard, Andrei A.Kirilenko, and Xiangqian Meng.2012. "A Multiscal Model of High-Frequency Trading." Working Paper, Social Science Research Network.

Spiegel, Matthew, and Avanidhar Subrahmanyam.2000. "Asymmetric Information and News Disclosure Rules." *Journal of Financial Intermediation* 9:4,363–403.

Subrahmanyam, Avanidhar.1994. "Circuit Breakers and Market Volatility: A Theoretical Perspective." *Journal of Finance* 49:1,237–254.

Subrahmanyam Avanidhar.1905. "On Rules versus Discretion in Procedures to Halt Trade." *Journal of Economics and Business* 47:1,1–16.

Subrahmanyam, Avanidhar.1997. "The Ex Ante Effects of Trade Halting Rules on Informed Trading Strategies and Market Liquidity." *Review of Financial Economics* 6:1,1–14.

Tan, Ruth S.K., and W.Y.Yeo.2003. "Voluntary Trading Suspensions in Singapore." *Applied Financial Economics* 13:7,517–523.

Telser, Lester G.1989. "October 1987 and the structure of financial markets: an exorcism of demons." In Robert W, Kamphuis Jr., Roger C, Kormendi, and J.W.Henry Watson, eds. *Black Monday and the Future of the Financial Markets*,101–111.Homewood, IL: Irwin.

Tooma, Eskandar A.2011. "The Magnetic Attraction of Price Limits." *International Journal of Business* 16:1,35–50.

U.S.Securities and Exchange Commission (SEC) and the Commodity Futures Trading Commission (CFTC).2010. "Findings Regarding the Market Events of May 6, 2010." RCFTC and SEC to the Joint Advisory Committee on Emerging Regulatory Issues, September 30.Available at www.sec.gov/news/studies/2010/marketeventsreport.pdf.

Veld-Merkoulova, Yulia V.2003. "Price Limits in Futures Markets: Effects on the Price Discovery Process and Volatility." *International Review of Financial Analysis* 12:3,311–328.

Wei, K.C.John, and Raymond Chiang, 2004. "A GMM Approach for Estimation of Volatility and Regression Models When Daily Prices Are Subject to Price Limits." *Pacific-Basin Finance Journal* 12:4,445–461.

Wei, Steven X. 2002. "A Censored-GARCH Model of Asset Returns with Price Limits." *Journal of Empirical Finance* 9:2, 197–223.

Westerhoff, Frank. 2003. "Speculative Markets and the Effectiveness of Price Limits." *Journal of Economic Dynamics and Control* 28:3, 493–508.

Wong, Woon K., Matthew C. Chang, and Anthony H. Tu. 2009. "Are Magnet Effects Caused by Uninformed Traders? Evidence from Taiwan Stock Exchange." *Pacific - Basic Finance Journal* 17:1, 28–40.

Wu, Lifan. 1998. "Market Reactions to the Hong Kong Trading SuspensionsLMandatory versus Voluntary." *Journal of Business Finance and Accounting* 25:3–4, 419–437.

第四部分

交易成本、择时成本和信息披露

第18章 买卖价差、佣金和其他成本

THANOS VEROUSIS

巴斯大学金融学高级讲师

18.1 引言

有关市场微观结构的文献资料，大部分均致力于研究交易成本和形成买卖价差的原因与决定因素。Demsetz（1968，p.35）对买卖价差成本做了认真的研究，他将交易成本定义为"交换所有权称谓的成本"。当发布称谓的成本（即转移所有权）和通知称谓的成本都已被忽略时，交易成本则被进一步简化为买卖价差和佣金费用。

Stoll（2006）认为，佣金费用现处于历史较低的水平。佣金费用的大幅下降主要源于金融市场的两次主要变革——小数定价的转变和市场整合——这两次变革导致处理订单实现了规模经济。Jones（2002）的一项关于佣金成本的研究显示：纽约证券交易所（NYSE）的佣金成本已经从1994年约为交易价值的24%下降到0.12%。历史上看，直到1974年，美国的佣金费用一直处于线性状态。也就是说，佣金费用是与交易规模等比例增加的。然而，1974年佣金费用管制的解除导致了佣金费用的规模经济。与此相似的是，与买卖价差存在相关性的交易成本也显著地下降（Chung，Charoenwong和Ding 2004）。

交易成本的下降导致了交易量的大规模增长，但是重要的是，这为算法交易的广泛应用开辟了道路。算法交易是指计算机化的交易策略，即依靠放量从众多交易中攫取较小的利润。2009年，高频交易（HFT）公司占据交易公司总数的2%，但是它们的交易量几乎占据美国交易总量的75%。根据Iati

（2009）的研究，自2006年起，其交易量几乎在以3倍的速度增长。

关于总交易成本的一个问题很自然会被提起：为什么会存在买卖价差？这个领域的早期研究认为，价差反映了即时价格（Demsetz 1968）。想要卖（买）一项资产的交易者不能确保市场上将有一个合适的买（卖）者，因此，只有能够为其提供的即时供应服务提供补偿时，买方（卖方）才会同意进行交易。在此情况下，买卖价差就反映了订单处理成本。买卖价差存在的另一个原因与总存货成本因素有关，它与一定交易期间内存在的交易不均衡有关。买卖价差存在的第三个理由是市场参与者拥有的信息不对称。因此，选择与知情交易商交易的交易者，在一定成本条件下有效地提供了流动性。为了弥补这些成本，市场参与者向流动性交易者收取一定的价差（Bagehot 1971）。

将买卖价差分解为订单处理成本、存货成本和逆向选择成本解释了市场参与者交易成本的可变性。市场结构的差异性更深入地解释了可变性的另一层次。研究表明，即使在控制住公司水平和市场流动性差异的情况下，世界范围内各交易所的交易成本差异也可以归因于市场结构的差异性（Jain 2003）。也有证据显示，电子交易系统通过降低交易成本而提高了流动性。然而，场内交易系统使大型机构交易产生更低的成本。与此相似，随着美国小数定价方式的引入，交易成本显著下降（Bessembinder 2003）。

本章节其余部分结构如下：首先讨论买卖价差的组成部分。然后检验佣金费用并确定测算买卖价差的关键方法。接着回顾市场结构的变化对交易成本的影响，并在之后探讨交易所在发展算法交易和高频交易方面的最新进展。最后，对全文做出总结和结论。

18.2 为什么会存在买卖价差？

本部分内容研究了买卖价差的构成因素。买卖价差反映了订单处理成本，即在不规则的时间间隔中交换证券的成本。在有专家（自营商）的市场上，买卖价差也包含了存货成本。存货成本指的是自营商在为订单流提供流动性时所承担的风险。最后，买卖价差也反映了逆向选择成本，即在与知情交易者交易时，交易者所面临的风险。

18.2.1 订单处理成本

Demsetz（1968）将买卖价差定义为"即时价格"，并追溯其根源到同时购买和卖出证券的问题。特别是，一个想要购买资产的交易者无法保证市场上就会有一个合适的卖家提供此项服务。一个能够为买家提供此项服务的交易者，只有当价格比他已经付出的购买此项资产的价格更合适时，他才会同意卖出资产。而且，只有当交易者等待未来某天交易的行为得到补偿时，一个想要立即卖出资产的卖家才会同意等待并在未来某天卖出资产。与此相似，想要卖出资产的交易者也无法保证市场上会有一个合适的买家。因此，能够立即提供这项服务的交易者必须为此获得补偿，并且某个已经准备好购买资产的买家也必须为等待未来购买资产而付出的成本获得补偿。在此种情况下，买卖价差就作为"即时价格"产生了。如果买卖指令同时出现，市场会在均衡价格上出清，也就不会出现买卖价差。也就是说，如果交易指令不是同时出现，交易者就要处理两笔交易而非一笔，即一次是基于卖出价，另一次是基于买入价。

在限价指令市场，即时价格被反映在限价指令簿中：想要在稍后时间交易的交易者下达限价指令，想要即时交易的交易者提交市价订单。除了手续费成本之外，买入价和卖出价中并不包含任何其他费用。在自营商市场上，自营商（或专门交易人）不仅要促进买卖双方的匹配（假设手续费较低），还有责任应对订单流进行交易。也就是说，自营商也会为自己的账户进行交易，因此价差也反映了自营商的收入。Demsetz（1968）指出，NYSE股票交易总交易成本的40%归因于买卖价差，60%归因于手续费。

18.2.2　存货成本

如果买入价和卖出价造就了即时价格，那么买卖价差就主要由订单处理成本（或即时性成本）和佣金费用组成。然而，下面的研究却显示，自营商在他们的存货控制方面并非持有风险中性的态度。Smidt（1971）指出，自营商提供流动性的要求通常与其利润最大化目标相悖，且是建立在自营商不会破产或发生损失的前提下。Garman（1976）进一步阐释了这一思想。他利用一系列独立的、来自不规律时间点的、有特定下单概率的买卖订单，来建立自营商的最优化问题模型。在这些条件下，自营商通过调整其买卖价差与买卖价格来确保破产的概率不会等于1。例如，当自营商不想增加未来存货时，他们会降低买入价格（Madhavan 2000）。Stoll（1978）与Amihud和Mendelson（1980）也强调指出，自营商存货控制问题引发了自营商最优存货头寸的恶化。因此，价差的存在弥补了由非必要风险假设带来的预期损失。

也有其他一些研究与Garman（1976）风险中性模型相悖。例如，在Ho和

Stoll（1981）的研究中，自营商的最终财富预期效用最大化是通过调整不同时间的买入价和卖出价实现的。因此，买入价和卖出价是交易规模、股票价格波动、自营商时间范围和风险厌恶系数的函数。O'Hara和Oldfield（1968）指出，存货对自营商买卖价差的设置和水平都有影响，而且，风险厌恶型自营商对风险中性自营商会设置不同价差。

18.2.3 逆向选择成本

有关研究文献中的主流内容是订单处理成本和存货成本构成了买卖价差，除此之外，基于市场上存在知情交易者理念的第三类模型也在逐渐兴起。也就是说，市场上存在三种类型的交易者（流动性交易者、自营商和知情交易者）。流动性交易者和自营商与知情交易者相比，拥有更少的信息（Bagehot 1971；Logue 1975；Jaffee和Winkler 1976）。这些模型显示，即使处于存在风险中性自营商的竞争性自营商市场，买卖价差也依旧会存在，这归因于买卖价差的又一组成因素——逆向选择成本。在Copeland和Galai's（1983）的逆向选择成本模型中，自营商设置能使他们利润最大化的买卖价差。然而，将流动性交易者和知情交易者考虑在内时，如果买卖价差太大，自营商将面临从与流动性交易者有限的交易中损失利润的问题；如果买卖价差太小，自营商将面临与知情交易者交易损失的风险。该模型的主要预测结果与买卖价差中的逆向选择理论一致，即自营商总是在实际均衡价格上加价来设置卖出价，在均衡价格上降价设置买入价。

Glosten和Milgrom（1985）通过强调静态特性进一步发展了上述模型，即交易价格是满含信息性的，这导致买卖价差不断降低。不过，逆向选择理论的主要结论依然有效，也就是说，买卖价差是逆向选择成本的函数，并且即使是零利润、风险中性的自营商，买卖价差仍将存在。

18.3 买卖价差的测度和其他交易成本

本部分内容指出，作为交易成本的一部分，佣金费用是由交易所规定的，而并不是由市场参与者所决定的。这部分披露了佣金费用在历史上曾经显著下降，并提出成本下降的原因。并且，本部分还讨论了测度买卖价差的方法及其组成部分。尽管报价价差是执行成本的最简单测度，但更先进的方法还包括有效买卖差价测度、价格冲击测度和已实现差价的测度。

18.3.1 佣金费用

前文表明，交易成本有三个主要组成部分：订单处理成本、存货成本和逆向选择成本。第四个组成部分则是佣金费用。然而，由买卖价差反映的交易成本和佣金费用之间有一个重要的差异，那就是市场参与者行为独立地决定了价差成本，而佣金费用则是由交易所决定的（Dmesetz 1968）。如果这样一个规则适用于交易所，那么最小的买卖价差成本也是最低价格增量的函数。

纵观历史，佣金费用是具有波动性的。Jones（2002）追踪了1925—2000年间NYSE股票的佣金费用发展。作者指出，1925—1975年间，当所有的佣金都被严格管制且佣金不允许打折时，佣金从1925年的0.27%单项成比例地上升到1974年的0.90%。自从交易所放开了对佣金费用的管制，买卖价差每七八年就会持续下降将近一半。

Stoll（2006）的研究表明，随着电子交易的飞速发展，技术进步更是显著地降低了经纪自营商处理订单的成本。因此，佣金费用现在处于一个非常低的水平。Stoll指出，占据美国股票交易公开成交金额一定百分比的平均双向佣金，已经从1980年的1.17%下降到2001年的0.21%。Jones和Lipson（2001）指出，在NYSE上市的美国股票的单向机构交易佣金大约是交易金额的0.12%，低于1994年的0.24%（Keim和Madhavan 1997；Jones 2002）。

18.3.2 买卖价差的测度

如果在短时期内佣金费用保持不变，那么交易成本的变动则归因于买卖价差及其偏离，价差反映了真实均衡价格与买入价卖出价之间的差异。真实价格和交易价格之间的差异被表示为交易执行成本。执行成本的最简化测度是报价价差，它通常被表示为基点百分比。一只股票的报价价差被计算为报价价差（买价−卖价）占报价中点的比重。报价价差采取盘中计算，通常遵循固定的时间间隔。并且一些研究显示，报价价差具有一个盘中U型模式（Chan，Chung和Johnson 1995）。然而，报价价差只是执行成本的一个隐含测度，因为它们不能代表实际交易价格。

测度交易成本的第二个直接方法是有效买卖价差，它是根据交易价格与报价中点的绝对差占报价中点的比重来估算的（Huang和Stoll 2011）。在允许交易谈判的市场中，因为交易者被允许在报价中交易，有效价差也反映了交易改善。因此，有效价差会低于报价价差。隐含交易成本的第二个测度方法是价格冲击法，它测度的是逆向选择成本，或与知情交易者的交易成本（Bessembinder 1999；Stoll 2006）。价格冲击成本是根据交易时的最优中间报价与未来中间报价之间差异的百分比计算的。

交易成本的最后一种测度方法是已实现价差法，它是根据有效价差和价格冲击的差别来估计的。因为已实现价差是净价格冲击，因此它反映的是与知情交易者交易的成本净损失。

Stoll（2000）证明，在NYSE交易的股票的平均报价半价差是每股7.87美分，平均有效半价差是5.58美分。然而，Chung等（2004）证明，NYSE的有效价差和报价价差在2001年小数定价政策实施后，分别下降了大约40%和36%。

一些研究成果表明，推断订单处理成本、存货成本和逆向选择成本等买卖差价的组成部分，需要用到实际报价和交易数据（Ho和Stoll 1981；Roll 1984；Glosten和Harris 1988；Stoll 1989；Madhavan和Smidt 1991；Huang和Stoll 1997）。正如价差组成部分的理论分析预测的，Lin，Sanger和Booth（1995）指出，订单处理成本显现出规模经济。因此，订单处理成本伴随着交易量的增长而不断减少。同时，逆向选择成本是随着交易量的增长而不断增加。Stoll（1989）表明，虽然不同股票间的买卖价差会不断变化，但是价差组成部分之间的相对贡献始终不变。作者估计报价价差由逆向选择成本（0.43%）、订单处理成本（0.47%）和存货成本（0.1%）组成。

Boehmer（2005）表明，改革后NYSE和NASDAQ市场的股票有效价差分别为0.062美元和0.088美元。同样，已实现价差的测度范围涵盖从NASDAQ股票的0.035美元到NYSE股票的0.011美元。Jain（2003）对全世界范围内交易所价差差异进行了全面研究。作者指出，在51个交易所样本中，NYSE具有最低报价价差百分比（0.20%）。而新兴市场的价差水平较高，乌克兰的报价价差百分比最高，为15.34%。市场资本化程度和机构设计差异在很大程度上解释了市场间价差的差异性。

18.4　市场结构和交易成本

交易成本的一个重要决定因素是最小化价格变动，它限定了买卖价格之间允许的最小价差。这一特性指的是价格的不连续性，这会在本部分内容中作出进一步的说明。最小价格变动增加了交易成本。进一步讲，共谋假说也会被研究探讨。有证据显示市场参与者或许可以通过共谋，从而人为地在最小价格变动上增加交易成本。最后，这部分内容揭示了市场结构变化对交易成本的影响。

18.4.1　价格变动单位、不连续性和交易成本

关于交易成本的一个重要问题是：如果不存在价格变动单位，那么真实的报价价差和有效价差将会怎样呢？价格变动单位是一笔交易所允许的最小单位价格变动。NYSE 在 2001 年 1 月开始实施的目前最小的价格变动单位是 0.01 美元。金融经济学家很久以前就将价格的不连续性作为减少交易成本的一个主要障碍。除了在不连续价格中交易的成本外，当投资者决定以一组比最低允许价格还要低的价格交易时，交易成本将会增加。交易程序中的这第二个特性指的是价格聚集，并且这种特性通常与谈判成本的下降、价格的不确定性，或是轮数偏好相联系（Ball，Torous 和 Tschoegl 1985；Harris 1991；Curcio 和 Goodhart 1991）。Harris（1999）预计最小价格变动单位的缩小，会导致报价价差和有效价差的缩小、市场深度（每只股票的适用份额数）的缩小和价格提升的加快，因为在较小的价格变动单位条件下，在其他交易之前下单会变得更便宜。

Hasbrouck（1999）探讨了价格聚集和不连续性是如何增加交易成本的。在这项研究中，价差的组成部分被连续地添加到真实价格上。因此，永久价格的（买价或卖价）构成遵循随机游走模式。自营商的买入价或卖出价是永久价格组成部分加上一个随机组成部分，随机组成部分包括订单处理成本、存货成本和逆向选择成本。将这些成本转换成买入价和卖出价的报价需要向上进位或向下舍入到最接近不连续的最小价格单位。在随后的模型中，Ball 和 Chordia（2001）指出，真实的报价价差将导致没有最小价格单位限制的市场中不连续报价价差的波动范围从 11% 到 24%。例如，作者指出，一只股票的报价价差为 0.20 美元，那么其真实价差的变化范围是从 0.02 美元到 0.06 美元。

18.4.2　价差集聚和自营商市场上的共谋机会

最小价格变动单位的一个非常重要的意义在于它断言 NASDAQ 的做市商们或许在隐秘地共谋以保持较大的价差。Smidt（1971）理论上阐述了具有竞争性的做市商市场将会导致一个较小的价差，并且这是 NASDAQ 市场所期望的一个自营商市场。Christie 和 Schultz（1994）将 NASDAQ 中交易最活跃的

100家公司的价差与NYSE和美国证券交易所（AMWX）中交易最活跃的100家公司的价差作了对比。在做这项研究时，最小价格变动单位还是1/8美元。Christie和Schultz指出，在NASDAQ的100家公司中，有70家公司的价差是没有八分之奇数报价的，这意味着最小的价差是2/8美元或0.25美元。相较于NASDAQ市场中的公司，NYSE或AMEX中具有类似特征的上市公司的价差分布是不一致的，涵盖了八分之几的全范围。

Christie，Harris和Schulz（1994）的发现进一步支持了NASDAQ市场做市商们在隐秘地共谋以维持高交易成本的观点。Christie和Schultz（1994）发表的文章中指出，NASDAQ上的有效价差以50%的趋势下降。Christie和Schultz（1999）更进一步指出，采用八分之奇数报价价差的做市商很可能最终采用的是1/8价差，因此带来了成本的下降。Bessembinder（1997）将价差分解为订单处理成本、存货成本和逆向选择成本。作者指出NASDAQ的已实现差价，净逆向选择成本差价与做市商将价格四舍五入的做法正相关。但NYSE市场上具有相同规模的股票样本却不支持同样的结论，这更加强了NASDAQ股票市场上的共谋假说。

在全世界范围内，共谋假说对交易成本和价格聚集研究都有着总体上的影响（Ahn，Cai和Cheung 2005；Chiao和Wang 2009）。Dutta和Madhavan（1997）与Kandel和Marx（1997）研究了做市商可以进行隐性共谋的条件（即价差始终高于竞争性水平，但做市商却没有明确协议的条件）。研究结果支持较小的价格变动单位会导致更具竞争性的价差的观点，其对市场设计具有重大意义。

Godek（1996）表示，偏好交易（即允许做市商直接下订单与拥有最优交易价格的做市商交易，而不是与拥有最优报价价格的做市商交易的相关规则）并没有激励做市商提供有竞争力的报价价格。事实上，所有的交易都是偏好交易，因为交易条件，包括交易价格，都是在交易之前敲定好的。因此，在这个层面上讲，价差不再是一种有效的交易成本测度，并且NASDAQ市场的规则确保了交易始终是在最优交易价格水平处成交。

Hansch，Naik和Viswanathan（1990）表明，伦敦证券交易所（LSE）的偏好交易承受了比非偏好交易更糟糕的执行成本。同时，内化交易（即经纪人直接将订单提交给相同公司做市商的交易）面临着比非内化交易更低的执行成本。与此相似，Bernhard，Dvoracek，Hughson和Werner（2005）指出，经纪人和自营商之间的关系对执行成本具有很大的影响。因此，与同一个自营商连续交易的经纪人会得到较好的价格条件和较低的执行成本。这些发现支持了协议报价存在成本的假说。而且，经纪人与做市商之间的关系对交易成本也具有重大意义。Simaan，Weaver 和 Whitconb（2003）指出，在允许做市商匿名报价时，他们更有可能报出一个较小的价差，这强化了提高做市商报价行为竞争性的益处。

18.4.3 市场结构变化和交易成本

市场结构的变化已经导致了交易成本的大幅下降，而且市场结构的差异也在一定程度上证明了不同交易所间交易成本的差异。共谋现象的存在已经导致了混合市场的出现。进一步讲，不断发展的计算机技术和电子交易方式的引入打开了市场向零售交易发展的大门，这引发了订单处理的规模经济并随之降低了成本。与此同时，由于分数定价机制的实施，最小价格变动单位也在大幅度缩小。最终，随着电子市场和混合市场的引进，交易所也将注意力放在那些限价委托订单不具有足够深度并且可能会扭曲市场的大宗交易商身上。

18.4.4 竞争的影响和对交易成本的监管

从 1997 年开始，美国证券交易委员会（SEC）准许限价委托在 NASDAQ 市场上与做市商报价相竞争。尤其是 1997 年 6 月生效的限价委托提交规则，准许做市商在 NASDAQ 市场上提交优于报价的限价委托指令，由此终结了做市商提交报价的垄断。SEC 的第二个规则要求做市商公开他们的最优买入报价和卖出报价。这些措施都是在试图营造更好的市场透明度并强化竞争。在相似性质的研究中，Foerster 和 Karolyi（1998）指出，对于那些决定在多个市场上市的公司而言，它们的交易成本有所下降。

Chung 和 Van Ness（2001）探讨了订单处理规则的实施对交易成本的影响。作者指出，在实施规则之后，交易成本大幅下降。然而，在 Bessembinder（1999）和 Chung 和 Van Ness（2002）的研究中，比较了改革后 NASDAQ 和 NYSE 市场上股票的交易成本，并指出 NASDAQ 市场的交易成本仍然高于 NYSE。特别是 Bessembinder 指出，NYSE 和 NASDAQ 的股票价格报价价差分别是 0.78% 和 1.03%，并且对于 77% 的具有同样交易特性的公司来说，NYSE 的价差更小。

1）电子交易市场结构和公开喊价市场结构

几乎取代了大厅交易的电子交易，是市场结构的一个重大发展。取消公开喊价交易并引进电子交易这种转换，已经引发了一系列对交易成本影响的研究。例如，Atiken，Frino，Hill和Jar（2004）对LSE、悉尼期货交易所（SFE）和中国香港期货交易所（HKFE）引进电子交易系统进行了特征检验。作者们表示，在电子交易系统环境下，交易成本显著下降。这个发现在这三个交易所均适用，并在控制住变量波动性和交易量的影响后，结论依然有效。然而，作者们也指出，在交易大厅系统环境下的交易成本很少倾向于波动峰值。而在电子交易系统环境下，价差在波动期间倾向于更快速地扩大。Tse和Zabotina（2001）与Huang（2004）进一步指出，电子交易系统环境下提交的交易，更容易受存货成本因素的影响，并且与公开喊价市场的交易相比，具有更少的信息内容。

在外汇交易市场，Ding和Hiltrop（2010）调查了外汇交易服务从基于电话服务到电子经纪系统的转换。他们的发现表明，在引进电子交易系统后，价差缩小了。然而，知情交易者的价差却增加了，这一发现与市场透明度的提高有关。

最后，Stoll（2006）回顾了电子交易是如何改变美国股票市场的。作者指出，电子交易的引进导致了价差的整体缩小，这归因于订单处理成本的下降、规模经济的增加和公司兼并。即使控制住价格变动单位缩小的影响和引进较为严格的规则以促进竞争并减少做市商赚取额外利润的机会，价差变化依然是显著的。即使佣金费用下降，但证券公司的利润仍然在增长，这是因为营业额的增加足以抵消佣金费用降低所带来的损失。

2）小数定价与分数定价

在2001年的1月和4月，NYSE和NASDAQ分别用小数定价代替了分数定价。这也意味着价格变动单位的大幅度减少。前前后后的一些研究表明，在小数定价制实施后，两个市场的价差均大幅度减少（NYSE 2001；Bacidore，Battalio和Jennings 2003）。Bessembinder（2003）报告指出，交易成本两个重要的测度方法随着NYSE小数定价制的实施而改善：有效价差显著下降，并且价格改善（即在其他报价之前下单的趋势）显著提高。对于NASDAQ市场来讲，有效价差和报价价差都在下降，但是价格改善率没有提高，这是因为NASDAQ市场规则允许交易者通过预先安排交易来规避价格时间优先原则。总体上，Bessembinder表示，NASDAQ和NYSE市场上类似股票交易的交易执行成本是相似的。

进一步讲，ap Gwilym，McManus和Thomas（2005）指出，随着英国长期金边债券市场小数报价方法的引入，以价格变动测算的价差不断扩大。如果新的价格变动单位大于有效变动单位，这样的结果是可以预料的。然而，作者们指出，在小数价格引进之后，价差的货币价值显著下降，这反映了交易成本的总体改善。

18.4.5 交易机制和交易成本

全球范围的交易所按照一套交易机制运行，这些交易机制管理着订单如何被传递和执行、最小价格变动单位规则和不同市场参与者的角色。在自营商市场，自营商创造市场，在某种意义上，投资者只能在自营商提出的卖价和买价水平上分别进行交易。在拍卖市场或是限价委托市场中，投资者要根据限价订单来交易。在混合拍卖市场，专家或自营商也会提升流动性。当谈及拍卖市场与自营商市场的差异时，就必然会提及一些关于市场透明度和市场流动性的问题。然而，有关市场质量的最重要因素仍然是执行成本。

一些研究关注于市场质量相对于市场结构的后一个方面。Christie 和 Huang（1994）研究了那些决定从自营商市场（NASDAQ）转移到拍卖市场（NYSE 或 AMEX）的公司的交易成本情况。作者们指出，在 NYSE 和 NAS-DAQ 市场，公司得到平均净执行成本收益分别是每股 4.7 美分和 5.2 美分。这些成本的节省是持续的，一般归因于在 NYSE 和 AMEX 市场上小股票的流动性增强，但在 NASDAQ 市场上却无法实现。

Huang 和 Stoll（1996）进一步剖析了 NYSE 和 NASDAQ 市场之间的成本差异。他们表示，两个市场的价差差异并非由逆向选择成本差异引起。因此，NASDAQ 和 NYSE 市场的股票交易已实现价差构成部分是相同的。Huang 和 Stoll 反而主张，限价订单簿和自营商之间交易的缺乏，例如内部交易和偏好交易，是与 NASDAQ 市场较高的成本相关的。

Heidle 和 Huang（2002）拓展了 Christie 和 Huang（1994）的样本，把决定从 AMEX 或 NYSE 市场转移到 NASDAQ 市场的股票包含在内。两位作者与 Clyde，Schultz 和 Zaman（1997）一样，都认为转移到 NASDAQ 市场的公司显示出更大的价差。然而，他们最重要的发现是，NASDAQ 市场上更高的执行成本很明显是与自营商市场上面对知情交易者的可能性更大有关。交易成本和与知情交易者交易的潜在概率（与价差构成部分中明确的逆向选择部分相反）具有明显的相关性。

Venkataraman（2001）将巴黎泛欧交易所，一个没有专家经纪人的自动限价委托市场中的股票交易样本与 NYSE 的股票匹配样本进行了比较。结果显示，即使是在控制了逆向选择成本和经济成本之间的差异后，巴黎泛欧交易所的交易成本也普遍较高。这些发现表明，混合系统和全自动订单簿系统之间存在明显的差异。最重要的是，Venkataraman指出，混合市场可以在价格不发生显著变化的情况下吸收大额交易，并且在人为参与降低（短期）股票波动性方面更为有效。

有关交易成本的一个重要问题是市场结构在多大程度上的差异会与交易成本的差异相关。大部分关注市场结构差异的研究都采用了以下两种途径中的某一种。前前后后的研究都关注在一个新政策实施后，例如最小变动单位的降低，或是新的订单处理规则的实施等，交易成本是如何变化的（Bessembinder 1999；Chung等2002）。对A市场与B市场的对照研究，都关注对两个不同交易所的股票的比较，且通常都是基于交易特性的匹配（Bessembinder 1997；Venkataraman 2001）。

然而，第三类研究的重点是两地上市公司的交易成本的差异性，因此需要控制公司的特殊性质。Chowdhry和Nanda（1991）在这个领域进行早期的理论研究工作。作者构建了在多地交易的股票的信息效率模型，并证明知情交易者是根据固定成本和信息成本来选择交易地点的。后一个发现意味着包含着较多流动性交易者的市场将会主导其他所有市场，并吸引最大比例的知情交易。

Huang和Stoll（2001）研究了一系列既在LSE交易又在NYSE交易的公司。作者指出，平均报价价差以报价中点的百分数表示，LSE市场是1.09%，NYSE市场是0.64%。与此相似，有效价差以报价中点的百分比表示，LSE是0.6%，NYSE是0.46%。与Harris（1999）的预期相一致，Huang和Stoll认为LSE显示了更好的深度。

大宗交易

大宗交易受到学者的关注有两个主要的原因：一是大宗交易可能潜在地披露了私有信息；二是大宗交易的价格影响要大于小额零售交易（Seppi 1990）。一些研究表明，机构交易者会享受到佣金费用较大的折扣（Edmister 1978；Edmister和Subramanian 1982；Brennan，Chordia和Subrahmanyam 1998）。拥有离单指令簿（off-order book）交易设施的市场（也称为楼上市场）是大宗交易偏好的交易集中地。楼上市场提供的更高的市场透明度保护了自营商免受逆向选择成本影响，因此降低了本应在交易所内交易的大宗交易的执行成本。

Bessembinder和Venkataraman（2004）研究了巴黎泛欧交易所的楼上市场。他们的研究表明，大宗交易平均以限价指令簿全部执行成本的20%执行。这些折扣大部分源于在隐蔽的流动性池内交易，这对于订单簿市场来说是不可能具有的一个特性。与之相似，Smith（2001）以多伦多证券交易所（TSE）为研究对象，指出大宗交易执行楼上交易时会收到折扣（价格改善），并且这些交易所包含的信息内容要远远少于执行订单簿交易所包含的信息内容。进一步讲，Smith指出，楼上市场并没有与订单簿形成流动性竞争。反而，当缺乏足够的流动性和订单簿市场存在巨大价差时，交易者更愿意在楼上市场交易。

18.5 高频交易和未来研究的方向

仅仅查阅一下当前有关交易成本的文献，我们就可以很容易地意识到，交易所现在受到了HFT公司（高频交易公司）发展和算法交易战略的影响。Iati（2009）估计，大约占美国交易公司总数2%的HFT公司，几乎占据了美国市场交易的75%。它们从2006年占总体交易量的26%，上升到2011年占总体交易的55%（Bloomberg 2011）。对HFT公司的一个特定定义是其进行的是"低延迟"交易。Hasbrouck和Saar（2010，p.1）将"延迟"定义为"观察一个市场事件的时间（例如，限价委托订单簿的一个新的买入价），在这段时间内交易者分析事件并向交易所发出指令以应对这个事件。"在此定义下，"低延迟"策略只有在毫秒环境下才有可能被发现。在这种极端交易状况下，交易公司投资巨额资金在技术研发上，以帮助它们获得执行优势，即使是为了千分之一秒的时间。而且，交易所也已经加大科技投入来促进HFT交易，因为HFT取代传统做市商成为流动性提供者的共识已经形成（Menkveld 2011）。

Hasbrouck和Saar（2010）强调，因为HFT对长期市场投资者来说是有用的，因此他们将不得不研究低延迟交易的影响。据此，作者检测了10分钟的交易间隔期间低延迟交易的影响，这对于长期投资者来说是很容易观察到的。Hasbriuck和Saar指出，即使在2008年市场低迷时，HFT活动也是降低有效价差、报价价差和短期波动性的关键因素。

Hendershott，Jones和Menkveld（2011）对于算法交易提出了一个类似的问题。这种交易近似于HFT但在执行时可以比HFT具有更高的延迟性。总的来说，作者研究了算法交易主要是流动性的供给者还是需求者的问题。如果算法交易是流动性的供给者，那么其会有效地帮助减少交易成本，因为它与传统的做市商并肩运作。如果算法交易是流动性的需求者，那它会因为增加交易成本而导致更大的价差。作者指出，算法交易降低了交易成本，尤其是对大盘股，这要归因于价差构成中的逆向选择成本部分的减少。Hendershott和Riordan（2009）指出，价差中逆向选择成本部分的减少与价格发现的增加相联系。他们指出，当市场成本高昂时，算法交易提供流动性；当市场成本低廉时，算法交易需要流动性，这导致了更高的价格效率。

O'Hara，Easly和de Prado（2012）进一步将HFT研究的结果形式化。特别是，作者认为，在高频世界中，时钟时间对捕捉知情交易需求和控制逆向选择交易成本并不重要。这意味着做市商不能再使用订单到达率来估量知情交易概率，因为高频交易者在许多交易中博取微小的利润，这就淡化了时钟时间的概念。作者把这个问题称为"流毒"，做市商此时提供流动性将会遭受损失。将HFT归为有毒交易的一个关键结果就是当做市商预期更大的流动性成本时，他们不会扩大价差。

Easley，de Prado和O'Hara指出，如果做市商在危机爆发前能够计算出流毒的增加，那么导致了历史上道琼斯工业平均指数最大日跌幅的2010年5月6日的闪电暴跌本可以避免。最新的研究成果表明，交易成本与流动性供给之间存在明显的关系，但如果不安全感在市场内蔓延，这种关系就会被破坏，因为这迫使做市商退出市场。

18.6　总结和结论

本章研究了买卖价差、佣金和其他交易成本。近年来的证据显示，交易成本处于历史性较低水平，这为算法交易的实施铺平道路，并导致了交易量的显著增长。交易成本被划分为佣金成本和买卖价差的成本部分，前者由交易所决定，后者由市场参与者独立的行为决定。

本章的一个主要结论是买卖价差可以被分解为订单处理成本、存货成本和逆向选择成本，它们之间相互独立，并独立于佣金费用而存在。Stoll（1989）指出，在报价价差中，逆向选择成本占43%，订单处理成本占47%，存货持有成本占10%。交易所中交易成本的变动是价差构成变动的函数。Jain（2003）指出，包括发达市场和新兴市场在内的51个交易所中，NYSE拥有最低的报价价差百分比（0.20%）。新兴市场的交易成本高于较发达市场的交易成本，其中乌克兰的交易成本最高，平均价差为15.34%。

交易成本可变性的第二个决定因素是市场结构存在差异性。本章讨论了市场结构存在差异对交易成本的意义。研究表明，电子市场交易显著地减少了佣金费用和买卖价差，然而，离单交易却因促进了大宗交易而备受赞扬。

最后，本章指出，未来的研究要更多地关注近年来不断发展的算法交易和高频交易。HFT的优势已经导致传统交易成本测度工具失效，因为高频交易者在低延迟交易环境下蓬勃发展，此时钟表时间已经不重要了。对此类问题当前的研究成果表明，当市场流动性缺乏时，HFT提供流动性；当市场流动性充足时，HFT需要流动性，最终促进价差缩小并改善价格发现进程。然而，2010年5月6日的道琼斯指数暴跌事件是在遭遇订单流毒时市场会变得脆弱的明显例证，这种流毒就源于HFT技术。

讨论题

1. 买卖价差的三个组成部分是什么？
2. 大宗交易为什么重要？
3. 在HFT中，什么是"订单流毒"？它为什么重要？
4. 请说明报价价差、有效价差、已实现价差和价格冲击的区别。
5. 交易成本是如何为近来显著增长的交易量铺平道路的？

作者介绍

Thanos Verousis 是英国巴斯大学管理学院金融学高级讲师。他之前曾在班戈大学任教。Verousis教授对金融市场微观结构有着广泛的研究兴趣，但他主要的贡献是研究NYSE LIFFE中个股期权交易的微观结构。他也在金融市场中代理行为的微观分析领域和投资信托的流动性方面进行过研究。他的成果发表在 *Journal of Futures Markets*、*Journal of International Financial Markets*、*Institutions and Money*、*European Journal of Finance* 和 *International Review of Financial Analysis* 等期刊上。他拥有威尔士大学金融市场博士学位。

致谢

作者对 Timotheos Angelidis 和 Owain ap Gwilym 提供的支持和非常有价值的建议表示衷心的感谢。

参考文献

Ahn, Hee-Joon, Jun Cai, and Yan Leung Cheung.2005."Price Clustering on the Limit-Order Book: Evidence from the Stock Exchange of Hong Kong."*Journal of Financial Markets* 8: 4,421-451.

Aitken, Michael J., Alex Frino, Amelia M.Hill, and Elvis Jar.2004."The Impact of Electronic Trading on Bid-Ask Spreads: Evidence from Futures Markets in Hong Kong, London, and Sydney."*Journal of Futures Markets* 24: 7,675-696.

Amihud, Yakov, and Haim Mendelson.1980. "Dealership Market: Market Making with Uncertainty."*Journal of Financial Economics* 8: 1,31-54.

ap Gwilym, Owain, Ian D.McManus, and Stephen Thomas.2005."Fractional versus Decimal Pricing: Evidence from the UK Long Gilt Futures Market."*Journal of Futures Markets* 25: 5,419-442.

Bacidore, Jeffrey, Robert H.Battalio, and Robert H.Jennings.2003."Order Submission Strategies, Liquidity Supply, and Trading in Pennies on the New York Stock Exchange."*Journal of Financial Markets* 6: 3,337-362.

Bagehot, Walter.1971."The Only Game in Town."*Financial Analysts Journal* 27: 2,12-14.

Ball, Clifford A., and Tarun Chordia.2001."True Spreads and Equilibrium Prices."*Journal of Finance* 56: 5,1801-1835.

Ball, Clifford A., Walter N.Torous, and Adrian E.Tschoegl.1985."The Degree of Price Resolution-The Case of the Gold Market."*Journal of Futures Markets* 5: 1,29-43.

Bernhardt, Dan, Vladimir Dvoracek, Eric Hughson, and Ingrid M.Werner.2005."Why Do Larger Orders Receive Discounts on the London Stock Exchange?"*Review of Financial Studies* 18: 4,1343-1368.

Bessembinder Hendrik.1997."The Degree of Price Resolution and Equity Trading Costs."*Journal of Financial Economics* 45: 1,9-34.

Bessembinder, Hendrik.1999."Trade Execution Costs on NASDAQ and the NYSE: A Post-Reform Comparison."*Journal of Financial and Quantitative Analysis* 34: 3,387-407.

Bessembinder, Hendrik.2003."Trade Execution Costs and Market Quality after Decimalization."*Journal of Financial and Quantitative Analysis* 38: 4,747-777.

Bessembinder, Hendrik, and Kumar Venkataraman.2004. "Does an Electronic Stock Exchange Need an Upstairs Market?"*Journal of Financial Economics* 73: 1,3-36.

Bloomberg.com.2011."High-Frequency Firms Tripled Trades Amid Rout, Wedbush Says." Available at www.bloomberg.com/news/2011-08-11/high-frequency-firms-tripled-trading-as-s-p-500-plunged-13-wedbush-says.html.

Boehmer, Ekkehart.2005."Dimensions of Execution Quality: Recent Evidence for U.S.Equity Markets."*Journal of Financial Economics* 78: 3,463-704.

Brennan, Michael J., Tarun Chordia, and Avanidhar Subrahmanyam.1998."Alternative Factor Specifications, Security Characteristics, and the Cross-Section of Expected Stock Returns."*Journal of Financial Economics* 49:3,345–373.

Chan, Kalok, Peter Y.Chung, and Herb Johnson.1995."The Intraday Behavior of Bid-Ask Spreads for NYSE Stocks and CBOE Options."*Journal of Financial and Quantitative Analysis* 30:3,329–346.

Chiao, Chaoshin, and Zi-May Wang.2009."Price Clustering:Evidence Using Comprehensive Limit-Order Data."*Financial Review* 44:1,1–29.

Chowdhry, Bhagwan, and Vikram Nanda.1991."Multimarket Trading and Market Liquidity." *Review of Financial Studies* 4:3,483–511.

Christie, William G., Jeffrey H.Harris, and Paul H.Schultz.1994."Why Did NASDAQ Market Makers Stop Avoiding Odd-Eighth Quotes?"*Journal of Finance* 49:5,1841–1860.

Christie, William G., and Roger D.Huang.1994."Market Structures and Liquidity:A Transactions Data Study of Exchange Listing."*Journal of Financial Intermediation* 3:3,300–326.

Christie, William G., and Paul H.Schultz.1994."Why Do NASDAQ Market Makers Avoid Odd -Eighth Quotes?"*Journal of Finance* 49:5,1813–1840.

Christie, William G., and Paul H.Schultz.1999."The Initiation and Withdrawal of Odd-Eighth Quotes among Nasdaq Stocks:An Empirical Analysis." *Journal of Financial Economics* 52:3,409–442.

Chung, Kee H., Charlie Charoenwong, and David K.Ding.2004."Penny Pricing and the Components of Spread and Depth Changes,"*Journal of Banking & Finance* 28:12, 2981–3007.

Chung, Kee H., Bonnie F.Van Ness, and Robert A.Van Ness.2002."Spreads, Depths, and Quote Clustering on the NYSE and Nasdaq:Evidence after the 1997 Securities and Exchange Commission Rule Changes."*Financial Review* 37:4,481–505.

Chung, Kee H., and Robert A.Van Ness.2001."Order Handling Rules, Tick Size, and the Interaday Pattern of Bid-Ask Spreads for Nasdap Stocks."*Journal of Financial Markets* 4:2, 143–161.

Clyde, Paul, Paul Schultz, and Mir Zaman.1997."Trading Costs and Exchange Delisting:The Case of Firms That Voluntarily Move from the American Stock Exchange to the Nasdap." *Journal of Finance* 52:5,2103–2112.

Copeland, Thomas E., and Dan Galai.1983."Information Effects and the Bid-Ask Spread." *Journal of Finance* 38:5,287–305.

Curcio, Riccardo, and Charles Goodhart.1991."The Clustering of Bid/Ask Prices and the Spread in the Foreign Exchange Market."Discussion Paper 110.London School of Economics, Financial Market Group.

Demsetz, Harold.1968."The Cost of Transacting."Quarterly *Journal of Economics* 82:1, 33–53.

Ding, Liang, and Jonas Hiltrop.2010."The Electronic Trading Systems and Bid-Ask Spreads in the Foreign Exchange Market."*Journal of International Financial Markets, Institutions & Money* 20:4,323–345.

Dutta, Prajit K., and Ananth Madhavan.1997."Competiton and Collusion in Dealer Markets." *Journal of Finance* 52:1,245–276.

Easley, David A., Marco M.Lopez de Prado, and Maureen O'Hara.2011."The Microstructure of the 'Flash Crash':Flow Toxicity, Liquidity Crashes, and the Probability of Informed

Trading."*Journal of Prtfolio Management* 37:2,118-128.

Edmister, Rober O.1978."Commission Cost Structure: Shifts and Scale Economies." *Journal of Finance* 33:2,477-486.

Edmister, Robert O., and N.Subramanian.1982. "Determinants of Brokerage Commission Rates for Institutional Investors: A Note." *Journal of Finance* 37:4,1087-1093.

Foerster, Stephen R., and G.Andrew.Karolyi.1998. "Multimarket Trading and Liquidity: A Transaction Data Analysis of Canada-US Interlisting." *Journal of International Financial Markets, Institutions and Money* 8:3-4,393-412.

Garman, Mark.1976."Market Microstructure."*Journal of Financial Economics* 3:3,257-275.

Glosten, Lawrence R., and Lawrence E.Harris.1988. "Estimating the Components of the Bid/Ask Spread."*Journal of Financial Economics* 21:1,123-142.

Glosten, Lawrence R., and Paul R.Milgrom.1985."Bid, Ask and Transaction Prices in a Specialist Market with Heterogeneously Informed Traders." *Journal of Financial Economics* 14:1,71-100.

Godek, Paul E.1996."Why Nasdap Market Makers Avoid Odd-Eighth Quotes."*Journal of Financial Economics* 41:3,465-474.

Hansch, Oliver, Narayan Y.Naik, and S.Viswanathan.1999. "Best Execution, Internalization, Preferencing and Dealer Profits."*Journal of Finance* 54:5,1799-1828.

Harris, Lawrence.1991."Stock Price Clustering and Discreteness."*Review of Financial Studies* 4:3,389-415.

Harris, Lawrence.1999."Trading in Pennies: A Survey of the Issues."Working Paper, University of Southern California.

Hasbrouck, Joel.1999."Security Bid-Ask Dynamics with Discreteness and Clustering: Simple Strategies for Modelling and Estimation."*Journal of Financial Markets* 2:1,1-28.

Hasbrouck, Joel, and Gideon Saar.2010."Low-Latency Trading."Working Paper, New York University.

Heidle, Hans G., and Roger D.Huang.2002."Information-Based Trading in Dealer and Auction Markets: An Analysis of Exchange Listings." *Journal of Financial and Quantitative Analysis* 37:3,391-424.

Hendershott, Terrence, Charles M.Jones, and Albert J.Menkveld.2011. "Does Algorithmic Trading Improve Liquidity?"*Journal of Finance* 66:1-33.

Hendershott, Terrence, and Ryan Riordan.2009."Algorithmic Trading and Information."NET Institute Working Paper No.09-08.

Ho, Thomas, and Hans R.Stoll.1981."Optimal Dealer Pricing under Transactions and Returns Uncertainty."*Journal of Financial Economics* 9:1,47-73.

Huang, Roger D., and Hans R.Stoll.1996."Dealer versus Auction Markets: A Paired Comparison of Execution Costs on NASDAQ and the NYSE."*Journal of Financial Economics* 41:3,313-357.

Huang, Roger D., and Hans R.Stoll.1997."The Components of the Bid-Ask Spread: A General Approach."*Review of Financial Studies* 10:4,995-1034.

Huang, Roger D., and Hans R.Stoll.2011."Tick Size, Bid-Ask Spreads, and Market Structure."*Journal of Financial and Quantitative Analysis* 36:4,503-522.

Huang, Yu Chuan.2004."The Compoents of Bid-Ask Spread and Teir Determinants: TAIFEX versus SGX-DT."*Journal of Futures Markets* 24:9,835-860.

Iati,Robert.2009."High Frequency Trading Technology."TABB Group.

Jaffee, Jeff, and Robert Winkler.1976."Optimal Speculation against an Efficient Market." *Journal of Finance* 31:1,49-61.

Jain, Pankaj K.2003."Institutional Design and Liquidity at stock Exchanges around the World."Working Paper,University of Memphis.

Jones,Charles M.2002."A Century of Stock Market Liquidity and Trading Costs."Working Paper,Columbia University.

Jones, Charles M., and Marc L.Lipson.2001."Sixteenths: Direct Evidence on Institutional Execution Costs."*Journal of Financial Economics* 59:2,253-278.

Kandel,Eugene,and Leslie M.Marx.1997."Nasdaq Market Structure and Spread Patterns." *Journal of Financial Economics* 45:1,61-89.

Keim, Donald B., and Ananth Madhavan.1997."Transactions Costs and Investment Style: An Interexchange Analysis of Institutional Equity Trades."*Journal of Financial Economics* 46:3,293-319.

Lin,Ji-Chai,Gary Sanger,and Geoffrey Booth.1995."Trade Size and Components of the Bid-Ask Spread."*Review of Financial Studies* 8:4,1153-1183.

Logue,Dennis.1975."Market-Making and the Assessment of Market Efficiency."*Journal of Finance* 30:1,115-123.

Madhavan, Ananth.2000."Market Microstructure."*Journal of Financial Markets* 3:3, 205-258.

Madhavan,Ananth,and Seymour Smidt.1991."A Bayesian Model of Interaday Specialist Pricicng."*Journal of Financial Economics* 30:1,99-134.

Menkveld,Albert J.2011."High Frequency Trading and the New Market Makers."Working Paper,VU University Amsterdam,Tinbergen Institute,and Duisenberg School of Finance.

NYSE.2001."Comparing Bid-Ask Spreads on the New York Stock Exchange and NASDAQ Immediately Following NASDAQ Decimalization."NYSE Research.

O'Hara,Mauree,David A.Easley,and Marcos M.Lopez de Prado.2012."Flow Toxicity and Liquidity in a High Frequency World."*Review of Financial Studies* 25:5,1547-1493.

O'Hara, Maureen, and George S.Oldfield.1986."The Microeconomics of Market Making." *Journal of Financial and Quantitative Analysis* 21:4,361-376.

Roll, Richard.1984."A Simple Implicit Measure of the Effective Bid-Ask Spread in an Efficient Market."*Journal of Finance* 39:4,1127-1139.

Seppi,Duane J.1990."Equilibrium Block Trading and Asymmetric Information."*Journal of Finance* 45:1,73-94.

Simaan,Yusif,Daniel G.Weaver,and David K.Whitcomb.2003."Market Maker Quotation Behavior and Pretrade Transparency."*Journal of Finance* 58:3,1247-1268.

Smidt,Seymour.1971."Which Road to and Efficient Stock Market:Free Competiton or Regulated Monopoly?"*Financial Analysts Journal* 27:5,18-68.

Smith, Brian F.2001."Upstairs Market for Principas and Agency Trades: Analysis of Adverse Information and Price Effects."*Journal of Finance* 56:5,1723-1746.

Stoll, Hans R.1978."The Supply of Dealer Services in Securities Markets."*Journal of Finance* 33:4,1133-1151.

Stoll, Hans R.1989."Inferring the Components of the Bid-Ask Spread: Theory and Empirical Tests."*Journal of Finance* 44:1,115–134.

Stoll, Hans R.2000."Friction."*Journal of Finance* 55:4,1479–1514.

Stoll, Hans R.2006. "Electronic Trading in Stock Markets." *Journal of Economic Perspectives* 20:1,153–174.

Tse, Yiuman, and Tatyana V.Zabotina.2001. "Transaction Costs and Market Quality: Open Outcry versus Electronic Trading."*Journal of Futures Markets* 21:8,713–735.

Venkataraman, Kumar.2001. "Automated versus Floor Trading: An Analysis of Execution Costs on the Paris and New York Exchanges."*Journal of Finance* 56:4,1445–1485.

第19章 交易前和交易后透明度

STEPHEN G.SAPP

西安大略大学金融学副教授

INGRID LO

中国香港大学金融学助理教授，并任职于加拿大银行

19.1 引言

自2007年爆发全球金融危机以来，学术界、实务界以及监管者对于深入了解如何改善金融市场运作产生了极大的兴趣。鉴于在金融证券交易中缺乏透明度通常是与金融危机相联系的，因此理解影响市场参与者交易决策的因素便显得尤为重要。尽管交易者获取实时的全球市场价格和新闻信息的渠道在不断增加，但Bouchaud，Mazard和Potters（2002，p.251）指出，交易者只拥有"最终微观层面的描述"。有关交易活动的可得信息是缺乏透明度的。因为知情交易者为了保护他们的信息价值，往往会使他们交易中的具体信息显得很模糊。因此，在意识到这些交易者的重要性后，交易所会在交易规模、交易时点以及交易对手的身份上对其采取不同的信息披露规定。这些措施表明，交易信息透明度的研究对学者、投资者以及监管者来讲是十分重要的。

本章讨论了以下几个问题：交易者使用什么信息？交易者想要获取什么信息？不同类型信息的可得性是如何帮助或损害整个交易过程的？最后，何种程度的交易透明度会在多大程度上改善金融市场运作，并且减少未来金融危机发生的可能性？

市场透明度指的是市场参与者可以获取的不同类型信息的数量。特别是，它表示市场参与者能够观察到的市场中所有参与者行为的程度，包括提交的报价、执行的交易，以及涉及的交易者身份。如果交易者信息和需求的变化推动了交易，那么交易前和交易后透明度的差异就对金融市场具有重大的影响。这一差异将导致交易者交易时机和风险厌恶状态变化水平、耐心度以及乐观状态的不同，而所有这些因素都会影响市场参与者的交易偏好。为了弄清这些因素是如何发挥作用的，我们假设有一个完全透明的市场，其中所有的相关信息都是公共信息。在这样的市场中，几乎没有市场参与者会收集私人信息。这意味着，由交易者流动性需求和信息差异驱动的交易到达市场会更慢一些。因此，金融市场的成功依赖于平衡好透明度和不透明度之间的关系，前者是促进竞争、公平与投资者保护的要求，后者则能够使交易者从收集新信息中获得潜在的收益。

本章的目标在于讨论一系列关于交易前和交易后透明度的理论和实证的文献资料。其中关键的部分在于明确影响市场参与者做出交易决定的最重要的信息是什么。本章进而将探讨透明度在不同维度上是如何影响知情与不知情交易者的，以及其是如何影响整体市场质量的。通过交易前后透明度的变化来理解透明度的权衡问题，需要从微观结构角度来研究金融市场，从而识别出影响市场参与者一系列指令行为的因素。由于这些指令是市场行为总和的基石，因此其提供了一种自下而上的方法，便于理解当可能带来巨大影响的政策、规则或者是交易需求发生变动时，有哪些因素会影响市场行为。

本章研究的是对于那些提交并最终获得执行的指令，其交易前和交易后的信息披露变化问题。在交易发生前，每个指令都面临着敞口风险（Harris 1997），即观察到指令提交的市场参与者能够推测出提交人的动机并据此推断出私人信息的风险。在交易被执行前，会产生一个问题，即应该向其他潜在交易者提供多少有关在市场中购买或出售承诺的信息。这是研究交易前透明程度的基础。在交易发生后，一个类似的问题也会产生，即了解到市场中买卖数量多少的信息能够有助于市场参与者洞悉进入市场的信息流，特别是在交易发生前，如果有关潜在的交易价格和交易数量的信息尚未被参与者完全知晓，更是如此。此类信息是讨论交易后透明度的基础。

因为很多类型的信息都能够被市场参与者获取，因此本章将通过运用现有的个人交易者订单提交决定微观模型以及他们对不同信息来源的依赖程度，讨论每种信息的价值。这些模型被用于研究限价订单交易市场，这是一个逻辑化的起点，因为全球超过半数的金融市场是限价订单市场（Rosu 2009）并且明确允许不同程度的透明度。限价订单簿能给市场参与者提供交易前后的价格、交易量以及订单流的详尽信息。这些信息会对电子限价订单市场的交易过程产生实质性的影响（Harris 和 Saad 2005）。本章的讨论基于市场微观结构的一般调查，例如 O'Hara（1995），Madhavan（2000）以及 Harris（2003）。本章也检验了以往的研究，即为什么交易者在限价订单市场里会提交不同类型的订单（Parlour 和 Seppi 2008）以及这些交易决定是如何与选择性订单执行策略等因素相联系的（Obizhaeva 和 Wang 2005）。其他采用不同方法的相关调查研究，包括 Friedman（2005）和 Hasbrouck（2007），前者重新审视了双重拍卖类型的交易（限价订单市场中一种特殊类型），后者强调了微观结构数据中的实证问题。

本章的结构如下。开始是关于透明度的讨论。限价订单交易已经成为了最主流的市场模式和研究透明度的主要领域。因此接下来会讨论限价交易。之后我们就透明度本身展开阐述，讨论关于订单提交决定的理论和经验文献，以及影响交易前订单提交决定的因素。同时也对与交易后透明度有关的重要问题进行了验证。最后一部分则是总结和结论。

19.2   市场透明度

市场透明度是指市场参与者在交易过程中能够观察到的某项资产的供需信息的数量（O'Hara 1995）。随着科技进步，金融市场的透明程度也在不断变化。个别市场发生的事件已经导致交易所开始试行新的规定以改善其运行。有一个普遍被认同的观点，即市场透明度与市场质量之间是相联系的——透明度越高，市场质量越好（美国证券交易委员会 2001）。较高的市场质量是指较低的交易成本、更好的流动性以及更有效的市场价格。提高市场透明度能够改善所有这些因素。然而，把市场质量与透明程度联系起来的这一观点遭到了越来越多人的质疑。

尽管有些人认为市场的透明度会创造更有效的价格（即新信息会更加迅速地融合在价格中），但是透明度本身会降低知情交易者披露其交易意愿的动力，因为这样的信息披露会降低他们的私有信息价值（Rindi 2002）。因此，理论模型并不支持透明度越高越好的观点。Madhavan，Porter 和 Weaver（2005）研究了东京股票交易所（TSE）交易前透明度增加的影响，当 TSE 完全开放限价订单簿时，作者发现更高的透明度并没有改善市场质量，反而增加了交易执行成本并且降低了流动性。

这些发现表明，对于这一领域需要进行更多的研究。关于信息披露的更宽范围的研究显示，大的知情交易者更喜欢不透明的市场，而小规模且知情不多的交易者则更喜欢透明市场（Pagano 和 Roell 1996；Biais，Foucault 和 Salanié 1998）。更高的透明度的优势对流动性较差的股票更明显（即逆向选择风险更高的股票），但对流动性较好的股票则不明显，此类股票的价差会变大且流动性会下降，这是因为交易者竞争获取到订单的动力会下降（Madhavan 1995；Pagano 和 Reoll 1996）。在研究交易前与交易后透明度改变所带来的不同影响时，其他研究发现，交易后透明度的变化对市场行为会造成更大的影响。

Baruch（2005）聚焦于限价订单簿，他探究了限价订单簿透明度变化所带来的影响。他发现市价指令交易者，不管其是否为知情交易者，都能够从公开的订单簿中获益，因为公开的订单簿能够降低他们交易的价格冲击。Baruch还发现，交易前透明度的提高会降低交易费用并形成更为有效的价格，这会迫使知情交易者更加迅速地利用他们的信息，从而导致价格变得更有效并且使福利增加。然而，对于占有和聚集信息的大型交易者来说，他们的福利并没有提高。

Madhavan 等（2005）研究了专家市场和限价指令市场的差异。他们发现，透明度的上升会明显导致价差（专家市场拥有的信息少，因此他们的价差更大）和交易者提交指令类型的差异。特别需要指出的是，更高的透明度会带来每个价位上更小的交易量，因为市价订单的执行风险更低并且交易者能够通过更多的小规模但价格更合理的订单来隐藏他们的信息。

尽管大多数有关交易前透明度的讨论主要关注于价格的披露和订单的数量，但是更有价值的潜在信息往往来自交易者的身份识别。通过了解是谁提交了订单，市场参与者能够推测出交易者是否知情。所以，匿名交易也会影响透明度水平，尤其是关乎到判断订单是知情的还是不知情的（Rindi 2002）。Albanesi 和 Rindi（2000）发现，当匿名制度被引入MTS债券市场时，流动性上升，市场参与者会更快地把信息融入价格中，而且交易费用会下降。Theissen（2000）对法兰克福股票交易所进行了研究，并发现非匿名交易允许做市商差别定价，从而为不知情交易者提供更好的价格和流动性。这一证据说明，在对交易前透明度的讨论过程中，当需要评估向市场参与者披露的内容时，匿名制度是一个需要考虑的有趣的特征，特别是对于那些有着不同交易机制的金融市场而言。

相较之下，关于交易后透明度的研究要少得多。Kovtunenko（2002）分析了交易后透明度的差异。他认为，更高的订单流交易后透明度可能会导致大型交易者获取更大的价差和更高的利润，因为披露过去的交易信息为自营商提供了更多的有关资产总需求的信息，从而使其他交易者能够将这一新信息补充进他们的私人信息里，用以改善他们的交易策略。

实证研究强调了确定理想的透明度水平是非常困难的。Bloomfield 和O'Hara（2000）发现交易前透明度有利于流动性和价格效率。然而，Flood等（1999）则发现随着交易前透明度的提高，在流动性和效率性之间存在权衡关系。在交易后透明度方面，Flood 等（1999）与 Bloomfield 和 O'Hara（1999）都发现交易后透明度具有正面效用。Flood，Koedijk，Van Dijk 和Van Leeuwen（2002）在 Flood 等（1999）研究的基础上进行了拓展，通过不断改变交易前与交易后的透明度，他们发现，知情交易者更偏好于较低的交易前透明度和较高的交易后透明度。

由于文献中的结论存在矛盾之处，因此不同的实证研究检验了在多个交易所上市的资产。这些资产都是相同的，只有交易机制和监管环境不同。例如，Degryse（1999）比较了在伦敦市场交叉上市的比利时股票的执行成本。他发现，交易成本取决于市场：在伦敦市场交易量越大，成本越低；交易量越小，成本越高。通过比较纽约股票交易所（NYSE）和纳斯达克市场的交易成本，Boehmer（2005）发现，纳斯达克市场的总执行成本更高，执行时间更短，而NYSE 市场则使大型交易更快速，也更昂贵。Boehmer，Saar 和 Yu（2005）研究了 NYSE 市场交易前透明度提高的影响。他们发现，在透明度上升后，交易者会提交更小型化的订单且取消订单的速度更快。尽管作者也发现，价格的信息效率有所改善，但他们仍表示，透明度变化所带来的总体作用并不明显。然而，他们也补充警告道：透明度变化的作用也许并非对所有参与者都不显著。

总之，透明度的变化对市场参与者的净影响仍然是一个开放的问题。其价值取决于想要获得最优效用的对象是谁，以及最重要的维度是什么。在接下来的讨论中，我们将会调查几个特殊领域，在这些领域中交易前后的透明度在不对交易意愿做判断的情况下将影响交易者的行为。

19.3 限价订单市场背景

在限价订单交易成为市场主要交易方式之前，金融市场的大部分交易主要发生在报价驱动市场以及以专家为中心的市场。NYSE 便是典型的专家市场。对大多数股票而言，NYSE 只有一个做市商或者专家，他们的工作是在其（或其他人）愿意交易的价位上通过展示买入价和卖出价，来确保持续的流动性供给。专家需要在市场没有足够适合交易的买家和卖家时，通过注入自有资本来减少市场波动性，从而维持市场的公平和秩序。做市商提供此类服务承担的风险与一段时间内次优存货的潜在获取能力有关。做市商也可能会在与知情交易者交易时面临逆向选择而遭受损失（Parlour 和 Seppi 2008）。作为提供这些服务的回报，做市商将会从与交易者买卖资产的价格差异中获利（即买卖价差）。

向限价订单市场的转换始于信息技术的进步和市场参与者数量的增加。如果投资者不愿在限价订单市场上以某个价格买入或者卖出，那么限价订单簿上就不会出现这个价位上的订单。这样一个价格的空挡，尤其对大多数市场参与者而言，是一个意味着重要信息的信号。所以，限价订单市场的推行意味着交易者能够观察限价订单簿并从中获取其他市场参与者有关市场判断的重要信息。这一现象为学者和实践者们提供了非常好的机会来研究限价订单簿中的公开信息变动是如何影响交易者订单提交决策的。下一部分将会讨论限价订单市场中所使用的订单类型，以及这些订单提供的交易前后的信息内容。

19.4 订单类型

在限价订单市场上，订单提交的决策包含以下几方面。交易者必须决定是否需要提交不同类型的订单或者取消之前提交的订单。广而言之，限价订单是在一个特定的价格水平上买卖一定数量资产的通知单。因此，限价订单的内容既包含了买卖数量，也包含了买卖价格。它是交易者在时间 t 买进（或卖出）最多 q 单位资产时价格不会高于（或低于） p 的一种承诺。限价订单以价格优先和时间优先来排序。一个价格较优的限价订单会拥有较高的优先执行权，一个较早提交的限价订单也会拥有一个较高的优先执行权。如果订单在提交时不能被匹配，它们会被保留在限价订单簿中作为活跃报价直到未来某一订单能与之匹配，或者订单将会被取消。

由于提交订单的价格与市场存在的最优价格的差异决定了订单执行的优先权，因此二者之间的差异被用于定义订单的积极性。最积极的订单是以高于（低于）现有交易者愿意卖出（买进）资产的最优价格的报价来提交订单购买（卖出）资产。这种订单被称作市价化订单。这类订单的两种特定类型是市价订单和市价化限价订单。市价订单是指订单只规定交易数量 q_t，不限定执行价格。交易者只是简单地表示想要购买（卖出）q 数量的资产的意愿，并且愿意接受当前市场上可行的最优价格。市价化限价订单是指一份交易数量为 q 的订单，且交易者设定了要求的交易价格，当这个价格高于（低于）市场存在的最优卖价（买价）时，交易者将买入（卖出）这一数量的资产。由于市价化限价订单的价格高于（低于）当前市场最优买入价（卖出价），因此市价化限价订单将会以当前市场上可行的最优价格执行。这样一来，市价委托订单和市价化限价订单都将立刻以当前限价订单簿中的最优价格来执行。

限价订单簿的深度基于不同价格水平上活跃订单的总体数量。因此，限价订单簿被定义为在时间 t 时市场上一系列活跃的订单，即在每个 p_t 价格水平上的 Q_t，其中，Q_t 是交易者以价格 p_t 提供的订单总量。这样，限价订单簿在这两个变量（Q_t，p_t）的描述下，被定义为所有可行的价格。按照标准惯例，买进（卖出）订单被表示为正向（负向）值。那么，限价订单簿就可以被描述为图 19-1。

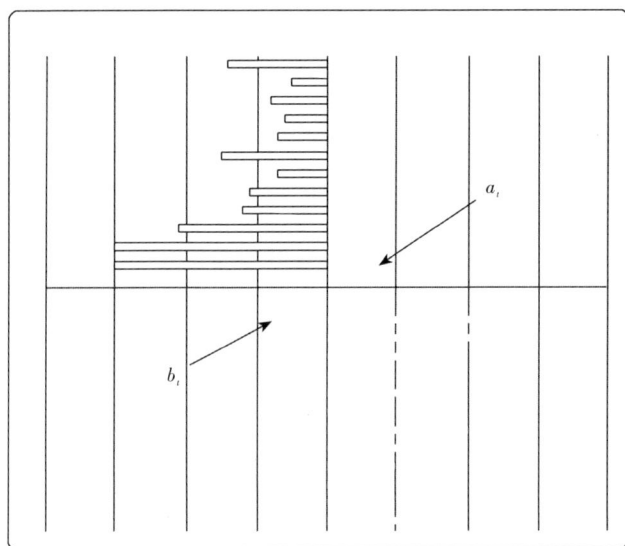

图 19-1　限价订单簿示例

注：x 坐标轴描述的是数量 q，可行的购买（卖出）资产用正向（负向）表示。y 轴描述的是价格 p。最优卖价（买价）用 b_t 来表示，这也是交易者可以购买（卖出）资产的价格。

图 19-1 形象化地描述了限价订单簿的一些关键方面。图的中心是在时间点 t 的最优买入价，用 b_t 表示。时间点 t 的最优卖出价，用 a_t 表示。这是交易

者愿意买（卖）资产但是尚未执行的最低（最高）价格。有效买卖价差就是在时间点 t 时，最优卖出价和最优买入价之间的差，$s_t = a_t - b_t$。因为交易者提交的购买（卖出）某项资产的订单价格低于（高于）当前最优价格，所以这些订单也会被保留在限价订单簿中。依赖于市场透明度，这些订单或许会被交易者所观察到。在这些价位上的订单数量被用于描述最优价格背后的市场深度。尽管这些订单的优先执行权远远落后，但是它们仍然会被有意图交易的交易者提交上来。由于这些订单体现了这些交易者的预期，因此它们本身包含了许多相关价格信息。假定交易者在提交的订单中隐瞒了他们想要购买（卖出）资产的真实数量（即冰山订单），那么在不同价位上的全部供需信息就不会体现在限价订单簿中。因此，对实际交易量的交易后披露可以为市场参与者提供新的信息。

一个重要的问题是为什么交易者仅仅为占据限价订单簿一席之地而提交订单呢？正如 Parlour（1998）所指出的，价格-时间优先是一个鼓励市场参与者积极下单的非常有效的方法。通过允许第一个提交的订单拥有优先的执行权，市场参与者就有动力在他们的意愿价格变成最优价格之前通过提交订单来证明他们的存在。这一机制激励了市场参与者，使其即使在无意以市场最优价格交易但仍对交易感兴趣的时候，依然会提交订单。尽管市场参与者可能更倾向于隐瞒他们的信息，但价格-时间优先机制额外地增加了他们保留私人信息的成本。正如 D'Hondt，De Winne 和 Francois-Heude（2004）所言，提交订单增加了其本身被执行的可能性，但也增加了和知情交易者交易的可能性（也可以称为"被摘果"），或者导致其他知情交易者提交一个更具积极性的订单。

由于市价订单和限价订单在执行中存在差异，因此这两种订单会面临不同类型的风险并吸引不同类型的交易者。市价订单或市价化限价订单被即时执行（假设限价订单簿有足够的深度）。尽管它们不必面临执行风险，但仍会受到价格风险的威胁，因为订单被执行时的实际价格在订单提交之时并不确定。另一方面，限价订单就没有价格风险的威胁，因为执行的价格已经包含在订单内容里了。然而，限价订单往往会面临执行风险，这是由于订单是否会被执行在订单提交之时并不确定。这意味着，订单执行依赖于订单提交之后价格如何变动。鉴于限价订单的特性，市场参与者通常将它们视为期权合约的一种形式。限价订单赋予市场参与者一种权利而非义务，允许他们在未来以特定价格买卖特定数量的某种资产。

由于市价订单和限价订单存在着明显的差异，市场微观结构的众多文献中都包含了对订单提交流程的理论模型和实证检验。我们将在后面讨论那些激励交易者提交不同类型订单的因素及其与交易前后透明度的关系。

尽管限价订单簿被认为可以展现出一项资产的所有供需信息，但是这些信息并非都能被市场参与者获取。至少有三种方法可以对市场参与者隐瞒信息。首先，向交易者揭示的限价订单簿的部分内容可以剔除当前市场最优价格背后的特定价格下的流动性供需信息。其次，限价订单簿可以不包括交易者的身份信息。再次，隐藏订单掩饰了交易者在某个价位具有交易兴趣的真实意图，这是由于限价订单簿并没有在每个价位上披露真实的可行深度。事实证明，这种隐藏订单具有非常重要的地位。在 NASDAQ 市场，隐藏的流动性在最优价格上占据将近 20% 的深度；而在巴黎泛欧交易所，其占据超过 50% 的深度（De Winne 和 D'Hondt 2007；Bessembinder，Panayides 和 Venkataraman 2009）。只有通过交易后披露真实交易量，才能使市场参与者了解到不同价位上可获得的真实深度。因此，此类订单类型的存在降低了交易前透明度，而且对执行交易总量的披露会影响交易后透明度。

19.5　交易前透明度重要吗？

大多数有关订单提交程序的经济学模型都假设交易者是理性的。这些模型假设交易者是根据他们所获得的全部信息来制定订单提交决策，使其效用函数最优化。不幸的是，在订单提交决策过程中，交易者并不清楚哪些信息是重要的。理论模型试图说明交易者如何考虑其所获取的有关资产的（公共的或私人的）信息以及他们的需求。实证研究，例如 Biais，Hillion 和 Spatt（1995）对股票市场的研究，Pasquariello 和 Vega（2007）对债券市场的研究，Berger，Chaboud，Chernenko，Howorka 和 Wright（2008）对外汇市场的研究；实验研究，例如 Bloomfield，O'Hara 和 Sarr（2005）都探究了交易者的实际订单提交或订单流，以追溯交易者是如何理解和利用可得信息的。

本节将会讨论一些理论研究和实证研究。这些文献检验了影响订单提交决策的因素，及这些因素是如何与可得信息（如透明程度水平）相关联的。下文首先开始验证有关交易发生前可得信息的研究（即交易前透明度）。

第一个针对限价订单市场的模型，做出了交易者何时提交市价订单或限价订单的简单假设。例如，在 Demsetz（1986）与 Cohen，Maier，Schwartz 和 Whitcomb（1981）的研究中，核心假设是知情交易者提交市价订单的目的是在信息被完全反映在市场之前，充分利用他们的信息优势；提交限价订单的目的是通过为交易者提供流动性而赚取利润。后续的研究模型正式说明了动态激励相容约束机制，这一机制意味着现在提交的订单将不得不既与已经存在于限价订单簿中的以往被提交的订单相竞争，还要与未来新信息出现后提交的所有订单相竞争。为这种动态激励相容约束和市场特征作用建立模型是非常困难的（Parlour和Seppi 2008）。

那些试图解释订单提交决策的模型，具有各种各样的关于交易者信息设定和决策标准的假设。许多不同的因素被纳入考虑范围之内是出于模型对盘中订单提交进行实证解释的需要，例如Biais等（1995）。实证研究强调了信息在订单提交决策中的重要意义。了解哪种类型的信息会影响订单提交决策，对于理解市场透明度的变化价值是非常重要的。

由于信息是订单提交决策的一个至关重要的方面，因此知晓以下问题的答案便显得尤为必要。交易者应该获取什么信息？交易者想要获取什么信息？这些信息是如何影响他们的订单提交决策的？换句话说，市场透明程度应达到什么样的水平，并且这将会对不同类型的交易者产生什么样的影响？为了解释这些问题，下文将详细分析，在交易者做出提交订单决策时，他们都考虑了哪些理论与实证模型建议的信息，以及这些信息与交易前后的透明度有什么关系。

理论研究提出了多种多样的机制来解释不同的特性是如何影响订单提交决策的。实证研究也说明了市场中那些需要被解释的关系或验证了某些观点。基于这些研究的结果，影响交易者决策的信息包括价差、波动性、订单流和在限价订单簿不同价位上的深度。

当检验被提交的订单时，研究人员应该既考虑订单的积极性，又注意订单中买卖的数量。然而，大部分研究都只关注订单的积极性，并假设订单数量规模不变（如一单位）。因此，有关订单提交决策中影响交易规模因素的研究较少。仅有的几篇研究影响订单规模因素的文献包括：Easley和O'Hara（1992）；Glosten（1994）；Dridi和Germain（2004）；Goettler，Parlour和Rajan（2005），以及Foucault，Moinas和Theissen（2007）。这些研究探讨了数量与价格之间潜在的权衡关系。然而，Goettler，Parlour和Rajan（2009）与Rosu（2010）指出了数量和价格之间存在的一个动态的权衡关系，当交易者提交一个较小规模的订单时，会倾向于使订单更具积极性。需要权衡的原因在于大规模市价订单的潜在成本较高。也就是说，一笔大型交易可能会披露更多的信息，而且可能不得不在订单簿中更多地向上向下搜索信息才能够完全执行订单。如果某项资产价格的变化与自营商的交易意图不符，订单将会面临被取消的潜在成本。因此，积极性与数量规模之间存在相关性：交易者会随着交易数量（订单积极性）的增加而降低订单的积极性（数量）。

因为交易规模很明显是订单提交决策中一个非常重要的方面，因此鉴于隐藏订单的存在，透明度就在此维度中变成了越来越重要的值得思考的因素。随着隐藏订单变得越发盛行，在巴黎泛欧交易所总深度中50%多的订单都是隐藏订单（Tuttle 2002）。因此，透明度对于交易者交易数量的决策变得越发重要。尽管研究并没有指出这些订单的最优数量，但是一些研究，例如Bessembinder等（2009），已经提出了关于隐藏订单的多方面问题。隐藏订单被完全执行的可能性很小，但当市场上流动性较低和理想交易规模较小时，隐藏订单被提交的可能性很大。因此，提交决策依赖于市场环境和交易者偏好，同样，透明度在此维度中的影响也依赖于这些因素。

本节主要阐述的是不同因素对订单积极性决策的影响。理解哪些因素会对订单积极性决策产生影响有助于揭示不同类型的透明度是如何影响交易者订单提交策略和市场质量的。如果某个因素对交易者制定其订单提交决策影响较小，那么在此领域中提高或降低透明度就不太可能影响市场行为。

19.6 市场特征对交易者行为的影响

尽管与市场透明度没有直接的关联，但本节依然将检验一般信息环境的作用作为讨论的切入点。例如，有证据显示，相对于市场不确定性水平较低的情况，市场不确定性整体水平越高越能影响交易者订单提交决策。市场不确定性一般水平是指市场观点的离散水平或市场不确定性水平。正如Llambros和Zarnowitz（1987）指出的，市场观点的离散（或投资者预期异质性）虽然与不确定性相关，但在概念上仍与其有所不同。市场观点的离散程度显示出了投资者对即将到来的事件存在预期上的差异，或是与市场参与者对资产价值基础信息的不确定性相关联。Kim和Verrecchia（1994）指出，甚至到事件之后，不确定性依然会存在。此类不确定性是被广泛接受的一种假设条件，因为它在事件公告前和公告后都提供了一种交易动力（Green 2004；Pasquariello和Vega 2007）。从理论上讲，Harris和Raviv（1993）与Kim和Verrecchia（1994）指出，市场观点分歧越大，会导致越大的交易量，因此这是在研究市场质量和交易者行为中需要考虑的一个重要因素。

Shalen（1993）；Berger等（2008）；Jongen，Verschoor和Wolff（2008），

以及 Xiong 和 Yan（2010）等学者探究了观点离散对交易活动的影响，并证明了预期异质性程度能够对资产价格动态和交易量产生影响。其他一些研究，包括 Green（2004）与 Pasquaruello 和 Vega（2007），利用公告前的市场观点离散性作为国债市场上交易者之间私人观点离散性的代替变量。这些研究发现，市场观点的离散程度对交易者如何将新信息融入市场价格产生了显著的影响。Sarkar 和 Schwartz（2009）提出，预期异质性也影响了交易方面。Lo 和 Sapp（2002）发现，当市场观点离散程度较大时，交易者倾向于提交限价订单，随着市场观点离散度的增加，来自公共资源（例如，限价订单簿）的信息价值会有所下降。这意味着交易者会在不确定性增加的情况下，从限价订单簿外的信息资源中发掘更多的信息。作者还发现，这种不确定性的影响会持续到公告之后。

下面我们讨论限价订单簿（与交易前透明度直接相关）中所包含的信息问题。在这一领域，以往的文献已经证明，限价订单簿的特征会影响交易者订单提交决策。有关研究价差价值的文献显示，价差是一种重要的信息资源，这是因为它可以作为市场中信息不对称性的一种测度标准。由于买卖价差一般是与价格不确定性的增加相关的，因此也会与市场波动性的增加相联系（Foucault等 2007），买卖价差会对交易者如何提交订单产生影响（Foucault 1999；Ahn，Bae 和 Chan 2001）。在价差扩大之后，交易者提交限价订单的可能性会更高，这表明价格的不确定性增加，因此他们就能够从向市场提供流动性中赚取利润，但不能保护他们免遭潜在的价格风险（Biais等 1995）。与此相似，随着价差的增加，订单提交数量也会减少。也就是说，自营商会在此时提交订单赚取利润，但他们会减少订单数量以规避风险。此外，当有关订单规模的信息可得时，知情交易者就会通过与市场中的其他非知情交易者保持类似的订单规模来试图隐藏他们的信息。因此，知情交易的潜力可以通过买卖价差反映出来（Amihud 和 Mendelson 1986；Easley，Hvidkjaer 和 O'Hara 2002）。

总而言之，价差可以揭示价格的不确定性、流动性和信息不对称性的相关信息。对于交易者来说，获取价差对他们制定订单提交决策至关重要，因为价差既能够影响交易的积极性，也能够影响交易的数量规模。在大多数市场中，有关交易前透明度的最基本信息就是当前市场上的最优买价、卖价以及价差。

将价差视为不确定性测度标准的研究也关注市场的波动性。波动性可以因交易而起，并影响交易活动。尽管众所周知，波动性现象中存在季节性因素，但与信息到达相关的暂时效应也是存在的。包括 Admati 和 Pfleiderer（1988）与 Biais等（1995）在内的许多研究者都证明了季节性模式或盘中模式的存在。这些模式对交易者的订单提交决策会产生预知性影响。因为季节性模式是可以预知的，因此其对市场的冲击也能够被预测出来。所以，暂时性因素的透明度变化所带来的影响就显得尤为重要。Foucault（1999）；Foucault，Kadan和Kandel（2005）等指出，由波动性增加而引起的不确定性增加可以归因于自营商间信息不对称的增加。交易者在观察到这种现象后就会提交积极性较小的订单。然而，Cohen等（1981）指出，随着价格不确定性的增加，风险厌恶型自营商在执行交易时，就会在确定性的基础上增加一个溢价。其结果是，他们所建立的模型表明，市价订单（更具积极性的订单）会随着波动性的增加而增加。Kaniel和Liu（2006）表示，在不确定性增加阶段，知情交易者倾向于选择限价订单来规避价格风险并掩饰他们的订单。Rosu（2009，2010）与Goettler等（2009）预测，知情交易者会偏好于提交限价订单而非市价订单，来锁定他们的私人信息价值。尽管有关波动性的影响方向和交易者订单提交决策方面缺乏理论上的共识，但仍有人相信，此类信息具有重要的作用。

实证研究指出，流动性与波动性存在一个反向的关系（Ahn等2001；Bae，Jang和Park 2003；Ranaldo 2004；Foucault等2007）。因此，相关文献中并没有说明当波动性增加时，提交的订单在类型和规模上的变化。实际上，研究指出了市场波动性、买卖价差、限价订单簿深度和交易者订单提交决策之间的关系（Al-Suhaibani和Kryzanowski 2000；Ahn等2001；Hollified，Miller，Sandas和Slive 2006；Hall和Hautsch 2007；Foucault等2007）。对于在Island ECN上交易的美国股票，Hasbrouck和Saar（2002）发现，在波动性较高的时期，限价订单的比例较小，并且提交的限价订单被执行的可能性较高，被执行的预期时间也较短。

波动性与限价订单簿状态之间的联系（即多样的订单提交行为综合测度）是一种混合性结果。Lo和Sapp（2010）发现，在高波动性期间，既定价位上可得深度的方差在增加。然而，在Island ECN上，Hasbrouck和Saar（2002）发现，波动性和限价订单簿深度之间只有微弱的联系。Hendershott，Jones和Menkveld（2011）也发现，在NYSE市场，已实现的波动性与每日价差具有正向关系。因此，交易者就能够获取因市场波动引起的当前价格和过去价格变化的信息，价差的显现影响了个人交易者的订单提交决策。所以，这些因素都是交易前透明度讨论中非常重要的部分。

有关交易前透明度的最后一部分信息是限价订单簿的状态。一些理论研究，例如Rindi（2002）；Simaan，Weaver和Whitcomb（2003）；Foucault等（2007）明确指出，限价订单簿的透明度能够对信息效率产生影响，并因此也会对交易者订单提交策略产生影响。最优价格深度的变化对交易者产生影响依赖于交易者是想要购买资产还是出售资产。例如，与市场相对的最优价格的深度增加会降低大型市价订单的成本。然而，以与市场同向的最优价格提交限价订单会更昂贵，因为最优价格深度的增加意味着等待执行的订单会有一个很长的队列，并因此面临一个更高的执行风险（Goettler 等 2005）。Handa，Schwartz 和 Tiwari（2003）检验了市场双边相对深度的重要性。他们发现，即使交易者可能会预测到市场两边存在明显的不平衡而停止交易，但交易者仍然会利用买卖订单之间的相对差异，来对资产的潜在价值作出新的预期。这就使交易者能够通过支付价差成本来抵补预期的未执行风险。除了市场上可观察到的深度外，Tkatch 和 Kandel（2006）发现，交易者订单提交决策也会受到订单执行预期时间的影响。因此，了解最优价格上的可得深度和订单到达率，会影响到交易者提交订单决策。

类似的观点也同样适用于最优价格背后的价格深度信息影响。一些研究，例如 Bloomfield 等（2005）；Kaniel 和 Liu（2006）以及 Goettler 等（2005）表明，知情交易者也可以在最优价格背后的价位上作出提交限价订单的最优选择。尽管这些订单不能被立即执行，但将其提交依然很重要，因为这些订单必须有真实的货币做后盾，直到它们被取消为止。与此一致的是，Berber 和 Caglio（2005）；Foucault 等（2005）以及 Cao，Hansch 和 Wang（2009）也发现，限价订单簿中不同价格水平上的订单量包含了未来价格走势的相关信息。

运用源于限价订单簿的测度方法，Easley，Kidfer，O'Hara 和 Paperman（1996）发现，不平衡的订单流包含了与交易者私人信息相关的一些信号。Kavahecz 和 Odders-White（2004）运用技术分析研究了限价订单簿中订单提交模式。他们发现，这些订单提交模式揭示了关于流动性供给的重要信息，交易者相信其预示着未来市场的走向。

由于信息能够被包含在限价订单簿的深度中，因此近年来的研究开始关注冰山订单的不断使用和暗池的出现。冰山订单（也称作隐藏规模订单）只向其他交易者展示了订单总量的一部分，而暗池则是那些完全对公众隐瞒的订单。正如 Buti，Rindi 和 Werner（2011）的模型所发现的，当交易者既可以在完全透明的限价订单簿中交易，又可以在不透明的暗池中交易时，交易者会将其订单转移到暗池中去。然而，暗池对市场质量的影响取决于市场以往的深度和交易者的身份。因此，不断增加的暗池使用对市场质量的影响并未明确（Sarkar，Schwarta 和 Klagge 2009）。这对于那些关注交易前透明度规则和标准的研究来说，是一个值得探索的领域。

19.7 交易后透明度

尽管影响交易者订单提交决策的因素，普遍与限价订单簿中包含的信息披露相关（即交易前透明度），但是对透明度的探讨不应该局限于这些信息。冰山订单和暗池的出现表明了充分了解交易后信息披露也会对交易者行为产生影响。这里有一个十分关键的因素，即订单流——已执行的买卖订单的净数量。由于隐藏订单的存在，限价订单簿或许并没有包含所有流动性供需的相关信息。实证研究证明了在股票市场（Hasbrouck 1991；Berry 和 Howe 1994）、外汇市场（Evans 和 Lyons 2008）和国债市场（Brandt 和 Kavajecz 2004；Green 2004；Pasquariello 和 Vega 2007）上，订单流的不平衡能够揭示私人信息。

与前文一样，关注于特殊交易而不是仅重视总订单量的一些研究，如 Cao 等（2008）与 Hautsh 和 Huang（2012）发现，已执行的市价订单和积极的限价订单对价格具有最为显著的影响。更简单地讲，Hautsh 和 Huang 发现，在同等数量规模情况下，已执行的市价订单对市场的影响平均超过限价订单影响四倍。非市价化限价订单不会对价格产生即时影响，但却具有长期的价格影响。

Bloomfield 等（2005）的实证研究人为地营造了一种特定的信息环境，并发现购买（出售）资产的限价订单到达率在正向（负向）价格发生改变之后会有所增加。这些结果表明，对已执行交易的信息揭露，蕴含了十分重要的信息并影响了交易者的行为。

由于信息环境可能会影响信息披露的反馈，因此学者们也研究了不确定性和有关某些事件的新信息的到达是如何影响交易者解读已执行交易信息的方式的。Carlson 和 Lo（2006）研究了围绕一个单独的未曾预料到的宏观经济信息发布，交易者订单提交策略的变化。他们发现，在信息发布之后，交易者订单提交策略发生了显著的变化。Bloomfield 等（2005）通过对知情交易者和不知情交易者订单提交决策进行实验研究，证明了信息环境的变化是如何对交易者提交的订单类型产生影响的。知情交易者在决定是否提交限价（市价）订单以供给（需求）流动性时，主要依赖于他们所占有的信息，也就是私人信息的价值是否很低（高）。

Lo 和 Sapp（2012）拓展了这些研究，他们利用定期发布的宏观经济信息来探索异质性预期差异对交易者提交订单决策的不同影响。他们发现，不管实际发布的信息是什么，信息发布前的不确定性影响会持续影响信息发布后的订单提交决策，并且这种信息会削弱限价订单簿可得的信息价值。

上述研究表明，在巨大的信息冲击之后，交易者倾向于规避与市价订单相关的价格风险，但是订单提交策略和信息冲击之间关系的大小取决于总体的信息环境。与此一致，Osler，Mende 和 Menkhoff（2007）；Tham（2007）；Evan 和 Lyons（2008）指出，在信息公告之后订单流会传达出更多的私人信息。如同 Lim 和 Verrechia（1994，1997）所示，公共信息的发布会导致私人信息的内生创造。随即，总体信息环境和交易后信息披露就会对交易者行为产生影响。

19.8　总结和结论

尽管全球金融危机的爆发使金融市场运作越来越受到人们的关注，但几个世纪以来，学者、从业者和监管者一直致力于找出最优的市场结构。有关价格有效性和不同因素是如何影响价格等问题，在研究中已有所涉及，例如 Smith（1776，Book I，Chapter VII，p.69）：

自然价格，和往常一样就是中心价格，所有商品的价格都不断地向它靠拢。各种意外事件有时候会使价格抬高到自然价格之上，有时候会迫使价格下降，甚至降到自然价格之下。但是无论有什么障碍阻止它们固定在这个中心，它们都会不断地向其趋近。

本章分析了现有的实证研究和理论研究文献，探讨了影响市场参与者做出交易决策的因素。理解哪些因素会影响交易者的个人决策并因此影响整个市场行为（即所有这些个人决策的加总影响）变得越来越重要。假定最能够被市场参与者控制的因素是市场透明度，那么，了解不同交易系统的市场透明度变化所带来的价值也是十分重要的。

从微观结构层面上看，信息披露的变化既可以发生在交易前，也可以发生在交易后。交易前和交易后的信息对交易者个人行为会产生不同的影响。不幸的是，这种影响是积极的还是消极的因人而异。对于投资于某项资产的特定类型交易者来说，透明度的增加是有利的。然而，对另一些交易者来说，透明度的增加并不能够带来益处。

讨论题

1.什么是市场透明度？为什么学者、从业者以及监管者会对市场透明度感兴趣？

2.限价订单簿中哪些特点是交易者应该研究关注的？

3.为什么投资者会关心提交大型订单或是提交许多小型订单的交易者身份？为什么交易者不想他们的身份被知晓？

4.为什么监管者应该区分交易前披露和交易后透明度？

5.为什么较高的透明度不利于一些市场参与者，而利于另一些市场参与者？

作者介绍

Stephen G.Sapp 是西安大略大学毅伟商学院财经系的副教授，他同时是荷兰国际集团金融部的负责人。他的主要研究领域是实证金融，研究金融市场参与者行为方面信息和公司治理的作用。他在 *Journal of Financial and Quantitative Analysis*、*Journal of Money*、*Credit and Bnaking*、*Journal of Banking and Finance* 等期刊杂志以及其他学术和实务方面的期刊上发表过文章。Sapp 副教授获得了西北大学凯洛格管理学院金融学的博士学位。

Lngrid Lo 是中国香港大学金融系助理教授，同时也是加拿大银行金融市场集团的高级经济学家。她的主要研究领域是市场微观结构实证，主要研究信息和流动性在金融市场的作用以及外汇市场与固定收益市场的资产定价实证问题。她在 *Journal of Financial and Quantitative Analysis*、*Journal of Asset Management*、*Journal of International Money and Finance*、*Journal of International Financial Markets* 以及 *Institutions and Money* 等期刊杂志上发表过文章。Lo 教授获得了西安大略大学的经济学博士学位。

参考文献

Admati, Anat R., and Paul Pfleiderer.1988."A Theory of Intraday Patterns: Volume and Price Variability."*Review of Financial Studies* 1:1,3–40.

Ahn, Hee-Joon, Kee-Hong Bae, and Kalok Chan.2001."Limit Orders, Depth, and Volatility: Evidence from the Stock Exchange of Hong Kong."*Journal of Finance* 56:2,769–790.

Al-Suhaibani, Mohammad, and Lawrence Kryzanowski.2000."An Exploratory Analsis of the Order Book, and Order Flow and Execution on the Saudi Stock Market."*Journal of Banking and Finance* 24:8,1323–1357.

Albanesi, Stefania, and Barbara Rindi.2000."The Quality of the Italian Treasury Bond Market, Asymmetric Information and Transaction Costs." Annales d´Economie et de Statistique 60,1–19.

Amihud, Yakov, and Haim Mendelson.1986."Asset Pricing and the Bid-Ask spread."*Journal of Financial Economics* 17:2,223–249.

Bae, Kee-Hong, Hasung Jang, and Kyung Suh Park.2003."Traders Chioice between Limit and Market Orders: Evidence from the NYSE Stocks."*Journal of Financial Markets* 6:4, 517–538.

Baruch, Shmuel.2005."Who Benefits from an Open Limit-Order Book?"*Journal of Business* 78:4,1267–1306.

Berber, Alessandro, and Cecilia Caglio.2005."Orders Submission Strategies and Information: Empirical Evidence from the NYSE."Working Paper, University of Pennsylvania.

Berger, David, Alain Chaboud, Sergey Chernenko, Edward Howorka, and Joathan Wright.2008."Order Flow and Exchange Rate Dynamics in Electronic Brokerage System Data."*Journal of International Economics* 75:1,93–109.

Berry, Thomas D., and Keith M.Howe.1994."Public Information Arrival." *Journal of Finance* 49:4,1331–1346.

Bessembinder, Hendrick, Marios Panayides, and Kumar Venkataraman.2009. "Hidden Liquidity: An Analysis of Order Exposure Strategies in Automated Markets."*Journal of Financial Economics* 94:3,361–383.

Biais, Bruno, Thierry Foucault, and Francois Salanié.1998."Floors, Dealer Markets and Limit Order Markets."*Journal of Financial Markets* 1:3–4,253–284.

Biais, Bruno, Pierre Hillion, and Chester Spatt.1995."An Empirical Analysis of the Limit Order Book and the Order Flow in the Paris Bourse."*Journal of Finance* 50:5,1655–1689.

Bloomfield, Robert, and Maureen O´Hara.1999."Market Transparency: Who Wins and Who Loses?"*Review of Financial Studies* 12:1,5–35.

Bloomfield, Robert, and Maureen O´Hara.2000."Can Transparent Markets Survive?"*Journal of Financial Economics* 55:3,425–459.

Bloomfield, Robert, Maureen O´Hara, and Gideon Saar.2005."The 'Make or Take' Decision in an Electronic Market: Evidence on the Evolution of Liquidity." *Journal of Financial Eco-*

nomics 75:1,165-1999.

Boehmer, Ekkehart.2005."Dimensions of Execution Quality: Recent Evidence for US Equity Markets."*Journal of Financial Economics* 78:3,553-582.

Boehmer, Ekkehart, Gideon Saar, and Lei Yu.2005."Lifting the Veil: An Analysis of Pre-Trade Transparency at the NYSE."*Journal of Finance* 60:2,783-815.

Bouchaud, Jean-Philippe, Marc Mezard, and Marc Potters.2002."Statistical Properties of Stock Order Books: Empirical Results and Models."*Quantitative Finance* 2:4,251-263.

Brandt, Michael, and Kenneth A.Kavajecz.2004."Price Discovery in the U.S.Treasury Market: The Impact of Orderflow and Liquidity on the Yield Curve."*Journal of Finance* 59:6, 2623-2654.

Buti, Sabrina, Barbara Rindi, and Ingrid M.Werner.2011."Diving into Dark Pools."Working Paper No.2010-03-010,Fisher College of Business,Ohio State University.

Cao, Charles, Oliver Hansch, and Xiaoxin Wang.2008."Order Placement Strategies in a Pure Limit Order Book Market."*Journal of Financial Research* 31:2,113-140.

Cao, Charles, Oliver Hansch, and Xiaoxin Wang.2009."The Informational Content of an Open Limit Order Book."*Journal of Futures Markets* 29:1,16-41.

Carlson, John A., and Melody Lo.2006."One Minute in the Life of the DM/US $: Public News in an Electronic Market." *Journal of International Money and Finance* 25:7, 1090-1102.

Cohen,Kalman J.,Steven F.Maier,Robert A.Schwartz,and David K.Whitcomb.1981."Transaction Costs,Order Placement Strategy,and Existence of the Bid-Ask Spread."*Journal of Political Economy* 89:2,287-305.

De Winne, Rudy, and Catherine D´Hondt.2007."Hide-and-Seek in the Market: Placing and Detecting Hidden Orders."*Review of Finance* 11:3,663-692.

Degryse, Hans.1999."The Total Cost of Trading Belgian Shares: Brussels versus London." *Journal of Banking and Finance* 23:9,1331-1355.

Demsetz, Harold.1968."The Cost of Transacting." *Quarterly Journal of Economics* 82:1, 33-53.

D´Hondt,Catherine,Rudy De Winne,and Alexandre Francois-Heude.20040."Hidden Orders on Euronext: Nothing Is Quite as It Seems."Working Paper,Catholic University of Mons (FUCaM).

Dridi,Ramdan,and Laurent Germain.2004."Bullish-Bearish Strategies of Trading: A Nonlinear Equlibrium."*Journal of Financial and Quantitative Analysis* 39:4,873-886.

Easley,David,Soeren Hvidkjaer,and Maureen O´Hara.2002."Is Information Risk a Determinant of Asset Returns?"*Journal of Finance* 57:5,2185-2221.

Easley,David,Nicholas M.Kiefer,Maureen O´Hara,and Joseph B.Paperman.1996."Liquidity,Information,and Infrequently Traded Stocks."*Journal of Finance* 51:4,1405-1436.

Easley,David,and Maureen O´Hara.1992."Time and the Process of Security Price Adjustment."*Journal of Finance* 47:2,576-605.

Evans,Martin D.D.,and Richard K.Lyons.2002."Order Flow and Exchange Rate Dynamics." *Journal of Political Economy* 110:1,170-180.

Evans, Martin D.D., and Richard K.Lyons.2008."How Is Macro News Transmitted to Exchange Rates?"*Journal of Financial Economics* 88:1,26-50.

Flood, Mark, Ronald Huisman, Kees Koedijk, and Ronald Mahieu.1999."Quote Disclosure and Price Discovery in Multiple Dealer Financial Markets." *Review of Financial Studies* 12:1,37-59.

Flood, Mark, Kees Koedijk, Mathijs Van Dijk, and Irma Van Leeuwen.2002. "Dividing the Pie." Working Paper, Social Science Research Network.Available at http://papers.ssrn. com/so13/papers.cfm?abstract_id=371044.

Foucault, Thierry.1999."Order Flow Composition and Trading Costs in a Dynamic Limit Order Market." *Journal of Financial Markets* 2:2,99-134.

Foucault, Thierry, Ohad Kadan, and Eugene Kandel.2005."The Limit Order Book as a Market for Liquidity." *Review of Financial Studies* 18:4,1171-1217.

Foucault, Thierry, Sophie Moinas, and Erik Theissen.2007."Does Anonymity Matter in Electronic Limit Order Markets?" *Review of Financial Studies* 20:5,1707-1747.

Friedman, Daniel.2005."The double auction market institution: a survey." In Daniel Friedman and John Rust, eds. *The Double Auction Market: Intitutions, Theories, and Evidence*, 3-27.Cambridge, MA: Addison-Wesley.

Glosten, Lawrence R.1994."Is the Electronic Open Limit Order Book Inevitable?" *Journal of Finance* 49:4,1127-1161.

Goettler, Ronald L., Christine A.Parlour, and Uday Rajian.2005. "Equilibrium in a Dynamic Limit Order Market." *Journal of Finance* 60:5,2149-2192.

Goettler, Ronald L., Christine A.Parlour, and Uday Rajan.2009."Informed Traders and Limit Order Markets." *Journal of Financial Economics* 93:1,67-87.

Green, Clifton.2004."Economic News and the Impact of Trading on Bond Prices." *Journal of Finance* 59:3,1201-1234.

Hall, Anthony D., and Nikolaus Hautsch.2007."Modeling the Buy and Sell Intensity in a Limit Order Book Market." *Jouranl of Financial Markets* 10:3,249-286.

Handa, Puneet, Robert A.Schwartz, and Ashish Tiwari.2003."Quote Setting and Price Formation in an Order Driven Market." *Journal of Financial Markets* 6:4,461-489.

Harris, Jeffrey, and Mohsen Saad.2005."The Sound of Silence."Working Paper, Social Science Research Network.Available at http://papers.ssrn.com/so13/papers.cfm?abstract_id=687102.

Harris, Lawrence.1997."Decimalization: A Review of the Arguments and Evidence."Working Paper, University of Southern California.

Harris, Lawrence.2003.*Trading and Exchanges: Market Microstructure for Practitioners*.Oxford: Oxford University Press.

Harris, Milton, and Artur Raviv.1993."Differences of Opinion Make a Horse Race." *Review of Financial Studies* 6:3,473-506.

Hasbrouck, Joel.1991."Measuring the Information Content of Stock Trades." *Jouranl of Finance* 46:1,179-207.

Hasbrouck, Joel.2007.*Empirical Market Microstructure*.Oxford: Oxford University Press.

Hasbrouck, Joel, and Gideon Saar.2002."Limit Orders and Volatility in a Hybrid Market: The Island EcN."Working Paper, New York University.

Hautsch, Nikolaus, and Ruihong Huang.2012."The Market Impact of a Limit Order." *Journal of Economic Dynamics and Control* 36:4,501-522.

Hendershott, Terrence, Charles M.Jones, and Albert J.Menkveld.2011. "Does Algorithmic Trading Improve Liquidity?" *Jouranl of Finance* 66:1,1-33.

Hollifield, Burton, Robert Miller, Patrik Såndas, and Joshua Slive.2006. "Estimating the Gains from Trade in Limit Order Markets." *Journal of Finance* 61:6,2753-2804.

Jongen, Ron, Willem F.C.Verschoor, and Christian C.P.Wolff.2008. "Foreign Exchange Rate Expectations:Survey and Synthesis." *Jouranl of Economic Surveys* 22:1,140-165.

Kaniel, Ron, and Hong Liu.2006. "What Orders Do Informed Traders Use?" *Jouranl of Business* 79:4,1867-1913.

Kavajecz, Kenneth A., and Elizabeth R.Odders-White.2004. "Technical Analysis and Liquidity Provision." *Review of Financial Studies* 17:4,1043-1071.

Kim, Oliver, and Robert E.Verrecchia.1994. "Market Liquidity and Volume around Earnings Announcements." *Journal of Accounting and Economics* 17:1-2,41-67.

Kim, Oliver, and Robert E.Verrecchia.1997. "Pre-Announcement and Event Period Private Information." *Journal of Accounting and Economics* 24:3,395-419.

Kovtunenko, Boris.2002. "Post-Trade Transparency:The More the Better?" Working Paper, Sociai Science Research Network.Available at http://papers.ssrn.com/so13/papers.cfm? abstract_id=1132774.

Llambros, Louis, and Victor Zarnowitz.1987. "Consensus and Uncertainty in Economic Prediction." *Journal of Political Economy* 95:3,591-662.

Lo, Ingrid, and Stephen G.Sapp.2010. "Order Submission:The Choice between Limit and Market Orders." *Journal of International Financial Markets, Institutions and Money* 20:3, 213-237.

Lo, Ingrid, and Stephen G.Sapp.2012. "Belief Dispersion and Order Submission Behavior in the Foreign Exchange Market." Working Paper, University of Western Ontario.

Madhavan, Ananth.1995. "Consolidation, Fragmentation, and the Disclosure of Trading Information." *Review of Financial Studies* 8:3,579-603.

Madhavan, Ananth.2000. "Market Microstructure:A Survey." *Journal of Financial Markets* 3: 3,205-258.

Madhavan, Ananth, David Porter, and Daniel Weaver.2005. "Should Securities Markets Be Transparent?" *Journal of Financial Markets* 8:3,265-287.

Obizhaeva, Anna, and Jiang Wang.2005. "Optimal Trading Strategy and Supply/Demand Dynamics." Working Paper, Massachusetts Institute of Technology.

O´Hara, Maureen.1995.*Market Microstructure Theory.*Cambridge, MA:Blackwell.

Osler, Carol, Alexander Mende, and Lukas Menkhoff.2007. "Price Discovery in Currency Markets." Working Paper, Brandeis University.

Pagano, Marco, and Ailsa Roell.1996. "Transparency and Liquidity:A Comparison of Auction and Dealer Markets with Informed Trading." *Journal of Finance* 51:2,579-611.

Parlour, Christine A.1998. "Price Dynamics in Limit Order Markets." *Review of Financial Studies* 11:4,789-816.

Parlour, Christine A., and Duand J.Seppi.2008. "Limit order markets:a survery." In Anjan Thakor and Arnoud de Boot, eds.*Handbook of Financial Intermediation and Banking*, 61- 96.Amsterdam:North-Holland.

Pasquariello, Paolo, and Clara Vega.2007. "Informed and Strategic Order Flow in the Bond

Markets." *Review of Financial Studies* 20:6,1975-2019.

Ranaldo, Angelo.2004."Order Aggressiveness in Limit Order Book Markets." *Journal of Financial Markets* 7:1,53-74.

Rindi, Barbara.2002."Transparency, Liquidity and Price Formation."Working Paper, Bocconi University.

Rock, Kevin.1996."The Specialist's Order Book and Price Anomalies."Working Paper, Harvard University.

Rosu, Ioanid.2009."A Dynamic Model of the Limit Order Book." *Review of Financial Studies* 22:11,4601-4641.

Rosu, Ioanid.2010."Liquidity and Information in Order Drven Markets."Working Paper, HEC.

Sarkar, Asani, and Robert A.Schwartz.2009."Market Sidedness: Insights into Motives for Trade Initiation." *Journal of Finance* 64:1,375-423.

Sarkar, Asani, Robert A.Schwartz, and Nick Klagge.2009."Liquidity Begets Liquidity Implications for a Dark Pool Environment."Institutional Investor's Guide to Global Liquidity, Winter,15-20.

Securities and Exchange Commission.2001.*Report of the Advisory Committee on Market Information: A Blueprint for Responsible Change*.Washington, DC: Securities and Exchange Commission.Available at www.sec.gov/divisions/marketreg/marketinfo/finalreport.htm#how.

Shalen, Catherine T.1993."Volume, Volatility, and the Dispersion of Beliefs." *Review of Financial Studies* 6:2,405-434.

Simaan, Yusif, Daniel Weaver, and David Whitcomb.2003."Market-Maker Quotation Behavior and Pretrade Transparency." *Journal of Finance* 58:3,1247-1268.

Smith, Adam.1776.*An Inquiry into the Nature and Causes of the Wealth of Nations*.Chicago: University of Chicago Press.

Tham, Wing Wah.2007."Information Asymmetry and Macroeconomic News in Foreign Exchange Market."Working Paper, Erasmus University.

Theissen, Erik.2000. "Market Structure, Informational Efficiency and Liquidity: An Experimental Comparison of Auction and Dealer Markets." *Journal of Financial Markets* 3:4, 333-363.

Tkatch, Isabel, and Eugene Kandel.2006."Demand for the Immediacy of Execution: Time Is Money."Working Paper, Georgia State University.

Tuttle, Laura.2002."Hidden Orders, Trading Costs and Information."Working Paper, Fisher College of Business, Ohio State University.

Xiong, Wei, and Hongjun Yan.2010."Heterogeneous Expectations and Bond Markets." *Review of Financial Studies* 23:4,1433-1466.

第20章 有关透明度和信息披露的实证与实验研究

ARIE E.GOZLUKLU

华威大学金融学助理教授

20.1 引言

被称为金融界第一夫人的 Muriel Siebert 曾对交易行为的变动性特征做出评论。她指出了（2011，p.1）在如今高度技术化交易环境下追踪交易数量的难度。

人们曾经习惯于为了成为场内交易员而转换工作。你完全掌握着交易的全部信息……如果在过去，发生了某笔交易，你可以看到交易的全过程。但现在你什么也看不到了，你不知道市场发生了什么，你看不到暗池中发生的一切。

伴随着 2007—2008 年的金融危机，许多市场参与者将问题归因于金融产品的复杂性以及金融市场的不透明。其中一个建议性的解决方法是提高金融市场的透明度。最近在美国以及欧洲出台的金融监管政策也反映了这一观点。

市场透明度是一个多维度的复杂问题，任何关于市场设计的政策性探讨都会涉及这一问题。透明度在广义上是指可被市场参与者获得的关于交易过程的信息（O'Hara 1995）。市场的重要功能之一即汇总信息（Hayek 1945）。在理想情况下，价格应该反映资产的基本价值以保证交易的公平性。然而，如果价格充分反映了价值，那么人们搜集信息的动机就会减弱。自相矛盾的是，信息在交易参与者间的不对称性是促进交易的关键动因，同时也是市场不完美的主要原因（Grossman 和 Stiglitz 1980）。更高的透明度是否提升了市场质量尚不确定。提高透明度和强化信息披露应致力于减少市场参与者间的信息不对称性，从而避免不完美的市场。因此，透明度对于提升市场质量以及交易商福利的作用效应更多地依赖于市场结构和公开的信息。

多数受管制市场的组织方式为指令驱动（电子）限价指令簿（LOBs）（如股票市场）、报价驱动自营商市场（如债券和衍生品市场），或者是混合平台（如纽约股票交易所（NYSE））（De Jong和Rindi 2009）。所谓透明度是指有关指令价格、自营商报价、交易数量以及交易完成之前及之后相关特性的信息。交易前后的不同特性由于具有不同的含义因而也是有帮助的信息。透明度还与信息质量有关，例如，信息披露的及时性。本章提供了关于信息透明度和信息披露不同方面研究的讨论，这些研究既包括实证研究，也包括实验研究。

关于透明度的一个重要挑战即其内生的特性，尤其是对于市场流动性来说（Biais和Green 2007）。透明度的缺乏是否导致了交易不连续或是否是流动性不足的结果尚不明确。而且，一些被忽略的因素也对透明度与流动性间的因果关系产生了影响。许多实证方面的研究都要面对内生性问题。研究人员试图依靠标准回归框架下的观察控制变量或基于匹配的样本分析在一定程度上降低这一问题的影响。

另一个常用实证研究方法即进行事件研究。事件研究法测度了透明度监管规则的变化对市场质量的影响。表20-1展示了与近期的事件研究有关的透明度监管变化的信息列表。虽然事件研究法在检验不同的透明度政策的直接效应方面十分有用，但它也有局限性。例如，其他变量造成的样本干扰会改变监管规则，并且这一变化难以控制。理想情况下，研究者将进行反事实分析来观察不同的政策方案将导致何种不同的结果。研究者还会利用带有对照组的匹配样本分析得到精确的结果，虽然完美匹配出现的概率极低。

实验研究可以弥补实证研究的一些不足。实验室实验提供了受控环境可以在分析中轻松操纵外生变量。研究者可以在实验室实验中检验理论性问题，但是通常这类实验都会缺乏外部有效性（也就是说，它们缺乏对于真实交易环境所有维度的体现）。因此，通常对于理论模型来说，实证研究和实验研究是相互补充的，而不是相互替代的。

本章在市场质量的研究框架下，对市场透明度的实证和实验研究进行了验证。在本章的不同部分讨论了交易前后的透明度。Foucault，Pagano和Roell（2010）进行了包括理论和实证方法的更为宽泛的调查。其他的研究例如Madhavan（2000）；Biais，Glosten和Spatt（2005）以及Parlour和Seppi（2008）都在更综合的调查中检验了市场透明度问题。

本章其余部分的内容结构如下：下一节介绍了交易前透明度。接下来集中介绍降低交易前透明度的一种特殊形式，也就是冰山指令。而后的章节讨论了交易前匿名并单独讨论了交易前公告。最后两节讨论了交易后信息披露和交易后匿名。最后，总结了来源于文献和结论的典型事实。

表 20-1 透明度事件

交易地点	时间	类型	变化
澳大利亚股票交易所	2005 年 11 月	交易前和交易后匿名	取消经纪人认证
澳大利亚股票交易所	1994 年 10 月—1996 年 10 月	交易前透明度	增加了冰山指令的峰值规模
巴黎泛欧交易所	2001 年 4 月	交易前匿名	取消交易商认证
德国 Xetra 平台	2003 年 3 月	交易后匿名	取消交易对手认证
赫尔辛基股票交易所	2006 年 3 月	交易前匿名	取消交易商认证
Island 电子通讯网络	2002 年 9 月—2003 年 10 月	交易前透明度	停止并且重新显示限价指令簿
韩国股票交易所	2000 年 3 月—2002 年 1 月	交易前透明度	从 3 级到 5 级的价格水平以及从 5 级到 10 级的价格水平
韩国股票交易所	1999 年 10 月	交易前匿名	推出了交易商认证
伦敦股票交易所	2001 年 2 月	交易后匿名	取消交易对手身份
纳斯达克市场	2003 年 10 月	自愿匿名	自愿的身份披露
纳斯达克市场	2002 年 12 月	交易前透明度	超越最优出价的更高等级
纳斯达克市场	2001 年 7 月	交易前透明度	自营商隐藏数量报价
纽约股票交易所	2002 年 1 月	交易前透明度	交易商透明簿
东京股票交易所	2003 年 6 月	交易前匿名	取消交易商认证
东京股票交易所	2002 年 3 月	自愿匿名	自愿的身份披露
多伦多股票交易所	1996 年 3 月—2002 年 4 月	交易前透明度	废除和重新推出冰山指令
多伦多股票交易所	1990 年 4 月	交易前透明度	价格水平最高至 5 级
美国公司债券市场	2002 年 7 月	交易后披露	强制交易报告
美国地方债券市场	2005 年 1 月	交易后披露	强制交易报告

注：本表总结了不同交易平台的透明度监管变化。

20.2　交易前透明度

透明度的一个重要维度即在市场参与者参与到交易中之前信息的传播。交易前透明度差异很大。一些交易平台完全关闭了电子限价指令簿。例如，暗池（dark pools）交易系统不透露任何有关市场参与者交易倾向的信息。多数受监管的交易所都会在不同价格水平上，根据可获得的价格以及数量信息，部分或者全部开放限价指令簿。正如表20-2所示，主要的交易所现在都允许包含特定信息披露内容的指令。这些冰山指令允许交易商通过隐藏部分委托指令从而限制了信息的披露程度，由此降低了交易前透明度。深度信息（即不同价格水平上的未偿付数量）无论是反映了实际深度还是仅表面深度，它都依赖于未公开的交易指令的出现。另外，自营商市场是传统的更不透明的市场（即自营商没有公开报价的义务，甚至连不反映执行价格的指示性报价都不会公布）。在报价驱动市场上公布公司报价有助于提高交易前透明度。

表20-2　　　　　　　　　　　　不同交易所的交易前透明度

交易地点	交易前匿名	公开价格等级	未公开指令
澳大利亚股票交易所	是	所有	冰山，最少5 000股
德意志交易所	否	所有	冰山（对于德国综合指数成分股来说，最少1 000股，公开部分为100股或指令的5%）
韩国交易所	否	10	无冰山指令或隐藏指令
伦敦股票交易所	否	所有	冰山，股票市场正常规模的40%
纳斯达克OMX集团（美国）	自愿	所有	冰山和隐藏指令
纽约泛欧证交所（欧洲）	是	所有	冰山，公开部分最少为10股
纽约泛欧证交所（美国）	否	所有	冰山和隐藏指令
中国上海股票交易所	是	5	无冰山或隐藏指令
多伦多股票交易所（多伦多）	自愿	所有	冰山，最少500股（如果1加元或更多）
东京股票交易所	是	8	无冰山或隐藏指令

注：本表表明了世界主要股票交易所透明度政策。数据由多渠道汇总而来，包括交易所网站；全球交易所联合会（WFE）；Lucarelli, Mazzoli和Palomba（2008）；以及来自盛富集团（2012）的"市场交易指南2012"。

考虑到缺乏来自自营商市场的数据，报价驱动市场中交易前透明度的早期研究主要依靠实验室实验。Flood，Huisman，Koedijk和Mahieu（1999）通过对比一家公司的公开价格报价和不透明的双边报价，对连续的多交易商交易进行了实验研究。他们认为，公开报价有助于提升流动性，因为价格的公开降低了搜寻成本，但是价格发现功能会在交易商积极报价的非透明环境中得到提升。后一个结论与一个通常的观念相矛盾，即透明度高的市场由于拥有大量的信息而提升了价格发现功能。然而，在与此实验有略微不同，仅包括两个做市商的离散序列交易实验中，Bloomfield和O'Hara（1999）并没有发现流动性和价格效率的任何显著变化。他们把这种差异归因于披露的自营商同业报价提升了交易前透明度，并进一步将此归因于自营商同业市场通过公开报价而缩小的价差以及由此提升的竞争水平。后续的研究没有再出现此类明显的分歧。

2002年，纽约股票交易所推出了一项名为OpenBook的有偿服务使得有关限价指令簿信息深度的广泛传播超越最优报价。OpenBook的推出实质上提升了纽约股票交易所这一由专家所组建的交易所的交易前透明度。这一事件是实证分析交易前透明度变换的有趣案例。在一个透明的交易平台，提交的限价指令由于不变的监控成本将面临一些暴露风险（Harris 1996）。由限价指令导致的交易意图的暴露将引发快速交易商的投机行为（如提前交易），一旦信息出现，他们就会取消前期的指令。因此，流动性供给的公开披露很可能使得交易商改变策略来应对暴露风险（如分离指令），撤销并重新提交。

Boehmer，Saar和Yu（2005）对引入纽约股票交易所OpenBook的市场进行了分析，并证实了上述预测。作者进一步证实了交易前透明度的提高会通过增加深度和减少有效价差来提升价格的有效性和流动性。相似的，Chung和Chuwonganant（2009）证实了2002年施行SuperMontage后流动性的提高，这一举措是通过显示超越第一价格等级的总体报价情况来提升纳斯达克股票的交易前透明度。因此，上述研究表明，在流动性和交易前透明度之间无需权衡取舍。

伴随着这些事件研究的一个潜在担忧即这些证据可能反映了流动性提高的普遍趋势，而与事件无关。通过比较变化而非等级，以及增加对照组或更多的可控变量可以化解这一难题。另外，Hendershott和Jones（2005）通过关注两个相反事件提供了解决方法。作者的研究表明，不在Island，一种电子通信网络（ECN）上披露限价指令簿的决策与交易所交易基金（ETFs）的市场质量下降及交易成本上升有关。但更具说服力的是，恢复原始的交易前透明度政策有相反的效果，这一点支持了透明度的积极作用。Eom，Ok和Park（2007）

提供了美国以外的补充证据，着重研究了韩国交易所（KRX）为提高交易前透明度采取的两个连续性措施。他们发现，在追加的价格水平上披露信息提升了以不同指标测度的市场质量。最后，Lucrelli，Mazzoli和Palomba（2008）开展了一项涵盖大部分北美洲和欧洲市场的跨国研究，证实了以往的结论，即交易前透明度的提升可以提高市场质量。

Madhavan，Porter和Weaver（2005）利用1990年发生在多伦多股票交易所（TSX）限价指令簿的事件进行研究，得到了相反的证据。该事件是向计算机应用系统的一次转化，系统可以披露指令簿中的前五个等级的价格及交易不活跃股票。有争议的是，作者发现这种制度变化对市场质量产生了负面影响，增加了波动性和执行成本。根据以往的证据，对这一结果的一种解释是：透明度提高对现存市场结构的影响可能是有条件的。同时，对于交易不活跃股票的研究还表明，透明度对具有不同流动性特征的资产的影响效果是不一样的。

20.3 冰山指令和隐藏的流动性

虽然近来的监管规则如美国的全美市场系统（NMS）以及欧洲的市场金融工具指引着重促进透明度提升，但多数正规交易所都是通过允许披露部分指令数量的方式保留了自主决定透明度的空间。一些交易所，包括纽约股票交易所、纳斯达克和其他一些电子通信网络，允许完全隐藏指令，而另外一些交易所包括泛欧交易所以及澳大利亚股票交易所（ASX），要求最低的披露比例（峰值），因此提供了所谓的冰山指令（也被称为未公开或储备指令）。无论是泛欧还是ASX，都不像暗池系统那样隐藏所有被提交的指令，交易商面临一个指令披露规模的选择。如表20-2所示，在很多交易平台上未公开指令是很普遍的，并且不限于股票交易（Fleming和Mizrach 2009）。

很多研究中探讨的一个重要问题是知情交易商和不知情交易商谁会选择未公开指令。如果知情交易商选择不透明交易（Moinas 2010），那么未公开指令将通过加剧逆向选择问题而损害不知情交易商的利益。然而，如果不知情交易商利用冰山指令来避免投机性交易（Harris 1997；Buti和Rindi 2011），那么不透明交易的引进则可能会提高市场质量。

一些实证研究检验了隐藏流动性的来源。通过比较澳大利亚股票交易所限价指令和冰山指令的价格影响，Aitken，Berkman和Mak（2001）没有找到任何关于知情交易商隐藏流动性供给的证据。作者通过分析两个连续监管变化，证明了提高冰山指令的披露规模会导致交易量减少。Bessembinder，Panayides 和 Venkataraman（2009）认为，在巴黎泛欧交易所冰山指令在一定程度上降低了指令执行的可能性，但这对有耐心的市场参与者来说是有利的。他们将执行成本分解为价格影响和机会成本，没有证据表明冰山指令和价格影响的提高有关。De Winne 和 D'Hondt（2007）的早期研究关注了巴黎泛欧交易所流动性最强的 CAC-40 指数的构成企业，其得出结论：是市场条件而不是信息驱动着冰山指令的运用。其他一些研究也通过对不同交易所的分析得到了类似的结论，包括 Frey 和 Sandas（2009）对德国股票交易所 Xetra 平台的研究，以及 Pardo 和 Pasqual（2011）对西班牙股票交易所的研究。

允许隐藏指令，不要求最低披露规模会进一步降低交易前透明度。完全隐藏指令由其交易规模和交易深度都不为交易商所知，所以会进一步增加市场的不确定性。近来，一些主要交易所，如纽约股票交易所和纳斯达克均采用了完全隐藏指令与暗池系统相竞争。Hautsch 和 Huang（2012）分析了纳斯达克的单一指令簿（single-book）平台，在这里交易商既可以选择冰山指令，也可以选择隐藏指令。由于有关隐藏指令的信息不可直接获得，作者从交易执行中推断出隐藏指令的深度。如前文所述，作者证实了隐藏流动性的供给很大程度上依赖于市场条件和流动性供给的竞争，而不是知情交易。

Anand 和 Weaver（2004）分析了冰山指令的信息内容。作者首次证实了在多伦多股票交易所一旦控制其他因素例如波动性，无论是否允许冰山指令都不会改变流动性模式。他们将指令按照公共客户（知情的）和交易所成员（不知情的）分组，其结论是知情交易商会利用冰山指令降低价格影响，特别是当交易量很大的时候。然而，这一结论依赖于公共客户相对于交易所会员来说更了解公司基本价值这一假设。

与此相似，Tuttle（2006）分析了纳斯达克 SuperSOES 平台，做市商在这里可以提交部分披露的双边报价。作者证实，推出 SuperSOES 会提升市场的整体深度。这一结论与之前布鲁塞尔 CATS 平台的研究结论（Degyrse 1999）相一致。围绕特定公司的信息事件，Tuttle 证明了更积极的交易能够揭示隐藏深度。隐藏深度具有对未来价格变动的预测能力表明，知情的交易商更有可能使用未公开的指令。Belter（2007）在对哥本哈根股票交易所进行研究后得到相似的结论。

Kumar，Thirumalai 和 Yadav（2009）证实了 Tuttle 关于冰山指令通过降低

交易前透明度而提升流动性的证据。特别是他们运用了详细的数据集合，包括客户标识码，用于区分知情（金融公司）和不知情（零售商）客户，分析了印度国家股票交易所（NSE）。依靠面板回归分析，作者认为对于知情交易商供给的流动性来说，冰山指令的比例更高一些。他们进一步证实，通过增加隐藏流动性的使用，价格发现和各种流动性衡量指标均有所提升，这也支持了交易前透明度的减弱对市场流动性有着积极影响。

总之，目前实证研究的证据表明，通过未公开指令降低交易前透明度没有明显的负面影响。然而，隐藏流动性的来源始终是有争议的。上述研究依赖的是运用实证方法得到的隐藏流动性的间接测度。而且，对于隐藏流动性而言，用实证方法区分知情交易也很困难。出于这个目的，最近两篇实验研究论文检验了未公开指令对市场质量的影响。Gozluklu（2011）所做的第一个实验比较了在两种不同的交易前透明度以及私有信息设置下的限价指令簿交易。交易前透明度通过冰山指令控制，而市场参与者既在对称信息环境也在非对称信息环境中交易。后者的设定使得单独分析逆向选择成本成为可能。Gozlukul证实，知情和不知情的流动性交易商都会使用冰山指令，但使用不同的策略。另外，Bloomfield，O'Hara和Saar（2011）在他们的实验研究中同时使用了冰山指令和隐藏指令。没有任何一个研究发现隐藏流动性对市场质量有关键影响。

20.4 交易前匿名

交易前透明度的另一个方面是身份的披露。因为交易商身份会携带关于投资者类型的有效信息，并且与价格相关（Linnainmaa 和 Sarr 2012），因此，区分买方匿名和卖方匿名会起作用。就买方而言，流动性需求者希望披露他们的身份作为他们是不知情交易商的信号，正所谓阳光交易（Admati 和 Pfleiderer 1991）。就卖方而言，流动性供给者出于对自身信誉的考虑可能会选择披露他们的身份（Battalio，Ellul 和 Jennings 2007）。另外，无论是买方还是卖方，匿名交易都可能会对知情交易商有利（Theissen 2003）。还有一种情况是，算法交易商会更喜欢匿名交易，以此来隐藏其盈利的算法。其他一些因素如库存问题、隐性共谋，甚至是内部信息都会影响身份披露的决定。一些滥用的市场操作，如提前交易（即交易先于代办指令）可以通过匿名交易避免；其他的例如双重交易（即券商为客户交易也用自身的账户）则会通过匿名交易引发（Garfinkel 和 Nimalendran 2003）。

披露身份简化了交易商类型的划分。显而易见，不知情交易商想了解他们的交易是否有悖于知情交易商，这可能阻止他们参与交易。然而，知情交易商倾向于和不知情交易商交易，以便能够利用他们的信息优势。身份披露可能会导致交易商回避市场，并使得价格效率降低。低效率将带来消极的外部效应，扭曲了价值和衍生品定价（Linnainmaa 和 Saar 2012）。因此，身份披露是否是一个提升市场设计的好办法还不确定。实证研究并不能确定匿名交易对市场质量的影响。

为了评价匿名交易对市场质量的影响，一种实证研究方法是将匿名平台和非匿名平台的交易分开进行比较。Grammig, Schiereck 和 Theissen（2001）利用了德国独有的一种制度特征，即股票可以在匿名电子市场和非匿名场内交易系统中同时交易。通过比较两处知情交易的概率，他们发现，知情交易在匿名电子交易平台明显更多。这与之前对纳斯达克 SOES 的研究得出的结论一致（Harris 和 Schultz 1997），Grammig 等同时发现，匿名市场会受制于逆向选择成本，表现为更高的买卖差价。

Barclay, Hendershott 和 McCormick（2003）用由 150 只纳斯达克全国市场股票组成的样本，比较了纳斯达克市场做市商和匿名电子通信网络（ECN）的交易。作者认为，电子通信网络交易对总体的价格发现贡献很大，并据此推断匿名电子通信网络市场会吸引给你更多的知情交易商。然而，Reissue 和 Werner（2005）基于伦敦股票交易所（LSE）自营商同业市场的研究却得到了不同的结论。在他们的样本中，主要是不知情交易商参与匿名由经纪人安排的自营商同业市场。

在自营商市场，流动性供给者之间的勾结是一个与身份披露相关（Biais 等 2005）的问题。如果自营商披露身份，有限数量的流动性供给者会共同提高价差以获取交易利润。在一个相关的研究中，Simaan, Weaver 和 Whitcomb（2003）比较了纳斯达克市场做市商在不同交易平台的报价行为。他们发现，当自营商在电子通信网络市场匿名报价时，买卖价差会比较小，与 Grammig 等（2001）的研究结论相反。Simaan 等将这一结论解释为潜在的自营商之间的勾结行为，并建议采取更多的降低透明度的措施强化价格竞争。

这些研究得到的不同结论并不让人感到惊讶，因为跨平台的比较表明，不仅仅是匿名问题，如果仔细观察的话，不同市场的其他特性也有所不同。其他特征包括交易地点、交易成本、执行速度、交易后报告等。另一种实证策略是依靠自然实验（即比较身份披露要求监管规则发生变化前后的交易）。这些研究解决了不同的透明度政策是否会对不同维度衡量的市场质量产生影响的问题。这一方法面临的一个实证挑战是假设在不同的匿名交易制度下模型变量保持不变（Parlour 和 Seppi 2008）。

2001 年 4 月巴黎泛欧交易所取消交易商身份披露后，Foucault，Moinas 和 Theissen（2007）证明了最具流动性的股票（CAC 40）的报价价差缩小和市场深度的加强，这与他们的理论模型相一致。他们的模型认为，匿名对市场质量产生的影响依赖于市场信息不对称的存在。匿名促进了受私人信息影响较小的流动性资产的交易，但会损害缺乏流动性资产的交易。

一些研究在不同平台检验了这一猜想。例如，Comerton-Forde，Frino 和 Mollica（2005）用一个流动性较强股票构成的大样本研究了取消（泛欧和东京股票交易所）和推出（韩国股票交易所）经纪人身份披露制度的影响。他们发现可靠的证据表明，匿名交易提高了流动性。Scalia 和 Vacca（1999）通过分析高流动性 MTS 政府债券平台得到了相似的结论。在 2005 年 11 月澳大利亚股票交易所取消经纪商身份披露后，Comerton-Forde 和 Tang（2009）对具有流动性和缺乏流动性的股票都进行了研究。结论是具有流动性的股票有效价差和指令聚集性都有所下降，且匿名交易恶化了小规模缺乏流动性股票的流动性。

Maher，Swan 和 Westerholm（2008）分析了五个市场，并且运用工具变量（IV）评估方法来控制潜在的内生性问题。他们认为，匿名交易总体上损害了流动性。这一问题对于交易量小的证券来说更为严峻。这一发现与 Comerton-Forde 和 Tang（2009）的研究结论相一致。相反，Thurlin（2009）通过分析 2006 年 3 月 OMX 集团旗下的赫尔辛基股票交易所从透明市场转变为匿名市场，得出了混合性的结论。他的证据显示，较大的交易量和波动性没有带来价差的显著变化。

近期，一些交易所开始允许交易商自愿披露身份，而无需在交易前身份披露与匿名交易之间做出选择。在纳斯达克市场推出 SuperMontage 平台时，实行了自愿匿名制度。Benhami（2006）在分析这一段时期时认为，只有少数的报价是匿名提交的。与此类似，Comerton-Forde，Putnins 和 Tang（2011）证实，在多伦多股票交易所主要是专业人员会提交匿名报价。专业人员很可能拥有指令流信息，并且愿意隐藏这些信息以免产生即时的价格影响。作者同时主张，选择匿名交易策略会通过避免投机性交易从而帮助交易商降低执行成本。

实证分析的一个重要挑战是当信息不对称是由内生决定时，如何控制不对称信息（Rindi 2008）。特别是，匿名交易本身会激励信息的获取从而通过增加流动性和价格效率提升市场质量。在一个控制实验室实验中，Perotti 和 Rindi（2006）比较了透明的和匿名的限价指令市场，交易商在这里可以购买有关交易资产结算价值特征的信息。作者证明，匿名交易促进了信息获取，信息的获取反过来又提高了流动性并减少了价格波动。但是，他们的研究设计中不允许自愿身份披露。观察两种内生选择的联合效应会很有趣。

20.5 交易前公告

非匿名的交易前沟通是匹配潜在交易伙伴的有效机制。交易意图的预沟通，也就是所谓的阳光交易（Admati 和 Pfleiderer 1991），是一种协调流动性供给和需求的有效方法。因此，它通过减少相关的逆向选择成本提升了市场质量。传统的交易机制如双边柜台交易（OTC）或场内交易天然地允许交易商分享他们的交易意图。集合竞价市场的开盘前阶段也能被当作交流平台来释放与价格相关的信息（Dia 和 Puoget 2011）。然而，这却不是现代电子限价交易指令簿的直观特征，自愿的交易前披露在一些交易所可以通过闪电指令设施实现，该系统在高频交易环境中承担了交易前沟通职能（Skjeltrop，Sojli 和Tham 2011）。

交易商可以用闪电指令，即一种可执行的交易意向指令，向交易所或电子通信网络发送指令。如果指令不能立即匹配，在很短的时间内，该指令会被传送到可以使用闪电指令的公司。如果这些公司对这一指令感兴趣，它们就会在很短时间内对发送匹配的指令做出回应，从而使闪电指令获得更好的价格；否则，指令将会被发送到其他交易所。这一机制是传统场内交易员的现代对应形式，传统交易员是在指令进入系统之前先向场内的参与者公布指令。

2009 年 6 月到 8 月之间，纳斯达克股票交易所曾短暂地试验了闪电指令。Skjeltorp 等（2011）检验了推出闪电指令继而取消该制度后对市场质量的影响。他们发现，不知情的买方交易商更倾向于通过发送闪电指令来降低执行成本。而且，被执行的闪电指令相较于其他交易，对价格的影响较小。这一结论证明了作者的观点，即这些指令并不是基于信息的。与政治家们对市场质量产生消极影响的担心相反，作者指出，闪电指令的推出明显地提升了整体市场质量。

20.6　交易后披露

　　与交易前透明度相反，交易后披露是指交易完成后的信息披露。在反复交易的环境中，应及时对交易各维度的信息进行交易后披露，如交易量、价格和交易商身份等，其是未来交易的重要信息来源。虽然多数受监管的交易所支持即时交易报告，但交易后披露在不透明的自营商市场却大不相同。延迟的或部分的信息披露在调整库存头寸时能带来竞争优势（Madhavan 2000）。另外，交易后报道也提高了自营商间的风险共担能力（Naik，Neuberger 和 Viswanathan 1999）。理论上讲，关于即时报告制度是否可取并没有明确的答案。因此，实证和实验的证据是有用的。

　　对交易的即时报告制度存在着相反的观点，特别是对于具有潜在较大价格影响的大额交易而言。一个重要的取舍权衡问题是自营商机制应继续还是应换作公平交易。前者保证了持续的流动性供给，特别是在最需要的时候；后者则主张为所有市场参与者提供公平的交易环境。问题在于大额交易是否与基本价值信息相关，并由此对价格产生了永久性的影响，还是仅仅与库存问题相关，只对价格有暂时的影响。前一种情况下，延迟的披露由于信息不对称对于一部分市场参与者来说可能是不公平的。在后一种情况下，延迟的披露则为交易商提供了再次平衡他们投资组合的时间。所以，不同的市场参与者基于不同的原因对交易披露有不同的偏好。例如，自营商为了库存管理倾向于较低的交易后透明度，然而大额交易商则寻求秘密交易以获得更好的价格。因此，减少交易后披露将在损害零售商利益的情况下，有利于大额交易商（Bloomfield 和 O' Hara 1999）。

　　20世纪90年代，英国一直在进行有关交易后报告的讨论。事实上，伦敦股票交易所在不同时段实施了不同的信息公布规则。在一个早期研究中，Gemmill（1996）研究了这些政策改变的影响。他特别比较了三种不同的信息公布机制：（1）在5分钟内（1987—1988年）；（2）24小时（1989—1990年，仅价格）；（3）90分钟（1991—1992年，披露价格和交易量）。作者发现，延迟披露没有给流动性带来明显的提高。Gemill将这一原因归结于伦敦股票交易所自营商市场的竞争特性。伦敦股票交易所的普遍结论表明，信息公开的速度变化对市场质量有微小的影响。

自从美国市场明确不允许延迟交易后信息披露，延迟公布信息就不再是争论的主要话题了。但在实践中，及时进行交易后报告和信息公开是很困难的。在特定情况下，信息公开规则是被规避的，例如技术问题或异常的市场交易量。Porter 和 Weaver（1998）研究了纳斯达克市场上的所谓失序（out of sequence）报告的效应，并得出结论：自营商有策略地利用迟来的交易报告来管理指令流信息。这种投机行为增加了其他自营商的风险从而增大了价差，这反过来又会进一步扩大执行成本增加的影响，并最终导致交易商向其他交易地点转移。

Bloomfield 和 O'Hara（1999）进行了自营商市场有关价格和报价披露的首个实验研究。在他们的设计中，两个具有计算机化信息的做市商、噪声交易商以及流动性交易商，在如下三种透明度制度下进行交易：（1）完全透明，报价和交易都是公开的；（2）半透明，报价公开，交易不公开；（3）不透明，报价和交易都不公开。前两种情况比较特别，隔离了交易后信息披露的影响；自营商在不透明市场通过降低价差来收集指令流信息，而在透明市场则不存在这种动机。但是，Bloomfield 和 O'Hara 又指出，交易透明度虽然通过提升价格有效性而具有积极作用，但会以牺牲交易有效性为代价，增加了交易成本。

Flood 等（1997）通过对有限数量专业交易商的实验研究也得到了类似的结论。他们同时论证了透明市场较大的价差伴随着价格有效性的提升。从外部有效性而言，雇佣专业交易商比雇佣学生更有优势。然而，专业人员的数量经常很有限，这样就减少了样本容量。另一个担心是关于专业人员的激励条件，例如有限的研究经费。除去不同的实验主体，两个实验的另一个重要差别是交易机制不同。Bloomfield 和 O'Hara（1999）在实验中设计了一个离散时间交易并通过实验室实验来描绘理论模型，Flood 等则设计了一个自营商间连续交易机制。然而这些差别，并不影响获得更广泛的结论。

一个很自然的问题产生了，即不透明的自营商市场是否影响了具有更高交易成本的透明度高的对手市场。Bloomfield 和 O'Hara（2000）采取了一种实验，研究了自营商对于透明度制度的选择。特别是他们提出了一个问题：具有强制交易报告制度的市场是否可以和没有强制措施的备选交易场所相竞争？这种竞争压力对交易披露制度有影响。更多的透明度高的市场被迫降低透明度以便在竞争中生存。在这个实验设计中，多个交易商面临着透明度的内生选择。自营商倾向于价差较小的低透明度市场。这一结果指出了在交易后透明度制度选择的形成过程中，竞争的重要性以及对监管的需求。监管问题的提出源于自营商间的协调问题。如果所有的交易商都倾向于选择透明度高的制度，那么每个自营商在透明市场都会更有利可图（Bloomfield 和 O'Hara 1999）。由于自营商会背离高透明度制度，交易会向不透明市场转变，所以自营商需要监管者通过对交易后透明度设定规则来解决协调问题（OANDA 2012）。

多数债券市场最开始都是没有强制透明度规定的不透明柜台市场。债券市场，特别是美国的公司债和地方政府债市场，近期在监管上有很大的改变。随着 2002 年交易报告与合规引领制度（TRACE）的推出，公司债券市场被普遍用于检测对市场质量的影响。作为强制的电子报告系统，TRACE要求所有交易在 15 分钟内递交。这些交易也在金融行业监管局（FINRA）网站对外公布。这一系统最初只是强制公开披露发行额等于或大于 10 亿美元的投资级债券并具有较长的披露期（即 75 分钟内）。2003 年 4 月，第二阶段建设拓展了包含债券的数量，最终涵盖了 99% 的公开交易债券，但不包括为合格交易商提供安全港的第 144 条 A 款下的交易。截至 2010 年 3 月，政府机构债券、公司债券中的主要交易以及包括非投资级债券的历史交易水平数据都被公开。

早期运用不同方法的研究得到了相同的结论，即推出强制性披露制度后提升了流动性（Bessembinder，Maxwell 和 Venkataraman 2006；Edward，Harris 和Piwowar 2007；Goldstein，Hotchkiss 和 Sirri 2007）。这一结论与以往的实验研究结论相对立（Flood 等 1997；Bloomfield 和 O'Hara 1999）。特别是 Bessembinder 等（2006）通过对保险公司的交易进行分析，估计了 TRACE 制度推出后的交易成本。他们通过美国保险监督协会（NAIC）挖掘了实行 TRACE 前保险公司的数据并加以利用。这就可以进行事件前后的比较。作者证实，交易后透明制度推出后，执行成本显著降低（40%～60%），自营商间竞争加剧。Goldstein 等关注了 BBB 级债券，这些债券的交易信息直到 2003 年 4 月才被公开。通过检验 2002 年 7 月到 2004 年 2 月的样本，他们同样发现了对于流动性的积极影响，特别是对于交易频繁的债券而言。Edward 等运用了到 2005 年 1 月的更长时期的样本进行研究，并且证实了以往的结论，即透明度的提升能降低交易成本。

美国的地方政府债券市场受地方政府证券法规制定委员会（MSRB）监管，近期在交易后透明度政策方面有所变化。直到 2005 年 1 月，地方政府债券交易报告制度才出现且具有较长的时滞（即流动性较强的债券每日报告，流动性低的债券每月报告）（Schultz 2012）。从那时起，MSRB要求在15分钟内报告所有的地方政府债券交易。早期文献证明，购买价格存在高度分散性，并且交易规模较小的零售投资商由于缺乏透明度会支付更高的价格（Harris 和 Piwowar 2006）。在近期的一篇文献中，Schultz研究了地方政府债券市场的监管变化。他发现监管措施的变化确实降低了价格分散度，但作者认为，小交易商的相对劣势不能仅仅归因于缺乏透明度，因为在监管规则改变后劣势依然存在。

多数关于公司债和地方政府债的实证研究都会面临在既定的较低交易频率条件下，测度执行成本的挑战。价差的计算或基于少量自营商的双向交易或是依赖于模型估计。Tempelman（2009）批评了早期关于债券市场透明度的研究，因为这些研究并没有采用真实交易成本，而是将注意力集中在价差上。他特别指出，交易后透明度政策的推出弱化了数量发现功能，该功能对于匹配交易对手至关重要。他还强调了未执行交易机会成本的重要性。这种批评反映了增加透明度政策实施后做市商的不满（Dunne，Moore 和 Porters 2006）。潜在的争论是透明度降低了自营商参与做市的动机，特别是针对流动性差的债券（即高收益、高信用风险债券），而这些债券市场最需要自营商。交易后报告时间较短（如15分钟）引发了进一步的担忧，这可能使自营商在同业市场上没有足够的时间调整头寸。

关于市场设计的另一个问题是对于特定资产来说是否需要自营商来组织市场，例如针对交易量较小的证券。Biais 和 Green（2007）指出，美国的公司债和地方政府债市场最初是交易所形式而不是柜台市场。他们证实，一旦机构投资者较多地参与市场并以牺牲零售交易商为代价，交易所交易会逐步向柜台市场转移。因此，作者认为，特定的市场机制将会随着主要交易者的交易动机而演变。虽然 Foucault 等（2010）指出，Biais 和 Green 的研究强调了市场构建选择的政治因素，但实证和实验研究的一个普遍结论是：这种选择还依赖于交易证券的特定属性。

关于交易后披露的最后一个问题是从不同交易地点汇总来的标准交易数据的传播问题。在美国，《证券交易委员会605号规则》（前身是2000年实施的《证券交易委员会11Ac1-5规则》）要求每月披露全国市场系统中挂牌的每一只股票的交易质量信息（有效价差和执行速度）。这一政策旨在实现拥有高可见执行质量指标的有效的全国市场。Zhao 和 Chung（2007）检验了《证券交易委员会605号规则》对市场质量的影响。他们证实，在施行这一制度后，与价格相关的执行质量确实得到了提升。但欧洲还缺乏这样一种强化机制，近期市场参与者存在的一些担心促进了在《欧盟金融工具市场法规》（MiFID）框架下有关进一步加强交易后信息披露的讨论（London Economics 2011）。

20.7 交易后匿名

一个相关但略有不同的问题是交易商身份的交易后披露问题。透明度政策可能强制要求交易前和/或交易后匿名。交易执行后，即使是交易前匿名市场，交易商的身份也会被告知给交易对方（即部分披露）或向全体参与者披露（即完全披露）。在早期关于交易后匿名的一项研究中，Waisburd（2003）比较了巴黎泛欧交易所在不同交易后披露制度下（即部分或完全披露）交易的股票。他发现，进行全面的身份披露有助于市场流动性的提升。然而，这项研究并没有考虑完全的交易后匿名。

为了研究完全匿名的影响，Hachmeister 和 Schiereck（2010）关注了德国 Xrtra 平台的中央交易对手机制（CCP），该机制剔除了交易后交易者身份，该身份原来是要向交易对手披露的。此项机制变化将交易后匿名制度引入了高透明度电子限价指令簿。与 Waisburd（2003）提供的证据相反，Hachmeister 和 Schiereck 证明，随着交易成本的下降，流动性会显著提升。运用知情交易的结构化模型，他们又发现，在匿名制度下，知情交易商的到达率会降低。但是，这一结论与某些模型结论相反，这些模型认为逆向选择成本的增加与透明度的降低有关。然而，既然推出匿名制度后流动性水平显著提高，那么我们可以认为，知情交易商确实是在匿名机制中提供了更多的流动性，只是模型没有发现这一效应。Friederich 和 Payne（2011）在对伦敦股票交易所 SETS 指令簿的中央交易对手进行改良流动性分析后，得到了类似的结论。

总之，证据表明，采取完全交易后匿名制度的市场从流动性的提升中获益。然而，人们从不同的实证分析中得出结论依然要谨慎，因为不同的交易平台在运行中可能采取了不同的交易前和交易后信息披露政策。

20.8 总结和结论

本章基于实证和实验研究对受监管市场的透明度和交易信息披露问题进行

了讨论。这些研究既包括世界各地证券交易市场的真实交易机制，也包括抽象现实情况并将其程式化地移植到实验室的实验研究。主要的关注点是市场质量以及与之相关的市场设计问题。

本章展示了分析得出的一些普遍结论。通过给追加的价格水平提供信息来提升交易前透明度总体来说可以增加流动性。然而，通过不公开指令（冰山或隐藏指令）来降低交易前透明度对市场质量并没有主要（消极）影响。交易前匿名可能会对交易不活跃的证券有负面作用，但匿名总体上提升了流动性，特别是信息的获取是内生的时候。

与通常的观点相反，以闪电指令形式表现的交易前通告可能会提升市场质量。只有当监管者将交易后披露规则强加给所有流动性供给者时，它才是有利的。最后，完全的交易后匿名对流动性有积极影响。

对之前研究得出的结论需要谨慎地加以解释，因为它们反映的也许不是当前的交易环境。例如，虽然当前由低延迟交易策略引发的执行速度问题需要积极的市场参与者优先考虑，但改变价格发现的速度在评价市场质量时也变得十分重要。因此，市场参与者面临的权衡问题也会随之发生变化。未来研究的重点应该是更深入地了解高频交易策略如何适应不同的透明度政策，并对市场质量产生影响。

讨论题

1. 在研究透明度和披露问题时需要哪种类型的实证与实验研究？
2. 比较不同透明度政策影响的实证策略是什么？
3. 什么是市场透明度的内生性问题？提出一些解决此问题的方法。
4. 实验研究相对于实证研究最主要的优势和劣势是什么？
5. 讨论不同的透明度政策对于不同类型证券的影响是否相同。

作者介绍

Arie E.Gozluklu 为华威大学商学院助理教授。曾执教于博科尼大学。其研究和教学的兴趣是市场微观结构、资产定价的实证研究以及国际金融和实验金融。他曾在《金融与定量分析》杂志发表论文。他曾在博科尼社会科学实验室（BELSS）和访学的蒂尔堡大学 CentER 实验室进行过关于资产市场的实验。Gozluklu 助理教授曾获得伊斯坦布尔海峡大学（Bogazici University）国际贸易学士学位和管理信息系统管理学士学位、巴塞罗那贝法布拉大学（Pompeu Fabra Univerity）经济学硕士学位，以及米兰博科尼大学金融学博士学位。

参考文献

Admati, Anat, and Paul Pfleiderer.1991. "Sunshine Trading and Financial Market Equilibrium." *Review of Financial Studies* 4:3,443–481.

Aitken, Michael, Henk Berkman, and Derek Mak.2001. "The Use of Undisclosed Limit Orders on the Austraiian Stock Exchange." *Journal of Banking and Finance* 25:8, 1589–1603.

Anand, Amber, and Daniel Weaver.2004. "Can Order Exposure Be Mandated?" *Journal of Financial Markets* 7:4,405–426.

Barclay, Michael, Terrence Hendershott, and Timothy McCormick.2003. "Competition among Trading Venues: Information and Trading on Electronic Communications Networks." *Journal of Finance* 58:6,2637–2665.

Battalio, Robert, Andrew Ellul, and Robert Jennings.2007. "Reputation Effects in Trading on the New York Stock Exchange." *Journal of Finance* 62:3,1243–1271.

Belter, Klaus.2007. "Supply and Information Content of Order Book Depth: The Case of Displayed and Hidden Depth." "Working Paper, Aarhus School of Business.

Benhami, Kheira.2006. "Liquidity Providers´ Valuation of Anonymity: The Nasdaq Market Makers Evidence." Working Paper, University of Toulouse.

Bessembinder, Hendrik, William Maxwell, and Kumar Venkataraman.2006. "Market Transparency, Liquidity Externalities, and Institutional Trading Costs in Corporate Bonds." *Journal of Financial Economics* 82:2,251–288.

Bessembinder, Hendrik, Marios Panayides, and Kumar Venkataraman.2009. "Hidden Liquidity: An Analysis of Order Exposure Strategies in Electronic Stock Markets." *Journal of Financial Economics* 94:3,361–383.

Biais, Bruno, Larry Glosten, and Chester Spatt.2005. "Market Microstructure: A Survey of Microfoundations, Empirical Results, and Policy Implications." *Journal of Financial Markets* 8:2,217–264.

Biais, Bruno, and Richard Green.2007. "The Microstructure of the Bond Market in the 20th Century." IDEI Working Paper, No.482.

Bloomfield, Robert, and Maureen O´Hara.1999. "Market Transparency: Who Wins and Who Loses?" *Review of Financial Studies* 12:1,5–35.

Bloomfield, Robert, and Maureen O´Hara.2000. "Can Transparent Markets Survive?" *Journal of Financial Economics* 55:3,425–459.

Bloomfield, Robert, Maureen O´Hara, and Gideon Saar.2011. "Hidden Liquidity: Some New Light on Dark Trading." Johnson School Research Paper Series 46, Cornell University.

Boehmer, Ekkehart, Gideon Sarr, and Lei Yu.2005. "Lifting the Veil: An Analysis of Pretrade Transparency at the NYSE." *Journal of Finance* 60:2,783–815.

Buti, Sabrina, and Barbara Rindi.2011. "Undisclosed Orders and Optimal Submission Strategies in a Dynamic Limit Order Market." IGIER Working Paper 389.

Cheuvreux Credit Agricole Group.2012.*Market Trading Guide*.Available at www.cheuvreux. com/pdf/Markets_trading-guide.pdf.

Chung, Kee H., and Chairat Chuwonganant.2009."Transparency and Market Quality: Evidence from SuperMontage."*Journal of Financial Intermediation* 18:1,93-111.

Comerton-Forde, Carole, Alex Frino, and Vito Mollica.2005."The Impact of Limit Order Anonymity on Liquidity: Evidence from Paris, Tokyo and Korea." *Journal of Economics and Business* 57:6,528-540.

Comerton-Forde, Carole, Tãlis Putninš, and Kar Tang.2011. "Why Do Traders Choose to Trade Anonymously?"*Journal of Financial and Quantitative Analysis* 46:4,1025-1049.

Comerton-Forde, Carole, and Kar Tang.2009."Anonymity, Liquidity and Framentation."*Journal of Financial Markets* 12:3,337-367.

De Jong, Frank, and Barbara Rindi.2009.*The Microstructure of Financial Markets*.Cambridge: Cambridge University Press.

De Winne, Rudy, and Catherine D´Hondt.2007."Hide-and-Seek in the Market: Placing and Detecting Hidden Orders."*Review of Finance* 11:4,663-692.

Degryse, Hans.1999."The Total Cost of Trading Belgian Shares: Brussels versus London." *Journal of Banking & Finance* 23:9,1331-1355.

Dia, Magueye, and Sébastien Pouget.2011."Sunshine Trading in an African Stock Market." *Managerial Finance* 37:3,257-274.

Dunne, Peter, Michael Moore, and Richard Portes.2006."European Government Bond Markets: Transparency, Liquidity, Efficiency."CEPR Research Report, Corporation of London.

Edwards, Amy, Lawrence Harris, and Michael Piwowar.2007. "Corporate Bond Market Transparency and Transaction Costs."*Journal of Finance* 62:3,1421-1451

Eom, Kyong S., Jinho Ok, and Jong-Ho Park.2007."Pretrade Transparency and Market Quality."*Journal of Financial Markets* 10:4,319-341.

Fleming, Michael, and Bruce Mizrach.2009."The Microstructure of a U.S.Treasury ECN: The BrokerTec Platform."Staff Reports 381, Federal Reserve Bank of New York.

Flood, Mark, Ronald Huisman, Kees Koedijk, and Ronald Mahieu.1997."Posttrade Transparency in Multiple Dealer Financial Markets."Working Paper, Erasmus University, Rotterdam.

Flood, Mark, Ronald Huisman, Kees Koedijk, and Ronald Mahieu.1999."Quote Disclosure and Price Discovery in Multiple-Dealer Financial Markets." *Review of Financial Studies* 12:1,37-59.

Foucault, Thierry, Sophie Moinas, and Erik Theissen.2007."Does Anonymity Matter in Electronic Limit Order Markets?"*Review of Financial Markets* 20:5,1707-1747.

Foucault, Thierry, Marco Pagano, and Ailsa Röell.2010. "Market transparency" In Rama Cont, ed.*Encyclopedia of Quantitative Finance*,1131-1138.West Sussex, England: John Wiley & Sons.

Frey, Stefan, and Patrik Sandås.2009."The Impact of Iceberg Orders in Limit Order Books." Working Paper, University of Virginia.Available at http://papers.ssrn.com/so13/papers. cfm?abstract_id=1108485.

Friederich, Sylvain, and Richard Payne.2011."Posttrade Anonymity, Order Book Liquidity, and the Cost of Insitutional Equity Orders."Working Paper, University of Bristol.

Garfinkel, Jon, and Mahendrarajah Nimalendran.2003."Market Structure and Trader Anonymity: An Analysis of Insider Trading."*Journal of Financial and Quantitative Analysis* 38: 3,591–610.

Gemmill, Gordon.1996."Transparency and Liquidity: A Study of Block Transactions in the London Stock Exchange under Different Publication Rules." *Journal of Finance* 51: 5, 1765–1790.

Goldstein, Michael, Edith Hotchkiss, and Eric Sirri.2007."Transparency and Liquidity: A Controlled Experiment in Corporate Bonds."*Review of Financial Studies* 20:2,235–273.

Gozluklu, Arie.2011. "Pretrade Transparency and Informed Trading: An Experimental Approach to Hidden Liquidity."Working Paper, University of Warwick.Available at http://papers.ssrn.com/so13/papers.cfm?abstract_id=1570113.

Gramming, Joachim, Dirk Schiereck, and Erik Theissen.2011."Knowing Me, Knowing You: Trader Anonymity and Informed Trading in Parallel Markets."*Journal of Financial Markets* 4:4,385–412.

Grossman, Sanford, and Joseph Stiglitz.1980."On the Impossibility of Informationally Efficient Markets."*American Economic Review* 70:3,393–408.

Hachmeister, Alexandra, and Dirk chiereck.2010."Dancing in the Dark: Posttrade Anonymity, Liquidity, and Informed Trading." *Review of Quantitative Finance and Accounting* 34: 2,145–177.

Harris, Jeffrey, and Paul Schultz.1997."The Importance of Firm Quotes and Rapid Executions: Evidence from the January 1994 SOES Rule Change."*Journal of Financial Economics* 45:1,135–166.

Harris, Lawrence.1996."Does a Large Minimum Price Variation Encourage Order Exposure?"Working Paper, University of Southern California.

Harris, Lawrence.1997."Order Exposure and Parasitic Traders."Working Paper, University of Southern California.

Harris, Lawrence, and Michael Piwowar.2006."Secondary Trading Costs in the Municipal Bond Market."*Journal of Financial Economics* 61:3,1361–1397.

Hautsch, Nikolaus, and Ruihong Huang.2012."On the Dark Side of the Market: Identifying and Analyzing Hidden Order Placements."SFB 649 Discussion Paper.

Hayek, Friedrich.1945."The Use of Knowledge in Society."*American Economic Review* 35: 4,51–530.

Hendershott, Terrence, and Charles Jones.2005."Island Goes Dark: Transparency, Fragmentation, and Regulation."*Review of Financial Studies* 18:3,743–763.

Kumar, Kiran, Ramabhadran Thirumalai, and Pradeep Yadav.2009."Hiding behind the Veil, Pretrade Transparency, Informed Traders and Market Quality."Working Paper, University of Oklahoma.Available at www.efa2009.org/papers/SSRN-id1342320.pdf.

Linnainmaa, Juhani, and Gideon Saar.2012."Lack of Anonymity and the Inference from Order Flow."*Review of Financial Studies*, 25:5,1414–1456.

London Economics.2011. "Understanding the Impact of MiFID in the Context of Global and National Regulatory Innovations: European Study." Report prepared for the City of London.

Lucarelli, Caterina, Camilla Mazzoli, and Giulio Palomba.2008."A Cross-Country Model for the Influence of the Pretrade Transparency on Market Liquidity and Price Volatility." *Journal of Trading* 3:3,60–75.

Madhavan,Ananth.2000."Market Microstructure: A Survey."Journal of Financial Markets 3: 3,205–258.

Madhavan, Ananth, David Porter, and Daniel Weaver.2005."Should Securities Markets Be Transparent?" *Journal of Finalcial Markets* 8:3,265–287.

Maher, Owen, Peter Swan, and Joakim Westerholm.2008."Twilight Falls on the Limit Order Book: Endogeneity and the Demise of Broker Identity."Working Paper, University of New South Wales.Available at http://papers.ssrn.com/so13/papers.cfm?abstract_id= 1090001.

Moinas, Sophie.2010."Hidden Limit Orders and Liquidity in Order Driven Markets."Working Paper,IDEIInstitute D´Économie Industrielle.

Naik, Narayan, Anthony Neuberger, and S.Viswanathan.1999."Trade Disclosure Regulation in Markets with Negotiated Trades." *Review of Financial Studies* 12:4,873–900.

OANDA.2012."Transparency Is Cheaper Than a Tobin Tax."Available at www.oanda.com/ corp/oandainsights/2012/jan/27/transparency-cheaper-tobin-tax-19652984/.

O´Hara,Maureen.1995.*Market Microstructure Theory*.Cambridge,MA:Basil Blackwell.

Pardo, Angel, and Roberto Pascual.2011."On the Hidden Side of Liquidity." Available at http://papers.ssrn.com/so13/papers.cfm?abstract_id=459000.

Parlour, Christine, and Duane Seppi.2008."Limit order markets: a survey." In A.W.A.Arnoud Boot and A.V.Anjan Thakor, eds.*Handbook of Financial Intermediation & Banking*,63–96. Oxford:Elsevier Science.

Perotti, Pietro, and Barbara Rindi.2006."Market for Information and Identity Disclosure in an Experimental Open Limit Order Book."*Economic Notes* 35:1,97–119.

Porter, David, and Daniel Weaver.1998."Posttrade Transparency on NASDAQ´s National Market System."*Journal of Financial Economics* 50:2,231–252.

Reiss,Peter,and Ingrid Werner.2005."Anonymity,Adverse Selection,and the Sorting of Interdealer Trades."*Review of Financial Studies* 18:2,599–636.

Rindi, Barbara.2008. "Informed Traders as Liquidity Providers.Anonymity, Liquidity and Price Formation."*Review of Finance* 12:3,497–532.

Scalia,Antonio,and Valerio Vacca.1999."Does Market Transparency Matter?A Case Study." Working Paper 359,Research Department,Bank of Italy.

Schultz,Paul.2012."The Market for New Issues of Municipal Bonds: The Roles of Transparency and Limited Access to Retail Investors." *Journal of Financial Economics* 106: 3, 492–512.

Siebert, Muriel.2011."The Role of Floor Traders: Is There One?" Fox Business.Available at www.foxbusiness.com/industries/2011/04/04/nyse-sale-speed-demise-floor-trader/.

Simaan, Yusif, Daniel Weaver, and David Whitcomb.2003."Market Maker Quotation Behavior and Pretrade Transparency."*Journal of Finance* 58:3,1247–1267.

Skjeltorp, Johannes, Elvira Sojli, and Wing Tham.2011."Sunshine Trading: Flashes of Trading Intent at the NASDAQ."Working Paper, Erasmus School of Economics.Available at http://papers.ssrn.com/so13/papers.cfm?abstract_id=1787418.

Tempelman, Jerry.2009."Price Transparency in the U.S.Corporate Bond Markets." *Journal* of Portfolio Management 35:3,27-33.

Theissen, Erik.2003. "Trader Anonymity, Price Formation and Liquidity." *European Finance Review* 7:1,1-26.

Thurlin, Arto.2009. "Pretrade Transparency, Market Quality and Informed Trading." Working Paper, Hanken School of Economics. Available at www.efmaefm.org/OEFMAMEETINGS/ EFMA%20ANNUAL%20MEETINGS/2009-milan/504.pdf.

Tuttle, Laura.2006. "Hidden Orders, Trading Costs, and Information." Working Paper, University of Kansas.

Waisburd, Andrew.2003. "Anonymity and Liquidity: Evidence from the Paris Bourse." Working Paper, Neeley School of Business, Texas Christian University.

Zhao, Xin, and Kee Chung.2007. "Information Disclosure and Market Quality: The Effectof SEC Rule 605 on Trading Costs." *Journal of Financial and Quantitative Analysis* 42:3, 657-682.

第五部分

新兴市场的微观结构问题

第21章 新兴市场的股票市场效率和市场微观结构

PARVEZ AHMED

北佛罗里达大学金融学副教授

21.1 引言

有效市场假说（EMII）是金融经济学的基础。在 Kendall（1953）开创性的工作中，他认为股票和商品的价格是符合*随机游走*过程的。正如 Kendall（p.13）所言，股价的时间序列数据"看起来像是随机的，几乎就像每周运气恶魔都会从固定离差的对称总体中随机选择一个数，并将其加入当前价格来决定下周的价格一样。"这个惊人的发现导致经济学家假定：在竞争性市场中，股价应该是随机游走的，暗示投资者不可能用过去的价格来预测未来价格。

Fama（1970）进一步将市场效率这一新理念归纳为3种基本形式：（1）弱式有效；（2）半强式有效；（3）强式有效。多名研究者，包括 Summers（1986）；Fama 和 French（1988）；Poterba 和 Summers（1988）；Richardson 和 Stock（1989）以及 Fama（1991）都针对发达市场进行了有效市场假说的实证研究。还有许多学者检验了新兴市场的市场效率（Errunza 和 Losq 1985；Barnes 1986；Laurence 1986；Agbeyegbe 1994；Huang 1995；Urrutia 1995；Grieb 和 Reyes 1999；Karemera，Ojah 和 Cole 1999；Ojah 和 Karemera 1999；Chang 和 Ting 2000；Ryoo 和 Smith 2002；Smith，Jefferis 和 Ryoo 2002；Lim，Habibullah 和 Hinich 2009）。

许多使用美国股价数据的研究都不能否定随机游走假说（Fama 和 MacBeth 1973；Samuelson 1973；Roll 1977）。然而，确有少量研究表明，当前和过去股票收益之间存在一定关联（French 和 Roll 1986；Fama 和 French 1988；Lo 和 MacKinlay 1989）。对其他发达市场的研究也得出了类似的结论，如针对澳大利亚、法国、加拿大和英国的研究（Poterba 和 Summers 1988；Unro 1992）。一些针对新兴市场市场效率的研究同样没有否定随机游走假说（Urrutia 1995；Ojah 和 Karemera 1999）。

然而，更多的研究发现，新兴市场中弱式有效难以成立（即新兴市场股价具有重复模式）。例如，有证据显示，新兴市场的股票收益具有高度波动性且背离随机游走假说（Roux 和 Gilbertson 1978；Errunza 和 Losq 1985；Barens 1986；Butler 和 Malaikah 1992；Urrutia 1995）。正如 Bekaert，Erb，Harvey 和 Viskanta（1997）的报告所述，新兴股票市场回报的分布具有潜在的不稳定性并具有高度波动性，与发达市场的一体化程度较低。Shleifer（2000）假定，由于新兴市场近似替代品的缺乏限制了套利行为，导致股票价格无效率。

本文结构如下：下一节定义了市场效率和三种基本形式。接下来的一节介绍了用于判定市场效率的多种统计检验方法。再下一节是对新兴资本市场的市场微观结构的检验并与发达资本市场进行了区分，然后本章深入研究了学者经常用来测试市场效率的金融指数。本章的倒数第二节总结了多种描述新兴资本市场效率现状的实证研究。最后一节则是总结和结论。

21.2 定义市场效率

资本市场的首要功能是有效配置资本并充分反映有关金融资产的可用信息。如果当前价格反映的仅是市场数据，如成交量和价格，则此类市场是 Fama（1970）所定义的*弱式有效*。如果价格既反映了过去的市场数据，又体现了所有其他公开可得信息，则此类市场被称为*半强式有效*。如果价格还反映了私有信息，则此类市场被叫作*强式有效*。

简单逻辑是有关有效市场学说的核心。如果一个计算机模型预测一只股票将于明天以高于现价10%的价格交易，且所有交易者可以无成本获得该信息，那么所有投资者都会立即下单去购买这只股票。但任何一名这只股票的持有者都不会以当前价格卖出。其净结果就是股价立刻上涨10%。新的股价将会充分反映所有预期的未来利好消息。一旦有任何消息表明股票被错误定价，投资者将根据这些消息行动，买进或卖出股票，推动股票价格变为投资者只能赚取正常收益率的合理水平。这些正常收益率是和股票风险相称的。如果收益率低于或高于正常水平，超额收益代表着获取套利利润的机会。任何套利获利机会的缺失是有效市场的基本特性。

如果股票以正常价格交易，那么股价任何进一步的变化都是新信息作用的结果。一个隐含的假定是进入市场的新消息是随机的、不可预测的且独立的。因此，股价变化对随机信息出现的回应应该是不可测的。本质上讲，价格的变化是随机的，股价遵循*随机游走*过程。通过持有股票，投资者无疑获得了对投资系统性风险的补偿和货币的时间价值。因此，证券价格遵循下鞅规则，即预期未来股价变化是正向的。这种预期的正向回报是不可能持续的，而且有理由假设，随着时间的推移它会发生变化，因为股票的风险不可能保持不变。严格地讲，随机游走假设连续的价格变化（或收益）是独立且恒等分布的（独立同分布）（也就是收益具有恒定的波动性）。然而，正如标准金融教科书，如Bodie，Kane和Marcus（2011，p.371）所言，尽管随机游走和下鞅有微妙的差别，且连续的价格波动不是完全相同的，但随机游走通常还是被用于"价格变化根本无法预测"之时。

当股票价格遵循随机游走时，股票市场是有效率的，至少是弱式有效的。Fama（1991）将市场效率分为三种形式：弱式、半强式和强式。

1.如果股票市场弱式有效，那么股票收益不会持续相关，且不太可能有恒定的均值。弱式有效市场上，当前的市场价格反映了所有过去的市场信息，因此，过去的价格或源于过去价格的任何形式，对于识别被错误定价的资产起不到作用。

2.在半强式有效市场，股价充分反映了所有公开可得信息。换言之，单纯的基础分析不能检测出错误定价。股价会持续且准确地对所有新的公开信息作出反应。

3.强式有效意味着证券价格反映了所有可得的公共和私有信息。内部交易者不会基于专有信息进行交易而获利。

有效市场需要满足一些特定的条件。

Fama（1970）提出了市场有效的以下几个条件：（1）无交易成本；（2）所有市场参与者均可以无成本地获得公开信息；（3）所有参与者认同信息对市场价格的影响。

交易成本、信息成本和投资者分歧的存在并不必然导致资本市场无效。高昂的交易成本和信息来源成本降低了市场效率，但它们的存在并没有使市场自动失效。新兴市场更可能出现不适时且高昂的信息传播成本和交易成本，增加了市场无效的可能性。只有实证检验才能提供下列问题清晰的答案，即新兴市场的市场微观结构是否会使股市变得无效。

21.3　市场效率的检验

为了检验新兴股票市场的效率，利用实证研究方法主要检验弱式是否有效是很必要的。若市场非弱式有效，那其他类型的效率问题将变得毫无意义。关于效率的实证检验经常使用股票价格（收益）的一阶差分。多数研究考虑以下检验中的一个或多个：

- 传统检验，如Kolmogorov-Smirnov拟合优度检验（KS）、游程分析、自相关检验，以及Ljung-box检验。
- 动态时间序列模型，如Dickey-Fuller模型及Augmented-Dickey Fuller（ADF）模型。
- 方差模型，包括Lo和Mackindlay比率检验。
- 用于检验半强式有效的事件分析法。

21.3.1　Kolmogorov-Smirnov拟合优度检验

Kolmogorov-Smirnov拟合优度检验（KS）是一个非参数检验，用于判定一个股票收益的随机样本在多大程度上（若有）符合一个特定的分布（正态分布）。这种检验方法是将样本的累积分布同每一种分布的标准累积函数相比较。方程（21.1）定义了Kolmogorov-Smirnov检验的统计表达式：

$$D = \max_{1 \leq i \leq N}\left[F(Y_i) - \frac{i-1}{N}, \frac{i}{N} - F(Y_i) \right] \tag{21.1}$$

其中，F是被检验分布的累积分布理论值，它必须被详细说明（即位置、尺度和形状参数不能根据数据估计）。计算得到的D值与单样本KS检验表中的临界值Z相比较。原假设是数据符合正态分布。

21.3.2　游程分析

游程分析用于检验统计独立性或随机性。一个游程是一个连续正收益或负收益的序列。这种检验方法将数据中的游程总数与基于随机游走假说的预期游程数量进行比较。符合正态分布的r统计量的均值和标准差如方程（21.2）和方程（21.3）所示。

$$\mu(r_i) = \frac{2n_1 n_2}{(n_1 + n_2)} + 1 \tag{21.2}$$

$$\sigma(r_i) = \sqrt{\frac{2n_1 n_2 (2n_1 n_2 - n_1 - n_2)}{(n_1 + n_2)^2 (n_1 + n_2 - 1)}} \tag{21.3}$$

其中，n_1 = 序列中具有特征1的要素个数（即价格收益），n_2 = 序列中具有特征2的要素个数（即价格损失）。

进行这个检验包括检查某证券收益的时间序列并检验持续性价格收益或损失的数量是否呈现某种模式。观察值按出现的顺序列出，若某次观察值高于前一次则标以"+"符号，反之则标以"−"号。这样就计算出了游程上升和下降的总数。检验统计量是 Z 值（$TS = \frac{G - \mu}{\sigma}$），其中 G 是观测到的游程数量。如果 Z 值大于或等于 1.96，则股票收益符合随机游走的原假设将在 0.05 的置信水平上被否决。

21.3.3　自相关检验

自相关函数（ACF）检验用于验证时间序列的自相关程度。它测度了股票收益时间序列中当前和滞后观察值之间的相关系数。方程（21.4）定义了股票收益与其滞后观察值之间的这种相关系数：

$$\rho_k = \frac{\sum_{t=1}^{n-k}(R_t - \bar{R})(R_{t+k} - \bar{R})}{\sum_{t=1}^{n}(R_t - \bar{R})^2} \tag{21.4}$$

其中，k 是滞后期数，$\bar{R}$ 代表 n 个观察值的时间序列均值，R_t 表示 t 时期的收益率。估计自相关系数的两个重要因素是标准误差检验和 Box-Pierce Q 检验（Box 和 Pierce 1970）。标准误差检验用于测度个体滞后变量的自相关系数并鉴别出显著的变量，Box-Pierce Q 检验用于测度组水平上显著的自相关系数。

21.3.4　Ljung-Box 检验

Ljung-Box Q 统计量（Ljung 和 Box 1978）是 Box-Pierce Q 统计量的变体，用于检验最多滞后 m 期所有自相关系数同时等于零的联合假设。方程（21.5）定义 Ljung-Box Q 统计量为：

$$Q = n(n+2)\sum_{k=1}^{m}\frac{\rho_k^2}{n-k} \tag{21.5}$$

其中，n 是观察值数量，m 是滞后期数，ρ 是滞后 k 期的自相关系数。Q 服从自由度为 m 的卡方检验。

21.3.5 Dickey-Fuller 检验（单位根）

单位根检验可以判定时间序列数据是否平稳。如果 i 的均值、方差及自相关系数（不同的滞后期）不随时间变化，那么这个时间序列被视为是平稳的。相反，非平稳时间序列的均值或方差或其两者会随时间而变化。单方根检验利用自回归模型来检验时间序列变量是否是不平稳的。单位根检验是一种统计检验，用于验证时间序列自回归模型中自回归系数是否为 1。假设一个数据序列 $S(t)$，其中 t 为整数，模型为： $S(t+1) = aS(t) + $其他项 ，其中 a 是一个未知的常数。单位根检验就是对 $a=1$ 的假设的检验，通常与 $|a|$ 小于 1 的假设相对。

单位根检验从概念上是很明确的，但在实践中会遇到一些困难。单方根检验通常有非标准且非正态的渐进分布。进一步讲，包括确定项，如常数项或任何时间趋势都会影响分布。Dickey-Fuller 单方根检验基于以下这个简单方程：

$$S_t = \varphi S_{t+1} + \varepsilon \quad \varepsilon \sim N(0,\sigma^2) \tag{21.6}$$

原假设是 $\varphi = 1$（$\varphi(z) = 0$ 中的单位根），备择假设是 φ 的绝对值小于 1。检验统计量是 $t = \dfrac{\hat{\varphi}-1}{SE(\varphi)}$，其中，$\hat{\varphi}$ 为最小二乘估计，$SE(\hat{\varphi})$ 为标准误差估计。这个检验为单侧左尾检验。Dickey 和 Fuller（1979）设计了名为 Agumented Dickey Fuller（ADF）的高阶自回归检验，这个检验没有设定误差项不相关的限制性假设。ADF 检验方程如下：

$$\Delta S_t = \alpha_1 + \alpha_2 t + \beta S_{t-1} + \delta\sum_{i=1}^{k}\Delta S_{t-i} + \varepsilon_t \tag{21.7}$$

其中，S_t 是 t 时的股价指数。方程（21.7）包括一个常数项 α_1 和一个趋势项 $\alpha_2 t$，k 表示滞后期数，ε_t 是白噪声扰动项。原假设是 $\beta = 0$。

21.3.6 Lo 和 MacKinlay 方差检验

Lo 和 MacKinlay（1989）假设随机游走变量的方差是线性时间相关的。设定 S_t 为随机游走序列。假设 $\sigma^2(1)$ 是由 $var(S_t - S_{t-1})$ 给出的该序列一阶差分的方差，$\sigma^2(q)$ 则是由 $(1/q)var(S_t - S_{t-q})$ 给出的 q 阶差分的方差乘以 1/q 的序列，其中，"var"表示方差运算符。方差比 $VR(q)$ 由方程（21.8）定义：

$$VR(q) = \frac{\sigma^2(q)}{\sigma^2(1)} \tag{21.8}$$

随机游走假说预测任何 q 值下 $VR(q) = 1$。又或者 $VR(q) > 1$ 意味着均值回避，$VR(q) < 1$ 意味着均值回归。Lo 和 MacKinlay 分别在同方差性和异方差性假设下得出了估计方差比的渐进分布并派生出两个检验统计量，$Z(q)$ 和 $Z^*(q)$。

21.3.7 事件研究

研究者经常使用事件研究法来检验半强式有效。这种检验的主要作用是证明证券价格是否反映出全部公开的可得信息。例如，在证券价格中反映出信息需要多少时间？市场是否完全反映了新的公开信息？首要任务是判断一个随机事件是否导致了股票的异常收益。异常收益的定义为：实际（观察）收益减去期望收益。实际收益很容易就能从股价变化中测度出来，并进行事后估计。期望收益是通过单一指数市场模型或多指数市场模型模拟出来的。在最简单的模型中，期望收益就近似等于历史收益的均值。在没有明确说明期望收益 $E(R_i)$ 假设的情况下，方程（21.9）表明了股票 i 在 t 时期的异常收益。

$$AR_{it} = R_{it} - E(R_i) \tag{21.9}$$

平均异常收益 $\overline{AR_0}$ 是将 N 个公司共同事件时间，即 0 时期的异常收益平均后得到的。

$$\overline{AR_0} = \frac{1}{N} \sum_{i=1}^{N} AR_{i0} \tag{21.10}$$

通过累积特定时间段内（即围绕一个事件的 L 天）定期的平均异常收益（也被描述为剩余收益），就得到了累积的平均剩余收益 $\overline{CAR}$：

$$\overline{CAR} = \sum_{t=1}^{L} AR_t \tag{21.11}$$

假设异常收益服从正态分布，t 统计量可以测度异常收益的显著性，$t = \overline{AR_0}/S(\overline{AR_0})$，其中，$S(\overline{AR_0})$ 是异常收益标准差的估计值。

21.4 新兴资本市场的市场微观结构

国际金融公司（IFC）的经济学家在 1981 年创造了一个术语——新兴市场。但是关于新兴市场构成的界定还有很大分歧。表 21-1 列示了摩根士丹利国际资本公司（MSCI）将市场划分为三类，即发达市场、新兴市场、前沿市场。

表 21-1 　　　　　　　　　　　　MSCI 市场分类框架

标准	发达	新兴	前沿
经济发展的持续性	人均国民总收入连续三年高于世界银行高收入门槛*的25%	无要求	无要求
满足规模和流动性要求的公司数量	5	3	2
1.公司规模	最低 2 020 百万美元	最低 1 020 百万美元	最低 505 百万美元
2.证券规模	最低 1 010 百万美元	最低 505 百万美元	最低 35 百万美元
3.证券流动性	20%ATVR**	15%ATVR	2.5%ATVR**
市场可接近性标准	很高	显著	至少有一些
对国外所有者的开放度	很高	显著	至少一部分
资本流入/流出的容易度	很高	好且经过检验	适度
运行架构的效率	很高	适度	适度
机构框架的稳定性			

注：MSCI市场分类框架依据如下标准进行市场分类：经济发展、规模、流动性以及可接近性。一国必须满足表中描述的所有三个标准的要求才会被归入既定的投资领域。

*2009年高收入门槛：人均国民总收入12 196美元。

**年化交易价值比率（ATVR）被用于测度流动性。MSCI将ATVR作为一种投资能力标准，用于确定MSCI指数中包含的证券。

来源：MSCI。

另外，道琼斯（Dow Jones）运用主观性更强的模型将资本市场划分为发达市场、新兴市场和前沿市场。正如Dow Jones所言，发达市场是外国投资者最易接近且最支持的市场。这些市场之间存在着高度的一致性。新兴市场相对发达市场来说可接近性较低，但是展现了一定程度的开放性。前沿市场对外国投资者来说典型地不易接近，在监管和运作环境方面存在明显的限制，且支持的投资领域很小。前沿市场还不很稳健且处于发展的早期阶段。Dow Jones运用表21-2所示的模型来评价市场。

表 21-2　　　　　　　　　　　　Dow Jones 运用的国家评价标准

国家评价标准	详细标准	主要因素
市场及监管结构	市场环境 监管架构	外国所有权限制 外国投资者待遇 资本流动限制 外汇市场 投资领域 外国投资者注册程序 有效的监管当局
交易环境	市场基础设施 交易环境	交易成本 交易平台 卖空和融券 衍生品市场 衍生品可得性
运行效率	清算与结算 运行环境	结算周期 结算方式 中央登记与存托 托管银行服务

注：Dow Jones 将市场分为发达市场、新兴市场和前沿市场。这种分类基于每个国家的市场与监管结构、交易环境以及运行效率标准。

Khanna 和 Palepu（2010）认为，买卖双方之间完成交易的低效率和高成本是新兴市场的一个基本特性。运作低效和高交易成本是制度缺失的结果。这些缺失包括不够严格的财务报告标准、缺乏独立审计师、低效率的评级机构、金融机构短缺以及缺乏强大的资本市场监管等。从本质上来说，市场中介的质量和数量在很大程度上影响了市场被分为发达市场、新兴市场或前沿市场。Khanna 和 Palepu 同时创立了市场中介分类学，对于评价金融市场环境很有用。市场中介分为六种类型：（1）增信者；（2）信息分析师与顾问；（3）整合者与分配者；（4）交易促进者；（5）裁定者；（6）监管者与政策制定者。表21-3描述了这些中介机构履行的职能并列举了金融市场中相应的例证。

表 21-3 市场中介分类学

市场机构类型	中介职能	金融市场例证
增信者	提供独立评价以证实商业权益	审计委员会 财务审计师
信息分析师与顾问	运用数据挖掘和统计模型发现并生成信息，同时提供咨询服务促进商业决策制定	金融分析师 信用评级机构 金融中介 投资银行家 金融规划师
整合者与分配者	作为经纪人提供服务，为供应商和消费者牵线搭桥	银行 保险公司 共同基金 风险资本 私募股权
交易促进者	通过有组织的交易平台促进市场买卖交易	股票交易所 期货期权交易所 债券交易所 经纪行
裁定者	帮助市场参与者解决纠纷	法院和仲裁人 破产应对专家
监管者与政策制定者	制定并强化影响交易与市场未来的基本规则	股票市场监管者 财务报告标准制定机构 商品和衍生品市场监管者

注：Khanna 和 Palepu（2010）通过划分中介职能提供了分类市场的市场中介分类法。
来源：改编自 Khanna 和 Palepu（2010，p.54-59）。

市场中介并不总是政府机构。这些机构经常是私有或由市场来主导的。发达经济体有更大的交易部门（也就是市场中介）来促进经济交易，从事经济交易的预期收益超过了交易成本。在新兴市场中，像阿根廷，交易部门在 GDP 中所占的份额持续低于发达经济体如美国的比重（Dagnino-Pastore 和 Farina 1999）。例如，在阿根廷，直到 1970 年，交易部门的规模始终保持在约占 GDP 1/4 的水平上，1980 年才跃升至 35%，这一水平一直保持到 1990 年。就银行业来看，Wang（2003）研究指出，总交易成本从1934年占总收入的69%增加到1989年的85%，到1998年可能由于技术创新才降至77%。

股票市场的市场效率取决于市场微观结构因素，如信息效率、波动性以及流动性水平。信息效率有助于市场变得更有效，股价可以准确且快速地对新消息作出反应。如果市场参与者相信股价是有效的，他们会更倾向于投资股票，并更好地分散风险。Stulz（1999）认为，当运用股份来更好地统一管理者（代理人）和所有者（出资者）之间的目标时，无偏的股价提升了公司的治理水平。股票市场的高波动性会对投资者形成威慑，会增加资本成本，会增加新兴市场企业筹资的难度（Schill 2004）。流动性同样是有关资本市场效率的一个重要决定因素。流动性通常被定义为出售金融资产而不引起价格不稳定变化的能力。资本市场更高的流动性通过降低风险溢价来影响预期回报（Bekaert，Harvey和Lundbiad 2001）。

Lagoarde-Segot（2009）对28个新兴市场和前沿市场的时变效率、波动性和交易成本进行了研究，涵盖了MSCI新兴市场指数中涉及的所有国家。作者得出结论，全球一体化的深化影响了新兴市场。金融危机，如1997年亚洲金融危机，同时影响了新兴市场的波动性和交易成本。研究发现了交易成本和波动性之间的正相关关系，同时也发现了交易成本和效率之间的负相关关系。未来，新兴市场的结构性改革会提高市场效率，同时会降低市场的波动性和交易成本。但是，来自国际投资者不断增加的资金流动却出人意料地降低了信息效率（可能是由于这些投资者的投机特征），同时也降低了市场波动性。内部交易监管的加强和交易自动化提升了信息效率，但自动化亦增加了市场的波动性。

21.5 金融市场指数

测度市场效率通常需要对某一股票指数进行前文提及的某一种或所有方法的检验。在检验指数之前，最好先对指数的构成进行分析。股市指数会因为构成不同及计算价值的方法不同而有所变化。综合指数由若干个市场指数组成。有关这些综合指数学者们经常在新兴市场由什么组成问题上持不同意见。表21-4列示了一些国家和地区，它们是大量综合新兴市场指数包含国家和地区中的一部分。

表 21-4 新兴市场股票指数

国家和地区	主要指数	MSCI[1]	FTSE[2]	S&P IFCI[3]	Dow Jones[4]
巴西	IBOV	是	是	是	是
智利	IGPA	是	是	是	是
中国	SHCOMP	是	是	是	是
哥伦比亚	IGBC	是	是	是	是
捷克共和国	PX	是	是	是	是
埃及	EGX	是	是	是	是
匈牙利	BUX	是	是	是	是
印度	SENSEX	是	是	是	是
印度尼西亚	JCI	是	是	是	是
马来西亚	KLCI	是	是	是	是
墨西哥	MEXBOL	是	是	是	是
摩洛哥	MASI	是	是	是	是
巴基斯坦	KSE100	否	是	否	否
秘鲁	IGBVL	是	是	是	是
菲律宾	PHILLIPPINES STOCKS	是	是	是	是
波兰	WIG	是	是	是	是
俄罗斯	INDEXCF	是	是	是	是
南非	JALSH	是	是	是	是
韩国	KOSPI	是	否	是	是
中国台湾	TAIWAN STOCKS	是	是	是	是
泰国	SET	是	是	是	是
土耳其	XU100	是	是	是	是
阿联酋	UANBGENL	否	是	否	否

注：本表展示了新兴市场主要股票市场指数的代码，以及由MSCI、FTSE、S&P IFCI和Dow Jones编制的大量新兴市场指数中包含的国家。

[1]MSCI新兴市场指数采集了21个新兴市场国家的大中型股票数据。通过816个构成成分，该指数覆盖了每个国家约84%的自由浮动调整市值。该指数的市值是3 214 697.4（百万）美元。成分规模（所有都以百万美元计）：最大=113 352.78，最小=26.61，均值=3 939.58，中值=1 888.25。

[2]FTSE新兴市场指数是FTSE全球股票指数系列（GEIS）的一部分。这一系列包括发达市场以及二级新兴市场的大中型股票，并依据FTSEs明确的国家分类审查程序进行分类。共有792个构成成分。指数总市值为3 500 405百万美元。成分规模（所有都以百万美元计）：最大=74 081，最小=62，均值=4 420，中值=1 917。

[3]S&P IFCI是S&P全球股票指数的一部分，在更广泛的基础上为投资者提供对全球股票市场的测度。股票须具有200百万美元或者更高的浮动调整市值。组成成分的数量是2 087。指数市值为3 979.20百万美元。成分规模（所有以百万美元计）：最大=135.28，最小=0.04，均值=1.91，中值=0.57。

[4]Dow Jones新兴市场指数涵盖了代表国家约95%的市值。每个代表市场都有国家指数。产业指数依据Dow Jones指数专业分类系统的定义编制。指数包括国家和区域两个层面。组成成分的数量是2 270。指数市值为7 788.90百万美元。成分规模（所有以百万美元计价）：最大=110.80，最小=0，均值=1.70，中值=0.40。

新兴市场指数涉及 23 个国家，其中 20 个国家均涉及所有 4 个新兴市场指数。23 个国家中，5 个是美洲国家，9 个是亚洲国家，5 个是欧洲国家，其余的则来自中东和非洲。尽管 4 个指数在国家构成上有共性，但是在组成和构造上却不完全相同。MCSI 和 Dow Jones 新兴市场（EM）指数的相关系数约为0.81。相比而言，Dow Jones 新兴市场指数和 Dow Jones 工业平均指数的相关系数约为 0.78。每个公司都有不同的方法选择其指数所追踪的公司。部门权重也不同。例如，在 MCSI 指数中，金融机构是指数中最大的组成部分（24.1%），卫生部门所占比重最小（1.1%）。在 S&P IFCI 指数中，金融部门所占指数比重略小于 MCSI，为 22.4%；卫生部门所占比重略大于 MCSI，为 1.7%。关于国家的权重，在 S&P IFCI 指数中，中国占 16.8%，但在 MSCI 指数中占 18.2%，在Dow 指数中仅占 13.55%。在过去的 10 年中，Dow Jones 新兴市场指数年收益为11.78%；MSCI 的年收益为 13.1%；S&P IFCI 年收益为 18.22%。这些差异并不妨碍研究市场效率。任何研究都将选择一个特定的指数，然后对其进行前文提到的检验。

21.6　新兴市场市场效率的实证分析

本节回顾了对新兴资本市场效率的实证检验研究。本节根据市场效率的类型（弱式、半强式和强式）以及区域（亚洲、拉丁美洲、中东和欧洲）划分层次。

21.6.1　弱式有效

本节汇总了对弱式市场效率进行检验的结果。检验结果根据区域加以分类说明。

1）亚洲

Ayadi 和 Pyun（1994）是较早对新兴市场进行 Lo 和 MacKinlay 方差比率检验的研究者之一。他们利用韩国股票交易数据进行方差检验。在同方差（常数方差）误差项假设下，其否定了随机游走假说。但在异方差假设下，研究无法否定随机游走假说。当 Ayadi 和 Pyun 将检验应用于较长时段的数据时，如按周、月、60 天间隔、90 日间隔，他们无法否定随机游走假说。Huang（1995）同样否定了韩国、马来西亚和泰国市场（包括中国香港和新加坡，它们不是任何一个新兴市场指数的构成部分）的随机游走假说。相比之下，Chang 和 Ting

（2000）运用月度、季度和年度数据对中国台湾市场进行检验，没能否定随机游走假说。Darrat和Zhong（2000）还有Lee，Chen和Rui（2001）也否定了中国市场的随机游走假说。

Hoque，Kim和Pyun（2007）用印度尼西亚、马来西亚、菲律宾、新加坡和泰国股票市场的数据做了检验。在横跨1990年到2004年这段时间内，他们证明，周收益是均值复归且可预测的。尽管中国台湾和韩国市场股价是不可预知的，但也存在均值复归现象。这些结论和其他研究结果大体一致，如Smith和Ryoo（2003）对欧洲新兴市场所做的研究，Buguk和Brorsen（2003）对土耳其市场的研究，还有Nam，Pyun和Kim（2003）对太平洋地区国家的研究。如这些研究所示，许多新兴市场的股价行为经常是可跨时期预测的，精明的投资者们经常利用这一特征。

通过利用孟买股票交易所1987年至1994年每日指数数据，Poshakwale（1996）发现印度股票市场非弱式有效。Gupta和Basu（2007）使用从1997年到2004年更近时期的数据进行研究，发现弱式有效时有时无。Gupta和Yang（2011）通过分析1997—2011年这段时间的数据，期间涵盖了印度近年来的市场自由化历程，发现印度市场没有体现出随机游走的特点且非弱式有效。然而，此时间段的后期（2007—2011年），检验结果却呈现多样化状态，当使用低频季度数据检验时，市场显示弱式有效。Siddiqui和Gupta（2009）对印度国家股票市场进行了随机游走检验，发现市场非弱式有效。

2）拉丁美洲

Urrutia（1995）使用以当地货币为基础的月度收益来检验拉丁美洲新兴股票市场的弱式有效性，包括阿根廷、巴西、智利和墨西哥。作者发现了这些市场效率的多样性结论。通过流程检验，Urrutia发现拉丁美洲股票市场为弱式有效。通过Lo-MacKindlay方差比率检验，他否定了随机游走假说。Urrutia认为，当地投资者可能无法制定获得超额收益的投资策略。

在相关研究中，Ojah和Karemera（1999）运用多重方差比率检验，发现巴西、智利、墨西哥和阿根廷市场，虽不是主要新兴市场指数的构成部分，但却符合随机游走假说。他们的研究结果表明，国际投资者无法利用历史股价信息来设计系统性的盈利交易策略，因为未来长期收益不依赖于过去收益。

Righi和Ceretta（2011）对巴西、阿根廷和墨西哥市场的研究也得出了类似的结论。他们对2007—2008年金融危机之前、之中和之后的市场效率进行了检验，没能否定随机游走假说。他们的证据支持这些市场弱式有效。Karemera等（1999）检验了15个新兴股票市场的弱式有效性，得出结论：阿根廷、巴西和墨西哥3个拉美市场弱式有效，但智利市场无效。

3）中东和非洲

埃及、摩洛哥和南非是主要新兴市场指数的构成部分。有关揭示新兴中东和非洲市场的市场效率研究中，Moustafa（2004）运用2001年到2003年的每日价格指数数据对阿联酋股票市场进行了检验，发现市场为弱式有效。Al-Zaubia和Al-Nahlehb（2010）研究指出，埃及和突尼斯市场都非弱式有效。Harrison和Moore（2012）考虑了数据生成过程中的非线性因素，否定了中东和北非（MENA）新兴市场符合随机游走状态的零假说。由于新兴市场缺乏流动性，作者的模型中考虑了交易量小和波动聚集的因素。上述研究结果都表明，大多数中东和北非市场是无效的，尽管有些检验证明某些市场是有效的。

Alagedede和Panagiotidis（2009）在分析埃及、摩洛哥和南非市场时，对数据的非线性做出了解释。非线性是攫取额外利润时交易规则发挥功效的先兆。作者用这些新兴市场每日指数回报检验了股票收益的动态变化以及条件波动模型的含义，得出了多样化的结论，但总体上不能否定2001年至2006年间的弱式有效状态。有意思的是，Akinkugbe（2005）发现，博茨瓦纳股票市场弱式和半强式均有效。Appiah-Kusi和Menyah（2003）同样指出，埃及和摩洛哥，还有肯尼亚、毛里求斯、津巴布韦都是弱式有效。

4）欧洲

Gilmore和McMnaus（2003）发现了否定捷克、匈牙利和波兰新兴市场弱式有效的证据。Smith和Ryoo（2003）以及Hassan，Haque和Lawrence（2006）断言，匈牙利和波兰不存在弱式有效。Smith和Ryoo发现土耳其的市场为弱式有效。Abrosimova，Dissanaike和Linowski（2002）指出，俄罗斯市场为弱式有效，但Hassan等（2006）并不同意，认为俄罗斯并非弱式有效市场。

Omay和Karadagli（2010）提供了波兰和俄罗斯市场多样化的有效性结果。运用传统的ADF单方根检验，他们发现波兰、罗马尼亚、俄罗斯、斯洛文尼亚和土耳其市场为弱式有效。但当使用非线性单方根检验时，波兰、罗马尼亚和俄罗斯市场非弱式有效。Hasanov和Omay（2008）发现，即使用非线性模型检验，捷克和匈牙利市场也是弱式有效。

21.6.2 半强式有效

Patel和Sarkar（1998）对比了1970年到1997年期间的发达市场和新兴市场（印尼、韩国、马来西亚、菲律宾、中国台湾、泰国、阿根廷、智利、巴西和墨西哥）。他们发现新兴市场比发达市场趋于有更大的价格下跌和更长的恢复期。在股价下挫之前会有一波上涨行情是很典型的现象，且新兴市场价格上涨的幅度会更大。Sharkasi，Crane，Ruskin 和 Matos（2006）发现新兴市场需要花费两个月的时间才能从股价下挫中恢复过来，而发达市场完成此过程所需时间不足一个月。

2007—2008 年的全球金融危机提供了唯一一次可以比较发达国家市场和新兴市场反应的机会。Claomiris，Love，Peria（2012）发现，整个金融危机期间，相对于发达经济体，新兴市场对全球交易条件的回应要大一些，而对抛售压力的回应要小一些。就股票对全球市场波动的敏感程度而言，新兴市场比发达市场对危机的反应要大。发达国家和新兴市场对全球危机的反应类似，但有两点例外。第一，危机期间，信贷供给冲击对发达国家的影响更大。第二，发达国家的流动性冲击比新兴市场更大且更多变。这些结论与新兴市场的半强式有效状态相一致。

Hunter 和 Smith（2010）使用了另一种方法来判定新兴市场的半强式有效。他们的研究问题是投资者对新兴市场公司进行估价时，是否使用信息技术来降低信息不对称。运用印度、印度尼西亚、俄罗斯和南非的股票市场数据，作者表明，股票市场在互联网商业化的后期有更好的表现。在印度，在互联网上公开财务信息的公司的价值会逐渐提高，在印尼和南非更是如此。

市场效率也决定着包含于（不包含于）任何主要股市指数中的股票在公告日会呈现出明显的正向（负向）额外收益。对美国市场的研究结论坚定地支持了这一假说。例如，Chakrabarti，Huang，Jayaraman 和 Lee（2005）用 29 个国家的 MSCI 国家指数进行了研究，包括巴西、中国（包括大陆和台湾）、印度、印尼、马来西亚、菲律宾、南非、韩国和土耳其。根据他们的发现，指数中涉及的股票在公告后会发生价格的快速上扬，但从指数中删除后，又会有显著的下挫。对于新加入指数的股票，在加入日后，交易量会明显上升并持续保持在高水平上。在指数增加（删除）构成股票之后，发达市场显现更高的收益（损失）会引发大量的跨国交易。

Bildik 和 Gulay（2008）发现，包含在（剔除出）ISE-30 指数中的土耳其股票在事件期间可能会产生正向（负向）的额外收益，而且被纳入（剔除）指数也会显著影响其交易量和交易量的波动。Jianye 和 Fang（2008）对中国的研究也得到了类似的结论，但研究结论显现出轻微的不对称性，即从指数中剔除后的股价下挫比加入指数后股价的上扬要小。最后，Martell（2005）研究了主权信用评级变化对新兴国家当地股票市场的影响。与半强式有效假说一致，位于更富裕国家和位于新兴金融市场相对更发达地区的公司，在东道国政府信用等级下降之后，股价下跌幅度会相对小一些。

新近，Griffin，Kelly和Nardari（2010）同时研究了发达市场和新兴市场的弱式有效与半强式有效。他们利用了交易规则，如Jegadeesh（1990）提出的短期反转策略，来研究弱式有效性。同时也运用盈余公告后价格漂移（PEAD）方法来推断半强式有效。通过运用1994年到2005年的数据，作者研究了一个新兴市场样本，该样本中的市场数量要略大于那些标准新兴市场指数中包含的市场数量。多出来的国家主要包括阿根廷、孟加拉、保加利亚、肯尼亚、立陶宛、斯里兰卡、委内瑞拉和津巴布韦。作者得出结论，运用交易策略和传统弱式有效性测度方法，如方差检验来验证，新兴市场至少会和发达市场一样有效。新兴市场公司的自相关性在公司层面和总体市场层面上也是类似的，这意味着相较于发达市场，这些公司对过去收益中包含的信息并没有额外的反应不足或反应过度。新兴市场和发达市场在半强式有效方面也十分类似。这些结果表明，尽管新兴市场具有不同的市场微观结构，如更高的交易成本或更明显的信息不对称，但市场效率的测度结果与经济和金融发展水平是无关的。

21.7 总结和结论

据Waggoner（2012）的研究，全球投资者在2012年第一季度在新兴市场中的投资额达到136亿美元。随着时间的推移，新兴经济体不断推进经济自由化，使得投资对全球投资者来说变得更简单并更具吸引力。总之，新兴市场已然降低了交易成本且提高了信息流动性，这是促进投资者提升在这些市场投资信心的两个很重要的因素。然而，实证结果显示，大部分新兴市场在市场效率方面充其量是多样化的结果。墨西哥、土耳其、中国（包括大陆和台湾）在实证结果上最具一致性，它们的市场在弱式和半强式下均有效。大多数亚洲市场（印度、马来西亚和印尼）还有中东和非洲市场（埃及和摩洛哥）依然表现为低效率。尽管这些国家已经进行过重大的结构性改革，但市场效率依然很难捉摸。即使如此，利用这种低效率来攫取额外利益也并非易事。需要有更多的研究利用更新的数据，探讨新兴市场效率的趋势，以及微观市场结构提升对市场效率的影响。

讨论题

1. 描述市场效率和有效市场假说的三种形式。
2. 说明市场有效所要具备的市场微观结构条件。
3. 描述弱式市场效率的三个检验。
4. 说明区分发达市场和新兴市场的市场微观结构特性。
5. 概述市场效率和市场微观结构的关系。
6. 讨论新兴市场的综合效率。

作者介绍

Parvez Ahmed 是北佛罗里达大学（UNF）可持续商业实践中心主任和考金商学院副教授。他主要讲授公司金融、投资学、国际金融以及衍生品。

他是 2009 年度美国富布赖特学者。曾出版专著《共同基金——50 年的研究发现》，并在众多期刊上发表文章，如《投资组合管理研究》《金融管理》《银行与金融研究》《金融评论》《应用经济信笺》《全球商业金融评论》《国际经济评论》《财务管理》以及《多样化投资研究》等。他在印度 Aligrah 穆斯林大学获得工程学学士学位，并在得克萨斯大学阿灵顿分校获得金融学博士学位。

参考文献

Abrosimova, Natalia, Gishan Dissanaike, and Dirk Linowski.2002. "Testing the Weak-Form Efficiency of the Russian Stock Market." Working Paper, European Fanance Association 2002 Berlin Meeting.Available from http://peapers.ssrn.com/sol3/papers.cfm?abstract_id=302287.

Agbeyegbe, Terence.D.1994. "Some Stylized Facts about the Jamaica Stock Market." *Social and Economic Studies* 43:4, 143-156.

Akinkugbe, Oluyele.2005. "Efficiency in Botswana Stock Exchange:An Empirical Analysis." *Business Review* 4:2, 223-230.

Al-Zaubia, Khaled, and Marwan Al-Nahlehb.2010. "Financial Markets Efficiency:Empirical Evidence from Some Middle East and North Countries(MENA)." *International Research Journal of Finance and Economics* 49, 172-184

Alagidede, Paul, and Theodore Panagiotidis.2009. "Modeling Stock Returns in Africa's Emerging Equity Markets." *International Review of Financial Analysis* 18:1-2, 1-11.

Appiah-Kusi, Joe, and Kojo Menyah.2003. "Return Predictability in African Stock Markets." *Review of Financial Economics* 12:3, 247-270.

Ayadi, Felix O., and Chong Soo Pyun.1994. "An Application of Variance Ratio Test to the Korean Securities Market." *Journal of Banking & Finance* 18:4, 643-658.

Barnes, Paul.1986, "Thin Trading and Stock Market Efficiency:The Case of the Kuala Lumpur Stock Exchange." *Journal of Business Finance and Accounting* 13:4, 609-617.

Bekaert, Geert, Calude Erb, Campbell R.Harvey, and Tadas E.Viskanta.1997. "The behavior of emerging markets returns." In Edward Ajtman, Richard Levich, and Jianping Mei, eds. *The Future of Emerging Markets Capital Flows*, 159-194.Chicago:Irwin Professional.

Bekaert, Geert, Campbell R.Harvey, and Christian Lundblad.2001. "Emerging Equity Markets and Economic Development." *Journal of Development Economics* 66:2, 465-504.

Bildik, Recep, and guzhan Gülay.2008. "The Effects of Changes in Index Composition on Stock Prices and Volume:Evidence from the Istanbul Stock Exchange." *International Review of Financial Analysis* 17:1, 178-197.

Bodie, Zvi, Alex Kane, and Alan J.Marcus.2011.*Investments*.New York:McGrawHill/irwin.

Box, George E.P., and David A.Pierce.1970. "Distribution of the Autocorrelation in Autoregressive Moving Average Timc Scries Models." *Journal of the American Statistical Association* 65:332, 1509-1526.

Buguk, Cumhur, and Wade B.Brorsen, 2003. "Testing Weak-Form Market Efficiency:Evidence from the Istanbul Stock Exchange." *International Review of Financial Analysis* 12:5, 579-590.

Butler, Kirt C., and S.Jamal Malaikah.1992, "Efficiency and inefficiency in thinly traded stock markets:Kuwait and Saudi Arabia." *Journal of Banking and Finance*, 16, 197-210.

Calomiris, Charles W., Inessa Love, and María S.M.Peria.2012. "Stock Returns' Sensitivities to Crisis Shocks:Evidence from Developed and Emerging Markets." *Journal of International Money and Finance* 31:4,743-765.

Chakrabarti, Rajesh, Wei Huang, Narayanan Jayaraman, and Jinsoo Lee.2005. "Price and Volume Effects of Changes in MSCI Indices-Nature and Causes." *Journal of Banking and Finance* 29:5,237-264.

Chang, Kuo-Ping, and Kuo-Shiun Ting.2000. "A Variance Ratio Test of the Random Walk Hypothesis for Taiawan's Stock Market." *Applied Financial Einancial Economics* 10:5, 525-532.

Dagnino-Pastore, Jose Maria, and Paulo Enrico Farina.1999. "Transaction Costs in Argentina." Paper presented at the Third Annual Conference of the International Society for New Institutional Economics, Washington, DC, September 16-18.Avalilable at www.isnie.org/ISNIE99/Papers/pastore.pdf.

Darrat, Ali, F., and Maosen Zhong.2000. "On Testing the Random-Walk Hypothesis:A Model Comparison Approach." Financial Review 35:3,105-124

Dickey, David A., and Wayne A.Fuller.1979. "Distribution of the Estimators for Autoregressive Time Series with a Unit Root." *Journal of the American Statistical Assoctation* 74: 366,427-431.

Errunza, Vihang R., and Etienne Losq.1985. "The Behavior of Stock Priceson LDC Markets." Journal of Banking and Finance 9:4,561-575.

Fama, Eugene F.1970. "Efficient Capital Markets:A Review of Theory and Empirical Work." *Journal of Finance* 25:2,383-417.

Fama, Eugene.F.1991. "Efficient Capital Markets:II." *Journal of Finance* 46:5,1575-1617.

Fama, Eugene F., and Kenneth French, 1988. "Permanent and Temporary Components of Stock Prices." *Journal of Political Economy* 96:2,246-273.

Fama, Eugene F., and James D.MacBeth.1973. "Risk, Return, and Equilibrium:Empirical Tests." *Journal of Political Economy* 81:3,607-636.

French, Kenneth R., and Richard Roll.1986. "Stock Return Variances:The Arrival of Information and the Reachion of Traders." *Journal of Financial Economics* 17:1,5-26.

Gilmore, Claire G., and Ginette M.McManus.2003. "Random Walk and Efficiency Tests of Central European Equity Markets." *Managerial Finance* 29:4,42-61.

Grieb, Terrance, and Mario G.Reyes, 1999. "Random Walk Tests for Latin American Equity Indexes and Individual Firms." *Journal of Financial Resarch* 22:4,371-383.

Griffin, John M., Patrick J.Kelly, and Federico Nardari, 2010. "Do Market Efficiency Measures Yield Correct Inferences?A Comparison of Developed and Emerging Markets." *Review of Financial Studies* 23:8,3225-3277.

Gupta, Rakesh, and Parikshit K.Basu.2007. "Weak-Form Efficiency in Indian Stock Markets." *International Business ε Economics Research Journal* 6:3,57-64.

Gupta, Rakesh, and Junhao Yang.2011. "Testing Weak-Form Efficiency in the Indian Capital Market." *International Research Journal of Finance ε Ecoomics* 75:1,108-119.

Harrison, Barry, and Winston Moore.2012. "Stock Market Efficiency, Nno-Linearity, Thin Trading and Asymmetric Information in MEAN Stock Markets." *Economic Issues* 17:1, 77-93.

Hasanov, Mubariz, and Tolga Omay.2008. "Non-Linearities in Emerging Stock Markets:Evidence from Europe's Two Largest Emerging Markets." *Applied Economics* 40:23, 2645–2658.

Hassan, Kabir M., Mahfizul Haque, and Shari B.Lawrence.2006. "An Empirical Analysis of Emerging Stock Markets of Europe." *Quarterly Journal of Business and Economics* 45:1, 31–52.

Hoque, Hafiz A.B., Jae H.Kim, and Chong S.Pyun.2007. "A C omparison of Variance Ration Tests of Random Walk:A Case of Asian Emerging Stock Markets." *International Reoiew of Economics and Finance* 16:4,488–502.

Huang, Bwo-Nung.1995. "Do Asian Stock Market Prices Follow Random Walks?Evidence from the Variance Ratio Test" *Applied Financial Economics* 5:4,251–256.

Hunter, Shirley A., and Murphy Smith.2010. "Impact of Internet Financial Reporting on Emerging Markets." *Journal of International Business Research* 8:2,21–40.

Jegadeesh, Narasimhan, 1990. "Evidence of Predictable Behavior of Security Returns." *Journal of Finance* 45:3,881–898.

Jianye, Zhai, and Sihai Fang.2008. "Stock Index Reconstitution Effects in Emerging Market-Empirical Study Based on CSI 300." Working Paper, Social Science Research Network. Available at http://ssrn.com/abstract=1305610.

Karemera, David, Kalu Ojah, and John A.Cole.1999. "Random Walks and Market Efficiency Tests:Evidence from Emerging Equity Markets." *Review of Quantitative Finance and Accounting* 13:2,171–188.

Kendall, Maurice.1953. "The Analysis of Economic Time Series." *Journal of the Royal Statistical Society* 116:1,11–34.

Khanna, Tarun, and Krishna G.Palepu.2010, Winning in Emorging Maikets:A Road Map for Strategy and Execution.Cambridge, MA:Harvard Business Review Press.

Lagoarde-Segot, Thomas.2009, "Financial Reforms and Time-Varying Microstructures in Emerging Equity Markets." Journal of Banking and Finance 33:10,1755–1769.

Laurence, Martin M.1986. "Weak-Form Efficiency in the Kuala Lumpur and Singapore Stock Markets." *Journal of Banking and Finance* 10:3,431–445.

Lee, Cheng.F., Gong-Meng Chen, and Oliver M.Rui, 2001. "Stock Returns and Volatility on China's Stock Markets." *Journal of Financial Research* 24:4,523–543.

Lim, Kian-Ping, Muzafar S.Habibullah, and Melvin J.Hinich.2009. "The Weak-Form Efficiency of Chinese Stock Markets:Thin Trading, Nonlinearity and Episodic Serial Depen-dencies." *Journal of Emerging Market Finance* 8:2,133–163.

Ljung, Greta M., and George E.P.Box.1978. "On a Measure of a Lack of Fit in Time Series Models." *Bimetrika* 65:2,297–303.

Lo, Andrew, and A.Craig MacKinlay.1989. "The Size and Power of the Variance Ratio Test in Finite Samples:A Monte Carlo Investigation." *Journal of Econometrics* 40:2,203–238.

Martell, Rodolfo.2005. "The Effect of Sovereign Credit Rationg Changes on Emerging Stock Markets." Working Paper, Purdue University.Available at http://ssrn.com/abstract=686375.

Moustafa, Mohammed Abdou.2004. "Testing the Weak-Form Efficiency of the United Arab Emirates Stock Market." *International Journal of Business* 9:3,31–52.

Nam, Kiseok, Chong S.Pyun, and Sei-Wim.2003. "Is Symmetric Mean-Reverting Pattern in

Stock Returns Systematic?Evidence from Pacific-Basin Markets in the Short-Horizon."
Journal of International Financial Markets, Institutions and Money 13:5,481–502.

Ojah, Kalu, and David Karemera.1999."Random Walks and Market Efficiency Tests of Latin
American Emerging Equity Markets:A Revisit." *Financial Review* 34:2,57–72.

Omay, Nazli C., and Ece C.Karadagli.2010. "Testing Weak-Form Market Efficiency for
Emerging Economies:A Nonlinear Approach." MPRA Paper 27312.University Library of
Munich, Germany.

Patel, Sandeep, and Asani Sarkar.1998."Crises in Developed and Emerging Stock Markets."
Financial Analysts Journal 54:6,50–61.

Poshakwale, Sunil.1996."Evidence on Weak-Form Efficiency and Day of the Week Efficien-
cy and Day of the Week Effect in the Indian Stock Market." *Finance India* 10:3,605–616.

Poterba, James M., and Lawrence H.Summers.1998."Mean Reversion in Stock Prices:Evi-
dence and Implications." *Journal of Financial Economics* 22 ; 1,27–59.

Richardson, Matthew, and James H.Stock.1989."Drawing Inferences from Statistics Based
on Multiyear Asset Returns." *Journal of Financial Eonomics* 15:2,323–348.

Righi, Marcelo B., and Paulo S.Ceretta.2011."Random Walk and Variance Ratio Tests for Ef-
ficiency in the Sub-Prime Crisis:Evidence for the U.S.and Latin Markets." *International Re-
search Journal of Finance and Economics* 72:1,25–32.

Roll, Richard A.1977."Critique of the Asset Pricing Theory's Tests." *Journal of Financial
Economics* 4:2,129–176.

Roux, F.J.P., and B.P.Gilbertson.1978."The Behavior of Share Prices on the Johannesburg
Stock Exchange." *Journal of Business Finance and Accounting* 5:2,223–232.

Ryoo, Hyun-Jung, and Graham Smith.2002. "Korean Stock Prices under Price Limits:Vari-
ance Ratio Tests of Random Walks." *Applied Financial Economics* 12:8,545–554.

Samuelson, Paul A.1973."Proof that Properly Discounted Present Values of Assets Vibrate
Randomly." *Bell Journal of Economics & Management Science* 4:2,369–374.

Schill, Michael, 2004, "Sailing in Rough Water:Market Volatility and Corporate Finance."
Journal of Corporate Finance 10:5,659–681.

Sharkasi, Adel, Martin Crane, Heather J.Ruskin, and Jouse Matos.2006."The Reaction of
Stock Markets to Crashes and Events:A Compaarison Study between Emerging and Ma-
ture Markets Using Wevelet Transforms." *Physica A:Statistical Mechanics and Its Appli-
cations* 368:2,511–521.

Shleifer, Andrei.2000.*Inefficient Markets:An Introduction to Behavioral Finance.*New York:
Oxford University Press.

Siddiqui, Saif, and P.K.Gupta.2009."Weak-Form of Market Efficiency-Evidences from Se-
lected NSE Indices."Working Paper, Social Science Research Network.Available at http://
ssrn.com/abstract=1355103.

Smith, Graham, Keith Jefferis, and Hyun-Jung Ryoo.2002."African Stock Markets:Multiple
Variance Ratio Teats of Random Walks." *Applied Financial Economics* 12:7,475–484.

Smith, Graham, and Hyun-Jung Ryoo.2003."Variance Ratio Tests of the Random Walk
Hypothesis for European Emerging Stock Markets." *European Journal of Finance* 9:3,
290–300.

Stulz, René M.1999."Globalization, Corporate Finance, and the Cost of Capital." *Journal of*

Applied Corporate Finance 12:3,8−25.

Summers, Lawrence H.1986."Does the Stock Market Rationally Reflect Fundamental Values?"*Journal of Finance* 41:3,591−600.

Unro, Lee.1992."Do Stock Prices Follow a Random Walk?Some International Evidence."*International Review of Economics and Finance* 1:4,315−327.

Urrutia, Jorge L.1995,"Tests of Random Walk and Market Efficiency for Latin American Emerging Equity Markets."*Journal of Financial Research* 43:3,299−309.

Waggoner, John.2012."Emerging Markets:Hot Performance Worth the Risk?"*USA Today*. March 23,2012.

Wang, Ning, 2003."Measuring Transaction Costs:An Incomplete Survey"Working Paper, Roand Coase Institute,University of Chicago.

第22章 流动性和亚洲股票市场危机

CHARLIE CHAROENWONG

南洋理工大学副教授

DAVID K.DING

梅西大学和新加坡管理大学教授

YUNG CHIANG YANG

贝尔法斯特女王大学助理教授

22.1 引言

对于流动性至今还没有一个统一的定义。Kyle（1985，p.1316）指出："流动性是一个难以确定、令人费解的概念，部分是由于它包含了大量的市场交易特性，如市场压力、深度和弹性。"在市场微观结构的相关文献中，O'Hara（1994）给出了一个被广泛接受的流动性的概念，流动性是无成本的即时交易的能力。实际上，即时程度越强，市场的流动性越高。

交易成本的存在增大了市场摩擦，降低了流动性。Collins 和 Fabozzi（1991）将交易成本视为交易执行成本对市场的影响，它反映了买卖差价加上为了补偿做市商与知情交易者进行交易所冒的风险而作出的价格让步。他们还指出，在交易过程中，当价格对其他交易行为产生反应时，市场时机成本就产生了。市场中交易的增加为市场提供了更高的流动性，其结果是交易的规模经济同时降低买卖价差和平均交易成本。

Locke 和 Venkatesh（1997）证明了买卖报价的平均价差高于每笔交易的平均成本。Clark（1973）；Epps 和 Epps（1976）以及 Harris（1986）发现，每笔

交易中价格的波动是单调的，并且和交易量正相关。Bessembinder和Seguin（1993）进一步证明了同时期的交易量和波动性的强正向关联。未预期的交易量对于波动性的影响要比预期交易量的影响大2～13倍。Ragunathan和Peker（1997）拓展了Bessembinder和Seguin的研究，发现了价格波动与日间交易量之间更深层次的关系。他们的发现支持了前人的研究结论，即波动性更可能受到滞后波动的影响。

与之前的研究类似，Jones，Kaul和Lipson（1994）也发现了波动性和交易量之间的正向关系。他们的研究表明，平均交易规模对于波动性和交易量之间的关系影响较小，而对交易量的影响较大。Brailsford（1996）指出，在澳大利亚股票市场上，每日交易量和每日的交易价格变化成正向关系，并且建议用交易的股票数量来衡量交易的活跃度。Easley和O'Hara（1992）以及Harris和Raviv（1993）的研究也指出，交易数量和交易价格的变化正相关。

很多研究都验证了金融市场的复杂性。例如，Cornell（1981）证明了期货市场的流动性合约中，日均交易量和价格波动性之间存在连续的正向关系。Foster（1995）利用广义自回归条件异方差模型（GARCH）和广义矩阵法（GMM）研究了原油期货的交易量和价格波动性的关系，他发现流动性不足可能会使证券价格偏离它们的公允价值，并导致大规模交易以回应明显的价格偏差。交易量的突然增加被认为是导致价格波动变大的原因。Working（1953）认为一个成功的期货市场就是通过提供充足的流动性来确保高质量的对冲的。交叉对冲交易的存在，即用一个更具流动性的合约替代一个不完全的对冲，表明相对于高质量的对冲，交易者更偏向于流动性（Black 1986）。这种行为导致了期货市场上流动性不足合约的退出。这与Silber（1981）；Black（1986）和Duffie，Jackson（1989）的结论是一致的，即当更大的交易量存在时，交易会使流动性最大化，并最大化收益。

本章的剩余部分安排如下。下一节将对11个从亚洲挑选出的市场的流动性和测度方法进行概述。之后将对金融危机的现象进行讨论，并分析金融危机是如何影响一种特定的流动性测度方法（Amihud价格影响法）和交易活跃度（由转手率的测度决定）的。本章的发现是基于实证研究，并通过比较11个股票市场的结果得出了一些结论。

22.2　数据和流动性的测量

本研究使用了汤姆森路透数据流数据库的1990—2009年的股票市场和会计数据。笔者用资产负债表和市场数据来计算流动性并进行转手率的测算。整个样本包括亚洲11个国家的1 361 236个公司年度观测数值。采用Amihud（2002）的价格影响法和转手率流动性测算方法。样本包括了11个国家和经济体，其中发达国家（经济体）和地区包括日本、中国香港特别行政区和新加坡，其他的国家（经济体）被认为是发展中经济体。

表22-1给出了对11个经济体数据特征的一个概述。从1990年到2009

表22-1　样本组成和公司特征

国家和地区	公司数量	危机	市场价值（平均）本国货币	美元	价格（平均）本国货币	美元	杠杆	净市价比	股票收入波动性
中国大陆（CN）	1 547	4.04	4 305	564	7.16	0.93	0.2721	0.4181	−2.1152
中国香港特别行政区（HK）	1 056	4.4	4 373	563	8.35	1.09	0.1715	1.3484	−1.9092
印度尼西亚（ID）	380	3.43	2 033 666	273	1 353.43	0.27	0.285	1.4148	−1.9331
印度（IN）	1 185	4.9	19 621	449	142.84	3.28	0.2777	1.1146	−1.8757
日本（JP）	3 116	5.33	128 649	1 131	5 926.45	52.38	0.2462	1.1346	−2.3381
韩国（KR）	851	2.01	430 942	415	44 749.42	47.55	0.2944	1.9389	−1.9323
马来西亚（MY）	864	3.01	797	239	2.09	0.65	0.2235	1.2832	−2.2051
菲律宾（PH）	200	2.66	10 858	274	29.7	0.76	0.1904	2.0866	−1.9299
新加坡（SG）	646	6.21	602	384	1.16	0.74	0.1893	1.4243	−2.1544
泰国（TH）	559	4.38	7 485	226	27.82	0.91	0.2772	1.2229	−2.1526
中国台湾地区（TW）	806	2.61	18 686	591	26.66	0.84	0.2286	0.9516	−2.0963
总和	11 210	4.34		695		23.94	0.2452	1.108	−2.1517

注：本表给出了本文分析的11个亚洲国家公司的数量（Nfirms）和公司数据的平均值。危机（CRISIS）一栏给出了危机期间月度样本的百分数。如果这个月的股票市场比过去10年的月度收入降低了多于1.5个标准差，那么我们定义这个月有危机。市值的均值以百万货币单位计量（本国货币和美元），报告中还给出了杠杆（LEVERAGE）、净市价比（BM）和股票收入波动性（RETVOL）。LEVERAGE是总负债除以总资产的比率。RETVOL是12个月月度股票市场收入的标准离差的对数。样本期间是从1990年1月至2009年12月。

年，有11 210个独立公司的1 361 236个会计年度的观测值。从公共公司的数量来看，日本是最大的市场。样本包括了超过3 000个独立的公司。样本中中国大陆、香港特别行政区和印度都有超过了1 000个独立的公司，也算是较大的市场。韩国、马来西亚、新加坡、泰国和中国台湾地区同样是亚洲的重要市场，在样本中都有超过500个独立的公司。最后，印度尼西亚和菲律宾是本研究中最小的两个市场，都只有不到400个独立的公司。

市场价值以美元（USD）形式测度。日本公司最大，每个公司的平均市值都超过了10亿美元，中国大陆、香港及台湾地区、印度和韩国的平均公司规模大约是5亿美元，其他市场的公司平均市值就要小得多。日本和韩国公司拥有较高的股票价格，平均股价大约为50美元，其余市场的平均股票价格要比这个价格低很多。所有样本国家或经济体的平均杠杆率（负债资产比）是25%，而所有市场的所有股票平均账面市值比为1.11。

流动性一般用直接或间接的交易成本衡量。直接的交易成本指买卖价差；间接的交易成本包括对价格影响的测度成本。然而，长期的买卖价差和日间数据是得不到的，尤其是对于新兴市场来说。因此，研究人员用低频买卖价差代替，如Roll（1984）测度了有效的买卖价差和由股票价格与交易量推断出的其他流动性结果。

很多研究都检验了通用的替代变量的有效性。例如，Goyenko，Holden和Trzcinka（2009）将很多常用的低频买卖价差和市场影响替代变量与高频变量进行了比较。他们发现，由Holden（2009）提出的低频有效点值（Effective Tick）是买卖价差的最好替代变量，而低频Amihud（2002）算法是对价格影响测度的最好方法。因此定义如下：有效点值是点值的加权平均数，被有效地运用于实现有效价差（Holden 2009）。

Amihud（2002）价格影响测度方法是基于流动性的理念，与Kyle（1985）引入的方法相似。该方法测度了股票市场中的投资者交易但不影响股票价格的能力。这种方法直观地说明它可以作为价格影响的估计量，这在一定程度上与由买卖活动形成的价格压力反映股票流动性的理念是一致的（Grossman和Miller 1988）。

流动性较好的市场是指投资者的交易对价格的影响最小的市场。月度Amihud流动性不足的测度方法如下：

$$AMIHUD_{i,t} = \log\left(1 + \frac{1}{N}\sum_{k=1}^{N}\frac{|R_{i,k}|}{P_{i,k}VO_{i,k}}\right) \tag{22.1}$$

其中，$R_{i,k}$是每日股票回报，$P_{i,k}$是股票价格，$VO_{i,k}$是股票i在第k天的交易量。月度 Amihud 流动性不足测度方法是在每日 Amihud 测算的基础上通过采集既定月份每日 Amihud 测算值的均值计算出来的。这个分析使用了 Amihud 值的自然对数。为了避免没有收益时对数字零取对数，在计算对数值之前，我们加入一个任意常数。每日股票收益和股票价格以本国货币计量，如图表 22-2 中的汇总数据所示，然后，分别对各个国家进行回归，如图表 22-5 所示。当对跨国数据进行单回归时，Amihud 测度是以美元表示的。

一些研究采用月换手率对交易活跃度进行计量。例如，Lo 和 Wang (2000) 认为换手率是对交易活跃程度的一个自然的测度。流动性和交易活跃程度正向相关，因为交易者可以很快地改变他们的交易头寸。作者将换手率定义为给定月份中的成交量除以流通中的股票总数。Lo 和 Wang 还发现换手率是不稳定的。因此，本章中以对数形式测算换手率，并以主流的 12 个月移动平均法来对月度换手率除趋势，消除不平稳性。Griffin，Nardari 和 Stulz (2007) 以及 Karolyi，Lee 和 Dijk (2012) 也使用了这种方法。用多元分析来对股票 i 在月份 t 的换手率进行测度的方法如下：

$$TURNOVER_{i,t} = \log\left(1 + \frac{VO_{i,t}}{NOSH_{i,t}}\right)$$
$$-\frac{1}{12}\sum_{k=1}^{12}\log\left(1 + \frac{VO_{i,t-k}}{NOSH_{i,t-k}}\right) \qquad (22.2)$$

其中，$VO_{i,t}$ 和 $NOSH_{i,t}$ 分别表示交易量和股票 i 在月份 t 的可流通股数。

22.3 亚洲市场的股票流动性

本节提供了月度流动性不足统计的概况和 11 个亚洲市场的交易活动。对这些市场中企业特征的分析说明了几个典型的事实。一个事实就是，用 Amihud 测度法会产生一个跨国变量。因为这个方法是用本国货币作单位，而跨国比较流动性不足是以美元计量的。表 22-2 展现出的股票流动性和转手率的统计描述表明，中国大陆和中国台湾地区的股票流动性最高（即 Amihud 值最低），而菲律宾和印度尼西亚在同一样本时期流动性最低。在样本时期，这些国家和经济体的股票流动性的排名从高到低依次是：中国大陆、中国台湾地区、韩国、日本、中国香港特别行政区、新加坡、马来西亚、印度、泰国、菲律宾和印度尼西亚。这个排名与其他关于流动性研究的排名类似，像 Lesmond（2005）；Bekaert，Harvey 和 Lundblad（2009）以及

Lee（2011）。虽然有一些证据显示，股票流动性和资本市场的发展正向相关，其中资本市场的发展程度由GDP中市场资本化的比重来衡量（没有给出），但中国市场明显是个例外。中国的市场资本化与国内生产总值（GDP）相比较低，然而，它的股票流动性较高。这可能得益于中国股票市场从20世纪初开始的快速发展。

表 22-2 股票流动性不足和交易活跃度的统计描述

国家/经济体	Amihud（本币）			Amihud（美元）			换手率		
	均值	中位值	标准离差	均值	中位值	标准离差	均值	中位值	标准离差
中国大陆（CN）	0.005	0.002	0.011	0.035	0.015	0.066	0.305	0.169	0.368
中国香港特别行政区（HK）	2.147	0.062	7.786	16.943	0.494	61.411	0.057	0.017	0.123
印度尼西亚（ID）	0.040	0.001	0.142	385.116	8.497	1 368.88	0.118	0.010	0.383
印度（IN）	1.816	0.017	22.150	73.214	0.715	937.499	0.219	0.025	1.700
日本（JP）	0.008	0.001	0.022	1.051	0.122	2.683	0.061	0.019	0.170
韩国（KR）	0.001	0.000	0.004	0.970	0.079	4.173	0.581	0.140	1.292
马来西亚（MY）	7.158	0.337	29.390	25.952	1.291	103.975	0.068	0.014	0.180
菲律宾（PH）	2.246	0.144	7.039	108.243	8.082	338.342	0.482	0.005	3.216
新加坡（SG）	14.111	0.458	50.615	22.904	0.823	80.957	0.064	0.016	0.138
泰国（TH）	2.500	0.036	9.656	94.765	1.485	365.112	0.236	0.027	0.786
中国台湾地区（TW）	0.020	0.001	0.112	0.680	0.023	3.662	0.266	0.124	0.388
总和	1.667	0.003	15.510	27.141	0.138	357.856	0.173	0.030	0.777

注：该表给出了Amihud流动性不足测度的时间序列平均值、中位值和标准离差以及11个亚洲国家的股票换手率。这里的月度Amihud流动性不足测度并不是基于等式（22.1）的对数值，而是基于给定月份的每日Amihud测度的均值。每日Amihud的测度是每日收益率的绝对值与当日成交金额的比值，股票收益和交易量既可以用本国货币表示，也可以用美元表示。股票转手率被定义为给定月份中交易股票数除以可流通的股票总数。样本时期是从1990年1月到2009年12月。

另一个典型事实是，Amihud 测度是极度不对称的。所有国家的企业平均 Amihud 值都比中值测度的结果大。等式（22.1）中回归分析法所用的流动性不足测度的自然对数就是用来消除大量的偏离现象的。从图表 22-2 给出的换手率数据中，我们可以看出，具有最高平均换手率的国家是韩国、菲律宾和中国大陆。平均来说，这些国家公司股票的月交易量要比流通的股票数多 30%。通过比较，我们看到活跃度最低的市场是中国香港特别行政区、日本和新加坡。这个排名和股票流动性的排名是不同的。再加上换手率测度也是具有偏度的，所有国家的平均换手率都要比中值测度的结果低得多。对于样本中的所有公司而言，月换手率的平均值是流通的股票数的 17%，但是中位值要低得多，仅占流通股票数的 3%。

Lesmond（2005）对股票流动性的跨国决定因素进行了研究。他用 Lesmond，Ogden 和 Trzcinka（1999）以及 Amihud 发明的方法研究了从 1987 到 2000 年 31 个新兴市场的流动性。他发现，拥有不发达的政治和立法机构的国家要比拥有发达的政治和立法机构的国家的流动性成本更高。另外一些跨国流动性的研究则集中在股票收益的流动性效应方面（Bekaert 等 2007；Lee 2011）。

图 22-1 给出了从 1990 年到 2009 年期间 11 个亚洲市场流动性不足行为的时间序列图。Amihud 的流动性不足测度在这段时间显示出了较大的变化，很多国家在 1997 年和 2007 年间经历了一个高潮。这两段时间正好就是亚洲金融危机和世界金融危机发生的时间。亚洲金融危机从 1997 年 7 月的泰国开始，然后蔓延到很多国家，包括马来西亚、印度尼西亚和韩国。1997 到 1998 年金融危机期间，这些国家经历的流动性不足冲击可以很容易从图表上看出来，同时也能看到新加坡和中国香港特别行政区的流动性不足。然而，从日本、中国大陆和中国台湾地区看，1997 年的冲击的影响并没有那么明显。1997—1998 年金融危机之后，随着更多的资本流入，市场趋于稳定，流动性水平开始提升。

从 2000 年到 2005 年，一些股票市场经历了流动性不足的最严重期，或是在亚洲金融危机之后保持了流动性。日本、中国香港特别行政区、新加坡和印度尼西亚在这个期间经历了一定程度的流动性不足。样本中除了中国和印度以外的所有国家在 2007 年或 2008 年都经历了另一轮的流动性不足。这一时期与起源于 2007 年美国的全球流动性紧缩相符，在影响亚洲证券市场之前，2008 年这场危机蔓延到了欧洲。

图 22-2 给出了从 1990 年到 2009 年期间 11 个亚洲市场股票换手率行为的

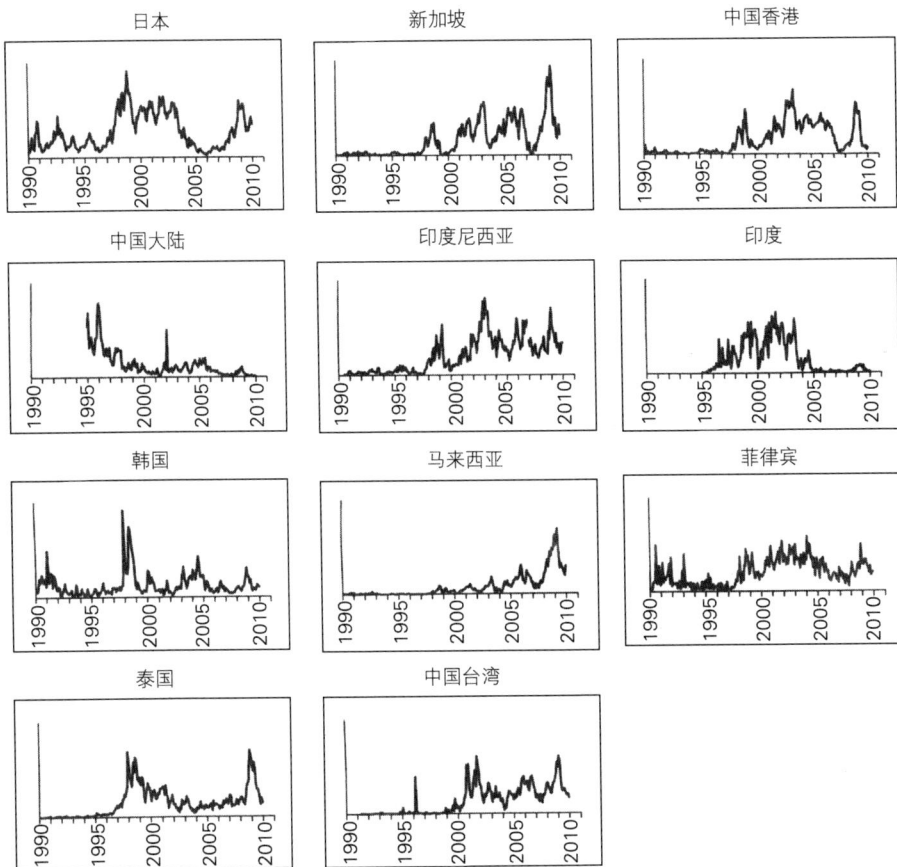

注：这个图展示了从1990年1月到2009年12月的样本期间，11个亚洲国家月平均Amihud流动性不足的值。这里的月度的Amihud流动性不足的值并不是基于等式（22.1）的对数值，而是基于给定月份的日Amihud值的均值。日Amihud值是日股票收入除以交易量后的绝对值。这个图给出了每个国家或经济体的单只股票间用等权值法计算出的平均Amihud值的时间序列趋势。

图22-1　亚洲国家和地区Amihud流动性不足测度的时间序列变化

时间序列图表。股票换手率显示在金融危机期间其变动不太明显，尽管因为投资者加入减弱了本应出现的换手率的明显降低。一个可能的原因是股票换手率的波动范围更小，因此，想从趋势图中观测到这一迹象是有困难的。在多元分析中，金融危机期间的换手率降低是具有统计显著性的。

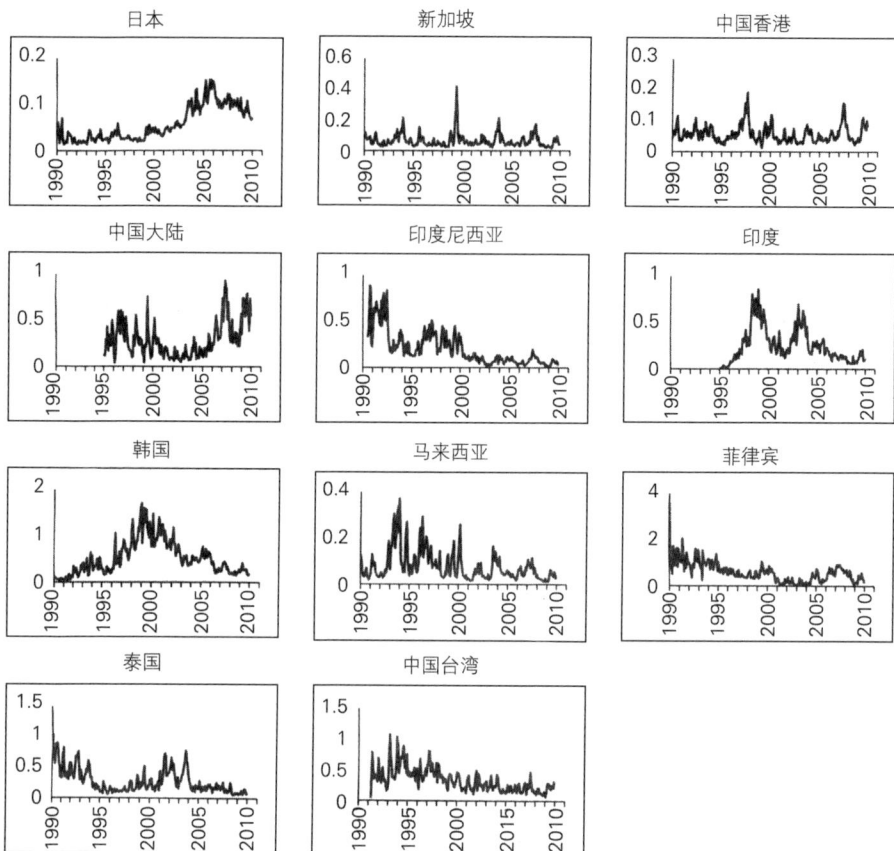

注：本图展示了从1990年1月到2009年12月的样本期间，11个亚洲国家月平均股票换手率。股票换手率被定义为一个给定月份的交易股数除以流通的总股数。这个图给出了每个国家或经济体的单只股票间用等权值法计算出的平均股票换手率的时间序列趋势。

图22-2 亚洲国家和地区的股票换手率的时间序列变化

22.4 金融危机

Naes，Skjeltorp和Odegaard（2011）研究得出了美国股票市场流动性的变化与实体经济的变化一致的结论。他们发现股票市场的流动性包括了有关实体经济的主要信息。作者运用挪威市场所有权的详细数据进行分析进一步得出，投资者资产组合的组成是随着商业周期变化的，并且投资者的参与度与市场流动性有关。这一结果表明，系统的流动性变化在经济下行阶段与安全投资转移或流动性投资转移有关。

由 Naes 等（2011）进行的研究给出了投资组合的构成随商业周期变化的证据，危机期间亦是如此。这种变化可能在一个单一的市场影响市场的流动性。宏观经济的基础指标，如实际 GDP 增长，正如作者所提到的，可能并不能完全解释为什么危机会从一个市场蔓延至另一个市场。Summers（2000）指出，市场的流动性不足可能会恶化国际传染效应。例如，当一些高杠杆的机构在危机过后在一个市场产生了大量亏损时，追加保证金的要求和流动性的缺乏可能会使这些机构在其他市场降低头寸，因此加速了危机的蔓延。

在相关研究中，Boyer，Kumagai 和 Yuan（2006）把新兴市场的股票分为两类：国外投资者可以投资的股票和国外投资者不能投资的股票。根据他们的研究，外国投资者可投资的股票收益会在危机期间主导外国投资者不能投资的股票收益。作者进一步给出了证据证明，危机的蔓延是通过国际投资者所持有资产的渠道，而非通过宏观经济基础渠道。相比较而言，投资组合的重新调整可能是导致危机蔓延到发达市场的一种途径。Forbes 和 Rigobon（2002）给出了同样证据，他们认为国际贸易的联系使得某一个国家的危机蔓延到世界其他国家的股票市场。Kaminsky，Lyons 和 Schmukler（2001）发现墨西哥、亚洲和俄罗斯的危机引发了其他国家共同基金的退出。

Brunnermeier 和 Pedersen（2009）给出了关于流动性的另一种解释，这种解释是基于股票市场流动性和金融中介的可得资金之间的互动关系。他们的模型表明，在市场衰退期，当为提供流动性所需的可得资本有限时，资金约束、特定公司流动性与市场流动性以及市场回报之间的联动会尤其显著。Hammeed，Kang 和 Viswanathan（2010）运用经验研究方法证明在市场衰退期，流动性会下降，联动性会提高。这与在市场下行期流动性供给减少的结论一致。

总的来说，大的市场的低迷会导致市场流动性波动。因此，资本变得更加稀缺，使得股票流动性下降和总体的不确定性提高。Vayanos（2004）认为，在面对资产价值不确定时，流动性供给者会变得更加厌恶风险。投资者在面对资本约束不确定时，他们会对资产组合进行重新调整。这会产生系统性的流动性转移效应。如果这类投资者在很多市场拥有大量的资产组合，他们的资产组合调整行为会使资金约束效应从一个市场传到另一个市场，同时导致其他股票市场的低迷。

22.5 金融危机和股票流动性之间的关系

在直观地了解了股票市场流动性不足的时间序列图表（图表 22-3）之后，我们用多元回归分析来研究金融危机对股票流动性的影响。这项研究集中于流动性不足研究以及在控制其他变量的条件下，基于一个危机指标变量测度交易活跃度。研究会对每个国家分别进行回归分析，并对包括所有国家在内的组合进行合并回归。

运用等式（22.1），经过变换的本币表示的 Amihud 值作为回归分析中第一个因变量。本文使用 Hameed 等（2010）研究中对 CRISIS 变量的定义，即之前月份的市场回报与过去 10 年的平均月回报相比，下降幅度大于 1.5 个标准差时，这个变量取 1。这个定义是基于以下的观点：当流动性供给者自己的资本由于受到市场衰退影响或由于不确定性增加导致其借款变得更加困难而出现资本下降时，他们自己更可能面临资金约束。从图表 22-1 的描述性统计数据我们可以看出，根据这一定义，样本月份的 4.34% 可以被划分为危机月份。

一个公司潜在的实力也可能影响其股票的流动性。本分析使用了五个公司层面的特征量作为控制变量。根据 Stoll（2000）的研究，公司规模（以百万美元计价的市场资本化程度的对数值测度（MV））及股价的对数值（PRICE）和回报的波动性（即根据一年的月回报标准差的对数值测度（RETVOL））也被包含在内。选用这些变量是基于存货和订单处理成本。公司规模为存货成本的控制手段并锁定贸易合作伙伴，而股价则为离散效应作为风险替代变量的控制手段，因为价格越被低估的股票风险越高。Ho 和 Stoll（1981）认为股票收益的变化与流动性有关，因为即时性供给者在涉及不想要的头寸时并不是多样化的。其他控制变量包括净值市价比（BM）和杠杆率（LEVERAGE），杠杆率也被看作风险的替代变量。公司层面的特征量经由 Datastream 和 Worldscope 数据库得到。另外，在所有回归中都包含了公司和年度的固定效应，作为公司固定效应和年度效应的控制手段。具体来说，就是估计下面模型的系数。

$$AMIHUD_{i,t} = \alpha_0 + \beta_1 CRISIS_{i,t-1} + \beta_2 MV_{i,t-1} + \beta_3 BM_{i,t-1}$$
$$+ \beta_4 PRICE_{i,t-1} + \beta_5 LEVERAGE_{i,t-1} \tag{22.3}$$
$$+ \beta_6 RETVOL_{i,t-1} + Fixed\ Effects$$

表 22-3 的面板 A 给出了金融危机对股票流动不足影响的回归结果。

CRISIS 系数是正的并且在除菲律宾以外的所有国家在 0.01 水平上显著。CRISIS 的系数最显著的三个国家是日本、印度和中国。对这些国家来说，金融危机是股票市场流动性下降的最主要原因。因为 Amihud 变量是测度流动性不足的，而不是测度流动性水平的，因此结果说明了这些国家的股票市场流动性在危机期间显著下降。危机的影响在各个国家并不是完全一样的。一些国家股票市场流动性相对于其他国家下降得更明显。Amihud 值含有货币单位因素，因此并不能简单地对 CRISIS 系数进行比较。因此，对于每个国家来说，CRISIS 系数可以与整体的 Amihud 均值进行比较。在金融危机期间，就 Amihud 均值而言，股票市场流动性平均下降了 27%。下降最多的是韩国，它的股票市场流动性比 Amihud 均值低了 100% 还多。中国台湾地区下降了 43%，新加坡下降得最少，只有 4%。表 22-3 的最后一栏给出了以美元计值的 Amihud 值作为因变量的混合样本结果，这个结果里 CRISIS 的系数是正的，而且检验统计结果随着样本量的增加而得到显著改善。

表 22-3 的面板 B 给出了金融危机对交易活跃度影响的回归结果，因变量是 TURNOVER，将这个变量进行了对数变换并去除了月度股票换手率的趋势。CRISIS 的系数是负的并对除新加坡和菲律宾以外的所有国家显著。在金融危机期间，由股票换手率衡量的交易活跃度有所下降。通过对不同国家的系数进行比较，我们可以发现，危机对韩国和中国有史大的负面影响，而对日本和新加坡的负面影响较小。股票市场的分割和相关法律环境可能会对金融危机对不同国家股票市场流动性和换手率的不同影响进行解释。然而，本章并不对这种跨国差异的可能解释进行实证检验。

危机期间，股票市场流动性和交易活跃度的降低都是值得探讨的。运用美国的日间数据，Choridia，Roll 和 Subrahmanyam（2001）发现了股票流动性和交易流动性之间的反向关系。然而，他们也研究了股票流动性和交易活跃度之间的一般关系。表 22-3 的结果重点关注了在市场经历了大的衰退的条件下，股票流动性和交易活跃度之间的关系，以及这段期间它们之间关系的变化情况。Lesmond（2005）发现，新兴市场的交易成本在亚洲和俄罗斯金融危机期间大幅提高，但是股票换手率的结果却变化不大。同样的，Levy-Yeyati，Schmukler 和 Van Horen（2008）发现在危机的早期，交易量会保持稳定，但是随后会下降，这说明在资产组合重新配置完成之后，交易活跃度会降低。他们的研究使用月度换手率来测度交易活跃度。这样做可以捕捉到危机对交易活跃度更广的影响，但却不能像 Chodia 等所做的研究那样发现交易活跃度的短期动态变化。

表 22-3　　金融危机对股票流动性不足和交易活跃度的多变量分析

面板A.危机与股票流动性不足的关系（AMIHUD）

	日本	中国香港	新家坡	中国大陆	印度尼西亚	印度	韩国	马来西亚	菲律宾	中国台湾	泰国	全体
CRISIS	0.001	0.057	0.051	0.001	0.036	0.010	0.001	0.061	0.021	0.007	0.095	0.083
	(15.10)	(6.26)	(3.20)	(8.68)	(8.80)	(3.02)	(7.67)	(4.12)	(0.81)	(3.32)	(6.00)	(20.12)
MV	−0.004	−0.333	−0.584	0.000	−0.190	−0.012	−0.001	−0.381	−0.075	0.028	−0.287	−0.376
	(−4.42)	(−24.34)	(−11.94)	(0.20)	(−7.16)	(−4.38)	(−8.73)	(−12.55)	(−2.51)	(2.61)	(−11.08)	(−29.66)
BM	0.002	−0.007	0.008	0.002	0.060	−0.001	0.000	0.048	0.000	−0.011	0.048	0.000
	(6.61)	(−1.25)	(0.58)	(2.06)	(4.74)	(−1.27)	(1.28)	(3.60)	(0.91)	(−2.97)	(3.58)	(0.85)
PRICE	−0.003	−0.021	−0.350	−0.003	−0.023	−0.011	0.000	−0.201	−0.199	−0.061	0.021	−0.140
	(−3.98)	(−1.99)	(−6.79)	(−2.60)	(−0.85)	(−3.68)	(1.84)	(−6.06)	(−5.29)	(−4.68)	(0.90)	(−11.11)
LEVERAGE	0.011	0.036	0.206	−0.001	0.040	−0.003	−0.000	0.082	0.068	0.011	0.175	0.153
	(6.88)	(0.73)	(1.45)	(−1.87)	(0.45)	(−0.31)	(−0.12)	(1.10)	(0.66)	(0.79)	(2.12)	(4.50)
RETVOL	−0.001	−0.044	−0.151	−0.001	−0.037	0.000	−0.000	−0.118	−0.003	0.002	−0.007	−0.095
	(−5.84)	(−5.25)	(−7.53)	(−6.22)	(−3.29)	(0.04)	(−6.79)	(−8.05)	(−0.18)	(0.97)	(−0.49)	(−17.54)
Intercept	0.058	2.218	2.692	0.018	1.734	0.216	0.008	2.333	1.175	−0.032	2.081	4.259
	(15.01)	(23.46)	(9.56)	(2.81)	(11.49)	(9.08)	(10.18)	(15.03)	(5.98)	(−0.59)	(13.85)	(53.29)
Fixed Effects	F,Y	F,Y	F,Y	F,Y	F,Y	F,Y	F,Y	F,Y	F,Y	F,Y	F,Y	F,Y
NObs	505 470	109 495	62 264	153 328	93 985	38 159	109 455	107 031	22 459	95 527	64 112	1 361 236
Adjusted R^2	0.46	0.47	0.59	0.56	0.55	0.24	0.23	0.54	0.36	0.50	0.41	0.67
CRISIS	−0.001	−0.004	−0.001	−0.036	−0.024	−0.022	−0.054	−0.007	0.008	−0.027	−0.017	−0.013
	(−2.16)	(−3.15)	(−0.79)	(−18.80)	(−14.02)	(−4.49)	(−9.92)	(−3.66)	(1.49)	(−12.86)	(−3.90)	(−21.77)

面板 B. 金融危机与交易活跃度的关系（TURNOVER）

	日本	中国香港	新家坡	中国大陆	印度尼西亚	印度	韩国	马来西亚	菲律宾	中国台湾	泰国	全体
MV	−0.011	−0.010	−0.007	−0.025	−0.011	−0.010	−0.028	−0.003	−0.010	−0.034	−0.027	−0.017
	(−5.34)	(−6.37)	(−3.24)	(−3.31)	(−1.39)	(−2.27)	(−7.86)	(−0.96)	(−2.39)	(−6.05)	(−2.54)	(−15.39)
BM	−0.002	−0.000	0.003	−0.006	−0.001	0.001	−0.003	−0.000	0.000	−0.002	−0.004	0.000
	(−5.5)	(−0.04)	(2.89)	(−1.86)	(−1.05)	(1.02)	(−3.07)	(−0.33)	(0.23)	(−1.01)	(−1.30)	(0.13)
PRICE	0.004	0.003	0.003	−0.039	−0.004	0.000	0.005	−0.001	0.008	0.029	0.009	0.003
	(2.12)	(2.37)	(1.14)	(−5.06)	(−0.51)	(0.09)	(2.59)	(−0.26)	(1.43)	(5.32)	(1.07)	(2.93)
LEVER AGE	0.005	0.003	0.016	0.038	0.018	0.016	−0.006	0.003	−0.014	−0.026	−0.000	0.015
	(1.84)	(0.50)	(2.21)	(5.08)	(1.22)	(1.84)	(−0.48)	(0.50)	(−1.32)	(−3.04)	(−0.00)	(5.51)
RETVOL	−0.003	−0.001	−0.003	−0.019	0.017	−0.001	0.008	−0.004	0.002	0.011	0.015	0.002
	(−7.01)	(−0.91)	(−1.59)	(−8.13)	(3.80)	(−0.27)	(1.79)	(−2.34)	(0.90)	(5.22)	(−1.36)	(2.81)
Intercept	0.066	0.048	−0.008	0.126	0.139	0.083	0.247	−0.022	0.070	0.263	−0.011	0.105
	(6.84)	(4.90)	(−0.62)	(2.67)	(3.45)	(1.81)	(7.82)	(−1.35)	(2.48)	(6.84)	(−0.16)	(13.21)

注：这个表给出了公司层面关于金融危机对股票流动性不足和交易活跃度的 OLS 回归结果。因变量是由月度 Amihud 法测度的流动性不足（面板 A）和由 TURNOVER 测度的交易活跃度（面板 B）。月度 AMIHUD 的构建是由 1 的对数加上给定月份的每日 AMIHUD 的均值。每日 AMIHUD 值是日股票回报绝对值除以交易量。股票转手率被定义为给定月份的交易股数除以流通股数。前 11 栏给出了每个国家带有公司和年固定效应的回归估计值。最后一栏给出了带有公司和固定年效应的混合样本回归估计值。CRISIS 是一个指示变量，当月度股票市场回报的下跌幅度超过以往 10 年月回报 1.5 个标准差以上时，这个变量取 1。MV 是以百万本国货币计算的公司市场资本化程度的自然对数值。BM 是净值市价比。PRICE 是以本国货币计量的股价的自然对数值。LEVERAGE 是总负债除以总资产的比率。RETVOL 是以往 12 个月月度股票回报标准差的自然对数值。NObs 是观察值的数量。固定效应系数并没有体现在表中。括号中的是稳健的 t 统计量。样本期间是从 1990 年 1 月到 2009 年 12 月。

近期 Lang 和 Maffett（2001）的研究揭示了在市场严重低迷时期公司层面的信息环境和股票的流动性效应。他们发现，透明度较高的股票总的来说对流动性冲击敏感度更低，且与危机相伴，流动性波动和协变性尤其会提高。因此，当投资者整体的不确定性增加时，公司信息的透明度更为重要。

综上所述，本章的论点支持了共同的观点和前人的研究成果，即股票流动性和交易活跃度在危机期间都会降低。本章的研究结论与 Boyer 等（2006）；Bekaert 等（2007）；Levy-Yeyati 等（2008）；Hameed 等（2010）和 Naes 等（2011）的结论一致。总的来说，研究结论可以总结为：金融危机可以解释股票市场流动性（用诸如市场深度、弹性和交易即时性作为替代变量进行测度）和交易活跃度（用交易量、换手率或交易股数测度）的显著下降。

22.6 总结和结论

运用 Amihud（2002）流动性不足测度方法，本章证明了从 1990 年到 2009 年期间，11 个亚洲国家股票市场流动性的时间趋势和跨国的变动情况。这段期间，中国大陆、中国台湾地区、韩国、日本、中国香港特别行政区和新加坡是流动性较高的市场，而马来西亚、印度、泰国、菲律宾和印度尼西亚的流动性较差。在 1997—1998 年的亚洲金融危机和 2007—2008 年的全球信贷危机期间，股票市场流动性经历了大幅下降。

多元分析的实证分析结果表明，在市场严重衰退之后，股票市场流动性也会降低。韩国和中国台湾地区的股票市场流动性对于市场的低迷反应最为强烈，新加坡的反应最小。研究结果进一步说明，由换手率测度的股票交易在市场严重衰退后也会减少。市场严重衰退会影响所有市场的交易活跃度，尤其对韩国和中国大陆的影响最大，而对新加坡和日本市场的影响较小。

本章的研究结果为股票市场流动性和交易活跃度与股票市场有系统性联系的结论提供了证据。以往的研究，如 Vayanos（2004）和 Naes 等（2011）表明，危机期间流动性的降低是和资产组合的重新组合有关的。资产组合的融资约束、即将发生金融危机导致的单只股票风险变化或由于不确定性而使风险厌恶程度发生变化等，都会引发资产重新组合。其结果是金融危机期间资本发生流动性转移。前期的研究进一步表明，危机会通过国际投资者持有的资产从一个市场传到另一个市场（Boyer 等 2006；Forbes 和 Rigobon 2002）。粗略来看，似乎对资产组合重新平衡的解释与本章的研究结论不一致，即金融危机期间资产的重新组合会提高交易活跃度的结论与本章的结论相矛盾。但是，资产的重新平衡只可能发生在一些特定的股票上，而且在短期内就能完成。因此，本研究中使用的月度交易活跃度测度方法并没有捕捉到任何短期的股票换手率的显著变化。

伴随着本研究的结论，另外一些有关金融危机期间流动性与交易活跃度的进一步可能研究方向产生了。一个值得深入探讨的领域就是危机期间跨部门股票流动性和交易活跃度的变化。某些股票可能更易受股票市场衰退的影响，而另一些可能对危机并不敏感。另一个值得进一步探讨的问题就是针对危机对股票流动性和交易活跃度的跨国影响进行解释。

讨论题

1. 买卖价差是一个可接受的用于测度证券和商品交易流动性成本的方法。如果只用买卖价差测度流动性成本，需要注意什么？

2. 高频交易（HFT）的存在可能会导致买卖差价的增大或减小。如果HFT导致买卖差价变大，买卖差价的哪部分更可能受到影响？如果差价变小，哪部分更易受到影响？

3. 波动性、流动性和知情交易之间的关系是什么？

4. 市场透明度对流动性和交易成本有什么影响？

作者介绍

Charlie Charoenwong 新加坡南洋理工大学（NTU）南洋商业学院银行与金融系副教授，同时也是金融工程理学硕士（MFE）项目主任。在NTU，Charoenwong副教授为MFE讲授资产定价理论和资产组合管理，同时教授MBA项目的投资和金融模型课程。他的著作发表于《银行与金融研究》《金融管理》《金融研究》《期货市场研究》《风险与保险研究》《实证金融研究》《量化金融和会计研究》。同时，他在2005到2007年期间，是新加坡商务部的安全犯罪专家小组成员。Charoenwong副教授在孟菲斯大学取得金融学博士学位。

David K.Ding 金融学教授，新西兰奥克兰梅西大学的经济与金融学院副校长。同时，他也就职于新加坡管理大学。从2010到2012年，他曾是亚洲金融协会的主席。他早期的研究重点是微观市场结构、公司治理和新兴资本市场。Ding教授讲授公司金融和国际金融管理。他的著作发表于《银行与金融研究》《实证金融研究》《期货市场研究》《量化金融和会计研究》《商业金融和会计研究》《金融研究》和《太平洋区域金融研究》等。Ding教授在孟菲斯大学取得金融学博士学位。

Yung Chiang Yang 英国贝尔法斯特女王大学金融学副教授，同时也是金融理学硕士项目主任。他早期的研究领域是国际资本市场、资产定价实证研究和微观市场结构。Yang副教授为本科生和研究生讲授公司金融、投资学和国际金融。他在新加坡南洋理工大学取得金融学博士学位。

参考文献

Amihud, Yakov.2002."Illiquidity and Stock Returns:Cross-Section and Tims-Series Effects."
Journal of Financial Markets 5:1,31–56.

Bekaert, Geert, Campbell R.Harvey, and Christian Lundblad.2007."Liquidity and Expected
Returns:Lessons from Emerging Markets."*Review of Financial Studies* 20:6,1783–1831.

Bessembinder, Hendrik, and Paul J.Seguin.1993."Price Volatility, Trading Volume, and Mar-
ket Depth:Evidence from Futures Markets." *Journal of Financial and Quantitative Anal
ysis* 28:1,21–39.

Black, Deborah G.1986.*Success and Failure of Futures Contracts:Theory and Empirical Evi-
dence.*New York:Salomon Brothers Center for the Study of Financial Institutions, Gradu-
ate School of Business Administration, New York University.

Boyer, Brian H., Tomomi Kumagai, and Kathy Yuan.2006."How Do Crises Spread?Evidence
from Accessible and Inaccessible Stock Indices." *Journal of Finance* 61:2, 957–1003.
Brailsford, Timothy J.1996."The Empirical Relationship between Trading Volume, Re-
turns and Volatility."*Accunting ε Finance* 36:1,89–111.

Brunnermeier, Markus K., and Lasse Heje Pedersen.2009."Market Liquidity and Funding Li-
quidity."*Review of Financial Studies* 22:6,2201–2238.

Chordia, Tarun, Richard Roll, and Avanidhar Subrahmanyan.2001."Market Liquidity and Trad-
ing Activity."*Journal of Finance* 56:2,501–530.

Clark, Peter K.1973."A Subordinated Stochastic Process Model with Finite Variance for
Speculative Prices."*Econometrica* 41:1,135–155.

Collins, Bruce M., and Frank J.Fabozzi.1991."A Metodology for Measuring Transaction
Costs."*Financial Analysts Journal* 47:2,27–44.

Cornell, Bradford.1981."The Relationship between Volume and Price Variability in Futures
Markets."*Journal of Futures Markets* 1:3,303–316.

Duffie, Darrell, and Matthew O.Jackson.1989."Optimal Innovation of Futures Contracts."
Review of Financial Studies 2:3,275–296.

Easley, David, and Maureen O'Hara.1992."Time and the Process of Security Price Adjust-
ment."*Journal of Finance* 47:2,577–605.

Epps, Thomas W., and Mary Lee Epps.1976."The Stochastic Dependence of Security Price
Changes and Transaction Volumes:Implications for the Mixture-of-Distributions Hypothe-
sis."*Econometrica* 44:2,305–321.

Forbes, Kristin J., and Roberto Rigobon.2002."No Contagion, Only Interdependence:Mea-
suring Stock Market Comovements."*Journal of Finance* 57:5,2223–2261.

Foster, Andrew J.1995."Volume - Volatility Relationships for Crude Oil Futures Markets."
Journal of Futures Markets 15:8,929–951.

Goyenko, Ruslan Y., Craig W.Holden, and Charles A.Trzcinka.2009."Do Liquidity Measures
Measure Liquidity?"*Journal of Financial Economics* 92:2,153–181.

Griffin, John M., Federico Nardari, and René M.Stulz.2007. "Do Investors More When Stocks Have Performed Well? Evidence from 46 Countries." *Review of Financial Studies* 20:3,905−951.

Grossman, Sanford J., and Merton H.Miller.1988. "Liquidity and Market Structure." *Journal of Finance* 43:3,617−633.

Hameed, Allaudeen, Wenjin Kang, and S.Viswanathan.2010. "Stock Market Declines and Liquidity." *Journal of Finance* 65:1,257−293.

Harris, Lawrence.1986. "Cross-Security Tests of the Mixture of Distributions Hypothesis." *Journal of Financial and Quantitative Analysis* 21:1,39−46.

Harris, Milton, and Artur Raviv.1993. "Differences of Opinion Make a Horse Race." *Review of Financial Studies* 6:3,273−506.

Ho, Thomas, and Hans R.Stoll.1981. "Optimal Dealer Pricing under Transactions and Return Uncertainty." *Journal of Financial Economics* 9:1,47=73.

Holden, Craig W.2009. "New Low-Frequency Liquidity Measures." Working Paper, Indiana University.

Jones, Charles M., Gautam Kaul, and Marc L.Lipson.1994. "Transactions, Volume, and Volatility." *Review of Financial Studies* 7:4,631−651.

Kaminsky, Graciela L., Richard K.Lyons, and Sergio L.Schmukler.2001. "Mutual Fund Investment in Emerging Markets:An Overview." *World Bank Economic Review* 15:2,315−340.

Karolyi, G.Andrew, Kuan-Hui Lee, and Mathijs A.van Dijk.2012. "Understanding Ccommonality in Liquidity around the World." *Journal of Financial Economics* 105:1,82−112.

Kyle, Albert S.1985. "Continuous Auctions and Insider Trading." *Econometrica* 53:6, 1315−1335.

Lang, Mark, and Mark Maffett.2011. "Transparency and Liquidity Uncertainty in Crisis Periods." *Joiurnal of Accounting and Economics* 52:2,101−125.

Lee, Kuan-Huo.2011. "The World Price of Liquidity Risk." *Journal of Financial Economics* 99: 1,136−161.

Lesmond, David A.2005. "Liquidity of Emerging Markets." *Journal of Financial Economics* 77:3,411−452.

Lesmond, David A., Joseph P.Ogden, and Charles A.Trzchinka.1999, "A New Estimate of Transaction Costs." *Review of Financial Studies* 12:5,1113−1141.

Levy-Yeyati, Eduardo, Sergio L.Schmukler, and Neeltje Van Horen.2008. "Emerging Market Liquidity and Crises." *Journal of the European Economic Association* 6:2,668−682.

Lo, Andrew W., and Jiang Wang.2000. "Trading Volume:Definitions, Data Analysis, and Implications of Portfolio Theory." *Review of Financial Studies* 13:2,257−300.

Locke, Peter R., and P.C.Venkatesh.1997, "Futures Market Transaction Costs." *Journal of Futures Markets* 17:2,229−245.

Næs, Randi, Johannes A.Skjeltorp, and Bernt Arneødegaard.2011. "Stock Market Liquidity and the Business Cycle." *Journal of Finance* 66:1,139−176.

O'Hara, Maureen.1994.*Market Microstructure Theory.*Cambridge, MA:Blackwell Business.
Ragunathan, Vanitya, and Albert Peker.1997. "Price Variability, Trading Volume and Market Depth:Evidence from the Australian Futures Market." *Applied Financial Economics* 7: 5,447−454.

Roll, Richard, 1984. "A Simple Implicit Measure of the Effective Bid-Ask Spread in an Efficient Market." *Journal of Finance* 39:4, 1127–1139.

Silber, William L.1981. "Innovation, Competition, and New Contract Design in Futures Markets." *Journal of Futures Markets* 1:2, 123–155.

Stoll, Hans R.2000. "Friction." *Journal of Finance* 55:4, 1479–1514.

Summers, Lawrence H.2000. "International Financial Crises:Causes, Prevention, and Cures," *American Economic Review* 90:2, 1–16.

Vayanos, Dimitri.2004. "Flight to Quality, Flight to Liquidity, and the Pricing of Risk." Working Paper Series No.10327.National Bureau of Economic Research.

Working, Holbrook.1953. "Futures Trading and Hedging." *American Economic Review* 43:3, 314–343.

第23章 新兴市场的交易成本与执行策略

MARK HUMPHERY-JENNER

新南威尔士大学助理教授

ELIZA WU

悉尼科技大学副教授

23.1 引言

对于所有投资者来说，交易成本是需要考虑的一个很重要的因素。交易成本在新兴市场中是交易的一个主要障碍，并有助于解释为什么某些外国投资者会回避新兴市场（Edison 和 Warnock 2004）。与上述因素一样，当企业需要决定公司股票在哪里上市融资时，同样要考虑交易成本问题（Halling，Pagano，Randi 和 Zechner 2008）。在金融相关文献中，很多证据都表明交易成本对金融活动的影响。也正因为如此，一个市场的质量可以用交易成本来衡量，在市场微观结构有关交易成本和流动性的研究中，人们对此表现出了极大的兴趣。

最明显的交易成本就是相对高额的费用。但是，更重要的交易成本源于流动性不足、与价格冲击相伴而生的问题，以及未执行风险。卖空限制也会产生额外成本，并约束本被设计用来降低未执行风险的抵补策略。另外，经纪人身份的透明度问题也会因阻止了一些交易者而产生一定的额外成本，同时，新的交易策略产生也依赖通过了解谁在进行交易而获得的信息。

尽管跨国深入那些与发达市场关联度较低的新兴市场可以带来经济收益，

但高额的交易成本也会轻易地吸收掉这些多样化收益。因此，投资者应该明白为什么新兴市场的交易成本这么高，并确定策略以降低过高的交易成本，并促进更有利可图的交易发生。

在最近的研究中，Fong，Holden 和 Trzcinka（2011）记录了 40 多个发达和新兴市场的交易成本。Marshall，Nguyen 和 Visaltanachoti（2011）分析了 19个边缘市场，或是说"新兴的新兴"市场的交易成本。和以往对新兴股票市场流动性研究的文献（Lesmond 2005；Bekaert，Harvey 和 Lundblad 2007）得出的结论一样，更多的近期研究发现，新兴市场和边缘市场的交易成本比发达市场更高。有关这种成本的差异在所有文献中无论采用何种标准测算都可以。Lesmond 和 Bekaert 等用不同的流动性测算方法对新兴权益市场交易成本做出了详细的比较。例如，股票回报为零（可能反映了零交易）的平均天数百分比介于 30%～40%之间，与亚洲和欧洲的新兴市场相比，拉丁美洲、中东地区和非洲市场是最极端的地区。

这个结果反映了新兴市场大量存在的潜在流动性不足问题。相比较而言，Lesmond，Schill 和 Zhou（2004）发现，美国上市公司几乎占了每日零回报比例的一半（23.5%）。这些相对的差异与 Fong 等（2011）用全球更广泛的股票样本得到的结果是一致的。每日零回报的比例与其他交易成本的计量方法有关，包括有效差价法和市场冲击成本法。

由于大多数交易成本估算都需要详细的交易数据，且不同新兴市场的数据质量也是不一致的，因此本章基于争议较小的流动性测度方法进行比较。我们观测每日零回报的发生率，因为它对于研究新兴市场是最适合的。这种方法的关键优点是，它只需要每日权益回报的一个时间序列。这个简单又实用的流动性测度方法背后的基本前提是：如果一个信息信号的价值对于衡量相关交易成本是不充分的，那么市场交易者就会选择不交易，这就导致观测到了零回报（Lesmond 2005）。

本章有以下几个目标：第一，描述几种测度交易成本的方法。这些方法并非只适用于新兴市场，它是基于 Kissell 和 Glantz（2003）给出的方法。第二，本章讨论了为什么新兴市场会有较高的交易成本和流动性不足问题。第三，本章给出了一些最小化新兴市场交易成本的操作策略。第四，本章检验了如何将交易成本的观点和预期融入资产组合最优化中，目的是使多期最优化策略能将潜在的交易成本考虑在内。第五，本章给出了交易者在新兴市场进行交易时可能需要考虑的其他一些因素，包括经纪人的身份透明度、股票分析报道、卖空限制和市场分散化。

本章安排如下。第一部分讨论了交易成本的主要组成。这里，交易成本包括价格冲击成本、延迟成本、机会成本和未执行风险。第二部分讨论了为什么交易成本在新兴市场可能比在发达市场高。第三部分给出了与交易订单相关的最小化交易成本的执行策略。第四部分分析了一个资产组合管理者如何将交易成本融入资产组合的管理策略之中。第五部分讨论了新兴市场中存在的其他策略，尤其是在那些可能产生相对较高交易成本和/或有典型特征的市场中存在的策略，如经纪人身份透明度。第六部分是总结和结论。

23.2 交易成本分析

在有关市场微观结构的文献中，交易成本被认为由四个部分组成：机会成本、延迟成本、价格冲击成本和可见的交易成本（Kissell 和 Glantz 2003）。总的交易成本被定义如下：

$$TC(\$) = \overbrace{X(P_d - P_0)}^{\text{延迟成本}} + \underbrace{(\sum_{j=1}^{N} x_j p_j - \sum_{j=1}^{N} x_j p_0)}_{\text{价格冲击成本}} + \overbrace{(X - \sum_{j=1}^{N} x_j)(p_N - p_0)}^{\text{机会/未执行成本}} + \text{可见的交易成本}$$

(23.1)

其中，X=总的订单规模；x_j=在第 j 次交易中的交易股数；$\sum_{j=1}^{N} x_j$=交易股数；$X - \sum_{j=1}^{N} x_j$=订单中未交易的股数；p=交易商提出交易时的价格；p_0=交易开始时的价格；p_j=第 j 次交易的价格；p_N=交易结束时的价格；等式（23.1）包括了以下因素：

• 可见成本。包括经纪人费用与佣金，以及交易商必须为交易交的税。这个成本还包括买卖证券的买卖价差。逆向选择成本是买卖价差中最典型和最大的成本（Huang 和 Stoll 1997）。

• 延迟成本。延迟成本是交易商由于做决定花费时间而产生的成本。例如，一名交易商必须买 1 000 股股票，每股现在是 10 元。交易商在进行交易之前犹豫了。当交易商犹豫时，价格上涨，变成了 11 元一股。延迟成本就是 1 000 元。在等式（23.1）中，就是由 $X(P_d - P_0)$ 来表示的。延迟成本代表了允许市场向不利于交易者方向变化的程度。这个成本是源于人们做决策的因素。另外，延迟成本还可能是由交易过程中与交易基础设施有关的延迟而导致的。

- *价格冲击成本*。价格冲击成本的产生是由于交易商的交易会改变交易价格，并引发了后续交易商在不断下降的可接受价格上进行交易。在等式（23.1）中，价格冲击成本是为交易股数实际支付的价格 $\sum_{j=1}^{N} x_j p_j$ 与在价格保持不变为 P_0 时，交易商应支付的价格之间的差额。价格冲击成本会因为暂时的和永久的冲击而增加（Almgren 和 Chriss 2000；Kissell 和 Glantz 2003；Kissell 和 Malamut 2006）。前者是由于流动性不足（即交易商不得不进一步深挖订单列表，驱动价格提高）。而永久冲击则反映了交易所包含的信息。也就是说，如果市场出现一个大买单，市场参与者可能会假设某个交易商得到了关于股票的利好消息，因此，他们就会提高对股票的估值。

- *机会成本/未执行成本*。机会成本源于交易商无法执行一个完整的订单。不能及时执行某个订单就意味着交易商将不得不在持续下降的可接受价格上进行交易。例如，订单要求交易 1 000 股，现在的交易价格是 10 元。但是，市场缺乏流动性，交易商只能交易 750 股。在这段时期结束时，价格变成了 11 元。与未交易股票相关的机会成本就是 250 元。在等式（23.1）中，机会成本是 $(X - \sum_{j=1}^{N} x_j)(p_N - p_0)$。这是未执行股数 $(X - \sum_{j=1}^{N} x_j)$ 乘以价格从期初到期末的变化幅度 $(p_N - p_0)$ 得到的。

23.3　高交易成本和流动性不足的基本原理

新兴市场中有一些导致高交易成本的潜在因素。其中大部分是和流动性有关的，它们增加了价格冲击成本和未执行风险。正如 Lesmond（2005）所说，立法和政治机构较薄弱的国家会比此类制度健全国家的流动性成本更高。因此，下文的分析考虑到了交易规则的不严格性、不确定性、无力的规则执行与监管不足、不良的信息环境以及整体偏高的逆向选择风险，这些都是导致新兴市场高交易成本和流动性不足的主要原因。新兴市场的这些特征将持续导致投资者面临比发达金融市场相对更高的交易成本。

23.3.1 交易规则的不严格性

股票交易所和政府制定规则规范市场参与者参与金融市场交易活动。这些规则重点是限制市场操纵、内部交易和散布错误消息。Cumming，Johan 和 Li（2011）通过对42个股票交易所的研究，设计了一个包含7类股票交易所交易规则的指数。这个规则对价格操纵、交易量操纵、欺诈、错误披露、市场操纵、内部交易和经纪代理冲突进行监管。作者认为，大量详细的交易所交易规则可能通过增加投资者信心、对禁止性行为进行更广泛的宣传，以及促进规则的监督等机制，改善交易活动，减少不确定性和降低交易成本。

Cumming等（2011）对2006—2008年期间全球交易所的交易规则的严格程度进行了检验，并对这些规则与股票市场流动性的关系进行了验证。不出所料，他们发现，新兴市场股票交易所的规则更为弱化。他们的研究还显示，在规则不健全的股票市场上（如新兴市场）交易的公司，以买卖差价、交易速度和股票波动性来衡量的流动性水平更低。尤其是在不同的交易规则指数中，内部交易规则指数是最具统计特性的，与买卖价差负相关。内部交易规则指数每增加一个点，买卖价差就会下降大约三个基点（取决于使用的具体模型）。

23.3.2 规则与监管的不确定性

法规的不确定性会妨碍人们展开行动（Hadfield 1994）。如果人们为了避免违反潜在的过度包容的法规，那么模糊的法规就会引发过度威慑效应。也就是说，如果法规过于模糊，那么人们就会变得更加担心那些可能导致违规的大量的潜在问题。当初始费用较大且法规变动可能会导致高额成本时，过度威慑效应尤为显著。在当前环境下，在新兴市场进行交易组合成本很高。法规方面的变化也很快，且这种变化会产生实质性影响。

下面的例子解释了上述观点。韩国被归为准新兴市场。它在2011年5月30日成为了MSCI新兴市场指数的构成部分。MSCI指数包括巴西、智利、中国大陆、哥伦比亚，捷克共和国、埃及、匈牙利、印度、印度尼西亚、韩国、马来西亚、墨西哥、摩洛哥、秘鲁、菲律宾、波兰、俄罗斯、南非、中国台湾地区、泰国和土耳其（MSCI，2011）。1999年10月25日，韩国开始披露每只股票买卖双方的前五大经纪人身份信息。Comertion-Forde，Frino 和 Mollica（2005）认为，这种披露降低了韩国市场的流动性。这一结论与

Comertion-Forde 和 Tang（2009）的研究结论一致，即经纪人匿名会提高流动性。

新兴市场也具有大量的国家风险。新兴市场国家在投资和交易活动方面，游戏规则具有较大的不确定性。投资者很难理解影响新兴市场的全部政治、经济、金融和社会因素。由于对股票数量、种类的限制，以及（或）在不同的政治体制或市场条件下，投资者在新兴市场上受到的约束，交易成本很可能是不稳定的。例如，Lesmond（2005）研究了新兴市场政治风险对流动性水平的影响。通过使用确定方法测算，他发现较高的政治风险会使交易成本提高10个基点，或会使价格冲击成本增加1.9%。在政治和金融不确定时期，新兴市场投资者会面临因为交易冷清而导致交易成本提高的情况。

23.3.3 法规与监管实施不力

有力的监管会提高流动性并降低交易成本。然而，只有当监管真正实施时才会有效。Bhattacharya 和 Daouk（2009）认为，即使法规健全但如果没有很好地实施的话，还不如没有法规。这个结论背后的逻辑是，如果没有相关法规，如没有与内部交易有关的法规，内部交易就会相对常见和普遍。但是，如果有一个这样的法规但是没有实施，一些内部交易者可能会做得更过分，因为他们可以占遵纪守法人的便宜。因此，如果有法规而不实施，市场质量就会比没有法规还要差。一般都会认为，新兴市场的法规环境较为宽松（Bhattacharya，Daouk，Jorgenson 和 Kehr 2000；Bhattacharya 和 Daouk 2002，2009）。

图23-1证明了这个观点。它显示了世界银行对由 MSCI 定义的新兴市场、发达市场和边缘市场的监管质量得分。数据显示，新兴市场的监管质量得分约是发达市场的1/3。这说明新兴市场总的来说，法规的实施还是比较宽松的，这反过来可能会影响新兴市场市场质量并增加交易成本。Lesmond（2005）和 Bekaert 等（2007）研究认为，新兴市场不健全的政治机构和法制环境会产生较高的流动性成本。因此，投资者会考虑新兴市场的透明度、有效性、政治和法规环境的公平性。

为了进一步证明这个观点，Ghysels 和 Cherkaoui（2003）用历史交易数据检验了摩洛哥卡萨布兰卡股票交易市场在1993年发生重要变革的影响。他们发现，旨在确保股东保护、监管市场活动并帮助政府管理股票市场而成立的证券委员会的新法规的发布，在改革后的年份中提高了市场透明度，增加了交易量（换手率），并降低了交易成本。更重要的是，市场的监察者可以对做市商进行纪律制裁，结果就是，有一些不符合新发布的有关信息披露法规的股票退市了。

在这个重大改革之前，并没有公开信息披露的法规存在，并且没有几只股票在交易所上市。只有很少的个人投资者参与市场活动，股票市场也极度缺乏流动性，很多股票可能几周都不会有交易。这个证据强化证明了无力的法规实施是导致新兴金融市场交易成本相对较高的一个重要原因。

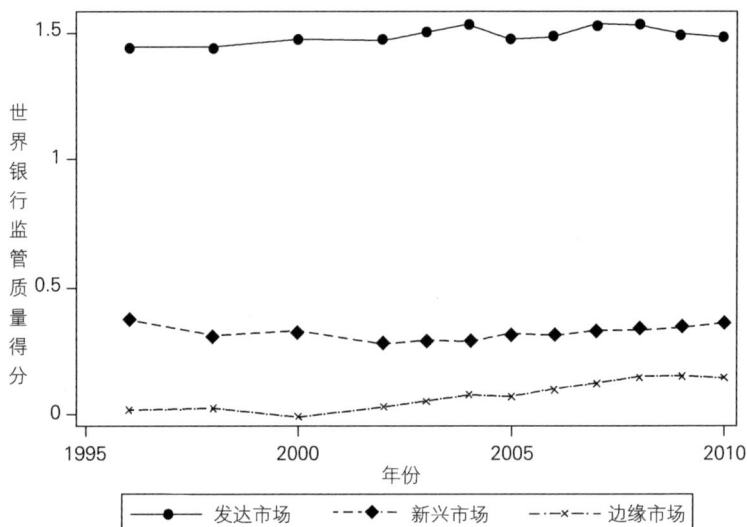

注：本图显示了世界银行对由MSCI定义的发达市场、新兴市场和边缘市场的监管质量得分。数据来源于世界银行治理数据库。

图23-1　世界银行法规环境质量估计

23.3.4　信息环境的质量

收益的不透明性可以作为金融市场信息质量的替代变量，并且与流动性较低有关。Bhattacharya，Daouk和Welker（2003）认为，收益不透明性的提高会增加一个公司的权益成本并降低交易的活跃度。新兴市场的收益不透明性可能源于以下一些原因而变得更严重。第一，如果国家的会计标准和实施方面不够严格，收益的不透明性会更严重。第二，在存在腐败和政治关联的情况下，分析人员不太容易估算出收益（Chen，Ding，Kim 2010）。第三，在知识产权保护较弱的国家，公司可能会由于想保护它们的知识产权而不将运营信息透明化，这会导致收益的不透明性（Fan，Gillian和Yu 2012）。

虽然新兴市场的会计标准已经有了很大的改善，但在总体上仍落后于发达市场。例如，尽管中国在会计标准方面已经有了实质的改善来与国际接轨，但这些标准相对来说还是比较模糊，而且实施起来也有争议（Clarke 2006；CFA协会 2007；Humphery-Jenner 2012）。同样，韩国也改善了会计标准，降低了收益的不透明性（Lee和Seo 2010）。总的来说，这些迹象表明，新兴市场的收益不透明性可能更严重，因为它降低了流动性并增加了交易成本。

另一种可以代表透明度和信息环境质量的标准是股票分析员关注的程度。这可以通过观察追踪交易所上市某公司的股票分析员的数量获知。当很多分析员追踪一只股票时，这可能是与公司有关的特定重要信息的信号。Cekauskas，Gerasimovs，Liatukas和Putuins（2012）发现，股票分析员的关注有助于改善波罗的海国家股票市场的流动性。

由于新兴市场信息不对称，因此企业缺乏多样化的所有权结构。这进一步导致了流动性不足问题。由公司内部人持有较高比例的所有权，以及缺少对投资者的保护，这些都会阻碍外国投资者参与新兴市场企业的股票交易。总之，新兴市场的交易成本明显比发达市场要高，其原因在于发展中经济体存在的不良信息环境，信息的不对称进一步加剧了新兴市场证券交易过程中的逆向选择问题。

23.3.5 逆向选择问题

现有的文献显示，在新兴市场中，知情交易更为突出（Lai，Ng和Zhang 2012）。当一组掌握和价值相关的私有信息的投资者相较其他（非知情）市场参与者有交易优势时，就出现了知情交易。知情者与不知情者之间的信息不对称被认为会影响证券价格行为。在新兴市场，因为信息不透明而使得与知情者交易的可能性增加。这种情况在欠发达市场会对交易成本有所影响，因为当知情投资者利用他们的信息优势时，信息不对称会在证券市场产生逆向选择问题。逆向选择问题会促使非知情交易者（主要是流动性供给者）在与知情交易者交易时要求一个额外的风险补偿。

例如，Brennan和Subrahmanyyam（1996）；Huang和Stoll（1997）以及很多学者都对逆向选择会降低市场流动性并增加预期收入进行了实证检验。因此，新兴市场中较高的逆向选择风险会增加新兴市场证券的交易成本。新兴市场中的国外投资者（尤其是新来者）一般是市场参与者中获得信息最少的，因此会面临较高的交易成本。

正如 Bacidore 和 Sofianos（2002）所证明的，逆向选择问题也存在于源于新兴市场的跨境上市股票中。Domowitz，Glen 和 Madhavan（1998）第一次发现了源于分割市场的跨境上市股票的交易成本会更高，这是因为与套利者有关的逆向选择问题更严重，这些套利者利用不同分割市场间的价格差异牟利，但损害了非知情流动性提供者的利益。另一种可能是，如果市场的一体化程度更高且信息沟通得很好，那么交易成本和波动性可能会由于市场间更好的竞争而降低，交易的活跃度会提高并减少逆向选择问题。即使对于那些在主要股票交易所，如美国股票交易所上市的新兴市场股票而言，其流动性差异也是十分明显的，因为其母国市场经常缺乏透明度，并与美国的信息联系不够紧密。其结果就是，Bacidore 和 Sofianos 发现，源于新兴市场的非美国股票的交易成本、波动性和逆向选择问题最突出。

为了更好地理解逆向选择问题，Lai 等（2012）用知情交易概率（PIN）测度方法作为基于信息交易的代表。它是基于投资者之间买卖指令的不平衡性来做判断，由私人信息到达引发的指令不平衡反映出知情投资者的交易活跃度。作者发现，新兴市场的知情交易比发达市场明显更多。他们发现，平均来说，新兴市场的 PIN 值是 0.314，而发达市场数值是 0.284。他们的证据显示，信息环境的质量可以解释发达市场与新兴市场之间知情交易程度的不同。他们还发现，金融透明度可以明显有助于减少知情交易。具体地说，全面的分析报告、较低的收入不透明度和对散布和错误的预测都会降低 PIN。特别要说明的是，更高的分析员关注度、较低的收益不透明度以及更低的分析员预测偏差与错误会降低 PIN 值。非常明显的是，企业和国家层面的金融透明度每提高一个标准差，就会导致 13.9%的知情交易的减少。这个发现表明，金融透明度会"挤出"新兴市场的私人信息获取，因此会降低市场参与者的逆向选择风险。

Chan，Menkveld 和 Yang（2008）通过市场微观结构文献，探究了中国 2001 年股票市场改革对三个关键性的信息不对称测度方法的影响，即价格冲击的度量、买卖价差分解中的逆向选择部分以及 PIN 交易。在 2001 年 3 月之前，中国的国内投资者只能购买 A 股，国外投资者只能购买 B 股。然而，在 2001 年 3 月后，B 股市场对国内投资者开放。和 Chan 等学者的假设一致，他们发现，2001 年，有更多的国内知情投资者进入 B 股市场，导致价格冲击增加了 81%，逆向选择部分增加了 44%。这表明新兴市场的知情交易程度相对更高，且投资者面临的交易成本也更高。

23.4 最小化新兴市场交易成本的执行策略

大量策略执行背后的目标就是要让交易成本最小化。交易成本可能是直接的，也可能是间接的。直接的成本是交易成本，如经纪费用和佣金。间接的成本主要是市场冲击成本和与延迟交易有关的机会成本（Kissell 2008）。市场冲击成本可能是永久的或是暂时的（Almgren 和 Chriss 2000；Kissell 和 Malamut 2006）。之所以会产生永久成本，是因为交易会传递出交易者对股票价格看法的个人信息。例如，大量的卖单可能意味着交易者有关于股票价格可能下跌的信息。这会引起市场的其他参与者调整他们对股票价值下跌的预期，并扩大买卖价差。暂时成本的产生是因为市场上没有足够的流动性吸收交易。这使得交易者报出限价订单并在一个并不太满意的价格上交易（Degryse 1999；Rakowski 和 Wang Beardsley 2008）。最小化此类交易成本的方法就是使用算法交易策略。

算法交易是最近在新兴市场中迅速发展的一种方法。例如，2010 年 11 月，UBS 是在墨西哥第一个提供直接市场接入算法（DMA）服务的经纪商，并在 2012 年 1 月推出了算法交易（BussinessWire 2012）。算法交易在一些市场可能执行起来有些困难，如在中国，因为存在卖空的限制。同时，在一些市场，包括印度，正在探索是否应该限制交易速率（Lee 2012）。这样的限制会降低算法交易技术的有效性并增加交易成本。

传统的算法交易或通过寻求流动性（在明池或暗池之间）或通过将交易分解为更小的交易来最小化市场冲击。这个想法是基于，更小的交易会受到永久的和暂时的两方面市场冲击。对于流动性不足的股票，算法交易是通过将交易分解为普通市场（明池）和暗池来寻求流动性（Altunata，Rakhlin 和 Waelbroeck 2010；Rawal 2010）。然而，这种方法在新兴市场是有问题的，因为暗池要么不存在，要么发展较为落后。即使是在一些发达市场，暗池发展的也并不完善。例如，澳大利亚对大宗交易有 100 万澳元的限额，大宗交易是不受事前交易透明度限制的（ASIC 2010；Preece 2012）。加拿大也试图限制暗池流动性交易（CSA/IIROC 2011；Preece 2011）。因此，交易者就可以用通常的降低成本的方法来应对新兴市场中一般的流动性不足的问题。

因此，第一个问题就是确定对于新兴市场的股票，哪种算法是最适合的。新兴市场有流动性很强的股票。这些高流动性的股票可能会受益于那些发达市场的先进算法。例如，基于日间股票和市场特征来寻求预测交易行为的自适应算法就可以加以利用（Perold 1988；Kissell 和 Malamut 2006；Bialkowski，Darolles 和 Le Fol 2008；Humphery-Jenner 2011）。然而，这些算法可能并不适用于新兴市场上流动性不足的股票，因为它们通常需要依赖高频数据。下面我们将讨论基础算法以及它们对日间流动性不足股票的适用性。

23.4.1　基础算法

因为总的来说，新兴市场是缺少流动性的，所以交易者更倾向于依赖标准的时间加权平均价格（TWAP）和交易量加权平均价格（VWAP）算法。TWAP 是应用于新兴市场流动性不足股票的一种方式。这是一种相对简单的技术，它将一天分为 N 段，然后将总的订单规模 X 元分为每份 X/N 元。更复杂的技术是将订单随机分割，使它更不容易被检测到，因此，就可以限制潜在的市场冲击。通过比较，VWAP 算法模拟了每天交易量的分布情况。VWAP 算法将一天分成若干段。对于一个特定的股票，这种算法计算出了每一时段的日交易总量的历史平均比例。然后，其将总的订单分解来模拟日交易量的分布。例如，如果日交易总量的 x% 在给定的时段里交易，那么交易者将试图在那一时段交易总订单的 x%。

基础算法的目的就是利用全天不同时段的日交易量的不同比重以便参考。例如，图 23-2 给出了 2012 年 5 月 21 日到 5 月 25 日期间韩国证券交易商自动报价算法（KOSDAQ）下所有股票交易的日均交易量分布情况（在给定时间间隔的每日总交易的百分数）。一个显著的特征就是一个显而易见的 U 型交易分布（Bialkowski 等 2008；Brownlees，Cipollini 和 Gallo 2011；Humphery-Jenner 2011）。这个形状说明交易者应该在交易初期和末期进行更多的交易，而在一天的中间进行较少的交易。

在新兴市场使用这种技术的一个关键问题就是，该方法假设股票相对流动性较好，所以日交易量分布会遵循历史的趋势，因此有足够的市场深度来吸收订单。这个假设可能并不总是成立。如果它不成立，可能意味着较高的交易成本，因为交易者不得不在不太满意的价格水平上交易，或是面临交易无法完成的可能性。

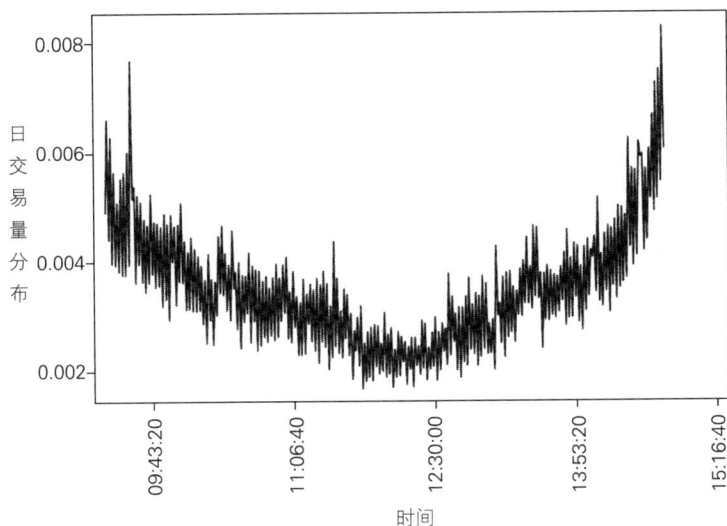

图 23-2　KOSDAQ 算法的韩国股票日交易量分布

注：该图包含了从 2012 年 5 月 21 日到 5 月 25 日期间每天从 9:15A.M.—12:45P.M. 每分钟的交易占每天的总交易量（对于一个给定的股票）比重的平均值。韩国的股票交易时间是从 9:00A.M. 到 3:00P.M.。这个图剔除了最初 15 分钟和最后 15 分钟的数据，以剔除市场开始和结束时的交易活动。

流动性（和因此产生的波动性）会促使交易者在 TWAP 和 VWAP 之间做选择。只有当交易者可以预期日交易量波动时，VWAP 才适用。当股票流动性不足时，日交易量不太会遵循一种走势或是不能预测出它的走势，那么这时 TWAP 更适用。

23.4.2　针对流动性不足的算法调整

在新兴市场中，使用算法的一个困难就是市场的流动性不足，这可能会影响算法发挥作用。例如，如果 VWAP 算法把一天分成一分钟的间隔，且很长时间不发生交易行为，那么 VWAP 算法在这些时段里就没有用。这个问题在其他的算法下同样也会发生。我们提供了三种主要的解决方法。

1）*更长的时间间隔*。流动性不足的股票在较长的时间内可能有很少量的交易。因此，基于小间隔预期交易活动的指令可能是不合适的。例如，一个更有效的交易策略可能是在 15 分钟的时间间隔内交易 $3x$ 单位的股票，而不是在 5 分钟的时间间隔内交易 x 单位的股票。将时间间隔拉长的方法同样适用于间隔期间可能发生非预期交易的情况。

2）*附加限制条件*。可以部分解决流动性不足的一个方法就是对算法加入一个限制条件，即仅当流动性充足的时候再下单。这种方法与NATIXIS（NATIXIS 2011）用的亨特（Hunt）算法类似。例如，交易商会修正VWAP算法，使其包含限制条件：$x_{b, t} = X \times v_b\%$，在$t$天的$b$间隔期间内，当交易量大于$v$时，交易才发生。其中，$X$是总的订单规模，$v_b\%$是在间隔$b$期间日交易量的历史平均比重。换一种方式来表达，即在间隔b期间的交易量是$x_{b, t} = I[v_{b, t} \geq v] \times (X \times v_b\%)$，其中$I[v_{b, t} \geq v]$是一个指示符，表示在间隔$b$期间的交易量大于$v$时，它等于1。这个方法的优点就是保证了这个算法不会在流动性不足时下单。它潜在的缺点是可能使交易者无法完成所有的订单。例如，如果没有交易量超过v的时间段，那么算法就不会下单。

3）*抵补未执行风险*。流动性不足的一个关键问题是一笔交易可能不能立即执行。Kissell和Malamut（2006）指出，当交易者等待着交易执行时，增加了市场向不利于交易方向变化的风险。一种可以降低这种风险的方法是，通过持有一个相关市场指数的对冲空头头寸来抵补未执行风险。对冲头寸需要与指数的股票贝塔值等比例。这样，如果市场变化导致股票损失，那么在市场指数中，交易商会在空头头寸上获得抵补收益。

23.5　在资产组合优化中整合交易成本分析

交易成本在新兴市场中是一个很重要的问题，尤其是对于机构投资者（如股票基金管理者）而言。前文已经提出了通过交易策略的调整方式来反映交易成本。一个相关问题就是交易成本对组合优化过程的影响。降低交易成本的一个简单方法就是使用"买入持有"策略。然而，投资者并不总想这样，因为他们的投资偏好各异。因此，一个积极的基金管理者会因为交易成本而动态调整优化策略。

考虑交易成本的最直接的调整组合优化的方法就是简单地加一个换手率限制条件。假定目标是方差最优，目标函数是$\max x^T r - \dfrac{\theta}{2} x^T \sum x$。其中，$x$是持有的组合的矢量，$r$是收益的矢量，$\sum$是方差矩阵。动态最优化策略会在每段期间重新优化资产组合。因此，换手率约束会限制不同期间资产组合权重的变化。限制条件表示如下：

$$x_{i,\,old} + b_i - s_i = x_i$$
$$b_i \geqslant 0$$
$$s_i \geqslant 0 \qquad\qquad (23.2)$$
$$\sum_{i=1}^{N} b_i + s_i \leqslant \lambda \sum_{i=1}^{N} x_{i,old}$$

其中，$x_{i,\,old}$ 是之前持有的组合，b_i 是买入的股数，s_i 是卖出的股数，λ 是基于换手率厌恶的基金设置的系数。

这个限制条件限制了买卖的数量。然而，它并没有直接减少交易成本，因为它并没有直接将交易成本包含在内。如果交易成本难以估计，那么不包含交易成本就是不太恰当的，因为一些流动性不足的股票存在此类问题。因此，另一种替代的方法就是直接将买卖成本加入目标函数中，如下：

$$\max_x \quad x^T r - \frac{\theta}{2} x^T \sum x - c_{buy} - c_{sell}$$
$$s.t.$$
$$x = b - s + x_{old}$$
$$b \geqslant 0$$
$$s \geqslant 0 \qquad\qquad (23.3)$$
$$c_{buy} = b^T c_{buy}$$
$$c_{sell} = s^T c_{sell}$$

其中，c_{buy} 是和买单相关的预期交易成本矢量，c_{sell} 是和卖单相关的交易成本矢量，b 是买单矢量，s 是卖单矢量。这个过程通过直接将交易成本加入目标函数中从而达到了方差的最优化。

这种对普通组合最优化过程的调整可以使基金管理者将交易成本融入组合最优化策略中。下一个问题就是如何解决新兴市场中可能出现的其他问题。

23.6　其他交易成本策略和问题

这一部分研究了新兴市场中交易者可能用到的其他策略。这些策略包括经纪人身份透明度调整、对股票分析师关注度影响的了解、考虑卖空限制和对市场分散化的认知等问题。

23.6.1　经纪人身份透明度

在新兴市场交易所中，经纪人身份的透明度水平也存在着较大的差异（Comerton-Forde 等 2005；Comerton-Forde 和 Rydge 2006）。例如，韩国股票市场就要求经纪人身份透明。这样既有优点，又有缺点。

公布经纪人身份的一个优点就是可以提供额外的交易策略，这些策略可能用于新兴市场（Linainmaa 和 Saar 2012）。具体包括：

·如果一个交易者想要隐瞒一大单交易，那么交易者应该把他的订单拆分给不同的经纪人。这使得交易者可以把他的订单分成小份，而无需用同一个经纪人身份挂单。

·如果一个经纪人想使交易的市场影响最小化，那他可以用一个综合的经纪人身份信息。此时，这个经纪人会有一个总的公司 ID，而不是个人 ID，用于分散交易。这种综合 ID 会阻止交易对手将交易与某一个特定部门相联系，从而限制了竞争对手从交易中获得的信息量。也就是说，因为经纪人将所有部门的交易置于一个 ID 下，这使得判定是谁在做交易变得很难。反过来，这也增加了通过经纪人 ID 来获取关于交易商身份信息的难度（同时判定这笔交易是否与信息或是流动性有关也变得很难）。由此可以降低与信息相关的长期的交易价格的影响。

·交易商会利用交易对手的经纪人 ID 信息并将其引入算法中。例如，一个动态的算法可以将预测在 t 天间隔 b 期间的交易量作为特定经纪人在间隔 b−1 时期的交易量的函数来操作。这个逻辑是，一些经纪人很可能为机构投资者下单。因此，特定经纪人 ID 的出现意味着交易量可能增加。

这种方法的操作如下。第一，选择以往的交易月份。在以往的交易月份，预测在间隔 b 期间的交易量比例，并将其作为特定经纪人是否出现在市场中或（且）交易量是多少的函数（主要变量）。也就是说，将预测的在间隔 b 期间的交易比例作为在间隔 b−1 期间公众观测到的特征函数。如果交易符合历史平均值，就可以依照这一比例计算出交易量的比率。第二，用第一个预测的回归系数来预测之后第 t 天间隔 b 期间的交易量比例，并将其作为间隔 b−1 期间观察到的特征函数。这种方法对于找到流动性尖点是很有用的。

经纪人身份透明的一个缺点就是，在一些市场中透明度的增加可能会降低市场流动性。一些研究，像 Comerton-Forde 等（2005），都认为透明度的增加会降低市场流动性。然而，Eom，Ok 和 Park（2007）发现一定程度的交易前信息透明会提高市场质量，但随之会降低收益。这里的逻辑是，能了解到交易对手会使得投资者可以确定，是否在与一个知情交易者交易并且可以据此调整他们的价格预期。这种能力会吸引更多的投资者到市场中来。然而，透明度的增加显然也会阻碍一些投资者进入市场中，这就降低了流动性（Comerton-Forde 等 2005）。总而言之，本文认为经纪人身份的透明对于投资者来说，既是机遇又是挑战。

23.6.2　股票分析师关注报告

Cekauskas 等（2012）和其他的一些报告发现，股票分析师的关注可以帮助改善信息环境和新兴股票市场中的流动性。而且，Lai 等（2012）对于知情交易的强度研究也与我们的观点一致，即新兴市场明显是不透明的，有较少的公共信息存在。结果就是，在这些经济体中，私人信息成为了所有信息中一个重要的来源。他们的结论是，提高分析师关注度是降低那些来自透明度低的新兴市场公司股票信息不对称性的一种有效方法。因此，最小化交易成本的一个直接方法就是把交易限制在那些分析师关注度高、信息易得且透明的股票之中。如果很多分析师都在追踪一只股票，则说明与这个公司相关的更多信息出现在市场中。这种信息流增加了流动性并降低了交易成本。如果通过股票分析师关注渠道带来的常规信息披露刺激了更高的交易量，那就会使得大单交易更容易伪装，这就降低了市场冲击成本。Bae，Stulz 和 Tan（2008）通过实证发现，本地的股票分析师要比国外的股票分析师更好。因此，在新兴市场中也应该买卖那些被本地股票分析师关注的公司股票。

23.6.3　卖空限制

卖空限制在新兴市场中十分普遍。例如，印度从 2001 年 3 月起开始限制卖空，引发了印度的股价大幅下滑。监管者——印度证券交易委员会（SEBI）——随后在 2001 年后不久，选择性地取消了对零售投资者的禁令。然而，SEBI 直到 2008 年才放开了对机构投资者的卖空限制。这不太可能直接影响那些试图最小化市场冲击的执行策略，因为此类算法并不是那么依赖卖空机制。然而，卖空限制会影响统计套利策略和依赖于配对交易的策略。卖空限制还会阻碍交易者用相关市场指数的空头订单来对冲多头订单。

23.6.4　场外交易和市场分散化问题

市场分散化指的是场外交易的存在。市场分散化有一个很突出的优点就是，交易者可以和交易对手进行大宗交易而不会有市场冲击风险。"楼上交易"是一种比较典型的新兴市场大宗交易执行方式。例如，在摩洛哥的卡萨布兰卡股票交易所引进电子屏交易之前，机构投资者主要在"楼上市场"交易，这是一个协商市场，交易是基于双方的协定，这使得市场并不透明和标准化（Ghysels 和 Cherkaoui 2003）。这和美国的暗池交易类似，但是又没有那么复杂。场外交易的有效性却因为市场的不同而不同（Comerton-Forde 和 Rydge

2006）。大部分市场相对没有那么复杂，所以并不适用用算法交易进行场外交易。而在美国却不同，算法交易正变得越来越普遍（Altunata 等 2010；Nimalendran 和 Ryan 2011）。

23.7　总结和结论

本章讨论了与新兴市场的交易成本和执行策略相关的问题。这是新兴市场中的一个突出问题，因为新兴市场的交易成本要比发达市场高很多。本章开始先讨论了交易成本的组成。然后又给出了会使新兴市场中交易成本增加的一些因素，这些因素大多与流动性不足有关，并增加了非执行和价格冲击的风险。最后，本章给出了一些能使交易者降低交易成本并在新兴市场中执行的策略。

考虑到新兴市场的交易间隔时间较长以及流动性不足的特点，本章给出了算法交易调整的一些方法。另外，动态资产组合最优化过程也应该考虑交易成本。经纪人的身份透明度、卖空限制和市场分散化问题对于新兴市场中的交易成本同样很重要。

本章给出了重要的政策建议，当要对交易规则进行改革并制定规则来改善市场流动性和效率时，这些政策建议可以帮助新兴市场的股票交易所和证券监管者。市场质量的提高对于投资者和政策制定者来说是一个双赢的情况。交易成本的降低可以改善市场质量、促进金融市场的融合，并促使发展中国家的经济和金融得到发展。

讨论题

1.确定并讨论交易成本的四个主要组成部分。

2.哪些因素会使新兴市场中的交易成本增加？

3.当执行一个订单时，交易者如何才能使得交易成本最小化？在新兴市场中要考虑什么问题？

4.一个资产组合管理者如何将交易成本考虑到组合管理中？

作者介绍

Mark Humphery-Jenner 澳大利亚新南威尔士大学（UNSW）商学院金融学助理教授。他是很多风险资本公司和私募基金的顾问。Humphery-Jenner助理教授曾在《金融经济研究》《金融和量化分析研究》《策略管理研究》《金融研究》《金融中介研究》和《公司金融研究》上发表文章。他教授"投资学"和"公司金融"课程。同时，他也为亚洲开发银行讲授银行监管和压力测试的课程。Humphery-Jenner助理教授拥有商学学士学位（一级荣誉和大学奖章）、法学学士学位（一级荣誉）、澳大利亚新南威尔士大学商学院博士学位和蒂尔堡大学（优等成绩）博士学位。

Eliza Wu 澳大利亚悉尼科技大学（UTS）金融学副教授。2005—2010年，Wu副教授是新南威尔士大学（UNSW）银行与金融学院的一名高级讲师。她在国际金融的教学和研究方面很有经验，尤其是在新兴金融市场、主权信用风险分析、金融市场一体化和跨国金融与投资领域。她曾在《金融管理》《银行与金融研究》《金融研究》《固定收益研究》《国际金融市场研究》《机构与货币》和《新兴市场研究》上发表过文章。除研究之外，Wu副教授还在澳大利亚储备银行的经济部以及国际清算银行亚太地区代表处工作。Wu副教授拥有UNSW的金融学博士学位和经济学与计量经济学的双修荣誉学位。

参考文献

Almgren, Robert, and Neil Chriss.2000."Optimal Execution of Portfolio Transactions." *Journal of Risk* 3:2,5-39.

Altunata, Serhan, Dmitry Rakhlin, and Henri Waelbroeck.2010."Adverse Selection vs.Opportunistic Savings in Dark Aggregators." *Journal of Trading* 5:1,16-28.

ASIC.2010."Australian Equity Market Structure:Proposals."Consultation Paper No.145,Australian Securities and Investments Commission.

Bacidore , Jeffrey , and George Sofianos.2002. " Liquidity Provision and Specialist Trading in NYSE-listed Non-US Stocks. " *Journal of Financial Economics* 63:1 , 133-158.

Bae, Kee-Hong, René Stulz, and Hongping Tan.2008."Do Local Analysts Know More?A Cross-Country Study of the Performance of Local Analysts and Foreign Analysts." *Journal of Financial Economics* 88:3,581-606.

Bekaert, Geert , Campbell R.Harvey , and Christian Lundblad.2007. " Liquidity and Expected Returns:Lessons from Emerging Markets. " *Review of Financial Studies* 20:6 , 1783-1831.

Bhattacharya, Utpal, and Hazem Daouk.2002."The World Price of Insider Trading."Journal of Finance 57:1,75-108.

Bhattacharya, Utpal, and Hazem Daouk.2009."When No Law Is Better Than a Good Law." *Review of Finance* 13:4,577-627.

Bhattacharya, Utpal, Hazem Daouk, Brian Jorgenson, and Carl-Heinrich Kehr.2000."When an Event Is Not an Event:The Curious Case of an Emerging Market." *Journal of Financial Economics* 55:1,69-101.

Bhattacharya, Utpal, Hazem Daouk, and Michael Welker.2003."The World Price of Earmings Opacity." *Accounation Review* 78:3,641-678.

Bialkowski , Jedrzeg , Serge Darolles , and Gaelle Le Fol.2008. " Improving VWAP Strategies:A Dynamic Volume Approach. " *Journal of Banking and Finance* 32:9 , 1709-1722.

Brennan, Michael J., and Avanidhar Subrahmanyam.1996."Market Microstructure and Asset Pricing:On the Compensation for Illiquidity in Stock Returns."Journal of Financial Economics 41:3,441-464.

Brownlees, Christian T., Fabrizio Cipollini, and Giampiero M.Gallo.2011."Intra-Daily Volume Modeling and Prediction for Algorithmic Trading." *Journal of financial Econometrics* 9:30, 489-518.

Business Wire.2012."UBS Launches Algorighmic Trading into Mexico."Available at www. businesswire.com/news/home/20120131006097/en/UBS-Launches-Algorithmic-Trading-Mexico/.

Cekauskas, Karolis, Reinis Gerasimovs, Vytautas Liatukas, and Talis Putnins.2012."The Effects of Market Makers and Stock Analysts in Emerging Markets." *International Review* of Finance 12:3,305-327.

CFA Institute.2007.*China Corporate Governance Survey*.Charlottesville, VA：The CFA Institute.

Chan, kalok, Albert Menkveld, and Zhishu Yang.2008."Information Asymmetry and Asset Prices:Evidence from the China Foreign Share Discount."Journal of Finance 63:1, 159-196.

Chen, Charles, J.P., Yuan Ding, and Chansog(Francis)Kim.2010."High-Level Politically Connected Firms,Corruption,and Analyst Forecast Accuracy around the World."*Journal of International Business Studies* 41:9,1505-1524.

Clarke, Donald C.2006."The Independent Director in Chinese Corporate Governance."*Delaware Journal of Corporate Law* 31:1,125-228.

Comerton-Forde, Carole, Alex Frino, and Vito Mollica.2005."The Impact of Limit Order Anonymity on Liquidity:Evidence from Paris, Tokyo and Korea." *Journal of Economics and Business* 57:6,528-540.

Comerton-Forde, Carole, and James Rydge.2006."The Current State of Asia-Pacific Stock Exchanges:A Critical Review of Market Design." *Pacific-Basin Finance Journal* 14:1,1-32.

Comerton-Forde,Carole,and Kar Mei Tang.2009."Anonymity, Liquidity and Fragmentation." *Journal of Financial Markets* 12:3,337-367.

CSA/IIROC.2011.*Regulatory Approach to Dark Liquidity in the Canadian Market (Staff Notice No.23-311)*.Canadian Securities Administrators and Investment Industry Regulatory Organization of Canada.

Cumming, Douglas, Sofia Johan, and Dan Li.2011."Exchange trading Rules and Stock Market Liquidity."*Journal of Financial Economics* 99:3,651-671.

Degryse, Hans.1999."The Total Cost of Trading Belgian Shares:Brussels versus London." *Journal of Banking and finance* 23:9,1331-1355.

Domowitz, Ian, Jack Glen, and Ananth Madhavan.1998."International Cross-Listing and Order Flow Migration:Evidence from an Emerging Market." *Journal of Finance* 53:6, 2001-2027.

Edison, Hali, and Frank Warnock.2004."US Investors'Emerging Market Equity Portfolios:A Security-Level Analysis." *Review of Economics and Statistics* 86:3, 691-704.

Eom, Kyong Shik, Jinho Ok, and Jong-Ho Park.2007."Pre-Trade Transparency and Markey Quality."*Journal of Financial Markets* 10:4,319-341.

Fan, Joseph P.H., Staurt L.Gillan, and Xin Yu.2012."Property Rights, R&D Spillovers, and Corporate Accounting Transparency in China." *Emerging Markets Review*.Forthcoming.Fong, Kingsley, Craig Holden, and Charles Trzcinka.2011."What Are the Best Liquidity Proxies for global Research?"Working Paper, University of New South Wales.

Ghysels, Eric, and Mouna Cherkaoui.2003."Emerging Markets and Trading Costs:Lessons From Casablanca."*Journal of Empircal Finance* 10:1-2,169-198.

Hadfield, Gillian K.1994."Weighing the Value of Vagueness:An Economic Perspective on Precision in the Law."*California Law Review* 85:3,541-554.

Halling, Michael, Marco Pagano, Otto Randl, and Joseph Zechner.2008. "Where Is the Market?Evidence from Cross-Listings in the U.S." *Review of Financial Studies* 21:2, 725–761.

Huang, Roger D., and Hans R.Stool.1997. "The Components of the Bid-Ask Spread:A General Approach." *Review of Financial Studies* 10:4,995–1034.

Humphery-Jenner, Mark L.2011. "Optimal VWAP Trading under Noisy Conditions." *Journal of Banking and Finance* 35:9,2319–2329.

Humphery-Jenner, Mark L.2012. "The Governance and Performance of Chinese Companies Listed Abroad:An Analysis of China's Merits Review Approach to Overseas Listings." *Journal of Corporate Law Studies* 12:2,333–365.

Kissell, Robert.2008. "Transaction Cost Analysis." Journal of Trading 3:2,29–37.

Kissell, Robert, and Morton Glantz.2003.*Optimal Trading Strategies*.NewYork:AMACOM.

Kissell, Robert, and Roberto Malamut.2006. "Algorithmic Decision-Making Framework." *Journal of Trading* 1:1,12–21.

Lai, Sandy, Lilian Ng, and Bohui Zhang.2012. "Does *PIN* Vary and Affect Asset Prices around the World?"Working Paper, University of New South Wales.

Lee, Brian B., and Soo Duk Seo.2010. "Reforms in the Korean Financial Reporting Systems and Earnings Quality." *Asia-Pacific Financial Markets* 17:1,51–61.

Lee, Georgina.2012. "Indian Securities Watchdog to Consider Imposing Speed Limit on High-Frequency Trading." Available at www.risk.net/asia-risk/news/2139303/indian-securities-watchdog-consider-imposing-speed-limit-frequency-trading.

Lesmond, David A.2005. "Liquidity in Emerging Markets." *Journal of Financial Economics* 77:2,411–452.

Lesmond, David A., Michael J.Schill, and Chunsheng Zhou.2004. "The illusory Nature of Momentum Profits."*Journal of Financial Economics* 71:2,349–380.

Linnainmaa, Juhani T., and Gideon Saar.2012. "Lack of Anonymity and the Inference from Order Flow." *Review of Financial Studies* 25:5,1414–1456.

Marshall, Ben R., Nhut H.Nguyen, and Nuttawat Visaltanachoti.2011. "Frontier Market Diversification and Transaction Costs."Working Paper, Massey University.

MSCI.2011. "Index Definitions." Available at www.msci.com/products/tools/index.html#EM.

NATIXIS.2011. "Global Execution Services:Algorithmic Trading." Available at https://equity. natixis.com/netis/accueil/.../Algorithmic-Trading.pdf.

Nimalendran, Mahendrajah, and Sugata Ray.2011. "Informational Linkages between Dark and Lit Trading Venues."Working Paper, University of Florida.

Perold, Andre F.1988. "The Implementation Shortfall:Paper versus Reality." *Journal of Portfolio Management* 14:3,4–9.

Preece, Rhodri.2011. "Tackling the Dark Side in Canada." CFA Market Integrity Insights. Available at http://blogs.cfainstitute.org/marketintegrity/2011/08/25/tackling-the-dark-side-in-canada-%E2%80%A6/.

Preece, Rhodri.2012. "Australian Equity Markets:Structural Reform Continues." CFA Market Integrity Insights.Available at http://blogs.cfainstitute.org/marketintegrity/2012/02/22/australian-equity-markets-structural-reform-continues/.

Rakowaki, David, and Xiaoxin Wang Beardslsy.2008. "Decomposing Liquidity Along the Limit Order Book." *Journal of Banking and Finance* 32:8, 1687–1698.

Rawal, Dhiren. 2010. "Bringing Intelligent Decision-Making to Order Routing." *Journal of Trading* 5:1, 30–34.

第24章 新兴市场在信息到达期间的盘中价格表现

JAN HANOUSEK
布拉格查尔斯大学统计学教授
EVŽEN KOČENDA
布拉格查尔斯大学经济学教授
JAN NOVOTNÝ
伦敦城市大学博士后研究员

24.1 引言

本章分析了在新兴欧盟股票市场中,新闻和市场震动对价格形成的影响。相对于欧盟中的成熟市场,这些市场规模较小(Égert 和 Kočenda 2007),并同时受到欧盟和美国市场的巨大影响(Hanousek,Kočenda 和 Kutan 2009)。研究表明,源于发达市场(即欧盟和美国)的外国新闻决定了所有本地新闻或外部震动的影响。而且,源于欧盟或美国成熟市场的价格波动大多可以解释中东欧(CEE)新兴市场的大幅价格波动。

近年来信息技术的发展使得市场的运作能够不断提高速度从而使信息处理更加有效。因此,现代研究依赖于使用盘中数据,并且使得研究者能够探究宏观经济信息以及企业特定消息发布对包括股票、商品、债券以及金融衍生品在内的资产价格的影响(Bollerslev 和 Cai 2000;Erenburg,Kurov 和 Lasser 2005;Jones,Lin 和 Masih 2005;Nikkinen,Omran,Sahlström 和 ÄijÖ 2006;

Rigobon 和 Sack 2008）。

宏观经济新闻对金融市场的影响已经通过使用发达市场数据而得到广泛研究。Andersen，Bollerslev，Diebold 和 Vega（2007）全面分析了宏观经济新闻对美国金融市场影响的传导机制。作者检验了美国发布宏观经济新闻通告对股票、债券以及外汇市场的影响，其分析验证了以往的研究结论，即不管经济现状如何，债券市场对宏观经济新闻发布的反应最为强烈。另一方面，股票市场对新闻的反应依赖于商业周期，这进一步证实了要在较长一段时间内观察股票和债券市场。例如，Wongswan（2006）研究了信息从美国到亚洲市场的溢出，结果显示短期内新兴经济体股票市场波动性及交易量与发达国家宏观经济新闻的发布有着很显著的关系。

新闻发布不仅影响价格，而且直接影响了金融资产之间的联动作用。Albuquerque 和 Vega（2008）特别关注了美国和葡萄牙市场由于发布宏观经济新闻而引发的两国股票市场联动变化情况。产生于较大经济体的新闻不会影响股票市场联动作用，因为两个市场都会对这些信息做出反应；而产生于较小市场的信息只会影响该市场，这引起了较小市场的价格波动却没有伴随较大市场的价格波动，从而导致了联动的变化。

对于不同规模及发展程度金融市场的分析研究表明，信息溢出可能存在着更加复杂的转移机制。例如，欠发达市场不仅会受到发达市场指数当前和过去价值的影响，还会直接受到该发达市场（宏观）新闻的影响。Hanousek 等（2009）使用股票市场指数收益的高频五分钟盘中数据分析了源于欧元区及美国的宏观经济新闻的溢出效应和对三个新兴欧盟股票市场的影响，即对捷克、匈牙利和波兰的影响。结果显示所有这些新兴市场都受到显著信息溢出的影响。这种溢出效应是由欧盟、美国及周边市场的组合指数收益直接引发的。匈牙利市场显示出了最强的溢出效应。这项研究进一步分析了单一新闻发布和多项新闻同时发布的区别。Hanousek 等发现多项新闻发布比单一新闻发布的影响要大。一个稳健性检验证明了外国宏观经济新闻发布对中东欧指数的影响超过了外国股票市场信息溢出的典型影响。

在后续的研究中，Hanousek 和 Kočenda（2011）探究了信息溢出以及欧元区和美国四类独立宏观经济新闻发布对新兴欧洲共同体市场的影响。他们的研究为全部三个市场提供了一般化结论，即法兰克福股票交易所对新兴欧盟股票市场影响最大，而纽约市场的影响较小。在欧洲不断一体化的情况下，这些结论是合乎情理的。研究结论同样适用于整体金融市场以及美国和欧洲市场同时营业的那一小段时间。而且，周边市场信息溢出的累积效应对纽约的影响通常会小一些或是相近。

Hanousek 和 Kočenda（2011）进一步指出，产生于成熟股票市场的宏观经济新闻影响了三个新兴欧盟市场之间的盘中关联。关于价格方面的新闻对三个市场的股票收益会有很强的影响，大多数以一种直观的方式显现，即比预期更坏（更好）的结果会对股票收益带来消极（积极）影响。这个结果证明了市场确实会对通胀信息做出反应。有意思的是，研究结果还显示，美国有关通胀新闻的发布会有显著的影响，而由于欧洲央行明确了通胀目标，公布的通胀新闻也没有偏离预期，因此欧元区通胀新闻的发布几乎没有被注意到。与宏观经济表现相关的新闻发布呈现出了不同的影响效果，其中有关欧盟经常账户的新闻由于无一例外地以同一种方式影响了所有三个市场，因此显得特别突出。好于预期的结果会引发积极的反应，反之亦然。其他有关工业生产、贸易收支以及失业率等实体经济方面新闻的影响有限，因为它们只涉及一两个市场。此外，行业景气与信心的信息发布对股票市场的影响微乎其微。

上述文献综述展现了新兴股票市场对新闻发布的整体反应并为建立一个有关价格波动的相关推断提供了所需的必要信息。然而，关于新闻发布是否是极端价格波动的主要驱动力的问题仍然没有解决。因此，下一部分讨论了有关判定价格波动的计量问题。剩余的几个部分讨论了来源于本地市场和发达金融市场的新闻发布与价格波动之间的关系。此外，本文采用的通过把发达股票市场的价格波动作为引发小规模市场反应信号的实证分析方法，拓展了新闻发布概念的范畴。

本章剩余部分结构如下：下一部分具体检验了新闻发布对股票价格的影响并说明了利用的数据信息。接下来，本章讨论了新闻发布对价格形成和价格波动的影响，并介绍了判定价格波动的计量分析方法。最后，本章分析了外国新闻发布和价格波动对中东欧新兴市场价格波动形成的影响。最后一部分是总结和结论。

24.2 消息到达与价格波动的发生

这一部分更加具体地分析新闻发布对价格的影响。当一条含有未来预期内容的重要新闻发布时，金融市场会立即作出反应，处理这些信息并调整预期。这种调整可能会导致价格的突然变动（例如跳价）。此类过程的概率分布不符合正态（高斯）分布，因此，需要特殊处理。

然而近年来的金融研究，从相反的方向处理了这个问题。早期的文献是要判定价格波动及其适合的计量处理和建模。只是近期才将价格波动与当前新闻发布和信息发布联系起来。本章关注的主要是后者。

学者们最初研究的是大规模发达市场上宏观经济新闻发布和股票指数期货、债券期货价格及汇率暴涨之间的关系。小型和新兴市场虽然可能创造出更具结构性的信息处理模式，但却很少有文献涉及。Lahaye，Laurent 和 Neely（2011）证明非农业工资水平和联邦基金目标新闻的发布与价格波动关系最大。作者找到了明确的证据证明新闻发布会导致价格波动，然而大多数价格波动却依然无法解释。他们还关注了价格共同暴涨的现象，并解释了系统性价格波动的发生是由于新闻的发布。

任何关于价格波动和宏观经济新闻发布之间关系的推断都面临两个障碍。第一，要在离散时间点观察价格。第二，价格波动要结合时变噪声。Lee（2012）解决了两个障碍并创造了基于似然的暴涨预测检验方法。使用这个方法能够建立一个类似于逻辑回归（Logitlike Regression）的模型，可以估计新闻发布作为价格波动前奏对（高频）股权市场的影响。Lee还特别运用道琼斯工业平均指数（DJIA）及其成分股，验证了联邦公开市场委员会（FOMC）通告是导致个体股票价格波动的主要原因。在FOMC通告发布后的30分钟内，股票市场就会有所反应（也就是说，反应不是立即发生的，市场参与者需要一些时间来处理信息）。大多数价格波动发生在市场交易的上午时段，这段时间也是大多数新闻发布的时间。

在参数估计阶段，伪检测问题影响了价格波动与新闻发布之间关系的判定。Bajgrowicz 和 Scaillet（2011）关注了价格波动的伪检测问题并通过解释非暴涨收益的伪检验，优化了统计结果。他们进一步对道琼斯指数成分股价格波动的估计过程进行了检验，并将其与宏观经济和企业特定新闻的公布相联系。研究者们发现，唯一重要的信息发布是与企业有关的回购事项，会导致大幅的价格波动。他们进一步得出结论，认为流动性在价格波动形成中起到重要作用。

在金融研究文献中，流动性是导致价格波动的一个原因。被统称为统计金融的研究流派，进一步强调了价格波动与流动性之间的密切关联。基于他们对美国股权市场高频数据的实证分析，Bouchaud，Kochelkoren 和 Potters（2006）与Joulin，Lefevre，Grunberg 和 Bouchaud（2008）认为，与新闻发布相比，过多的流动性与价格波动的关联更大。新闻发布可能经常引发个股的轻微价格波动。小规模的轻微价格波动与收益分布类似。因此，建立统计检验很困难。Bollerslev，Law 和 Tauchen（2008）指出，如果加入更多的股票对新闻发布作出反应，轻微价格波动的存在就会被显现出来。那么，总体股票指数将对新闻发布产生强烈反应，而成分个股似乎对此反应不大。Lee 和 Hannig（2010）进一步发展了一个检测轻微价格波动（即价格波动不是特别大但仍不符合高斯分布）的检验。依据其实证分析的结论，作者把轻微的价格波动描述为新闻发布的结果。

除了标准的宏观经济新闻发布和企业相关新闻之外，其他因素也会影响新兴市场。例如，新兴市场似乎对政治风险表现敏感，政治风险会影响金融市场的波动性，因此其可能会与价格波动有关。Kim 和 Mei（2001）专门利用中国香港特别行政区股票交易所数据展示了政治风险和价格波动之间的关系。他们展示了政治决策对新兴市场价格波动，进而对金融衍生品定价的直接传导机制。与此类似，Wang 和 Moore（2009）研究了汇率政策变化对五个中欧股票市场的影响，并得出结论，认为政策决定导致了突发的波动性增加。

最后，金融市场之间的高度联系表明对一条重要新闻发布的反应可能导致类似雪崩效应，金融市场不仅对新闻作出反应，还会对其他市场对此新闻的反应作出回馈。Aït-Sahalia，Cacho-Diaz 和 Laeven（2010）建立了一个模型，同时使用成熟市场和新兴市场的高频数据，通过分析股票市场指数暴涨之间的联系，对金融市场的传染效应进行了研究。他们发现，一个显著的价格波动会扩散到全球，比如亚洲市场的价格下跌会导致全球价格下跌，当其他金融市场开盘时，价格波动也会传播至此。

24.3 数据、新闻和意外事件

本项研究使用布拉格股票交易所（PX 指数）、华沙股票交易所（WIG 指数）和布达佩斯股票交易所（BUX 指数）的股票市场指数五分钟数据。由于布拉迪斯拉发股票交易所的流动性不足，任何盘中研究都几乎不可能完成，因此没有对斯洛伐克市场进行分析。数据组还包括成熟市场的两个股票指数：代表德国市场的 DAX 指数和代表美国市场的 DJIA 指数。数据期间涵盖 2003 年 6 月 9 日至 2010 年 12 月 31 日。2003 年 6 月第一个星期的数据被用来计算一次价格波动信号。根据数据信息，取对数的收益是用交易日内数据计算的，隔夜收益未加研究。Kwapien，Drozdz 和 Speth（2003）研究表明，隔夜收益影响收益分布，剔除隔夜收益数据足以消除收益分布中的厚尾效应。

本研究还利用了通过 Bloomberg 系统发布的宏观经济新闻通告及其来源国信息，该系统是市场专业人事的主要信息来源。信息主要包括股票市场指数和五国的新闻发布：捷克共和国、波兰、匈牙利、德国和美国。由于德国作为欧元区成员，没有独立的货币新闻发布，因此以欧元区相关新闻发布替代。

宏观经济新闻是定期发布的，这使得 Bloomberg 能够在重要新闻发布之前对分析师进行调查。调查用于测度市场参与者对新闻发布的预期。当新闻真正发布时，会将其与预期进行比较。严重偏离预期的新闻对于市场参与者来说是个意外，并会立即反映在他们的判断和定价中。如果新闻发布与市场参与者的预期一致，那么市场就不会突然作出反应。当一条意外新闻发布时，市场作出的反应自然要强烈很多。

上述情况促使 Andersen 等（2007）和 Hanousek 等（2009）设定三种不同类型的新闻发布：

1. 所有通过 Bloomberg 系统搜集到的宏观经济新闻发布。

2. 在 Bloomberg 调查中测度过市场预期的宏观经济新闻发布。

3. 具有额外影响的宏观经济新闻发布（即实际新闻发布与市场预期大相径庭）。

借用 Hanousek 等（2009）的定义，额外影响是指新闻发布相对于市场预期的偏离，用实际值和市场预期之差的标准差进行标准化。这个定义将不同新闻发布的额外影响——以百分比或十亿货币的形式——标准化，从而使得不同类型的新闻发布可以选择一个共同的标准。

这种定义要求一定数量的过往新闻发布。本研究根据一项特定新闻过去的12个观察值构建了标准样本方差。对于新兴市场而言，通常调查信息是不可得的。所以研究中标准差计算至少包括过去12个观察值中的8个。如果过去12个值中超过4个数据丢失，那么分析将不考虑额外影响。额外影响可得后，额外影响低于（超出）5%（95%）标准正态分布的新闻就归属为意外事件。样本标准差要求采用样本之前的新闻发布。因此，数据范围设定为从2000年到2010年。

24.4 价格波动是价格形成中必不可少的一部分

作为分析新闻发布对价格形成的影响，尤其是对新兴市场价格波动影响的下一个步骤，就是要通过计量分析判定价格波动。许多方法可以用来判定价格波动。研究文献基于不同的假设，提供了很多价格波动的指标。例如，Hanousek，Kočenda 和 Novotný（2012）提供了一个全面的综述。近期的几项研究，如 Theodosiou 和 Žikeš（2011）以及 Dumitru 和 Urga（2012）评价了各种价格波动指标的表现。这些研究都使用了蒙特卡洛模拟法，但每一项研究都采用了不同的估值标准。

本文价格波动指标的选用源于 Hanousek 等（2012）的研究，他对学术文献中广泛使用的14个价格波动指标进行了具体的比较。通过采用蒙特卡洛模拟方法和非参数检验，作者分析了价格波动指标在价格波动确实发生时进行准确检测的能力。通过基于最优标准的成对比较分析，作者指出了两个最优价格波动指标。进而要针对一类误差和二类误差进行优化。一类误差是指一个真实发生的价格波动没有被监测到。二类误差则是误判了没有发生的价格波动。在一类误差发生的情况下，最好的指标是基于由 Ait-Sahalia 和 Jacod（2009a，2009b）提出的百分位数。这个指标由于在价格波动真实发生时能准确发现最多的价格波动状况而优于其他指标。对于二类误差的优化，最好的统计指标是基于双幂次变差的指标。这个价格波动指标运用已实现方差和双幂次方差之间的差，其被定义为两个连续收益绝对值乘积的和（Lee 和 Mykland 2008）。在接下来的分析中，采用了 Hanousek 等（2012）确定的这两个表现最好的指标。

24.4.1 针对一类误差的最优价格波动指标

找到价格波动指标需要假设价格形成过程可以分解成高斯部分（符合白噪声）和非齐次泊松部分（符合价格波动）。当一个大幅度价格波动出现时，价格增量由非齐次泊松分布决定；而价格没有波动时情况相反，仅仅是高斯噪声。因此，可以在给定样本数据频率和精确度级别的条件下，设定一个临界值来区分噪音和价格波动。由于临界值是未知的先验值，方法是反向验证，而且，临界值要依据价格剧烈波动中的高额收益的数量来确定。因此，只要当收益的绝对值超过了根据总样本计算的分布临界值的99%，那么它就被认为是一个价格波动。

24.4.2 针对二类误差的最优价格波动指标

Lee 和 Mykland（2008）针对二类误差建立了一个最优价格波动指标。这个指标使用了极值理论，假设可实现方差可以被分解成联合方差（服从高斯噪声）以及价格波动。联合方差可以用几种不同的方法估计。文献研究最常使用的是 Barndorff-Nielsen 和 Shephard（2004，2006）发展的双幂次变差。Lee 和 Mykland 使用的统计方法是将每一个时点上的当期收益与联合方差相比较。该方法可以检验收益不属于价格波动的原假设。这个指标需要特定的移动视窗来估计联合方差。2003 年的第一个星期被用来估计方差，因此要从当前分析中剔除。

本章余下部分作如下界定：用第一个价格波动指标判定的价格波动称作一类，用第二个指标判定的价格波动称作二类。

表 24-1 提供了三个新兴欧盟市场的收益及价格波动估计数量的基本情况。一类价格波动出现的概率大约是 1%，而二类价格波动的数量对于每个市场都是不同的。布拉格股票交易所二类价格波动明显要多于一类价格波动，而其他股票市场则是二类价格波动大约比一类价格波动少 50%。布拉格股票交易所与其他两个市场的差异与 Hanousek 和 Novotný（2012）提出的"PX 之谜"的存在有关。该假说认为，布拉格股票交易所的主要股票指数与其区域中的其他成员表现不同。一般情况下，极端事件（价格波动）会更容易被观察到，但 PX 市场却不是这样。而且，PX 表现出了最大的价格波动，远大于波兰 WIG 市场，WIG 市场的价格波动最不明显。这就需要进一步探讨市场微观结构和价格波动倾向的关联性。特别需要指出，更大的市场波动性和更大的价格波动倾向可以由投资者不同加以解释。布拉格主要由外国投资者主导，而华沙市场上主要是国内大型机构投资者，特别是养老基金（Hanousek 和 Kočenda 2011）。进一步讲，布拉格股票交易所监管框架的差异也对这个结果产生了影响。例如，布拉格股票交易所对保证金要求更低，因此有更高的杠杆效应。

表 24-1 还表明，对于所有三个股票市场指数，通过两种价格波动指标判定的价格波动的总数是不同的。这一事实凸显了估计价格波动的难度：基于不同假设的指标会得出不同的结果。针对 PX 指数，两个指标都检测出的价格波动仅有 516 个案例（二类价格波动的 27%）；针对 BUX 指数，共同检出 439 个案例（二类价格波动的 50%）；针对 WIG 指数，共同检出 416 个案例（二类价

表 24-1　　　　　　　　　中东欧市场收益和价格波动概况

	布达佩斯（BUX）	布拉格（PX）	华沙（WIG）
交易日数量	1 868	1 870	1 868
收益数量	168 240	147 741	152 724
一类	1 684	1 481	1 529
一类——上涨	842	741	764
一类——下跌	842	740	765
二类	877	1 915	719
二类——上涨	394	920	323
二类——下跌	483	995	396
一类——非对称性	0.50	0.50	0.50
二类——非对称性	0.55	0.52	0.55

注：该表提供了各国市场及其价格波动的概况。样本的交易时间是从2003年6月9日到2010年12月31日。价格波动是通过两个价格波动指标来估计的。正向和负向价格波动是分别估计的。不对称性表示样本中负向价格波动在总的价格波动中所占的比重。

格波动的58%）。当两个价格波动指标独立检测价格的上涨和下跌时，两个指标的检测结果一致率并没有明显的不同，这意味着结论的精确性没有发生方向性偏离。这个结果表明，很多价格波动没有被任何一种检验方法检测出来。在评价任何定量或定性的结果时，只有获得两类价格波动确认的信息才能保证可靠性。

在评定新兴市场价格波动和新闻发布之间的关系时，关键信息是一个交易日内价格波动的集聚程度。根据定义，一类价格波动应该在1%之内，也就是每一个交易日内价格波动应少于一次。表24-2显示了每天超过一次价格波动的天数的分布情况（每天价格波动至多5次）。从中可以看出，在各交易日间，价格波动不是随机分布的，价格波动要比均匀分布状态下更集聚。进一步看，对于股票市场间集聚状态分布的标准科尔莫诺夫-斯米尔诺夫检验确认了布拉格股票交易所与其他市场的差异。

对于一个交易日内价格波动的分布状态分析引发了另一种形式的价格波动指标之间的共同拟合优度检验。这个检验基于两个价格波动指标都对至少发生一次价格波动的交易日的一致判定。就布拉格股票交易所而言，有401个交易日两个价格波动指标都出现了至少一次价格波动；而布达佩斯股票交易所和华沙股票交易所则是330天和296天。

本项研究中，在作某个新兴欧盟市场对美国市场价格波动日的反应分析时，市场的不同步特征最为明显。由于各市场实际的重合交易时间低于1/3，因此在欧洲交易时间之后美国发生的事件不会被新兴欧盟市场迅速处理，任何反应都要等到下一个交易日。

表24-2　　　　　　　　　每一交易日的价格波动集聚

天数	布达佩斯BUX (1 868个交易日)		布拉格PX (1 870个交易日)		华沙WIG (1 868个交易日)	
	一类	二类	一类	二类	一类	二类
至少一次波动	560 (1 868)	617 (1 868)	523 (1 870)	1152 (1 870)	536 (1 868)	508 (1 868)
1次波动	254	417	289	655	261	353
2次波动	119	150	80	319	105	113
3次波动	61	40	47	117	53	33
4次波动	36	10	25	41	27	5
5次波动	20	0	12	15	20	3

注：该表包括了含有至少一次价格波动的交易日数量以及通过两个价格波动指标估计的分别含有1、2、3、4和5次价格波动的交易日天数。

24.5　外国新闻和外国价格波动对中东欧新兴市场的影响

现在本文要阐述外国新闻发布和价格波动对中东欧国家价格波动形成的影响。Hanousek和Kočenda（2011）验证了新兴欧盟市场会对起源于成熟欧盟市场和美国市场的宏观经济新闻发布作出强烈的反应。这些交易所中多样化的主要市场参与者的构成可以解释三个市场的不同反应。直观上看，由于价格波动只是收益的一个子集，因此可以预期，新兴欧盟市场上价格波动的出现将会有类似的表现。

尽管德国在地理位置和贸易上与三个新兴欧盟市场更接近，但美国比发达的欧盟市场对于新兴欧盟市场的影响更大。当地交易者更加紧密地跟踪美国市场发生的事件。源于德国的有利新闻会很容易地被美国的不利新闻淹没（Hanousek和Kočenda 2011）。

Lee（2012）认为，对美国新闻的反应会在新闻发布后至多30分钟内就被整合到价格中。由于发达市场和美国市场比其他市场更加有效，因此对新闻发布的调整速度可以作为信息处理速度的参考标准。由此可以假定，新兴欧盟市场对新闻发布的反应会有一些延迟。

本文采用的新闻发布数据来自于Bloomberg数据库。选取了三组新闻发布数据并按照影响程度递增排序：（1）Bloomberg数据库中的普通信息发布；（2）Bloomberg调查产生的新闻发布以形成市场分析者的预期（"调查"）；（3）标准化的调查值和实际值的差距超出了标准正态分布90%的置信区间的新闻发布（"额外影响"）。

表24-3呈现了研究中使用的从2003年6月9日到2010年12月31日的新闻发布的概况。如前文所述，从2000年初开始采集新闻发布数据来计算额外影响。

表24-3 新闻发布概况

	布达佩斯（BUX）	布拉格（PX）	华沙（WIG）
总数/TH	1 524/206	1 978/578	2 271/2 120
调查——总数/TH	723/107	1 055/195	1 880/1 768
E.I.——总数/TH	80/19	112/15	220/208
德国——总数/TH	9 178/6 595	9 178/6 332	9 178/5 940
德国，调查——总数/TH	6 221/4 245	6 221/4 080	6 221/3 875
德国，E.I.——总数/TH	718/498	718/483	718/465
美国——总数/TH	8 221/6 619	8 221/6 575	8 221/6 557
美国，调查——总数/TH	6 719/5 785	6 719/5 755	6 719/5 734
美国，E.I.——总数/TH	717/629	717/633	717/625

注：该表包含本研究中使用的新闻发布数据的统计特征。新闻发布按来源国分类，与股票市场指数一致。每个条目都显示两个数据，分别表示新闻发布的总数和新兴欧盟市场交易时间重合的新闻数量（对数收益）。标识形式如下：TH代表交易时间，E.I.代表具有较大额外影响的新闻发布。

数据显示，市场参与者会被大量来自于本地和外国市场的新闻淹没。德国和美国市场发布的新闻会比本地市场多4倍。新闻发布的数量远比估计到的价格波动的数量多很多。这说明并不是所有的新闻都是重要的。另一方面，调查后产生的新闻或者有明显额外影响的新闻发布自然是导致价格波动的主要原因。

新闻发布并不是投资者在观察整体股票市场事件时唯一考虑的信息来源。Bollerslev 等（2008）认为，个股和整体股票市场价格波动之间存在着动态变化关系。尽管许多大规模的特异价格波动在股票篮子中会被平均化，但大量小规模的同步价格波动依然会引发整体指数的系统性波动。整体价格波动可能反映了全球市场状况的信息，并显示出市场收到了重要新闻，会系统影响所有板块。因此，价格波动可被视为非规律的却很重要的新闻出现的信号。本研究把发达市场的价格波动作为新闻发布的另一种形式，并检验了新兴欧盟市场对其的反应。

新兴欧盟市场的反应可作如下分类：
- 美国新闻发布（调查或额外影响）和/或美国整体股票指数波动。
- 德国新闻发布（调查或额外影响）和/或德国整体股票指数波动。
- 当地新闻发布（调查或额外影响）。

有关价格波动动态变化的来源问题必须考虑上述新闻发布的优先次序。也就是说，当声称是当地的新闻发布引发价格波动时，就可以肯定美国和德国市场没有事件发生。例如，如果当地新闻发布和发达市场上的一个重要事件同时发生，那么价格波动就不一定是对当地新闻作出的反应。在这种情况下，研究分析过程中容易产生对价格波动原因的错误判断。

表24-4、表24-5和表24-6总结了基于美国、德国及本地市场事件的本地价格波动动态变化。三张图表分别反映了捷克共和国（表24-4）、波兰（表24-5）和匈牙利（表24-6）相应的股票市场。三张表里的特定数据描绘了当特定市场上检测到价格波动时，新闻事件出现的数量以及价格波动之前5分钟到25分钟新闻事件的数量。

上表在分析市场参与者如何理解事件信息流时考虑到了优先次序的设定问题。也就是说，由美国新闻引发的价格波动的数量不会被其他新闻所干扰。另一方面，在德国新闻事件发布至本地市场引发价格波动时，如果美国市场发生价格波动或有调研新闻发布，则由德国新闻引发的本地价格波动的数量会被修正。最后，由国内新闻引发的价格波动的数量会根据美国和德国的价格波动或调研新闻发布情况进行修正。

表 24-4 捷克股票市场价格波动的动态变化

滞后反应（分钟）	美国新闻		美国价格波动		无美国新闻或价格波动时的德国新闻		无美国新闻或价格波动时的德国价格波动		无德国或美国新闻或价格波动时的本地新闻	
	一类	二类	一类	二类	一类	二类	一类	二类	一类	二类
0——调查	55	69	35	10	15	21	145	44	1	1
5——调查	31	59	25	3	20	23	135	30	1	1
10——调查	23	19	19	4	14	20	110	14	5	3
15——调查	14	17	18	4	16	26	113	9	3	3
20——调查	14	6	17	2	19	22	106	25	13	15
25——调查	11	13	13	4	19	14	89	12	8	5
0——E.I.	16	16			5	4			0	0
5——E.I.	8	20			6	4			1	0
10——E.I.	5	5			8	2			1	0
15——E.I.	3	4			6	4			0	0
20——E.I.	6	4			4	2			1	0
25——E.I.	4	3			6	3			3	1

注：该表包含了由两种价格波动指标判定的价格波动数量以及相应的以分钟计算的反应时间。首先，统计出了由美国新闻发布引发的当地价格波动的数量，但却缺失美国新闻的精确时间。图表展示出了市场的即时反应（时滞为 0）以及 25 分钟内的滞后反应。对美国股票市场价格波动的影响也采用了同样的研究方法。其次，统计了根据两种价格波动指标判定的，由德国新闻发布引发的当地价格波动的数量。源于美国价格波动的影响因素在研究中被加以控制。最后，检验了当地市场对当地新闻的反应，此时没有美国或德国的新闻发生。E.I.代表具有明显额外影响的新闻发布。

表 24-5　　　　　　　　　　波兰股票市场价格波动的动态变化

滞后反应（分钟）	美国新闻		美国价格波动		无美国新闻或价格波动时的德国新闻		无美国新闻或价格波动时的德国价格波动		无德国或美国新闻或价格波动时的本地新闻	
	一类	二类	一类	二类	一类	二类	一类	二类	一类	二类
0——调查	77	50	49	16	12	3	158	38	5	0
5——调查	57	42	34	7	21	7	116	17	6	4
10——调查	27	17	20	2	23	13	86	6	3	3
15——调查	14	6	23	4	14	4	71	8	2	3
20——调查	24	9	11	3	7	10	67	5	3	1
25——调查	14	5	15	1	6	8	58	4	2	1
0——E.I.	26	17			3	0			1	0
5——E.I.	18	14			2	0			0	1
10——E.I.	9	5			2	1			1	1
15——E.I.	3	3			3	0			2	2
20——E.I.	6	4			1	2			1	1
25——E.I.	3	1			1	2			0	0

注：该表包含了由两种价格波动指标判定的价格波动数量以及相应的以分钟计算的反应时间。首先，统计出了由美国新闻发布引发的当地价格波动的数量，但却缺失美国新闻的精确时间。上表展示出了市场的即时反应（时滞为 0）以及 25 分钟内的滞后反应。对美国股票市场价格波动的影响也采用了同样的研究方法。其次，统计了根据两种价格波动指标判定的，由德国新闻发布引发的当地价格波动的数量。源于美国价格波动的影响因素在研究中被加以控制。最后，检验了当地市场对当地新闻的反应，此时没有美国或德国的新闻发生。E.I. 代表具有明显额外影响的新闻发布。

表 24-6　　　　　　　　　　　匈牙利股票市场价格波动的动态变化

滞后反应（分钟）	美国新闻		美国价格波动		无美国新闻或价格波动时的德国新闻		无美国新闻或价格波动时的德国价格波动		无德国或美国新闻或价格波动时的本地新闻	
	一类	二类	一类	二类	一类	二类	一类	二类	一类	二类
0——调查	40	18	46	7	19	7	164	57	1	0
5——调查	54	28	41	4	24	8	154	30	31	17
10——调查	24	9	33	1	19	4	114	23	32	18
15——调查	28	12	25	0	18	5	114	8	16	12
20——调查	28	10	21	5	26	6	102	8	14	7
25——调查	28	13	22	3	12	3	84	8	7	7
0——E.I.	11	7			6	2			1	0
5——E.I.	23	11			6	2			6	2
10——E.I.	8	2			3	0			6	3
15——E.I.	10	2			3	0			2	0
20——E.I.	11	2			5	1			3	0
25——E.I.	8	5			0	0			0	0

注：该表包含了由两种价格波动指标判定的价格波动数量以及相应的以分钟计算的反应时间。首先，统计出了由美国新闻发布引发的当地价格波动的数量，但却缺失美国新闻的精确时间。上表展示出了市场的即时反应（时滞为0）以及25分钟内的滞后反应。对美国股票市场价格波动的影响也采用了同样的研究方法。其次，统计了根据两种价格波动指标判定的，由德国新闻发布引发的当地价格波动的数量。源于美国价格波动的影响因素在研究中被加以控制。最后，检验了当地市场对当地新闻的反应，此时没有美国或德国的新闻发生。E.I.代表具有明显额外影响的新闻发布。

表24-4到表24-6清楚地显示了本地市场对美国新闻发布的强烈反应。新兴欧盟市场对美国新闻发布的反应要比对本国新闻更强烈。这清楚地说明美国市场驱动了全球股票市场。调研新闻和有额外影响的新闻也都具有相同的影响。上述数据还确认了新兴欧盟市场的反应不是即时的，而是有一定时滞的。布达佩斯股票交易所的反应时间最短，其他两个市场的反应时长类似。

布拉格股票交易所对本国新闻发布的延迟时间在20分钟左右。由于不考虑隔夜收益，因此，把时滞效应解释为是对布拉格股票交易所开盘前出现的新闻的反应明显是不合理的。因此，时滞效应反而确认了Lee（2012）对美国市场的研究结论，即宏观经济通告发布之后很可能出现价格波动。总之，常规的研究结果表明，中东欧市场的反应时间约为半小时。

有关对价格波动反应的研究结论有所不同。对德国市场价格波动的反应要比对美国市场价格波动的反应大得多。其原因是新兴欧盟市场与德国市场的重合交易时间比与美国市场的长。最后，有证据证明Lahaye等（2011）对美国市场研究的结论，尽管新闻发布与价格波动之间有着显著的关系，但很多价格波动仍不能用新闻发布来解释。

24.6   总结和结论

本章提供了关于成熟欧盟和美国市场的信息如何影响中东欧新兴市场价格变化（波动）的实证分析。证据表明，外国宏观经济新闻是导致中东欧大规模价格变动的主要原因。进一步看，新兴欧盟市场对新闻发布的反应会有一段时滞，时长与发达市场的情况类似。从欧盟和美国市场到新兴市场的价格波动传递效应是很明显的。这表明发达市场上发生的重要事件常常会无规则地蔓延到新兴欧盟市场的价格形成中去。这可能是由于新兴中东欧市场的规模较小，不能给投资者提供太多的预期和情绪空间。

虽然本文分析的新兴市场是欧盟的一部分，但还是美国市场对这些市场的影响更大一些，尤其是对溢出效应加以控制之后。这可能是因为这些市场中有外国（有美国背景）投资者，而且美国市场也是全球投资者的典型代表。对于价格波动的分布来说，波动的数量可以反映市场微观结构。尤其是，布拉格股票交易所对保证金交易的监管最少，这可以解释其与众不同的波动分布以及更明显的波动趋势。另外，波兰当地大量机构投资者（养老基金）的参与解释了市场较低波动性以及与WIG指数波动的相关性。

未来可以进一步研究的一个方向是在更多国家的范围内，分析新闻事件和价格波动的问题。此外，检验信息调整速度、特定时间内发生价格波动的数量与现有监管规则和市场基础结构之间的联系也是有研究价值的。

讨论题

　　1.价格波动和新闻发布之间有什么关系？
　　2.为什么源于不同市场的新闻发布影响是不同的？
　　3.为什么估计新闻发布的额外影响很重要？
　　4.哪个中东欧市场的波动性最强？为什么？
　　5.哪个中东欧新兴市场对外国新闻和价格波动的反应最快？哪个最慢？
　　6.解释欧盟和美国，哪一个的新闻和价格波动与新兴中东欧市场最相关。

作者介绍

　　Jan Hanousek 是查尔斯大学经济研究与研究生教育中心的统计学教授，还是捷克科学院经济部的高级研究员。他的研究方向包括应用计量经济学和公司金融，他教授统计学和计量经济学领域的多门课程。Hanousek 教授在《经济文献研究》《公司金融研究》《经济展望研究》《国际经济学评论》《欧洲经济评论》《转型经济学》《比较经济学研究》以及其他专业期刊上发表过文章。他曾在宾夕法尼亚和捷克英美大学任教。他在查尔斯大学取得了统计学博士和概率论学士学位。

　　Evžen Kočenda 是查尔斯大学经济研究与研究生教育中心的经济学教授，也是捷克科学院经济部的高级研究员。他的研究方向包括应用计量经济学、国际货币和金融学、欧洲一体化以及公司行为与治理。他教授时间序列计量经济学、国际货币和金融学以及商业经济学。Kočenda 教授在《经济文献研究》《银行与金融研究》《比较经济学研究》《国际经济学评论》《计量经济学评论》《实证经济学》《转型经济学》以及其他专业期刊上发表过文章。他曾在巴黎第九大学、纽约大学和捷克英美大学任教。他在布拉格经济学院取得了国际贸易学士学位，在托莱多大学取得了经济学硕士学位，并在休斯顿大学取得了经济学博士学位。

Jan Novotný是伦敦城市大学卡斯商学院博士后研究员，也是查尔斯大学经济研究与研究生教育中心的研究员。他的研究方向包括金融计量经济学、金融工程、风险、金融和物理经济学。他在《新兴市场评论》《蒙特卡洛方法与应用》以及《荷兰物理A》期刊发表过文章。他还在物理学期刊上发表过论文。他在捷克理工大学取得了实验核物理理学硕士学位，并在查尔斯大学取得了经济学硕士和博士学位。

致谢

Jan Hanousek感谢捷克科学基金403/11/0020的资金支持。Evžen Kočnda感谢捷克科学基金402/12/G097的资金支持。Jan Novotný感谢捐款协议号PIEF-GA-2011-302098下《欧盟委员会第7框架计划FP7-PEOPLE-2011-IEF》（项目简称：价格波动的动态变化）的资金支持。

参考文献

Ait-Sahalia, Yacine, and Jean Jacod.2009a. "Testing for Jumps in a Discretely Observed Process." *Annals of Statistics* 37:1, 184-222.

Ait-Sahalia, Yacine, and Jean Jacod.2009b. "Estimating the Degree of Activity of Jumps in High Frequency Data." *Annals of Statistics* 37:5A, 2202-2244.

Ait-Sahalia, Yacine, Julio Cacho-Diaz, and Roger J.A.Laeven.2010. "Modeling Financial Cotagion Using Mutually Exciting Jump Processes." Working Paper 15850, National Bureau of Economic Research(NBER).

Albuquerque, Rui, and Clara Vega.2008. "Economic News and International Stock Market Co-Movement." *Review of Finance* 13:3, 401-465.

Andersen, Torben G., Tim Bollerslev, Francis X.Diebold, and Clara Vega.2007. "Real-Time Price Discovery in Global Stock, Bond and Foreign Exchange Markets." *Journal of International Economics* 73:2, 251-277.

Bajgrowicz, Pierre, and Olivier Scaillet.2011. "Jumps in High-Frequency Data:Spurious Detections, Dynamics, and News." Research Paper, Swiss Finance Institute.

Barndorff-Nielsen, Ole E., and Neil Shephard.2004. "Power and Bjpower Variation with Stochastic Volatility and Jumps." *Journal of Financial Econometrics* 2:1, 1-37.

Barndorff-Nielsen, Ole E., and Neil Shephard.2006. "Econometrics of Testing for Jumps in Financial Economics Using Bipower Variation." *Journal of Financial Econometrics* 4:1, 1-30.

Bollerslev, Tim, and Jun Cai.2000. "Intraday and Interday Volatility in the Japanese Stock Market." *Journal of International Financial Markets, Institutions, and Money* 10:2, 107-130.

Bollerslev, Tim, Tzuo Hann Law, and George Tauchen.2008. "Risk, Jumps, and Diversification." *Journal of Econometrics* 144:1, 234-256.

Bouchaud, Jean-Philippe, Julien Kockelkoren, and Marc Potters.2006. "Random Walke, Liquidity Molasses and Critical Response in Financial Markets." *Quantitative Finance* 6:2, 115-123.

Dumitru, Ana-Maria, and Giovanni Urga, 2012. "Identifying Jumps in Financial Assets:A Comparison between Non Parametric Jump Tests." *Journal of Business and Economic Statistics* 30:2, 242-255.

Égert, Balázs, and Evžen Kocenda.2007. "Interdependence between Eastern and Western European Stock Markets:Evidence from Intraday Data." *Economic Systems* 31:2, 184-203.

Erenburg, Grigori, Alexander Kurov, and Dennis Lasser.2005. "Trading around Macroecomomic Announcements:Are All Traders Created Equal?" *Journal of Financial Intermediation* 15:4, 470-493.

Hanousek, Jan, and Evžen Kočenda.2011. "Foreign News and Spillovers in Emerging Euro pean Stock Markets." *Review of International Economics* 19:1,170-188.

Hanousek, Jan, Evžen Kočenda, and Ali M.Kutan.2009. "The Reaction of Asset Prices to Macroeconomic Announcements in New EU Markets:Evidence from Intraday Data." *Journal of Financial Stability* 5:2,199-219.

Hanousek, Jan, Evžen Kočenda, and Jan Novotný.2012. "Identification of Price Jumps. *Monte Carlo Methods and Applications.*"18:1,53-77.

Hanousek, Jan, and Jan Novotný.2012 "Price Jumps in Visegrad-country Stock Markets:An Empirical Analysis." *Emerging Markets Review* 13:2,184-201.

Jones, Brad, Chieng-Ting Lin, and Mansur M.Masih.2005. "Macroeconomic Announcements, Volatility, and Interrelationships:An Examination of the UK Interest Rate and Equity Markets." *International Review of Financial Analysis* 14:3,356-375.

Joulin, Armand, Augustin Lefevre, Daniel Grunberg, and Jean-Philippe Bouchaud.2008. "Stock Price Jumps:News and Volume Play a Minor Role." Working Paper, Quantitative Finance Papers 0803.1769,arXiv.org.

Kim, Harold Y., and Jianping P.Mei.2001. "What Makes the Stock Market Jump?An Analysis of Political Risk on Hong Kong Stock Returns." *Journal of International Money and Finance* 20:7,1003-1016.

Kwapien, Jaroslaw, Stanislaw Drozdz, and Josef Speth.2003. "Alternation of Different Fluctuation Regimes in the Stock Market Dynamics." *Physica A* 330:3-4,605-621.

Lahaye, Jérôme, Sébastien Laurent, and Christopher J.Neely.2001. "Jumps, Cojumps and Macro Announcements." *Journal of Applied Ecoometrics* 26:6,893-921.

Lee, Suzannne S.2012. "Jumps and Information Flow in Financial Markets." *Review of Financial Studies* 25:2,439-479.

Lee, Suzanne S., and Jan Hannig.2010. "Detecting Jumps from Levy Jump Diffusion Processes." *Journal of Financial Economics* 96:2,271-290.

Lee, Suzanne S., and Per A.Mykland.2008. "Jumps in financial Markets:A New Nonparametric Test and Jump Dynamics." *Review of Financial Studies* 21:6,2535-2563.

Nikkinen, Jussi, Mohammed Omran, Petri SahlstrÄijö.2006. "Global Stock Market Reactions to Scheduled U.S.Macroeconomic News Announcements." *Global Finance Journal* 17:1, 92-104.

Rigobon, Roberto, and Brian Sack.2008. "Noisy macroeconomic announcements, monetary policy, and asset prices." In John Y.Campbell, ed.*Asset Prices and Monetary Policy*,335-370.Chicago:University of Chicago Press.

Theodosiou, Marina G., and Filip Žikeš.2011. "A Comprehensive Comparison of Nonparametric tests for Jumps in Asset Prices." Working Paper, Central Bank of Cyprus and Imperial College London.Available at http://dx.doi.org/10.2139/ssrn.1895364.

Wang, Ping, and Tomoe Moore.2009. "Sudden Changes in Volatility:The Case of Five Central European Stock Markets." *Journal of International Financial Markets*, *Institutins and Money* 19:1,33-46.

Wongswan, Jon, 2006. "Transmission of Information across International Equity Markets." *Review of Financial Studies* 19:4,1157-1189.

第25章 非洲股票市场的微观结构

SABUR MOLLAH

斯德哥尔摩大学金融学副教授

ABUL HASSAN

格鲁斯特大学马克菲尔德学院金融学讲师

25.1 引言

自 Fama（1970）发表重要研究论文以来，市场微观结构就成为了金融领域一个热点问题。虽然此类研究主要聚焦于发达市场，但自20世纪90年代开始，更多的关注开始转向新兴市场。在最近的30年中，发展中国家的股票市场数量迅速增加。以非洲为例，股票交易所的数量从1989年的8个上升到了2011年的26个，同时，市场资本化程度在1995年到2005年间增长了113%（Andrianivo 和 Yartey 2009）。在非洲新兴国家建立金融市场已经成为政府推动金融自由化进程的核心举措（Yartey 和 Adjuasi 2007）。一些国际机构和组织，如国际货币基金组织和联合国，都鼓励和支持在非洲发展股票市场。

Jefferis 和 Smith（2004）强调了股票市场对资本定价和资本配置以及风险定价起到的关键作用。Lagoarde-Segot 和 Lucey（2008）也坚持认为信息效率对于确立股票市场和经济增长之间的关系至关重要。尽管非洲股票交易所的市场资本化程度快速提高，但这些市场仍旧是不成熟的，阻碍了信息流动进而影响了市场效率。Senbet 和 Otchere（2010）提出论点，除了南非的股票市场较为成熟外，非洲的其他市场在资本化方面仍然不发达，表现出显著的流动性不足以及缺乏深度和广度。监管部门不完全的监管显示，交易不够活跃和信息披露不足在非洲市场上很常见，同时也缺乏机构投资者和有经验的交易者。

表25-1显示了1988至2008年期间，选定的一些非洲股票市场的主要指标概况。

表25-1 非洲股票市场发展指标

国家	建立时间	1988	1992	1996	2000	2002	2004	2006	2007	2008
面板A：上市公司数量										
博茨瓦纳	1989		11	12	16	18	18	18	18	19
科特迪瓦	—	24	27	31	41	38	39	40	38	38
埃及	1883	283	656	647	1076	1148	792	603	435	373
加纳	1990		15	21	22	24	29	32	32	35
肯尼亚	1954	55	57	56	57	57	47	51	51	53
马拉维	1996						8	10	9	14
毛里求斯	1989		22	40	40	40	41	41	90	41
摩洛哥	1929	71	62	47	53	55	52	65	74	77
纳米比亚	1992		3	12	13	13	13	9	9	7
尼日利亚	1960	102	153	183	195	195	207	202	212	213
南非	1887	754	683	626	616	450	403	401	422	425
斯威士兰	1990		4	6	6	5	6	6	6	7
坦桑尼亚	1998				4	5	6	6	7	7
突尼斯	1969		17	30	44	47	44	48	50	49
乌干达	1998					3	5	5		6
赞比亚	1994			6	9	11	13	14	15	
津巴布韦	1896	53	62	64	69	76	79	80	82	81
面板B：股票转手率										
博茨瓦纳	1989		7.12	6.79	15.83	29.04	25.93	35.86	47.70	26.51
科特迪瓦	—	4.26	4.33	7.53	11.38	11.56	13.45	23.93	42.20	30.20
埃及	1883	5.02	7.79	20.96	28.79	29.70	48.85	86.97	106.76	52.92
加纳	1990		1.31	21.54	10.09	12.02	29.80	25.41	15.93	20.38
肯尼亚	1954	5.67	7.75	15.32	10.11	10.82	24.17	50.56	49.35	35.96
马拉维	1996						6.06	18.56		41.48
毛里求斯	1989		12.90	37.90	29.05	27.85	37.25	55.30	75.26	36.94
摩洛哥	1929	2.01	6.71	23.76	29.44	21.26	44.01	75.20	100.36	73.97
纳米比亚	1992		0.74	13.15	7.96	5.08	6.70	6.79	7.94	7.00
尼日利亚	1960	4.20	3.73	10.09	9.21	9.71	16.47	22.35	52.04	24.05
南非	1887	109.92	79.69	168.07	154.24	166.51	210.89	277.43	293.77	177.71

国家	建立时间	1988	1992	1996	2000	2002	2004	2006	2007	2008
斯威士兰	1990		8.63	29.19	4.90	12.22	9.85	7.49	6.88	
坦桑尼亚	1998				2.57	7.25	5.90	3.78		6.31
突尼斯	1969	6.06	5.25	21.76	14.54	10.13	9.49	14.36	15.29	15.81
乌干达	1998					0.79	1.13	1.17		
赞比亚	1994			5.96	7.28	6.27	8.37	11.11	20.56	
津巴布韦	1896	9.90	9.30	42.50	32.87	71.39	41.20			
面板C：市场资本化程度（GDP百分比）										
博茨瓦纳	1989			0.11	4.87	5.04	2.30	2.27	2.20	3.05
科特迪瓦	—			2.10	2.59	0.72	2.66	3.30	2.50	4.08
埃及	1883			22.18	34.74	16.13	17.31	54.82	45.60	61.85
加纳	1990			1.81	1.48	2.47	3.24	2.14	3.90	5.19
肯尼亚	1954			0.28	3.58	3.79	8.15	14.63	10.60	11.83
马拉维	1996					13.84		3.49		3.92
毛里求斯	1989			2.29	5.01	11.51	4.45	4.42	8.00	8.85
摩洛哥	1929			5.86	9.22	10.65	9.10	35.26	42.10	31.05
纳米比亚	1992			11.50	4.51	5.18	4.82	3.78	3.70	2.84
尼日利亚	1960	0.52	1.05	2.59	7.29	10.65	13.73	13.64	28.20	29.30
南非	1887			10.88	33.90	78.86	47.37	48.80	55.00	60.61
斯威士兰	1990			0.80		6.68		0.03		
坦桑尼亚	1998					1.85		2.10		
突尼斯	1969			1.45	23.29	13.73	9.16	14.26	13.30	25.48
乌干达	1998							5.33		
赞比亚	1994			0.90		22.47		2.11	4.10	
津巴布韦	1896	5.29	1.98	8.76	10.77	19.19	9.22	6.19	5.10	
面板D：交易额（GDP百分比）										
博茨瓦纳	1989			0.36	0.65	0.77	0.93	0.51	0.66	0.89	1.07
科特迪瓦	—		0.09	0.04	0.16	0.32	0.14	0.30	0.62	0.80	1.35
埃及	1883	0.17	0.47	3.64	11.14	2.91	7.11	44.16	40.68	42.91
加纳	1990			0.25	0.20	0.18	0.74	0.41	0.73	0.90
肯尼亚	1954		0.15	0.56	0.37	0.28	2.14	5.78	4.86	4.74
马拉维	1996						0.24	0.45		1.40
毛里求斯	1989		0.31	1.76	1.65	1.19	1.50	2.11	4.90	4.33
摩洛哥	1929	0.15	0.25	1.18	2.95	1.45	2.95	20.57	34.93	24.67
纳米比亚	1992			1.17	0.56	0.04	0.27	0.23	0.26	0.21
尼日利亚	1960	0.02	0.04	0.20	0.57	0.80	1.90	2.42	10.11	9.63

国家	建立时间	1988	1992	1996	2000	2002	2004	2006	2007	2008
南非	1887	4.32	5.95	18.93	58.32	71.10	75.38	121.23	150.05	145.23
斯威士兰	1990			0.12	0.02	0.02	0.00	0.00		
坦桑尼亚	1998				0.44	0.19	0.15	0.08		
突尼斯	1969	0.13	0.21	1.43	3.22	1.05	0.80	1.69	1.86	3.71
乌干达	1998					0.01	0.00	0.06		
赞比亚	1994			0.09	0.25	0.05	0.12	0.21	0.63	
津巴布韦	1896	0.50	0.30	2.98	3.77	11.35	2.88			

注：本表显示了非洲股票市场的主要特征，包括上市公司数量、转手率、市场资本化以及交易额（GDP百分比）。这些特征有助于判断非洲股票市场的深度和广度。

资料来源：世界银行。

南非的约翰内斯堡股票交易所是非洲最大最成熟的交易所（Allen，Otchere 和 Senbet 2011）。其次的大型交易所是埃及的开罗和亚历山大股票交易所（CASE）以及津巴布韦股票交易所，分别成立于1883年和1896年。非洲证券交易协会（ASEA）2010年公布的数据显示，在2007年到2009年期间，18个交易所新增了170家上市公司，募集了超过100亿美金的股权资本。而且，在2002年到2008年期间，非洲最大的10个交易所的市场资本化程度从2 220亿美元增长到了超过7 000亿美元，这意味着在此期间达到了18%的年增长率。

很多非洲市场都缺乏流动性。2010年，这个区域中埃及的流动性最高，转手率为43.04%；其次是南非，转手率为39.59%。而对于马拉维，其流动性仅为1.45%；而同期巴西的流动性为66.43%。尽管在2002年至2010年期间大多数非洲股票市场的流动性已经有所提高，但其总体水平仍然很低，2010年平均值仅为12.96%（Afego 2011）。

表25-1显示了非洲股票市场的主要特征。面板A、B、C和D分别显示上市公司数量、周转率、市场资本化程度以及交易额。这些特征能够帮助判断非洲股票市场的深度和广度。

根据这些指标可以看出，非洲股票市场规模很小，上市公司很少（除了南非和埃及，二者总和占据了上市公司总量的50%以上），而且市场资本化程度很低。较低的周转率说明了这些市场流动性不足的问题。

近年来，非洲股票市场的建立在数量上和涉及国家方面都取得了很大的进步（Ntim，Opog，Danblot 和 Dewotor 2011）。如 Moin（2007）所言，在刚果、赤道几内亚、埃塞俄比亚、冈比亚、莱索托、马达加斯加、毛利达尼亚和塞拉利昂等国家，新的市场很快就会陆续成立。非洲股票市场的发展源于非洲正在进行的大规模金融部门改革（Kenny 和 Moss 1998）。但除南非以外，非洲股票的总价值依然只有全球股票市场资本额的 0.62% 以及所有新兴市场总额的 1.55%（世界交易所联合会 2012）。

尽管在 20 世纪 80 年代初对新兴股票市场的兴趣不断增加，但投资者还是更关注东南亚经济的增长（Kuczynzki 1994）。非洲市场由于无法进入以及内部冲突而没有获得国际投资者的关注（Magnusson 和 Wydick 2002）。而且，非洲股票市场不仅与发达国家有差距，也远比其他新兴市场欠发达。例如，除南非以外，非洲市场上市公司只占全球上市公司的 2.5%，而仅印度一国就占据了 10.51% 的比例（世界交易所联合会 2012）。

非洲股票市场相对于其自身经济规模而言也是很小的。莫桑比克市场资本化程度只有名义 GDP 的 3.2%，而尼日利亚、乌干达和突尼斯则在 2.5% 到 5.2% 之间（世界交易所联合会 2008）。这些数字和一些发达市场相比，如中国香港（1 248.1%）、英国（138.9%）和美国（174.4%），以及与一些亚洲和拉丁美洲的新兴市场，如马来西亚（174.4%）、印度（165.6%）和巴西（104.3%）相比微不足道（世界交易所联合会 2012；Ntim 等 2011）。除了南非、埃及和尼日利亚外，没有一个市场的上市公司数量超过 100 家，这与印度（4 887 家公司）和英国（3 307 家公司）形成了鲜明的对比。正如 Ntim 等所言，除南非之外的整个非洲大陆的市场资本为 3 750 亿美元，每个国家平均 250 亿美元。另外，非洲市场规模较小使得它们易受到投机攻击和内部交易者的操纵，导致其他投资者的损失（Magnusson 和 Wydick 2002）。总之，非洲市场保持着流动性低、交易量小而且不够成熟的状态（Mlambo 和 Npieke 2005）。

本章其他内容安排如下。下一部分主要讨论微观结构问题，包括非洲市场的价格形成和价格发现、市场结构和设计，以及信息和披露。然后，本章提供了非洲市场效率的概况。最后一部分对本章进行了总结。

25.2　微观结构的关键问题

市场微观结构阐释了一个国家实物资产和金融资产市场的特征。市场微观结构的研究，检验了一个市场的运作过程影响交易成本、价格、交易量以及交易行为的方式。

对非洲股票市场的微观结构研究与亚洲和拉丁美洲新兴市场相比依然不足。尽管很多市场微观结构的研究涉及到了南非市场，但还是需要更多的研究。进一步讲，现存的实证证据不够全面且不一致。未来研究应该更注重解决市场微观结构的问题，因为对非洲市场的价格形成和发现、市场结构和设计以及信息和披露过程知之甚少。本章的其他部分将讨论这些问题。

25.2.1 价格形成和价格发现

股票价格波动的根本原因在于供求关系。某只股票的需求会受到很多因素影响。技术分析和基本面分析都用来解释引发价格变动的市场条件。根据Alagidede 和 Panagiotidis（2009）的研究，在非洲市场上，消费者满意度与一只股票的市场价值显著相关。

非洲股票市场为投资者提供了可观的超额收益。例如，非洲市场在2006—2009 年间的收益率约为24%，而同一时期，道琼斯工业平均指数和FTSE 指数都下降了接近25%。非洲股票市场能否成为投资目标取决于它为全球投资者提供风险报酬的潜在能力。历史记录证明了这种能力。虽然流动性较差，但非洲股票市场在绝对收益上和经风险调整的收益方面都表现得相当出色。例如在 2007 年，一些非洲市场增长显著，包括赞比亚（86%）、加纳（69%）、尼日利亚（64%）、博茨瓦纳（62%）、南非（45%）、突尼斯（44%）、毛里求斯（37%）、摩洛哥（28%）、斯威士兰（26%）、肯尼亚（25%）、科特迪瓦（21%）以及纳米比亚（15%）。埃及和马拉维的市场收益率超过了100%（Allen 等 2011）。2006 年和 2007 年，津巴布韦股票交易指数成为世界表现最好的市场之一（Thupayagale 2010）。Senbet 和 Otchere（2010）认为最近的全球金融危机影响了全球的股票市场，但对非洲股票市场的影响微乎其微。实际上，非洲市场在全球金融危机期间还获得了收益。

非洲市场有流动性差的缺点（Senbet 和 Otchere 2010）。针对这一不足，一些非洲国家政府正在努力提高它们初步建立的市场的流动性水平。这些国家的政府为投资者和发行者提供了许多激励措施。例如，对于发行者，政府将企业税率从30%降到了25%，企业自上市日起的5 年内可以使用这个税率。尽管这项税收优惠政策是一次性的激励，但它依然起到了鼓励企业在交易所上市的作用。

关于在没有自营商参与的情况下是不是能获取流动性的问题出现了。一些人认为，作为中介的自营商在交易量小的市场中尤其重要，能够处理机构投资者的大单。处理大宗交易特别需要中介的服务，如自营商、专业人员和大宗交易服务商。自营商，即所谓的做市商，能够提供即时性，即及时的流动性，但并不能从根本上提高流动性。一个公众参与者做出立即交易或是耐心等待的决定取决于即时流动性形成的价格。即时价格反过来又取决于交易系统的构造。

在这样一个背景下，非洲股票市场价格发现过程的特点继续吸引着投资者、政策制定者、监管者和研究者。对于投资者来说，这些市场中存在的尚待开发的特征为盈利提供了机会。与此同时，金融资产价格发现过程中的低效率也是政策制定者和监管者关心的问题，因为这意味着经济活动中投资资源的分配和定价尚未达到最优水平。

25.2.2 市场结构和设计

价格决定和交易规则之间的关系影响了市场结构和设计。非洲市场目前存在多种构建方式（Alagidede 和 Panagiotidis 2009）。交易系统的设计会影响市场的流动性水平，而最优的设计则取决于多种因素。广泛来讲，流动性有很多种含义。其中之一是信用的可获性或是指做市商能够借到或利用杠杆方式获取资金的容易程度，这通常被称作融资流动性。另一个定义是市场参与者交易的容易程度，或是指市场消化大量买卖指令而不对价格造成太大影响的能力，这就是通常所称的市场流动性。虽然这两个概念不同，但它们之间密切相关而且常常相互促进。其原因在于，当融资流动性充足时，交易者拥有资源来为交易头寸融资以便平抑价格波动，从而造就了市场流动性。

虽然几乎所有非洲股票市场的交易系统都是自动的，但多数市场的结算过程都很缓慢，流动性也很低。发生在不同时段的周期性交易和连续交易之间、自营商市场和拍卖市场之间以及场内交易和电子交易之间都是有区别的。

表 25-2 显示了 18 个非洲股票市场在制度、操作和基础设施方面的特点。大多数非洲股票市场有电子交易系统，实行 5 天交易日并且有 3 天的结算期。但这些都是最近才取得的发展，需要时间来影响定价效率（United Nations Development Program 2003；Moin 2007）。例如，2005 年，除埃及、尼日利亚和南非之外，没有一个股票市场拥有电子交易系统或者一周交易超过 3 天。现在，大多数非洲市场都配备了电子交易系统，使得它们与国际标准保持一致。而且，几乎所有非洲市场都采用了国际会计准则而且允许外国投资者无限制地完全参与交易。目前，尚仅有 7 个非洲市场的清算与结算期超出 T+7 的国际标准。这可能是因为它们大多数都是刚刚配备了电子交易系统。

表 25-2　　　　　非洲股票市场的制度、操作和基础设施发展特点

国家	交易日	交易时间	交易系统	外国投资	WFE席位	衍生品交易	清算和结算	会计准则
博茨瓦纳	5	1.00	电子	允许	没有	没有	T+4	当地
科特迪瓦	5	4.00	电子	允许	没有	没有	T+5	当地
埃及	5	4.00	电子	允许	有	没有	T+2	国际
加纳	5	2.00	电子	允许	没有	没有	T+3	国际
肯尼亚	5	2.00	电子	允许	没有	没有	T+7	国际
马拉维	5	3.00	电子	允许	没有	没有	T+3	国际
毛里求斯	5	2.50	电子	允许	没有	没有	T+3	国际
摩洛哥	5	4.00	电子	允许	有	没有	T+3	国际
莫桑比克	5	3.00	电子	允许	没有	没有	T+3	当地
纳米比亚	5	8.00	电子	允许	没有	没有	T+3	当地
尼日利亚	5	2.00	电子	允许	没有	没有	T+3	国际
南非	5	8.00	电子	允许	有	有	T+5	国际
斯威士兰	5	2.00	电子	允许	没有	没有	T+5	国际
坦桑尼亚	5	2.00	电子	允许	没有	没有	T+5	国际
突尼斯	5	2.67	电子	允许	没有	没有	T+3	当地
乌干达	5	2.00	电子	允许	没有	没有	T+5	国际
赞比亚	5	2.00	电子	允许	没有	没有	T+3	当地
津巴布韦	5	2.00	电子	允许	没有	没有	T+7	国际

注：该表显示了非洲市场交易活动的基本特点，尤其是制度和基础设施发展。

资料来源：World Federation of Exchangs（WFE），African Securities Exchange Association 和 UNDP's African Stock Market Handbook.

虽然所有非洲市场都实行5天交易，但是它们的交易时间很短，平均每天2.92个小时（Ntim 等 2011）。纳米比亚和南非每天交易时间超过4个小时。相比之下，更加发达的股票市场如巴西、马来西亚和英国每天交易时间超过7个小时。非洲市场较短的交易时间可能是由其上市公司数量较少所导致的。这也可以部分解释为什么非洲股票市场流动性较低。上市公司较少也可以解释为什么大多数非洲市场与其他发展中和新兴市场相比很少有注册股票经纪公司。非洲市场上注册经纪公司的平均数量是19家，但有5个市场只有不到4家经纪公司。这远比英国的1 650家、美国的1 366家以及印度的874家少得多（Dia 和 Pouget 2011）。

除了南非以外，没有一个非洲市场建立了基于股票指数的金融衍生品交

易，这与世界发展不同步。进一步讲，非洲市场除了南非、埃及和摩洛哥外，国际认可度都不高。大多数市场在国际股票市场主体分类中被归为边缘市场或是根本没有被归类。这可能要归咎于非洲市场与国际标准不一致。例如，只有三个非洲股票市场是著名的世界股票交易所联合会（WFEs）的正式成员；其他市场或为附属成员，或为通讯会员或者根本没有得到任何认可。仅有埃及、毛里求斯、摩洛哥和南非市场被包括在FTSE新兴市场组合指数中。甚至在涵盖范围更广的MSCI和标准普尔新兴市场组合指数中，目前也仅仅包括了26个非洲股票市场中的12个，且其中的大多数仍然被归为边缘市场。

Levine和Zervos（1996）发现流动性是联系股票市场发展和经济增长的一个关键特征。根据Jefferis，Okeahalam和Matome（2001）的研究，非洲股票市场的流动性不足可以解释为什么非洲的新兴股票市场几乎没有经济影响力。有观点认为，包括非洲在内，在新兴经济体中，股票市场是筹集投资资金的重要来源。进一步讲，一些国家已经开始把股票市场发展作为促进外国股权组合投资和通过获取国内公司股权促进外国直接投资（FDI）的一种方式，进而弥补国内储蓄水平的不足。但一些非洲股票市场表现出的明显的风险溢价，既推高了国内上市公司的股权成本，又阻挡了潜在的外国投资者。

Hearn，Piesse和Strange（2008）对4个非洲主要市场（南非、肯尼亚、埃及和摩洛哥）的股权成本进行了估计。这些市场分别代表了非洲最大最发达的股票市场，而且在它们所在区域扮演着中心市场的角色。伦敦市场作为新兴和发达金融市场之间的连结纽带也被囊括进来。研究结果显示，与流动性相比，溢价与市场规模的关系更普遍，虽然二者在定价和股权成本估计中都非常重要。有证据表明，股权成本最低的是伦敦的大型国际市场以及规模略小但是很有序的摩洛哥市场，埃及的股权成本稍高。肯尼亚的小规模发展中市场的股权成本第二高。即使如此，这些非洲主要市场的股权成本依然要比初建的其他投资市场的成本低10%。南非的股权成本最高，反映了这个市场上中小企业的扩张。

25.2.3　信息和信息披露

市场信息和透明度也是金融市场的重要微观结构参数。Marston（1966，p.479）把投资者关系定义为"公司与金融行业之间的联系，提供信息以帮助金融行业和投资者评估企业"。投资者可获得的信息应该低成本并且需要传达至众多的投资者。因此，投资者关系是唯一一种不受地理位置限制，将公司信息告知投资者和潜在股票持有者的方式。如果股票市场的参与者行为理性而且拥有相同的信息，那么股票价格就会反映出有关一个公司基本价值的所有可得信息。有效市场假说（EMH）指出，所有相关的信息都会完全且迅速地反映在一个证券的市场价格中，因此假定投资者可以得到均衡收益率。

通过将研究模型扩展为序列交易框架，Glosten 和 Milgrom（1985）说明了私有信息是如何在一段时间内被融合到价格中去的。在他们的模型中，自营商和其他不知情的投资者通过观察订单流来了解正确的价格。因此，自营商在设定价格的时候会考虑订单流反映出的信息。这样，价格就会趋向基于信息的有效价格。但该模型没有过多探讨市场价格趋向信息有效价格的速度有多快。

实证结果表明，非洲市场信息披露的质量很低，某些公司忽视发布必要信息而另一些公司则拖延发布信息（Barko 2007）。决定财务信息披露的关键因素是企业规模、股息分配和行业部门。许多非洲市场被认为交易量低，此类市场的公司信息对于所有交易者来说既不可信又不可得。因此，现金股息不能像在发达市场那样以同样的方式传递信息。而且，大部分非洲大陆较低的文化水平导致很多投资者几乎不了解股票市场的运作方式。进一步讲，由于缺少对股票市场的启蒙教育和投资意识，公众不知道如何参与其中。例如，记录显示，尼日利亚 1.5 亿人口中只有不足 4% 的人参与到本国股票市场中来，其结果就是国内投资者基数越来越低（Afego 2011）。缺少有效的监管、合理的制度和有效的操作架构弱化了非洲股票市场合同执行和结算过程的有效性。

非洲股票市场的一个重要发展是，在任何一个非洲股票市场报价的证券现在都可以更容易地在其他非洲股票交易所跨境上市。非洲市场上的所有非洲股票交易所均采用了统一的上市要求。这些要求包括了适用于发达资本市场的信息披露标准。采用统一上市要求是非洲股票交易所协会（ASEA）计划的一部分，这个计划要将非洲初建的股票市场培育成为在非洲国家资本形成中起到重要作用的部门。

25.3 市场有效性

根据 Fama（1970）的研究，有效市场假说认为，在由理性交易者组成的竞争性市场中，资产的价格和收益是由供给和需求决定的。股票市场对金融发展和经济增长贡献的能力取决于其信息效率、操作效率和配置效率。然而，金融经济体在讨论市场有效性时只关注信息有效性。有效市场假说认为，如果证券价格能够完全反映所有可获得的信息，那么市场是有效的。也就是说，在任何一个时间点上观察到的证券价格都是基于一个给定期间内所有可得信息的正确估值。

有效市场假说有三种形式。第一，弱式有效，即股票价格反映所有市场数据和价格。第二，半强式有效，即股票价格反映所有公开可获得的信息，如股息、收入及并购通告。第三，强式有效，即股票价格反映所有可得信息，包括私有和内部信息。大多数关于非洲有效市场假说的实证研究都关注弱式有效，使用随机漫步假说（RWH）的传统检验。随机漫步模型认为，t时间的价格变动应该独立于之前时段（t-1，t-2…）的价格变动。

非洲股票市场的一些关键特征可能可以解释为什么有效市场假说不能成立（Mollah 2007）。第一，许多非洲公司之间存在交叉持股现象。最大的那些集团公司传统上喜欢通过持有合作机构或关联公司的股票来建立和保持强大与稳定的商业关系。根据Jefferis等（2001）和Irving（2005）的研究，少数大型集团公司主导了非洲股票市场的股权。这意味着股票的所有权保持高度集中，少量主导企业拥有较大的持股量。相应的，这暗示着交易活动及其提供的信息是受限制的。然而，这种影响可能会随着非洲股票市场转手率的上升而逐步降低，但它仍远低于世界上最具流动性的市场（Mlambo和Biekpe 2005）。

第二，很多非洲股票市场中"买入并持有"投资策略的存在强化了"不交易"的影响。例如，Mecagni和Sourial（1999）认为，在埃及，退市规则规定了一年的交易最低量。在规模小一点的非洲股票市场中，既定的买卖双方数量不多，有限的股票交易量无疑会导致一个投资交易规模微小的受限市场。

第三，非洲股票市场基础设施的瓶颈可能也阻碍了市场很好地处理信息。例如，清算和结算程序大多数是由手工完成的。这个差异可能会导致信息传输和处理的缺陷，尤其是在实时交易时。

第四，对信息披露要求的监管存在疏漏，会计准则和合同执行在各非洲股票市场之间的差别也很大（McMillan和Thupayagale 2009）。

25.3.1　弱式有效检验

对发达经济体的研究不支持弱式有效市场假说（Kendall 1953；Fama 1870）。尽管一些研究表明，这些市场的未来价格变动具有可预测性（Poterba和Summers 1988；Hudson，Dempsy，和Keasy 1996），但基于这种可预测性，并没有显示出存在盈利性交易策略。

相比之下，来自新兴市场的证据却充满争议。大多数对新兴市场的研究对亚洲、拉丁美洲、欧洲和中东股票市场都进行了检验，并得出各异的结论。来自非洲股票市场的实证证据与其他新兴市场相比不够充足，主要研究聚焦于南非的约翰内斯堡股票交易所（JSE）。Thomson和Ward（1995）提供了对JSE以往研究的综述，发现了各异的结论。但是他们认为，JSE市场是弱式有效的。关于这个交易所的后续研究大多支持了这个结论（Magnusson和Wydick 2002；Smith等2002；Jefferis和Smith 2005；Simons和Laryea 2005），但Appiah-Kusi与Menyah（2003）和Smith（2008）的研究结论却不尽相同。

大多数对非洲股票市场的实证研究都会涉及若干个国家。例如，Magnusson和Wydick（2002）先后使用三个随机漫步检验证明了加纳和津巴布韦的股票市场不是弱式有效的。对博茨瓦纳的验证通过了部分自相关函数检验，说明未来价格变动与过去价格变动无关，但是过去价格的方差可以用来预测未来波动性。对科特迪瓦、肯尼亚、毛里求斯、尼日利亚和南非的研究表明，未来的价格波动性是不能根据过去的波动性来预测的。作者得出结论，后几个股票市场包括博茨瓦纳是弱式有效的。Smith等（2002）将多方差比率检验应用到8个非洲股票市场1990—1998年的价格指数中（博茨瓦纳、埃及、肯尼亚、毛里求斯、摩洛哥、尼日利亚、南非和津巴布韦），结果显示只有南非市场是弱式有效的。

Appiah-Kusi和Menyah（2003）对11个非洲股票市场的弱式有效性进行了检验，只有5个市场表现出了弱式有效，即埃及、肯尼亚、毛里求斯、摩洛哥和津巴布韦。Jefferis和Smith（2005）所做的1990—2001年间有效性检验的结果显示，JSE在此期间是弱式有效的。埃及、摩洛哥和尼日利亚在这段时间的后期逐渐趋于有效，而毛里求斯趋于有效性的过程很缓慢，肯尼亚和津巴布韦则完全没有体现出弱式有效的趋势。

Simons和Laryea（2005）对4个股票市场在1990—2003年间的数据进行了参数和非参数检验。他们认为，只有南非是弱式有效的，而埃及、加纳和毛里求斯则不是。对埃及和毛里求斯的研究结果与先前的弱式有效的研究结论相矛盾（Magnusson和Wydick 2002；Appiah-Kusi和Menyah 2003；Jefferis和Smith 2005）。Smith（2008）应用了4个联合方差比率检验，拒绝了所有11个非洲股票市场的随机漫步假设。

就关注单个非洲市场的实证研究而言，Dickinson和Muragu（1994）通过序列相关分析和游程检验，证明内罗毕股票交易所具有弱式有效性。Olowe（1999）通过序列相关检验验证了尼日利亚股票市场，得到了相同的结论。Bundoo（2000）应用与Olowe相同的技术，结果显示收益显著一阶自相关，表明毛里求斯股票交易所的弱式有效性。Mecagni和Sourial（1999）检验了埃及股票交易所，结果显示4个主要指数显著偏离弱式有效。最后，Mollah（2007）用博茨瓦纳股票交易所的每日收益进行了参数和非参数检验，拒绝了这个市场的弱式有效假说。

表25-3显示了对新兴非洲股票市场实证研究的概况。这个概况包括使用的数据和检验弱式有效使用的方法。汇总图表显示出对不同的非洲市场的研究缺乏一致性，这表示这个领域需要深入的研究。

表25-3　　　　　　　　　　　　非洲股票市场先前实证研究综述

作者/年份	数据	结论
Dickinson 和 Muragu（1994）	尼日利亚，1981—1992	弱式有效
Mecagni 和 Sourial（1999）	埃及，1994—1997	非弱式有效
Bundoo（2000）	毛里求斯，1992—1998	非弱式有效
Magnusson 和 Wydick（2002）	博茨瓦纳、科特迪瓦、加纳、肯尼亚、毛里求斯、尼日利亚、南非和津巴布韦，1994—1997	加纳和津巴布韦非弱式有效
Smith，Jefferis 和 Ryoo（2002）	博茨瓦纳、埃及、肯尼亚、毛里求斯、摩洛哥、尼日利亚、南非和津巴布韦，1990—1998	南非弱式有效
Appiah-Kusi 和 Menyah（2003）	博茨瓦纳、埃及、加纳、科特迪瓦、肯尼亚、毛里求斯、摩洛哥、尼日利亚、南非、斯威士兰和津巴布韦，1994—1999	埃及、肯尼亚、毛里求斯、摩洛哥和津巴布韦弱式有效
Jefferis 和 Smith（2005）	埃及、肯尼亚、毛里求斯、摩洛哥、尼日利亚、南非和津巴布韦，1990—2001	肯尼亚和津巴布韦非弱式有效
Simons 和 Laryea（2005）	埃及、加纳、毛里求斯和南非，1990—2003	南非弱式有效
Al-Khazali，Ding 和 Pyun(2007)	埃及、摩洛哥和突尼斯，1994—2003	非弱式有效
Mollah（2007）	博茨瓦纳，1989—2005	非弱式有效
Lagoarde-Segot 和 Lucey（2008）	埃及、摩洛哥和突尼斯，1998—2004	结果各异
Smith（2008）	博茨瓦纳、埃及、加纳、科特迪瓦、肯尼亚、毛里求斯、摩洛哥、尼日利亚、南非、突尼斯和津巴布韦，2000—2006	非弱式有效

注：这个表是自20世纪90年代起关于非洲市场弱式有效实证研究的总结，包括使用的数据和结论。

25.3.2 半强式有效性检验

有效市场假说的半强式有效性是指股票价格反映了所有公开可获得的信息。这就意味着依靠这些信息进行交易获得系统性利润是不可能的（Fama 1970）。研究者习惯使用事件研究方法，通过衡量市场在事件发生期间的反应来检验市场对一个事件的应对。如果在事件发生日前后时期的超额收益显著不等于0，那么市场被视为是无效的（Fleming 和 Remolona 1999）。

关于股票市场对信息披露反应的实证文献很多，而且涉及了很多事件，如股息通告、股份拆分、宏观经济政策变动和并购通告。不同研究的结果表明发达市场对信息发布的反应很迅速，没有给投资者留下空间通过依靠公开发布的信息交易赚取超额收益（Fama，Fisher，Jensen 和 Roll 1969；Ederingtong 和 Lee 1995；Fiffield，Power 和 Sinclair 2002）。

与弱式有效性研究相比，很少有对非洲市场半强式有效性的研究检验。这是由于缺少任何有意义的事件研究需要的可信及充足的金融和市场数据。表25-4呈现了关于非洲股票交易所半强式有效性研究的汇总情况。这些研究结论显示非洲股票市场就信息角度而言是无效的。股价应对新信息的调整是很慢的，投资者可以在信息发布日的近期获得显著的超额收益。例如，Olowe（1999）利用月度样本，使用尼日利亚股票交易所的数据检验了股价对股份拆分信息的反应。研究结果显示，投资者可以在股份拆分信息发布期间获取超额收益，表明尼日利亚股票市场是信息无效的。Adelegan（2003，2009）通过检验市场对公司股息政策变动的反应，发现JSE和尼日利亚股票交易所有类似的结论。

表25-4　　　　　　　　现有的非洲市场半强式有效实证研究

作者/年份	研究事件/国家	使用方法	半强式有效
Olowe（1999）	股份拆分公告，尼日利亚	残差分析	否
Oser（2002）	收益公告，加纳	事件研究	否
Adelegan（2003）	股息公告，尼日利亚	事件研究	否
Adelegan（2009）	股息公告，尼日利亚	事件研究	否
Afego（2011）	收益公告，尼日利亚	事件研究	否

注：这个表强调了自20世纪90年代起对非洲市场半强式有效性的实证分析，包括市场、使用方法和结论。

运用1992—1997年间加纳股票市场16个企业的股价周数据样本，Osei（2002）评估了股价对年度收益信息发布的反应。他发现在新闻发布周之后，价格会继续对利好和不利新闻作出反应，这表明价格调整很慢。作者得出结论，加纳股票市场是信息无效的。Afego（2011）找到了2005—2008年间在尼日利亚企业年度收益公告发布前后股价都发生显著波动的证据。他认为尼日利亚股票市场是信息无效的。

缺少有效的监管、合理的制度和有效的操作架构削弱了非洲股票交易所合同执行和结算过程的有效性。根据Afego（2011）的研究，在很多非洲市场，会计制度与信息披露准则、投资者保护以及内幕交易等有关法律法规都没有得到有效加强。如Misati（2006）所说，大部分非洲经济体都有腐败、管理不当和国内治理不善的历史，因此公众知晓这些不足。由于非洲市场信息披露的缺失，公众抵制参与到这些市场中去，投资者意识到这与政府有着密切的关系。

过去20年中，非洲国家股票交易所数量的迅速增长没有伴随着股票交易所质量、深度、有效性和竞争力的提升。除南非以外的所有非洲股票交易所都还很初级和缺乏流动性。当前多数对非洲股票交易所的研究都聚焦在弱式有效性上。这些股票市场的无效性对投资者、监管者和政策制定者来说都意义重大。因为，实证分析表明，非洲市场存在的信息不对称现象能使市场参与者通过技术分析手段获得套利。同时，市场无效也意味着非洲市场的资源分配尚未达到最优。

25.4 总结与结论

市场微观结构已经成为了大量实证研究的课题。然而，对非洲股票市场的实证证据还很有限，而且结果是有争议的。本章通过关注主要非洲市场微观结构的基本问题涉及了这个课题领域。过去20年非洲国家股票交易所数量的迅速增长没有伴随着股票交易所质量、深度、有效性和竞争能力的提升。除南非和埃及，大多数股票交易所仍然还很初级和缺乏流动性。

当前大多数探讨非洲股票市场有效性的研究都关注弱式有效性，研究结论虽然多样，但倾向于拒绝该地区的弱式有效性。然而，也有少量研究发现一些非洲市场是半强式有效的。这些市场的无效性对投资者、政策制定者和监管者来说意义重大。由于信息不对称在非洲市场是一个常见的现象，市场参与者可以获取套利机会。对于非洲股票市场而言，需要实施大规模改革来提高市场的有效性。

尽管非洲股票市场无效的背后原因超出了本章研究的范围，但随机漫步假设不成立的可能原因包括流动性低导致的交易不够频繁和交易不同步，这会阻碍新信息完全同步地反映到资产价格中去，同时市场的不完善也阻碍了信息的迅速处理。

非洲股票市场急需科技和监管行动以改善信息流动、交易机制和监管框架。首要的步骤是增加每个交易所的交易量和上市股票数量以提高市场的规模和流动性。根据 Simons 和 Laryea（2005）的研究，实现这些目标需要向外国投资者开放市场并和发达国家的交易所建立合作关系，这将有利于促进金融和技术知识的转移。而且，应该建立专业化的金融中介机构，因为它们的参与能够促进股票研究并提高股价对新信息的调整速度（Mecagni 和 Sourial 1999）。自动化市场可以加快交易所的活动和运作，这可以提高流动性和促进交易。而且，应该加强监管和法规框架，并加以实施以便为股票持有者提供充足的保护，增强投资者信心并通过加强金融监管保证市场纪律，加强市场监督。然而，正如 Yartey 和 Adjasi（2007）所言，真正的挑战不是缺少监管，而是缺少有经验的监管者、缺少遵守规则的传统以及监管实施不到位。

非洲股票交易所需要现代化已经被广泛认可。在这方面，由国际金融公司、世界银行和瑞典国际发展合作署发起的有效证券市场制度发展项目是一个很好的例子，该项目解决了除南非之外的尼日利亚、肯尼亚和其他撒哈拉沙漠以南股票市场的问题。

联合国非洲经济委员会一直致力于博茨瓦纳、喀麦隆、科特迪瓦、加纳、马拉维、尼日利亚、南非和赞比亚股票市场的发展，通过非洲经济合作项目来提升非洲资本市场。

讨论题

1.描述非洲股票市场的主要微观结构特点。

2.非洲股票市场的价格形成和价格发现过程与其他新兴市场有什么不同？

3.讨论非洲股票市场在非洲公司筹资发展中的作用。

4.解释非洲股票市场是否是信息有效的。

作者介绍

Sabur Mollah 是斯德哥尔摩大学商学院金融学副教授。他发表了大量研究成果，主要包括市场对股息政策的反应、资产定价行为、市场效率以及波动性等。Mollah 副教授获得了 Jan Wallanders och Tom Hedelius Stiftelse 和纳斯达克 OMX 北欧基金的研究赞助以进行市场传播和金融市场整合研究、全球危机期间大型银行公司治理失败研究以及国际财务报告准则（IFRS）的采用与市场效率研究。他为《国际货币经济和金融杂志》编委会服务，同时还是几个杂志的特别评论员，包括《国际金融分析研究》《欧洲金融研究》《新兴市场金融研究》以及《经济和金融研究》。Mollah 副教授在达卡大学获得了金融学商学硕士学位，在利兹大学获得了博士学位。

Abul Hassan 是英国格鲁斯特大学马克菲尔德高等教育学院的金融学讲师。他也是史塔福郡大学商学院的经济学讲师。Hassan 讲师以前在文莱达鲁萨兰大学和马克菲尔德高等教育学院任教。自 2005 年起，他成为访学海外讲师，在印度尼西亚雅加达的 Trishakti 大学为硕士和博士讲授伊斯兰银行和金融学。Hassan 讲师在须经同行评议的期刊上发表过 17 篇研究论文和 4 本著作。他经常为学术期刊和学术会议评价著作和审定研究论文。他被评为"2010 年 Emerald 杂志集团最杰出的审阅人"。Hassan 讲师在杜伦大学获得了国际银行专业硕士学位和博士学位。

致谢

作者感谢纳斯达克 OMX 北欧基金的资金支持，感谢 Federica Vitali 在文献收集方面给予的帮助。

参考文献

Adelegan , Olatundun J.2003. " Capital Market Efficiency and the Effects of Dividend Announcement on Share Price in Nigeria. " *African Development Review* 15:2 , 218-236.

Adelegan, Olatundun J.2009."Price Reaction to Dividend Announcements on the Nigerian Stock Markets."AERC Research Paper No.188,Nairobi,African Economic Research Consortium.

Afego,Pyemo.2011."Stock Price Response to Earnings Announcements:Evidence from Nigeria."MPRA Paper(ID Code 33931).

Al-Khazali, Osamah M., David K.Ding, and Chong Soo Pyun.2007."A New Variance Ratio Test of Random Walk in Emerging Markets:A Revisit." *Journal of Financial Review* 42:2 , 303-317.

Alagidede, Paul, and Theodore Panagiotidis.2009, "Modelling Stock Returns in Africa's Emerging Equity Markets." *International Review of Financial Analysis* 18:1-2,1-11.

Allen,Franklin,Issac Otchere,and Lemma W.Senbet.2011."African Financial System:A Review." *Review of Development Finance* 1:2,79-113.

Andrianivo,Mihasonirina,and Charles A.Yartey.2009."Understanding the Growth of African Financial Markets."International Monetary Fund Working Paper,WP/09/182.

Appiah-Kusi,Joe,and Kojo Menyah.2003."Return Predictability in African Stock Markets." *Review of Financial Eonomics* 12"3,247-270.

Barko,Dulacha g.2007."Determinates of Voluntary Disclosures in Kenyan Companies Annual Reports." *African Journal of Business Management* 1:5,113-128.

Bundoo, Shri K.2000."The Mauritius Stock Exchange:An Assessment." *Social Sciences & Humanities and Law & Management Research Journal* 3,67-80.

Dia,Manauye,and Sebastien Pouget.2011."Sunshine Trading in an African Stock Market." *Managerial Finance* 37:3,257-274.

Dickinson,John P.,and Kinandu Muragu.1994."Market Efficiency in Developing Countries: A Case Study of the Nairobi Stock Exchange." *Journal of Business Finance & Accounting* 21:1,133-150.

Easley, David, and Mauren O'Hara.1987."Price, Trade Size, and Information in Securities Markets." *Journal of Financial Economics* 19:1,69-90.

Ederington , Louis H. , and Joe H.Lee.1995. " The Short-Run Dynamics of the Price Adjustment to New Information. " *Journal of Financial and Quantitative Analysis* 30:1 , 117-134.

Fama,Eugene F.1970."Efficient Capital Markets:A Review of Theory and Empirical Work." *Journal of Finance* 25:2,383-417.

Fana, Eugene F., Lawrence Fisher, Michael Jensen, and Richard Roll.1969."The Adjustment of Stock Prices to New Information."*International Economic Review* 10:1,1-21.

Fiffield, Suzanne G.M., David M.Power, and Christopher D.Sinclair.2002. "Macroeconomic Factors and Share Returns:An Analysis Using Emerging Market Data." *International Journal of Finance and Economics* 7:1,51—62.

Fleming , Michal , J. , and Eli M.Remolona.1999. " Price Formation and Liquidity in the US Treasury Market:The ZResponse to Public Information. " *Journal of Finance* 54:5 , 1901—1927.

Glosten,Lawrence,and Paul Milgrom.1985."Bid,Ask and Transaction Prices in a Specialist Market with Heterogeneously Informed Traders." *Journal of Financial Economics* 14:1, 71—100.

Hearn , Brune , Jennifer Piesse , and Roger Strange.2008. " Market Liquidity and Stock Size Premia in African Emerging Financial Markets:The Implications for Foreign Investment. " Working Paper , Sir John Cass Business School , City University , London.

Hudson,Robert , Michael Dempsey , and Kevin Keasy.1996. " A Note on the Weak Form Efficiency of Capital Markets:The Application of Simple Technical Trading Rules to UK Stock Prices — 1935 to 1994. " *Journal of Banking and Finance* 20: 6 , 1121—1132.

Irving, Jacqueline.2005. " Regional Integration of Stock Exchanges in Eastern and Southern Africa:Progress and Prospects. " Wprking Paper WP/05/122 , International Monetary Fund.

Jefferis,Keith,Charles C.Okeahalam,and Terence Matome.2001."International Stock Market Linkages in South Africa." AERC Research Paper 105, African Economic Research Consortium,Nairobi.

Jeferis,Keith,and Graham Smith.2004."Capitalization and Weak-Form Efficiency in the JSE Securities Exchange." *South African Journal of Economics* 72:4,648—707.

Jefferis,Keith,and Graham Smith.2005."The Changing Efficiency of African Stock Market." *South African Journal of Economics* 73:1,54—67.

Kendall, Maurice G.1953. "The Analysis of Economic Time-Series Part I:Prices." *Journal of the Royal Statistican Society*.Series A 116:1,11—34.

Kenny, Charles J., and Toda J.Moss.1998. "Stock Markets in Africa:Emerging Lions or White Elephants?" *World Development* 26:5,829—843.

Kim,Jae H.,and Abul Shamsuddin.2008."Are Asian Stock Markets Effcient?Evidence from New Multipe Variance Ratio Tests." *Journal of Empirical Finance* 15:8,518—532.

Kuczynzki, Pedro-Pablo.1994."Why Emerging Markets." *Colombian Journal of World Business* 29:2,8—13.

Lagoarde-Segot, Thomas, and Brian M.Lucey.2008. "Efficiency in Emerging Markets-Evidence from the MENA Region." *Journal of International Financial Markets, Institutions and Money* 18:1,94—105.

Levine,Ross,and Sara Zervos.1996."Stock Markets,Banks,and Economic Growth." *American Economic Review* 88:3,537—558.

Magnusson, Matthias A., and Bruce Wydick.2002. "How Efficient Are Africa's Emerging Stock Markets?" *Journal of Development Studies* 38:4,141—156.

Marston, Claire.1996. "Organization of the Investor Relationa Function by Large UK Quoted

Companies."*Omega* 24:4,477-488.

McMillan,David G.,and Pako Thupayagale.2009."The Efficiency of African Equity Markets."
Studies in Economics and Finance 26:4,275-292.

Mecagni,Mauro,and Maged S.Sourial.1999."The Egyptian Stock Market:Efficiency Tests
and Volatility Effects."Working Paper WP/99/48,International Monetary Fund.

Misati,Roseline N.2006."Liberalization,Stock Market Development and Investment Effi-
ciency in Africa."Conference Paper,St.Catherine's College at Oxford.

Mlambo,Chipo,and Nicholas B.Bekep.2005."Thin Trading on African Stock Markets:Impli-
cations for Market Efficiency Testing."*Investment Analysts Analysts Journal* 61:1,29-40.

Moin,Syed.2007."New Frontier Markets Tempt Investors." *African Review of Business
and Technology* 1:1,1-7.

Mollah,Sabur.2007."testing Weak-Form Market Efficiency in Emerging Market:Evidence
from Botswana Stock Exchange." *International Journal of Theoretical and Applied Fi-
nance* 10:6,1077-1094.

Ntim,Collins G.,Kawaku K.Opong,Jo Danblot,and Frank S.Dewotor.2011." Test-
ing the Weak Form Efficiency in African Stock Markets." *Managerial Finance* 37:
3,196-218.

Olowe,RA.2009.Weak-form Efficiency of the Nigerian Stock Market :Futher Evidence.*Afri-
can Development Review* 1:54=67.

Osei,Kofi A.2002."Asset Pricing and International Efficiency of the Ghana Stock Market."
African Economic Research Consortium Research Paper 115.Nairobi.

Poterba,James M.,and Lawrence H.Summers.1988."Mean-Reversion in Stock Prices:Evi-
dence and Implications."*Journal of Financial Economics* 22:1,27-59.

Senbet,Lemma W.,and Issac Otchere.2010."African stock markets:ingredients for devel-
opment and capacity building."In Marc Q.Geneviewe,ed.*African Finance in the 21st Cen-
tury*,110-123.London:MacMillan.

Simons,Daniel,and Samuel Laryea.2005."Testing the Efficiency of African Markets."Work-
ing Paper,Social Science Research Network.Available at http://ssrn.com/abstract=
874808.

Smith,Graham.2008."Liquidity and the Informational Efficiency of African Stock Markets."
South African Journal of Economics 76:2,161-175.

Smith,Graham,Keith Jefferis,and Hyun-Jung Ryoo.2002." African Stock Markets:
Multiple Variance Ratio Tests of Random Walks." *Applied Financial Economics* 12:
7,475-484.

Thompson AR and Ward MJD.1995.The Johannesburg Stock Exchange as an efficient mar-
ket:a review .*Journal for studies in Economics and Econometrics* 19:3,33-36.

Thupayagale,Pako.2010.*Essays in Long Memory:Evidence from African Stock Markets*.Un-
published PhD Thesis,University of St.Andrews,United Kingdom.

United Nations Development Program.2003, *African Stock Market Handbook*.New York
United Nations Development Program.

World Federation of Exchanges.2008.Available at http://world-exchanges.org/member-ex-
changes.

World Federation of Exchanges.2012.Available at http://world-exchanges.org/member-exchanges.

Yartey, Charles, and Charles K.Adjasi.2007. "Stock Market Development in Sub-Saharan Africa:Critical Issues and Challenges." Working Paper WP/07/209, International Monetary Fund.

讨论题答案

第2章　股票市场微观结构

1.股票市场的结构决定了订单是如何被处理并转化为交易的。这在有摩擦的市场中很重要，因为买方和卖方不会如童话般恰好相遇。重要的机构安排包括参与的中介、使用计算机以及一个市场运作所需的交易规则手册。

一个市场价格发现的精确度取决于它的结构。市场结构也决定了如何处理大型机构投资者的订单以使其对市场价格的冲击降到最低。交易成本（即买卖价差、市场冲击成本、订单处理成本、不准确的价格发现）是影响投资者的交易决策、市场结果，乃至市场表现的基础。尤为重要的一点是这些成本取决于市场的结构。

结构更强更合理的市场会降低参与者的成本，这意味着有更多的市场参与、更高的股票价值，以及更低的上市公司的资本成本。

2.IPO可以扩大公司的金融资本。因此，对于有强劲增长潜力的公司来说，进行IPO并在交易所挂牌交易是很关键的一步。反过来，筹集到的资金也促进了一国的经济增长。

通过IPO获得的资金是在一级市场筹集的。一级市场要想稳健发展，发展二级市场是不可或缺的。也就是说，一级市场的成功与否取决于是否具有一个拥有适度流动性、运行良好的二级市场。如果潜在投资者可以通过在二级市场交易股票来调整他们的投资组合，他们会更愿意在一级市场购买股票。相反，一个结构不合理的二级市场会抑制公众对一级市场的参与，这会导致上市公司数量的减少，严重削弱一国宏观经济的增长。

3.日内价格波动性加剧应归因于日内收益的自相关性。反过来，收益的自相关性是交易成本的一个反映，交易成本是以买卖价差、市场冲击成本和噪音价格发现的形式表现的。市场质量的提升表现为更小的价差、更低的市场冲击成本、更有效的价格发现以及更小的日内价格波动性。

收益既可以呈现负的自相关（负的收益接着正的收益，反之亦然），也可以呈现正的自相关（正的收益接着另一个正的收益，或者负的收益接着另一个负的收益）。可能出现一个正的自相关（向上或向下），然后是一个负的自相关，接着又是一个正的自相关（向上或向下）的图形。用"＋"表示正的价格变动，用"－"表示负的价格变动，然后呈现出随机变化，比如可能出现这种图：＋＋－＋＋＋－＋＋＋－－－＋－－－－－＋－－－。这个序列的前一半中加号占主导，这可能会导致价格超调。序列中的后一半中负号占主导，这可能导致超过均衡价值的价格回归到均值。超调和均值回归的共同作用导致日内价格波动增强。

4.证券交易所的基本功能包括以下几个方面：

- 提供合理精确的价格发现（一个交易所最重要的功能）。
- 促进合理完整的数量发现。
- 促进二级市场的流动性供给。
- 促进一级市场的资本筹集。
- 控制交易成本，如买卖价差和市场冲击。
- 观察市场参与者（经纪人、交易商和投资者）。
- 获取并把信息（一部分交易数据，包括报价、数量和价格）传递给参与者。
- 维持市场的道德和诚信。
- 履行自己的监管义务来确保市场有序运行。
- 制定有关如何下单、市场中如何处理订单以及把订单转化为交易的规则手册。

第3章　欧元区政府债券市场微观结构

1.就总交易量和未偿余额来说，债券市场要大于股票市场。然而，即使是交易最频繁的债券，其每天的交易也要低于股票。在债券市场上，主要由交易商提供流动性。债券市场有其特定的规则。随着债券到期日的不同，其收益、买卖价差、报价深度、波动性也不同。债券的年份或者说自债券发行之时起的时间，影响债券的流动性。

2.MTS市场是政府债券的多平台批发电子市场。多平台意味着市场有多个交易平台。就MTS来说，这些平台采用相同的交易技术，但有各自的规则。债券可以在平行的平台上市和交易。市场参与者可以进入多个平台进行交易，这使得市场之间没有套利机会。MTS是一个批发市场，因为市场中只有经纪人和交易商，没有公众投资者。MTS市场是一个完全自动化的市场，它考虑了市场的高效率和透明度。此外，MTS市场中有承担做市义务的预先制定交易商。

3.如表3-2所示，比例价差与债券的年份、久期以及信用评级之间呈正相关。回归系数测量的是当其他回归量都保持不变时其中一个回归量的微小变动对买卖价差的影响。年份越久的债券买卖价差越大。当购买并持有的投资者买入债券的意图是持有直至到期时，可供交易的债券量会下降。因此，年份越久的债券在流通中的数量就越少，流动性就越低。债券的修正久期是相对于债券到期收益率的微小变动，债券价格变动的百分比。它也是到期时间的函数。债券的久期越长，对利率的变动就越敏感，其波动性越高。这使得流动性提供者要求更高的补偿，以弥补较高的逆向选择成本和存货管理风险。债券的信用评级越低，其波动性越高，流动性越低。

4.在2007—2010年危机期间，所有欧元区政府债券的交易成本都明显增加。这可以从表3-4中显示的扩大的买卖价差和降低的报价深度得到佐证。有趣的是，即使是信用评级最高的欧元区国家，流动性状况也恶化了。表3-3中的估计表明在危机阶段修正久期的估计系数增大了。这与危机期间更陡峭的买卖价差期限结构一致。此外，有众多市场参与者的债券价差较低，这表明大量的市场参与者对于流动性危机期间的平稳度过非常重要。

5.流动性风险对债券投资者来说非常重要。市场参与者一度将政府债券视为安全和具有流动性的投资资产。然而，2007—2010年的全球性流动性危机和欧元区主权债务危机表明政府债券的流动性也可以急剧下降，而且即使是由发达国家发行的债券也存在信用风险。流动性随着时间和债券的不同而有所变化。指定做市商的存在在平稳时期对于保持市场流动性能起到重要作用，但在危机时期对于保持市场流动性就没那么有效。

第4章　衍生工具市场微观结构发展

1.根据 Leon Walras 的描述，卖方减价过程是同时拍卖，即买方代理人重复提交买价，同时卖方代理人提交其卖价给中立的拍卖商。拍卖商连续接受买价和卖价直至对竞拍物总需求和总供给完美匹配。经济学家将这种拍卖视为完全竞争的典型例证。

2.即时性是指以当前市场价格没有延迟地执行交易的能力。如果一个市场缺乏即时的买价和卖价，那么即时性通常由做市商提供。这些市场参与者报出他们愿意进行交易的买价和卖价。他们通过买卖价差来获得提供即时性服务的补偿。

3.场内交易商在公开喊价的交易所中提供即时性。正如其他做市商，他们报出将进行交易的买价和卖价。当触发买价或卖价时，开始累积头寸。由于他们通过提供即时性获得补偿，而不是价格，他们会快速通过卖出（买入）来抵消多（空）头头寸以平仓。因此，场内交易商的头寸倾向于回复至长期平均头寸为零。

4.集中限价订单簿是买入报价和卖出报价的储存库。订单簿中的买卖报价适用于任何寻求交易的人。寻求即时买入的参与者可以触发可获得的最优卖价；寻求即时卖出的参与者可以接受可获得的最优买价。市场参与者也可以提交限价订单（买价或卖价）。这样，那些参与者就成为流动性提供者。这种即时性专家的安排和由场内交易商做市的安排没有区别。

5.由于公开喊价安排要求做市专家时刻准备着，这样的服务会使交易成本高于由集中限价订单簿提供的交易。另一方面，经济学家通常认为在波动性高的时期，公开喊价市场是更为有效的流动性提供者。他们提供的解释是在市场状况变化时，与将买卖报价提交给集中限价订单簿的参与者相比，场内交易商可以更容易调整其买卖报价。

第5章　外汇市场微观结构

1.在经典的微观结构模型中，交易商与客户交易，但交易商之间不进行交易。在外汇市场，交易商除与客户进行交易外，彼此间也进行交易。

2.在交易商间市场，除运营成本外，关键因素还包括逆向选择、存货风险（波动性）和交易间的持续时间。在客户市场，逆向选择不影响买卖价差。交易商试图将其与知情客户的交易最大化，而不是试图保护自己避免与知情客户交易。影响客户交易买卖价差的关键因素除运营成本外，还包括策略交易和市场议价能力。

3.公司客户通常是不知情的，因为他们主要将外币作为交易媒介，因此缺乏收集信息的动机。金融客户通常是知情的，因为他们将外汇作为未来收益的来源。在金融客户中，对冲基金似乎是信息最灵通的，这反映了对冲基金经理积累利润的强烈动机。交易商通常也是知情的，其中大交易商比小交易商更加信息灵通。交易商之所以知情是因为他们积累了分散在客户交易中的信息。交易商也会将他们自有的信息带进市场。

4.随着直通式处理系统（STP）的广泛应用，电子交易极大地降低了交易成本。由于在确认和清算过程中人为参与的消失，错误和成本都极大降低。电子交易还使得交易量极大提高，也因此降低了单笔交易的成本，导致了零售交易、量化交易和高频交易的爆炸式增长。

5.如果银行仅依靠银行间交易获得的投机利润来支持交易的运营，那么小银行会理性地退出市场以避免被知情的银行击败。大银行历来严重依赖投机利润收益，尽管近年来这种依赖有所下降。而小银行从未依赖投机利润来支持其交易的运营。相反，它们主要依靠向客户提供服务（如与客户交易的买卖价差）来获取收益。因此，虽然从所持的投机头寸中获利不多，小银行依然继续做市，至少在本地外汇市场上。

第6章　金融危机前后的证券市场监管结构

1.经济学文献中主要包括了三个监管模式：（1）垂直（筒仓）模式，该模式遵循金融体系在不同业务部门的界限，每个不同的机构监管每一个部门；（2）水平（顶峰）模式，该模式根据公共监管目标之间的差异，每个目标由不同的机构监管；（3）统一模式，该模式由单一机构监管整个金融体系以实现全部公共目标。

2.在垂直模式下，由一个特定机构负责证券监管。在统一监管体制下，监管当局作为垄断机构负责监管整个金融体系，包括证券部门。在水平模式下，其监管目标一个是保持系统稳定性，另一个是进行业务监管，由两个机构共同负责证券监管。还有一类为混合模式，该模式是把多样化的监管体制融为一体，因此证券监管会因具体情况不同而有所变化。

3.越来越多的国家开始改革其金融监管结构，并在2002年达到高峰，2004—2006年期间实施了多项改革。欧洲、欧盟和经济合作与发展组织（OECD）中分别有82%、77%和73%的国家已经进行了改革。因此监管体制的架构是过去10年中的一个重要问题，尤其是在发达国家，且欧洲最为突出。

4.采用大量的、异质的国家作为样本，结果表明35%的样本国家依然采用垂直的监管模式，不同机构对银行、证券以及保险业分业监管。24%的样本国家通过引入单一机构建立了新的监管体制，这种统一监管涵盖了银行、证券和保险市场。一小部分（样本的2%）采用顶峰模式。其他国家采用混合型的监管体制，即有些监管者负责监管多个细分的市场，而其他的只监管一个。这部分国家占样本的39%。

5.2010年，美国建立了新的金融监管架构。该改革法案成立了两个新的监管机构：全国银行监理会和消费者保护局。全国银行监理会负责监管所有联邦特许银行。它包括现存的两个机构：美国储蓄机构监理局和货币监理署。消费者保护局负责保护整个金融行业消费者免受不公平待遇和滥用职权行为的影响。最后，法案还建议在财政部建立一个联邦证券办公室。新法案明确了美国实行的混合监管模式，该模式包含多个监管机构，其中一些监管机构负责监管一个以上的细分市场，如美联储或新成立的消费者保护局，而其他机构只负责监管一个市场。

6.2010年欧盟建立了一个三层结构的金融监管体系，包括一个指导委员会、三个欧洲监管机构（ESAs）和最底一层的国家监管机构。三个欧洲监管机构遵循传统行业责任的界限：欧洲银行监管机构（EBA）、欧洲保险与职业年金监管委员会（EIOPA）和欧洲证券监管机构（ESA）。该监管框架包含三个超国家水平的行业监管主体，属于筒仓监管模式的范畴。

第7章　金融市场传染

1.金融市场的冲击通过两国的经济联系可以从一个市场传导到另一个市场。对过去的金融危机的研究表明影响其他市场的冲击与地理或经济因素紧密联系。有些研究还表明除了经济联系以外的冲击传导同样会发生，投资者非理性行为也可能引起金融冲击的传染效应。

2.两个经济体的基本联系是导致金融市场传染的主要原因。这些基本联系可分为金融联系、实际联系和政治联系。当公司在多个国家经营并在多个市场进行债权和股权筹资时就会发生金融联系；商品和服务贸易能加强各国的实际联系；参与政治联盟和采用共同货币的国家能进一步提高国家间的基本联系。除了这些基本联系，投资者的非理性行为也能引起金融传染。投资者根据其他市场发生的事件来评估股价，而忽略了国内股票市场事件的实际影响，这种羊群效应就是一种典型的非理性行为导致的。

3.研究股票市场联动的实证研究方法包括：

• 第一种方法是GARCH模型，反映了不同市场对一个特定市场的条件均值和方差的影响，可以用来评估一个特定市场的条件波动性。方差比率模型还可以用来评估由其他市场引发的条件方差的比例。如果在金融危机期间该比例上升，则意味着一个市场的冲击引发其他市场的条件均值和方差发生变动。

• 第二种方法是检验两个市场的相关性并观察其随时间的变动情况。该方法使用多变量GARCH模型识别随时间变动的相关性，当相关性发生变化时，采用结构性突变检验确定结构性突变的时间。如果金融危机期间相关性增强，则意味着出现了冲击传导现象。

• 第三种方法是采用VAR方法考察两个市场收益率之间的长期联动效应。

4.实证研究表明冲击可以由一个市场传导到其他市场。研究者对金融传染的最早研究是在美国1987年股灾期间。实证表明其他发达市场和较小范围的新兴市场反映出美国股票市场显著的负面转变。20世纪90年代期间，几个新兴市场出现危机。墨西哥金融危机影响了其他拉美市场，但是对发达市场没有很大影响。亚洲金融危机持续了两年多，影响了大多数亚洲市场。1998年俄罗斯金融危机影响了多个国家，包括一些与俄罗斯没有基本联系的拉美国家。全球几乎所有国家都受到最近的次贷危机的影响。欧洲债务危机也影响了欧洲以及全球其他主要市场。

5.通过金融、实际和政治联系起来的经济体很难避免金融传染现象。互联网的普及把信息实时传递给世界各地的投资者，但信息获得的方便性也会引起部分投资者的非理性行为。降低金融传染影响的传统方法是在金融危机期间实行资本管制。资本管制可以通过阻止投资者抛售股票并将收益汇出本国来阻止资本外逃。马来西亚在亚洲金融危机期间实行了资本管制，但是没有确凿的证据表明该措施稳定了该国的股票市场。另一途径是限制单只股票的每日价格波动。中国台湾地区在危机期间限制了单只股票每日价格波动幅度，从而降低了每日价格波动。因为股价在较长时间内持续下滑，因此这一限制的效果并不明确。

第8章 市场体系——概念框架和现实体系

1.流动性是一个关键的概念，构建交易基础设施是为了给所有市场参与者构建尽可能高的流动性条件。影响流动性的因素包括：（1）近期的交易历史（即市场快速返回其初始位置的弹性）；（2）知情和不知情交易者的比例；（3）市场结构和组织架构的类型（无论是订单驱动市场还是报价驱动市场）。交易者可以作为流动性供给者或是流动性需求者。消极交易者是流动性供给者，积极交易者是流动性需求者。机构交易者和专业交易员通常是流动性需求者。根据可见度来检验不同类型的流动性时可以发现，流动性和市场结构之间的相互作用很明显：（1）已显示的；（2）未显示的，场内经纪人和ECN保留订单；（3）在经纪自营商未显示的。大宗交易是流动性分析的关键因素。当市场参与者进行大宗交易时，降低价格冲击的需求催生了可以执行大宗交易的其他市场。自此，可以想象出构建有特定目的的交易场所。这又引出了匿名和市场分割问题。总之，市场体系的创建是交易商寻找流动性的结果。

2.市场透明度是指市场参与者获取有关交易过程信息的能力。一个重要的问题是决定在何种条件下隐藏交易者的身份是最优的。实证证据和理论分析结果各有不同。从某些方面来说，充分披露订单簿可能导致交易者的扒头交易。

总之，理论结论强烈依赖于风险规避型交易者和知情投资者存在的假设。对于知情流动性供给者和风险规避交易者，Rindi（2008）认为匿名是确保市场更具流动性的有效方式。经验证据产生了不同的结果。一些研究表明引入公开限制订单簿（OLOB）决定了更积极的限价订单提交策略。其他研究，如Madhavan，Porter和Weaver（2005）认为引入OLOB可以降低交易成本并提高流动性。Hendershott和Jones（2005）的研究结论类似。从理论角度来看，Baruch（2004）认为不同类型交易者有不同影响。非公开限价订单簿有利于流动性需求者，而公开限价订单簿有利于流动性供给者。市场规模是另一个关键变量。市场规模大，考虑到价格形成机制日益激烈的竞争性，公开订单簿对所有交易者都有利。总体来说，结论不确定，仍需进一步的理论和实证研究。

3.市场已经从交易者在交易大厅简单的公开喊价市场进化了。交易被认为是资产的供给者和需求者之间的双边会见。双边交易无法保证最优的执行价格。下一步就是建立一个订单簿，每个交易者都可以向该订单簿提交其交易量和价格。在许多交易所，如纽约证券交易所（NYSE），订单是由集中订单簿管理的，所有订单的收集和匹配都是根据预先设定的优先规则执行。订单的集中化大幅提高了交易过程的透明度。

下一步是使各个类型交易者都能参与交易过程而不至于产生强烈的价格冲击。这催生了所谓的交易商间市场。交易商是既可以代表自己也可以代表客户持有头寸的市场参与者。另一方面，经纪人是客户和市场之间唯一的中介，因为客户可以通过经纪人向市场提交订单。交易商之间的市场是所谓交易商和交易商间市场，即D2D。客户和经纪人（或交易商）之间的市场是所谓的交易商和客户间市场，即D2C。这些类型的交易活动可能直接进行，或是通过其他市场准入形式。除了市场的直接会员外，直接会员通常是交易商或经纪人，市场参与者还可以通过直接市场接入（DMA）或发起人接入（SA）进入市场。在这两种情况下，每个客户和市场之间的联系中交易商或经纪人发挥了重要作用：每个客户必须通过交易商或经纪人的交易识别码进入市场。

另一关键点与另类交易系统的作用相关。这些特定场所具有向有特定需求的特定市场交易者传送信息的作用，如大宗交易或特定订单。相互关联的交易架构和高频交易（HFT）日益重要，这已经成为近期金融市场演进中的普遍现象。HFT是否对市场有负面作用仍存在争议。

4.技术日益重要的作用使得构建平行市场基础设施成为可能，同时不会对价格形成机制的质量产生严重损害。金融市场的演化在相对较高的集中化和分散化之间摇摆不定。市场演化关键因素的代表是监管方法：美国的NMS监管和欧洲的MIFID确保了无论订单在哪个市场提交，都可以获得最优执行价格的权利。分散化可以在不损失交易过程中的信息有效性的前提下降低管理成本。交易场所的竞争越来越重要，每个市场都试图吸引最多的订单流，这是市场分散化日益重要的一个例子。

一般来说，集中化的优势是交易者之间所有网络和结算服务的规模经济及网络效应。另一方面，高度的集中化可能会产生主要交易所垄断的市场，从而导致更高的交易费用并缺乏服务创新。但是，高度的分散化可能导致流动性的下降。分散化的优点是快速计算能力和快速连线，并且不会降低执行速度和信息质量。O'Hara和Ye（2011）的实证研究解释了分散化为何有助于降低交易成本。技术进步便于利用网络外部性，即使在分散的市场环境也是如此。一般而言，如果市场参与者能够使用新技术，通过智能下单技术和另类交易系统确保他们能同时进入不同市场，分散化就不是有害的。

5.ECN和暗池可以执行一般市场上无法执行的订单，如大宗交易订单。

暗池是不公开订单和交易过程的交易场所。最近，暗池的交易规模大幅增加，减弱了传统交易所的市场影响。

　　暗池市场和ECN的本质区别在于订单簿的开放度。ECN的订单簿是公开的；暗池的订单簿是不透明的。暗池的执行场所逐渐变得不透明。在某些情况下，订单簿只有一部分是不透明的，但在另外一些情况下，订单簿完全不透明。关于价格形成机制，尽管无法与在开放公开的市场区分，但是某些情况下价格是在交易场所形成的，在另外一些情况下，价格是在暗池内形成的。当交易报告出来时，无法判断价格是在市场还是在暗池中形成的。

　　订单撮合机制差异很大。定期拍卖是在事先约定的日期和时间进行，而其他的撮合机制是对完全不显示的限价订单簿撮合、广告（即将信息发送至潜在匹配的交易对手），或内部议价。暗池没有自己的识别码，交易会像在官方市场执行那样进行报告。在暗池中，交易可以在客户与客户之间进行。在ECN，这是不可能的。未显示的流动性不一定都有负面作用，因为它避免了由大额订单或一些市场关键参与者的可见度而引起的不愉快的价格压力，进而减少了羊群效应。暗池可以被视为一种提升流动性的机制，对价格的影响有限。相关文献仍处于初始阶段，有待进一步的研究来阐明这些问题。

第9章　设计交易市场

　　1.流动性就是以最低成本购买或出售给定证券的能力。它意味着以较低的佣金和费用成本进行交易的可能性，同时对投资价值影响较小。流动性包括三个因素：深度、紧密度和弹性。深度显示了任意时刻订单簿上买入和卖出订单的总数量。深度市场就是以最小的价格冲击交易证券。在任意给定价格，只要有足够的交易量，大宗交易就不会影响价格。紧密度是买入价格和卖出价格之间的价差。这种价差是支付给交易商管理订单的成本。买卖价差越低，意味着流动性越高，因为交易商要求抵补给定证券内在流动性风险的补偿较低。最后，弹性就是市场从交易冲击中恢复的速度（即订单簿受到交易冲击后，市场需要多长时间恢复）。

　　因为没有信息优势的投资者要参与到证券市场，因此流动性非常重要。在缺乏流动性的市场，大宗投资者可以进入市场并操纵价格。如果具有较高的流动性，单个投资者就难以操纵价格，并利用信息优势获利。市场通常旨在吸引尽可能多的订单流和流动性。市场监管和证券交易所的规则就是为了确保最高水平的流动性。

2.高频交易（HFT）包括交易活动中一组规则和操作，它应用复杂的计算机软件分析实时市场状况，并立即执行交易策略。处理从新闻和订单簿中获取的信息并发送和执行订单只需花费几毫秒。这类活动无法由人力来执行。市场分散化程度日益增加表明执行HFT策略利用同一时间不同市场间的流动性是自然而然的。

虽然HFT有不少优点，但大量使用HFT仍具有风险，包括逆向选择、市场操纵以及流动性集中在少数几个经纪人/交易商手中等。逆向选择就是采用非常快的交易机器使投资者可以利用所有可用的信息。因此，快速交易者可以使用信息和执行交易策略，而较慢的交易者可能受到潜在的损害。市场操纵是源于插入极大量的订单，通过非真实市场条件欺骗较慢的交易者。一些操作通过"填充市场"、"放烟雾弹"和"电子欺骗"来设定非真实的订单簿状况。

与HFT有关的最后一个问题是市场力量。需要采用具有极快计算能力设施的大型投资有一个缺陷，就是巨大的市场力量掌握在高频交易者手中。因此，这些交易者就成为交易活动和订单流的垄断者，从而更有效地吸收了市场中的订单流。

然而，HFT已成为市场上常见的做法，它比传统方法的交易成本更低。无处不在的HFT向监管者和市场参与者在通过限制损害小交易者和投资者来规范市场的未来发展上提出了新的挑战。

3.近年来，技术的重大发展为金融市场的交易活动提供了更多的可能性。为满足有着特定需求的特定市场发展是这一过程的起点。例如，大宗投资者可能需要匿名和快速执行交易。证券市场近期的分散化满足了由几个市场来执行交易以使交易的市场冲击最小化的需要。算法的发展代表了遵循特定目标执行交易的自然演进。例如，投资者如果选择出售一定数量的股票。第一步是确定总的交易时间。这意味着需要确定每个子时段（如每分钟或每小时）需要出售的证券数量。算法包括一组定义特定时期特定交易模式的指令。

至少有三代算法。一些人认为第一代是简单的订单切片。成交量加权平均价格（VWAP）和时间加权平均价格（TWAP）就是确定一组考虑市场静态条件的算法。这种算法的设计目的在于利用历史市场成交量和历史市场条件。该算法的实施使现实条件更为接近历史市场条件。调整价格或交易量阈值以达到现实市场条件的特殊指令可以补充这些算法。

第二代算法的目的是降低交易冲击成本。执行不足显示了给定算法定义交易规则的能力，交易规则的设计目的是使交易者愿意的买卖价格与实际交易价格之间的差额最小化。

最后一类算法由更为机会主义的交易计划组成，旨在利用更加动态的市场条件。一般来说，最后一代算法是流动性驱动的，即交易计划是根据现有市场的流动性状况决定的。第一代和第三代算法之间的主要区别是，最后一代算法定义了动态交易计划，这不同于第一代，第一代本质上是静态的。流动性驱动的算法是通过智能下单系统等先进技术利用不同市场的流动性状况。

4.动态算法旨在利用当前的实时市场条件，而静态算法根据确定的路径考虑交易计划的进展，它不一定是市场条件的函数。静态算法是由时间驱动或成交量驱动的。

时间加权平均价格（TWAP）是根据由时间驱动的确定交易计划设计的。例如，卖出某只股票数量Z的订单，可以通过在一天内定期的时间间隔发送一系列定期的小额订单来执行。在这种情况下，订单并没有考虑到现有的市场交易量和订单簿的价格条件而进行调整。该类订单的明显缺点在于，如果市场流动性不足，静态订单可以产生强大的价格冲击。

该类订单的一个变体是基于成交量加权平均价格（VWAP），订单规模根据特定股票市场成交量的历史模式进行调整。当前市场的成交量与历史模式较为接近时，该算法往往非常有效。如果历史成交量与当前市场成交量有很大不同，该算法不是一个有效的机制。

另一方面，动态算法利用当前的实时市场状况。成交量百分比（POV）即为一个例子，然后根据现有市场成交量修正订单规模，调整时需考虑价格动态。流动性驱动算法更先进。在这种情况下，市场的流动性状况决定了订单规模和订单设置的时间点。基本上，通过计算流动性指标对流动性进行实时监控。然后，算法根据从流动性获得的信息调整订单的价格和数量。这种类型的算法被广泛应用于在多市场同时进行的交易。

第10章　市场设计中的现存问题

1.高频交易本身不是一种独立的交易策略，而是利用低延迟交易系统每日生成、传送并执行大量交易的一系列策略。高频交易特点包括：
- 使用超高速和超复杂的计算机程序生成、传送并执行订单。
- 使用主机托管服务以及交易所提供的数据服务以使网络和其他类型的延迟最小化。

- 在极短时间内建仓或平仓。
- 有大量订单在提交后很快撤销。
- 收盘时尽可能接近平仓位（即不隔夜持有大量未抵补头寸）。

2.经验证据表明HFT减小了买卖价差，从而使交易成本大幅下降。研究还表明HFT改进了价格发现。但由于激增的信息流量和算法未得到充分检测而导致错误订单进入等原因，HFT也潜在地引入了新的风险。

3.暗流动性指交易前不透明（即不显示买卖订单）的所有交易活动。这包括内部化、暗池中的交易，或在交易所订单簿中执行暗订单。

4.暗流动性对机构投资者有利，他们希望将大宗交易的价格冲击最小化。如果大额订单在市场上披露了，就为投机者创造了效仿的可能，他们会抢先交易或匹配报价。允许执行大宗交易无需交易前透明度的机制确保了大宗交易的执行会带来较低的价格冲击，并且不会因临时出现的供求失衡而引发价格波动。考虑到暗流动性对价格发现过程不利，过多的暗交易会导致价格发现过程质量的下降，也会约束投资者在交易所限价订单簿中提交订单，还会导致买卖价差的扩大与订单簿深度的下降。

第11章　百分位报价和离散性

1.1997年以前，美国股票市场都使用1/8（1美元的1/8）的最小价格变动单位。1997年，美国股票市场将最小价格变动单位调整到1/16（1美元的1/16）。2001年，市场开始使用0.01美元（美分或百分位报价）的股票报价增量。

2.最小价格变动单位从1/8降至1/16以后，报价价差开始缩小。价差在交易的最后1小时缩小的幅度最大，在交易最初1小时缩小的幅度最小。尽管报价价差在美国所有主要的股票市场上都在缩小，但是NASDAQ的价差仍高于NYSE。尽管报价价差在缩小，但限价订单簿价差在扩大。这一变化降低了小市场订单的成本，但增加了大市场订单的成本。增加的成本在NYSE股票是最显著的，最小价格变动单位降低前，NYSE股票的报价价差最低。总体来说，在最小价格变动单位降至1/16以后，报价深度也在下降。在交易开始后的第一个小时内报价深度下降得最厉害。尽管大多数研究发现报价深度下降了，但也有些研究者认为NASDAQ市场的报价深度提高了。

3.当美国股票市场采用百分位报价后，NYSE和NASDAQ的报价价差都在进一步缩小，并且大盘股和中盘股相较于小盘股的价差缩小幅度更大。

4.证券交易委员会（SEC）在股票期权市场逐渐实行百分位报价或美分位报价。美分位报价试行的第一阶段是在 2007 年 2 月。试行的期权买卖价差缩小，报价活跃度和成交量都有所增加。

5.实行百分位报价后，交易者降低了限价订单规模并且更频繁地撤销限价订单。进一步说，专业交易者也开始提交更小规模的订单，同时也增加了订单数量，并将其交易转向匿名交易场所，也更为频繁地撤销订单。实行百分位后，交易者行为就很少显示整个限价订单簿中的流动性。

6.Seppi（1997）预测随着最小价格变动单位下降，限价订单簿的累积深度也在下降。其观点支持当市场实行较小的最小价格变动单位时，如百分位报价，市场流动性降低。大多数经验研究支持 Seppi 的观点，因为研究者发现降低最小价格变动单位导致了报价深度的下降。研究者们之所以关注报价深度，是因为累积限价订单深度无法公开获得。

Harris（1994）发现自最小价格变动单位从 1/8 降至 1/16 后，价差缩小，成交量增加。Harris（1999）还发现，当最小价格变动单位降至百分位后，专家拍卖市场中交易的股票的买卖价差和报价规模下降，价格改进率上升。他认为预测价差的缩小是由于解除了价差宽度的限制。Harris 还进一步说明了价格改进率的增长是由执行价格-时间优先原则引起的，并且特定于 NYSE。尽管经验数据支持 Harris 关于价差缩小的论证，但本章中并未涉及有关价格改进的研究。

在理论模型中，Kandel 和 Marx（1999）预测降低最小价格变动单位会导致优先交易和纵向整合的消失，但会使做市商总量增加。Chung，Chuwonganant 和 McCormic（2004）运用 NASDAQ 进行百分位改革前后的数据，考察了订单优先。他们的研究表明订单优先在 NASDAQ 实行百分位前盛行，并在最小价格变动单位减小后延续了这一状况。

第12章　暗池交易

1.暗池的交易价格通常由其他市场，如主板市场的中间价决定。暗池没有价格发现功能，因为暗池使用的交易价格是由其他市场决定的。

2.有两个渠道会影响市场质量。第一，一些交易者仅参加暗池交易，而不在其他交易场所交易。订单创造效应提供了额外的风险分散，并且会提高市场质量。第二，一些流动性交易者偏好于暗池交易，导致大部分知情交易者留在主板市场。这导致了市场质量降低。

3.暗池的执行概率较低。暗池要想变得成功的一个关键就是提高执行概率。有几个方法能够解决这个问题，包括引入更多的交易者，改变暗池的透明度，以及加强与其他暗池的联系或者兼并。

4.在设计暗池的监管时，监管者要考虑几个方面。第一，产生了关于竞争的争论，主要争论暗池给交易所带来的竞争。第二，暗池满足了特殊交易者的需求，引起了订单的创造。因为这些交易者只在暗池进行交易，因此福利增加。还有就是暗池不透明的特征是至关重要的。迫使暗池变得透明会损害暗池的优点。第三，研究表明暗池可能会也可能不会影响市场质量。第四，暗池会使某些交易者获得不公平的优势。如果暗池不允许捕食交易或者信息泄露等，这种情况就不会出现。第五，暗池的交易成本更低而且能够执行大额订单。

第13章　交易成本的决定因素

1.交易成本包括与交易有关的所有成本。根据 Harris（2003），交易成本包括显性成本、隐性成本和错失交易的机会成本。显性成本，就是交易的直接成本，包括佣金、费用和税金。隐性成本是间接的交易成本，包括买卖价差和市场冲击成本。没有成交的成本是错失交易的机会成本。当迫切需要交易的订单没有被执行或者没有按时执行时，机会成本会提高。

2.之前的研究发现交易成本会随着交易规模而上升。流动性效应理论或信息效应理论能够解释交易规模和交易成本的正相关关系。流动性效应理论认为大宗交易迫使做市商偏离他们所希望的存货仓位。所以，这些交易的价格必须能够补偿做市商所承担的存货风险。另一方面，信息效应理论认为交易规模把逆向选择问题引入了证券交易。因为知情交易者想要交易，他们偏好在任何给定的价格进行大宗交易，所以做市商的定价策略必须依交易规模而定，大宗交易就要以不优惠的价格进行。

3.计算机和通讯技术的进步大大减少了数据处理以及地区和全球联网的成本。特别是基于显示屏的交易是由一个人把订单输入系统，从而更节约成本。相反，场内交易需要多人聚集在一起完成交易程序，从而对在给定时间间隔内处理的订单数量形成有形的限制。这样的系统更浪费时间。因此，自动系统的订单处理成本要低于场内交易系统。但是场内交易系统有助于减少信息不对称的影响。Glosten 和 Milgrom（1985）和 Stoll（1989）认为场内交易的信息不对称问题较小，所以导致了较低的买卖价差和较高的成交量。Benveniste，Marcus 和 Wihelm（1992）也支持场内交易能够降低信息不对称影响的观点。交易大厅中的长期专业性和人际关系促进了交易者之间的合作，限制了交易者系统地获取私人信息的能力。

4.金融市场的买卖价差并不是不变的，而是随着时间变化的。研究人员已经提出了几个解释日内买卖价差模式的理论。根据存货模型，价差的存在是用来补偿做市商持有不合意存货的风险。市场封闭理论认为，相较于交易日内的其他时间，开盘和收盘时的交易需求会更大一些，而且缺乏弹性，因为市场关闭后将不能交易。因此，拥有垄断力量的做市商能够在需求很大且缺乏弹性的期间内，通过报出更高的价格来有效地区别定价。信息不对称模型认为，做市商在信息不利的情况下会保持足够大的价差来弥补与知情交易者交易的损失。

5.用于限制内部交易的法律和法规影响了交易股票的信息不对称风险。如果内部交易不被限制，流动性提供者会由于面临更大的逆向选择风险而扩大买卖价差。企业信息披露制度所要求的透明度也会影响资本市场的信息风险。如果没有相关的法律，信息披露水平也会相应较低。一国会计标准所要求的财务报表质量是另外一个影响内部和外部投资者之间信息不对称性的基础因素。最后，保护投资者免受企业利用的法规提高了小投资者参与股市的愿望。投资者保护不利的国家其资本市场更小、更窄，由此带来了市场深度更低和交易成本更高的后果。

第14章 做市商与流动性

1.零售投资者和机构投资者在以下方面存在差异。

• 零售投资者属于较为简单的参与者，因为他们的交易量较小。也正因如此，他们主要考虑的是成本问题。唯一的例外可能就是当日交易者或者那些确信他们拥有能够使其获利的信息的交易者。在这种情况下，速度可能会比成本更重要，更需要他们优先考虑。机构投资者固然会考虑成本，但同时也会考虑市场中的匿名性，因为这样才会使其他投资者无法察觉他们的情况。

• 零售交易者可能会更青睐做市商，因为他们可以降低成本。与此相反，机构交易者可能会更依赖于特约交易商，因为他们在处理订单时，既能对其意图保密，又能以更优的成本实现每一单交易。

● 与市场冲击成本相比，零售投资者对订单处理成本更为敏感，比如，我们可以比较 E-Trade 和 TD Ameritrade 是如何在交易佣金费用方面进行竞争的。此外，机构投资者有能力直接在市场上进行交易，因此无须通过经纪人。

● 时间也是一个问题。零售投资者也会像机构投资者一样清理自己的存货，以获取更具吸引力的投资机会，或者出于其他与金融管理无关的目的，比如交学费。而机构投资者一般会在成本方面（退休金）具有更大的预见性。

2.HFT 增强了分散化，因此引发波动。市场中的羊群行为会引发高频交易者采用相似的算法从而增加价格的峰值和谷值。一个系统性的问题就在于交易所能否处理高频交易者提供的所有信息（订单提交、修改或撤销）。但是由于存在竞争，HFT 可以降低交易成本，并利用算法将订单拆分为使市场冲击最小化的规模。

学术论据表明，HFT 对市场有正负两方面影响，两种观点都有其经验依据。它可以跨市场加快信息传递以形成新价格，从公共政策的角度看这是个好的结果，但由于成本的上升，在市场参与者买入或卖出时有潜在的不利影响。某些交易平台将 HFT 看作寄生虫，因为他们在平台中只是趋势跟随者，而不会基于新闻或基本面进行交易。向对这一领域特别有兴趣的读者推荐《经济学人》中关于 HFT 的争论（www.economist.com/debate/days/view/816）。

3.一级自营商系统有助于促进拍卖中的流动性（一般情况下，可能不会发生），进入全球分销网络，并促进政府债务二级交易市场的发展。因此，一个发展中的市场在促进政府债券竞争，创建为全球投资者提供这些债券的分销网络，并在发展政府债务的二级市场等方面需要帮助。具有不稳定偿债历史的国家需要一级自营商的支持来鼓励市场竞争和流动性，那些金融业开放的国家也是如此。因此，一个没有诸多参与者或者无法为全球交易者配置债券，且二级市场缺乏流动性的发展中市场常常会考虑一级自营商。然而，大多数发达市场通常会选择不采用一级自营商，除非面临了巨大的不利结果，因为这些市场已经拥有了一级自营商系统所能促进的所有属性。

4.Hamilton（1979）认为竞争会降低价格，而 Madhavan（1995）则主张规模经济的降低会提高价格。经验观察提供了一个折中的情况：只有一个卖方的市场会出于对知情交易者逆向选择的担忧而收取更高的价差，完全分散的市场不允许任何人进行较大规模的交易。证券市场提供了更为极端的例子。例如，我们通常会发现特定公司或市政债券只有一个买方或卖方。在这种情况下，Hamilton 的理论是正确的——或以卖方价格成交，或不购买债券。另一方面，分散化与 HFT 会导致许多交易所的限价订单簿在最优价格上只提供少量股份。因此，为了进行较大规模的交易，就必须支付市场冲击成本，而这一成本很可能很大。

第15章　超越内部价差的流动性——交易的价格冲击

1.静态方法在测度一个市场平均的执行质量时很有效。因此，可采用这类方法有效考察市场在不同时间或跨越不同国家或交易场所的市场质量。动态方法则采用一个单一基准价格对执行进行测度。因此采用这种方法可以更好地评估那些被卖方拆分成若干独立部分的大宗订单的交易成本。也就是说，当研究者可以将分散的执行整合成同一订单时，可采用动态测度方法。利用统一的交易前基准可以更好地评估交易者造成的实际价格冲击成本。

2.多元化是一种很有效的投资策略，可以在不降低回报的情况下降低风险。如果投资组合的管理者可以找到与他们现有资产相关性不高的投资的话，他们就可以获得多元化带来的收益。新兴市场是多元化的杰出代表，因为它们的回报与发达市场的相关性通常要低于发达市场之间的回报相关性。不过，新兴市场存在较高的交易成本，这一点会对其多元化造成实质性阻碍。如果在新兴市场中的交易成本能够不断下降，那么由新兴市场多元化带来的收益就将超过与此相关的交易成本。如果这种趋势能够持续下去，那么发达市场中的投资者就会预期新兴市场有更多的投资机会。

3.从法定意义上讲，超前交易是指在客户之前进行交易，并且在经纪人对客户承担信托责任的客户与经纪人的关系中是可以提起诉讼的。不过，如果没有信托关系存在，那么在订单流之前进行交易就是合法的。因此，如果可以找出一种机构买入的模式，就可以通过在机构之前买入并等待机构交易拉高价格而获利，与机构订单流进行同方向的追加买入，通常会加剧来自机构订单流的价格冲击。

第16章　国际资产市场和新兴资产市场的价格发现

1.一个富有流动性的市场能够吸引知情交易者（即那些负责将信息转换为价格的人）的原因有三：首先，富有流动性的市场意味着市场上交易活跃，使得知情交易者可以向其他交易者隐藏交易意图，尤其是不知情交易者。其次，一个富有流动性的市场可以为知情交易者提供更多可选择的交易机会。反过来，这意味着知情交易者可以快速地执行其在该交易所的交易。最后，高流动性与低的买卖价差存在某些联系，特别是，买卖价差代表了交易的隐性交易成本。流动性越高的市场买卖差价越低，即交易池越大，价差越低（它是提供流动性的补偿）。更低的价差意味着知情交易者的交易成本更低。保持提供信息的总收益不变，价差越低意味信息提供利润越高，从而激励知情交易者进入市场。

2.虽然流动性是促进知情交易者活动的重要因素，其他因素也可能导致价格发现。例如，知情交易者比其他交易者有更多的机会获得或接近信息。所有这些交易规则会导致价格发现转到其他市场。例如，如果交易所实施跌停板制度，知情交易者会将自己的交易转移到其他保持开放的交易场所（如期权市场）。最后，如果市场位于对外国投资者设置进入壁垒的国家，而外国投资者更为知情，因为他可以获得更多信息，拥有更多的市场经验等，那么更多知情交易者可以造成外国市场主导价格发现。

3.虽然知情交易者将信息纳入价格中，但唯一有帮助的可能是其他交易者。例如，做市商是确保知情交易者和非知情交易者之间的交易有序匹配的必要因素。非知情交易者对于为市场提供庞大的交易机会池非常必要。如果市场仅设计为对知情交易者有利而不利于交易促进者（非知情交易者），那么知情交易者将信息纳入价格的便利性将受到负面影响。一个例子就是非知情交易者在市场中处于弱势以致于他们认为交易不再有利可图或达到他们的最佳利益。结果导致订单簿中充满着等待交易的知情交易者而并没有非知情流动性提供者，使得这些交易无法达成。从而最好的解决方法是设计一个市场结构，可以吸引所有类型的交易者，市场参与者仅青睐更大幅度或速度的价格发现。

4.虽然两个模型都使用了误差修正模型（VECM），但是提供了两个不同的视角来思考价格发现过程。特别是，Hasbrouck（1995）将价格发现定义为同因素创新的方差，而Gonzalo，Granger（1995）更关注同因素构成和误差修正过程。如果交叉市场的相关性较小，两个模型结果相近；如果显著相关，则两个模型结果不同。

第17章　抑制波动——熔断机制、价格限制机制与交易暂停机制

1.暂停交易和价格限制都是金融市场中用来改变正常交易条件以保护投资

者免受异常高波动性影响的机制。价格限制是在一段时间内（如一个交易时段）允许的最大价格波动范围；暂停交易则是对于连续交易时段的一个暂时中断。

2. 当要求市场运作者或监管当局中断交易时，交易暂停是自主的。非自主或基于规则的交易暂停是由提前设定的参数触发的，如价格限制。因为非自主交易暂停依据市场监管者实施的特殊规则，因此在一定程度上可以被预计到，并且非自主交易暂停通常会比自主交易暂停更短而且更常发生。

3. 反对者认为跌停板制度对交易设置了不必要的障碍（交易干扰假说），延迟了价格发现（延误信息假说），甚至可能在接下来的时期扩大价格变动（波动溢出假说），加速价格变动（磁吸效应假说）。

4. 跌停板制度的磁吸效应或重力效应认为，关注交易壁垒的投资者可能通过预测其订单的提交来改变其交易策略，以提高其订单执行的可能性。从这个角度看，接近价格限制时就会刺激交易者将交易时间提前，反而将价格推向了限制的价格。

5. 跌停板制度的实施被用于遏制暂时的（非合意的）价格波动。由于基础价格波动关系到价格形成过程的有效性，基础价格波动是必要的。相反地，来源于交易过程的摩擦、流动性、投机以及其他活动的暂时波动会使价格围绕其基础价值跳动。一个理想的跌停板制度应该仅限制暂时波动。在现实中将暂时波动从基础波动分离出来仍是一个复杂且尚未解决的问题。

第 18 章　买卖价差、佣金和其他成本

1. 买卖价差有三个组成部分：订单处理成本、存货成本和逆向选择成本。第一，订单处理成本被称为即时性价格，其根源可以追溯到买卖证券的同时性问题。想要购买（卖出）一项资产的交易者在提供此项服务时，无法保证在市场上一定会有一个合适的卖家（买家）。因此，只有当交易者得到补偿时，他们才会提供此项服务。买卖价差反映了提供买卖服务而获得的溢价。第二，存货成本源于短期订单非均衡，这是随着作为流动性提供者的交易商为了实现利润最大化和满足自身需求，而不断调整他们的价差产生的。第三，价差的逆向选择成本是源于交易商为了在与知情交易者交易时得到补偿，而扩大自身价差而形成的。

2. 大宗交易会带来潜在的价格冲击，并且其本身比小额零售交易更具有信

息性，因此会格外重要。直到1974年，美国大宗交易的交易费用都与小额交易的交易费用相关联。1974年之后，大宗交易开始得到较大折扣。交易所通过离单指令簿市场交易，减少执行成本和增加交易透明度，为大宗订单交易提供便利。这些折扣大部分源于在隐蔽的流动性池内交易，这对于订单簿市场来说是不可能具有的一个特性。

3. 术语"订单流毒"表示做市商在提供流动性时会遭遇损失。订单流毒问题归因于HFT，由于HFT在许多交易中博取微小的利润，这就淡化了时钟时间的概念，使得做市商无法利用订单到达率来估计知情交易发生的概率。在市场微观结构中，订单流毒非常重要，这些流毒订单的存在会潜在地迫使做市商逃离市场。2010年5月6日爆发的金融危机，就是订单流毒带来后果的典型例证。

4. 内含执行成本的最简化测度是报价价差，它通常被表示为基点百分比。一只股票的报价价差被计算为在某一个给定时点上，卖出价与买入价的差除以报价中点，报价中点即卖出价与买入价在此时点上的平均数。报价价差只是执行成本的一个隐含测度，因为它并未涉及实际的交易价格。有效买卖差价是根据交易价格与报价中点的绝对差占报价中点的比重来估算的。在允许交易议价的市场中，随着交易者被允许在报价中交易，有效价差也反映了交易改善，因此，有效价差会低于报价价差。价格冲击测度的是逆向选择成本（即与知情交易者交易的交易成本，是根据交易时的中间报价与未来中间报价之差的百分比来计算的）。已实现价差是有效价差与价格冲击的差。已实现价差是净价格冲击，它反映的是与知情交易者交易的交易成本净损失。

5. 交易成本通过以下几个方面为近年来交易量的增长铺平道路。首先，随着电子交易的飞速发展，科技进步已经显著地减少了经纪自营商的订单处理成本。研究表明，近年来平均往返佣金费用已经显著地下降。其次，实施HFT策略依靠低位放量来从大量的交易中赚取微小的利润。2009年，大约占美国交易公司总数2%的HFT公司，却几乎占据了美国交易量总数的75%，比2006年大约增长了3倍。交易成本的减少已经使这些策略的实施成为可能。

第19章　交易前和交易后透明度

1. 市场透明度指的是市场参与者能够获取的不同类型信息的数量。特别是，它表示市场参与者能够观察到的市场中所有参与者行为的程度，包括提交的报价、执行的交易，以及在报价提交和交易中涉及的交易者的身份。由于透明程度能够提供关于市场上现在发生了什么和过去发生了什么的信息，因此它能够使人们更好地了解市场效率和市场质量。较高的市场质量体现在更低的交易成本、更高的流动性或更为准确并能更快反映新信息的价格上。

2.限价订单簿包含了任何时点上所有被提交到市场上的订单的信息，包括那些没有被执行的或是被取消的订单信息。因为限价订单簿反映了市场参与者的信念和偏好，因此交易者分析当前市场的订单状态，就好像在分析市场上其他参与者所占有的私人信息一样。所以，交易者可以通过买卖价差来了解市场上流动性和信息不对称的情况。交易者也可以通过观察订单到达速率和执行的报价，来确定其他交易者对某项资产的感兴趣程度，包括价格和数量。而报价到达得十分迅猛，就意味着流动性和潜在的新信息到达在增加。最后，限价订单簿上的订单（即当前限价订单簿不同价位上的不同订单深度）会表明市场上其他参与者将他们的钱放在了哪里，这关乎市场未来价格的走向。

3.大部分市场都会保护交易者的身份，这是因为掌握谁提交了订单、被提交订单的类型以及订单的数量规模等可以获得非常重要的信息。这与市场透明度密切相关。也就是说，关于交易者的公开信息越多，其他不同市场参与者能够获取的信息就越多。例如，一个大型对冲基金公司大量购买了某一资产，或大量个人投资者购买了小额的某一资产，是不能将这两种情况所代表的含义等同的。不知情投资者想要知道知情投资者的交易行为，因此他们想将交易者的身份公之于众。然而，知情投资者却不想他们的身份被公开化，这样他们就可以尽可能地从私人占有的信息中获利。

4.一方面，交易前披露可以在信息被完全融入价格之前，向所有市场参与者提供信息，这样会使不知情交易者获益，但却以损害知情交易者利益为代价；而另一方面，交易后透明度允许知情交易者从他们所占有的信息中获益，但却以损害不知情交易者利益为代价。因此，权衡从披露中受益的双方利益是一个非常重要的问题，监管者应该在增加交易前或是交易后透明程度的决策中，充分将其纳入考虑范围。

5.这个问题的答案取决于个人立场。仅从不知情或是散户投资者的角度上考虑，透明度越高越好，这是因为透明度越高，他们从市场上的所有公开信息和私人信息中的获益就越多。这样，这种投资者就不会担心他们在与能够开展广泛市场调研的大型机构投资者交易时处于劣势了。然而，倘若将大型机构投资者所占有的全部信息立即披露到市场中，会削弱这些投资者成为知情交易者的动力。

第20章 有关透明度和信息披露的实证与实验研究

1.真实的交易环境是十分复杂的。理论模型是对复杂交易机制的有用抽象。模型预测依赖于模型假设。通过梳理市场透明度的来龙去脉，理论模型预测了不同的结果。这是政策实施的一系列问题。因此，需要用实证和实验数据来检验理论模型。审慎设计的实证检验将会提供更完整的现实反映；实验室实验在一个可控环境中可以更清晰地检验模型的预测。然而，实验室实验和实证检验对于理论研究来说是相互补充而不是相互替代的。研究需要确立一个理论指导来实施实证研究和实验研究。

2.实证研究的一个方法是比较不同平台的透明度制度。如 Barclay，Hendershott 和 McCormick（2003）比较了 NASDAQ 和电子通讯网络（ECNs）。需要注意的是在不同市场的其他特性，如集合与连续市场以及报价与订单驱动市场。

另一个研究透明度的实证研究方法是事件研究。事件是样本中透明度政策的改变。许多研究着眼于透明度事件，如取消交易者身份或者在附加价格水平公开信息。这种方法对研究不同的透明度政策的直接影响十分有效，但是事件研究会受到可能会改变透明度制度并难以控制的其他变量对样本的干扰。

3.在研究不同透明度制度对市场质量的影响时，被忽略的变量会同时影响质量指标和透明度，这增加了研究因果关系的困难程度。例如，缺乏透明度究竟是非经常性交易的诱因还是流动性缺乏的结果就难以确定。解决这一问题的一种补救措施是增加适当的控制变量。但是增加所有潜在控制变量几乎是不可能的。同时也可以实施工具变量法。工具变量应该与内生变量高度相关但是没有误差项。寻找适当的工具变量是十分困难的。另一个解决办法是进行匹配样本分析，利用相似的特征设立对照组与实验组，这样可以单独观察透明度变化对实验组的影响。

4.实验研究的主要优势是实验研究不会面临内生性问题，因为实验研究可以控制内生变量。这种方法在其他变量保持不变进行分析时是完美的。这种研究还可以对因果关系进行推断。但是主要的缺点是外部有效性以及实验是对真实交易环境的化简。事实上，多数实验研究用以检测理论预测而不是经验事实。然而，一对一地与理论模型进行匹配设计实验研究是不可能的。另一个问题是鼓励进行实验的激励措施。实验经济学和金融学的研究者通常使用货币性报酬作为激励措施，但是这需要庞大的研究预算来作为对参与者的激励。

5.来自不同市场的实证证据，如债券与股票市场，以及不同证券的实证证据，如活跃的股票与不活跃的股票，说明透明度对不同特性的资产有不同的影响。多数研究赞同交易前匿名对高流动性股票有积极影响，这种匿名对交易清淡的股票是不利的。对公开和私人信息的敏感程度因证券的不同而不同。私人信息对不活跃的股票价格决定有重要影响，活跃股票则对信息更有弹性。交易不活跃的股票可能更依赖于中介的努力。这类中介对活跃股票不是必要的。

第21章　新兴市场股票市场效率和微观市场结构

1.市场效率描述的是股票价格反映当前的或过去的、公开的或私人的信息的程度。如果股票的当前价格反映的仅仅是市场的历史数据，那么市场就是弱式有效的。在弱式有效市场，过去的价格以及过去价格的任何形式对于识别被错误定价的资产来说都是无用的。如果价格反映历史信息以及公开信息，那么这样的市场就是半强势有效市场。在半强势有效市场，股票价格会对任何新的公开信息作出快速反应。如果股票价格反映了所有信息包括私人信息，市场就是强式有效市场。在强式有效市场，内部交易者不会从交换私人信息中获益。

2.市场效率依据如下假设：无任何交易成本，无成本地获得所有公开信息，所有参与者关于信息对价格的影响意见一致。交易成本的存在、高成本的信息，以及投资者的不统一意见并不必然导致市场缺乏效率。然而，更高的交易成本以及高成本的信息来源会导致市场效率的降低。

3.为了检测新兴市场的有效性，实证研究多数情况下局限于研究弱式有效，因为如果市场在弱式下缺乏效率，那么其他形态下的效率问题将变得毫无意义。效率的实证检验使用股票价格（收益）的一阶差分。常用的市场效率检验如下：

* Kolmogorov-Smirnov（KS）拟合优度检验是一种非参数检验，用于决定一个股票收益的随机样本在多大程度上符合一个特定的分布（正态分布）。这个检验比较了样本的累积分布和各种分布的标准累积函数。计算得到的值与单样本KS检验表中的临界值Z相比较。零假设是数据符合正态分布。

* Dickey-Fuller和高阶Dickey-Fuller（ADF）模型是一种决定时间序列数据是否平稳的单位根检验。如果时间序列的平均值、方差以及自相关系数（多期滞后）不随时间变化，那么这个时间序列被视为平稳。非平稳的时间序列的均

值或方差或其两者会随时间而变化。单方根检验利用自回归模型检方法来预测基于原先投入产出的产出水平。单位根检验是一种验证时间序列自相关模型中自相关系数为1的统计检验。

• Lo和MacKinlay比率检验假设随机游走变量的方差是线性时间相关的。方差比率从一阶差分序列检验到q阶差分序列。随机游走假说的方差比率为1。

4.发达市场是外国投资者最能接近且支持的市场。这些市场间有高度的一致性。新兴市场相对于发达市场来说资本和投资者可接近性较低，但是多数新兴市场展现了高度的对外国投资者的开放性。可以使用不同的工具将市场划分为发达或新兴市场。例如，MSCI运用国内总收入、公司规模以及资本可获得性作为证券指标的基准。Dow Jones考察了交易成本、交易平台、结算方式以及衍生品市场并作为主要标准。

低效和买卖双方完成交易的高成本是新兴市场的基本特性。运作低效和高交易成本是制度缺失的结果。这些缺失包括财务报表标准不严格，缺乏独立审计师，评级机构低效，缺乏为资本提供高效运用渠道的金融中介和稳固的市场监管。本质上，市场中介的质量和数量在很大程度上影响了市场被分类为发达市场还是新兴市场。

5.股票市场的市场效率取决于市场微观结构因素，如信息有效性、波动性以及流动性水平。信息有效性帮助市场变得更有效率，如股价可以更准确且快速地对新消息作出反应。如果市场参与者相信股价是有效的，他们会更倾向于投资股票，来分化他们的风险。如果金融证券以公平价格进行交易，有助于通过管理者（代理人）和所有者（委托人）更好地调整目标来完善公司治理。股票市场的高波动性将成为投资者的阻碍，增加资本成本，并且使企业在新兴市场中筹资的难度加大。流动性同样是资本市场效率中的一个重要决定因素。流动性让投资者能在不影响股票价格的情况下迅速地买入和卖出资产，从而降低了风险溢价。

6.随着时间的推移，新兴经济体实现经济自由化，使得投资对全球投资者来说变得更为简单和有吸引力。总之，新兴市场已经降低了交易成本且提高了信息流动性，这些变化是投资信心增强的关键激励因素。实证结果显示大部分新兴市场存在混合市场效率。墨西哥、土耳其、中国台湾地区和中国大陆的市场效率高度一致。这一实证结果表明了它们的市场在弱式和半强式下一样有效。许多亚洲市场（印度、马来西亚和印度尼西亚）以及中东和非洲市场（埃及和摩洛哥）表现出在市场效率方面的滞后。尽管这些国家已经经历了结构改革，但是市场效率依然很难捉摸。但是由于交易成本和信息成本较高，投资者也难以利用这种无效性来获取超额利润。

第22章　流动性和亚洲股票市场危机

1.买卖差价实际上是小额订单快速交易产生的必要成本。因此，买卖价差不适合测度通常或大宗交易的流动性成本。对于大宗交易而言，交易者需要考虑市场冲击以及买卖价差无法衡量的未执行订单成本。

2.如果能利用市场定价错误的算法交易者和策略交易者是高频交易的主要使用者，那么与这些交易人交易就如同与知情交易者交易一样。在这样的情况下，逆向选择就可能是买卖价差的一个重要组成部分。如果做市商将高频交易主要用来对与其有关的自然买卖双方进行风险管理，那么高频交易就是一种必要的风险管理工具。当得到新的信息时，做市商利用高频交易来快速地调整其订单。通过有效的风险管理，做市商可以通过减少订单处理成本来缩小买卖价差。

3.为了更清楚地理解波动性和流动性，我们应该将波动性分为市场（系统性）波动和异质（非系统性）波动。在自营商市场，高波动性无疑将会增加自营商的存货成本，并将其加到流动性成本上。另一方面，如果自营商在存货中持有了多种股票，因其可以分散异质波动，因此这种波动性的构成就不太会影响自营商的存货成本。

4.证券市场常见的情况是市场透明度越高，竞争就越激烈。竞争一般会同时吸引买卖双方，继而会导致买卖差价收窄。将透明度分为交易前信息（即披露限价指令簿信息，包括交易者身份）和交易后信息（即公布价格、规模和执行定单时间的信息）表明，透明度如何影响流动性和交易成本取决于透明度的哪一部分被披露。尽管一些对交易后信息透明度的实证研究支持了其对流动性和交易成本的正向影响，但还有一些研究表明，披露太多的交易前信息可能会使大宗订单交易者不愿意将其订单提交到限价制定簿。

第23章　新兴市场的交易成本与执行策略

1.交易成本主要包括以下部分：
- 可见成本就是交易者提前可以确知的成本，如费用。

● 价格影响（冲击）成本是与由交易产生的与股价变化相关的成本。这种成本包括永久部分和暂时部分。永久部分指的是交易者交易传递了有关股票价值信息的可能性。暂时部分是指流动性的降低。

● 机会成本是与交易商不能执行整个订单而不得不在一个更高的价格上进行交易的可能性相关的成本。

● 延迟成本的产生是由于交易者预期市场会朝利于自己的方向变化而推迟交易。延迟成本也可能会由订单执行中与基础设施有关的延迟而产生。

2. 一些因素会使新兴市场中的交易成本增加。因为新兴市场流动性相对不足，因此会产生较高的交易成本。这可能是由于监管不完善、过度监管的不确定性、监管力度不强以及相对低质量的信息环境等原因。新兴市场也会面临交易中与基础设施有关的延迟问题，以及缺少足够的交易者。前一问题会提高延迟成本，而后者则会增加与流动性不足有关的成本。

3. 在执行订单时为了降低交易成本，交易者会尝试使用算法交易，比如说VWAP算法。理论上来讲，交易者应该已经意识到了新兴市场中的流动性不足，并会据此调整算法交易。例如，交易者会在任意一个时间间隔内的交易量附加限制条件，或是延长间隔时长或是对冲非执行风险。这样做了以后，交易者会考虑到在一个相对短的时间内，一单大宗交易不能执行的可能性，而且由于流动性不足，一天中交易发生的可能性会更小，因此只关注较短时间间隔可能是不太妥当的。

4. 一个资产组合管理者可能会通过对资产组合的转手施加限制，和/或是直接在资产组合最优化过程的目标函数中考虑交易成本等两种方式，把交易成本加到资产组合最优化过程中。资产管理者利用本章指出的技术办法，这样动态最优化策略就能在每一阶段优化资产组合，而且，对换手的约束也会限制不同期间资产组合权重的变化。

第24章　新兴市场在信息到达期间的盘中价格表现

1. 当一条重要新闻发布，而市场参与者没有预期到其实际内容时，金融市场会对新闻作出反应。这种反应应该是基于市场参与者如何看待经济现状以及未来预期而作出的相应调整。这可能导致短期内价格的突然变动。无论何时观察到价格波动，人们都会考虑是不是有新闻发布了，或者价格波动是不是由市场微观结构、监管问题或暂时缺少流动性而导致的。

2.最重要的新闻发布来自美国，因为市场参与者把美国看作是全球金融市场的中心。市场参与者会密切关注这些新闻并将其视为最重要的消息。而常常不受重视的另一个信息源头是新兴经济体本地的新闻发布。市场参与者认为这些本地新闻不够重要是因为这些新闻的影响力不对称。也就是说，美国的新闻可能会引发一场危机或改善全球市场气氛，而本地新闻发布常常被世界上大多数市场参与者所忽视。实际上，新兴经济体的参与者对美国新闻的反应会比其对本国新闻的反应强烈。

3.测度过度影响的方法是很明确的，可以通过使用失业率数据的发布为例来加以说明。如果分析师的调查表明，他们预料到了失业率的大幅上升而且很多人都知道这一调查结果——这就是本文中使用的Bloomberg调查数据的情况——那么，众多的市场参与者就已经在信息发布前对这个事件做好了准备。他们调整了他们的预期，并已经根据还没发布的坏消息调整了定价。这可能导致真实新闻发布之前股价的缓慢下降。当新闻发布后，不良的失业率数据被确认时，市场的反应反倒不会太强烈了，因为市场反应已经发生，新闻的发布也不再是个意外。另一方面，如果调查表明，人们没有预期到失业率的变动，而实际的新闻发布显示失业率大幅上升，那么市场会立即作出反应，其结果就是股票价格会在新闻发布后下降。这种情况就是过度影响，即事件发生前期影响较小，后期影响较大。

4.第二类价格波动可以帮助判定波动性最强的市场。第一类波动被定义为收益总数的一定比率，因而不能用来回答这个问题。图表24-1中的数据清楚地显示了第二类价格波动比率最高的股票市场是布拉格股票交易所（PX），而另外两个市场在价格波动数量上大致相同。总体来说，PX市场在其他方面也有所不同。通常的市场，极端事件（价格波动）更容易被观察到。但对于PX市场而言，情况却非如此。而且，PX市场表现出的最大价格波幅远大于波兰的WIG市场，WIG市场的波动倾向是最小的。由此我们可以推断，市场微观结构与波动倾向之间有一定的联系。尤其有几个因素可以解释更高的市场波动性以及更大的波动倾向，例如投资者类别的差异（本地与外国、小型和机构）、监管框架的差异（证监会强大与否），以及监管保证金要求和杠杆交易使用可能性的不同。

5.布拉格股票交易所和华沙股票交易所对新闻发布的反应相似，而且是最快的。布达佩斯股票交易所的反应最慢，尤其是对美国发布的新闻。总的来说，调整速度主要取决于股票市场上外国投资者的活动、市场规模以及整体市场换手率。进一步而言，交易系统和整体微观市场结构也起到了重要的作用。

然而，由于分析的国家数量较少，得出的结论仅是参考性的，尚不能作为适于市场微观结构普遍的有效结论。

6.源于美国市场的新闻会影响全球金融中心和小规模新兴市场。美国和欧洲新闻的重要性可以从图表24-4、图表24-5及图表24-6中清楚地看到。这三个图表清楚地显示了三个新兴市场对本地新闻（即中东欧）的微小反应。这个问题最明显的例子就是波兰，这个国家大多数国内新闻都是在股票交易所交易时间内发布的。人们本来是预期意外新闻会导致更高的极端价格变化率，但研究数据并没有支持这一预期。

第25章　非洲股票市场的微观结构

1.非洲股票市场具有如下几个主要的微观市场特征。第一，非洲市场规模很小，上市公司数量相对少，而且市值比较低。埃及、尼日利亚、南非和津巴布韦是个例外，因为这些国家的上市公司数量分别为792家、207家、403家和79家。除南非和埃及以外的撒哈拉以南非洲市场的平均上市公司数量是39家，但如果包括了埃及和南非就上升为113家。南非股票交易所占有整个非洲大陆约90%的市值。除南非和津巴布韦，其他国家的平均市值水平大约是GDP的27%。这与其他新兴市场形成对比，如马来西亚的市值比率达到161%。

第二，根据换手率来测算，非洲股票市场的流动性很低。换手率是一个公司在一定时期内存货的置换次数。换手率可以通过既定期间销售存货的成本除以平均存货来计算。根据Afego（2011）的研究，斯威士兰的换手率低至0.02%。流动性低意味着用自己的交易系统、市场分析、经纪商等来支持本地市场变得更加困难，因为交易量过低。在大多数非洲股票市场中，只有少数几只股票有交易发生，其占据了总市值的绝大部分。除了这些交易活跃的股票，其他股票则面临着严重的信息和披露缺陷。

第三，监管机构的监督常常不足。欠发达的非洲股票市场面临着巨额的亏损。尽管非洲市场规模小、流动性差、监管不当以及波动性高，但该市场的投资收益表现却在持续变好。在非洲大陆内，6个股票交易所（加纳、乌干达、肯尼亚、埃及、毛里求斯和尼日利亚）2004年位列全球表现最好的市场。

2.非洲股权市场的小规模使得它们易受内部交易以其他牺牲投资者利益为代价的投机和操纵行为的影响。因此，流动性不足、交易量小、市场经验不足导致了信息无效，影响股票价格形成和发现效率。非洲股票市场的这些特征可能造成与发达股票市场不同的股票收益和市场行为。

3.证据显示，大型非洲公司利用股票市场为其发展融资。新股发行对于上市非洲公司来说是最主要的融资渠道，融资比例从最低的津巴布韦（7.8%）到最高的南非（约19%）。加纳的公司是中间值，约为12%。股权融资对于总资产增长的贡献与其他新兴市场表现出的模式类似。其他新兴市场相应的数据为韩国31.2%、印度14.6%、马来西亚9.6%以及泰国16.1%。因此，股票市场活动正在迅速成为帮助大多数非洲经济体决定经济活动的重要角色。

4.根据Mlambo和Biekpe（2005）的研究，只有3个市场（纳米比亚、肯尼亚和津巴布韦）是相对弱式有效的。作者认为，对纳米比亚的研究结果与南非证券交易所有关。肯尼亚和津巴布韦比其他所研究的市场都要久远一些。作者发现，所有毛里求斯样本中的股票都没有表现出弱式有效。Mlambo和Biekpe对加纳、BRVM（Bourse Régionale des Valeurs Mobilières——地区证券交易所）、埃及以及博茨瓦纳的研究得到了相同的结论。